边疆民族地区
基本公共服务供需匹配与居民获得感

于洋航 ◎ 著

中国旅游出版社

项目策划：张芸艳
责任编辑：张芸艳
责任印制：钱　宬
封面设计：武爱听

图书在版编目（CIP）数据

边疆民族地区基本公共服务供需匹配与居民获得感 / 于洋航著. -- 北京：中国旅游出版社，2025.5.
ISBN 978-7-5032-7579-1
Ⅰ. D669.3
中国国家版本馆CIP数据核字第20254Y7654号

书　　名：	边疆民族地区基本公共服务供需匹配与居民获得感
作　　者：	于洋航
出版发行：	中国旅游出版社
	（北京静安东里6号　邮编：100028）
	http：//www.cttp.net.cn　E-mail：cttp@mct.gov.cn
	营销中心电话：010-57377103，010-57377106
	读者服务部电话：010-57377107
排　　版：	北京天韵科技有限公司
经　　销：	全国各地新华书店
印　　刷：	北京明恒达印务有限公司
版　　次：	2025年5月第1版　2025年5月第1次印刷
开　　本：	720毫米×970毫米　1/16
印　　张：	31.75
字　　数：	604千
定　　价：	59.80元
ＩＳＢＮ	978-7-5032-7579-1

版权所有　翻印必究
如发现质量问题，请直接与营销中心联系调换

前　言

党的二十大报告指出："健全基本公共服务体系，提高公共服务水平，增强均衡性和可及性，扎实推进共同富裕。"公共服务水平已经成为衡量居民生活质量和地方发展水平的关键指标。随着社会的快速发展，公众的公共服务需求日益呈现多元化、个性化趋势。目前，我国在公共服务体系建设和公共服务质量提升方面虽然已取得显著成就，但是城乡之间、区域之间公共服务资源配置不均衡、供给与需求脱节等问题依然存在。边疆民族地区由于独特的地理环境、复杂的民族构成和相对滞后的经济发展水平，公共服务的供需水平呈现出一定的特殊性。

获得感是一个具有中国特色的概念，已成为习近平新时代中国特色社会主义思想的重要组成部分。它体现了社会个体对外在客观物质利益与内在主观精神感知的统一，提升人民获得感是新时代治国理政的重要价值追求。近年来，获得感作为衡量社会发展成果是否惠及民众的重要标尺，受到学术界的广泛关注。获得感不仅仅是物质层面的满足，更涵盖了精神、文化等多维度的主观体验，反映了居民对自身生活状况的综合评价以及对改革成果的切实享受程度。

本书旨在深入探究边疆民族地区基本公共服务供需匹配现状及其对居民获得感的影响机制，以期为提升边疆民族地区公共服务质量与居民获得感提供理论支持与实践指导。在具体章节安排上，第一章为导论，对本项研究的研究背景、研究意义、研究内容与方法，以及主要创新点进行了总体层面的介绍。第二章研究综述梳理了国内外关于基本公共服务供需匹配和获得感的相关研究成果，剖析了现有研究的进展和不足，为后续研究奠定了理论基础。第三章聚焦基本公共服务供需匹配测算，通过构建科学合理的评价指标体系，运用协调度模型对全国31个省份及云南省8个边疆州市的基本公共服务供需匹配状况进行量化测度与分析,揭示不同地区公共服务供需匹配的差异性与动态变化趋势。第四章至第八章分别从公共服务感知绩效、城市公共服务满意度、农村公共服务满意度、城市社区公共服务满意度、农村社区公共服务满意度等不同维度,深入剖析了各类公共服务满意度对居民获得感的影响机制。

  本书是国家自然科学基金"边疆民族地区基本公共服务供需匹配与居民获得感:现状测度、作用机制及提升策略"(72064042)的研究成果。在本书的撰写过程中,尽管力求深入全面探讨边疆民族地区基本公共服务供需匹配现状及其对居民获得感的影响机制,但仍存在一些不足之处,还望读者予以批评指正。同时,感谢课题组成员董梦迪、周昊、顾梦莹、严万琼、黎秀婷、龚楠楠、王微、杨开翠、闻闯等在写作和成书过程中付出的努力。

于洋航
2024 年 11 月

目 录

第一章 导 论 …………………………………………………………… 1
    第一节 研究背景 …………………………………………………… 1
    第二节 研究意义 …………………………………………………… 4
    第三节 研究思路 …………………………………………………… 7
    第四节 主要创新点 ………………………………………………… 9

第二章 研究综述 ……………………………………………………… 12
    第一节 基本公共服务供需匹配综述 ……………………………… 12
    第二节 获得感综述 ………………………………………………… 36
    第三节 研究述评 …………………………………………………… 57

第三章 基本公共服务供需匹配测算 ………………………………… 60
    第一节 研究概要 …………………………………………………… 60
    第二节 研究设计与数据来源 ……………………………………… 63
    第三节 匹配结果分析 ……………………………………………… 73
    第四节 基本公共服务供需匹配现状总结 ………………………… 123
    第五节 结论与讨论 ………………………………………………… 134

第四章 公共服务感知绩效对居民获得感的影响机制研究 ………… 138
    第一节 研究概要 …………………………………………………… 138
    第二节 基础理论和研究综述 ……………………………………… 140
    第三节 公共服务感知绩效对居民获得感影响机制的理论假设 … 155
    第四节 公共服务感知绩效对居民获得感影响机制的研究设计 … 159

第五节　公共服务感知绩效对居民获得感影响机制的实证分析……… 171

　　第六节　研究结论与实践启示………………………………………… 189

第五章　城市公共服务满意度对居民获得感的影响机制研究 ……… 199

　　第一节　研究概要……………………………………………………… 199

　　第二节　基础理论和研究综述………………………………………… 202

　　第三节　城市公共服务满意度对居民获得感影响机制的研究假设…… 215

　　第四节　城市公共服务满意度对居民获得感影响机制的研究设计…… 220

　　第五节　城市公共服务满意度对居民获得感影响机制的实证分析…… 231

　　第六节　研究结论与实践启示………………………………………… 253

第六章　农村公共服务满意度对居民获得感的影响机制研究 ……… 258

　　第一节　研究概要……………………………………………………… 258

　　第二节　基础理论与研究综述………………………………………… 260

　　第三节　农村公共服务满意度对居民获得感影响机制的研究假设…… 276

　　第四节　农村公共服务满意度对居民获得感影响机制的研究设计…… 281

　　第五节　农村公共服务满意度对居民获得感影响机制的实证分析…… 289

　　第六节　研究结论与实践启示………………………………………… 324

第七章　城市社区公共服务满意度对居民获得感的影响机制研究 …… 331

　　第一节　研究概要……………………………………………………… 331

　　第二节　基础理论与研究综述………………………………………… 336

　　第三节　城市社区公共服务满意度对居民获得感影响的研究假设…… 351

　　第四节　城市社区公共服务满意度对居民获得感影响的研究设计…… 356

　　第五节　城市社区公共服务满意度对居民获得感影响的实证分析…… 365

　　第六节　研究结论与实践启示………………………………………… 405

第八章　农村社区公共服务满意度对居民获得感影响的机制研究 …… 411

　　第一节　研究概要……………………………………………………… 411

　　第二节　基础理论与研究综述………………………………………… 413

第三节　农村社区公共服务满意度对居民获得感影响机制的研究假设 ……… 428

第四节　农村社区公共服务满意度对居民获得感影响机制的研究设计 ……… 433

第五节　农村社区公共服务满意度对居民获得感影响机制的实证分析 ……… 440

第六节　研究结论与实践启示 …………………………………………………… 461

参考文献 ………………………………………………………………………… 467

第一章　导　论

第一节　研究背景

公共服务是居民获得感提升的重要源泉，公共服务水平的提高不仅需要从供给端提升供给质量和效率，同时需要需求端的合理表达和充分满足，公共服务供需耦合需要实现公共服务投入与社会公众需求的"精准匹配"和"优质高效"。基本公共服务的供需匹配不仅关系到民生福祉，同时也是影响政府形象的关键因素。2012年，国务院颁布《国家基本公共服务体系"十二五"规划》，该规划明确了基本公共服务的概念，认为基本公共服务是指建立在一定社会共识基础上，由政府主导提供的，与经济社会发展水平和阶段相适应，旨在保障全体公民生存和发展基本需求的基本公共服务。享有基本公共服务是居民的权利，提供基本公共服务是政府的职责。按照受益范围、受益对象、供给主体和供给清单，基本公共服务可以分为全国性和地方性两类。自"十二五"规划以来，我国政府不断加强基本公共服务体系的建设，致力于实现基本公共服务的高质量发展。党的十九大报告进一步明确到2035年基本公共服务均等化的目标，即推动城乡教育一体化，全方位提供公共就业服务，加强社会保障体系建设，深化医疗卫生改革。2018年，中共中央办公厅、国务院办公厅印发《关于建立健全基本公共服务标准体系的指导意见》，建立健全基本公共服务标准体系，明确中央与地方提供基本公共服务的质量水平和支出责任，以标准化促进基本公共服务均等化、普惠化、便捷化，是新时代提高保障和改善民生水平、推进国家治理体系和治理能力现代化的必然要求，对于不断满足人民日益增长的美好生活需要、不断促进社会公平正义、不断增进全体人民在共建共享发展中的获得感，具有重要意义。2021年，经国务院批复同意，国家发展改革委联合20个部门印发了《国家基本公共服务标准（2021年版）》，该文件中明确了幼有所育、学有所教、劳有所得、病有所医、老有所养、住有所居、弱有所扶、优军服务保障、文体服务保障9个方面、22大类、80个服务项目的服务对象、服务内容、服务标准、支出责任以及牵头负责部门,是政府履行公共服务职责和人民享有相应权利的依据。在2021年版标准的基础上,2023年,国家发展改革委等部门联合印发《国家基本公共服务标准(2023年版)》,对2021年国家基本公共服务标准进行了一定的调整。2021年,国家发展改革委等部门联合印发《"十四五"公共服务规划》,在该文件中明确了"十四五"时期公共服务体系建设发展的目标、任务、路径和举措,并提出到2025年,公共服务制度体系更加完善,政府保障基本、社会多元参与、全民共建共享的公共服务供给格局基本形成,民生福祉达到新水平。党的二十大报告进一步强调了实施就业优先战略,健全就业基本公共服务体系,以及健全多层次社会保障体系。至今,我国已建立起覆盖广泛人口、规模宏大的基本公共服务体系,基本公共服务供需匹配始终是国家现代社会治理的焦点。

获得感是一个具有"中国特色"的概念,已经成为习近平新时代中国特色社会主义思想的重要组成部分,体现了社会个体对外在客观物质利益与内在主观精神感知的统一,提升人民获得感是新时代治国理政的重要价值追求。2015年2月27日,习近平总书记在中央全面深化改革领导小组第十次会议上首次提出,"让人民群众有更多获得感"。作为诞生于中国本土的学术概念,"获得感"一词一经提出,就引起社会各界的广泛关注,并成为学术研究的热点议题。2016年2月,中央全面深化改革领导小组第二十一次会议指出,"把是否促进经济社会发展、是否给人民群众带来实实在在的获得感,作为改革成效的评价标准"。2017年,中央全面深化改革领导小组第三十三次会议文件指出,"深入推进增强人民群众获得感的改革,建立健全科学合理的改革评价机制,把改革举措效益充分发挥出来,不断增强人民群众获得感"。2017年,"十三五"规划指出,"必须坚持发展为了人民、发展依靠人民、发展成果由人民共享,作出更有效的制度安排,使全体人民在共建共享发展中有更多获得感,增强发展动力,增进人民团结,朝着共同富裕方向稳步前进"。2017年,党的十九大报告指出,"完善基本公共服务体系,保障群众基本生活,不断满足人民日益增长的美好生活需要,不断促进社会公平正义,形成有效的社会治理、良好的社会秩序,使人民获得感、幸福感、安全感更加充实、更有保障、更可持续"。2020年,党的十九届五中全会指出,"坚持把实现好、维护好、发展好最广大人民根本利益作为发展的出发点和落脚点,不断增强人民群众获得感、幸福感、安全感"。同年,"十四五"规划明确指出,"健全基本公共服务体系,让发展成果更多更公平惠及全体人民,不断增强人民群众获得感、幸福感、安全感"。2022年,党的二十大报告指出,"深入贯彻以人民为中心的发展思想,在幼有所育、学有所教、劳有所得、病有所医、老有所养、住有所居、弱有所扶上持续用力,人民生活全方位改善。人民群众获得感、幸福感、安全感更加充实、更有保障、更可持续，共同富裕取得新成效"。2023年，习近平总书记在参加十四届全国人大一次会议江苏代表团审议时讲话中指出，"必须以满足人民日益增长的美好生活需要为出发点和落脚点，把发展成果不断转化为生活品质，不断增强人民群众的获得感、幸福感、安全感"。2024年，习近平在重庆考察时的讲话中指出，"党和政府的一切工作，都是为了老百姓过上更加幸福的生活。希望各级党委和政府都能为解决民生问题投入更多的财力物力，每年办一些民生实事，不断增强人民群众的获得感幸福感安全感。"

随着我国经济社会的发展与中国式现代化进程的不断推进，基本公共服务的质量显著提升。然而，在发展过程中，也存在一定的公共服务不平衡不充分发展的问题。党的十九大报告指出，中国特色社会主义进入新时代，我国社会主要矛盾已经转化为人民日益增长的美好生活需要和不平衡不充分的发展之间的矛盾。随着居民需求层次的不断提高和需求数量的不断增长，如何提供优质均衡的基本公共服务满足其多元化的需求，不断提升居民自身的幸福感和获得感，已然成为以人民为中心的发展理念的应有之义，更是衡量政府施政效果和改革成效的重要标尺，同时也是新时代各级社会治理者的重要任务。获得感不仅彰显着人文关怀价值取向，同时也凸显了中国共产党人以人民为中心的核心理念。地方政府也逐渐意识到提升居民获得感在社会治理过程中的重要作用，人民群众获得感水平的显著提升已然成为基本公共服务供需匹配效果的一个重要结果。

当前我国城乡基本公共服务体系建设取得了一定的进展，但随着经济社会的飞速发展，人们对基本公共服务的需求已步入快速增长期，对基本公共服务质量、种类有了更高的要求，如何通过高质量的公共服务供给满足人民群众日益多元化的公共服务需求成为目前公共服务供需匹配的关键。因此，必须重视基本公共服务供需匹配程度，确保公共服务的供给能够更加精准地满足居民的需求，从而提高居民的获得感。

边疆民族地区的公共服务发展程度，在一定程度上能够对国家安全、区域合作、民族团结以及边疆稳定产生重要的影响。这些地区独特的政治、经济、文化属性，凸显了其在国家治理和社会发展过程中的重要性和特殊性。云南省作为一个集边疆、民族、山区于一体的省份，其基本公共服务供求关系面临"内外双重压力"。内部存在的区域发展的滞后和社会结构的复杂性共同导致了基本公共服务质量的相对落后。外部压力则源于云南与其他沿边省份相比，缺乏山脉和河流等自然屏障，导致人员跨境流动频繁，使得本就有限的基本公共服务资源还要面对来自境外流动人口的额外冲击和竞争。在兴边富民等政策倾斜下，云南边疆民族地区被注入了大量资源。然而，这些资源的投入是否真正有效地提升了基本公共服务水平？现有的基本公共服务供给是否能够充分满足当地社会公众的需求？边疆民族地区基本公共服务的供需匹配状况以及民众的获得感如何？这些都需要进一步的深入研究。

第二节　研究意义

研究结合心理学、政治学和管理学等相关理论，以边疆民族地区为基本研究场域，开展边疆民族地区基本公共服务供需匹配度及其对居民获得感影响机制的探索性研究。在理论层面，能够进一步阐释基本公共服务供需匹配的理论意蕴，拓展相关研究领域，从而有助于解释中国边疆民族地区基本公共服务供需匹配机制，丰富基本公共服务理论研究体系。同时，在实践层面，也有助于提高边疆民族地区基本公共服务效率和相关政策质量，助推边疆民族地区建设，促进居民获得感的提升。

一、理论价值

（一）有利于进一步深化有关公共服务理论研究

将公共服务供给端和需求端相结合，并通过实证研究方法全面综合测度和讨论公共服务供需匹配情况，有利于进一步深入有关公共服务研究和推动相关理论创新，尤其是聚焦于边疆民族地区基本公共服务供需匹配度这一概念，持续关注公共服务供需匹配的价值维度和技术维度，追求行政效率的提升从而更好地优化资源配置，实现公共利益的最大化。

公共服务供需匹配度研究中的供需平衡视角强调的是以"供"适"需"，要求基本公共服务的供给要秉承以人为本的价值导向，将边疆民族地区居民的需求作为公共资源配置的落脚点。同时，公共服务供需匹配不但关注基本公共服务的价值，而且更为强调基本公共服务的使用价值。基本公共服务旨在保障社会全体成员的基本权利和基础性福利水平，其核心价值在于强调服务的均等化。而公共服务使用价值则体现在其具体效用上，如教育、医疗等具体公共服务对提升居民生活质量的直接影响。在公共服务供需匹配的过程中，我们不仅要关注服务供给的数量，更要关注服务是否能够满足居民的实际需求，即服务的使用价值是否得到实现。这种使用价值在基本公共服务供需匹配中至关重要，它不仅提高了公共服务资源的利用效率，确保居民能够便利地享受到服务，还有助于满足边疆民族地区居民的特殊需求。同时，通过对居民需求的精准识别和全面规划，基本公共服务能够更好地满足居民的实际需求，从而增强居民的获得感和满意度。通过聚焦基本公共服务供给与需求匹配情况的研究，突破了传统研究中对公共服务供给或需求单一维度的关注,从而从供需匹配的视角实现了对边疆民族地区基本公共服务现状的全面测度。将公共服务供给和需求结合进行考察,有助于从需求层面探讨公共服务供给质量。

(二) 有利于进一步拓展有关获得感理论研究

学界对获得感这一重要概念的理论依据和社会背景已经有了较为深刻的认识,对获得感的基本内涵、价值定位、重大意义、现存问题和解决手段等方面的研究取得了一定的成果。目前,我国学界普遍认为,获得感是在我国全面深化改革的背景下和共建共享的社会治理格局中,党中央落实以人民为中心执政理念的民生治理概念。

获得感作为一个重要概念,其理论依据和重要意义已经在学术界得到了深刻的探讨。本研究探讨了目前边疆民族地区居民获得感现状。在此基础上,通过全面的数据收集和分析从而探讨现阶段边疆民族地区居民获得感现状,实现对边疆民族地区居民心理状态的现实把握。通过实证研究的推进,使获得感的研究不再局限于对宏观层面的论述,而是聚焦于微观个体的感知,关注居民的内在主观感受。这种从宏观到微观的转变,使得获得感的研究更加贴近民生实际,更能够反映人民群众的真实需求和期望。此外,通过对边疆民族地区居民的获得感体验现状的深入探讨,研究者能够识别和分析影响居民获得感的前因变量及其作用机制。这一过程不但有助于了解居民的主观获得感受和公共服务满意度,而且通过揭示居民获得感的形成和变化机制,从而为后续研究提供新的视角和分析框架,拓展了有关居民获得感的研究内容。

(三) 探讨了公共服务供需匹配对居民获得感的影响机制

跨学科的融合为理解公共服务供需匹配与居民获得感之间的复杂关系提供了新的理论视角,基于管理学、社会学、心理学等多学科理论,深入探讨基本公共服务供需匹配与居民获得感之间的作用机制。将居民获得感纳入有关公共服务研究的分析框架,不仅极大地拓展了公共服务研究的深度和广度,还使得公共服务的研究更有助于服务于居民的实际体验和心理需求,从而为公共服务的高质量发展提供了更为符合客观实际的理论支持。

跨学科的理论融合不但为理解和解释公共服务与居民获得感之间的关系提供了更为丰富的理论工具和分析框架,而且推动了不同学科间的知识流动和概念更新。本研究从微观视角出发,揭示社会治理中的个体如何基于自身的认知框架和情绪反应来评价公共服务,以及这些评价如何影响他们自身的获得感。从公共服务绩效感知、城市公共服务满意度、城市社区公共服务满意度、农村公共服务满意度、农村社区公共服务满意度五个层面分析公共服务满意度对居民获得感的影响,并且基于"政府—社会—文化"的分析框架探讨影响过程中的中介路径和边界条件。从不同学科的角度综合考虑公共服务供需匹配与居民获得感之间的关系,将基本公共服务与居民获得感两大研究领域衔接,从更高层次视角研究公共服务和获得感。

二、实践意义

(一) 有利于提高边疆民族地区基本公共服务供需匹配程度

边疆民族地区是我国的特殊区域,其基本公共服务供给面临着一系列的挑战。首先,地理环境的复杂性是边疆民族地区基本公共服务供给的一大挑战。边疆民族地区多位于我国的偏远地区,地形复杂以及交通不便等客观现实导致公共服务供给的难度增大,进而导致公共服务供给的成本大幅上升。因此,这也在一定程度上使公共服务的响应速度变慢,无法及时满足居民的需求。其次,经济发展水平的滞后性也是边疆民族地区基本公共服务供给的重要挑战。相较于我国的中东部地区,边疆民族地区的经济发展水平相对较低,这导致地方政府对于公共服务的投入力度受到一定影响。最后,公共服务体系的不完善性也是边疆民族地区基本公共服务供给的一大问题。受制于经济发展水平和地理环境的限制,边疆民族地区的公共服务体系存在诸多不完善之处,如基础设施不足、服务人员素质不高等,这些都在一定程度上影响了公共服务供给的质量和效率。相关不足使得边疆民族地区的基本公共服务供给无法完全有效满足地方居民的需求,也影响了边疆民族地区居民的获得感。因此,提高边疆民族地区基本公共服务的供需匹配程度和居民获得感成为当务之急。

本研究通过深入分析边疆民族地区基本公共服务供需匹配的现状,能够识别影响公共服务供给质量的关键因素,以及分析匹配过程中存在的各种问题,这对于提高公共服务匹配程度具有重要意义。通过实证测度检验目前边疆民族贫困地区基本公共服务供需匹配现状,有利于政府部门回顾总结上阶段工作经验,为政策制定者提供针对性地改进建议,从而补齐公共服务短板,实现公共服务需求的精准识别和全面管理,并且以此为据有针对性地开展下一步工作。

(二) 有利于进一步提升边疆民族地区居民获得感

个体的获得感体现了社会个体对外在客观物质利益与内在主观精神感知的统一,在实践过程中,提升人民获得感已然成为新时代国家治理和社会发展的重要价值追求。通过对居民获得感的大范围调研考察有利于准确把握边疆民族地区居民心理状态,有助于政府部门准确把握社会民众内在主观感知动态,从公民视角审视目前地方治理工作的短板和不足,从而更有针对性地开展相关服务工作,有助于提升社会公众的内在感知体验,以及维护社会稳定和边疆安全。

同时,基于理论梳理和公共服务供需匹配的现实测量以及公共服务供需匹对居民获得感影响的实证研究结果，有助于地方政府从"社会—政府—文化"等多维度视角出发，基于边疆民族地区发展的客观现实，提出提升居民获得感体验的路径选择，同时提出优化公共服务供需匹配程度并提升居民获得感的政策建议。在这一过程中，地方治理主体需要关注公共政策的实际执行效果，通过建立有效的评估和监督机制，确保政策的实施能够真正惠及居民，提升他们的幸福感和获得感。

第三节 研究思路

本研究采用了如下技术路线进行具体研究：将根据"提出问题—研究问题—结构化问题—分析问题—解决问题"的研究逻辑，聚焦每个研究步骤的核心问题，据此形成本书的研究框架。这些核心问题包括：云南边疆民族地区基本公共服务供需匹配和居民获得感现状如何？有哪些属性和特征？基本公共服务供需匹配对居民获得感的影响机制如何？如何有效提升边疆民族地区基本公共服务供需匹配和居民获得感？本研究将细分为以下几个子问题进行深入探讨：公共服务供需匹配现状测度；城市基本公共服务满意度对居民获得感的影响机制研究；农村基本公共服务满意度对居民获得感的影响机制研究；城市社区基本公共服务满意度对居民获得感的影响机制研究；农村社区基本公共服务满意度对居民获得感的影响机制研究。最后就如何进一步提升边疆民族地区基本公共服务供需匹配程度和居民获得感提出建议。

第一，提出问题。在提出问题阶段，本研究的核心任务是明确研究的主题和目标，即探讨基本公共服务供需匹配如何影响云南边疆民族地区的居民获得感。为了实现这一目标，本研究采取精细化和系统化的方法，依托权威的数据库资源，如中国知网（CNKI）和 Web of Science 等，通过综合使用关键术语进行广泛检索，全面搜集和整理相关领域的学术文献。这一步骤的目的是建立一个坚实的理论基础，为后续的研究搭建基础研究框架和提供指导。除了文献检索之外，本研究还将展开实地调研，深入了解云南边疆民族地区公共服务供需及居民获得感的实际情况。通过与当地政府、社区和居民的直接交流，更准确地把握研究问题的核心，提出更具针对性的研究主题。实地调研包括访谈、问卷调查和观察等多种方法，以确保数据的全面性和可靠性。

第二，研究问题。在研究问题阶段，本研究基于已有的理论研究和实践经验，进一步凝练研究框架和理论模型。这一步骤的目的是深入分析基本公共服务供需匹配和居民获得感的属性和特征，以及它们之间的相互作用机制。本研究探讨了公共服务供需匹配的属性和特征，包括供给的质量和数量、需求的多样性和紧迫性等。分析了这些属性如何影响居民的获得感，以及在边疆民族地区这些属性可能表现出的特殊性。此外，本研究探讨了影响居民获得感的中介变量和作用机制，如社会资本、生活满意度和政府信任等。这些变量可能在公共服务供需匹配和居民获得感之间起到桥梁作用，影响居民对公共服务的感知和评价。然后探讨了调节变量和依存条件，这些因素可能影响公共服务供需匹配对居民获得感的影响程度。例如，文化背景、政府形象和个体参与等因素可能在不同程度上调节这种影响。

第三，结构化问题。在结构化问题阶段，本研究通过深度访谈和实际案例，结合基本公共服务供需匹配和居民获得感的实际情况，对理论框架进行了修正和完善。这一步骤的目的是确保理论框架的实用性和有效性，为实证研究提供坚实的基础。本研究开展了针对云南边疆民族地区社会公众和相关政府部门的深度访谈，了解他们对公共服务供给的看法和需求，以及他们对获得感的体验和评价。这些访谈揭示了公共服务供给财政资金的使用情况、社会公众公共服务需求的特殊性以及居民获得感体验的具体维度层面。同时，分析不同地域公共服务供给的案例，识别边疆民族地区公共服务供需的特殊属性，特别是能够影响居民获得感的重要维度。在结构化问题阶段，本研究收集了多方面的数据和资料，包括政府公共服务的政策、报告、年鉴资料等。同时，根据研究理论框架，以云南省边疆民族县为单位开展问卷调查，收集社会公众获得感体验、公共服务绩效感知、政府信任、集体主义等相关数据，从而构造云南边疆民族地区公共服务供需和居民获得感的相关问卷数据，刻画公共服务供需匹配的演化过程，实现对边疆民族地区基本公共服务供需匹配和居民获得感情况的实际掌握。

第四，分析问题。在分析问题阶段，本研究系统收集了边疆民族地区基层政府部门开展公共服务的案例和政策文本。根据不同地区和部门供给公共服务的差异分析省级层面和边疆民族地区的供需匹配情况。同时通过相关分析、方差分析、多元回归分析等研究方法，识别自变量、中介变量和调节变量等前因变量与因变量之间的直接作用关系，即公共服务供需匹配以及相关的社会因素、政府因素和文化因素对居民获得感的直接影响，为下一步检验作用机制和权变条件提供前期基础。在此基础上，进一步通过构建结构方程模型，讨论潜变量和显变量之间的关系，考察基本公共服务供需匹配影响居民获得感的路径机制和边界条件，讨论在这一作用机制过程中社会因素、政府因素和文化因素发挥的不同的中介效应和调节效应，从而实证验证本研究的理论框架和研究假设。

第五，解决问题。在解决问题阶段，本研究基于上述实证研究和假设检验的结果，清楚地掌握了目前边疆民族地区基本公共服务供需匹配和居民获得感的实践现状及特殊属性，明晰了基本公共服务供需匹配影响居民获得感的作用路径和权变因素。这一步骤的目的是将研究成果转化为具体的政策建议，为提升边疆民族地区公共服务供需匹配程度和居民获得感提供指导。

按照这五个步骤开展研究，本研究旨在为云南边疆民族地区的基本公共服务供需匹配和居民获得感提供全面而深入的理解，刻画边疆民族地区基本公共服务供需匹配现状，并探讨公共服务供需匹配对居民获得感影响的作用机制，为政策制定者提供更有效的政策建议。这种系统化的研究方法不仅有助于更全面地理解公共服务供需匹配的复杂性，还有助于为提高居民获得感提供更有针对性的策略。

在基本公共服务供需匹配测度部分，本研究通过数据收集构建基本公共服务供需匹配模型，实证测度目前我国省级层面和云南边疆民族地区公共服务供需匹配现实。居民公共服务满意度是居民自身对公共服务供给水平满足其自身多元需求的主观评价，因此本研究采用公共服务满意度对公共服务供需匹配程度进行全面刻画。在公共服务供需匹配影响居民获得感机制部分，本研究从公共服务总体感知绩效、城市公共服务满意度、城市社区公共服务满意度、农村公共服务满意度、农村社区公共服务满意度五个维度出发，探讨各自维度公共服务满意度对居民获得感的影响机制。

第四节 主要创新点

本研究聚焦边疆民族地区公共服务供需匹配和居民获得感，不仅刻画了目前边疆民族地区公共服务供需匹配现状，而且探讨了公共服务供需匹配对居民获得感的影响机制，主要有如下三点创新。

第一，研究视角创新。在当前的研究领域中，公共服务供需匹配与居民获得感的关系是一个复杂而多维的问题。本研究旨在通过多维度视角，全面分析这一关系，以期达到更深入的理解。首先，本研究将公共服务供给和需求予以结合，从公共服务供需匹配的视角关注目前公共服务发展状况。同时，通过构建指标体系和模型模拟分析，对边境民族地区公共服务供需匹配现状进行量化分析，然后综合考虑分析供给和需求变化实际和匹配现状。不仅关注单一的量化指标，而是通过多维度的指标体系，全面评估公共服务的供给与需求之间的匹配状况，从而更准确地反映公共服务供需匹配的实际情况。其次，本研究从公共管理的研究视角出发，讨论公共服务供需匹配对居民获得感的作用效果。结合社会学、管理学、心理学等学科知识，从"社会—政府—文化"等多维视角出发，从公共服务总体感知绩效、城市公共服务满意度、城市社区公共服务满意度、农村公共服务满意度、农村社区公共服务满意度五个维度出发，探讨各自维度公共服务满意度对居民获得感的影响机制。通过这种多维度的研究视角，本研究旨在揭示公共服务供需匹配与居民获得感之间的复杂关系，并为政策制定者提供更全面的政策建议。这种研究视角的创新有助于更深入地理解公共服务供需匹配的复杂性，并为提高居民获得感提供更有针对性的策略。

第二，研究设计创新。本研究以云南边疆民族地区为研究对象，采用逻辑严谨的研究设计，实证分析公共服务供需匹配对居民获得感的影响。云南边疆民族地区因其独特的地理环境、民族文化和社会结构，为研究公共服务供需匹配与居民获得感的关系提供了一个独特的研究背景。研究设计遵循"提出问题—研究问题—结构化问题—分析问题—解决问题"的逻辑流程。首先，提出问题，即公共服务供需匹配如何影响云南边疆民族地区的居民获得感。其次，研究问题，探讨影响公共服务满意度对居民获得感的影响机制等。再次，将问题结构化，通过构建理论模型和假设来指导实证研究，并探讨公共服务供需匹配对居民获得感的具体影响机制。最后，在分析问题和解决问题阶段，本研究实证验证了相关假设，并提出针对性的政策建议，以提高公共服务供需匹配效果，从而提高居民的获得感。本研究将公共服务供给端与需求端相结合，可以全面系统地评估边疆民族地区公共服务供给等有关公共政策绩效，同时有利于更深入地掌握边疆民族地区居民心理状态。此外，从多维视角探究基本公共服务供需匹配对居民获得感影响过程中的变量作用机制，为提炼更具一般性和解释力的理论模型提供了条件。

第三，研究方法创新。本项目采用多元化的研究方法，深入揭示了基本公共服务供需匹配对居民获得感的作用机制。多元化的研究方法有助于本研究从不同角度和层面理解这一复杂的社会现象，并为研究结果提供更全面的支持。首先，二手数据分析为本研究提供了一个宏观的视角，通过分析现有的统计数据和研究报告，本研究可以了解公共服务供需匹配的总体趋势和特点。这种分析有助于本研究识别影响公共服务供需匹配的关键因素，并为后续的实证研究提供基础。深度访谈和问卷调查则为本研究提供了微观的视角，通过与居民和政策制定者的直接交流，本研究可以更深入地了解他们的需求、期望和满意度。深度访谈可以揭示居民对公共服务的具体需求和对公共服务供给的评价，而问卷调查则可以量化这些需求和评价，为本研究提供更精确的数据支持。多元回归分析等统计方法则为本研究提供了定量分析的工具，通过构建统计模型，可以量化不同因素对居民获得感的影响，并评估这些因素的相对重要性。这种定量分析有助于本研究理解公共服务供需匹配对居民获得感的作用机制，并为政策制定提供科学依据。将多种研究方法结合使用，有利于提炼和解释统计分析结果，并形成相互支持的证据链条。这种多元化的研究方法有助于本研究充分科学地解释说明基本公共服务供需匹配影响居民获得感的路径机制和权变因素。这种多元化的研究方法不仅有助于更全面地理解公共服务供需匹配的复杂性，还有助于为提高居民获得感提供更有针对性的策略。

第二章 研究综述

第一节 基本公共服务供需匹配综述

一、公共服务基本概念

"公共服务"一词起源于西方,1912年,法国学者莱昂·狄骥首次对"公共服务"概念进行界定,认为政府是公共服务供给的唯一合法主体,提供公共服务是政府的法定义务。根据公共服务的共同性和差异性,采用一定的方法,可以从不同的角度对公共服务的类别进行划分。从是否满足社会公众需求的角度划分,可以分为基本公共服务和非基本公共服务;从公共服务的功能性视角划分,可以分为主权性公共服务、社会性公共服务和经济性公共服务;从公共服务的特征划分,可以分为纯公共服务和准公共服务;从公共服务的覆盖面划分,可以分为全国性公共服务和地方性公共服务;从公共服务的资本与劳动力投入比划分,可以分为劳动密集型和资本密集型(叶晓玲,2011;任宗哲,卜晓军,2013;竺乾威,朱春奎,2016;陈振明,2017;张贤明,2018),如表2-1所示。

表2-1 公共服务区分类别

划分角度	具体分类
是否满足社会公众需求	基本公共服务、非基本公共服务
公共服务的功能性	主权性公共服务、社会性公共服务、经济性公共服务
公共服务的特征	纯公共服务、准公共服务
公共服务的覆盖面	全国性公共服务、地方性公共服务
资本与劳动力投入比	劳动密集型、资本密集型

有学者将公共服务与政府职能相联系,例如,靳永翥(2007)通过对相关公共服务概念的整理,认为政府及其部门运用公共权力,通过多种机制和方式回应社会公众差异化需求活动的过程就是公共服务。马庆钰(2005)认为公共服务是由法律授权的政府和非政府组织生产和提供纯粹性的公共物品、混合性的公共物品和特殊性的私人物品过程中所承担的职责。经济学领域关于公共服务的概念界定的落脚点

在于公共产品，最具影响力的理论是公共产品理论。萨缪尔森将公共产品定义为，每个人对某一物品的消费，并不会减少其他人对这种物品的消费，认为这种物品具有非竞争性、非排他性与效用的不可分割性。从公共服务的提供主体方面分析，Atkinson 和 Stiglitz（1980）认为单纯地靠市场机制无法有效地提供公共产品或服务，进而将公共服务定义为私人部门无法完全提供的那些由公共部门提供的服务。尚虎平和石梦琪（2024）从公共管理学视角对 D 市 L 县某主题公园的公共产品进行 62 天实地的调查研究，对公共产品和公共服务进行区分，如果在开放、不设限且不引发"拥挤性消费"的条件下，公共产品所蕴含的公共服务属性就能够被激发出来，并且使人民群众能够随时享有公共服务。Buchanan（1965）从提供的方式视角分析，认为公共服务是任何组织为了某一原因决定的通过集体提供的产品或服务，并界定存在于私人产品与公共产品之间的准公共服务为俱乐部产品。安体富和任强（2007）认为公共服务既属于服务范畴又属于公共物品的范畴。

有学者从公共服务所具有的属性视角出发，例如，郑晓燕（2012）从公共服务所具有的价值和利益的角度出发，认为公共服务具有公共性、公益性和公平性的特征。陈昌盛等（2007）从公共服务的价值属性出发，认为公共服务是一国全体公民不论其种族、收入和地位差异如何都能平等享有的服务。顾平安（2008）从公共服务的基本要素出发构建公共服务属性分析基本框架，从公共经济学、合法性与政治学、公共与个体关系社会学视角分析了公共服务的属性。还有学者从公共服务的需求属性出发，柏良泽（2008）认为公共服务是满足普通社会中最广大人民的日常生活需求的服务。韩小威和尹栾玉（2010）认为公共服务是以公共利益最大化作为目标，为社会公众提供各种所需物品的活动，并将基本公共服务划分为底线生存服务、基本安全服务、公众发展服务和基本环境服务。刘亮（2011）认为公共服务是指依托公共部门以及社会公共资源的服务，其服务对象是具有共同公共需求或者偏好的消费群体（见表 2-2）。

表 2-2 公共服务概念

研究视角	概念	出处来源
基于政府职能视角	政府回应公众差异化需求活动的过程	靳永翥（2007）
	政府生产和提供公共物品所承担的职责	马庆钰（2005）
基于提供公共服务主体视角	私人部门无法提供的那些服务	Atkinson 等（1980）
	人民群众随时享受的公共物品所激发的公共服务	尚虎平等（2024）
基于提供公共服务方式视角	任何组织因某一原因决定通过集体提供的产品或服务	Buchanan（1965）
	公共服务属于服务又属于产品	安体富等（2007）

续表

研究视角	概念	出处来源
基于公共服务所具有的属性视角	公共服务具有公益性和公平性	郑晓燕（2012）
	全体公民都能平等享受的服务	陈昌盛等（2007）
	从公共服务的基本要素构建公共服务属性	顾平安（2008）
基于公共服务需求视角	满足人民日常生活需求的服务	柏良泽（2008）
	以公共利益最大化为目标为公众提供所需物品的活动	韩小威等（2010）
	服务对象是有共同需求或者偏好的消费群体	刘亮（2011）

公共服务可以分为基本公共服务和一般公共服务。安体富和任强（2007）指出基本公共服务是指与民生密切相关的纯公共服务，一般公共服务是指除基本公共服务之外的服务。马庆钰（2005）认为公共服务系统应该包括公共服务融资、公共服务结构、公共服务规划、公共服务提供、公共服务政策方案评估和公共服务质量监督六个环节。胡志平（2022）提出，由于公共服务所具有的共富逻辑、增长逻辑和发展逻辑，公共服务成为我国巩固拓展脱贫攻坚成果、迈向共同富裕的衔接因子。夏志强和付亚南（2021）认为现有研究普遍认为公共服务的供给主体并不是单一的，而应该通过公共组织、私营企业、第三部门组织等多元主体采用合作供给的方式进行。在这三者主体之中，公共组织居于主导地位，私营企业位于基础地位，第三部门处于补充地位。

《中华人民共和国国民经济和社会发展第十四个五年规划和2035年远景目标纲要》中明确提出"提高基本公共服务均等化水平"，公共服务均等化是国内众多学者关注的有关公共服务研究的重点内容。均等的内容包含两个方面：一是居民享受公共服务的机会均等，二是居民享受公共服务的结果均等（安体富，任强，2007）。也有学者认为，由于经济发展水平、财政收入状况和整体经济政治制度安排的差异性，因此区域间、城乡间存在差异是正常现象（刘磊，许志行，2016）。自1949年中华人民共和国成立以来，根据不同时期公共服务供给制度呈现的特征，我国公共服务供给制度大致经历了两个大的阶段的历史演变，即改革开放前和改革开放后。改革开放之前属于计划经济体制下的公共服务供给体制，表现为适应传统计划经济体制的要求，以"高度集中、城乡分割和低水平平均"为基本特征。改革开放之后公共服务供给制度逐步适应建立社会主义市场经济的要求，突出表现为"体制转轨、城乡统筹和追求均等化"的特征（李杰刚，李志勇，2012）。众多学者关注公共服务均等化水平测度。李维露和张明斗（2024）以2012—2021年中国31个省份为研究对象，构建城乡基本公共服务评价指标体系，结合熵值法和信息熵函数测算了省域城乡基本公共服务均等化水平。研究发现，中国城乡基本公共服务均等化水平显著提高，年均增长率为3.63%，且整体呈现出"东—中—西"梯度递减的空间分布格局。中国城乡基本公共服务均等化水平的总体差异、地区内差异以及地区间差异均呈缩小态势，且地区间差异是其空间差异的主要来源。蒙昱竹等（2024）关注贵州省县域基本公共服务均等化时空差异，运用熵值法和层次分析法相结合的综合赋权，基于2011—2021年贵州88个县域的相关数据，构建基本公共服务均等化的评价体系，分析贵州省县域基本公共服务均等化的时空差异情况。研究发现，贵州省县域基本公共服务均等化水平呈现上升趋势，空间差异特征明显，东部基本公共服务均等化水平高于西部，中部基本公共服务均等化水平最高。伏润民等（2024）构建广义国民收入理论分析框架，将基本公共服务纳入国民收入分配体系，实证论证基本公共服务对广义国民收入的影响路径及其程度，以此证明基本公共服务供给差异是影响国民收入水平差异的直接因素。宋佳莹和郭璟（2024）通过对基本公共服务的可及性与受益性进行测度，进而分析2015—2020年中国基本公共服务均等化的发展趋势。也有部分学者提出提升公共服务均等化水平的政策建议。Richard（2015）强调公共服务的提供要在以政府为主体的基础上加大力度吸引社会组织参与，如通过政府给社会组织投入资金的方式让社会组织代替政府来提供服务，从而使社会力量可以发挥自己的作用。李军鹏（2019）认为，要以需求均等为核心推进基本公共服务均等化，要科学确定基本公共服务标准，以"人均标准财政需求"为重点科学设计转移支付制度，要以不断强化政府基本公共服务职能为重点，加快政府职能转变步伐。陈世杏等（2023）提出，应通过增强公众参与、关注不同社会阶层的公共服务需求、降低行政负担和改善政府形象等方式，来提升基本公共服务均等化的感知水平。李宝荣（2024）提出，完善基本公共服务制度体系的具体目标是提供均衡可及的基本公共服务。路艳娥（2024）论述了"四位一体"的基本公共服务均等化的社会伦理建构，强调了基本公共服务供给中的人文关怀。彭迪云等（2021）从完善现代财政制度、优化多元主体参与机制、全面推进乡村振兴战略和健全监督考核机制等方面提出实现基本公共服务均等化的对策建议。

二、公共服务供给

公共服务供给是指公共服务主体输入资源将其转化为具体公共服务绩效的过程，公共服务供给主要涉及公共部门为满足公共需求而提供公共服务的种类多少、数量大小和质量的高低，包括公共服务供给机制、公共服务供给主体以及公共服务供给评价等。

（一）公共服务供给机制

众多学者聚焦于有关公共服务供给端的研究，在公共服务供给机制方面，有学者讨论如何通过网络大数据和多元主体等智慧方式创新优化公共服务供给机制。从网络大数据的背景下，众多学者普遍认为需要借助现代化信息技术创新公共服务供给机制。梁玉芳（2022）认为需要从合作机制、分工机制、决策机制、整合机制四个维度驱动公共服务供给，在大数据背景下重新构建在合作网络中公共服务供给主体的角色、地位以及关系，公共服务供给网络的变革将产生颠覆性的影响。唐皇凤和吴昌杰（2018）通过构建网络化治理模式优化新时代我国的基本公共服务供给机制，提出网络化的治理模式需以基层服务型党建组织建设为中心，政府、市场和社会主体协同共治，还需要理顺网络化管理体系多元主体的制度化关系。治理资源的下沉不仅推动了基本公共服务的扁平化与集成化，还推动了其精准化和精细化，信息技术平台有助于实现基本公共服务的智能化和高效化。刘晓洋（2017）认为大数据驱动公共服务供给主体协同化、供给内容清单化、供给方式智能化和监管精准化。周晓丽（2024）认为现阶段我国农村公共服务供给存在数字化技术应用不足、质量管理体系不健全、数字化认知素养缺乏、数字赋能流程亟待优化等问题，并提出在后续改革建设中，需要从资源投入、机制建设、主体素养培育、价值导向等方面发力，以数字技术持续驱动农村公共服务高质量发展。季彦霞等（2024）关注公共体育服务供给机制，认为数字赋能高质量公共体育服务供给要遵循构建以服务质量为中心的赋能体系、创新以数字技术为载体的赋能工具、强化以人民需求为中心的赋能价值的行动逻辑。要通过全链条增效、整体性协调、绿色化发展、多维度开放、多元化共享打造高质量的公共体育服务；通过数字化供给手段创新、数字化供给信息创新、数字化供给机制创新、数字化供给模式创新，实现公共体育服务的高质量供给。崔运武和杨映竹（2022）认为区块链在公共服务供给中发挥重要作用，主要集中于精准识别和智能筛选需求信息、智能辅助公共服务供给决策、实时追踪和评估服务效能等方面。

众多学者普遍认为政府、市场和社会组织等是公共服务供给机制创新的重要力量。尹华和朱明仕（2011）认为需要建立政府部门、私人部门和第三部门合作互动的协调机制，增强三者之间的合作与竞争，形成多元型的公共服务供给模式。李蕊（2019）认为公共服务供给公私权责着眼于政府、市场、社会合作供给体制配置，形成多元协同合作供给体制。曾维和等（2019）认为地方政府在政策、市场和监督三个连续递推环节中需要构建包容审慎的实现机制。徐望（2022）以公共文化服务为例，认为公共文化服务供给的应然结构是一种"大文化、大服务、大合力"结构，政府与社会、市场、研究机构共同形成"公共文化服务供给共同体"，因此公共服务供给机制创新需要创建包括多元主体合力供给结构、城乡一体化合力供给结构、线下线上合力供给结构、文艺跨门类合力供给结构的公共文化服务多元合力供给结构。祁志伟（2021）以南疆牧区作为田野考察点，通过实地调研发现，社会资本型公共文化服务供给模式已成为南疆牧区政府主导模式之外的创新模式，行为互动与资本吸纳是推动该模式有效运作的关键要素，并伴随着南疆地区社会治理政策而不断调适和优化。胡志平和许小贞（2021）基于社会企业的视角，认为社会企业遵循社区赋能逻辑、社区资本逻辑、社区共同体逻辑，从而使得社会企业有动力、有能力、有资本去精准匹配需求，让精准匹配供给成为可能。同时，社会企业通过社区化机制，即社区嵌入、社区分层、社区赋权及社区商业四大机制，精准匹配了社区需求，让精准匹配成为现实。

（二）公共服务供给主体

公共服务供给主体方面，学界普遍认为政府、市场和社会组织等是公共服务供给的三大主体。随着供给侧结构性改革的推进，公共服务供给主体朝着多元化的发展，政府不再是公共服务供给的唯一主体，韩小凤和赵燕（2020）提出，公共服务供给侧改革转变了政府的职能，提升了公共服务供给等，政府与社会组织关系朝着良性互动方向发展。魏娜和张勇杰（2017）提出，近年来推动政府职能转变、优化公共服务供给、创新社会治理的重要方式之一是政府购买社会组织服务的方式，这种合作的方式将政府从服务生产中分离出，政府是公共服务的规划者而不是生产者。曹海军和薛喆（2017）提出，基于协作生命周期理论，以供给侧改革背景下的基层公共服务供给为研究对象，探讨政府、社会和市场之间的多方协作关系，并将基层公共服务供给侧改革划分为四个阶段。

多元主体合作供给也是众多学者关注的焦点。如郑晓燕（2013）认为政府、市场和社会组织在公共服务供给主体多元发展中，只有遵循公共服务内在规律对其进行科学的供给设计，公共服务供给的有序、高效才能真正实现。公共服务供给主体多元发展的保障机制包括优势互补机制、竞争机制、决策机制、约束机制和监督机制。田华和陈静波（2007）认为社区公共服务的提出是面向公共目标的社区服务转型的结果，随着社区成为公共服务提供与消费的基本单元，仅依靠政府力量越来越难以满足社区日益突出的公共服务需求。在已经初步形成的新型社区公共服务供给网络中，存在政府为主、非政府力量为重要辅助的多元化供给主体，可以在各自最合适、最有效的公共服务提供范围里发挥积极作用。陆海萍等（2022）运用文献资料、逻辑分析等方法，分析了社会企业参与公共体育服务供给的实践优势及路径选择，认为社会企业所具有的体育公益使命、体育经营行为、体育专业能力是其参与公共体育服务供给的实践优势。在具体实践中社会企业可以与社区体育社会组织交融，搭建基层公共体育服务供给平台；与政府交融，构建"各显其能"的公共体育服务供给模式；与企业大数据系统交融，创新数字化公共体育服务供给机制。汪仲启和罗志豪（2024）以加装电梯为例，关注社区俱乐部物品合作供给的有效路径，研究发现加装电梯有效供给存在政企核心模式、政府主导模式、社企协调模式和均衡合作模式4种主要类型和6条组态路径。王欢明（2024）认为合作生产理论可以用来解释中国公共服务多方合作现象，同时也需要因地制宜进行深度的本土化重构，即需要坚持以人民为中心的理念，在多方合作中以党建为引领，以公众需求为驱动力，提供贴近生活的治理和服务。

　　有学者关注公共服务供给主体之间的关系，梁翔和瞿志远（2014）通过剖析主体角色分离、主体选择、主体角色分配、主体关系重构四个逻辑层次来完善公共服务供给主体间的关系，从而改善公共服务供给和保障政府职能转变。李利文（2019）认为人工智能时代公共服务供给主体之间关系存在四种模式，即科层制供给、市场化供给、社会化供给和合作化供给。有学者指出我国公共服务供给主体单一，李彦铎（2022）认为长期以来我国公共服务的供给主要以政府为单一主体，多元化程度不高。同时以政府购买农产品冷链物流基本公共服务为案例，针对政府选择公共服务生产者偏好的定性实证研究发现，政府在购买公共服务的过程中存在包括规避绩效风险和廉政风险在内的风险规避偏好、因传统的"家长式"治理思维和公益性保障要求而导致的政府控制偏好等问题。周义程（2005）基于古典经济学视角，在深入论证公共服务市场供给无效性的基础上，将政府视为唯一的当然主体。然而，市场之手失灵并不意味着政府这只看得见的手必然有效。事实上，政府垄断型供给模式会引发诸如公共服务的超量供给、效率低下、质量低劣、有效供给不足等一系列制度性缺陷，由此形成了公共服务供给主体选择的悖论。为了寻求破解悖论的密码，需要摆脱在政府或市场两极间进行选择的惯性思维逻辑，借鉴新公共管理、治理理论等分析工具，构建我国公共服务的一主多元型供给新模式。李少惠和崔吉磊（2021）以Z市"乡村舞台"建设为例，探讨政府与社会力量在公共文化服务供给过程中的各自角色，研究发现，政府与社会力量互动在不同阶段呈现差异化的互动机制。首先政府与社会力量互动的促成源自政府动员，具体以政策导向、行政推动与资源整合为实现机制；互动运行阶段的合作化供给，以互补增强为基础、以项目制运营为方式、以监督规范为保障。吴昺兵和贾康（2024）认为，公共产品供给方式由公共需求变化、主体资源获取与配置能力、科技水平、政府与市场关系的制度变迁等系列约束条件决定，约束条件的演变主导着政府和市场职责边界的动态重塑。

（三）公共服务供给评价

　　公共服务供给方式类似于公共部门投入和产出之间的一座桥梁，行之有效的供给方式能使得地方政府在有限的资源约束下，最大化其产出效益，以优化社会的整体福利。优良的供给方式能通过有效整合社会资源、更新供给体系、重构供给模式、优化供给要素来实现公共服务的便利化、精准化和规范化。好的供给方式，必定带来公共资源投产的高效；反之，若公共物品的供给中出现低效和浪费，则意味着其现有的供给方式亟须调整和改良。对公共服务供给效果进行评价将协助地方政府治理主体找准现存公共服务供给方式中存在的问题，进而为后续针对性的供给方式改革提供指引和帮助，因此，对公共服务供给过程进行效率评价便显得尤为关键。Bradfond 和 Oates（1969）指出政府供给的公共服务是财政投入的函数，而居民享用的公共服务又受其个人意愿和政府将特定投入转化为公共服务受益能力的影响。Savas（1978）基于此又将公共服务供给效率分解为生产和配置效率，分别度量财政投入与产出的比率以及公共服务供给相对于需求的充分性和匹配性。Warner 和 Hebdon（2001）指出公共服务绩效的提升在于改善其供给模式，通过分离公共服务的生产主体与供给主体能达到降成本、提质量和促公平的目的。Abreua 等（2018）发现，改善地区定价及市场竞争机制、放宽市场准入门槛，可提高公共服务运营效率和质量。洪曙和武锶芪（2020）运用 DEA 模型对国内 31 个省份 2013—2017 年基本公共服务供给效率进行静态分析和动态分析，实证表明我国基本公共服务的财政端综合供给效率未能得到显著提升，但从纯技术效率的角度出发，绝大多数地区的管理水平和制度效率提升明显，总体效率提升缓慢的原因在于规模报酬的降低。从综合效率变异系数的变化轨迹上来看，各地在公共资源投产利用效率上的差距并没能得到有效缓解，三大经济地带整体供给效率的排序为：中部地区 > 东部地区 > 西部地区。龚锋（2008）通过对我国 2005 年 70 个大中城市公共安全服务供给进行数据包络分析发现，中小城市存在安全投入不足，而大城市可能存在公共安全服务供给过量的问题。袁华萍（2016）运用 DEA 分析发现我国大部分地区在环境治理上仍存在着高投入、低效率的问题，且各地的投资效率差异有扩大化的趋势。储德银等（2018）通过选取与居民福祉息息相关且受市场化改革影响较小的义务教育相关投入和产出指标来计算公共服务的效率指数，发现中国式分权对教育服务的供给效率产生了倒 U 形的非线性影响。王喆和丁姿（2018）指出公共医疗服务的民营化借助市场竞争机制中的成本控制效应、鲇鱼效应以及互补效应起到了提升公共服务效率和增强供给辐射力的作用。单薇、程文川和石磊（2018）通过对公共文化综合效率指数的空间计量分析发现公共文化的综合供给水平存在着明显的共变关系和空间集聚性，提出打破区域壁垒，充分利用好相邻省份区域竞争所产生的辐射带动作用以优化公共文化服务投放效果的建议。何继新等（2015）的研究发现，不同主体业务关系、信息沟通反馈、相互信任程度、自身利益关注程度等会对城市社区公共物品供给产生影响。卢洪友等（2011）认为，不同地区间由于财政资源、经济发展程度和地方官员的偏好等因素的存在影响了公共服务供给效能。高春亮和李善同（2021）指出，在公共服务供需共振趋势明显时，行政区主导的分散化供给难以解决人力资本集聚形成的中心外围需求，财政投入缓解供给效能差距的作用将减弱。另有学者指出，服务需求精准识别能力、服务规划制定、政府服务供给的观念和服务人员技能素养等都是公共服务精准化面临的现实困境，影响着服务质量的提升和服务资源利用效率（崔红志，2015；张贵群，2018）。

三、公共服务需求

现有关于公共服务的研究较多关注公共服务供给端，这也在一定程度上造成了学界对公共服务需求端的忽略，由于有限的公共资源和不断增长的服务需求之间矛盾的存在，公共服务供给仍然无法有效满足公民日益多元化的服务需求。而公民真实的服务需求则是公共服务供给和决策的前提，需要将公共服务供给端与需求端统筹考虑。因此，随着研究的不断深入，部分学者也将公共服务的需求端纳入各自的研究视野，对公共服务需求展开相关研究。

（一）公共服务需求定位

相较于公共服务供给层面的研究，有关公共服务需求层面的研究相对较少。及时有效地回应社会成员的公共需求是现代国家治理的内在要求（谷成等，2025）。部分学者多是从过程理论的视角讨论如何有效促进社会公众公共服务需求的充分表达和精准识别，学者容志（2017）将政府公共服务界定为教育、医疗卫生（健康）、社会保障和社区建设发展四项，并从国际、国内两个维度对公共服务支出占比进行共时和历时性的比较，研究表明中国公共服务支出在财政总支出中的比重相比欧盟国家和OECD国家较低，医疗卫生和健康支出是短板。胡税根和齐胤植（2022）指出大数据的发展有利于政府对人民群众公共服务需求进行精准感知、精准聚类、精准测量、精准满足和精准检测决策。但是薄弱的数字基建阻碍了公共服务需求的感知，不对称的信息妨碍了公共服务需求的精准识别，表达不畅的机制阻碍了公共服务需求的精准反馈等难题，造成公共服务需求未能实现精准管理。因此，需要推动公共服务精准管理需求的理论创新，推动我国的公共服务数字基础设施建设，公共服务需求清单制度建立动态的调整，公共服务需求的排序得到重视，公共服务需求的监测平台能够实时监测，更好满足人民群众日益增长的公共服务的需求。王玉龙和王佃利（2018）将数字治理注入公众基本公共服务真实需求识别之中，树立深入公众行为的需求识别理念，畅通公众与政府双向的需求表达与识别制度，提供对差异化需求的精准识别技术。曹海林和任贵州（2023）根据"项目进村"的研究发现，提出过度把控技术性的流程削弱了乡村所需要的实际公共服务供需力度，因此需要改良现有服务资源供给评价方式和多元参与模式，进行公共服务数字赋能和内生机制革新,是实现公共服务"精细化"转向"精准化"。王玉龙和王佃利(2018)从数据治理的视角指出,面向公众真实需求的精准识别和精准供给,提升基本公共服务的供给效率与质量,对公共服务供给侧改革具有重要意义。冯猛(2016)的研究表明,社区服务的供需精准匹配模式通过特定的供需匹配设计,形成有效的供需连接,从而为社区居民提供最高效的公共服务。刘琪(2025)认为农村养老服务合作生产主要包括需求识别、主体动员、利益整合和服务产出四个过程。政府应为公民提供参与公共事务和需求表达的平台,通过深化政社互动,了解公民真实需求,厘清两者权责边界。

一些学者聚焦于某一特定地区或某一特定人群,分析其公共服务需求现状。江平和徐越倩(2013)构建了基础教育、医疗卫生、文化、社会保障、生态环境、公共基础设施和社会治安7个维度的二级指标,对我国中、东、西部15个省份的每个省份选取3个地区进行了问卷调查,分析民众基本公共需求满意度。他们得出结论:公共服务供给未与居民的实际情况相结合,且缺乏对政府的评价机制。颜玉凡和叶南客(2016)通过对N市J社区各代际居民公共文化需求的实证研究,探究了各年龄群体居民在需求意愿、文化活动的内容与组织方式、文化设施类型和运行管理方式以及公共文化生活的参与目的等方面存在的明显差异。他们认为,需要进一步完善社区居民公共文化需求的实现机制,加大对社区公共文化活动的组织方式进行系统治理的力度,并着力提升社区公共文化设施的建设和管理水平,确保居民的多样化公共文化需求在公共文化服务体系的有效运行中得以充分满足。

(二)公共服务需求管理

也有部分学者从体制机制的视角讨论如何对公众的公共服务需求进行管理。众多学者普遍关注公共服务需求管理的历史发展进程和管理阶段划分,并普遍认为需要在公共服务需求管理过程中强化现代信息技术手段,从而提升公共服务需求管理质量。盛明科和蔡振华(2018)指出,自中华人民共和国成立以来,我国的公共服务需求管理经历了政治指向、经济取向和社会转向三次逻辑转换。在不同历史时期,由于人口结构、法治水平和技术条件等因素的变化,公共服务需求管理的内容、程序和制度也有所不同。徐增阳和张磊(2019)以城市社区居民的需求为核心,探讨了如何通过构建价值判断机制、沟通机制等多种机制,形成一个整体性的运作过程,从而实现公共服务需求管理的精准化。苏有丽和牛春华(2024)认为应通过数字赋能的数据和算法来治理公共需求。同时从数据构成要素、算法模型和计算能力等方面,提出了包括治理理念、治理主体、治理流程和治理机制在内的公共需求治理的技术逻辑,并强调相关因素在其中的作用。蔡振华和赵友华(2020)指出,人工智能为公共服务需求治理提供了动力赋能。具体来说,人工智能可以精准识别和筛选需求信息,智能优化治理情境,整合治理议题,辅助治理主体的行为决策,并实时跟踪评估治理效能。沙勇忠和苏有丽(2023)从数据流转的角度出发,基于DIKW模型构建了一个基于社会诉求大数据的公共服务需求模型。他们认为,需求管理应涵盖需求识别、需求分析和需求决策等多个环节。陈水生(2017)认为,建设服务型政府需要对民众的公共服务需求进行全面的调查、整合、传递和吸纳,并重视民众的服务需求偏好和需求管理。马静和岳军(2014)认为,应强化巡视制度并将其应用于公共需求表达中,以增强公共服务需求表达的有效性,并规范公共服务需求表达的管理。Randor和Osborne(2013)指出,精准管理模式不应仅仅被视为提升公共服务短期供给效率的工具,而应成为更广泛的公共服务管理改革思维的一部分。韩健和李林(2017)认为,在当今公共服务需求差异化的背景下,仅强调公共服务均等化不能满足流动人口的公共需求,应重视公共服务精准化。

四、公共服务供需匹配

我国公共服务供需关系大致经历了从计划经济体制下的公共服务供需关系(1949—1978年)、改革开放时期的公共服务供需关系(1978—1994年)、分税制改革下的公共服务供需关系(1994—2015年)、获得感背景下的公共服务供需关系(2015年至今)四个阶段。这四个阶段也反映了我国公共服务发展从提升供给效率质量到重视公众需求满足的发展历程。因此,如何通过优质高效的公共服务供给,满足公民多元化服务需求,以提升其自身获得感体验成为现阶段的政策重心和研究重点。

(一)公共服务供需内涵

供需匹配概念源于经济学。古典经济学中,供需理论是解释市场价格和数量变动的基本理论框架。供给与需求的彼此之间的相关关系,在市场经济中表现为供不应求、供过于求和供需平衡3种基本状态(白如江等,2024)。在公共管理领域,登哈特(2024)提出的新公共服务理论强调政府需要通过广泛的公民参与及对话机制,深入了解公民对公共服务的真实需求。同时,鼓励公民参与公共决策和公共服务的提供过程,以确保服务的提供更加符合公民的意愿和利益。

健全基本公共服务供给体系并逐步提高公共服务水平,构建供需匹配的公共服务供给机制是我国实现中国式现代化的必然要求。但是目前,由于不能对公众需求进行有效识别,导致目前我国公共服务供给难以全面了解及有效满足公众的多样化公共服务需求(潘昱州,彭荔,2019),存在着供给端和需求端未能进行有效对接的现象。以政府为主体的多元公共服务供给主体所提供的公共服务的种类、数量及质量等与公民真实需求之间存在一定差异,无法满足公众的真实需求,产生了多样化需求与单一化供给、强劲式需求和有限性供给、动态性需求和滞后性供给、实际性需求和无效性供给等供需错位的矛盾(赵友华,张慧敏,2020)。张立荣等(2020)对公共服务改革试点地区的实践进行考察发现,当前政府购买社会力量公共服务的供需失衡主要表现在民众个性化和多样化需求的识别失准、公共服务数量和质量的供给失准、公共服务承接主体的甄选失准三个方面。

因此，针对目前我国公共服务供需匹配存在的问题，众多学者纷纷提出相关对策建议。颜玉凡和叶南客（2016）认为，为了提高我国公共文化服务品质，需从构建公共文化需求信息汇集平台和公共文化需求表达机制、建立志愿者及社区精英的发掘与培育机制、建立常态化的居民公共文化需求信息处理机制、建立制度化和常态化的群众参与决策机制、针对各代际群体的需求特点及参与目的来设计和创新公共文化活动机制等方面完善社区居民公共文化需求的实现机制。盛明科和蔡振华（2018）认为我国公共服务需求管理要在现实矛盾和基本国情的框架内，从信息、责任、技术、主体等维度，探索弥合经济高速增长与充分满足人民公共服务需要之间沟壑的路径。宁靓等（2019）从需求管理、决策制定、流程管理和绩效评价四个维度阐释了公共服务供需匹配中精准管理的内涵，设计并剖析了大数据驱动下公共服务全过程精准管理的实现路径，并分别从需求与反馈机制、信息安全制度、大数据基础设施建设、人才培养与智力支持和项目激励机制五个方面，构建确保该路径实现的保障体系。于璇等（2024）认为应充分发挥城乡基本公共教育服务均等化与乡村振兴的协同作用，以提升基本公共服务水平。郑军和孔庆波（2020）研究发现，推动供给与需求的可持续发展必须克服政府在提供社区体育公共场地设施中存在的供需错位和地域差异明显等问题。

（二）公共服务供需匹配影响因素

影响公共服务供需匹配效果的因素众多，目前学界主要聚焦于技术因素、流程因素和人员迁徙因素等方面。

部分学者认为大数据技术是影响公共服务供需匹配效果的重要因素。宁靓等（2019）指出，大数据引起的信息流可以在服务需求管理、服务供给决策、服务流程管理和绩效评价四个阶段进行公共服务供需的精准匹配。大数据形成的"数据流"是实现公共服务精准管理的驱动力，大数据技术支持公共服务供给阶段的资源配置与服务方式的选择。通过大数据技术对公共服务需求信息进行收集、识别与传递，并对公共服务供给的资源配置和服务方式选择进行筛选。在服务流程管理阶段，各个主体之间需要建立信息共享平台。在服务绩效评价阶段，需要对绩效信息进行实时监督与反馈。人工智能以其动态交互、多模态数据处理和智能分析能力，为公共信息服务提供技术支撑。朱红灿等（2025）基于供需匹配理论，分析了AI赋能场景式公共信息服务供需匹配的内在机制，根据"识别—设计—供给管理"的逻辑构建了过程框架。

一些学者从运作流程的角度探讨了影响公共服务供需匹配的因素。宁靓和孙晓云（2021）从服务供应链和公共服务合作理论的视角分析了公共服务精准匹配的运作流程。他们收集了全国东、中、西部 644 份样本数据，归纳出影响公共服务供需精准匹配的主要因素。公共服务供需匹配流程包括需求管理、供给决策、流程管控和绩效考核。在服务过程中，政府、公众、市场和社会多方协同合作，实现了供需双方资源的有效匹配。汪大海和莫雪杨（2024）基于供需匹配理论，在需求侧管理、供给侧回应以及大数据驱动三个维度下构建了义务教育公共服务供需匹配的行动框架，揭示了精准化管理的运行机制。完颜邓邓和董雨萱（2022）通过文献调研和网络调查，选取了 5 个具有代表性的国外公共数字文化资源整合平台作为研究对象。研究表明，这些平台有助于建立供需反馈机制，确保资源供给的及时性和准确性，促进多元渠道的公众参与，并识别需求的共性与个性，从而提升供需匹配的精准度。

另外一些学者认为人员的迁徙影响迁徙地公共服务的供给，从而造成公共服务供需匹配不均衡。王郅强和赵昊骏（2019）指出，养老人群的迁移式流动导致公共服务需求与迁入地公共服务供给之间的矛盾日益加剧。以三亚市为例，随着我国进入银发经济时代，老年人口增多，养老观念的转变以及迁入环境气候资源较好的地区，这类特殊人群呈现出规模扩大和需求多样化的发展趋势。核心矛盾在于迁入地公共服务供给与需求之间的缺口越来越大。因此，可以通过供给侧结构性改革，鼓励社会治理体系各主体进行相应补位，促进我国社区养老模式的发展。张日向（2007）以浙江慈溪市为样本，对外来务工人员的户口、子女教育、社会保险、最低生活保障和困难补助、治安、卫生等方面进行了问卷调查。结果显示，外来务工人员无法真正享受到与当地居民相同的公共服务。吴伟平和刘乃全（2016）关注流动人口特殊人群的公共服务供需匹配问题，建议地方政府应合理规划事权与供给责任，设计纵横结合的完善转移支付制度，健全建设用地和行政编制配置机制，建立公共服务多元化供给网络，从而更好地匹配流动人口的公共服务供需。

（三）公共服务供需匹配效果评价

众多学者采用多种定量研究方法对公共服务供需匹配效果进行评价。比如，张语轩、耿秀丽和潘飞（2023）通过供需匹配仿真实验验证了多源数据对智慧养老的积极作用。徐亚东和张应良（2024）基于需求度和满意度的 IPA 分析，探讨了如何在宜居宜业和美乡村建设下优化农村基本公共服务。师玉朋和马海涛（2015）以转型经济中的财政税制和财政收支新常态下的财政回应标准为背景，结合公共物品的外溢性和区域需求的差异性，构建了空间结构模型，对云南省 129 个县（市）的部分公共服务供需进行了评价。政府涉及公共资源配置决策及公共品的生产，这两个环节主要涉及财力配置决策和投入与产出比率的关系，重点测评某个辖区的生产绩效，第三个环节是居民收益分享。王郁和赵一航（2021）以上海市为例，构建了供给和需求的一级指标，并选择了 2005—2016 年上海 17 个区域的数据进行耦合度分析。他们认为，应根据人口和服务需求的变化，对公共服务供给和内容进行适当的调整。彭建东（2022）利用 2018 年武汉市社区级老年常住人口数据和 2020 年武汉市养老设施及道路交通等多源数据，从养老设施和养老服务两大角度评价了武汉市养老设施公共服务的供需情况。申明锐等（2024）构建了一套融合个体时空定位大数据和公共服务设施 AOI 数据的县域公共服务设施配置评估调控方法。该方法主要从需求和供给两个角度，以空间网格作为划分县域公共服务设施供需统计与分析的空间分析单元，以公共服务设施用地面积为媒介进行需求值与供给值的实际测算与评估，最后根据评估结果予以相应的设施规划配置调控建议。

在公共服务供需匹配评价过程中，众多学者也根据各自研究领域的不同构建了相关评价指标体系。徐雷等（2024）在扶贫改革试验区对地方基本公共服务供给水平的影响研究中，选取了与民众生存和发展密切相关的人均教育支出、人均医疗卫生支出和人均社会保障及就业支出三个维度来衡量地方基本公共服务供给水平。杨琪等（2024）在城市流动老年人口基本公共服务供给开放度研究中，选取了基本养老服务、基本公共交通、基本医疗卫生、基本文化体育、基本养老和医疗保险五大类，共计 20 项代表性基本公共服务项目作为测量指标，构建了流动老年人口基本公共服务供给开放度测量指标体系。叶璐等（2024）在财政纵向失衡对基本公共服务供给影响的实证分析中，从基本公共服务的狭义定义出发，选取了医疗服务、基础教育和社会保障三个重点民生保障领域来构建指标体系。陈梦根等（2024）在研究数字经济对基本公共服务的影响时，构建了包含基础教育、社会保障和就业、医疗卫生、公共文化、基础设施、科学技术、公共安全和环境保护在内的 8 个一级指标及 33 个二级指标，以此更科学准确地反映数字经济对基本公共服务的影响。孙作雷等（2024）以青岛市主城区为例，基于公共服务设施等多源数据构建了社区服务设施配套评价体系，客观评价了公共服务设施与人口供需匹配情况（见表 2-3）。

表 2-3 公共服务供需匹配指标体系构建

来源出处	一级指标	二级指标
徐亚东等（2024）	农村基本公共服务	基本社会保障服务、公共医疗卫生服务、休闲文化体育服务、便利生活条件服务、公共就业培训服务、通信道路设施服务、农业生产设施服务、农村生态环境服务、公共基本教育服务、乡村治理效能服务
徐雷等（2024）	教育、医疗卫生、社会保障	人均基本公共服务支出、人均教育支出、人均医疗卫生支出、人均社会保障和就业支出、经济发展水平、非农业发展水平、人口老龄化、人力资本水平、人口城镇化、固定资产投资水平、对外开放度、储蓄率

续表

来源出处	一级指标	二级指标
杨琪等（2024）	基本养老服务、基本公共交通、基本医疗卫生、基本文化体育、基本养老和医疗保险	特困人员救助供养、最低生活保障、经济困难的高龄和失能老人补贴、医疗救助、政府购买养老服务、高龄补贴、法律援助、免费或优惠乘坐交通、建立居民健康档案、健康教育、老年人健康管理、老年人中医药健康管理、老年健康与医养结合服务、公共文化场馆及传播服务、公共教育设施及健康服务、读书看报、老年教育、老年文化活动、基本养老金异地领取、基本医疗保险异地报销
叶璐等（2024）	医疗服务、基础教育、社会保障	医疗保健支出占比、千人卫生机构床位数、千人医疗人员数、小学师生比、初中师生比、小学升学率、初中升学率、人均转移性收入、最低生活保障支出标准、最低生活保障人数占比
陈梦根等（2024）	基础教育、社会保障和就业、医疗卫生、公共文化、基础设施、科学技术、公共安全、环境保护	教育服务财政支出比重、人均受教育年限、文盲人口比重、社会保障与就业财政支出比重、城镇失业水平、职工工资、人均养老保险占比、人均医疗保险占比、人均失业保险占比、人均工伤保险占比、人均生育保险占比、人均特殊教育学校数量、特殊教育师生比、医疗卫生服务财政支出比重、人均卫生机构床位数、人均卫生人员数、人均博物馆数、人均藏书占比、文化体育和传媒服务财政支出占比、公共基础设施服务财政支出占比、人均公共交通、人均道路面积、城市供水普及率、燃气普及率、公厕数量、技术市场成交额占比、专利申请授权数占比、财政科学技术占比、财政公共安全占比、财政环境保护支出占比、人均城市绿地面积、交通事故发生数占比、医疗卫生机构数
孙作雷等（2024）	基础教育、医疗卫生、养老服务、文化体育、交通出行	初中、小学、幼儿园、0~3岁幼儿托育机构、卫生院与社区卫生服务中心与社区医院、社区卫生服务站、门诊部与卫生室与诊所、药房/药店、养老院/老年公寓、街道居家养老服务站、街道综合文化活动中心、社区文化活动中心、多功能运动场地、健身房、公园广场与全民健身路径、公交站点、轨道交通站点

基于我国目前的城乡二元结构现实，众多学者分别从城市公共服务和农村公共服务的视角进行了探讨。

五、城市公共服务

（一）城市公共服务概述

城市公共服务是指城市公共服务部门向市民提供的各种公共产品和服务，包括城市各类基础设施的建设、管理和维护，为市民创造和提供就业岗位，兴建教育、医疗、科技、卫生、体育和文化等公共事业，面向社会及时发布各种公共服务信息，并创造条件为市民参与公共服务管理提供保障。现代城市，其公共服务框架体系一般由市政设施建设服务、企事业发展综合服务、居民生活综合服务和科学文化普及服务四个板块构成（饶会林，2023）。魏程瑞和王郁（2019）基于P-S-R模型，从压力（Pressure）、状态（State）、响应（Response）三个维度构建了公共服务承载的评价指标体系。他们对上海市2005年至2016年静安区、徐汇区、黄浦区等17个地区的公共服务承载水平进行了评价，发现各区之间存在不同的问题和短板，需有针对性地加强公共服务的人力和财力投入。

有学者关注城市社区服务设施分布相关问题。高军波等（2010）以广州市为研究对象，探讨了城市公共服务设施的总体空间分布格局。他们从教育设施、商业设施、文化设施、医疗设施、市政设施和交通设施六个类别进行了详细分析。广州市区域供给规模差异较大，与人口分布不相协调，公共服务设施总体上呈现核心—边缘的空间格局。在市场经济条件下，高收入地区的公共服务设施数量明显多于低收入地区。武田艳和何芳（2011）对各城市居住区公共服务设施的规划标准进行了详细分析，包括制定思路、设施种类划分以及设施规划标准的演变历程。基于不同的社区属性、居民需求变化和发展趋势，他们探讨了城市社区公共服务设施规划标准的设置准则，强调了这些标准的适用性、动态性和弹性。陈妤凡和王开泳（2019）关注撤县（市）设区对城市公共服务配置和空间布局的影响与作用机制，研究发现，撤县（市）设区对新设区的公共服务水平提升有一定的促进作用，但新老城区之间的公共服务差距仍然存在。公共服务设施建设具有滞后性，在城市规划的指导下现已由城市中心向外围等级扩散，且在新设区内已初步呈现集聚点。赵美风等（2024）利用网络分析、地理探测器等方法，对比分析不同规模城市15分钟生活圈内公共服务设施的配置分异及核心影响因素，研究发现，随着城市规模等级的降低，公共服务设施的丰裕度和混合度均呈下降趋势，空间结构的核心—边缘特征逐渐突出。商业、交通和医疗等六类设施的覆盖度较高，体育、文化和养老设施的覆盖度偏低，城市边缘区养老、文化和体育设施较为缺乏。人口密度和经济发展水平是影响各类公共服务设施分布的主导因素。武文杰和孙瑞宁（2024）从地本—人本相结合的视角出发，构建基于可用性—可达性—可负担性—可适应性的可及性分析框架，并以设施数量与种类、空间距离、经济可负担能力、个体满意度为核心，建立城市公共服务设施可及性评价体系。

有学者关注了城市公共服务的作用影响。刘金凤和魏后凯（2019）利用2017年中国流动人口动态监测调查数据与289个城市数据的匹配数据研究发现，城市公共服务显著影响了流动人口的永久迁移意愿，城市的公共服务水平越高，流动人口的永久迁移意愿越强。佟大建和金玉婷（2022）运用2017年中国流动人口动态监测调查问卷和对应4个城市下辖26个市（县、区）的匹配数据，探究城市公共服务对农民工城市永久迁移意愿的影响机制。结果发现，多维相对贫困强度的上升抑制了农民工城市永久迁移意愿，城市公共服务改善了农民工以城市居民为参照系下的多维相对贫困，进而提升了其城市永久迁移意愿。周建军等（2024）发现，城市公共服务水平能够延缓住房压力对青年流动人口落户意愿负面影响的发生。肖鹏等（2024）基于2011—2020年282个地级及以上城市（市辖区）数据，采用双向固定效应模型检验了差异化的城市公共服务供给对地区创新的影响。研究发现，城市公共服务供给对以专利授权总量来衡量的地区创新水平具有显著的促进作用，以教育、医疗、交通基础设施为主的城市公共服务主要通过吸引人才与产业集聚促进地区创新。刘乃全等（2017）以长三角地区流动人口样本为研究对象，研究城市公共服务获取特征对流动人口居留意愿的影响。研究发现，相对于城镇户籍流动人口，农村户籍流动人口更难以获取城市公共服务，而且在城市的长期居留意愿更低。但对已经获得城市公共服务的流动人口而言，不同户籍流动人口的长期居留意愿无显著差异。胡彬等（2023）利用2011—2018年中国流动人口动态监测调查数据，考察了新型城镇化背景下城市公共服务供给对劳动力空间配置的影响，研究发现，城市公共服务供给增加能显著促进劳动力流入本地，但对邻近城市吸引劳动力具有不利影响，基础设施类公共服务供给对劳动力空间配置的影响范围较大，民生类公共服务的影响主要局限于本地。武优勐（2020）基于2005—2016年我国265个城市面板数据与2016年中国劳动力动态调查微观数据，分析了城市公共服务集聚对劳动力流动的影响机制。研究发现，城市公共服务集聚对劳动力流入呈现倒U形关系，即随着集聚水平提高，其边际效应先增加然后逐渐减弱。

（二）城市社区公共服务

对于中国来说，社区作为外来词汇，最初被翻译为社会或地方社会，后期由费孝通先生改译为社区，并将其解释为人们在地缘关系（与血缘关系相区别）上结成的互助合作的共同体。郑杭生（2003）认为"社区是进行一定社会活动、具有某种互动关系和共同文化维系力的人类群体及其活动区域"。金太军等（1998）认为城市社区是"城市中一定地域内发生各种社会关系和社会活动，有特定的生活方式，并具有归属感的人群所组成的一个相对独立的社会实体"。虽然在对于社区概念的界定上存在心理认同说、区域社会说和群体说等各种不同的观点（吴新叶，2008），但是一定数量的人口聚居、共同的生活地域、内心认同的文化和准则、彼此联结的组织是其共同特点。孙萍（2017）从人口特征、结构特征和文化特征三个方面区分了城市社区和农村社区的差异（见表2-4）。

表 2-4　城市社区与农村社区特征差异

	城市社区	农村社区
人口特征	人口密度高、人口异质性强、人口流动性强	人口密度低、人口同质性强、人口流动性差
结构特征	社会结构复杂、经济结构复杂、公共服务条件相对较高	社会结构简单、经济结构单一、公共服务条件相对较低
文化特征	文化差异较大、生活方式多元、人际关系松散	民风淳朴、习俗固化、文化生活单调、人际关系简单且亲密

资料来源：孙萍. 实用社区管理学 [M]. 北京：高等教育出版社，2017.

万正艺（2020）认为我国社区公共服务历经了"民政倡导、自主化供给""部门联合、产业化推进""三社联动、社会化发展"三个阶段。在社区公共服务分类方面，不同学者根据不同视角，对其进行了不同划分。Moroney等学者（1998）将社区服务划分为工具性服务和情感或认知服务。工具性服务主要是指对社区居民提供物质方面的服务，而情感或认知服务则主要是指对社区居民进行心理上或情感上的服务。唐云锋（2004）根据公共服务是否具有物质形态的表现形式，将公共服务划分为硬件类公共服务和软件类公共服务。张网成和陈涛（2010）从享有公共服务的社区独占性角度出发，将社区公共服务划分为所有社区及其成员提供的一类公共服务和只为某一社区及其成员提供的二类公共服务，并认为两种公共服务类型既相互辅助又彼此互补。夏志强和王建军（2012）从社区公共服务的供给模式进行划分，将社区公共服务分为行政性公共服务、自治性公共服务、互助性公共服务和市场性公共服务。孙萍（2017）则从社区公共服务的具体内容出发，认为社区公共服务包括社区福利服务、环境美化服务、文化教育体育服务、安全服务、社会救助服务、就业和社会保险服务、卫生和计划生育服务（见表2-5）。此外，田毅鹏和董家臣（2015）从社区服务供给主体的差异分析，从而对社区内不同类型的服务进行区分，认为公共服务是指那些由政府提供的服务，商业服务则是由市场提供的服务，而社区服务的本质在于社会性。

表 2-5　区分社区公共服务的类型

代表学者	划分标准	具体分类
Moroney等（1998）唐云锋（2004）	公共服务呈现的形式	工具性服务、情感或认知服务；硬件类公共服务、软件类公共服务
张网成等（2010）	公共服务的社区独占性	为所有社区及其成员提供的一类公共服务、只为某一社区及其成员提供的二类公共服务
夏志强等（2012）	公共服务的供给模式	行政性公共服务、自治性公共服务、互助性公共服务、市场性公共服务

续表

代表学者	划分标准	具体分类
孙萍（2017）	公共服务的具体内容	社区福利服务、环境美化服务、文化教育体育服务、安全服务、社会救助服务、就业和社会保险服务、卫生和计划生育服务

部分学者关注城市社区公共服务的生产供给模式。现有研究主要基于供给主体视角，从政府、市场和社会进行供给模式划分。第一种是政府生产模式，指的是由政府部门直接生产和供给社区公共服务的模式。政府担负着满足社区公共服务基本需求的职责，并通过提供公共服务来解决"市场失灵"的难题。尤其是在对弱势群体的社会福利与托底保障方面，政府有责任来维系社区的公平与正义（李迎生，2009）。第二种是市场生产模式，是指由企业生产社区公共服务的模式。企业在市场生产模式中遵循市场竞争的逻辑，在社区公共服务的生产中效率更高，同时也有效拓展了社区居民的选择范围，增加了社区公共服务的多样性。第三种是社会生产模式，是由官方主办公益性机构、草根型非营利性机构、居民自组织等社会组织生产社区公共服务的模式。众多社会组织所主导的社会生产模式不仅动员了社区居民的广泛参与，还为社区居民参与社区公共服务提供多样化的组织渠道和制度空间（陈洪涛，王名，2009）。除此之外，由于社区居民自身在我国社区公共服务中扮演着重要的角色，因此，也有学者关注社区公共服务的共同生产。共同生产是公民在公共服务的设计、供给和评价中志愿或非志愿性地参与（Osborne 等，2016），公众不仅可以通过共同生产参与到公共政策的议程中，同时更能够切实地为提升公共服务质量贡献力量（Loeffler 和 Bovaird，2016）。容志和张云翔（2020）基于上海市 N 社区微更新项目的分析，研究发现，社区微更新是居民与居民组织在各类需求的驱动下共同生产的结果，物质、知识与技能构成了社区公共服务共同生产的资源基础，居民可以在社区公共服务生产的不同环节实现价值共创。吴月（2022）以 C 市 X 区为典型案例探索了城市社区公共服务共同生产实践的形成机制与推进之道，研究发现，共同生产实践在国家创制与自我驱使的动力下，以机制保证实现常规生产者和消费生产者、国家和社会的共同在场，形成各方主体的合力，这增进了公民参与的持久性并使其因参与而受益。也有部分学者关注城市社区公共服务的智慧化供给。城市社区公共服务智慧化供给治理具有多主体网络化整体协同、现代集成新技术融合嵌入、高效便捷的供给效能、精细化供给治理的流程再造四个基本特质（何继新，何海清，2019）。何继新和李露露（2019）认为社区公共服务为智慧化供给提供了现实场域，智慧集成技术在社区公共服务中应用日益凸显，进而推动智慧化供给逐

步成为社区公共服务的创新方式。社区公共服务智慧化供给体现社区公共服务供给效率和质量提升的核心价值，在民众、公共部门、社会部门和私人部门等不同层面呈现出便捷精准的服务品质、丰富完整的服务内容、扁平顺畅的服务流程、高效精细的服务能力等具体功能价值。城市社区公共服务智慧化供给建设的基本框架包括参与相关利益主体、智慧化公共服务建设、物理场域平台建设三个方面，基本建设模式设计类型为资源整合集聚型、智能家居超市型、复合网络平台型和生态群落共生型。部分学者关注城市社区公共服务的设置规划。徐磊等（2024）基于公平正义理论和马斯洛的需求层次理论对社区公共服务设施进行规划，根据人口密度、出行习惯等特点对杭州富阳区社区的公共服务设施进行合理配置。刘柯琚等（2024）以西安市六区的三类居住小区为研究对象，对社区公共服务设施与人口进行了匹配性分析，归纳出不同社区设施的最优策略。赵静等（2017）选取南京市江宁区殷巷社区为研究对象，发现外来人口是导致城市社区公共服务设施供给不均衡的主要因素。吴培培等（2023）通过问卷调查和 PIO 数据，分析了上海市 2020 年社区功能设施的居民供需情况。研究表明，不同居民对公共服务的需求偏好存在差异，他们从供给布局、供给信息和供给主体三个方面提出了社区设施的治理策略。徐硕含等（2024）提出动态化配置、嵌入式布局和复合型设计 3 个城市社区公共服务设施规划策略，并以衢州智慧新城为例，探讨其"规划+管理+决策"的动态化配置、"补短+挖潜+融合"的嵌入式布局、"兼容+共建+共享"的复合型设计的公共服务设施建设实践，以为其他城市社区公共服务设施的规划建设提供实践参考。孙道胜和柴彦威（2017）基于城市社区的自足性、共享性概念以及居民出行能力制约等因素，从理论上提出社区生活圈体系的三圈层结构。社区生活圈Ⅰ是自足性的圈层，以社区物理边界划定；社区生活圈Ⅱ是在居民出行能力制约下形成的，其中的设施主要面向本社区提供服务。社区生活圈Ⅲ是共享性的圈层，是多个社区生活圈之间重叠的部分。於阅等（2024）基于上海都市社区调查和城市兴趣点数据，实证研究发现，以 15 分钟可达性为代表的城市社区公共服务设施建设是政府基层绩效的有效测量指标，社区公共服务设施建设不仅能显著提升地方政府信任从而改善央强地弱的差序信任格局，还能有效抑制后物质主义价值观对政府信任的负向影响。

六、农村公共服务

（一）农村公共服务概述

公共服务属于公共品的范畴，具有非竞争性和非排他性的特点。它是指由政府或公共机构提供的、旨在满足社会公众基本需求和共同利益的服务。农村公共服务旨在满足农业、农村发展及农民生产生活的需要。王小林和郭建军（2003）指出，农村公共服务是一种非竞争性和非排他性的社会服务。吴红梅（2006）和张军（2008）进一步定义农村公共服务为政府和非政府组织为农村地区经济和社会发展及日常农业生产提供的公共产品和服务。张立军（2007）认为，农村公共服务既具备公共产品的共性，又有其自身的特点。王辉（2009）和杨娱等（2024）则强调农村公共服务涵盖社会保障、医疗保健、教育和文化等多个领域。中国农村基本公共服务政策体系的变迁可以归纳为三个阶段：1978年至2002年是政府财政明显缺位的阶段；2003年至2013年是公共财政逐步覆盖的阶段；2014年至今则是走向城乡一体化的阶段（林万龙，2009）。

部分学者关注农村公共服务供给相关问题。林万龙（2007）认为供求内容的不匹配、供给方式的不适当、供给机制过于单一、供给中的重建设轻管护和重县城轻乡村是目前农村公共服务供求失衡的主要表现。而财权过于向上集中所造成的基层财力紧张、公共服务严重依赖省级以上专项资金，是造成上述结构性失衡的重要原因。范方志（2023）运用数据包络分析模型测度了2009—2020年我国30个省（自治区、直辖市）的农村公共服务供给效率值，研究发现：从全国层面来看，我国农村公共服务供给效率偏低，且呈现出U形趋势，即2009—2011年保持不变，2012—2013年递减，2013年后又呈递增趋势；对全国各省的供给效率进行横向和纵向对比发现，各省供给效率有显著差异，但总体上全要素生产率随时间先呈微弱增长态势，继而出现衰退态势。计芳芳和刘晓昀（2023）基于协同优势理论，通过对河南两县区农村营养改善项目政社协同实施的现实考察，建构了以协同主体为中心的"目标—能力—资源"分析框架。研究发现，农村公共服务协同供给失效主要是因为协同主体发生结构变动和角色冲突，在协同过程中逐渐出现协同目标偏离与冲突、权力固化与领导无力、信任缺失与沟通阻滞等问题。张新文等（2018）关注农村公共服务项目化供给中的马太效应，认为马太效应的产生既与项目制的内生性特征有关，又与村庄所拥有的外部性资源有关，二者共同形塑了地方政府在分配项目资源时所遵循的原则。马太效应不仅没有实现项目化供给的预期目标，还对村庄治理样态产生了负面影响。赵永丽和左停（2024）分析表明，"千万工程"增强了基本公共服务的可及性，推动了农村基本公共服务的共惠共享。贾玉娇（2024）指出，地方政府政策制定者对乡村基本公共服务资源供给的张力认知不足，导致农村基本公共服务供给的标准和公平性出现偏差。包福存和李忠信（2025）研究发现，数字赋能对农村基本公共服务的供给主体、供给方式、价值目标和评价机制四大核心因素产生了积极影响，有助于实现农村基本公共服务主体多元化、供给方式精准化、城乡公共服务均等化以及评价规范化。

部分学者聚焦于提升农村公共服务质量的路径。雷玉琼和刘丹（2010）主张通过提高农民的自主权意识和需求表达能力，实现机制转变和供给机制的市场化，从而提升农村公共服务质量。闫小斌和段小虎（2018）强调农村公共文化供给应与需求引导相结合，以克服结构性失衡。熊禄全、张玲燕和孔庆波（2018）则从内在需求角度推动农村公共体育服务供给改革。孙鹤汀和高千（2022）指出，在乡村振兴战略背景下，农村公共服务存在认知、结构和参与三大困境，表现为公共服务重视不足、社会民主领域供给短板和参与路径缺乏等问题。同时建议以党建为引领，重塑对农村公共服务供给的认知。吴业苗（2011）提出了两方面的建议：一是塑造以政府为主导的"一主多元"供给模式，二是建立与之配套的竞争机制、参与机制和分工机制等综合治理模式。杨宏山（2016）指出，由于城乡之间公共服务存在天然屏障，城乡公共服务一体化的目标需要通过地方治理来实现。政府既要满足城市地区的高水平公共服务需求，又要保障农村地区的基本公共服务需求。为此，需确立和完善农村地区的平等赋权、底线标准、转移支付、空间规划和协商民主制度，以提升农村公共服务水平。宋洪远和唐文苏（2024）认为，促进城乡基本公共服务标准统一和制度并轨，有助于提升农民的富裕程度。陈浩和王皓月（2022）基于战略管理理论视域，认为农村公共服务高质量发展内涵体系应是以乡村振兴战略目标为引领、涵盖三层级功能结构的递进发展，而促进相关供需主体的稳定合作均衡是其关键行动策略，据此构筑了上级政府、地方政府、农村居民参与的农村公共服务高质量发展三方演化博弈模型。陈弘和冯大洋（2022）关注数字赋能农村高质量公共服务质量发展的路径，认为在这一过程中需要树立以人民为中心的数字化公共服务供给理念、营造以多元共治为核心的数字服务生态共同体、打造以公民参与为重心的数字公共服务包容体、形成以开放共享为准心的数字公共服务监管体，从而推动构成以数字化为重点的"一心三体"的农村公共服务高质量发展的现实进路。苏志豪和何慧丽（2022）基于闽南三村案例，提出从国家项目承接和乡村社会建设双向维度可以提炼出新乡贤参与农村公共服务的作用机制。首先，在自上而下的外发维度，新乡贤的介入使得政府委托而村干部代理的"项目下乡"典型结构出现了"倒逼发包""信任直投"和"服务转包"等新型模式，其关键在于契合了政府行政逻辑。其次，在自下而上的内生维度，新乡贤受"在归属中发展"的文化逻辑驱动而做出服务示范行动，通过文化引领、组织保障和经济支撑等方式引领、培育村民自觉供给公共服务。

部分学者关注城乡公共服务均等化。缪小林等（2017）从公共服务均等化的视角研究了城乡公共服务差异，发现无论是中央的一般性还是专项性转移支付，都在一定程度上抑制了城乡公共服务差距的缩小。这种现象在中国分权体制下尤为明显，地方政府倾向于优先考虑能够实现更大社会福利效应的福利性公共服务，而生产性公共服务则更偏向于具有边际经济效应的领域。进一步研究表明，经济赶超水平越高的省份,转移支付对抑制城乡公共服务差距缩小的作用越强,但中央政府的战略干预对地方政府城乡公共服务支出偏向的抵御效应有限。林万龙(2018)通过案例分析了三个阶段国家对农村基本公共服务政策的内容及其实际效果。结果显示,在1978年至2003年,尽管城乡居民人均纯收入的相对差距在扩大,但城乡基本公共服务的相对差距却有所缩小。然而,在2003年至2016年,情况发生了逆转:城乡居民人均纯收入的相对差距缩小,但城乡基本公共服务的相对差距反而扩大。韩增林等(2015)从教育服务、文化服务、医疗卫生服务、基础设施服务、社会保障服务和信息化服务六个方面分析,以中国31个省份为研究对象,构建了城乡基本公共服务均等化指标。研究发现,各省份城乡基本公共服务差异显著,城乡基本公共服务均等化指数普遍偏低。城市基本公共服务水平对均等化指数的影响小于农村,呈现出类似"马太效应"的特点。程波辉和罗培锴(2024)基于2010—2021年268个地级市面板数据,利用熵权法分别测度城市与农村基本公共服务供给水平,研究结果发现,供给侧结构性改革对基本公共服务供给水平的提升具有促进作用,并且供给侧结构性改革通过提升公共服务财政支出水平与加强数字基础设施建设两条作用路径提升城乡基本公共服务均等化程度。李维露和张明斗(2024)以2012—2021年中国31个省份为研究对象,通过构建城乡基本公共服务评价指标体系,结合熵值法和信息熵函数测算省域城乡基本公共服务均等化水平,研究发现,中国城乡基本公共服务均等化水平显著提高,且整体呈现出"东—中—西"梯度递减的空间分布格局,中国城乡基本公共服务均等化水平的总体差异、地区内差异以及地区间差异均呈缩小态势。

(二)农村社区公共服务

2006年10月,中共十六届六中全会通过的《中共中央关于构建社会主义和谐社会若干重大问题的决定》中提出,"积极推进农村社区建设,健全新型社区管理和服务体制,把社区建设成为管理有序、服务完善、文明祥和的社会生活共同体"。盖尔平(1915)认为,"农村社区是由一个交易中心与其周围散居的农家合成的"。李芹和马广海(1999)认为农村社区不是一个血缘家族,也不是一个社会组织,而是以农业为主要活动聚集起来的人们的生活共同体。郑杭生(1999)认为农村社区是指居民以从事农业生产为主要谋生手段的区域社会。叶剑平等(2006)将农村社区定义为一定范围区域内的农民共同生活、农习、工作和栖息的一个有秩序的空间群落,是由有共同地缘的农村文化、习俗、信仰、价值观念、消费习惯、基本生活设施、经济社会生活所构成的地域空间。社区是以共同居住的地域为基础,具有共同的社会联系和价值认同的社会生活共同体,是一种地方性社会,相对于传统农村社区,当下的农村社区具有开放性、流动性、变化性和异质性等特征（徐勇，2007）。农村社区从产生到现代社会大体经历了原始农村社区、传统农村社区和现代农村社区三个发展阶段（吴忠观，1997）。陈克运（2004）认为，农村社区服务是在村民自治委员会领导下，以农村社区村落为依托，开展的具有社会福利性的公共服务活动。田华（2006）认为，农村社区公共服务是一个包含消费多重性质、多层次内容以及多元化供给主体的综合体系。

部分学者关注农村社区公共服务的问题不足。文军和吴晓凯（2018）基于重庆市5个村的调查研究发现，目前农村社区公共服务存在诸多问题。农村社区单向度的公共服务供给致使服务类型单一且缺乏发展型公共服务；以城市社区为导向的农村公共服务内容比较容易造成资源的闲置和浪费；以市民为参照标准的农村公共服务供给忽视了农民的综合素质，从而导致社区参与度偏低、有效治理不足等。张开云（2010）认为农村社区公共服务存在农村社区与村委会"自治权力"范围不一致和"自上而下"供给决策模式造成的决策困境、事权与财权不一致造成的基层政府和农村社区公共服务的投入困境、主体困境或组织结构的非均衡困境、农民参与和表达机制的困境等。孙迪亮（2017）关注农民合作社参与供给农村社区公共服务供给过程中的问题，认为目前存在公共服务能力羸弱、服务动机方面"政治任务"与政绩工程驱使下的"行不由衷"、服务内容方面"避重就轻"与"结构失衡"并存等问题。

部分学者聚焦于如何提升农村社区公共服务能力。陈沛然和汪娟娟（2020）基于南京市江宁区的现实考察，认为需要从政府、社区、村民三方面出发，以社会组织为支点，以社会资源为支撑，推动农村公共服务资源下沉。以政府为主导，积极推进制度改革，最大限度地引导以社会组织为代表的社会资源深入社区，密切联系群众，开展嵌入式服务，逐步提升村民的主人翁意识及其对社区的认同感，营造社区共建共治共享的新局面。吴军民（2022）认为应该通过强化残疾人家庭就业服务工作、打造残疾人社区康复服务共同体、利用现代信息技术精准研判功能等途径优化农村残疾人社区康复服务效能。董子越等（2025）基于我国31个省份老年人问卷调查数据，考察农村地区社区居家养老的设施覆盖与服务享受状况，研究发现目前还存在城乡区域发展不均衡、政策试点地区发展不平衡、老年人个体福利不均等、内部结构发展不平衡等问题。为此，需要强化顶层设计向薄弱地区倾斜政策和资金，统筹推进养老服务政策全覆盖，注重高质量养老设施建设与服务供给，满足老年人高质量养老需要。林士俊和张薇（2019）以西北民族地区农村社区为研究对象，认为提升西北民族地区农村社区公共服务合作供给机制创新必须从综合发挥政府、市场、社会组织、专业社工以及社区居民等公共服务主体的功能，健全农民需求表达及事后评价机制，加大财政支持的力度等方面着手。

第二节 获得感综述

一、获得感政策梳理

2015年2月27日,在全面深化改革领导小组第十次会议上,习近平总书记主持会议并着重强调,"把改革方案的含金量充分展示出来,让人民群众有更多获得感"。习近平总书记在公开场合第一次提到"获得感"这一概念。作为诞生于中国本土的学术概念,"获得感"一词一经提出,便迅速在社会各界引发了广泛而热烈的反响,并旋即成为学术研究领域中备受瞩目的焦点议题。

"获得感"精准且明确地界定了改革的核心目标,与以人民为中心的发展理念高度契合。它深刻地表明,改革的出发点与落脚点皆在于人民,所有的改革举措都应以提升人民的生活品质、满足人民的需求与期望为导向,从而确保人民能够在改革进程中切实享受到发展的成果,真正成为改革的最大受益者。"获得感"的提出宛如一面镜子,有力地促使人们直面现实生活中存在的诸如公平正义缺失、精神价值危机等诸多问题。它提醒着我们,在追求经济发展与物质繁荣的同时,绝不能忽视社会公平与人民精神世界的充实,而应致力于构建一个更加公正、和谐且富有精神内涵的社会环境,使人民在各个方面都能感受到改革带来的积极变化与进步。

自"获得感"首次被提出之后,习近平总书记在不同的重要场合多次提及这一关键概念,不断丰富和拓展其内涵与意义。2016年3月,习近平总书记在亲切看望参加全国政协会议的民建、工商联委员时进一步明确指出,"推动各项政策落地、落细、落实,让民营企业真正从政策中增强获得感"。

党的十九大以来,以习近平同志为核心的党中央更是将维护人民的获得感摆在了前所未有的突出位置。党的十九大报告着重强调,"完善公共服务体系,保障群众基本生活,不断满足人民日益增长的美好生活需要,不断促进社会公平正义,形成有效的社会治理、良好的社会秩序,使人民获得感、幸福感、安全感更加充实、更有保障、更可持续"。

习近平总书记在庆祝改革开放40周年大会上的重要讲话中指出,"我们要着力解决人民群众所需所急所盼,让人民共享经济、政治、文化、社会、生态等各方面发展成果,有更多、更直接、更实在的获得感、幸福感、安全感,不断促进人的全面发展、全体人民共同富裕"。

2021年1月22日,在十九届中央纪委五次全会上,习近平总书记强调,"坚持以人民为中心,强调持续整治群众身边腐败和作风问题,让群众在反腐'拍蝇'中增强获得感",为新征程上党风廉政建设和反腐败斗争指明了重要着力点。

2022年3月6日，习近平总书记在看望参加全国政协十三届五次会议的农业界、社会福利和社会保障界委员时指出，"有长期稳定的社会环境，人民获得感、幸福感、安全感显著增强，社会治理水平不断提升，续写了社会长期稳定的奇迹"。

2023年4月3日，在学习贯彻习近平新时代中国特色社会主义思想主题教育工作会议上，习近平总书记严肃强调，"着力解决人民群众急难愁盼问题，把惠民生、暖民心、顺民意的工作做到群众心坎上，增强人民群众获得感、幸福感、安全感"。

2023年5月11日至12日，习近平总书记在河北考察并主持召开深入推进京津冀协同发展座谈会时着重指出，"推进京津冀协同发展，最终要体现到增进人民福祉、促进共同富裕上。要大兴调查研究之风，深入了解群众需求，切实解决广大百姓关心关切的利益问题，不断提高人民群众的获得感、幸福感、安全感"。

2023年9月28日，在庆祝中华人民共和国成立74周年招待会上，习近平总书记指出，"我们要围绕满足人民日益增长的美好生活需要，加大民生保障力度，着力扩大就业，解决好人民群众急难愁盼问题，加强对困难群体兜底帮扶，巩固拓展脱贫攻坚成果，全面推进乡村振兴，扎实推进共同富裕，不断增强人民群众获得感、幸福感、安全感"。

2024年1月8日，在中国共产党第二十届中央纪律检查委员会第三次全体会议上，习近平总书记强调，"深化整治金融、国企、能源、医药和基建工程等权力集中、资金密集、资源富集领域的腐败，清理风险隐患。惩治'蝇贪蚁腐'，让群众有更多获得感"。

在2024年春季学期中央党校（国家行政学院）中青年干部培训班开班之际，习近平总书记作出重要指示，"要自觉做矢志为民造福的无私奉献者，始终把人民放在心中最高位置，树立和践行正确政绩观，走好新时代党的群众路线，提高做群众工作的本领，用心用情用力解决群众急难愁盼问题，不断增强人民群众的获得感、幸福感、安全感"。

2024年5月23日，习近平总书记在山东省济南市主持召开企业和专家座谈会时指出，"要从人民的整体利益、根本利益、长远利益出发谋划和推进改革，走好新时代党的群众路线，注重从就业、增收、入学、就医、住房、办事、托幼养老以及生命财产安全等老百姓急难愁盼中找准改革的发力点和突破口，多推出一些民生所急、民心所向的改革举措，多办一些惠民生、暖民心、顺民意的实事，使改革能够让人民群众有更多获得感、幸福感、安全感"。

2024年5月27日，在中共中央政治局第十四次集体学习时，习近平总书记着重强调，"促进高质量充分就业，不断增强广大劳动者的获得感、幸福感、安全感"。

2024年7月18日，在党的二十届三中全会上，习近平总书记明确指出，"要把重大改革落实情况纳入监督检查和巡视巡察内容，以实绩实效和人民群众满意度检验改革，真正让人民群众在改革中不断增强获得感、幸福感、安全感"。

2024年10月28日，在二十届中央政治局第十七次集体学习时，习近平总书记特别强调，"着眼满足人民群众多样化、多层次、多方面的精神文化需求，提升文化服务和文化产品供给能力，增强人民群众文化获得感、幸福感"。

习近平总书记关于提升民众获得感的一系列重要论述表明了获得感在推进国家治理体系和治理能力现代化进程中的重要地位。"获得感"已然成为改革成效的关键评价标准之一，其对于全面构建民众获得感的提升体系、加速新时代我国民生保障与发展事业进程等方面均具有不可替代的重要作用与深远影响。此外，由于"获得感"着重强调在客观获得基础上的主观感受，兼具客观性与主观性的双重特质，因此相较于其他单一维度的衡量标准，用"获得感"来综合衡量改革成效无疑更为科学合理、全面精准，能够更为真实地反映改革对人民生活产生的全方位影响与变化。

"获得感"是一个具有中国特色的本土化概念，作为一个政治理念进行阐述首次出现在我们国家，国外研究体系中尚无直接的概念与之对应（王恬，谭远发，2018）。幸福感与获得感之间既有联系又有区别，幸福感更加强调个体主观心理感受，而获得感之间存在因果递进关系，先有客观获得才会产生主观感知。因而，本书对获得感的相关研究是基于中国语境下而进行的研究。

二、获得感内涵

"获得感"是一个极具中国特色社会主义的"中国本土概念"，是指在我国全面深化改革、经济社会发展转型、推进共建共治共享发展的时代背景下，人民在经济、政治、文化、教育、医疗、环境、安全等方面的利益得到维护和实现后而产生的一种实实在在的满足感和成就感。

学界普遍认为"获得感"是建立在"客观获得"基础上的"主观评价"，客观获得主要包括人民群众在改革过程中切实享受到的收入增长、社会保障、公共服务等，主观评价则与"幸福感"共通，不仅是个体身心健康和需求满足的衡量指标和评价标准，同时也是城市治理和社会建设的落脚点与突破口，更是全面深化改革和共建共享发展的基本目标和动力源。此外，客观获得还包含了未来维度，希望未来的"获得"会更多更好。获得感是客观和主观的结合，是一种实在的、看得见、摸得着的得到满足感。客观层面，"获得感"是有着客观实际的物质获得，体现在公民收入的增长、有着充分的社会保障、良好的公共服务等。主观层面，"获得感"是一种建立在客观获得基础之上的主观感受，不是空泛的简单的，而是真实的实惠的。获得感既是映射民生福祉的本土化概念，又体现了人民群众对美好生活的强烈向往（郑建君，2020）。在全面深化改革、全民共建共治共享的社会治理新格局下，满足人民群众对美好生活的向往、增强其获得感不仅是贯彻新发展理念的必然要求，同时也是人民群众共享发展成果的最好途径（李东平，田北海，2024）。丁元竹（2016）认为获得感是人民对社会改革发展成果享有程度的主观认知感受，包括对经济发展、政府绩效、社会公平、政治认同等多元领域的感知。赵玉华（2016）认为获得感是绝大多数人对享有改革成果的真实感受，包括对经济、政治、文化、社会和生态文明体制等多维度改革成果共享的主观感受。获得感作为检验社会改革成果、衡量社会治理成效以及评价居民生活质量的重要标尺，关注获得感的内涵意义对提升居民主观积极感知和推动社会发展进步具有重要意义。

辛秀芹（2016）认为获得感是基于精神、物质以及文化等方面的获得而产生的一种主观感受。基于此，一种看法将其分为"获得"和"感"两个方面进行研究。一方面，基于"获得"的层面，曹现强（2017）认为获得感是居民所得到的物质、经济等方面实实在在的利益。周盛（2018）从客观和主观两个层面解读获得感的内涵概念，即客观层面上是由改革给群众带来的物质利益；主观层面上是群众享受改革成果后，由感知激发认同，而达到满足的正向体验。田旭明（2018）认为获得感是基于保障和实现了政治、经济、文化、教育、医疗以及安全等诸多方面后而产生的成就感和满足感。另一方面，基于"感"的层面，杨伟荣和张方玉（2016）认为结合"实在获得感"和"意义获得感"构成完整的获得感内容。张卫伟（2018）认为获得感是由物质改善和精神生活提升等现实境况的乐观感受和正向体验。郑建君（2020）认为获得感是自身因改善环境、提升自我的过程中所感受到的积极情绪和正向体验。

曹现强（2017）提出，获得感与幸福感等相关概念不同，是所有人共享改革发展成果而表现出来的主观感受，包括物质与精神两个维度。前者指获得内容，后者指在获得基础上产生的心理感受，如幸福感、满意度等（杨金龙，张士海，2019）。也有学者认为获得感经由横向、纵向、跨层次比较等方式叠加而成，如王浦劬和季程远（2019）认为获得感包括基于时间维度的纵向获得感和基于空间维度的横向获得感。

目前，学界对获得感内涵的研究大致可分为四类。第一，强调客观获得内容。张品（2016）认为，获得感是指因物质层面和精神层面的获得而产生的可以长久维持下来的满足感。杨城晨等（2022）认为，住房资产对青年的客观实在获得感和相对比较获得感具有直接正向作用，住房市场化改革使特大城市青年的住房资产产生明显分化，导致青年获得感的差异拉大，获得感和客观实际获得的内容存在紧密关联。张文宏等（2022）认为，资产是获得感领域不可忽视的变量，以住房、汽车、金融为代表的资产指标对社会分层和人们态度认知的解释力正逐渐替代收入这个传统的分层指标，特大城市居民的住房、汽车和金融资产等对获得感有着不同程度的影响。张惠等（2022）考察了灾民对公共产品供给的评价在何种程度上影响获得感，认为政府在灾后重建中应更关注公共产品供给规划，政府通过公共产品供给进行资源调度，对增强灾民的获得感具有重要的现实意义。马瑶瑶（2024）认为，社会资本和就业质量对农民工获得感的影响呈正相关关系，社会支持网越大、人情礼支出越多的农民工，获得感越高。工资收入增加对农民工获得感有促进作用，签订劳动合同会抑制农民工的获得感，购买社会保险的农民工获得感更高。社会资本通过就业质量的中介作用间接影响农民工获得感，表现为社会资本越丰富，就业质量越高，获得感越强。张平等（2024）认为，获得感和居民获得的基础设施有着密切关系，需要改善社区基础设施来提升居民获得感。第二，强调主观心理感受。吕小康等（2018）认为，获得感是人民群众对改革发展带来的物质利益与基本权益的普惠性的一种主观体验。李鹏等（2019）认为，获得感是人民群众对经济社会发展成果收益、社会公平正义实现以及基本公共服务供给的总体感受。陈雪薇等（2023）认为，文化消费与获得感具有显著的正相关关系，获得感部分中介了文化消费与幸福感之间的正相关关系，主观阶层认同调节了文化消费与幸福感之间的关系以及获得感的中介效应。谢春芳（2024）认为，获得感是现实的人在精神生活发展过程中产生的积极主观感受和情感体验，是心理感受与发展性情感的统一，是过程获得感与结果获得感的统一，是现实精神成长与长远人生发展的统一。第三，强调客观获得内容和主观心理感受的结合。杨金龙等（2019）认为，获得感是人民群众对物质、精神、权利等不同层面利益需求实现状况和实现程度的考量，以及在此基础上转化形成的主观感受。吴克昌（2019）认为，获得感是基于经济社会发展成果的客观享有与主观感受的综合衡量。彭文波等（2020）认为，获得感是个体在获取某种利益之后，内心深处所产生的一系列主观感受，是一种满足和幸福的积极情绪体验，而这种感受建立在实实在在的获得基础之上。郑建君（2020）认为，获得感是建立在客观获得基础上的主观感受的积极心理体验。杨三等（2022）认为，提高基本公共服务供给质量与主观绩效的同时，深入的公众参与和实际增益的获得感能更大限度地提升群众对地方政府的信任。胡荣等（2023）认为，人民发展过程中各领域中制度运行、权力运用，以及民众参与、竞争和享有机会的公平，都会影响到人民群众的心理感受，应在就业保障和城乡最低生活保障等方面加大投入，增强弱势群体和边缘群体的获得感。杨金龙（2023）认为，低收入群体获得感深受高质量的社会建设影响，医疗、养老、住房等服务保障和平等发展机会对低收入群体获得感有着积极的促进作用。第四，强调社会比较。王浦劬等（2018）认为，获得感是多元利益主体（个体、群体、组织）在改革和发展客观过程中对自身实际所得的主观评价。阳义南（2018）认为，获得感是获得利益、好处所产生的感觉、感受，指向对获得物的评价或评估。侯斌等（2019）认为，获得感是基于社会成员实实在在获得的基础上产生的一种主观自我评价。吴俣等（2024）认为，扶贫搬迁后的个体收入不平等对搬迁农民获得感具有显著影响，在易地扶贫搬迁过程中农民群体"获得的"比"失去的"更多，但个体收入不平等对其获得感具有显著负向影响。表2-6详细列举了不同研究者对获得感的见解。

表2-6 获得感概念

研究视角	概念	出处来源
基于客观获得内容	基于获得而产生的满足感	张品（2016）
	住房资产对青年的客观实在获得感	杨城晨等（2022）
	特大城市居民资产拥有和获得感紧密关联	张文宏等（2022）
	以公共产品供给和社会资本增强灾民的获得感	张惠等（2022）
	社会资本和就业质量对农民工获得感的影响	马瑶瑶（2024）
	基于基础设施来提升居民获得感	张平等（2024）
基于主观心理感受	对改革发展成效的主观体验	吕小康等（2018）
	对整个社会的总体感受	李鹏等（2019）
	获得感和文化消费的关系	陈雪薇等（2023）
	精神生活获得感	谢春芳（2024）
基于获得内容与心理感受	对需求实现状况及其程度的考量，以及在此基础上转化形成的主观感受	杨金龙等（2019）
	基于客观享有与主观感受的综合衡量	吴克昌（2019）
	建立在实实在在的获得基础之上的一种满足和幸福的积极情绪体验	彭文波等（2020）
	建立在客观获得基础上的主观感受的积极心理体验	郑建君（2020）
	公众参与的中介作用与获得感	杨三等（2022）
	获得感与政治支持之间的关系	胡荣等（2023）
	社会质量下的主观获得感	杨金龙（2023）
	多元利益主体对自身实际所得的主观评价	王浦劬等（2018）
	对获得物的评价或评估	阳义南（2018）
	基于实实在在获得而产生的一种主观自我评价	侯斌等（2019）
	易地扶贫搬迁农民个体收入不平等	吴俣等（2024）

资料来源：作者根据文献整理。

(一) 获得感的相近概念

获得感、幸福感、安全感等概念存在一定的相似性,彼此之间既有紧密的联系,又有显著的区别。而相对剥夺感与获得感在语义上呈相反态势,以下将深入辨析它们之间的相互关联、相同之处与差异所在。

1. 幸福感

Diener（1984）认为主观幸福感有三个特点：①主观性,指对幸福的评定主要依赖于行动者本人内定的标准,而不是他人或外界的准则；②相对稳定性,指虽然在评定主观幸福感时会受到情境和情绪状态的影响,但研究证实幸福感是一个相对较为稳定的值；③整体性,指主观幸福感是一种综合评价,它包括对情感反应的评估和认知判断,即包括正性情感、负性情感和生活满意度三个维度。Andrews 和 Withey（1976）认为可把幸福感分成正性情感、负性情感和认知水平三个维度。也有学者把幸福感分成正性情感、负性情感和生活满意度三个维度（陈志霞,于洋航,2017）。丁新华等（2003）强调主观幸福感的哲学背景来源快乐论,把幸福感定义为个人根据自己的标准对生活评价。主观幸福感主要是指个体按照自身设定的标准,对其生活质量所做出的整体评价。它包含两个基本成分,即生活满意度和情感体验。其中,生活满意度是个体对生活总体质量的认知评价,也就是从总体上对个人生活做出满意判断的程度；而情感体验则是指个体在生活中的各种情感感受,包括积极情感,如愉快、轻松等,以及消极情感,如抑郁、焦虑、紧张等。主观幸福感是由对生活的满意、积极情感的体验以及消极情感的缺乏共同构成的。个体对整体生活的满意程度越高,所体验到的积极情感就越多,同时消极情感越少,那么其幸福感体验也就越强。主观幸福感作为一个重要的心理学概念,是衡量个体生活质量的关键指标之一。佩德罗·孔塞桑等（2013）认为主观的快乐测试的是人们自身感受到了何种程度的快乐。有关主观快乐的结论来自那些要求人们自己描述他们感受到了何种程度快乐的调查。边燕杰和肖阳（2014）认为主观幸福感是人们对生活质量的自我评价。方黎明（2016）强调认为主观幸福感是人们对自身生活总体质量满意程度的自我评价。郑建君（2020）认为人民群众的幸福感是检验工作的重要标尺,幸福感也体现了"以人民为中心"的理念。

Dinner（2012）将西方关于幸福感的研究划分为三个主要的发展阶段：第一阶段集中于人口统计学维度描述与比较不同人群的幸福感的描述比较阶段；第二阶段重点研究发展幸福感的理论与解释模型的理论建构阶段；第三阶段侧重于幸福感测量技术的完善与发展的测量发展阶段。也有学者从幸福感的具体类型进行研究。张兴贵等（2024）认为认知幸福感、情感幸福感、心理幸福感、健康幸福感和关系幸福感是常见的幸福感测量指标。也有学者认为幸福感研究有主观幸福感、心理幸福感和整合幸福感三种范式，其中员工主观幸福感指个体对自身工作生活的认知评价与情感体验，强调"快乐"；心理幸福感关注精神满足和个人功能实现，强调"意义"；整合幸福感综合前两者强调"有意义的快乐"（严标宾等，2004）。粟路军和胡萱（2023）通过交叉学科视角下的幸福感研究，将幸福感从经济学领域、社会学领域、心理学领域和管理学领域进行了阐述。经济学领域，早期福利经济学关注国民收入、社会福利、家庭消费等客观指标，秉持客观主义原则，视个人主观经验为不科学，多数经济学家遵循功利主义，认为幸福感与经济增长正相关，增加收入可提高效用。但 1974 年"伊斯特林悖论"的出现，表明物质财富与幸福感并非同步增长，甚至可能相反，动摇了传统经济学假设。此后幸福经济学拓展了效用和福利概念，强调收入外影响幸福的因素，并提出幸福指数概念，以主观指标数值反映幸福。社会学领域，社会学认为幸福感是社会产物，需置于特定社会背景研究。社会学家关注国家生活质量调查，影响了当代社会学的生活质量和幸福感研究。在此基础上，幸福感测量衍生出主观指标、客观指标及主客观指标相结合三种方向，这些指标不仅考量人们对生活条件和状态的客观评价，还包括其他相关方面。心理学领域，1967 年 Wilson 发表《自称幸福的相关因素》开启了心理学对幸福感的研究，积极心理学的发展推动其达到新高度。研究者关注心理学积极取向，研究人类积极心理品质，探索健康幸福与和谐发展。心理学中幸福感研究主要分为主观幸福感、心理幸福感和社会幸福感，从本质上存在享乐幸福感和实现幸福感两种研究范式与取向。管理学领域，以 Luthans 为代表的学者提出积极组织行为学，将幸福感研究扩展至管理学和组织行为学领域，使幸福感研究聚焦工作情境，催生了工作幸福、职业幸福感和员工幸福感等概念，成为国内外研究热点。在关注组织成员健康发展的背景下，该领域的幸福感研究对促进员工身心健康和提升组织绩效意义重大。

由上可知，幸福感具有极为鲜明的主观性特征，这意味着不同个体由于受到独特的价值观、生活经历、性格特点以及社会文化背景等因素的影响，对于幸福感的感知和界定会存在显著差异。同时，幸福感还具备整体性，它并非单纯地取决于生活中的某一个特定方面，而是涵盖了生活的方方面面，是一种对整体生活状态的综合评价。此外，幸福感还呈现出相对的稳定性，一旦个体形成了相对稳定的幸福观和生活模式，其幸福感在一定时期内会保持在一个相对稳定的水平，尽管可能会因重大生活事件而发生波动，但总体上具有一定的持续性。

2. 安全感

安全感是评价主体在处于稳定且安宁的生活情境下所产生的一种肯定性的心理体验与主观感受。林荫茂（2007）认为安全感是指公众（涵盖了自然人以及法人等各类主体），借助于客观存在的各种行为方式（其中包含了通过语言所做出的评价等具体行为），所展现出来的一种综合主观心理感受。这种心理感受是针对特定的一定时期以及相应的空间范围之内的社会治安状况而言，具体涉及社会治安所面临的破坏力情况，以及社会对于这种破坏力量所具备的控制力状况等多方面因素的综合考量。

一方面，安全感作为心理学概念，始于弗洛伊德的精神分析理论，他认为"缺乏爱或对身体受到危害的恐惧会产生焦虑，而这种焦虑会威胁到一个人的基本安全感"（1896）。随后，霍妮、沙利文、弗洛姆、埃里克森等学者就儿童如何获得安全感进行了探讨，但遗憾的是，他们始终没有深入探究安全感这一概念本身。首次正式提出心理安全感概念的是马斯洛（1945），他认为心理安全感是"一种从恐惧和焦虑中脱离出来的信心、安全和自由的感觉，特别是满足一个人现在（和将来）各种需要的感觉"。

另一方面，安全感作为一个社会学概念，始于20世纪60年代末的美国，由于当时美国总统执法委员会和司法行政委员会批判缺乏安全感的研究，安全感研究开始受到犯罪学家和其他社会学家的重视。姚本先和汪海彬（2011）认为社会安全感概念的界定方面没有心理安全感那么复杂，争论无非就在于它是否仅仅是一种"情绪"。认为社会安全感是一种综合反应的研究者，把认知评价、行为变化也纳入了社会安全感的外延。郑建君（2020）认为安全感是衡量美好生活的关键指标，并且体现了国家安全观中对人民安全的重视。因此，安全感被定义为个体长期稳定的心理需求和体验，包括对当前生活状态的无忧无虑和可控性，以及对未来个人、国家和社会的信心及预期。这种心理需求涉及对社会治安、公共安全、经济民生、政治秩序和社会风貌等多个方面的认识和信心，最终为个体带来身心、财产、生存和发展方面的安心和舒适体验。

与幸福感类似，安全感同样具备主观性，同样，安全感也具有一定的持续性和稳定性。个体的安全感一旦建立，会在较长时间内影响个体的心理状态和行为模式，为个体的生活和发展提供一种稳定的心理支撑。

（二）获得感、幸福感、安全感的异同

马振清和刘隆（2017）认为获得感、幸福感和安全感之间关系较为复杂，三个变量之间并非线性关系。获得感提升不一定会导致幸福感和安全感提升，后者更多受主观感受和社会因素影响，认为生活水平的提高必然会提升幸福感和安全感的观点是错误的。改革开放以来，人民群众的幸福感和安全感总体不断提升，但也有部分群体感到下降。这可能因为不同群体的需求水平处于不同阶段，部分人群对幸福和安全期待更高，且幸福感和安全感具有一定独立性，其提升并不完全依赖获得感。同样，郭梦莹（2023）关注乡村旅游社区居民的获得感、幸福感、安全感，通过实证研究检验发现，乡村旅游社区居民的获得感、幸福感、安

全感之间的关系并不仅是简单的线性相关,可能存在更为复杂的关系。王俊秀和刘晓柳（2019）认为获得感是人们在特定情境下对客观变化的感受。幸福感则是对人生满意度的持续体验,具有更深远的人生意义。安全感与幸福感的关联性更强,即幸福感高的人可能感受到更高的安全感,反之亦然。虽然安全感与获得感也存在相关性,但这种关联不如安全感与幸福感之间的关联紧密,表明安全感对幸福感的影响可能大于获得感。苏渊嫒（2020）认为获得感是"三感"的基础和前提。增进获得感是提升幸福感与安全感、确保人民"三感"充实、持久、可持续的基础和前提,增进获得感不仅意味着拥有足够充裕的物质财富,还意味着人民美好生活需要的不断满足,更加意味着改革发展成果带给人们看得见、摸得到的实惠,也只有做到这样,提升人民的幸福感、安全感才有可能。

与幸福感和安全感这两个着重体现主观性的概念相比,获得感的独特之处在于其蕴含客观性要素。金伟和陶砥（2018）认为获得感是安全感、幸福感的基本来源,安全感是获得感、幸福感的重要保障,幸福感是获得感、安全感的最高表现。个体如果在一段时间内能够保持高水平的获得感和安全感,那么其对于现实生活状态就会有强烈的幸福感。获得感构筑于客观实际获得的基础之上,这里的"获得"不仅仅局限于物质层面的收入增长、财富积累和物质产品的拥有等,还包括精神层面的知识获取、技能提升、社会认可、自我实现等非物质性收获。例如,个体通过接受教育获得了新的知识和思维方式,通过参与社会实践活动获得了社会经验和人际关系网络的拓展,通过自身努力在工作中取得了成就并获得了职业晋升机会等,这些均构成了获得感的重要组成部分。尽管三者各自的侧重点有所差异,然而它们相互交融、彼此影响。其中,获得感构成了基础源泉,丰富的物质和精神获得为幸福感与安全感提供了坚实的物质基础和体验层面的支撑。例如,当个体在经济上获得了稳定的收入增长,能够满足其基本生活需求并进行一定程度的享受性消费时,其幸福感会相应提升。同时,稳定的收入来源也增强了个体对未来生活的可预测性和掌控感,从而提升了安全感。安全感则扮演着至关重要的保障角色,稳定的生活环境是幸福感与获得感得以维系的重要条件。在一个社会动荡、治安混乱、经济危机频发的环境中,个体的获得感和幸福感必然会受到严重影响。而幸福感可视为获得感与安全感的高阶呈现形式,是个体在物质与安全需求得到一定满足后的综合心理升华。当个体在获得了足够的物质资源和稳定的生活保障后,会进一步追求更高层次的精神满足和自我实现,此时幸福感便成为个体心理状态的核心体现。郑建君（2020）借助模型检验证实,获得感是幸福感生成的关键基石,安全感在这一过程中兼具中介与调节的双重效应,于获得感与幸福感的交互影响关系里承担着"连接纽带"与"催化助力"的关键职能。具体而言,安全感在一定程度上调节着获得感对幸福感的影响强度,当个体的安全感较高时，其获得感更容易转化为幸福感；同时，安全感也在获得感与幸福感之间起到了中介传递的作用，即获得感通过影响安全感进而影响幸福感。

三、获得感影响因素

获得感是公民个体在客观获得基础上的主观感知，会受到国家、社会乃至个体的诸多因素的影响。作为个体对自身生活状态与社会环境综合体验的主观感受，其形成受多种因素交互作用，呈现出多维度的复杂影响机制。

相关研究多从规范性角度对居民获得感的概念内涵与特征展开深入的理论阐释，试图从本质上剖析这一复杂概念所涵盖的多维度属性及其独特的表现形式。也有文献尝试进一步对居民获得感的影响因素与内在机制予以实证分析，力求进一步挖掘居民获得感背后错综复杂的影响因素与内在运行机制。这种研究趋势反映了学界对居民获得感的重视，旨在精准把握其在社会结构、经济发展、文化环境等多元背景下的生成逻辑，为提升居民整体生活满意度与社会和谐稳定提供坚实的理论基石与实践指引。本研究总结相关文献，将影响获得感的因素大致归纳为社会结构、心理认知和宏观政策三个层面。社会结构层面主要关注社会地位、家庭收入、受教育程度等因素对获得感的影响。心理认知层面则探讨个人心理特质及社会心理活动对获得感的影响效应。宏观政策层面研究国家宏观政策如社会保障制度、扶贫政策等对获得感的影响作用。

（一）社会结构层面

社会结构层面涵盖了多个维度，其中社会地位、家庭收入以及受教育程度等因素尤为突出，它们相互交织且各自独立地对个体的获得感施加着深刻而复杂的影响，构成了一个多层面且动态变化的影响体系。

1. 社会地位与获得感

社会地位在很大程度上决定了个体在社会资源分配中的位置，进而影响其获得感。王艳丽（2020）认为客观社会经济地位和主观社会经济地位与认知获得感和情感体验获得感均呈显著的正相关关系，不同客观地位和主观地位在认知获得感和情感体验获得感上得分的差异显著。张仁鹏（2020）认为社会阶层、获得感与政府信任三者之间存在调节效应，即不同社会阶层人群的政府信任度会因为获得感的不同而不同，但是这种获得感的调节效应仅表现在社会公平感和政府公共服务满意度方面，而个人发展满意度并不存在调节作用。社会经济地位和居住空间对城市居民的获得感具有显著影响（徐延辉等，2021）。陈建华（2023）对15名不同学段的教师进行了半结构化的访谈等，研究发现地位感知与教师获得感呈正相关关系，即教师的地位感知水平越高，教师的获得感水平越高。李广和王艳龙（2023）认为当社会地位处于中上层时，社会公平感知能够更有效地提升居民获得感，即社会公平感知对居民获得感的影响受社会地位的调节。Pettigrew

(2008)等人研究指出，处于社会地位底层并且政治影响力较弱的工薪阶层的剥夺感更为强烈，社会地位在很大程度上决定了个体在社会资源分配中的位置，进而影响其获得感。研究指出，处于社会地位底层并且政治影响力较弱的工薪阶层的剥夺感更为强烈。这一现象表明，较低的社会地位往往伴随着资源获取的困难和社会参与的受限，使得该群体在与其他阶层对比过程中，更容易产生相对剥夺感，从而降低了其获得感。例如，在一些劳动密集型产业中，底层工人虽然辛勤劳作，但在工资待遇、社会福利以及职业发展机会等方面与中高层管理人员存在较大差距，这种差距在长期积累过程中可能导致他们对自身生活状态的不满和对社会公平性的质疑，进而削弱其在经济、社会和心理等多方面的获得感。

2. 家庭收入与获得感

家庭收入作为社会结构地位的重要组成部分，与获得感之间存在着紧密的联系。孙远太（2015）指出了城市居民的经济社会地位对其获得感的影响，发现居民客观社会地位直接或间接影响城市居民的获得感。一般而言，较高的家庭收入能够为个体提供更好的物质生活条件，包括住房、教育、医疗等基本需求的满足，以及参与文化娱乐活动、旅游等更高层次消费的能力。这些物质资源的丰富有助于提升个体在生活中的舒适度和满意度，从而增强获得感。然而，研究也发现，家庭收入与获得感之间并非简单的线性关系。袁浩和陶田田（2019）的研究结果显示，家庭经济状况对获得感的正向作用得到了数据的支持。这说明，家庭的客观经济收入是影响家庭成员获得感的重要因素之一。王恬等（2018）的研究表明，家庭经济因素与居民获得感之间具有显著的相关性。家庭收入越多，代表家庭在物质方面的获得越多，由物质带来的获得感也会越高。个人特征因素对获得感存在显著影响，并且不同地区的居民获得感存在显著差异。即使在家庭收入相近的情况下，不同个体由于消费观念、社会期望等个人特征的差异，其获得感也可能有所不同。例如，一些注重精神追求和社会关系构建的个体，可能在相对较低的家庭收入水平下，通过丰富的文化生活和和谐的人际关系获得较高的满足感；而一些过度追求物质财富积累的个体，可能在达到一定收入水平后仍感觉获得感不足。聂伟（2022）认为不能简单地以收入水平来预测农民获得感的高低，只有在农民家庭扣除住房、医疗、养老、教育等支出后，家庭收入仍旧维持在一定相对充足的水平后，由此产生的充足感才能显著强化农民的获得感。

3. 受教育程度与获得感

受教育程度不仅影响个体的职业选择和收入水平，还在思维方式、社会认知和自我实现等方面发挥着重要作用，进而对获得感产生影响。青年群体的获得感在性别、年龄、受教育程度、月收入及户口类型等人口统计学变量中存在差异（谭旭运等，2018）。较高的受教育程度通常能够为青年提供更广阔的职业发展空间和更多的社会资源获取途径。在知识经济时代,受过高等教育的个体往往更容易进入高附加值的行业,获得较高的收入和社会地位。同时,教育也有助于培养个体的批判性思维和创新能力,使其能够更好地适应社会变革和应对生活中的各种挑战,从而在自我成长和社会参与过程中提升获得感。例如,在科技创新领域,高学历人才能够凭借其专业知识和技能参与到前沿项目的研发中,不仅实现了个人价值的最大化,还为社会发展做出了贡献,这种成就感和社会认同感极大地增强了他们的获得感。吴秀云(2023)认为受教育程度对获得感具有显著正向作用,女性受教育程度对获得感的影响程度大于男性。

4. 其他社会结构变量与获得感

除了上述常见的社会结构地位因素外,其他一些变量如职业类型、户籍性质等也与获得感密切相关。基层公务员公平认知与获得感之间存在显著正相关关系,且公务员公平认知对获得感的影响效应在性别、工作部门等人口统计学变量中存在显著差异(谢治菊等,2019)。政府承诺和政府信任对人民获得感都有显著的正向促进作用(李涛等,2019)。基层公务员作为公共服务的提供者,其对工作环境中的公平性感知直接影响到工作满意度和职业成就感,进而影响获得感。在性别方面,女性公务员可能在职业晋升机会、工作与家庭平衡等方面面临更多挑战,从而影响其公平认知和获得感;不同工作部门的工作强度、资源分配和社会关注度等差异也会导致公务员在获得感上的不同。此外,个体发展与社会公平对获得感具有显著的提升作用(吕小康等,2021)。在一个注重个体发展和社会公平的社会环境中,个体能够充分发挥自身潜力,通过自身努力实现向上流动,同时感受到社会资源分配的公正性,这种积极的社会体验有助于提升整体的获得感。体制外参与会显著降低公众获得感,体制内参与会显著提升公众获得感(汤峰等,2022)。体制内的工作往往具有相对稳定的收入、完善的福利保障和较高的社会地位,这些因素使得体制内人员在物质和心理上具有较强的安全感和满足感;而体制外人员面临市场竞争压力、职业风险和社会保障不足等问题,可能导致其获得感相对较低。主观社会阶层与获得感呈显著正相关关系(朱英格等,2022)。个体对自身社会阶层的主观认知不仅反映了其对自身社会地位的评价,还影响着其社会期望和行为选择。那些认为自己处于较高社会阶层的个体,往往更有信心和动力去追求更好的生活,并且在社会比较过程中更容易产生积极的情感体验,从而提升获得感。公共服务参与对个体获得感提升显著正向相关(郑建君等,2022)。积极参与公共服务能够使个体增强社会责任感和归属感,在为他人和社会做出贡献的过程中实现自我价值,同时也能够促进社会资源的优化配置和社会关系的和谐发展,进而提高个体的获得感。自发型参与体现了个体的主动性和积极性,表明个体对公共事务具有较高的关注度和参与意愿;而即时的互动型沟通渠道能够使个体及时了解公共服务的进展和效果，表达自身需求和意见，增强其对公共服务的信任和满意度，从而提升公共服务获得感。应急预防、应急管控和应急恢复行为对居民获得感有正向影响（樊红敏等，2022）。社会公平性产品评价对获得感有显著影响，且社会公平性产品评价对获得感的影响在不同性别、受教育程度和婚姻状况的个体之间存在显著差异（张惠等，2023）。邵雅利（2019）通过嵌套回归模型进行分析，认为影响获得感提升的最重要因素是社会发展水平。王毅杰（2019）等人基于"主客二元基础"理论，探讨了当前我国流动人口获得感的城乡差分及内在机制。流动人口在城市中往往面临户籍限制、就业歧视、社会融入困难等问题，其在城市中的获得感与城市居民存在较大差异。研究发现，流动人口的主观感受和客观社会地位相互作用，共同影响其获得感。例如，在一些大城市中，流动人口虽然在经济收入上可能有所提高，但由于缺乏城市户籍，在子女教育、住房保障等方面面临诸多困难，导致其在城市生活中的归属感和获得感较低。

（二）心理认知层面

在研究获得感的过程中，心理认知层面主要聚焦于个人心理特质及心理活动对获得感的影响效应，通过参与感、多元需求满足以及生活满意度这几个关键维度体现。

1. 参与感与获得感

周海涛（2015）等认为获得感与参与感密切相关，受参与机会、认同程度、成就水平和满足状况的综合影响。在教育领域，学生的参与感体现在课堂参与、社团活动、科研实践等多个方面。当学生拥有更多的参与机会，并且在参与过程中得到教师、同学的认可，取得一定的成就并获得满足时，其获得感会显著提升。例如，在课堂讨论中积极发言并得到教师的表扬和同学的赞同，或者在社团活动中成功组织一次大型活动，这些经历都能够让学生感受到自身的价值和成长，从而增强对校园生活的获得感。同样，在社会层面，公民的政治参与、社区参与等也对获得感有着重要影响。汤峰（2022）基于2015—2019年CGSS混合截面数据，探索出政治参与对获得感"内外差别"的影响特征。研究发现，不同形式和程度的政治参与对个体获得感的影响存在差异。积极参与政治决策过程、表达自身政治诉求的公民，往往能够感受到自己对社会事务的影响力，从而增强对社会治理的信任和对自身社会角色的认同，提升获得感；而缺乏政治参与机会或参与渠道不畅的公民，可能会觉得自己被排除在社会决策之外，导致获得感降低。刘天庆等（2020）认为国家的改革发展要关注到人民群众的"获得感"，企业的改革发展同样也要关注到全体员工的"获得感"。蔡宁波（2017）认为"获得感"是一种实实在在得到的感觉，是一种主观上付出才能得到的感受，需要积极主动参与社会公共事务方能有效获得。陈维山（2022）认为我国全过程人民民主不但有完整的制度程序，而且有完整的参与实践。因此需要让基层群众在国家立法中获得更多参与感，从而提升群众的获得感。自发型参与对公共服务获得感具有正向影响，即时的互动型沟通渠道对公共服务获得感具有显著正向影响（谢刚等，2023）。

2. 多元需求满足与获得感

李斌和张贵生（2018）关注到居民自身多元需求满足情况对公共服务获得感的积极影响显著。随着社会的发展，居民的需求日益多样化，不仅包括基本的物质生活需求，还涵盖了文化、教育、医疗、休闲娱乐等多个领域的需求。当公共服务能够精准地满足居民的多元需求时，居民的获得感就会得到提升。例如，在一些现代化社区中，除了提供完善的基础设施建设外，还配套了丰富的文化活动场所、优质的教育资源和便捷的医疗服务设施。居民可以根据自己的兴趣和需求选择参加各种文化活动，享受高质量的教育和医疗服务，这种全方位的公共服务供给能够极大地提高居民的生活质量和满意度，进而增强其公共服务获得感。张敏（2018）认为在多元需求交织的时代背景下，只有兼顾学生需求与课程要求，精准剖析思政理论课实效性与教学要求、学生期待之间的矛盾，从高职学生的实际特点出发，探寻切实可行的路径，在满足多元需求的同时，最大化提升学生在思政课中的获得感。李东平和田北海（2024）基于湖北省1036个农户样本的实证分析发现，公共教育服务可及性、医疗卫生服务可及性和劳动就业服务可及性的获得感提升效应较为突出，公共文体服务可及性则没有显著提升农户的获得感。代争光和李燕领（2023）通过实证研究发现，城市社区公共体育服务通过满足城市社区居民的体育服务需求，从而显著影响其自身获得感水平。卢思佳和王凤姣（2023）认为，公共文化服务多级需求与多元供给是公共文化服务获得感的形成基础。

3. 生活满意度与获得感

谭旭运等（2020）研究检验了包含获得内容、获得环境、获得途径、获得体验和获得共享五个维度的获得感概念结构，同时证实了获得感对生活满意度的预测作用。于洋航（2021）在《城市社区公共服务、生活满意度与居民获得感》中采用层次回归分析和结构方程模型探讨了城市社区公共服务对生活满意度和居民获得感之间的关系。研究表明，城市社区公共服务的质量和可及性直接影响居民的生活满意度，而生活满意度又是获得感的重要组成部分。当社区公共服务能够高效、便捷地满足居民日常生活需求，如环境卫生整洁、公共交通便利、社会治安良好等，居民会对生活产生较高的满意度，进而在整体上提升获得感。此外，生活满意度还受到个体心理预期和社会比较的影响。如果居民对生活的预期过高或在社会比较中处于劣势地位,即使公共服务水平较高,其生活满意度和获得感也可能受到影响。因此,在提升公共服务质量的同时,还需要关注居民的心理需求和社会公平感,以促进获得感的提升。蔺海沣和王孟霞(2022)以 H 省 5 个县的 15 乡镇 1243 名乡村青年教师为调查对象,综合运用描述统计与相关分析、回归分析和结构方程模型等方法,探索了乡村青年教师获得感对其留岗意愿的影响程度,认为乡村青年教师获得感既直接显著影响其留岗意愿,又能够通过生活满意度的中介作用对留岗意愿产生影响。

(三) 宏观政策层面

宏观政策层面主要涉及宏观层面的公共政策干预,如民生公共服务政策、乡村发展政策、社会保障政策和财政政策等,这些政策通过直接或间接的方式对个体的获得感产生影响。

1. 民生公共服务与获得感

公共服务是指政府为满足公共需求,通过运用公共权力和公共资源,向公民直接或间接平等供给的服务。根据公共服务的特性与功能的不同,可以将人们对公共服务需求的层次分为保障型公共服务需求与发展型公共服务需求(张立荣等,2011)。李莹(2022)认为在公共服务需求既定的情况下,居民获得感的高低主要在于公共服务的质量与供给方式的完善,当公共服务供给的规模和质量提高时,居民的获得感将提升。因此,可将获得感作为连接基本公共服务供给侧和需求侧的中间环节,构建评价公共服务供需关系新的理论模型(原光,曹现强,2018)。阳义南(2018)运用 MIMIC 模型研究了民生公共服务影响获得感的量化效应,发现公共服务能够对获得感产生正向影响。民生公共服务涵盖了教育、医疗、社会保障、就业服务等多个领域,这些服务的提供直接关系到公民的基本生活质量和发展机会。例如,优质的教育公共服务能够提高国民素质,为个体的职业发展和社会流动奠定基础;完善的医疗公共服务能够保障公民的身体健康,减轻家庭医疗负担;健全的社会保障体系能够为公民提供养老、失业、工伤等方面的保障,增强其生活的安全感。当民生公共服务得到有效供给和合理分配时,公民能够切实感受到社会的关爱和支持,从而提升获得感。程迪尔和刘国恩(2019)研究发现,公共卫生服务均等化同样能够提升居民的民生获得感。戴争光和李燕领(2023)通过实证研究得出城市社区公共体育服务、居民参与均与居民获得感具有显著正相关关系,而公共体育服务期望与居民获得感具有显著负相关关系。李豪轩(2023)基于中国综合社会调查(CGSS)2015 年度统计数据,通过实证研究发现公共服务可及性对民生获得感产生了显著的正向影响。更具体来说,公共服务供给可及性和需求可及性均对民生获得感有显著的正向影响。李东平和田北海(2024)依据 2021 年湖北省 7 个地级市 1036 份农户问卷调查数据，系统考察了基本公共服务可及性对农户获得感的影响及其作用机制，回归结果表明，基本公共服务可及性能够显著提升农户的获得感。

2. 乡村发展政策与农民获得感

邱伟国等（2019）等研究发现乡村教育提供、乡风文明建设能够显著影响农民的获得感。在乡村振兴战略背景下，乡村教育的发展为农村孩子提供了更多接受优质教育的机会，有助于打破城乡教育差距，培养农村人才，促进农村经济社会发展，从而提升农民对未来生活的期望和获得感。乡风文明建设则通过弘扬传统美德、倡导文明新风尚，改善农村社会风气和人际关系，丰富农民的精神文化生活。例如，一些乡村开展的文化活动、道德模范评选等活动，增强了村民之间的凝聚力和向心力，使农民在精神层面获得满足感。张栋（2020）基于 2012 和 2014 年的 CFPS 数据，分析与比较了低保制度对贫困群体主观幸福感、获得感、安全感的影响。低保制度作为一项重要的社会救助政策，旨在保障贫困群体的基本生活需求。在城市和农村地区，由于经济发展水平、社会资源分布和贫困群体特征等差异，低保制度的实施效果有所不同。在一些经济发达地区，低保标准相对较高，配套服务完善，能够较好地满足贫困群体的生活需求，提升其幸福感、获得感和安全感；而在一些经济落后地区，低保资金有限，保障范围和力度不足，可能导致贫困群体的获得感相对较低。此外，区域之间的政策执行差异、社会文化环境等因素也会影响低保制度的效果。产业兴旺、生态宜居、治理有效、乡风文明、生活富裕是影响居民获得感的重要因素（黄和平等，2020）。阳清和郑永君（2023）运用回归分析和结构方程模型的研究方法，从村干部政策感知及政策参与的视角出发，分析乡村振兴中农民获得感的影响因素和形成路径。结果表明，村干部政策感知、农民参与均可直接对农民的政策获得感产生正向影响。王文浩（2023）通过 Probit 模型进行数据分析与实证检验，探究了数字乡村建设政策对农民获得感的影响。研究发现，数字乡村建设政策能够显著提高农民获得感。

3. 社会保障政策与获得感

孔德永（2020）在《新时代农民获得感可持续路径研究》中提出农民的获得感是否可持续，关键在于农民权利能否从根本上得到保障以及能否切实还权给农民。农民作为农业生产的主体和农村社会的主要成员，其在土地权益、民主政治权利、社会福利权利等方面的保障程度直接影响其获得感。例如，稳定的土地承包经营权能够使农民安心从事农业生产，增加农业收入；充分的民主政治权利，如村民自治中的选举权、决策权、监督权等，能够让农民参与农村事务管理，表达自身利益诉求，增强其主人翁意识和社会认同感；完善的社会福利权利，如农村养老、医疗保障等，能够减轻农民的生活负担，提高生活质量。只有当农民的各项权利得到切实保障时，才能实现其获得感的可持续发展。参加基本医疗保险具有提升居民的公共服务获得感和政治获得感的积极作用（张仲芳等，2020）。范良丽（2021）提出努力让人民群众在民事权利保障中有获得感，让低收入群体拥有更多获得感是扎实推进全体人民共同富裕新征程中的重要时代命题。杨金龙（2023）研究发现，医疗、养老、住房等服务保障对低收入群体获得感均发挥显著的促进作用。地区环境因素影响低收入家庭经济获得感，社会政策对提升低收入家庭经济获得感具有显著的正向效应（梁土坤，2018）。侯斌（2019）研究了就业对城市低保受助者获得感的影响，社会救助提升了当下获得感，再就业降低了当下获得感，就业救援提高了未来获得感。冯帅帅和罗教讲（2018）通过研究国家供给对公民获得感产生的影响，发现国家供给中的社会保障和公平分配会对获得感产生正向影响。贾洪波（2022）研究发现，1998—2019年，由覆盖面和报销比例共同决定的可乘效用函数衡量的国民对基本医疗保险制度的获得感稳步提升。马红鸽和席恒（2020）研究发现，社会保障在提升居民幸福感和获得感方面表现突出。

4. 财政政策与获得感

廖福崇（2020）综合社会比较维度和公共服务维度界定和测量了民生获得感，构建了基本公共服务财政投入对民生获得感的影响机制模型。公共服务财政投入是保障公共服务有效供给的关键因素，充足的财政投入能够改善公共服务设施条件、提高服务人员素质、扩大服务覆盖范围。例如，加大对教育领域的财政投入可以建设现代化的学校教学楼、购置先进的教学设备、吸引优秀教师人才，从而提高教育质量；在医疗卫生领域，财政投入可以用于医院建设、医疗设备更新、医护人员培训等，提升医疗服务水平。通过合理配置公共服务财政投入，优化公共服务供给结构，能够满足公民不同层次的需求，缩小城乡、区域之间的公共服务差距，进而提升公民的民生获得感。温馨（2021）认为民生性公共财政支出关系到民生建设的成果，民生性公共服务财政支出的刚性增长能够直接影响政府工作满意度和社会公平感知，最终影响居民获得感。李琦和倪志良（2021）研究发现，公共服务获得感在公共服务支出对收入差距容忍度的效应中发挥中介机制作用。刘澹远和陈始发（2020）研究发现，公共性扶贫资源配置对农村贫困人口获得感具有显著影响，"输血式"扶贫资源配置方式给农村贫困人口带来了较大的获得感，而"造血式"扶贫资源配置方式尚未给农村贫困人口带来较大的获得感。

四、获得感测量维度

由于个体间教育水平、经济收入以及生活环境等资源存在差异性，而造成对社会发展成果的主观认知也存在较大差异。因此，如何客观和准确地反映居民个体获得感,需要建立一套科学合理并与之相适应的测量维度。

在对"获得感"概念进行理论阐释的基础上,已有相当一部分学者尝试对获得感进行定量的评价与分析。当然,现阶段的大量研究还停留在宏观层面的获得感,学者们借用人均GDP、可支配收入等发展性的指标就整体的获得感及其变化进行了粗略的描述。也有极少数学者努力将获得感概念可操作化,以期得出更为精确的结论。根据目前获得感研究领域的已有测量指标开展获得感的测量。按照获得感的测量维度数量进行区分,将获得感的测量大致分为七类,分别涉及从一个维度到七个维度。

从一个维度测量获得感。孙远太(2017)用题项"最近三年您的生活改善情况属于哪一种"来测量人们的获得感。唐有财和符平(2017)在研究农民工获得感时,从社会支持角度出发使用"当您遇到困难的时候,以下单位或组织对您的帮助程度"这一问题进行测量。王俊秀(2018)将获得感作为社会心态的一个指标来进行测量,将其测量题项设为"直到现在为止,我都能够得到我在生活上希望拥有的重要东西"。

从两个维度测量获得感。杨伟荣和张方玉(2016)认为获得感是指物质获得与精神境界方面的提升,从而将其划分为意义获得感与实在获得感两个方面。郑风田和陈思宇(2017)认为获得感存在于物质和精神两个层面,物质层面包括了人民群众的收入、教育、养老、医疗等,精神层面的获得感涵盖了公平、尊严、梦想与追求等多方面。赵卫华(2018)基于马斯洛需求层次理论,认为需求具有社会性,是社会比较的结果,且获得感的大小取决于同他人的比较,因此获得感有绝对获得感和相对获得感。

从三个维度测量获得感。文宏和刘志鹏(2018)依据中国城乡社会治理调查数据,从社会治理的角度,将获得感划分为经济获得感、政治获得感与民生获得感三个维度。王浦劬和季程远(2018)借鉴学者关于"相对剥夺感"的比较研究路径,根据来源将获得感划分为空间维度的横向获得感、时间维度的纵向获得感与整体获得感。邱赢琦(2020)以凤凰古城为例研究旅游获得感,得出旅游生理获得感、旅游心理获得感、旅游社会获得感三大维度。董瑛(2020)从时序关系层面将获得感划分为三个维度。刘轩(2023)等基于期望—确认模型和心理所有权理论的整合框架,从客观获得感、期望满足感和心理拥有感三个维度构建农业转移人口城市基本公共服务获得感的测度指标体系。

从四个维度测量获得感。吕小康和黄妍(2018)基于CSS调查,提炼出个人发展感、社会安全感、社会公正感以及政府工作满意度四个维度。阳义南(2018)认为民生获得感包括便利性、充足性、普惠性、均等性四个维度。吴克昌和刘志鹏(2019)基于2015年中国城乡社会治理调查(CSGS)全国性数据,利用因子分析,将获得感划分为四个维度。朱平利和刘娇阳(2020)以员工工作获得感为研究,在文献分析的基础上,结合结构化访谈,分析出我国员工工作获得感包括工作尊严感、薪酬满足感、能力提升感和职业憧憬四个维度。吴俊赏(2020)基于河南省363所小学调查研究乡村小学校长职业获得感,从主观获得感角度将其分为四个维度,分别是"职业成就感知""职业认同感知""自我成长感知""参与满足感知"。张仲芳(2020)等人则认为获得感是建立在"客观获得"基础上而产生的满意程度和主观感受,从经济获得感、公共服务获得感、政治获得感和发展机会获得感四个维度进行测量。

从五个维度测量获得感。李丹等(2018)根据民族地区贫困的多维性特征,以贫困个体为研究样本,通过问卷调查法、访谈法及观察法等研究方法收集一手数据,构建了基于物质获得感、安全获得感、公平获得感、能力获得感和尊严获得感五个维度的民族地区贫困人口获得感评价体系。杨金龙和张士海(2019)提出获得感由经济获得感、公共服务获得感、政治获得感、安全获得感与自我实现获得感五维度构成。杨金龙和王桂玲(2019)从工作收入、安全、环境、时间与晋升五维度测量获得感。邵雅利(2019)则将获得感划分为政府服务获得感、社会民生获得感、经济发展获得感、城市文化获得感和人居环境获得感五个维度。谭旭运等(2020)构建了涵盖获得体验、获得环境、获得内容、获得途径与获得分享的获得感概念结构。龚紫钰和徐延辉(2020)从农民工生活实际出发,采用纵向比较和横向比较相结合的方法,构建农民工获得感测量指标体系,将农民工获得感归结为经济生活获得感、公共服务获得感、社会关系获得感、政治参与获得感和价值尊严获得感五个维度。邓彩艳等(2024)以海南自贸港建设进程中人民获得感为研究,分析得出人民获得感的5个因子:经济获得感、政治获得感、社会获得感、文化获得感、生态获得感。

从六个维度测量获得感。原光和曹现强(2018)则引入绩效指标法来构建基本公共服务获得感的维度,包含服务的数量感、质量感、公平感、持续感、支持感以及便利可及感六个维度。高慧(2022)从"互联网+政务服务"用户视角出发,综合运用半结构化访谈、问卷调查、扎根理论、因子分析等方法,形成了由可得性、系统质量、信息质量、服务质量、实效性和安全性六个维度的获得感概念维度。

从七个维度测量获得感。李燕(2021)基于扎根理论进行分析,认为公众可以从服务质量、系统质量、信息质量、可得性、实效性、办事成本、公平性七个维度来评估"互联网+政务服务"获得感,"互联网+政务服务"获得感与公民的电子政务使用行为密切相关。

表2-7详细列举了不同学者基于其研究视角对获得感的维度划分。

表 2-7 获得感维度划分

维度	研究侧重点	具体内容	来源出处
一维	基于个体体验	"最近三年您的生活改善情况属于哪一种"	孙远太（2017）
	基于社会支持	"当您遇到困难的时候以下单位或组织对您的帮助程度"	唐有财，符平（2017）
	基于心理感受	"直到现在为止，我都能够得到我在生活上希望拥有的重要东西"	王俊秀（2018）
二维	基于主客观角度	意义获得感、实在获得感	杨伟荣，张方玉（2016）
	基于民众诉求	物质层面的获得感、精神层面的获得感	郑风田，陈思宇（2017）
	基于马斯洛需求层次理论	绝对获得感、相对获得感	赵卫华（2018）
三维	基于社会治理	经济获得感、政治获得感、民生获得感	文宏，刘志鹏（2018）
	基于时空维度	横向获得感、纵向获得感、整体获得感	王浦劬，季程远（2018）
	基于旅游获得感	旅游生理获得感、旅游心理获得感、旅游社会获得感	邱赢琦（2020）
	基于时序关系	理论获得感、现实获得感、预期获得感	董瑛（2020）
	基于期望—确认模型和心理所有权理论	客观获得感、期望满足感、心理拥有感	刘轩等（2023）
四维	基于纵向比较	个人发展感、社会安全感、社会公正感、政府工作满意度	吕小康，黄妍（2018）
	基于民生角度	便利性、充足性、普惠性、均等性	阳义南（2018）
	基于因子分析	民生获得感、宏观经济获得感、社会公平获得感、个人经济获得感	吴克昌，刘志鹏（2019）
	基于主客观角度	工作尊严感、薪酬满足感、能力提升感、职业憧憬	朱平利，刘娇阳（2020）
	基于主客观角度	职业成就感知、职业认同感知、自我成长感知、参与满足感知	吴俊赏（2020）
	基于客观获得	经济获得感、公共服务获得感、政治获得感、发展机会获得感	张仲芳等（2020）

续表

维度	研究侧重点	具体内容	来源出处
五维	基于社会治理	就业问题解决、民主参与、教育公平、社会治安、食品安全	石庆新，傅安洲（2017）
	基于精准扶贫背景	物质获得感、安全获得感、公平获得感、能力获得感、尊严获得感	李丹等（2018）
	基于为人民谋福祉理念	经济获得感、公共服务获得感、政治获得感、安全获得感、自我实现获得感	杨金龙，张士海（2019）
	基于个体职业	工作收入、安全、环境、时间、晋升	杨金龙，王桂玲（2019）
	基于社会发展	政府服务获得感、社会民生获得感、经济发展获得感、城市文化获得感、人居环境获得感	邵雅利（2019）
	基于需求视角	获得体验、获得环境、获得内容、获得途径、获得分享	谭旭运等（2020）
	基于农民工生活背景	经济生活获得感、公共服务获得感、社会关系获得感、政治参与获得感、价值尊严获得感	龚紫钰，徐延辉（2020）
	基于海南自贸港建设背景	经济获得感、政治获得感、社会获得感、文化获得感、生态获得感	邓彩艳等（2024）
六维	基于绩效指标法	数量感、质量感、公平感、持续感、支持感、便利可及感	原光，曹现强（2018）
	基于"互联网+政务服务"	可得性、系统质量、信息质量、服务质量、实效性、安全性	高慧（2022）
七维	基于"互联网+政务服务"	服务质量、系统质量、信息质量、可得性、实效性、办事成本、公平性	李燕（2021）

资料来源：作者根据文献整理。

第三节 研究述评

获得感是一个具有中国特色的概念，由习近平总书记在2015年2月27日召开的中央全面深化改革领导小组第十次会议上首次提出，"把改革方案的含金量充分展示出来，让人民有更多获得感"。2017年，党的十九大报告指出"完善公共服务体系，保障群众基本生活，不断满足人民日益增长的美好生活需要，使人民获得感、幸福感、安全感更加充实、更有保障、更可持续"。随后，增强人民群众获得感成为各地各级政府施政的重要价值导向。获得感是社会民众在自身客观获得基础上的主观感受，反映了个体感受到的共建共享发展过程中自身现实需求的满足程度和社会发展和改革成果的受益程度。

众多学者从各自不同的理论视角对获得感开展了多方面多层次的学术讨论，目前有关获得感的研究工作还处于刚刚起步阶段（阳义南，2018），现有研究多集中于讨论获得感内涵的理论意蕴、获得感测量指标体系构建和有关影响因素等方面。然而，从研究的深度和广度来看，仍存在诸多内容需要被持续关注和继续探讨。现有研究大多基于某一理论视角，从单一维度对获得感进行研究，虽然有助于深入地把握获得感的内涵，但是在一定程度上缺乏跨学科的分析，从而无法全面地对获得感形成框架性的讨论。因此，需要借鉴跨学科的研究方法，从整体视角出发，综合心理学、社会学、管理学、社会学等相关学科理论，构建有关居民获得感的研究框架，方能全面把握有关居民获得感的真实面貌。

此外，目前有关获得感的理论讨论大多从国家层面宏观视角和个体层面微观视角切入，缺乏从市、县级地区以及社区等中观视角的分析，更缺乏从边疆民族地区独特视角的讨论。边疆民族地区对于国家治理而言具有重要意义，边疆民族地区的现代化是中国式现代化不可或缺的部分，边疆民族地区居民获得感体验如何需要进一步深入探讨。

公共管理领域有关获得感的研究依然停留在理论层面的剖析，缺乏系统性的实证量化研究验证有关假设。而已有的实证研究多是基于公开的数据库数据进行研究，缺乏大面积实证调研所获取的一手数据信息。因此，在未来研究中，需要在前面大量文献梳理的基础上，构建符合客观现实的理论模型，通过大范围的实地调研，采用科学量化研究方法，深入研究有关公共管理领域居民获得感变化的影响因素和作用机制。同时，从公共管理领域而言，公共服务是居民获得感的重要来源，边疆民族地区不同类型或治理层级下公共服务在何种条件下以及通过何种作用机制影响居民获得感体验，仍然需要深入探讨。

公共服务相关研究方面，目前有关研究较多地关注公共服务的供给端，有关需求端的研究相对较少。过于关注公共服务供给端，虽然有助于提升公共服务供给质量和效率，在一定程度上造成了学界对公众微观层面的真实需求把握不足，由于有限的公共资源和不断增长的服务需求之间矛盾的存在，公共服务供给仍然无法有效满足公民日益多元化的服务需求。而公民真实的服务需求则是公共服务供给和决策的前提，因此需要将公共服务供给端与需求端统筹考虑。因此，在后续研究中，有必要将公共服务供给端和需求端相结合，全面准确地考察公共服务供需匹配状况。

此外，众多学者也关注于某一领域的公共服务，聚焦于公共服务的某一领域可以有效地对该内容的研究状况进行深入挖掘，从而可以更为有效地提升某一服务类别的理论深度和发挥实践效果。然而，过于关注某些领域难免会造成对其他内容的忽略，从而无法对公共服务整体状况进行宏观和完整的把握。同时，虽然已有众多学科从各自视角对公共服务进行了讨论，然而随着研究的深入和实践情况的变化，跨学科背景、多理论方法的综合研究尤为需要。公共服务包含多种具体服务，不仅需要现有学者对其某一方面进行深入探讨，更需要从宏观层面多领域整体把握公共服务。

城乡二元结构客观现实的存在，使得学界普遍从城乡公共服务差异的视角分析公共服务供需，然而，现有研究在一定程度上忽略了其他具有特殊性的地域和群体的公共服务供需关系。例如，边疆民族地区由于特殊的地理位置和现阶段国家扶持政策的实施，其公共服务供需状况如何，亟待进一步讨论。边疆地区的高质量发展，对于确保国土安全，筑牢生态安全屏障，推动高水平对外开放，加快构建新发展格局等具有重要意义。边疆民族地区基本公共服务供需匹配程度背后的体制机制需要进行研究阐释。这方面的研究不仅有利于弥补现有研究的不足，还将会为政府有关政策的绩效评估和制定执行提供充分证据，深化对公共服务和居民获得感的理解。

第三章 基本公共服务供需匹配测算

第一节 研究概要

一、研究背景

基本公共服务水平直接影响公民的生活质量，不同区域之间的基本公共服务水平是衡量区域协调发展的一个重要因素。2022 年 1 月，由国家发展改革委等 21 个部门印发的《"十四五"公共服务规划》明确，到 2025 年，公共服务制度体系更加完善，政府保障基本、社会多元参与、全民共建共享的公共服务供给格局基本形成，民生福祉达到新水平。该规划对整体公共服务进行了全面布局，对于民族地区基本公共服务的供需匹配也有着深远意义。2022 年 10 月，党的二十大报告中提到"健全基本公共服务体系，提高公共服务水平，增强均衡性和可及性，扎实推进共同富裕"。这明确且清晰地指出了基本公共服务未来五年的发展方向，凸显了基本公共服务在推进实现区域均衡发展、实现共同富裕过程中的重要地位。2023 年 7 月，国家发展改革委等部门联合对原有的基本公共服务标准进行了首次完善修订，更加细化了基本公共服务的范围和标准，为政府提供基本公共服务、保障人民的享有权益提供了有力依据。提供优质、均衡的基本公共服务，增强人民生活的获得感和幸福感，始终是政府在现代社会治理过程中的重要着力点。《云南省"十四五"区域协调发展规划》指出"全面推进基本公共服务体系建设，分层次、有重点推进基本公共服务均等化，实现公共资源的区域共享和优势互补"。同样，彰显基本公共服务水平是影响地区发展的重要因素，要着重推进基本公共服务体系建设。但是，《云南省基本公共服务提升三年行动（2023—2025 年）》也指出，云南省后发展和欠发达的省情没有得到根本改变，基本公共服务设施总量不足、服务质量不高，供需结构性矛盾明显，不平衡不充分的发展问题突出，仍难以完全适应人民日益增长的美好生活需要。而边疆民族地区由于受到特殊的地理环境、独特的民族文化以及相对滞后的经济发展等多方面因素的综合制约，基本公共服务的供需矛盾尤为突出且亟待解决。

二、研究意义

（一）理论意义

1. 省级层面

传统的基本公共服务研究多侧重于供给侧或需求侧的单方面分析，本研究以全国31个省份为例，将基本公共服务的供给和需求结合起来，研究全国31个省份的基本公共服务的协调发展状况，可以构建起一个更加全面的理论框架。第一，能够精准识别公共服务供需的共性问题和区域差异，为省级层面的宏观政策制定提供理论支撑。通过对31个省份的数据分析，可以对全国31个省份的基本公共服务供给与需求的匹配情况有一个较为清晰准确的认识，从而为国家制定加强基层基本公共服务体系建设的政策提供理论依据。第二，研究省级层面上的基本公共服务供需匹配现状，可以为地方政策的精细化和差异化提供依据。不同省份的基本公共服务供需状况不同，本研究可以帮助地方政府根据本地实际情况，制定针对性的公共服务政策，如调整基本公共服务资源布局、优化基本公共服务设施配置等，从而提高地方公共服务政策的科学性和有效性。第三，能够深入分析基本公共服务的发展协调情况，为推进区域协调发展提供有效参考。对31个省份的研究可以发现不同省份在推进基本公共服务发展过程中的成功经验和存在问题，哪些省份的供需匹配模式值得借鉴，哪些需要改进，对各省份自身的基本公共服务供需水平形成一个更加精确的认识和更加精准的定位，进而推动省级层面上不同区域基本公共服务的协调发展。

2. 边疆民族地区层面

边疆民族地区基本公共服务供需匹配情况的研究除了与全国31个省份具有同样的理论意义外，由于其特殊的地理位置、民族构成和经济发展状况，公共服务的供给与需求关系具有独特性，以云南省8个边疆州市为例进行研究，可以将基本公共服务供需匹配情况在边疆情境下进行细化，为边疆民族地区基本公共服务供需匹配研究提供更具针对性的理论解释。在边疆民族地区，要考虑跨境民族的文化习俗、边境安全等因素对基本公共服务供给与需求的影响。所以在研究边疆民族地区的基本公共服务的供需匹配时，就需要根据相应的地理环境及民族风情对传统的基本公共服务供给模式进行调整，使其适应边疆民族地区的人民需求。另外，边疆地区的公共服务供需匹配研究相对薄弱，通过对云南8个边疆州市的系统研究，可以填补这一领域的部分研究空白。边疆民族地区的稳定和发展是国家战略的重要组成部分，但是当下针对边疆民族地区公共服务供需匹配的研究存在明显不足。一方面，多数既有研究聚焦于经济发达地区或是全国层面的宏观公共服务体系，采用的通用理论与模式难以适配边疆民族地区的独特情境。另一方面，数据收集难度大成为制约研究的瓶颈。边疆州市不少村落地处偏远，统

计体系不完善,一手资料匮乏,使过往研究多依赖粗略估算与间接数据,难以精准勾勒供需现状。本研究立足于云南省 8 个边疆州市,通过线上线下相结合的方式力求获取准确的可以体现基本公共服务供需匹配情况的相关数据,在一定程度上为弥补边疆民族地区基本公共服务供需匹配的研究空白做出贡献。最后,对边疆民族地区基本公共服务供需匹配的研究,可以为如何改善边疆民族地区的基本公共服务来增强边民的国家认同感和归属感提供理论支持。基于边疆民族地区的特殊性,进行相应的基本公共服务的供给与需求举措调整,理论上,这促使政府公共服务供给摒弃"一刀切"模式,制定贴合实际的服务方案。当边疆民族地区的人民享受到与内地差距逐步缩小的基本公共服务,切实感受到公共服务契合自身生活、生产所需时,便会由衷认可国家为改善民生所做的努力,意识到自身是国家发展的重点关怀对象,从而夯实国家认同感与归属感,使其坚定守护国家领土、参与发展的信念,全身心融入国家发展大局。

(二) 实践意义

1. 省级层面

通过对全国 31 个省份基本公共服务供需匹配现状的研究,可以明确不同地区在教育、医疗、社会保障等各个公共服务领域的实际需求,优化资源配置实践策略,精准供给公共服务资源。我国地域辽阔,不同省份之间在经济发展水平和基本公共服务资源的占有上存在明显差异,通过本研究,将全国 31 个省份的基本公共服务供给和需求水平通过量化指标的形式来体现,利用数据更加科学、精确地为基本公共服务供需协调发展研究提供依据,从而为实现区域间公共服务资源的均衡配置提供实践指导。例如,有针对性地制订服务供给计划、资源帮扶计划、建立对口支援关系等,平衡不同区域之间的供给与需求,促进区域协调发展。同时,了解 31 个省份的供需匹配情况有助于发现当前公共服务供给方式中存在的问题,改善提升公共服务质量和效率的实践路径。通过研究结果分析,可以对不同区域的基本公共服务供给与需求水平有一个清晰的认识,不同省份的基本公共服务供给与需求协调度匹配相应的协调类型,明显反映出不同省份的基本公共服务的供需水平,发现不同省份基本公共服务供给与需求存在的问题,从而有针对性地根据存在问题找出解决问题的措施与手段,不断提高基本公共服务质量与水平。政府可以根据全国 31 个省份基本公共服务供需匹配的研究结果制定政策,助力政府决策与绩效评估实践价值。基本公共服务供需匹配情况是评估政府绩效的重要指标,通过对比各省份实际的供需匹配程度,可以衡量政府在公共服务供给方面的成效。例如,在一个地区内,如果教育服务的供给能够很好地满足当地居民的需求,各项供给与需求指标都处于良好水平,说明当地政府基本公共服务供给方面绩效较好。反之,如果存在较大的供需缺口,就需要政府反思并改进工作，加强绩效评估和监督机制，促进政府提高公共服务供给的绩效。

2. 边疆民族地区层面

以云南省8个边疆州市为例，开展基本公共服务供需匹配现状研究，在实践层面极具重要价值，能为地区发展、民生保障以及国家战略落地带来诸多积极影响。首先，同全国31省份的基本公共服务供需匹配研究一样，边疆民族地区基本公共服务供需匹配研究可以优化资源配置实践策略，精准供给公共服务资源，可以提升公共服务质量和效率，可以助力政府决策与绩效评估。其次，边疆州市少数民族众多，各民族有着独特的文化传统、风俗习惯与生活方式，了解供需匹配情况，基本公共服务供给才能充分尊重并融入民族文化元素，有利于维护边疆民族地区的和平稳定。优质、适配的基本公共服务是稳固边境防线的关键，根据研究结果，精准施策，让边民在有序环境中享受优质公共服务。同时，明确边境一线安保人员后勤保障、生活设施建设需求，完善边境哨所、检查站的水电供应、食宿条件；加大边境地区居民安防知识培训力度，提高居民参与边境管控的积极性，筑牢群防群治的严密边境管控网络。日积月累，边民对国家的认同感、归属感与忠诚度将大幅提升，自觉维护国家领土完整与边境安宁。最后，边疆民族地区基本公共服务的研究，对于服务"一带一路"倡议、促进区域协调发展也具有一定的现实意义。云南是"一带一路"建设的重要节点，8个边疆州市更是前沿阵地。精准把握当地基本公共服务供需状况，有利于打造良好营商环境，吸引沿线国家投资合作；同时，按需完善交通、物流、通信等基础设施配套服务，可以为跨境贸易、旅游等产业发展奠定坚实基础，推动"一带一路"倡议高效落地。同时，研究成果也可以为消除区域间基本公共服务落差，加速滇西南、滇西等区域内部经济协调发展进程提供一定的实践价值。

第二节　研究设计与数据来源

一、研究思路

(一) 省级层面

本研究中关于全国31个省份的基本公共服务供需匹配的研究思路大致可以分为5个阶段。首先在基础准备阶段，需要熟读相关文献，通过广泛查阅、梳理相关领域已有的文献资料，开展文献综述与理论分析工作，明确该研究所需理论，选择所需模型，为后续指标体系的构建及寻找写作方向提供依据。其次是指标构建环节，这是整个研究过程的关键一步，指标体系构建的科学性、准确性及可获得性直接关系到后续研究的成功与否。因此，在本阶段，需要基于严格遵循前期文献综述和理论分析的成果，聚焦于供给水平以及需求压力这两大关键维度，根据研究内容，挑选、确定合适的具体指标，从而搭建起能够科学衡量研究对象相关特性的指标框架并在后续的研究中不断调整，力求指标体系的评估结果科学准确。在指标体系构建完成之后就是数据收集阶段，在该阶段，明确针对全国 31 个省份 2011—2022 年共 12 年间的指标相关数据进行收集，数据收集的来源主要通过国家统计局这一权威数据平台。另外，通过查阅统计年鉴等方式进行数据补充，确保数据的准确性、完整性以及权威性，为后续的量化分析做足准备。接着就是协调度计算阶段，运用收集到的全国 31 个省份 12 年的数据，根据协调发展度模型的计算方法，对指标数据进行标准化处理，计算出研究所需值，并与供需协调程度以及供需协调类型进行精确匹配，通过量化的方式直观呈现出各省份在不同时间下的供需协调状况。最后，依据计算所得的协调度相关结果，从时间变化以及空间分布等多方面进行深入分析，挖掘其中的规律、特点以及存在的问题等，进而有针对性地提出合理的建议，以期为各省份在相关领域的发展决策等提供有价值的参考，推动实际工作更好地开展。全国 31 个省份基本公共服务供需匹配研究思路如图 3-1 所示。

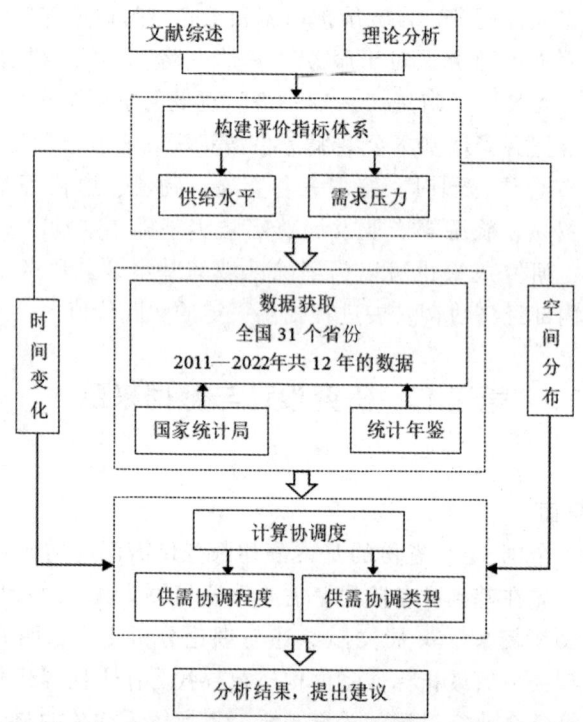

图 3-1　全国 31 个省份基本公共服务供需匹配研究思路

(二) 边疆民族地区层面

与全国31个省份基本公共服务供需匹配的研究思路类似，云南省8个边疆州市的匹配研究路径同样是"基础准备→构建评价指标体系→数据收集→协调度计算→协调程度和协调类型的匹配→结果分析，提出建议"，如图3-2所示。两个研究的主要差别是，云南省8个边疆州市的供需匹配研究作为反映边疆民族地区基本公共服务供需匹配水平的重要代表，在研究的过程中必须考虑边疆民族地区的特殊性，必须立足于边疆民族地区的实际情况。所以，在该研究的基础准备阶段，除了熟读基本公共服务供需匹配研究相关的参考文献外，还要结合边疆民族地区的实际情况，运用基本的逻辑关系，确定研究的时间、方向和范围，为指标体系的构建及后续研究打下坚实基础。接下来就是指标体系的建构，在这个过程中，对于具体的指标选取，需要严格参考已有研究中的指标选取，同时也要考虑到边疆民族地区的基本实情，以及指标的科学性、准确性及可获得性，从而确定符合云南省边疆8个州市供需匹配研究的具体指标。指标构建之后同样到了数据收集阶段，本阶段的数据收集是根据构建的评价指标体系，对云南省8个边疆州市在2011—2022年共12年的数据进行收集。同时，边疆民族地区可能会因为经济、技术落后，存在数据存储的不完全或数据的不准确等问题，所以在数据收集的过程中，必须对前期构建的评价指标体系进行不断的调整和替换，为后续研

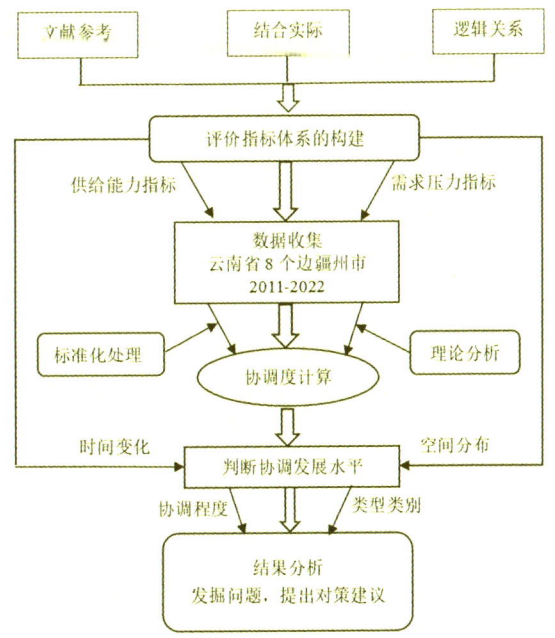

图3-2 云南省8个边疆州市基本公共服务供需匹配研究思路

究分析做好铺垫。接着就是对数据进行标准化处理,结合协调发展度模型,进行协调度的计算,根据计算得出的结果,判断供需协调发展的程度和供需协调发展的类型类别。研究的最后,就是对判断的结果进行分析,发掘其中存在的问题,并提出相应的对策建议,力求为以云南省8个边疆州市为代表的边疆民族地区提高基本公共服务供需匹配水平提供一定的政策制定参考。

二、指标体系的构建

(一) 省级层面

全国31个省份的基本公共服务供需匹配指标体系维度划分参考于樊立惠、蔺雪芹、王岱 (2015) 以教育医疗设施为例研究北京市公共服务设施供需协调发展的时空演化特征中对教育和医疗进行的供给能力和需求压力的划分。所以,本研究从供给能力和需求压力两个维度,对基本公共服务的各个领域进行了详细的指标设定,涵盖了基础教育、医疗卫生、社会保障与就业、公共文化、科学技术和环境保护6个方面。

关于基本公共服务供给能力维度的划分,主要是要衡量政府或社会能够提供基本公共服务的资源水平,通过具体的一级指标(如基础教育、医疗卫生等)下的二级指标来量化。例如,在基础教育方面,供给能力方面选取指标"普通小学学校数",该指标是最直观的硬件资源指标,它反映了小学教育基础设施的普及程度。"教育服务财政支出比重"则体现在财政资源分配中,对基础教育的重视程度和投入力度。二者可以直观地反映出一个地区在小学教育设施数量和资金投入方面的供给能力。在医疗卫生方面,供给能力通过"医疗卫生技术人员数"和"医疗卫生床位数"来衡量,这些指标可以展示一个地区医疗卫生人力资源和物质资源的供给规模。在社会保障与就业方面,供给能力从"最低生活保障人数"和"社会保障与就业服务财政支出比重"两个指标考察,前者体现对困难群体的保障范围,后者反映财政对社会保障与就业服务的支持力度。在公共文化方面,供给能力的"图书馆藏书量"和"公共文化服务财政支出比重"分别从文化资源数量和资金投入角度评估公共文化服务的供给。在科学技术方面,供给能力以"国内专利申请授权量"衡量科技创新成果的产出能力,这在一定程度上反映了科技服务的供给水平。在环境保护方面,供给能力以"公园绿地面积"来表示环境资源供给的一个重要方面,即城市绿地资源的规模。

关于基本公共服务的需求压力维度划分,主要是用于评估社会对基本公共服务的需求程度以及这种需求所带来的压力,同样以不同的一级指标下的二级指标衡量。在基础教育方面,需求压力指标选取了"小学师生比"和"初中师生比"两个二级指标,这两个指标是衡量教育资源供需是否平衡的重要指标。较高的生师比可能意味着教师资源相对紧张,教育质量可能受到影响,反映出较大的需求压力。在医疗卫生方面,需求压力则以"每万人均医疗卫生技术人员数"和"每万人均医疗卫生床位数"体现,体现了人口对医疗卫生服务资源的需求强度,用于衡量每单位人口所对应的医疗卫生资源是否充足,进而反映需求压力情况。在社会保障与就业方面,需求压力指标选取为"人均养老保险占比"和"人均失业保险占比",这两个指标可以衡量居民对养老和失业保障的需求程度以及现有保障水平是否能满足需求。在公共文化方面,需求压力选取了"人均图书馆藏书量"和"博物馆参观人次"两个指标,能够体现公众对公共文化资源的需求强度和文化活动的参与程度。在科学技术方面,需求压力则通过"人均专利占比"来评估居民对科技成果的需求或者参与科技创造的程度。在环境保护方面,需求压力用"人均公园绿地面积"来体现人口对公园绿地这种环境资源的需求程度。本研究的指标选取遵循指标体系构建的科学性、参考性及数据的可获得性等原则,参考了多位作者(如王郁、赵一航、陈梦根、刘毓珊等),通过对相关文献、统计数据或者研究成果的综合引用和整理而得到。全国31个省份基本公共服务供需匹配评价指标体系如表3-1所示。

表3-1 全国31个省份基本公共服务供需匹配评价指标体系

内容	维度	一级指标	二级指标	指标说明	参考来源
基本公共服务供需匹配	基本公共服务供给能力	基础教育	普通小学学校数	普通小学学校数/所	王郁、赵一航等
			教育服务财政支出比重	财政教育支出/财政一般预算支出	陈梦根、刘毓珊、张乔等
		医疗卫生	医疗卫生技术人员数	卫生技术人员/万人	樊立惠、叶璐、陈梦根、诸萍等
			医疗卫生床位数	医疗卫生机构床位数/万张	
		社会保障与就业	最低生活保障人数	最低生活保障人数(城市)/万人	叶璐、苏英、潘宏亮等
			社会保障与就业服务财政支出比重	社会保障与就业服务财政支出/财政一般预算支出	
		公共文化	图书馆藏书量	公共图书馆总藏书量/万册	陈梦根、诸萍等
			公共文化服务财政支出比重	公共文化服务财政支出/财政一般预算支出	
		科学技术	国内专利申请授权量	国内专利申请授权量/项	陈梦根、刘毓珊、张乔等
		环境保护	公园绿地面积	公园绿地面积/万公顷	诸萍等

续表

内容	维度	一级指标	二级指标	指标说明	参考来源
基本公共服务供需匹配	基本公共服务需求压力	基础教育	小学师生比	小学在校生数/专任教师数	叶璐、苏英、潘宏亮等
			初中师生比	初中在校生数/专任教师数	
		医疗卫生	每万人均医疗卫生技术人员数	每万人拥有卫生技术人员数/人	樊立惠、蔺雪芹、王岱等
			每万人均医疗卫生床位数	每万人医疗机构床位数/张	
		社会保障与就业	人均养老保险占比	人均养老保险占比	陈梦根、刘毓珊、张乔等
			人均失业保险占比	人均失业保险占比	
		公共文化	人均图书馆藏书量	人均拥有公共图书馆藏量/册/人	陈梦根、诸萍等
			博物馆参观人次	博物馆参观人次/万人次	
		科学技术	人均专利占比	国内专利申请受理量/年末常住人口数	陈梦根、刘毓珊、张乔等
		环境保护	人均公园绿地面积	人均公园绿地面积/平方米/人	诸萍等

（二）边疆民族地区层面

基本公共服务涵盖范围广、涉及内容多，本部分研究在研读与借鉴相关文献的基础上，维度划分同样参考于樊立惠、蔺雪芹、王岱（2015）以教育医疗设施为例研究北京市公共服务设施供需协调发展的时空演化特征中对教育和医疗进行的供给能力和需求压力的划分。在供给能力与需求压力两个维度下，又分别从供给的角度和需求的角度构建了基础教育、医疗卫生、社会保障与就业、公共文化、科学技术、环境保护共12个一级指标。基于这12个一级指标，结合边疆民族地区指标数据的科学性、准确性及可获得性，本部分研究构建了普通小学学校数、小学师生比、医疗卫生床位数、每千人均医疗卫生床位数等16个二级指标。

边疆民族地区基本公共服务供需匹配的指标体系构建同全国31个省份基本公共服务供需匹配指标体系构建一样，在基本公共服务供给能力维度下，基础教育方面选取了"普通小学学校数"和"教育服务财政支出比重"作为评价指标；医疗卫生方面，选取了"医疗卫生技术人员数"和"医疗卫生床位数"作为评价指标；社会保障与就业方面，选取了"社会保障与就业服务财政支出比重"作为评价指标；在公共文化方面，选取了"图书馆藏书量"作为评价指标；在科学技术方面，选取了"科学技术服务财政支出比重"作为评价指标；在环境保护方面，选取了"绿化覆盖面积"作为评价指标。考虑到边疆民族地区部分数据的不易统计及误差较大，舍弃了"最低生活保障人数"和"公共文化服务财政支出比重"两项指标。在基本公共服务需求压力维度分析中，同样地，基础教育方面，选取了"小学师生比"作为评价指标；医疗卫生方面，选取了"每千人均医疗卫生技术人员数"和"每千人均医疗卫生床位数"作为评价指标；在社会保障与就业方面，选取了"医疗保险参保人数占比"和"失业保险参保人数占比"作为评价指标；在公共文化方面，选取了"人均图书馆藏书量"作为评价指标；在科学技术方面，选取了"专利申请数"作为评价指标；在环境保护方面，选取了"人均公园绿地面积"作为评价指标，以上指标的构建均与全国31个省份基本公共服务供需匹配研究的指标体系构建目的一致。其中，"专利申请数"选取"规模以上工业企业专利申请数"作为替代指标，从一定程度上反映出地区工业企业层面对于科技创新成果产出的活跃度以及对科技相关服务的需求情况，专利申请数的多少与地区科技发展需求和创新能力相关联。以上指标的选取都是经过对前人相关研究成果的借鉴、整理与综合考量的，为后续进一步深入研究、数据分析以及指标合理性验证等提供了溯源依据，有助于保障整个指标体系的科学性和权威性。云南省8个边疆州市基本公共服务供需匹配评价指标体系如表3-2所示。

表3-2 云南省8个边疆州市基本公共服务供需匹配评价指标体系

内容	维度	一级指标	二级指标	指标说明	参考来源
基本公共服务供需匹配	基本公共服务供给能力	基础教育	普通小学学校数	普通小学学校数/所	王郁、赵一航等
			教育服务财政支出比重	财政教育支出/财政一般预算支出	陈梦根、刘毓珊、张乔等
		医疗卫生	医疗卫生技术人员数	卫生技术人员数/万人	樊立惠、叶璐、陈梦根、诸萍等
			医疗卫生床位数	医疗卫生机构床位数/万张	
		社会保障与就业	社会保障与就业服务财政支出比重	社会保障与就业服务财政支出/财政一般预算支出	陈梦根、刘毓珊、张乔等
		公共文化	图书馆藏书量	公共图书馆总藏书量/万册	陈梦根、诸萍等
		科学技术	科学技术服务财政支出比重	科学技术服务财政支出/财政一般预算支出	陈梦根、刘毓珊、张乔等
		环境保护	绿化覆盖面积	绿化覆盖面积/平方公里	诸萍等

续表

内容	维度	一级指标	二级指标	指标说明	参考来源
基本公共服务供需匹配	基本公共服务需求压力	基础教育	小学师生比	小学在校生数/小学专任教师数	叶璐、苏英、潘宏亮等
		医疗卫生	每千人均医疗卫生技术人员数	卫生技术人员数/年末常住人口数×1000	樊立惠、蔺雪芹、王岱等
			每千人均医疗卫生床位数	医疗机构床位数/年末常住人口数×1000	
		社会保障与就业	医疗保险参保人数占比	城镇（职工）基本医疗保险参保人数/年末常住人口数	陈梦根、刘毓珊、张乔等
			失业保险参保人数占比	失业保险参保人数/年末常住人口数	
		公共文化	人均图书馆藏书量	人均拥有公共图书馆藏量/册/人	陈梦根、诸萍等
		科学技术	专利申请数	规模以上工业企业专利申请数	陈梦根、刘毓珊、张乔等
		环境保护	人均公园绿地面积	人均公园绿地面积/平方米/人	诸萍等

三、研究范围与数据获取

（一）省级层面

本研究中，关于省级层面展开的基本公共服务供需匹配研究范围涵盖了全国31个省份。其中，包含了4个直辖市，即北京市、天津市、上海市以及重庆市，5个自治区分别是内蒙古自治区、广西壮族自治区、西藏自治区、宁夏回族自治区以及新疆维吾尔自治区，还包括22个省，即河北省、山西省、辽宁省、吉林省、黑龙江省、江苏省、浙江省、安徽省、福建省、江西省、山东省、河南省、湖北省、湖南省、广东省、海南省、四川省、贵州省、云南省、陕西省、甘肃省、青海省。这些省份各具特色，无论是东部沿海地区经济发达、人口密集、公共服务需求多样化的省份，还是中西部地区资源禀赋各异、发展水平有别、在公共服务均等化进程中面临不同任务的省份，它们的综合情况共同构成了国家基本公共服务供需匹配研究庞大且丰富的样本。又因不同的经济、政治、文化、地理环境，这些省份在基本公共服务的供给与需求方面面临着独特的挑战与机遇，对于深入理解和完善国家基本公共服务体系有着极为关键的参考价值。另外，研究聚焦的时间段为2011年至2022年总共12年，数据获取的主要来源为国家统计局，并以各个省份的各个年份的统计年鉴进行数据补充,为研究提供更为全面、深入、细致且贴合实际情况的数据基础,以便精准地剖析全国31个省份在2011年至2022年期间基本公共服务的供需匹配真实状况与内在规律。

(二)边疆民族地区层面

边疆民族地区基本公共服务的研究范围是云南省8个边疆州市,包括保山市、临沧市、普洱市4个边疆市,怒江傈僳族自治州、德宏傣族景颇族自治州、西双版纳傣族自治州、红河哈尼族彝族自治州、文山壮族苗族自治州5个边疆州。研究上述8个边疆州市的基本公共服务的供需匹配情况,涵盖教育服务、医疗服务、社会保障与就业服务、公共文化服务以及科学技术服务等多个领域,以量化指标的形式反映供需现状。结合文献与实际构建云南省边疆民族地区基本公共服务供给与需求相匹配的指标体系,对相关指标进行2011—2022年共计12年的数据收集整理。数据收集渠道主要来源于云南省8个边疆州市的统计年鉴、各年份的政府统计公报、国家统计局数据统计平台及中国研究数据服务平台等权威的数据统计机构,对于部分现有资料查找不到的数据,采用实地调研法,联系当地政府部门,获取所需数据,对于仍然缺失的数据,则采用删除缺失值的方法或者线性插值法处理。

四、协调度模型的建立

本研究采用的核心模型为协调发展度模型,在具体的研究进程中,着重依据该模型所输出的结果数据,深入结合其呈现出的协调程度以及所对应的协调类型,精准且全面地反映在特定情境或研究对象里供给与需求之间的匹配程度。这一模型及其相关要素的综合运用,能够对供需匹配状况进行量化评估与定性分析,从而为深入探究二者关系提供科学、有效的依据与支撑。

首先构建指标体系,对各个子系统的发展水平进行量化,然后综合考虑子系统之间的协调关系和整体发展水平,计算出一个能够反映系统协调发展程度的数值。这个数值通常在0~1之间,数值越高,表示系统之间的协调发展程度越高。在这个过程中,需要确定研究的子系统以及每个子系统对应的指标。比如本研究中教育子系统供给水平的对应指标可以为小学学校数、初中学校数等,需求侧压力的对应指标可以为小学师生比、初中师生比等。其次是相关指标数据收集后的协调度计算。协调度计算通常基于子系统之间的相互关系函数。例如,对于子系统 X_i 和 Y_i,协调度计算公式为 $C = \left[\dfrac{X_i \times Y_i}{((X_i + Y_i)/2)}\right]^k$,这个公式体现了子系统之间相互作用的耦合程度。当值接近1时,表示子系统之间的协调程度高;当值接近0时,表示协调程度低。然后在协调度的基础上,考虑子系统的综合发展水平,计算协调发展度。一般公式为 $D = \sqrt{C \times T}$,其中供需水平的综合评价指数

$T = \alpha X_i + \beta Y_i$（对于两个子系统的情况），$\alpha$ 和 β 是待定系数，通常根据子系统的相对重要性确定，且 $\alpha + \beta = 1$。协调发展度 D 的值越高，说明系统之间的协调发展状况越好。

通过上述数据收集及协调度计算，采用定量分析方法，对全国31个省份及云南省8个边疆州市的基本公共服务供需协调程度进行划分，并结合模糊数学的思想将其细化为以下协调等级：0~0.19为极度失调，即协调度位于这个区间时，系统之间几乎没有协调关系，整体发展处于无序状态。此时应重点关注如何打破制约发展的瓶颈，改善最基本的协调条件。0.20~0.29为严重失调，0.30~0.39为失调，在这两个阶段，系统之间存在明显的不协调，发展的矛盾较为突出，需要采取强有力的措施来调整系统之间的关系，如增加相应投入等。0.40~0.49濒临失调，0.50~0.59为勉强协调，表明系统间有一定的协调基础，但仍存在较多问题。这时候需要有针对性地进行优化，如有针对性地增加公共服务供给等。0.60~0.69为初级协调，0.70~0.79为中级协调，系统开始呈现协调发展的态势，但还有提升空间。这个阶段应注重挖掘潜力，加强薄弱环节，进一步提升协调发展水平。0.80~0.89为良好协调，0.90~1.00为优质协调，系统之间达到了良好的协同发展状态。这种状态下需要巩固成果，持续优化系统之间的关系。根据协调程度的划分，对结果进行横向比较与纵向分析，揭示全国31个省份及云南省8个边疆州市供需匹配的优势与不足，以及随时间的变化趋势，为促进全国31个省份及云南省8个边疆州市的基本公共服务供需匹配提供科学依据（见表3-3）。

表3-3 协调发展程度等级和协调类型划分

协调发展度		0~0.19	0.20~0.29	0.30~0.39	0.40~0.49	0.50~0.59	0.60~0.69	0.70~0.79	0.80~0.89	0.90~1.00
协调等级		极度失调	严重失调	失调	濒临失调	勉强协调	初级协调	中级协调	良好协调	优质协调
协调类型	供>需	需求损益型	需求损益型	需求损益型	需求损益型	需求滞后型	需求滞后型	需求滞后型	需求滞后型	需求滞后型
	供=需	供需共损型	供需共损型	供需共损型	供需同步型	供需同步型	供需同步型	供需同步型	供需同步型	供需同步型
	供<需	供给损益型	供给损益型	供给损益型	供给损益型	供给滞后型	供给滞后型	供给滞后型	供给滞后型	供给滞后型

第三节 匹配结果分析

一、省级层面

（一）各年供需变化情况分析

1. 2011年、2012年供需变化情况

结合以下数据和折线图来看，2011年和2012年全国31个省份的基本公共服务供需情况整体表现为供给大于需求，个别省份的供给小于需求，同时部分省份供需差距明显（见表3-4、图3-3、图3-4）。其中，北京市2011年的供给为0.5159，需求为0.7141，2012年的供给为0.6805，需求为0.6417；天津市2011年的供给为0.3163，需求为0.4414，2012年的供给为0.3395，需求为0.3999；上海市2011年的供给为0.4004，需求为0.8931，2012年的供给为0.4287，需求为0.7906，基本表现为需求大于供给。2012年宁夏回族自治区的供给由2011年的0.2870变为2012年的0.2170，需求由2011年的0.2679变为2012年的0.2862，由供给大于需求向需求大于供给转变。另外，从折线图可清晰地反映出山东省、四川省、陕西省等地供需差距明显。

表3-4　2011年、2012年全国31个省份供给需求及相关系数（C值、T值）汇总

	2011年					2012年			
省份	供给	需求	C值	T值	省份	供给	需求	C值	T值
北京市	0.5159	0.7141	0.5990	0.6150	北京市	0.6805	0.6417	0.6605	0.6611
天津市	0.3163	0.4414	0.3685	0.3788	天津市	0.3395	0.3999	0.3672	0.3697
河北省	0.5531	0.1842	0.2763	0.3687	河北省	0.6111	0.2153	0.3184	0.4132
山西省	0.5394	0.2463	0.3381	0.3928	山西省	0.5943	0.2609	0.3626	0.4276
内蒙古自治区	0.4122	0.2055	0.2743	0.3088	内蒙古自治区	0.4507	0.2346	0.3086	0.3426
辽宁省	0.5537	0.3684	0.4424	0.4611	辽宁省	0.5873	0.3934	0.4712	0.4903
吉林省	0.4488	0.2413	0.3139	0.3451	吉林省	0.4879	0.2577	0.3372	0.3728
黑龙江省	0.4433	0.2747	0.3392	0.3590	黑龙江省	0.5156	0.3041	0.3826	0.4099
上海市	0.4004	0.8931	0.5530	0.6468	上海市	0.4287	0.7906	0.5559	0.6096
江苏省	0.6475	0.5200	0.5768	0.5837	江苏省	0.7771	0.6044	0.6800	0.6908
浙江省	0.6164	0.4745	0.5362	0.5455	浙江省	0.7060	0.5528	0.6201	0.6294
安徽省	0.5238	0.2157	0.3055	0.3697	安徽省	0.5526	0.2506	0.3448	0.4016
福建省	0.4006	0.2491	0.3072	0.3249	福建省	0.4838	0.3016	0.3716	0.3927
江西省	0.4462	0.2086	0.2843	0.3274	江西省	0.4888	0.2493	0.3302	0.3691
山东省	0.7743	0.2898	0.4218	0.5320	山东省	0.8591	0.3860	0.5326	0.6225
河南省	0.6735	0.2389	0.3527	0.4562	河南省	0.7405	0.3064	0.4334	0.5234

续表

	2011年					2012年			
省份	供给	需求	C值	T值	省份	供给	需求	C值	T值
湖北省	0.5144	0.2534	0.3396	0.3839	湖北省	0.6241	0.2918	0.3976	0.4580
湖南省	0.5103	0.2457	0.3317	0.3780	湖南省	0.5979	0.2952	0.3952	0.4465
广东省	0.7864	0.5487	0.6464	0.6675	广东省	0.7909	0.4376	0.5635	0.6143
广西壮族自治区	0.4230	0.1740	0.2466	0.2985	广西壮族自治区	0.4684	0.2204	0.2997	0.3444
海南省	0.3686	0.2209	0.2762	0.2947	海南省	0.3901	0.2785	0.3250	0.3343
重庆市	0.3006	0.2700	0.2845	0.2853	重庆市	0.3572	0.3350	0.3458	0.3461
四川省	0.6402	0.3118	0.4193	0.4760	四川省	0.7645	0.3836	0.5109	0.5741
贵州省	0.3377	0.1724	0.2282	0.2550	贵州省	0.4044	0.2266	0.2904	0.3155
云南省	0.4478	0.1970	0.2736	0.3224	云南省	0.5143	0.2127	0.3010	0.3635
西藏自治区	0.2045	0.0852	0.1203	0.1449	西藏自治区	0.2204	0.0657	0.1012	0.1430
陕西省	0.5332	0.2522	0.3425	0.3927	陕西省	0.6792	0.2944	0.4107	0.4868
甘肃省	0.4516	0.1888	0.2662	0.3202	甘肃省	0.5405	0.2256	0.3183	0.3831
青海省	0.3108	0.2353	0.2678	0.2731	青海省	0.3323	0.2471	0.2834	0.2897
宁夏回族自治区	0.2870	0.2679	0.2771	0.2774	宁夏回族自治区	0.2170	0.2862	0.2469	0.2516
新疆维吾尔自治区	0.4280	0.2943	0.3488	0.3611	新疆维吾尔自治区	0.4713	0.3131	0.3762	0.3922

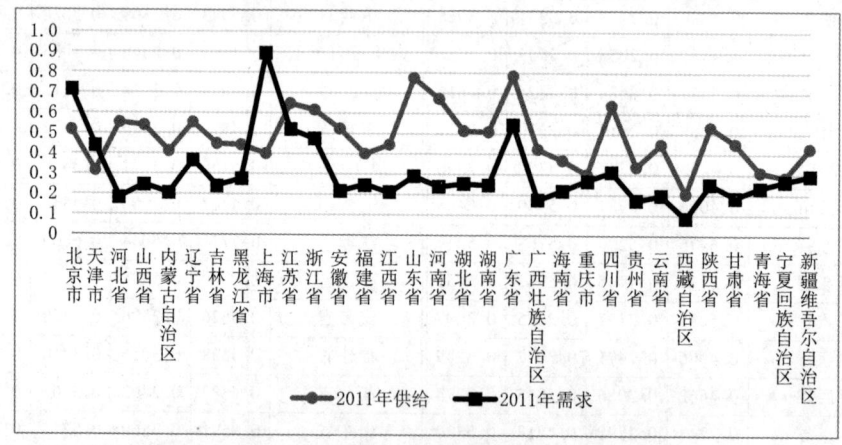

图3-3 2011年全国31个省份基本公共服务供需情况

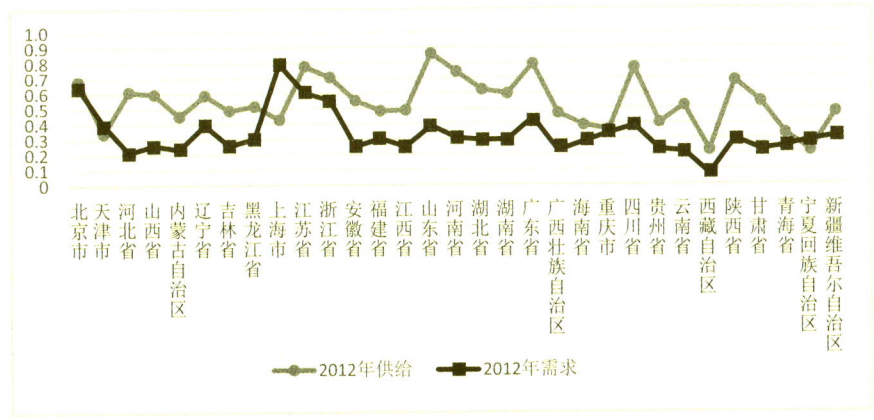

图 3-4 2012 年全国 31 个省份基本公共服务供需情况

2. 2013 年、2014 年供需变化情况

从以下数据和折线图可以看出，2013 年和 2014 年全国 31 个省份的基本公共服务供需情况整体仍然表现为供给大于需求，个别省份的供给和需求差距缩小，但部分省份供需差距仍然较为明显（见表 3-5、图 3-5、图 3-6）。比如河北省、

表 3-5 2013 年、2014 年全国 31 个省份供给需求及相关系数（C 值、T 值）汇总

2013 年					2014 年				
省份	供给	需求	C 值	T 值	省份	供给	需求	C 值	T 值
北京市	0.6588	0.7095	0.6832	0.6842	北京市	0.6628	0.7296	0.6946	0.6962
天津市	0.3546	0.4571	0.3994	0.4059	天津市	0.3458	0.4794	0.4017	0.4126
河北省	0.6143	0.2471	0.3524	0.4307	河北省	0.6426	0.2694	0.3796	0.4560
山西省	0.5739	0.2522	0.3504	0.4130	山西省	0.5475	0.2581	0.3508	0.4028
内蒙古自治区	0.4426	0.2527	0.3218	0.3477	内蒙古自治区	0.4506	0.2791	0.3447	0.3649
辽宁省	0.5452	0.4112	0.4688	0.4782	辽宁省	0.5568	0.4250	0.4821	0.4909
吉林省	0.4652	0.2596	0.3333	0.3624	吉林省	0.4526	0.2807	0.3465	0.3666
黑龙江省	0.5115	0.3168	0.3913	0.4142	黑龙江省	0.5072	0.3381	0.4057	0.4226
上海市	0.4456	0.8091	0.5747	0.6274	上海市	0.4086	0.8021	0.5414	0.6053
江苏省	0.7828	0.6465	0.7081	0.7146	江苏省	0.7865	0.6653	0.7209	0.7259
浙江省	0.7072	0.6130	0.6568	0.6601	浙江省	0.7183	0.6283	0.6703	0.6733
安徽省	0.5550	0.2539	0.3484	0.4044	安徽省	0.5420	0.2792	0.3685	0.4106
福建省	0.4604	0.3308	0.3850	0.3956	福建省	0.4825	0.3568	0.4102	0.4197
江西省	0.4799	0.2754	0.3500	0.3776	江西省	0.4797	0.2933	0.3640	0.3865
山东省	0.8679	0.4201	0.5662	0.6440	山东省	0.8562	0.4430	0.5839	0.6496
河南省	0.7640	0.3242	0.4552	0.5441	河南省	0.7743	0.3566	0.4884	0.5655

续表

2013 年					2014 年				
省份	供给	需求	C 值	T 值	省份	供给	需求	C 值	T 值
湖北省	0.5893	0.3218	0.4163	0.4556	湖北省	0.6054	0.3551	0.4476	0.4802
湖南省	0.5998	0.3031	0.4027	0.4515	湖南省	0.6230	0.3584	0.4550	0.4907
广东省	0.8158	0.4713	0.5974	0.6435	广东省	0.8407	0.5015	0.6283	0.6711
广西壮族自治区	0.4949	0.2464	0.3290	0.3706	广西壮族自治区	0.5586	0.2812	0.3741	0.4199
海南省	0.3818	0.2295	0.2867	0.3057	海南省	0.3805	0.2430	0.2966	0.3117
重庆市	0.3636	0.3640	0.3638	0.3638	重庆市	0.3837	0.4065	0.3948	0.3951
四川省	0.7869	0.4110	0.5400	0.5989	四川省	0.7607	0.4490	0.5647	0.6048
贵州省	0.4005	0.2651	0.3191	0.3328	贵州省	0.4034	0.2879	0.3360	0.3457
云南省	0.4682	0.2263	0.3052	0.3473	云南省	0.4405	0.2557	0.3236	0.3481
西藏自治区	0.1750	0.1108	0.1357	0.1429	西藏自治区	0.2739	0.1221	0.1689	0.1980
陕西省	0.6746	0.3290	0.4422	0.5018	陕西省	0.6110	0.3740	0.4640	0.4925
甘肃省	0.5465	0.2363	0.3299	0.3914	甘肃省	0.4698	0.2528	0.3287	0.3613
青海省	0.2626	0.2665	0.2645	0.2645	青海省	0.3083	0.3055	0.3069	0.3069
宁夏回族自治区	0.2447	0.3234	0.2786	0.2841	宁夏回族自治区	0.2331	0.3477	0.2791	0.2904
新疆维吾尔自治区	0.4706	0.3180	0.3795	0.3943	新疆维吾尔自治区	0.4572	0.3286	0.3824	0.3929

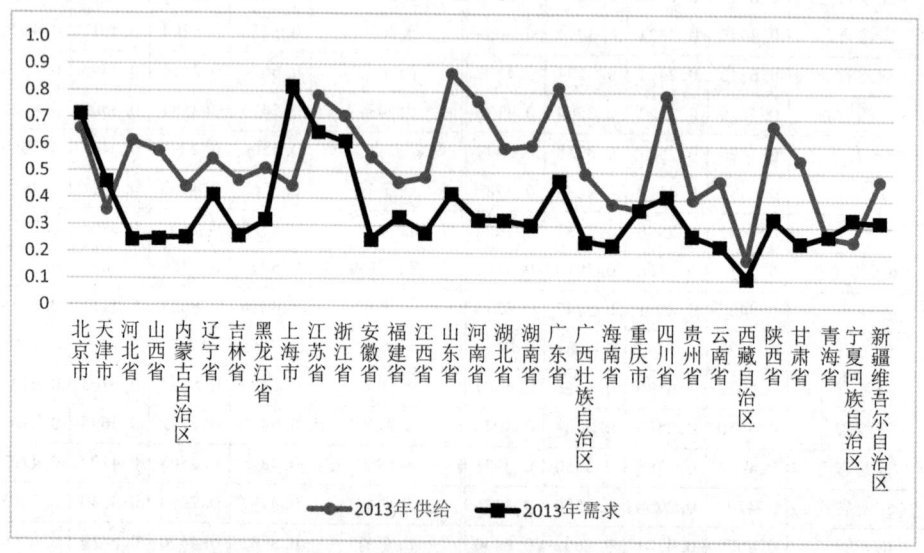

图 3-5 2013 年全国 31 个省份基本公共服务供需情况

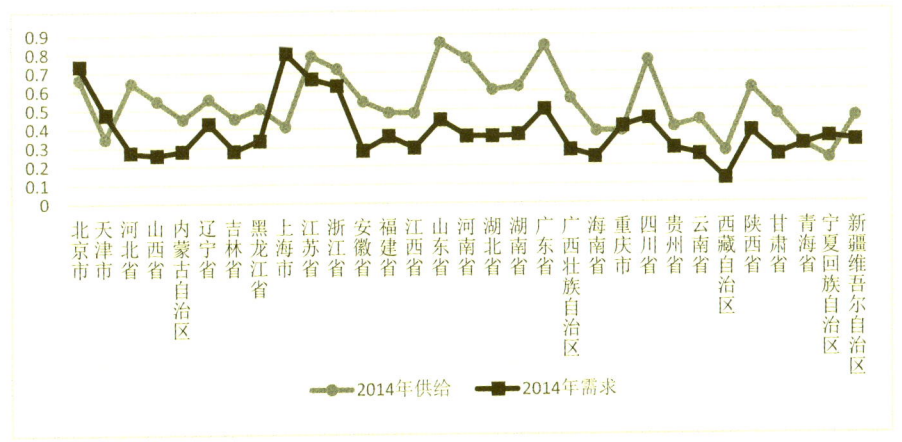

图 3-6 2014 年全国 31 个省份基本公共服务供需情况

山西省、内蒙古自治区、吉林省、辽宁省、黑龙江省、江苏省、浙江省、安徽省、福建省、江西省、山东省、河南省、湖北省、湖南省、广东省、广西壮族自治区、海南省、四川省、贵州省、云南省、西藏自治区、陕西省、甘肃省、新疆维吾尔自治区共 25 个地区均有明显的供给大于需求的趋势,北京市、天津市、上海市以及宁夏回族自治区仍然表现为需求大于供给。另外,重庆市供需由 2013 年的 0.3636 和 0.3640 向 2014 年的 0.3837 和 0.4065 转变,需求表现出明显的增长趋势。青海省的供给由 2013 年的 0.2626 变为 2014 年的 0.3083,同时,需求由 2013 年的 0.2665 增长为 0.3055,供需增长基本同步。

3. 2015 年、2016 年供需变化情况

根据以下数据和折线图可以看出,2015 年和 2016 年全国 31 个省份的基本公共服务供需情况在整体仍然供给大于需求的基础上,需求增长趋势明显,更有个别省份表现出强烈的需求即将超过供给的趋势(见表 3-6、图 3-7、图 3-8)。比如浙江省 2015 年的需求为 0.6886,2016 年的需求为 0.7896,增幅为 0.101,在全国众多省份中增幅最为明显,其次是上海市 2015 年的需求为 0.8455,2016 年的需求为 0.9295,增幅为 0.084。同时,天津市、北京市、江苏省、广东省等地的需求也都呈现出了不同的增长趋势。其中,江苏省 2015 年的供给为 0.8141,需求为 0.7147,差值为 0.0994,2016 年的供给为 0.8376,需求为 0.7920,差值为 0.0456;浙江省 2015 年的供给为 0.7701,需求为 0.6886,差值为 0.0815,2016 年的供给为 0.7712,需求为 0.7896,差值为 0.0184,福建省 2015 年的供给为 0.5246,需求为 0.3940,差值为 0.1306,2016 年的供给为 0.4929,需求为 0.4486,差值为 0.0443,供需差距明显缩小,且具有强烈的需求超过供给的趋势。

表 3-6　2015 年、2016 年全国 31 个省份供给需求及相关系数（C 值、T 值）汇总

2015 年					2016 年				
省份	供给	需求	C 值	T 值	省份	供给	需求	C 值	T 值
北京市	0.6304	0.7666	0.6919	0.6985	北京市	0.5844	0.8449	0.6909	0.7146
天津市	0.3194	0.5285	0.3982	0.4240	天津市	0.2869	0.6079	0.3898	0.4474
河北省	0.6543	0.2958	0.4074	0.4750	河北省	0.6663	0.3167	0.4293	0.4915
山西省	0.5931	0.2721	0.3731	0.4326	山西省	0.6036	0.2929	0.3944	0.4483
内蒙古自治区	0.4556	0.3055	0.3658	0.3806	内蒙古自治区	0.4246	0.3341	0.3740	0.3794
辽宁省	0.6834	0.4440	0.5383	0.5637	辽宁省	0.7278	0.4797	0.5783	0.6037
吉林省	0.5070	0.2978	0.3752	0.4024	吉林省	0.4606	0.3238	0.3803	0.3922
黑龙江省	0.5026	0.3514	0.4136	0.4270	黑龙江省	0.4792	0.3762	0.4215	0.4277
上海市	0.3660	0.8455	0.5108	0.6057	上海市	0.4416	0.9295	0.5988	0.6856
江苏省	0.8141	0.7147	0.7612	0.7644	江苏省	0.8376	0.7920	0.8142	0.8148
浙江省	0.7701	0.6886	0.7271	0.7293	浙江省	0.7712	0.7896	0.7803	0.7804
安徽省	0.5692	0.3174	0.4075	0.4433	安徽省	0.5747	0.3580	0.4411	0.4663
福建省	0.5246	0.3940	0.4500	0.4593	福建省	0.4929	0.4486	0.4697	0.4707
江西省	0.4969	0.3276	0.3948	0.4122	江西省	0.5275	0.3753	0.4385	0.4514
山东省	0.8750	0.4749	0.6157	0.6750	山东省	0.8973	0.5121	0.6520	0.7047
河南省	0.7950	0.3823	0.5163	0.5887	河南省	0.7824	0.4230	0.5491	0.6027
湖北省	0.5869	0.3891	0.4680	0.4880	湖北省	0.6571	0.4245	0.5158	0.5408
湖南省	0.6917	0.4282	0.5290	0.5599	湖南省	0.7434	0.4592	0.5677	0.6013
广东省	0.7863	0.5455	0.6442	0.6659	广东省	0.8789	0.6153	0.7238	0.7471
广西壮族自治区	0.5796	0.3059	0.4004	0.4427	广西壮族自治区	0.5594	0.3343	0.4185	0.4469
海南省	0.4044	0.2668	0.3215	0.3356	海南省	0.3636	0.2710	0.3106	0.3173
重庆市	0.4127	0.4588	0.4345	0.4357	重庆市	0.4404	0.4718	0.4556	0.4561
四川省	0.8097	0.4909	0.6112	0.6503	四川省	0.8399	0.5255	0.6465	0.6827
贵州省	0.4492	0.3038	0.3625	0.3765	贵州省	0.4654	0.3229	0.3813	0.3941
云南省	0.4875	0.2708	0.3482	0.3792	云南省	0.5483	0.3039	0.3911	0.4261
西藏自治区	0.2415	0.1508	0.1857	0.1961	西藏自治区	0.2678	0.1664	0.2052	0.2171
陕西省	0.6328	0.4159	0.5020	0.5244	陕西省	0.7227	0.4654	0.5662	0.5940
甘肃省	0.5021	0.2683	0.3497	0.3852	甘肃省	0.5145	0.2902	0.3711	0.4023
青海省	0.2829	0.3166	0.2988	0.2997	青海省	0.2942	0.3420	0.3163	0.3181
宁夏回族自治区	0.2835	0.3612	0.3177	0.3223	宁夏回族自治区	0.3016	0.3954	0.3422	0.3485
新疆维吾尔自治区	0.4562	0.3418	0.3908	0.3990	新疆维吾尔自治区	0.4603	0.3685	0.4093	0.4144

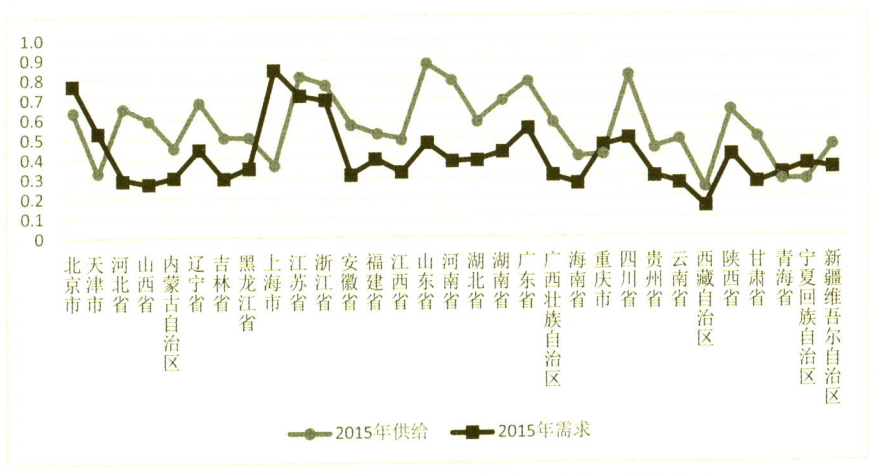

图 3-7　2015 年全国 31 个省份基本公共服务供需情况

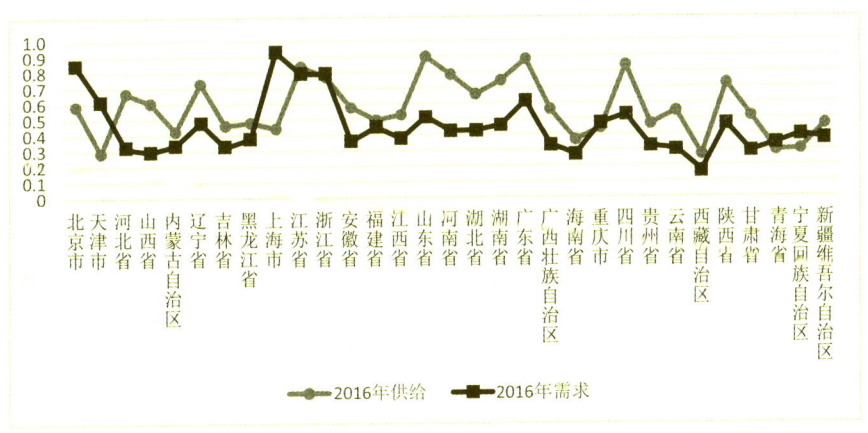

图 3-8　2016 年全国 31 个省份基本公共服务供需情况

4. 2017 年、2018 年供需变化情况

由以下数据和折线图可以看出，2017 年和 2018 年全国 31 个省份的基本公共服务供需中需求表现出显著的增长趋势，已有较多省份需求超过了供给（见表 3-7、图 3-9、图 3-10）。例如，上海市 2017 年的供给为 0.5350，需求为 0.9604，2018 年的供给为 0.4618，需求为 1.0073；重庆市 2017 年的供给为 0.4461，需求为 0.5226，2018 年的供给为 0.4807，需求为 0.5761；青海省 2017 年的供给为 0.3572，需求为 0.3666，2018 年的供给为 0.3272，需求为 0.3916；宁夏回族自治区 2017 年的供给为 0.2527，需求为 0.4467，2018 年的供给为 0.2543，需求为 0.4643，以上省份均表现为需求超过供给。另外，北京市 2017

年的需求为 0.9009, 2018 年的需求为 0.9874; 天津市 2017 年的需求为 0.5878, 2018 年的需求为 0.6485; 浙江省 2017 年的需求为 0.8315, 2018 年的需求为 0.9135, 需求增速非常显著。此外, 福建省由 2017 年的供给为 0.4944, 需求为 0.4774 (供给大于需求), 转变为 2018 年的供给为 0.5495, 需求为 0.5506 (供给小于需求), 实现了从供大于求向供小于求的转变。

表 3-7 2017 年、2018 年全国 31 个省份供给需求及相关系数（C 值、T 值）汇总

2017 年					2018 年				
省份	供给	需求	C 值	T 值	省份	供给	需求	C 值	T 值
北京市	0.6030	0.9009	0.7224	0.7519	北京市	0.6256	0.9874	0.7659	0.8065
天津市	0.3659	0.5878	0.4510	0.4769	天津市	0.4234	0.6485	0.5123	0.5359
河北省	0.7260	0.3550	0.4768	0.5405	河北省	0.7261	0.3933	0.5103	0.5597
山西省	0.5868	0.3340	0.4257	0.4604	山西省	0.5839	0.3643	0.4487	0.4741
内蒙古自治区	0.5195	0.3651	0.4288	0.4423	内蒙古自治区	0.4704	0.3956	0.4298	0.4330
辽宁省	0.7569	0.5072	0.6074	0.6320	辽宁省	0.7048	0.5518	0.6190	0.6283
吉林省	0.4575	0.3558	0.4003	0.4067	吉林省	0.4933	0.3996	0.4415	0.4464
黑龙江省	0.5030	0.4164	0.4556	0.4597	黑龙江省	0.5018	0.4414	0.4697	0.4716
上海市	0.5350	0.9604	0.6872	0.7477	上海市	0.4618	1.0073	0.6333	0.7346
江苏省	0.8684	0.8432	0.8556	0.8558	江苏省	0.9194	0.9163	0.9179	0.9179
浙江省	0.8095	0.8315	0.8204	0.8205	浙江省	0.8368	0.9135	0.8735	0.8752
安徽省	0.5672	0.4020	0.4706	0.4846	安徽省	0.6044	0.4383	0.5082	0.5214
福建省	0.4944	0.4774	0.4857	0.4859	福建省	0.5495	0.5506	0.5501	0.5501
江西省	0.5431	0.4122	0.4687	0.4776	江西省	0.5632	0.4517	0.5013	0.5074
山东省	0.9375	0.5605	0.7016	0.7490	山东省	0.9742	0.6045	0.7461	0.7894
河南省	0.7995	0.4642	0.5873	0.6318	河南省	0.8343	0.5150	0.6369	0.6747
湖北省	0.6706	0.4843	0.5624	0.5775	湖北省	0.6813	0.5312	0.5970	0.6062
湖南省	0.7683	0.5051	0.6095	0.6367	湖南省	0.7422	0.5397	0.6250	0.6410
广东省	0.9746	0.6660	0.7912	0.8203	广东省	1.0975	0.7236	0.8722	0.9106
广西壮族自治区	0.5576	0.3454	0.4266	0.4515	广西壮族自治区	0.5470	0.3476	0.4250	0.4473
海南省	0.3626	0.2887	0.3214	0.3256	海南省	0.4300	0.3245	0.3698	0.3772
重庆市	0.4461	0.5226	0.4813	0.4843	重庆市	0.4807	0.5761	0.5241	0.5284
四川省	0.8584	0.5875	0.6976	0.7229	四川省	0.8651	0.6246	0.7254	0.7448
贵州省	0.4936	0.3751	0.4263	0.4344	贵州省	0.4881	0.4063	0.4434	0.4472
云南省	0.5262	0.3369	0.4108	0.4315	云南省	0.5484	0.3557	0.4316	0.4521
西藏自治区	0.3129	0.2145	0.2545	0.2637	西藏自治区	0.1892	0.2286	0.2070	0.2089
陕西省	0.6815	0.5327	0.5980	0.6071	陕西省	0.6696	0.5648	0.6128	0.6172

续表

2017 年					2018 年				
省份	供给	需求	C 值	T 值	省份	供给	需求	C 值	T 值
甘肃省	0.5032	0.3454	0.4096	0.4243	甘肃省	0.4709	0.3858	0.4241	0.4284
青海省	0.3572	0.3666	0.3618	0.3619	青海省	0.3272	0.3916	0.3565	0.3594
宁夏回族自治区	0.2527	0.4467	0.3228	0.3497	宁夏回族自治区	0.2543	0.4643	0.3286	0.3593
新疆维吾尔自治区	0.4273	0.3859	0.4055	0.4066	新疆维吾尔自治区	0.4144	0.4044	0.4094	0.4094

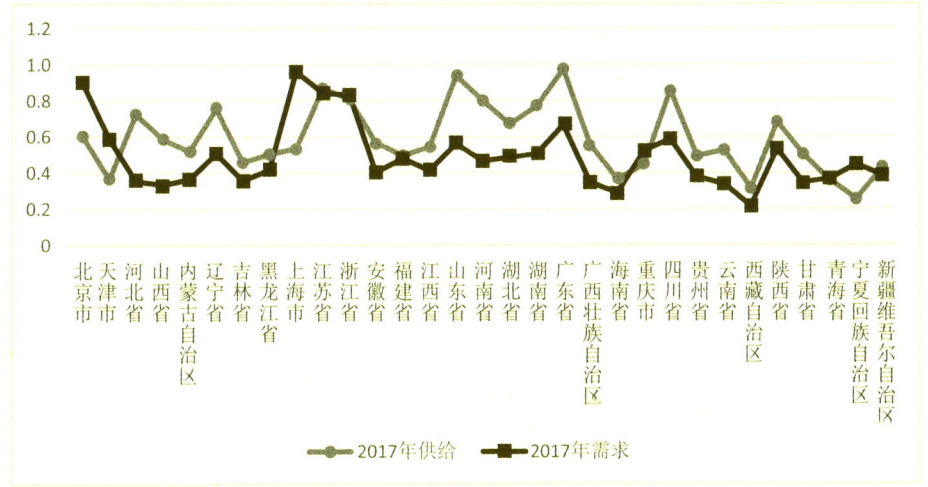

图 3-9　2017 年全国 31 个省份基本公共服务供需情况

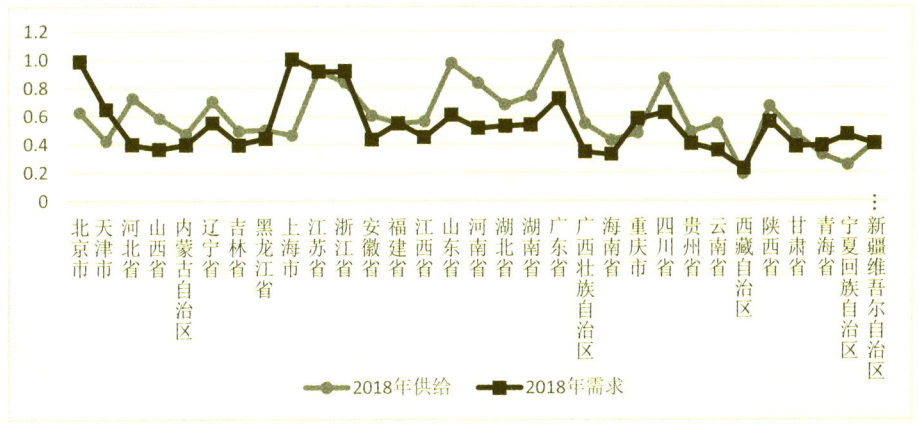

图 3-10　2018 年全国 31 个省份基本公共服务供需情况

5. 2019 年、2020 年供需变化情况

通过以下数据和折线图，2019 年和 2020 年全国 31 个省份的基本公共服务供需情况中需求仍然保持较高的增长速度，除个别几个省份外，其他省份的供给均表现出增长趋势（见表 3-8、图 3-11、图 3-12）。比如，黑龙江省的需求由 2019 年的 0.4737 增长为 2020 年的 0.5546；天津市的需求由 2019 年的 0.6674 增长为 2020 年的 0.7374；安徽省的需求由 2019 年的 0.4377 增长为 2020 年的

表 3-8 2019 年、2020 年全国 31 个省份供给需求及相关系数（C 值、T 值）汇总

2019 年					2020 年				
省份	供给	需求	C 值	T 值	省份	供给	需求	C 值	T 值
北京市	0.7499	1.0459	0.8735	0.8979	北京市	0.7367	1.0473	0.8650	0.8920
天津市	0.3492	0.6674	0.4585	0.5083	天津市	0.3650	0.7374	0.4883	0.5512
河北省	0.8002	0.4139	0.5456	0.6070	河北省	0.8225	0.3796	0.5195	0.6011
山西省	0.5928	0.3860	0.4675	0.4894	山西省	0.5877	0.4034	0.4784	0.4955
内蒙古自治区	0.4776	0.4238	0.4491	0.4507	内蒙古自治区	0.5180	0.4388	0.4751	0.4784
辽宁省	0.6902	0.5776	0.6289	0.6339	辽宁省	0.7414	0.5636	0.6404	0.6525
吉林省	0.4894	0.4230	0.4538	0.4562	吉林省	0.5306	0.4621	0.4940	0.4964
黑龙江省	0.5133	0.4737	0.4927	0.4935	黑龙江省	0.5379	0.5546	0.5461	0.5462
上海市	0.5061	1.0605	0.6852	0.7833	上海市	0.5072	1.0626	0.6867	0.7849
江苏省	0.9965	0.9584	0.9770	0.9774	江苏省	1.1421	0.8803	0.9943	1.0112
浙江省	0.8515	0.9551	0.9004	0.9033	浙江省	0.9669	0.8336	0.8953	0.9003
安徽省	0.6166	0.4377	0.5120	0.5272	安徽省	0.7116	0.4834	0.5757	0.5975
福建省	0.5971	0.5832	0.5900	0.5901	福建省	0.6705	0.5379	0.5969	0.6042
江西省	0.5519	0.4780	0.5123	0.5150	江西省	0.6320	0.5053	0.5616	0.5687
山东省	1.0543	0.6425	0.7985	0.8484	山东省	1.1110	0.5664	0.7503	0.8387
河南省	0.8769	0.5407	0.6689	0.7088	河南省	0.9571	0.4732	0.6333	0.7151
湖北省	0.7167	0.5630	0.6306	0.6398	湖北省	0.7366	0.5326	0.6182	0.6346
湖南省	0.7756	0.5968	0.6746	0.6862	湖南省	0.7906	0.5589	0.6548	0.6747
广东省	1.1674	0.7749	0.9315	0.9712	广东省	1.3486	0.6878	0.9110	1.0182
广西壮族自治区	0.5684	0.3779	0.4540	0.4732	广西壮族自治区	0.6551	0.3779	0.4793	0.5165
海南省	0.4527	0.3688	0.4065	0.4107	海南省	0.4432	0.4123	0.4272	0.4278
重庆市	0.5142	0.6002	0.5539	0.5572	重庆市	0.5730	0.5657	0.5693	0.5694
四川省	0.9283	0.6446	0.7609	0.7865	四川省	0.9832	0.5790	0.7288	0.7811
贵州省	0.4629	0.4323	0.4470	0.4476	贵州省	0.5380	0.4342	0.4805	0.4861
云南省	0.5273	0.3804	0.4420	0.4538	云南省	0.5886	0.3699	0.4543	0.4793
西藏自治区	0.2520	0.2476	0.2497	0.2498	西藏自治区	0.2850	0.2568	0.2702	0.2709
陕西省	0.6729	0.6092	0.6395	0.6411	陕西省	0.7335	0.5025	0.5964	0.6180

续表

2019 年					2020 年				
省份	供给	需求	C 值	T 值	省份	供给	需求	C 值	T 值
甘肃省	0.5173	0.4346	0.4724	0.4759	甘肃省	0.5202	0.4109	0.4592	0.4656
青海省	0.3441	0.4154	0.3764	0.3798	青海省	0.3781	0.4488	0.4104	0.4135
宁夏回族自治区	0.2877	0.4724	0.3576	0.3801	宁夏回族自治区	0.3558	0.4725	0.4060	0.4142
新疆维吾尔自治区	0.4448	0.4244	0.4343	0.4346	新疆维吾尔自治区	0.4267	0.4098	0.4180	0.4182

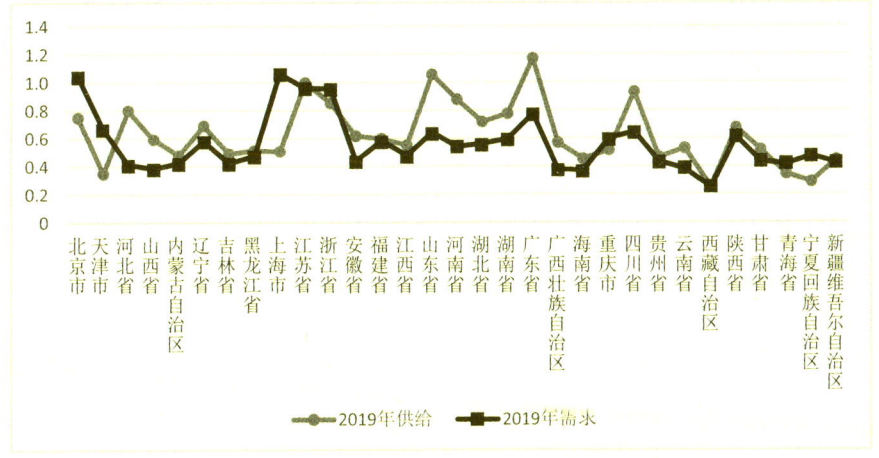

图 3-11 2019 年全国 31 个省份基本公共服务供需情况

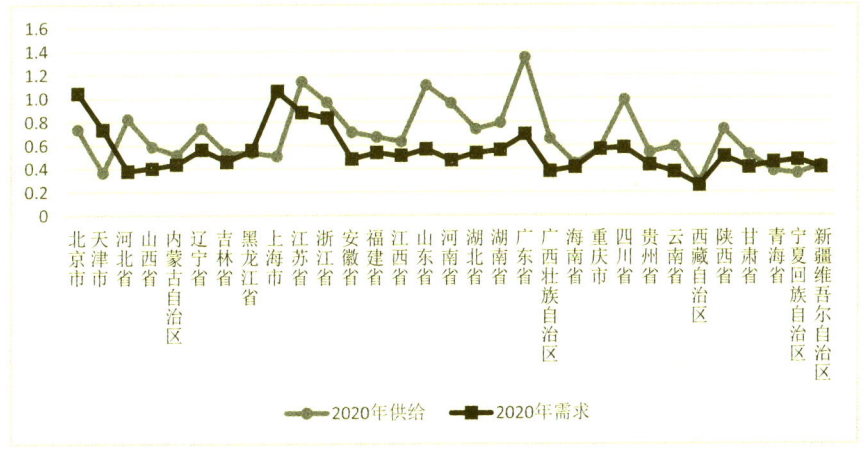

图 3-12 2020 年全国 31 个省份基本公共服务供需情况

0.4834；海南省的需求由 2019 年的 0.3688 增长为 2020 年的 0.4123；吉林省的需求由 2019 年的 0.4230 增长为 2020 年的 0.4621；青海省的需求由 2019 年的 0.4154 增长为 2020 年的 0.4488；江西省的需求由 2019 年的 0.4780 增长为 2020 年的 0.5053，山西省、内蒙古自治区、西藏自治区、上海市、贵州省、北京市、宁夏回族自治区的需求也呈现出了不同程度的增长。另外，广东省的供给由 2019 年的 1.1674 增长为 2020 年的 1.3486，江苏省的供给由 2019 年的 0.9965 增长为 2020 年的 1.1421、浙江省的供给由 2019 年的 0.8515 增长为 2020 年的 0.9669，供给增长迅猛。

6. 2021 年、2022 年供需变化情况

由以下数据和折线图可以得出，2021 年和 2022 年全国 31 个省份的基本公共服务供需情况从整体来看需求增长速度要高于供给增长速度，但有个别省份的供给不增反减（见表 3-9、图 3-13、图 3-14）。北京市的需求由 2021 年的 1.1245 增长为 2022 年的 1.1812；湖南省的需求由 2021 年的 0.6450 增长为 2022 年的 0.6994；安徽省的需求由 2021 年的 0.5058 增长为 2022 年的 0.5436；福建省的需求由 2021 年的 0.5719 增长为 2022 年的 0.6059；河北省的需求由 2021 年的 0.4220 增长为 2022 年的 0.4539，上述 5 个省份的需求都呈现出显著的增长趋势，除贵州省、山西省、天津市、广西壮族自治区、河南省、陕西省、江西省、江苏省、上海市、四川省 10 个省份外，其余省份的需求也表现出了增长的趋势。

表 3-9　2011 年、2022 年全国 31 个省份供给需求及相关系数（C 值、T 值）汇总

2021 年					2022 年				
省份	供给	需求	C 值	T 值	省份	供给	需求	C 值	T 值
北京市	0.7430	1.1245	0.8948	0.9338	北京市	0.7064	1.1812	0.8841	0.9438
天津市	0.4466	0.7399	0.5570	0.5932	天津市	0.4866	0.7351	0.5856	0.6109
河北省	0.8328	0.4220	0.5602	0.6274	河北省	0.9003	0.4539	0.6035	0.6771
山西省	0.6150	0.4298	0.5060	0.5224	山西省	0.5833	0.4257	0.4922	0.5045
内蒙古自治区	0.5020	0.4654	0.4830	0.4837	内蒙古自治区	0.4745	0.4762	0.4753	0.4753
辽宁省	0.7553	0.6001	0.6688	0.6777	辽宁省	0.7695	0.6028	0.6760	0.6862
吉林省	0.5552	0.4958	0.5238	0.5255	吉林省	0.5315	0.5110	0.5211	0.5213
黑龙江省	0.5834	0.5413	0.5615	0.5623	黑龙江省	0.5829	0.5510	0.5665	0.5670
上海市	0.5187	1.1415	0.7133	0.8301	上海市	0.4990	1.1172	0.6898	0.8081
江苏省	1.1737	0.9119	1.0264	1.0428	江苏省	1.1343	0.8909	0.9980	1.0126
浙江省	1.0215	0.8774	0.9440	0.9494	浙江省	1.0301	0.8949	0.9578	0.9625
安徽省	0.7348	0.5058	0.5991	0.6203	安徽省	0.7614	0.5436	0.6343	0.6525
福建省	0.6946	0.5719	0.6273	0.6332	福建省	0.7362	0.6059	0.6648	0.6711
江西省	0.6530	0.5559	0.6005	0.6044	江西省	0.6553	0.5410	0.5927	0.5981

续表

2021年					2022年				
省份	供给	需求	C值	T值	省份	供给	需求	C值	T值
山东省	1.2033	0.6382	0.8340	0.9207	山东省	1.2360	0.6546	0.8559	0.9453
河南省	1.0132	0.5529	0.7154	0.7831	河南省	1.0415	0.5455	0.7160	0.7935
湖北省	0.8223	0.6038	0.6963	0.7130	湖北省	0.8008	0.6233	0.7010	0.7121
湖南省	0.8256	0.6450	0.7242	0.7353	湖南省	0.8331	0.6994	0.7604	0.7662
广东省	1.4557	0.7481	0.9883	1.1019	广东省	1.4466	0.7517	0.9894	1.0992
广西壮族自治区	0.6973	0.4387	0.5386	0.5680	广西壮族自治区	0.7210	0.4337	0.5416	0.5774
海南省	0.3691	0.4418	0.4022	0.4054	海南省	0.3660	0.4494	0.4035	0.4077
重庆市	0.6328	0.6167	0.6246	0.6247	重庆市	0.6326	0.6283	0.6304	0.6304
四川省	1.0311	0.6639	0.8077	0.8475	四川省	1.0228	0.6297	0.7795	0.8262
贵州省	0.6810	0.4670	0.5541	0.5740	贵州省	0.6852	0.4637	0.5531	0.5745
云南省	0.6090	0.3921	0.4771	0.5006	云南省	0.6293	0.4082	0.4952	0.5187
西藏自治区	0.2698	0.2861	0.2778	0.2780	西藏自治区	0.1807	0.3053	0.2270	0.2430
陕西省	0.7697	0.5445	0.6378	0.6571	陕西省	0.6839	0.5366	0.6014	0.6102
甘肃省	0.5460	0.4651	0.5023	0.5055	甘肃省	0.5499	0.4683	0.5058	0.5091
青海省	0.3566	0.4675	0.4046	0.4120	青海省	0.3354	0.4873	0.3973	0.4114
宁夏回族自治区	0.3594	0.4941	0.4161	0.4267	宁夏回族自治区	0.3592	0.5109	0.4218	0.4351
新疆维吾尔自治区	0.4809	0.4473	0.4635	0.4641	新疆维吾尔自治区	0.4833	0.4654	0.4742	0.4744

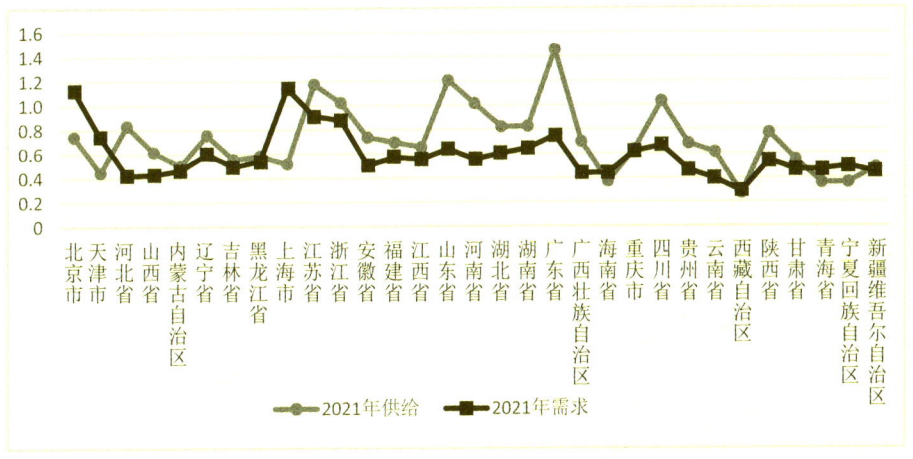

图 3-13 2021 年全国 31 个省份基本公共服务供需情况

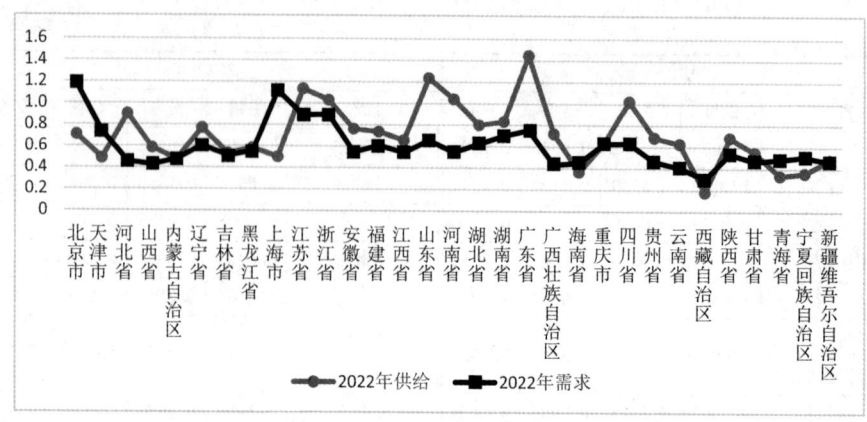

图 3-14 2022 年全国 31 个省份基本公共服务供需情况

此外，宁夏回族自治区、重庆市、黑龙江省、海南省、四川省、广东省、上海市、青海省、湖北省、吉林省、内蒙古自治区、山西省、北京市、江苏省、陕西省、西藏自治区的供给不但没有增加，而且出现了不同幅度的降低，所以从整体上看，需求的增长速度要高于供给。

（二）各年供需协调发展等级分析

1. 2011 年、2012 年供需协调等级情况

由表 3-10 可知，2011—2012 年多数省份的协调等级有所提升，但整体协调等级较低，协调类型也发生了变化，但仍然比较单一。重庆市、海南省、贵州省、甘肃省、内蒙古自治区、广西壮族自治区从"严重失调"提升到"失调"，黑龙江省、湖南省、湖北省、陕西省从"失调"提升到"濒临失调"，江苏省和浙江省从"勉强协调"提升到"初级协调"，山东省、四川省从"濒临失调"提升到"勉强协调"，协调类型也相应发生了变化。多数省份的 D 值在 2012 年有所提高，如江苏省从 0.5802 提升到 0.6854，这表明其供给与需求的协调性显著改善。一些省份虽然 D 值有所提高，但仍然处于"失调"或"濒临失调"状态，如天津市和河北省，这表明这些地区的供给与需求协调性仍有待提高。另外一些省份，如西藏自治区，仍然处于"极度失调"状态。从协调类型来看，2011 年和 2012 年均为"需求损益型"分布最广，极少数省份为"供给滞后型"或"供给损益型"表明该时期以需求端的矛盾为主。

表 3-10 2011 年、2012 年全国 31 个省份协调等级与协调类型划分

2011 年				2012 年			
省份	D 值	协调等级	协调类型	省份	D 值	协调等级	协调类型
北京市	0.6070	初级协调	供给滞后型	北京市	0.6608	初级协调	需求滞后型
天津市	0.3737	失调	供给损益型	天津市	0.3685	失调	供给损益型

续表

2011年				2012年			
省份	D值	协调等级	协调类型	省份	D值	协调等级	协调类型
河北省	0.3192	失调	需求损益型	河北省	0.3627	失调	需求损益型
山西省	0.3645	失调	需求损益型	山西省	0.3937	失调	需求损益型
内蒙古自治区	0.2910	严重失调	需求损益型	内蒙古自治区	0.3252	失调	需求损益型
辽宁省	0.4517	濒临失调	需求损益型	辽宁省	0.4807	濒临失调	需求损益型
吉林省	0.3291	失调	需求损益型	吉林省	0.3546	失调	需求损益型
黑龙江省	0.3489	失调	需求损益型	黑龙江省	0.3960	濒临失调	需求损益型
上海市	0.5980	初级协调	供给滞后型	上海市	0.5821	勉强协调	需求滞后型
江苏省	0.5802	勉强协调	需求滞后型	江苏省	0.6854	初级协调	需求滞后型
浙江省	0.5408	勉强协调	需求滞后型	浙江省	0.6248	初级协调	需求滞后型
安徽省	0.3361	失调	需求损益型	安徽省	0.3721	失调	需求损益型
福建省	0.3159	失调	需求损益型	福建省	0.3820	失调	需求损益型
江西省	0.3051	失调	需求损益型	江西省	0.3491	失调	需求损益型
山东省	0.4737	濒临失调	需求损益型	山东省	0.5758	勉强协调	需求滞后型
河南省	0.4011	濒临失调	需求损益型	河南省	0.4763	濒临失调	需求损益型
湖北省	0.3611	失调	需求损益型	湖北省	0.4267	濒临失调	需求损益型
湖南省	0.3541	失调	需求损益型	湖南省	0.4201	濒临失调	需求损益型
广东省	0.6569	初级协调	需求滞后型	广东省	0.5883	勉强协调	需求滞后型
广西壮族自治区	0.2713	严重失调	需求损益型	广西壮族自治区	0.3213	失调	需求损益型
海南省	0.2853	严重失调	需求损益型	海南省	0.3296	失调	需求损益型
重庆市	0.2849	严重失调	需求损益型	重庆市	0.3459	失调	需求损益型
四川省	0.4467	濒临失调	需求损益型	四川省	0.5416	勉强协调	需求滞后型
贵州省	0.2412	严重失调	需求损益型	贵州省	0.3027	失调	需求损益型
云南省	0.2970	失调	需求损益型	云南省	0.3308	失调	需求损益型
西藏自治区	0.1320	极度失调	需求损益型	西藏自治区	0.1203	极度失调	需求损益型
陕西省	0.3667	失调	需求损益型	陕西省	0.4471	濒临失调	需求损益型
甘肃省	0.2920	严重失调	需求损益型	甘肃省	0.3492	失调	需求损益型
青海省	0.2704	严重失调	需求损益型	青海省	0.2866	严重失调	需求损益型
宁夏回族自治区	0.2773	严重失调	需求损益型	宁夏回族自治区	0.2492	严重失调	供给损益型
新疆维吾尔自治区	0.3549	失调	需求损益型	新疆维吾尔自治区	0.3841	失调	需求损益型

2. 2013年、2014年供需协调等级情况

由表3-11可以看出，2013年和2014年多数省份的协调等级处于不太理想的状态，少部分省份协调等级得到小幅度的提升，但也有个别省份出现协调等级下降的情况。"失调""濒临失调"以及"严重失调"等情况占据了较大比例，即使协调，也是"勉强协调"或"初级协调"等级较多。例如，在2013年，像天津市、河北省、山西省、内蒙古自治区等众多省份处于"失调"或"濒临失调"状态，仅有北京市、上海市、江苏省、浙江省、山东省等少数省份达到了"初级协调"或"中级协调"等级，大部分地区协调水平有待提升。到2014年，依然是较多省份处于较低的协调等级，但也有部分省份有一定的维持或者小幅度的变化，如北京市从"初级协调"提升到"中级协调"，但整体上协调等级较低的情况在省级层面上还是较为普遍。从2013年到2014年的变化来看，大部分省份的协调等级变动幅度较小，一些省份维持了原有的协调等级，比如天津市、吉林省、河南省、四川省等。2013年和2014年协调类型同样呈现出多样化且分布相对集中的特点。"需求损益型"分布最为广泛，像河北省、山西省、辽宁省、安徽省等多个地区均为"需求损益型"，"供给损益型"主要集中在部分省份，如天津市、重庆市、青海省、宁夏回族自治区等，"供给滞后型"主要出现在经济相对发达一些的地区，像北京市、上海市等，有极个别省份的协调类型变化值得关注，如青海省从2013年的"供给损益型"变为2014年的"需求损益型"，这体现出其供需协调中的关键矛盾发生了转移。

表3-11 2013年、2014年全国31个省份协调等级与协调类型划分

	2013年				2014年		
省份	D值	协调等级	协调类型	省份	D值	协调等级	协调类型
北京市	0.6837	初级协调	供给滞后型	北京市	0.6954	中级协调	供给滞后型
天津市	0.4026	濒临失调	供给损益型	天津市	0.4071	濒临失调	供给损益型
河北省	0.3896	失调	需求损益型	河北省	0.4161	濒临失调	需求损益型
山西省	0.3804	失调	需求损益型	山西省	0.3759	失调	需求损益型
内蒙古自治区	0.3345	失调	需求损益型	内蒙古自治区	0.3547	失调	需求损益型
辽宁省	0.4735	濒临失调	需求损益型	辽宁省	0.4865	濒临失调	需求损益型
吉林省	0.3475	失调	需求损益型	吉林省	0.3564	失调	需求损益型
黑龙江省	0.4026	濒临失调	需求损益型	黑龙江省	0.4141	濒临失调	需求损益型
上海市	0.6005	初级协调	供给滞后型	上海市	0.5725	勉强协调	供给滞后型
江苏省	0.7113	中级协调	需求滞后型	江苏省	0.7234	中级协调	需求滞后型

续表

2013年				2014年			
省份	D值	协调等级	协调类型	省份	D值	协调等级	协调类型
浙江省	0.6584	初级协调	需求滞后型	浙江省	0.6718	初级协调	需求滞后型
安徽省	0.3754	失调	需求损益型	安徽省	0.3890	失调	需求损益型
福建省	0.3902	失调	需求损益型	福建省	0.4149	濒临失调	需求损益型
江西省	0.3636	失调	需求损益型	江西省	0.3751	失调	需求损益型
山东省	0.6038	初级协调	需求滞后型	山东省	0.6159	初级协调	需求滞后型
河南省	0.4977	勉强协调	需求滞后型	河南省	0.5255	勉强协调	需求滞后型
湖北省	0.4355	濒临失调	需求损益型	湖北省	0.4636	濒临失调	需求损益型
湖南省	0.4264	濒临失调	需求损益型	湖南省	0.4725	濒临失调	需求损益型
广东省	0.6201	初级协调	需求滞后型	广东省	0.6493	初级协调	需求滞后型
广西壮族自治区	0.3492	失调	需求损益型	广西壮族自治区	0.3963	濒临失调	需求损益型
海南省	0.2960	失调	需求损益型	海南省	0.3041	失调	需求损益型
重庆市	0.3638	失调	供给损益型	重庆市	0.3949	失调	供给损益型
四川省	0.5687	勉强协调	需求滞后型	四川省	0.5844	勉强协调	需求滞后型
贵州省	0.3259	失调	需求损益型	贵州省	0.3408	失调	需求损益型
云南省	0.3255	失调	需求损益型	云南省	0.3356	失调	需求损益型
西藏自治区	0.1392	极度失调	需求损益型	西藏自治区	0.1829	极度失调	需求损益型
陕西省	0.4711	濒临失调	需求损益型	陕西省	0.4780	濒临失调	需求损益型
甘肃省	0.3593	失调	需求损益型	甘肃省	0.3446	失调	需求损益型
青海省	0.2645	严重失调	供给损益型	青海省	0.3069	失调	需求损益型
宁夏回族自治区	0.2813	严重失调	供给损益型	宁夏回族自治区	0.2847	严重失调	供给损益型
新疆维吾尔自治区	0.3868	失调	需求损益型	新疆维吾尔自治区	0.3876	失调	需求损益型

3. 2015年、2016年供需协调等级情况

由表 3-12 可知，2015 年和 2016 年这两年间协调类型和协调等级都相对稳定，只有少部分省份得到提升。如北京市 D 值从 0.6952 增加到 0.7027，协调等级保持"中级协调"，协调类型仍然是"供给滞后型"；天津市 D 值从 0.4109 增加到 0.4176，协调等级保持"濒临失调"，协调类型保持"供给损益型"。河北省 D 值从 0.4399 增加到 0.4594，协调等级保持"濒临失调"，协调类型仍然为"需求损益型"。同时，包括山西省、内蒙古自治区、辽宁省、吉林省、黑龙江省、安徽省、福建省、江西省、山东省、河南省、广西壮族自治区、海南省、重庆市、四川省、贵州省、云南省、陕西省、甘肃省、青海省、宁夏回族自治区在

内的省份，都保持了相对稳定的等级和协调类型。另外，一部分省份如上海市协调等级从"勉强协调"提升到"初级协调"，江苏省协调等级从"中级协调"提升到"良好协调"，湖北省协调等级从"濒临失调"提升到"勉强协调"，广东省协调等级从"初级协调"提升到"中级协调"，协调等级有所改善。另外的2个自治区，西藏自治区和新疆维吾尔自治区尽管仍然处于"严重失调"和"濒临失调"的状态，但较之2015年，均有一定程度的改善。

表3-12 2015年、2016年全国31个省份协调等级与协调类型划分

2015年				2016年			
省份	D值	协调等级	协调类型	省份	D值	协调等级	协调类型
北京市	0.6952	中级协调	供给滞后型	北京市	0.7027	中级协调	供给滞后型
天津市	0.4109	濒临失调	供给损益型	天津市	0.4176	濒临失调	供给损益型
河北省	0.4399	濒临失调	需求损益型	河北省	0.4594	濒临失调	需求损益型
山西省	0.4018	濒临失调	需求损益型	山西省	0.4205	濒临失调	需求损益型
内蒙古自治区	0.3731	失调	需求损益型	内蒙古自治区	0.3767	失调	需求损益型
辽宁省	0.5508	勉强协调	需求滞后型	辽宁省	0.5909	勉强协调	需求滞后型
吉林省	0.3886	失调	需求损益型	吉林省	0.3862	失调	需求损益型
黑龙江省	0.4203	濒临失调	需求损益型	黑龙江省	0.4246	濒临失调	需求损益型
上海市	0.5563	勉强协调	供给滞后型	上海市	0.6407	初级协调	供给滞后型
江苏省	0.7628	中级协调	需求滞后型	江苏省	0.8145	良好协调	需求滞后型
浙江省	0.7282	中级协调	需求滞后型	浙江省	0.7804	中级协调	供给滞后型
安徽省	0.4250	濒临失调	需求损益型	安徽省	0.4536	濒临失调	需求损益型
福建省	0.4546	濒临失调	需求损益型	福建省	0.4702	濒临失调	需求损益型
江西省	0.4034	濒临失调	需求损益型	江西省	0.4449	濒临失调	需求损益型
山东省	0.6447	初级协调	需求滞后型	山东省	0.6779	初级协调	需求滞后型
河南省	0.5513	勉强协调	需求滞后型	河南省	0.5753	勉强协调	需求滞后型
湖北省	0.4779	濒临失调	需求损益型	湖北省	0.5281	勉强协调	需求滞后型
湖南省	0.5442	勉强协调	需求滞后型	湖南省	0.5842	勉强协调	需求滞后型
广东省	0.6549	初级协调	需求滞后型	广东省	0.7354	中级协调	需求滞后型
广西壮族自治区	0.4210	濒临失调	需求损益型	广西壮族自治区	0.4325	濒临失调	需求损益型
海南省	0.3285	失调	需求损益型	海南省	0.3139	失调	需求损益型
重庆市	0.4351	濒临失调	供给损益型	重庆市	0.4559	濒临失调	供给损益型
四川省	0.6304	初级协调	需求滞后型	四川省	0.6643	初级协调	需求滞后型

续表

2015 年				2016 年			
省份	D 值	协调等级	协调类型	省份	D 值	协调等级	协调类型
贵州省	0.3695	失调	需求损益型	贵州省	0.3876	失调	需求损益型
云南省	0.3634	失调	需求损益型	云南省	0.4082	失调	需求损益型
西藏自治区	0.1908	极度失调	需求损益型	西藏自治区	0.2111	严重失调	需求损益型
陕西省	0.5130	勉强协调	需求滞后型	陕西省	0.5799	勉强协调	需求滞后型
甘肃省	0.3670	失调	需求损益型	甘肃省	0.3864	失调	需求损益型
青海省	0.2993	失调	供给损益型	青海省	0.3172	失调	供给损益型
宁夏回族自治区	0.3200	失调	供给损益型	宁夏回族自治区	0.3453	失调	供给损益型
新疆维吾尔自治区	0.3949	失调	需求损益型	新疆维吾尔自治区	0.4119	濒临失调	需求损益型

4. 2017 年、2018 年供需协调等级情况

由表 3-13 可以看出，2017 年和 2018 年，部分省份协调等级又得到了一定程度的提升，协调状态的相关等级增多，供需矛盾得到转变。例如，江苏省从"良好协调"提升至"优质协调"，天津市、福建省、安徽省、江西省、重庆市由"濒临失调"等级提升至"勉强协调"等级。也有部分省份的协调等级保持不变，像北京市、河北省、山东省等，说明这些地区在这一阶段的供需协调状态相对平稳，没有出现足以改变协调等级的重大变化因素。从整体上看，协调类型在这两年间多数省份的协调类型仍保持相对稳定，但也有部分省份发生了一定的变化。例如，内蒙古自治区、广西壮族自治区等一直保持"需求损益型"，像天津市从"濒临失调"且"供给损益型"变为"勉强协调"且"供给滞后型"，体现出其供需关系中的关键矛盾发生了转移。"需求损益型"分布范围依旧较广，"供给损益型"主要集中在部分省份，如青海省、宁夏回族自治区等，"需求滞后型"多见于经济较发达、产业供给能力较强的地区，如江苏省、广东省等，而像福建省从"濒临失调"且"需求损益型"变为"勉强协调"且"供给滞后型"，体现出需求方面的矛盾逐渐转变为供给与需求在增长速度上的不匹配问题。

表 3-13　2017 年、2018 年全国 31 个省份协调等级与协调类型划分

2017 年				2018 年			
省份	D 值	协调等级	协调类型	省份	D 值	协调等级	协调类型
北京市	0.7370	中级协调	供给滞后型	北京市	0.7859	中级协调	供给滞后型
天津市	0.4638	濒临失调	供给损益型	天津市	0.5240	勉强协调	供给滞后型

续表

2017 年				2018 年			
省份	D 值	协调等级	协调类型	省份	D 值	协调等级	协调类型
河北省	0.5077	勉强协调	需求滞后型	河北省	0.5344	勉强协调	需求滞后型
山西省	0.4427	濒临失调	需求损益型	山西省	0.4613	濒临失调	需求损益型
内蒙古自治区	0.4355	濒临失调	需求损益型	内蒙古自治区	0.4314	濒临失调	需求损益型
辽宁省	0.6196	初级协调	需求滞后型	辽宁省	0.6236	初级协调	需求滞后型
吉林省	0.4035	濒临失调	需求损益型	吉林省	0.4440	濒临失调	需求损益型
黑龙江省	0.4576	濒临失调	需求损益型	黑龙江省	0.4707	濒临失调	需求损益型
上海市	0.7168	中级协调	供给滞后型	上海市	0.6821	初级协调	供给滞后型
江苏省	0.8557	良好协调	需求滞后型	江苏省	0.9179	优质协调	需求滞后型
浙江省	0.8205	良好协调	供给滞后型	浙江省	0.8743	良好协调	供给滞后型
安徽省	0.4776	濒临失调	需求损益型	安徽省	0.5147	勉强协调	需求损益型
福建省	0.4858	濒临失调	需求损益型	福建省	0.5501	勉强协调	供给滞后型
江西省	0.4731	濒临失调	需求损益型	江西省	0.5043	勉强协调	需求滞后型
山东省	0.7249	中级协调	需求滞后型	山东省	0.7674	中级协调	需求滞后型
河南省	0.6092	初级协调	需求滞后型	河南省	0.6555	初级协调	需求滞后型
湖北省	0.5699	勉强协调	需求滞后型	湖北省	0.6016	初级协调	需求滞后型
湖南省	0.6229	初级协调	需求滞后型	湖南省	0.6329	初级协调	需求滞后型
广东省	0.8056	良好协调	需求滞后型	广东省	0.8912	良好协调	需求滞后型
广西壮族自治区	0.4389	濒临失调	需求损益型	广西壮族自治区	0.4360	濒临失调	需求损益型
海南省	0.3235	失调	需求损益型	海南省	0.3735	失调	需求损益型
重庆市	0.4828	濒临失调	供给损益型	重庆市	0.5262	勉强协调	供给滞后型
四川省	0.7101	中级协调	需求滞后型	四川省	0.7351	中级协调	需求滞后型
贵州省	0.4303	濒临失调	需求损益型	贵州省	0.4453	濒临失调	需求损益型
云南省	0.4210	濒临失调	需求损益型	云南省	0.4417	濒临失调	需求损益型
西藏自治区	0.2591	严重失调	需求损益型	西藏自治区	0.2080	严重失调	供给损益型
陕西省	0.6025	初级协调	需求滞后型	陕西省	0.6150	初级协调	需求滞后型
甘肃省	0.4169	濒临失调	需求损益型	甘肃省	0.4262	濒临失调	需求损益型
青海省	0.3619	失调	供给损益型	青海省	0.3580	失调	供给损益型
宁夏回族自治区	0.3360	失调	供给损益型	宁夏回族自治区	0.3436	失调	供给损益型
新疆维吾尔自治区	0.4061	濒临失调	需求损益型	新疆维吾尔自治区	0.4094	濒临失调	需求损益型

5. 2019年、2020年供需协调等级情况

由表3-14可以看出，2019年和2020年的协调等级大部分省份在向更加协调的方向发展，协调类型也呈现出多样化的特点。如北京市和上海市作为政治和经济中心，其D值较高，均达到了"良好协调"或"中级协调"的等级，但均为"供给滞后型"，表明这两地在资源供给方面相对滞后于需求。尽管江苏省、广东省等经济发达的省份达到"优质协调"等级，但协调类型都属于"需求滞后型"，面临着需求滞后的问题。相比之下，一些中西部地区的省份，如山西、内蒙古、贵州等地，D值较低，处于"濒临失调"或"严重失调"的状态，且多为"需求损益型"，表现出这些地区需求与供给之间的平衡关系尚未得到有效建立。到了2020年，大部分省份的协调等级与类型与2019年相比有所变化，但总体趋势保持一致。北京市和上海市的协调等级依然较高，江苏、广东等省份的D值也有所提升，继续保持"优质协调"的领先地位。另外，一些原本濒临失调或失调的省份，如天津、吉林、黑龙江等，在2020年的协调等级有所提升。然而，也有一些地区，如青海、宁夏等，尽管协调等级有所提升，但仍然处于濒临失调的状态，需要进一步加强协调发展。

表3-14 2019年、2020年全国31个省份协调等级与协调类型划分

2019年				2020年			
省份	D值	协调等级	协调类型	省份	D值	协调等级	协调类型
北京市	0.8856	良好协调	供给滞后型	北京市	0.8784	良好协调	供给滞后型
天津市	0.4828	濒临失调	供给损益型	天津市	0.5188	勉强协调	供给滞后型
河北省	0.5755	勉强协调	需求滞后型	河北省	0.5588	勉强协调	需求滞后型
山西省	0.4783	濒临失调	需求损益型	山西省	0.4869	濒临失调	需求损益型
内蒙古自治区	0.4499	濒临失调	需求损益型	内蒙古自治区	0.4767	濒临失调	需求损益型
辽宁省	0.6314	初级协调	需求滞后型	辽宁省	0.6464	初级协调	需求滞后型
吉林省	0.4550	濒临失调	需求损益型	吉林省	0.4952	勉强协调	需求滞后型
黑龙江省	0.4931	濒临失调	需求损益型	黑龙江省	0.5462	勉强协调	供给滞后型
上海市	0.7326	中级协调	供给滞后型	上海市	0.7341	中级协调	供给滞后型
江苏省	0.9772	优质协调	需求滞后型	江苏省	1.0000	优质协调	需求滞后型
浙江省	0.9018	优质协调	供给滞后型	浙江省	0.8978	优质协调	需求滞后型
安徽省	0.5195	勉强协调	需求滞后型	安徽省	0.5865	勉强协调	需求滞后型
福建省	0.5901	勉强协调	需求滞后型	福建省	0.6006	初级协调	需求滞后型
江西省	0.5136	勉强协调	需求滞后型	江西省	0.5651	勉强协调	需求滞后型
山东省	0.8231	良好协调	需求滞后型	山东省	0.7933	中级协调	需求滞后型
河南省	0.6885	初级协调	需求滞后型	河南省	0.6729	初级协调	需求滞后型

续表

省份	2019年			省市	2020年		
	D值	协调等级	协调类型		D值	协调等级	协调类型
湖北省	0.6352	初级协调	需求滞后型	湖北省	0.6263	初级协调	需求滞后型
湖南省	0.6804	初级协调	需求滞后型	湖南省	0.6647	初级协调	需求滞后型
广东省	0.9511	优质协调	需求滞后型	广东省	0.9631	优质协调	需求滞后型
广西壮族自治区	0.4635	濒临失调	需求损益型	广西壮族自治区	0.4976	勉强协调	需求损益型
海南省	0.4086	濒临失调	需求损益型	海南省	0.4275	濒临失调	需求损益型
重庆市	0.5555	勉强协调	供给滞后型	重庆市	0.5693	勉强协调	需求滞后型
四川省	0.7736	中级协调	需求滞后型	四川省	0.7545	中级协调	需求滞后型
贵州省	0.4473	濒临失调	需求损益型	贵州省	0.4833	濒临失调	需求损益型
云南省	0.4479	濒临失调	需求损益型	云南省	0.4666	濒临失调	需求损益型
西藏自治区	0.2498	严重失调	需求损益型	西藏自治区	0.2706	严重失调	需求损益型
陕西省	0.6403	初级协调	需求滞后型	陕西省	0.6071	初级协调	需求滞后型
甘肃省	0.4741	濒临失调	需求损益型	甘肃省	0.4624	濒临失调	需求损益型
青海省	0.3781	失调	供给损益型	青海省	0.4120	濒临失调	供给损益型
宁夏回族自治区	0.3687	失调	供给损益型	宁夏回族自治区	0.4100	濒临失调	供给损益型
新疆维吾尔自治区	0.4344	濒临失调	需求损益型	新疆维吾尔自治区	0.4181	濒临失调	需求损益型

6. 2021年、2022年供需协调等级情况

如表3-15所示，2021年至2022年全国31个省份供需协调格局持续演变，整体的协调等级得到显著提升，协调类型更加多样。北京市作为一线城市，D值持续保持高位，达到了"优质协调"的等级，但其仍属于"供给滞后型"，面临着供给方面的矛盾。江苏省和广东省的D值在两年间均达到了满分，展现了这两个省份在经济发展中的卓越表现。特别是在2022年，江苏省的协调等级从"勉强协调"跃升至"优质协调"，显示出其在优化资源配置、提升供需协调水平方面的显著进步。然而，也有一些地区的协调等级相对较低，如内蒙古自治区、云南省、青海省等，这些地区的D值普遍较低，且多为"濒临失调"或"严重失调"的状态，这些地区需要进一步加强协调发展。从协调类型来看，大部分地区的协调类型以"需求滞后型"为主，这表明在经济发展过程中，需求往往超前于供给，需要进一步加强供给端的改革和创新，以满足日益增长的市场需求。同时，协调类型也呈现出多样化的特点，也有一些地区表现为"供给滞后型""供需同步型""需求损益型"或"供给损益型"，如北京市、上海市、天津市属于

"供给滞后型",内蒙古自治区在 2011 年为"需求损益型",在 2022 年基本达到了"供需同步",海南省、西藏自治区、甘肃省、宁夏回族自治区 4 个省份则为"供给损益型"。

表 3-15 2021 年、2022 年全国 31 个省份协调等级与协调类型划分

2021 年				2022 年			
省份	D 值	协调等级	协调类型	省份	D 值	协调等级	协调类型
北京市	0.9141	优质协调	供给滞后型	北京市	0.9134	优质协调	供给滞后型
天津市	0.5748	勉强协调	供给滞后型	天津市	0.5981	初级协调	供给滞后型
河北省	0.5928	勉强协调	需求滞后型	河北省	0.6392	初级协调	需求滞后型
山西省	0.5141	勉强协调	需求滞后型	山西省	0.4983	勉强协调	需求滞后型
内蒙古自治区	0.4834	濒临失调	需求损益型	内蒙古自治区	0.4753	濒临失调	供需同步型
辽宁省	0.6732	初级协调	需求滞后型	辽宁省	0.6811	初级协调	需求滞后型
吉林省	0.5246	勉强协调	需求滞后型	吉林省	0.5212	勉强协调	需求滞后型
黑龙江省	0.5619	勉强协调	需求滞后型	黑龙江省	0.5668	勉强协调	需求滞后型
上海市	0.7695	中级协调	供给滞后型	上海市	0.7466	中级协调	供给滞后型
江苏省	1.0000	勉强协调	需求滞后型	江苏省	1.0000	优质协调	需求滞后型
浙江省	0.9467	优质协调	需求滞后型	浙江省	0.9601	优质协调	需求滞后型
安徽省	0.6096	初级协调	需求滞后型	安徽省	0.6434	初级协调	需求滞后型
福建省	0.6303	初级协调	需求滞后型	福建省	0.6679	初级协调	需求滞后型
江西省	0.6025	初级协调	需求滞后型	江西省	0.5954	初级协调	需求滞后型
山东省	0.8763	良好协调	需求滞后型	山东省	0.8995	优质协调	需求滞后型
河南省	0.7485	中级协调	需求滞后型	河南省	0.7538	中级协调	需求滞后型
湖北省	0.7046	中级协调	需求滞后型	湖北省	0.7065	中级协调	需求滞后型
湖南省	0.7297	中级协调	需求滞后型	湖南省	0.7633	中级协调	需求滞后型
广东省	1.0000	优质协调	需求滞后型	广东省	1.0000	优质协调	需求滞后型
广西壮族自治区	0.5531	勉强协调	需求滞后型	广西壮族自治区	0.5592	勉强协调	需求滞后型
海南省	0.4038	濒临失调	供给损益型	海南省	0.4056	濒临失调	供给损益型
重庆市	0.6247	初级协调	需求滞后型	重庆市	0.6304	初级协调	需求滞后型
四川省	0.8274	良好协调	需求滞后型	四川省	0.8025	良好协调	需求滞后型
贵州省	0.5639	勉强协调	需求滞后型	贵州省	0.5637	勉强协调	需求滞后型
云南省	0.4887	濒临失调	需求损益型	云南省	0.5068	勉强协调	需求滞后型
西藏自治区	0.2779	严重失调	供给损益型	西藏自治区	0.2349	严重失调	供给损益型
陕西省	0.6474	初级协调	需求滞后型	陕西省	0.6058	初级协调	需求滞后型
甘肃省	0.5039	勉强协调	需求滞后型	甘肃省	0.5075	勉强协调	需求滞后型

续表

	2021年				2022年		
省份	D值	协调等级	协调类型	省份	D值	协调等级	协调类型
青海省	0.4083	濒临失调	供给损益型	青海省	0.4043	濒临失调	供给损益型
宁夏回族自治区	0.4214	濒临失调	供给损益型	宁夏回族自治区	0.4284	濒临失调	供给损益型
新疆维吾尔自治区	0.4638	濒临失调	需求损益型	新疆维吾尔自治区	0.4743	濒临失调	需求损益型

(三)各年供需协调空间分布分析

1. 2011年供需协调空间分布情况

2011年,我国基本公共服务供需协调等级在空间上呈现出东部较好、西部较差,边疆地区和少数民族聚居区具有一定特殊性的分布特征。大部分东部省份呈现出相对较高的协调等级,如江苏省、浙江省、山东省等省份多为"濒临失调"等级。这些地区经济较为发达,公共服务供给能力相对较强,与需求之间的匹配度较高,在空间上形成了一片相对集中的较高协调等级区域。中部地区的协调等级分布较为多样。河南省、安徽省、湖南省、湖北省等省份处于"濒临失调"和"失调"的等级,整体上处于东部与西部之间的过渡状态,在空间上呈现出协调等级的交错分布。西部地区如新疆维吾尔自治区、西藏自治区等省份协调等级较低,新疆维吾尔自治区为"失调"状态,西藏自治区则处于"极度失调"状态。这些地区受到地理环境、经济发展水平等因素限制,公共服务供给相对不足,难以满足需求,在空间上形成了明显的低协调等级集中区域。除了新疆维吾尔自治区和西藏自治区,贵州省、内蒙古自治区、广西壮族自治区等边疆省份为"严重失调"状态,显示出边疆民族地区在基本公共服务供需协调方面面临一定挑战。

2. 2012年供需协调空间分布情况

2012年与2011年相比,整体格局变化不大,东部地区相对较好、西部地区较差的态势依旧,特殊区域的问题在空间上也保持着相对稳定的分布状态,但部分区域在协调等级上有一些细微的调整和变化,东部地区整体协调等级仍相对较高。江苏省、浙江省处于"初级协调"等级,山东省仍处于"勉强协调"状态,不过部分区域的协调等级可能出现了微调,如上海市、广东省等一些原本为"初级协调"的地区变为"勉强协调",但整体上仍保持着相对较好的协调水平,在空间上依旧是高协调等级较为集中的区域。中部地区协调等级分布依旧多样。河南省、安徽省等"濒临失调"的区域与"失调"的区域相互交错,呈现出一种过渡性的分布特征。西部如新疆维吾尔自治区、西藏自治区等省份的低协调等级状况依然突出。新疆维吾尔自治区仍处于"失调"状态,西藏自治区依旧处于

"极度失调"状态,这些地区与东部地区形成鲜明对比。同样,云南省、贵州省等少数民族聚居省份,2012年的协调等级依然较低。

3. 2013年供需协调空间分布情况

2013年,供需协调等级的空间分布特征显示出东部地区持续优化、中部地区逐步改善、西部地区略有提升的态势,特殊区域的协调等级也有一定程度的进步,但东西部之间的差距仍然较为明显。东部地区的整体协调等级依然保持较高水平,但与前两年相比,部分区域的协调等级有所提升。江苏省、浙江省、山东省、上海市、广东省等地,"初级协调"及以上的区域范围有所扩大,在空间上形成了更为广泛的较高协调等级区域。中部地区的协调等级分布仍具多样性,但也有一定的变化趋势。河南省、湖南省、湖北省、安徽省等省份中,"濒临失调"的区域面积有所减少,"濒临失调"和"勉强协调"的区域有所增加,中部地区整体的协调等级分布逐渐向东部地区靠近,处于一种逐步改善的过渡状态。西部地区的新疆维吾尔自治区、西藏自治区等省份的低协调等级状况依旧明显,整体上与东部和中部地区的差距依然较大。另外,内蒙古自治区、广西壮族自治区、云南省、贵州省等边疆少数民族聚居省份,低协调等级区域的仍然聚集。

4. 2014年供需协调空间分布情况

2014年,供需协调等级的空间分布呈现出东部地区持续领先并优化、中部地区稳步提升、西部地区逐步改善的态势,特殊区域的协调等级也有所进步,东西部之间的差距仍然明显。东部地区整体上继续保持较高的协调等级水平,且部分区域的协调等级进一步提升。江苏省优先跃升为"中级协调"等级,浙江省、山东省、广东省等省份的"初级协调"区域更为稳固,显示出东部地区在基本公共服务供需协调方面持续向好的发展趋势,在空间上凸显出沿海地区的协调等级相对更高。中部地区的协调等级分布呈现出稳步提升的态势。河南省表现为"勉强协调"等级,陕西省、湖南省、湖北省、广西壮族自治区等省份中,"濒临失调"的区域面积集中分布,正在由失调向协调等级看齐。西部地区中新疆维吾尔自治区、西藏自治区等省份的低协调等级状况仍存在,整体上仍存在较大面积的低协调等级集中区域,与东中部地区的差距依然较为显著。广西壮族自治区的协调等级从"失调"升为"濒临失调",协调状况有所改善,在空间上这些边疆省份的低协调等级区域仍相对集中在一些偏远和经济基础薄弱的地区。

5. 2015年供需协调空间分布情况

2015年,供需协调等级的空间分布表现为:东部地区持续强化优势,中部地区加速追赶,西部地区改善步伐加快,特殊区域协调发展也取得了更大进步,整体空间分布格局朝着更加均衡、优化的方向稳步迈进。相较于2014年,2015年东部地区的高协调等级态势更为突出。江苏省、浙江省、山东省、广东省、福建省等地区"中级协调""初级协调"区域不仅范围扩大,且分布更为集中,沿海城市及周边地区的协调等级提升明显,沿海地区的高协调等级连片效应更强。2015年中部地区的协调等级提升速度加快,河南省、湖南省、安徽省、湖北省、山西省、江西省等省份"勉强协调""濒临失调"的区域较为集中,连片程度更高,覆盖范围更广。对比2014年,2015年西部地区中的四川省的协调等级改善最为明显,从"勉强协调"升至"初级协调"。其他省份协调等级基本不变,整体仍有较大面积低协调等级区域。内蒙古自治区、广西壮族自治区、云南省、贵州省等边疆地区和少数民族聚居省份低协调等级区域的碎片化程度明显,整体协调发展的空间格局有待优化。

6. 2016年供需协调空间分布情况

2016年,供需协调等级的空间分布继续呈现出东部高端引领、中部快速跟进、西部稳步提升的态势,特殊区域协调发展也取得了一定的进步。东部地区整体协调等级继续保持领先且进一步提升。江苏省率先达到"良好协调"等级,广东省达到"中级协调"等级,虽然浙江省、山东省仍保持原有的"中级协调"和"初级协调"等级不变,但是仍处于较高的协调水平,沿海地区的高协调等级优势更加突出。中部地区协调等级分布呈现出全面提升的态势。河南、安徽、湖北、湖南等省份中,"勉强协调"区域明显增多,"濒临失调"区域进一步减少,整体上中部地区在空间上的协调等级分布与东部地区的差距进一步缩小,区域内部的协调发展水平更加均衡。新疆维吾尔自治区由"失调"升为"濒临失调",协调状况得到改善,但西藏自治区的协调等级仍然没有发生变化,西部地区整体上仍存在一定面积的低协调等级集中区域。内蒙古自治区、广西壮族自治区等协调等级基本没有什么变化,少数民族聚居区以云南省为例,其等级由"失调"提升为"濒临失调"等级,协调状况有了一定的改善。

7. 2017年供需协调空间分布情况

2017年,我国基本公共服务供需协调等级空间分布呈现东部地区高位引领、中部地区快速跟进、西部地区稳步提升的态势,特殊区域协调发展稳步进步,整体空间分布格局向更均衡、优质方向发展。东部地区基本公共服务供需协调等级保持高位且提升态势明显。广东省、浙江省追赶江苏省,同时成为"良好协调"等级,山东省由"初级协调"升为"中级协调"等级,沿海高协调等级区域的连片性更强,凸显东部地区在协调发展上的优势和引领作用。与2016年相比,中部地区2017年协调等级有明显提升。河南、安徽、湖北、湖南等省份中,"初级协调"区域大量增加,中部地区空间上的协调等级分布与东部地区的差距缩小,区域内部协调发展水平更均衡,整体提升态势强劲。新疆维吾尔自治区、西藏自治区等省份的协调等级在2017年没有变化,有较大的提升空间。边疆地区如内蒙古自治区由"失调"升至"濒临失调"等级，广西壮族自治区保持"濒临失调"不变，低协调等级区域持续减少且改善稳定。

8. 2018年供需协调空间分布情况

2018年，供需协调等级的空间分布仍然呈现出东部地区高端引领、中部地区快速追赶、西部地区稳步提升的态势，特殊区域协调发展也取得了显著进步，但东西部之间仍存在一定差距。东部地区在基本公共服务供需协调方面继续保持领先优势，如江苏省更进一步，攀升至"优质协调"等级，广东省、浙江省仍然保持"良好协调"等级、山东省仍然保持"中级协调"等级，福建由"濒临失调"升至"勉强协调"，高等级协调区域的集聚效应更加突出。与2017年相比，2018年中部地区协调等级分布提升态势不减。河南、安徽、湖北、湖南等省份中，"初级协调"区域持续增加，覆盖范围更广，"濒临失调"区域进一步减少，中部地区在空间上的协调等级分布与东部地区的差距进一步缩小。新疆维吾尔自治区、西藏自治区等西部省份在2018年低协调等级状况持续维持，与东中部地区相比，在协调发展方面仍有差距。内蒙古自治区、广西壮族自治区、云南省、贵州省等边疆民族聚居省份在2018年改善区域的分布更加广泛且连片，显示出边疆地区在基本公共服务供需协调方面的持续努力和成效。

9. 2019年供需协调空间分布情况

2019年，我国基本公共服务供需协调等级的空间分布仍然呈现出东部地区持续引领、中部地区加速追赶、西部地区稳步提升的态势，特殊区域协调发展也取得了显著进步，整体空间分布格局朝着更加均衡、优质的方向发展。东部地区依旧保持领先地位且优势有所扩大。浙江省、广东省追赶江苏省同时升至"优质协调"等级，山东省由"中级协调"升至"良好协调"，空间上从沿海到内陆的协调等级梯度更加分明，沿海地区高等级协调区域的集聚效应和辐射带动作用进一步增强。与2018年相比，2019年中部地区协调等级分布提升态势强劲。河南、安徽、湖北、湖南等省份中，以"初级协调"和"勉强协调"集中分布，向高等级协调靠拢，在空间上的协调等级分布与东部地区的差距进一步缩小。西部地区四川省的协调等级最高为"中级协调"，其他省份如新疆维吾尔自治区、西藏自治区等省份的协调等级基本没有什么变化。内蒙古自治区、广西壮族自治区、云南省、贵州省等边疆省份在2019年的协调等级虽有所提升，但空间上的分布更加分散且广泛，碎片化程度仍然维持，没有得到根本改善。

10. 2020年供需协调空间分布情况

相较于2019年，2020年各区域的提升速度有所放缓，东部地区高位稳定，中部地区稳步但较缓提升，西部地区缓慢改善，特殊区域协调发展也相对平稳。东部地区的江苏省、浙江省、广东省、山东省、福建省等省份均位于"初级协调"及以上等级,高协调等级区域范围连区成片,整体优势有所扩大。中部地区如河南省、安徽省、湖北省、湖南省等省份中,"勉强协调"和"初级协调"的区域占大部分,整体呈现出稳步但较缓的发展态势。西部地区如新疆维吾尔自治区、西藏自治区,协调等级的提升不够显著,整体仍存在一定面积的低协调等级集中区域,在协调发展方面的进步势头有所减弱。内蒙古自治区保持"濒临失调"等级不变、广西壮族自治区升至"勉强协调"等级,以这两个边疆地区为代表的区域协调等级有所改善,分布更加广泛且连片。云南省、贵州省等少数民族聚居省份协调等级则较为稳定,仍然维持着"濒临失调"的等级,没有太大变化。

11. 2021 年供需协调空间分布情况

2021 年,我国基本公共服务供需协调等级的空间分布继续表现为东部地区高位稳定、中部地区稳步提升、西部地区缓慢改善的态势,特殊区域协调发展也相对平稳。东部地区整体协调等级与前几年相比,变化相对较小。江苏省、浙江省、广东省、山东省等省份,"优质协调"和"良好协调"区域较为稳定,福建省协调等级较低,但也为"初级协调"等级,整体表现为东部沿海地区高等级协调区域的优势非常明显,但增长势头有所放缓。中部地区协调等级分布仍然稳步提升,河南、湖北、湖南等省份中,"中级协调"区域继续增加,安徽省和江西省则集中于"初级协调"等级,"勉强协调"区域进一步减少,中部地区在空间上的协调等级分布与东部地区的差距在逐渐缩小。西部地区的新疆维吾尔自治区、西藏自治区等省份的低协调等级状况继续保持,与东中部地区相比,协调发展差距仍然较大。边疆地区和少数民族聚居区,如内蒙古自治区、广西壮族自治区、云南省、贵州省等的低协调等级区域的集中程度降低速度减缓,改善区域的分布更加广泛但连片速度变慢。

12. 2022 年供需协调空间分布情况

2022 年,我国基本公共服务供需协调等级的空间分布整体协调等级得到明显提升,形成东部中部西部由高到低的梯度发展形态,但东西部之间差距较为明显,需要继续加强政策支持和资源投入,促进全国范围内基本公共服务供需协调的均衡发展。东部地区如江苏省、浙江省、山东省、广东省等省份为"优质协调",尽管福建省相对于其他东部省份协调发展水平较低,但也为"初级协调"等级,从沿海到内陆存在协调等级梯度的特点,沿海地区高等级协调区域优势明显但增长势头放缓。中部地区的河南省、湖北省、湖南省等省份,"中级协调"区域的范围进一步扩大,安徽省、江西省等省份以"初级协调"等级为主,整体上中部地区在 2022 年的协调发展呈现出相对平稳的发展趋势。西部地区如新疆维吾尔自治区等地在 2022 年的协调发展虽有进步,但协调等级发展不明显,整体低协调等级区域的范围仍较大。边疆地区如内蒙古自治区维持"濒临失调"等级、广西壮族自治区维持"勉强协调"等级，整体的协调水平不高，整体协调发展的空间格局相对稳定。云南省升至"勉强协调"等级、贵州省维持"勉强协调"，以这两个省为代表的少数民族聚居省份整体协调发展的空间格局在2022年得到了进一步优化，相较于2021年的相对稳定状态，有了更积极的变化。

二、边疆民族地区层面

（一）各年供需变化情况分析

1. 2011年供需变化情况

从表3-16、图3-15可以看出，2011年云南省8个边疆州市的供给和需求存在明显差距。红河哈尼族彝族自治州的供给最高为1.3754，而怒江傈僳族自治州供给最低，仅为0.2700，两个州之间供给差距明显。需求水平最高的是西双版纳傣族自治州为0.5410，最低的是临沧市为0.1588，两个州市之间同样呈现出

表3-16　2011年云南省8个边疆州市的供给需求及相关系数（C值、T值）汇总

年份	2011年							
州市	保山市	普洱市	临沧市	红河哈尼族彝族自治州	文山壮族苗族自治州	西双版纳傣族自治州	德宏傣族景颇族自治州	怒江傈僳族自治州
供给	0.6914	0.6836	0.6420	1.3754	0.9155	0.5194	0.4380	0.2700
需求	0.3327	0.2555	0.1588	0.4663	0.2028	0.5410	0.3474	0.2576
C值	0.4492	0.3719	0.2546	0.6965	0.3320	0.5299	0.3875	0.2636
T值	0.5120	0.4695	0.4004	0.9209	0.5591	0.5302	0.3927	0.2638

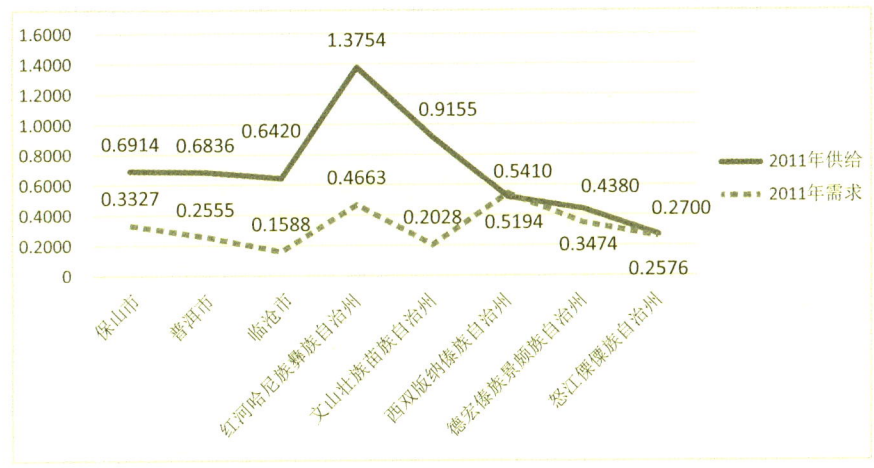

图3-15　2011年云南省8个边疆州市供需情况变化折线图

明显的差距。另外,通过对供给和需求量化所得数值进行比较,可以发现除西双版纳傣族自治州之外,其余7个边疆州市的供给水平均高于需求水平,表明这些地区的供给能力相对较高。其中,红河哈尼族彝族自治州和文山壮族苗族自治州的供给远远高于其他州市的供给,这也从一定程度上反映了这两个州的供给能力,而与其他州市相比,怒江傈僳族自治州则面临着需求差距明显,需求即将超过供给的情况,表明怒江傈僳族自治州的供给和需求能力都有待提高。

2. 2012年供需变化情况

由表3-17、图3-16可知,2012年云南多数边疆州市的供给和需求与2011年相比均呈现出一定的增长趋势。从供给角度来看,红河哈尼族彝族自治州的供给增幅仍旧最为突出,从1.3754跃升至1.4537,这反映出该地区在供给方面的持续增长,表现出相较于其他7个边疆州市超强的供给能力。相比之下,怒江傈僳族自治州的供给为0.2464,相较于前一年不增反减,仍旧是云南省8个边疆州市中供给水

表3-17 2012年云南省8个边疆州市的供给需求及相关系数(C值、T值)汇总

年份	2012年							
州市	保山市	普洱市	临沧市	红河哈尼族彝族自治州	文山壮族苗族自治州	西双版纳傣族自治州	德宏傣族景颇族自治州	怒江傈僳族自治州
供给	0.7340	0.6920	0.6513	1.4537	0.9394	0.5781	0.4452	0.2464
需求	0.2688	0.3534	0.2007	0.4924	0.2650	0.6508	0.3641	0.2227
C值	0.3935	0.4679	0.3069	0.7357	0.4134	0.6123	0.4006	0.2339
T值	0.5014	0.5227	0.4260	0.9731	0.6022	0.6144	0.4046	0.2345

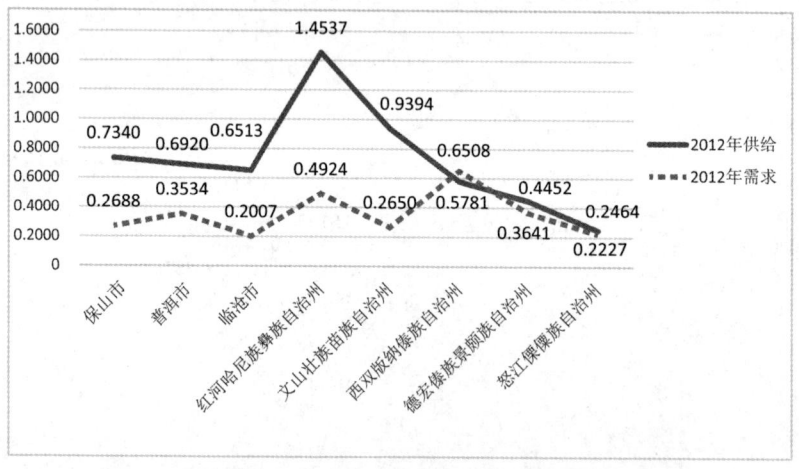

图3-16 2012年云南省8个边疆州市供需情况变化折线图

平最低的地区。从需求层面来看，2012 年至 2011 年云南多数边疆州市的需求同样呈现增长态势。其中，西双版纳傣族自治州的需求增长尤为明显，从 2011 年的 0.5410 增至 2012 年的 0.6508，而怒江傈僳族自治州的需求则从 2011 年的 0.2576 降至 2012 年的 0.2227，为 8 个边疆州市中最低水平。

3. 2013 年供需变化情况

从表 3-18、图 3-17 可以看出，2013 年相较于 2012 年，大部分州市的供给和需求水平都呈现出持续增加的趋势。在供给层面，红河哈尼族彝族自治州的供给仍然最高，从 1.4537 增加至 1.4739，显示出该地区的供给能力持续增强。怒江傈僳族自治州的供给为 0.2757，虽然相较于 2012 年有所增加，但仍然为 8 个边疆州市中最低水平。在需求方面，2013 年相较于 2012 年，大部分州市的需求也有所增加，比如临沧市需求从 0.2007 增加到 0.2592，红河哈尼族彝族自治州从 0.4924 增长至 0.5323，文山壮族苗族自治州从 0.2650 增长至 0.2866，需求水平最低的依然是怒江傈僳族自治州，仅为 0.2212，与 2012 年相比又有所下降。

表 3-18　2013 年云南省 8 个边疆州市的供给需求及相关系数（C 值、T 值）汇总

年份	2013 年							
州市	保山市	普洱市	临沧市	红河哈尼族彝族自治州	文山壮族苗族自治州	西双版纳傣族自治州	德宏傣族景颇族自治州	怒江傈僳族自治州
供给	0.7853	0.6765	0.7064	1.4739	0.9423	0.1182	0.4936	0.2757
需求	0.2510	0.2956	0.2592	0.5323	0.2866	0.6206	0.4428	0.2212
C 值	0.3804	0.4114	0.3792	0.7821	0.4395	0.5205	0.4668	0.2455
T 值	0.5181	0.4861	0.4828	1.0031	0.6145	0.5344	0.4682	0.2484

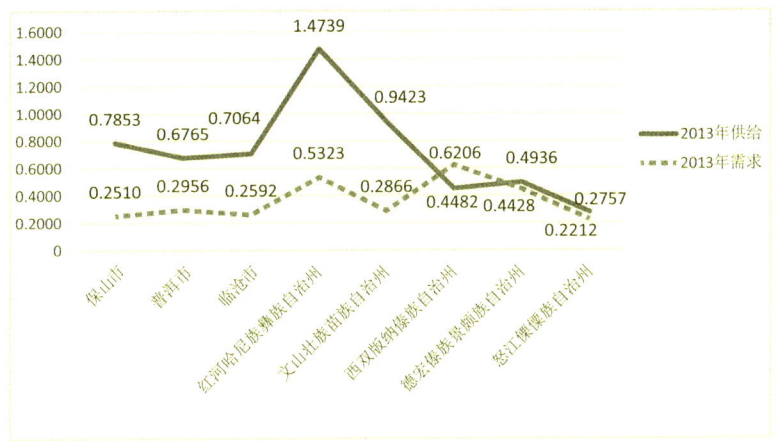

图 3-17　2013 年云南省 8 个边疆州市供需情况变化折线图

4. 2014年供需变化情况

表3-19、图3-18表明,供给普遍降低,需求普遍增加,总体供给增长水平超过需求增长水平。在供给方面,除普洱市、文山壮族苗族自治州、西双版纳傣族自治州的供给出现小幅增长外,其他5个州市的供给均呈现出下降趋势,如保山市从2013年的0.7853降到2014年的0.7398,临沧市从2013年的0.7064降到2014年的0.6579,红河哈尼族彝族自治州从2013年的1.4739降到2014年的1.4531,德宏傣族景颇族自治州从2013年的0.4936降到2014年的0.4760,怒江傈僳族自治州从2013年的0.2757降到2014年的0.2547,普遍呈现降低趋势。红河哈尼族彝族自治州的供给仍为最高,怒江傈僳族自治州的供给仍为最低。另外,需求呈现普遍的增长趋势,各州市的需求同样有较大差距。除红河哈尼族彝族自治州、文山壮族苗族自治州以及德宏傣族景颇族自治州外,其他5个州市都呈现出需求增长的趋势。其中,西双版纳傣族自治州的需求值相对较高,为0.6251,文山壮族苗族自治州的需求值较低,为0.2583,差距明显。

表3-19 2014年云南省8个边疆州市的供给需求及相关系数(C值、T值)汇总

年份 州市	2014年							
	保山市	普洱市	临沧市	红河哈尼族彝族自治州	文山壮族苗族自治州	西双版纳傣族自治州	德宏傣族景颇族自治州	怒江傈僳族自治州
供给	0.7398	0.6817	0.6579	1.4531	0.9636	0.4523	0.4760	0.2547
需求	0.3332	0.3810	0.2722	0.4788	0.2583	0.6251	0.3943	0.2903
C值	0.4595	0.4888	0.3851	0.7203	0.4074	0.5248	0.4313	0.2714
T值	0.5365	0.5314	0.4651	0.9659	0.6110	0.5387	0.4352	0.2725

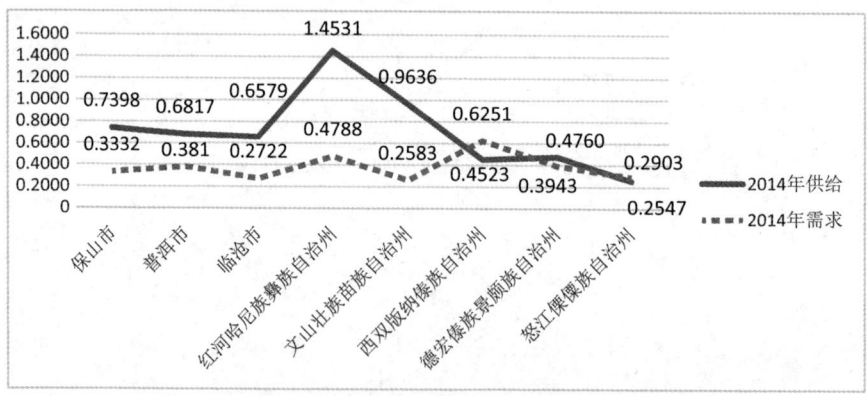

图3-18 2014年云南省8个边疆州市供需情况变化折线图

5. 2015年供需变化情况

由表3-20、图3-19可知，2015年相较于2014年，大部分州市的供给呈现显著增长，需求增长趋势不甚明显。在供给层面，保山市、普洱市、临沧市、红河哈尼族彝族自治州、文山壮族苗族自治州、德宏傣族景颇族自治州、怒江傈僳族自治州的供给都出现了不同程度的增长，只有西双版纳傣族自治州呈现出下降的趋势，从2014年的0.4523变为2015年的0.3843，显示出该地区的供给能力进一步增强。而怒江傈僳族自治州的供给水平相较于2014年有所增加，但仍为最低，为0.2921。在需求方面，2015年相较于2014年，一部分州市的需求数值有所增加，比如红河哈尼族彝族自治州从0.4788增加到0.5445，显示出需求的持续增长，需求最低的是文山壮族苗族自治州，为0.2854，表明该地区的需求相对较低，整体来说需求增长趋势不明显。

表3-20　2015年云南省8个边疆州市的供给需求及相关系数（C值、T值）汇总

年份	2015年							
州市	保山市	普洱市	临沧市	红河哈尼族彝族自治州	文山壮族苗族自治州	西双版纳傣族自治州	德宏傣族景颇族自治州	怒江傈僳族自治州
供给	0.7705	0.7338	0.7317	1.5157	0.9866	0.3843	0.5016	0.2921
需求	0.3210	0.3470	0.2989	0.5445	0.2854	0.6136	0.3629	0.3401
C值	0.4532	0.4712	0.4245	0.8012	0.4428	0.4726	0.4212	0.3143
T值	0.5458	0.5404	0.5153	1.0301	0.636	0.499	0.4323	0.3161

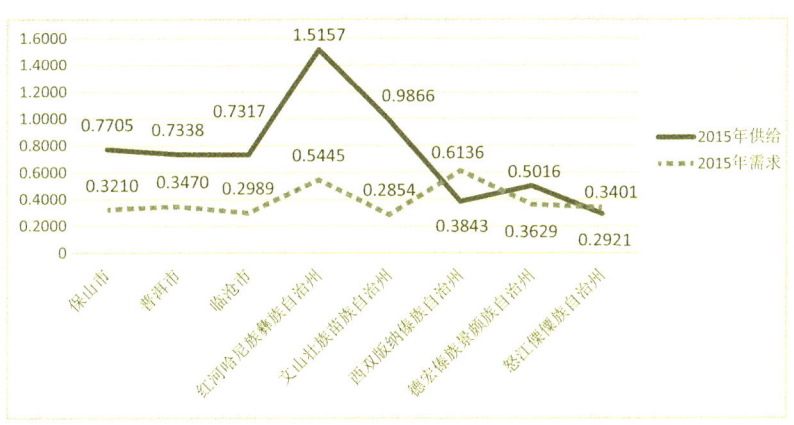

图3-19　2015年云南省8个边疆州市供需情况变化折线图

6. 2016年供需变化情况

从表3-21、图3-20可知，2016年与2015年相比，除少部分地区有所下

降,供给和需求都呈现出明显的增长趋势。供给和需求都呈现出增长的州市有保山市、普洱市、文山壮族苗族自治州、西双版纳傣族自治州、德宏傣族景颇族自治州。从供给层面来看,红河哈尼族彝族自治州的供给显著提升,达到了1.6065。相比之下,怒江傈僳族自治州的供给仅为0.1536,在所有州市中垫底,也是2011年以来供给的最低水平。在需求层面,2016年云南多数边疆州市的需求指数同样呈现增长态势。西双版纳傣族自治州的需求指数最高,达到了0.6695,显示出该州需求的快速增长,而怒江傈僳族自治州的需求为0.3560,需求水平明显提升,但仍为云南省8个边疆州市的最低水平。

表3-21 2016年云南省8个边疆州市的供给需求及相关系数(C值、T值)汇总

年份	2016年							
州市	保山市	普洱市	临沧市	红河哈尼族彝族自治州	文山壮族苗族自治州	西双版纳傣族自治州	德宏傣族景颇族自治州	怒江傈僳族自治州
供给	0.8167	0.7660	0.7248	1.6065	1.0620	0.4192	0.5594	0.1536
需求	0.4179	0.3912	0.3550	0.5316	0.4227	0.6695	0.4022	0.3560
C值	0.5529	0.5179	0.4766	0.7988	0.6048	0.5156	0.4679	0.2146
T值	0.6173	0.5786	0.5399	1.0690	0.7424	0.5444	0.4808	0.2548

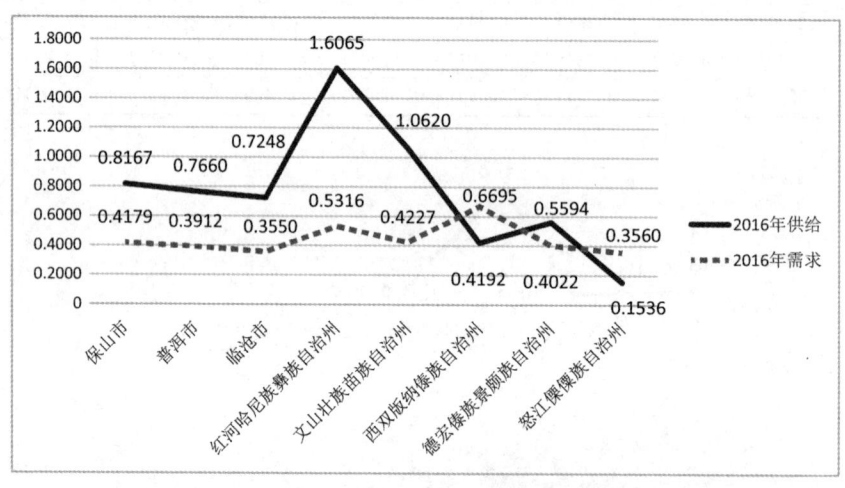

图3-20 2016年云南省8个边疆州市供需情况变化折线图

7. 2017年供需变化情况

从表3-22、图3-21可以看出,各州市供给和需求均呈现显著增长的态势,但各州市的供给差距依然存在。从供给来看,8个边疆州市的供给都实现了增长,如保山市从2016年的0.8167增长到2017年的0.8779,普洱市从2016年的

0.7660 增长至 2017 年的 0.8097，临沧市从 2016 年的 0.7248 增长至 2017 年的 0.8034，红河哈尼族彝族自治州从 2016 年的 1.6065 增长至 2017 年的 1.6999，另外的文山壮族苗族自治州、西双版纳傣族自治州、德宏傣族景颇族自治州、怒江傈僳族自治州也呈现出增长的趋势。各边疆州市的供给之间的差距，如供给水平最高的是红河哈尼族彝族自治州，为 1.6999，最低的是怒江傈僳族自治州，为 0.3397，差值为 1.3602，差距较大。不同州市的需求数值也各不相同，西双版纳傣族自治州的需求值相对较高，达到 0.7044，而文山壮族苗族自治州的需求值相对较低一些，为 0.4044，差值为 0.3，差距也较为明显。

表 3-22 2017 年云南省 8 个边疆州市的供给需求及相关系数（C 值、T 值）汇总

年份	2017 年							
州市	保山市	普洱市	临沧市	红河哈尼族彝族自治州	文山壮族苗族自治州	西双版纳傣族自治州	德宏傣族景颇族自治州	怒江傈僳族自治州
供给	0.8779	0.8097	0.8034	1.6999	1.1049	0.4587	0.5630	0.3397
需求	0.4472	0.4222	0.4048	0.7274	0.4044	0.7044	0.5061	0.4259
C 值	0.5926	0.5550	0.5383	1.0189	0.5920	0.5556	0.5331	0.3780
T 值	0.6625	0.6159	0.6041	1.2137	0.7546	0.5815	0.5346	0.3828

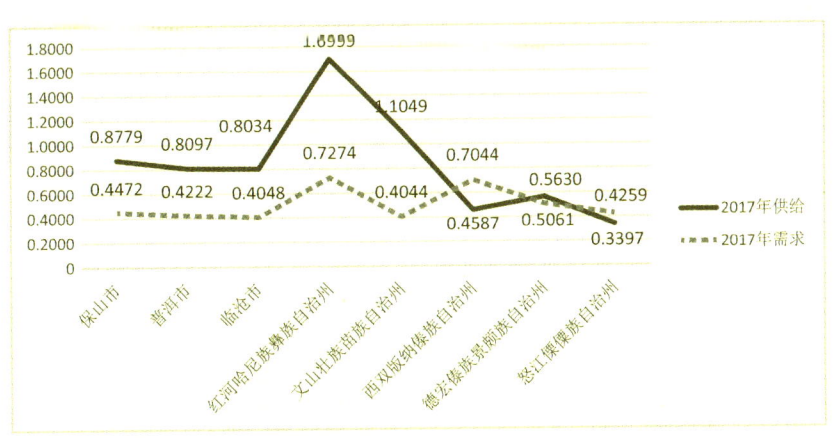

图 3-21 2017 年云南省 8 个边疆州市供需情况变化折线图

8. 2018 年供需变化情况

从表 3-23、图 3-22 可以看出，大部分州市的供给和需求表现为增长趋势，少部分州市的供给和需求变化不大甚至有小幅的下降。供给和需求都呈现增长趋势的州市如保山市、普洱市、临沧市、西双版纳傣族自治州 4 个州市。而怒江傈僳族自治州的需求从 2017 年的 0.4259 升为 2018 年的 0.4267，增长幅度不大但

总体是增长趋势,而供给则由 2017 年的 0.3397 降为 2018 年的 0.2647,出现了下降趋势。另外,供给和需求都没有呈现增长趋势的有德宏傣族景颇族自治州和红河哈尼族彝族自治州,德宏傣族景颇族自治州的供给由 2017 年的 0.5630 降为 2018 年的 0.5339,需求由 2017 年的 0.5061 降为 2018 年的 0.3911,供给下降幅度不大,但需求下降的幅度明显较大。另外,红河哈尼族彝族自治州的供给由 2017 年的 1.6999 降为 2018 年的 1.6106,需求由 2017 年的 0.7274 降为 2018 年的 0.6486,出现了小幅下降,尽管如此,红河哈尼族彝族自治州的供给和需求在云南省 8 个边疆州市中仍位于最高水平。所以,不管从供给方面还是从需求方面来看,最低的仍是怒江傈僳族自治州。

表 3-23　2018 年云南省 8 个边疆州市的供给需求及相关系数（C 值、T 值）汇总

年份	2018 年							
州市	保山市	普洱市	临沧市	红河哈尼族彝族自治州	文山壮族苗族自治州	西双版纳傣族自治州	德宏傣族景颇族自治州	怒江傈僳族自治州
供给	0.9120	0.8453	0.8064	1.6106	1.0898	0.5398	0.5339	0.2647
需求	0.4479	0.4574	0.4217	0.6486	0.4697	0.7348	0.3911	0.4267
C 值	0.6007	0.5936	0.5538	0.9248	0.6565	0.6224	0.4515	0.3267
T 值	0.6799	0.6513	0.6140	1.1296	0.7798	0.6373	0.4625	0.3457

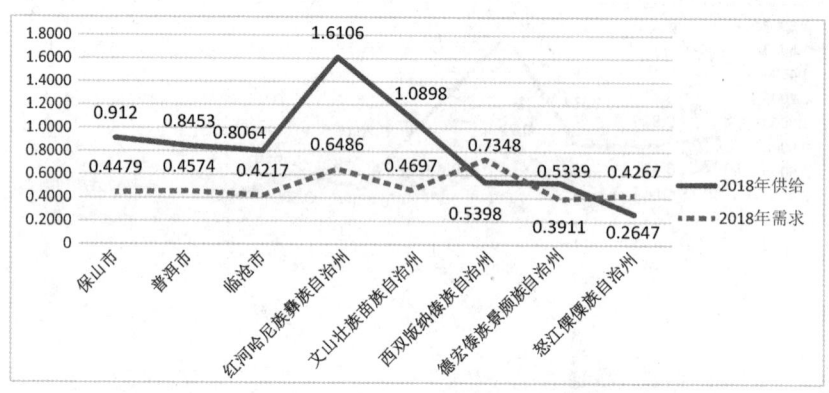

图 3-22　2018 年云南省 8 个边疆州市供需情况变化折线图

9. 2019 年供需变化情况

由表 3-24、图 3-23 可知,供给和需求都呈现出增长趋势,但需求的增长更为明显。保山市、普洱市、红河哈尼族彝族自治州、文山壮族苗族自治州、德宏傣族景颇族自治州 5 个州市的供给和需求均有不同程度的增加,呈现上升趋势。临沧市的供给由 2018 年的 0.8064 增长为 2019 年的 0.8525,需求则有小幅的下

降，由 2018 年的 0.4217 下降为 2019 年的 0.4011，西双版纳傣族自治州的供给由 2018 年的 0.5398 降为 2019 年的 0.4746，下降幅度较大，但是需求又呈现出小幅的增长趋势，从 2018 年的 0.7348 升至 2019 年的 0.7976，而怒江傈僳族自治州的供需差距则较为明显，2018 年的供需差距为 0.162，2019 年的供需差距为 0.2111，表现出供需差距进一步扩大的趋势。其中，需求增长较为明显的州市如普洱市的需求由 2018 年的 0.4574 增长至 2019 年的 0.5207，增值为 0.0633，红河哈尼族彝族自治州的需求由 2018 年的 0.6486 增长至 2019 年的 0.7302，增值为 0.0816。

表 3-24　2019 年云南省 8 个边疆州市的供给需求及相关系数（C 值、T 值）汇总

年份	2019 年							
州市	保山市	普洱市	临沧市	红河哈尼族彝族自治州	文山壮族苗族自治州	西双版纳傣族自治州	德宏傣族景颇族自治州	怒江傈僳族自治州
供给	0.9261	0.8698	0.8525	1.6121	1.2668	0.4746	0.6084	0.2514
需求	0.4837	0.5207	0.4011	0.7302	0.4801	0.7976	0.5413	0.4625
C 值	0.6355	0.6514	0.5455	1.0052	0.6963	0.5951	0.5729	0.3258
T 值	0.7049	0.6952	0.6268	1.1712	0.8735	0.6361	0.5749	0.3569

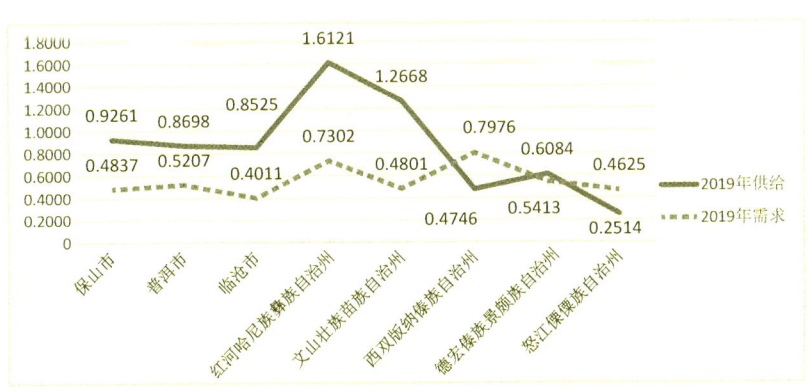

图 3-23　2019 年云南省 8 个边疆州市供需情况变化折线图

10. 2020 年供需变化情况

从表 3-25、图 3-24 可知，2020 年的供给普遍呈现下降趋势，需求普遍呈现增长趋势，供需整体相对平衡。在供给普遍呈现下降趋势时，8 个边疆州市中仅有西双版纳傣族自治州一个州市表现为供给增长，由 2019 年的 0.4746 增长为 2020 年的 0.5475。在需求普遍呈现增长趋势时，也仅有西双版纳傣族自治州一个州市的需求表现出下降趋势，由 2019 年的 0.7976 降为 2020 年的 0.6640。另

外,尽管2020年云南省8个边疆州市的供给总体呈现下降趋势,但是红河哈尼族彝族自治州和文山壮族苗族自治州的供给仍位于较高水平,分别为1.5189和1.1427,表现出这两个州相对于其他州市较强的供给能力;而怒江傈僳族自治州供给水平较低,仅为0.2417,也表现出该州的供给能力相对较弱;在需求方面,红河哈尼族彝族自治州和西双版纳傣族自治州的需求水平较高,分别为0.7406和0.6640;怒江傈僳族自治州和临沧市的需求指数相对偏低,分别为0.4735和0.4798,其他州市供给和需求整体表现相对均衡。

表3-25 2020年云南省8个边疆州市的供给需求及相关系数(C值、T值)汇总

年份	2020年							
州市	保山市	普洱市	临沧市	红河哈尼族彝族自治州	文山壮族苗族自治州	西双版纳傣族自治州	德宏傣族景颇族自治州	怒江傈僳族自治州
供给	0.8916	0.8400	0.8316	1.5189	1.1427	0.5475	0.5379	0.2417
需求	0.5423	0.5664	0.4798	0.7406	0.5138	0.6640	0.5550	0.4735
C值	0.6744	0.6766	0.6085	0.9957	0.7089	0.6002	0.5463	0.3201
T值	0.7170	0.7032	0.6557	1.1298	0.8283	0.6058	0.5464	0.3576

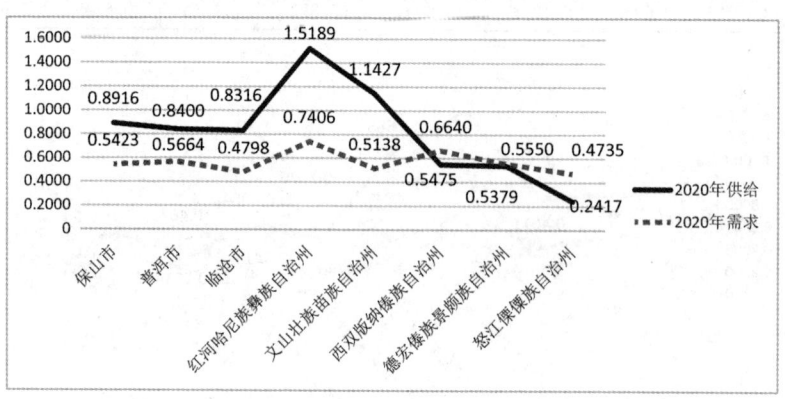

图3-24 2020年云南省8个边疆州市供需情况变化折线图

11. 2021年供需变化情况

由表3-26、图3-25可知,各州市的供给和需求都呈现出普遍增长趋势,但供给和需求差距明显。与2020年相比,2021年云南省8个边疆州市的供给和需求都呈现出增长趋势,比如保山市的供给由2020年的0.8916增长至2021年的1.0231,需求由2020年的0.5423增长至2021年的0.6918;普洱市的供给由2020年的0.8400增长至2021年的0.8919,需求由2020年的0.5664增长至2021年的0.6367;临沧市的供给由2020年的0.8316增长至2021年的0.8665,需求

由 2020 年的 0.4798 增长至 2021 年的 0.5485。其中,红河哈尼族彝族自治州的供给为 1.6894,供给水平处于领先地位,而怒江傈僳族自治州的供给为 0.3884,在云南省 8 个边疆州市中相对垫底。从各州市的横向比较来看,像文山壮族苗族自治州的供给为 1.2930,保山市的供给为 1.0231,普洱市的供给为 0.8919,具备较高的供给能力。在需求方面,各州市同样有明显差别,西双版纳傣族自治州的需求值是 0.7483,相对较高,而临沧市的需求值仅为 0.5485,相对较低。

表 3-26 2021 年云南省 8 个边疆州市的供给需求及相关系数（C 值、T 值）汇总

年份	2021 年							
州市	保山市	普洱市	临沧市	红河哈尼族彝族自治州	文山壮族苗族自治州	西双版纳傣族自治州	德宏傣族景颇族自治州	怒江傈僳族自治州
供给	1.0231	0.8919	0.8665	1.6894	1.2930	0.5515	0.5466	0.3884
需求	0.6918	0.6367	0.5485	0.8401	0.5678	0.7483	0.6035	0.6287
C 值	0.8254	0.7430	0.6718	1.1221	0.7891	0.6350	0.5736	0.4802
T 值	0.8574	0.7643	0.7075	1.2647	0.9304	0.6499	0.575	0.5085

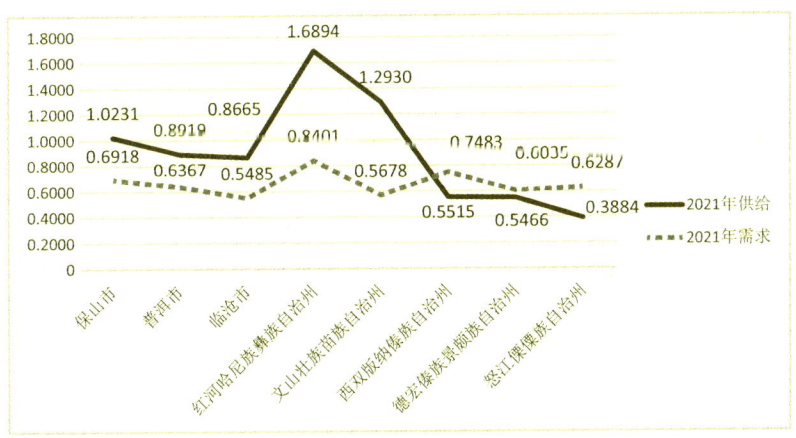

图 3-25 2021 年云南省 8 个边疆州市供需情况变化折线图

12. 2022 年供需变化情况

从表 3-27、图 3-26 可以看出,2022 年云南省 8 个边疆州市的供给和需求整体上都呈现出一定幅度的增长。在供给方面,2022 年云南省 8 个边疆州市的供给普遍有所提升,仅有文山壮族苗族自治州的供给从 2021 年的 1.2930 降为 2022 年的 1.2313,呈现小幅的下降,另外 7 个边疆州市都呈现出明显的上升趋势,特别是红河哈尼族彝族自治州,供给高达 1.8155,显示出该地区显著的供给水平,表现出该州较强的供给能力。供给水平最低的是怒江傈僳族自治州,为 0.3901,

相对较低，但相比往年也有所提高。在需求方面，2022年需求也普遍增长，红河哈尼族彝族自治州的需求指数最高，达到0.9565，显示出该地区需求增长较为强劲。需求指数最低的是德宏傣族景颇族自治州，为0.6176，虽然相对较低，但也反映出一定的需求增长态势。

表3-27 2022年云南省8个边疆州市的供给需求及相关系数（C值、T值）汇总

年份	2022年							
州市	保山市	普洱市	临沧市	红河哈尼族彝族自治州	文山壮族苗族自治州	西双版纳傣族自治州	德宏傣族景颇族自治州	怒江傈僳族自治州
供给	1.0577	0.9314	0.9102	1.8155	1.2313	0.5904	0.5901	0.3901
需求	0.7286	0.6653	0.6415	0.9565	0.7576	0.7918	0.6176	0.6920
C值	0.8629	0.7762	0.7526	1.2529	0.9380	0.6764	0.6036	0.4989
T值	0.8932	0.7984	0.7758	1.3860	0.9945	0.6911	0.6039	0.5410

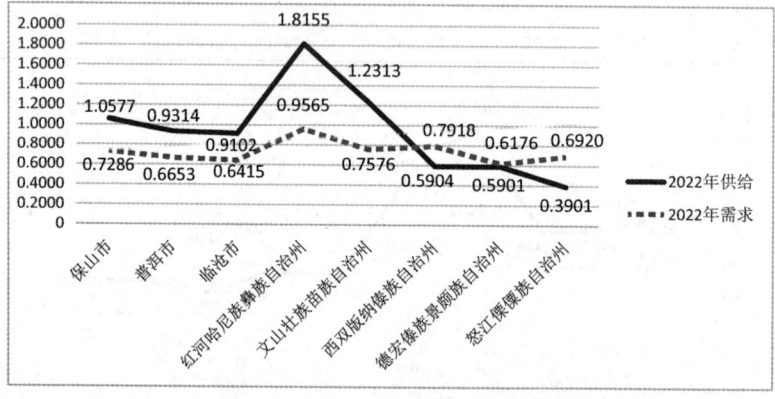

图3-26 2022年云南省8个边疆州市供需情况变化折线图

（二）各年供需协调发展等级分析

1. 2011年、2012年供需协调发展等级分析

在2011年和2012年，云南省8个边疆州市的供需协调发展等级普遍较低，多数州市被划分为"濒临失调"或"失调"等级，表明这些地区的供给与需求之间存在的矛盾较为突出。以怒江傈僳族自治州为例，怒江傈僳族自治州连续两年被划分为"严重失调"，显示出该地区的供需矛盾尤为突出，供需矛盾亟待解决。但从2011年到2012年来看，部分州市的协调等级有所改善。例如，文山壮族苗族自治州从"濒临失调"改善为"勉强协调"，西双版纳傣族自治州从"勉强协调"提升至"初级协调"，德宏傣族景颇族自治州从"失调"变为"濒临失调"，以上都反映出这一年间相应地区供需矛

盾的调和与改善。另外，从协调类型来看，大多数州市被归类为"需求损益型"，这意味着需求的变化对供给的影响较大，需求的增加或减少可能导致供给的过剩或不足。其中，西双版纳傣族自治州被归类为"供给滞后型"，是云南省8个边疆州市中唯一一个倾向于供给滞后引起供需矛盾的地州，红河哈尼族彝族自治州是唯一被划分为"需求滞后型"的地区，突出该地区的供给能力较强，需求增长相对滞后（见表3-28）。

表3-28　2011年、2012年云南省8个边疆州市协调等级与协调类型划分

2011年				2012年			
州市	D值	协调等级	协调类型	州市	D值	协调等级	协调类型
保山市	0.4796	濒临失调	需求损益型	保山市	0.4442	濒临失调	需求损益型
普洱市	0.4179	濒临失调	需求损益型	普洱市	0.4945	濒临失调	需求损益型
临沧市	0.3193	失调	需求损益型	临沧市	0.3616	失调	需求损益型
红河哈尼族彝族自治州	0.8008	良好协调	需求滞后型	红河哈尼族彝族自治州	0.8461	良好协调	需求滞后型
文山壮族苗族自治州	0.4309	濒临失调	需求损益型	文山壮族苗族自治州	0.4990	勉强协调	需求滞后型
西双版纳傣族自治州	0.5301	勉强协调	供给滞后型	西双版纳傣族自治州	0.6134	初级协调	供给滞后型
德宏傣族景颇族自治州	0.3901	失调	需求损益型	德宏傣族景颇族自治州	0.4026	濒临失调	需求损益型
怒江傈僳族自治州	0.2637	严重失调	需求损益型	怒江傈僳族自治州	0.2342	严重失调	需求损益型

2. 2013年、2014年供需协调发展等级分析

2013年和2014年，部分云南省边疆州市的供需协调等级有所提升，但整体协调水平仍然较低，多数州市位于"濒临失调"等级。在2012年的基础上，2013年临沧市从"失调"等级升至"濒临失调"，而西双版纳则从"初级协调"降为"勉强协调"，其他州市的协调等级基本保持不变。从2013年到2014年，保山市和普洱市的供需协调等级从"濒临失调"升至"勉强协调"，协调等级的变化表明这些地区的供需矛盾有所缓解，协调状况得到改善。其他协调等级不变的州市，比如红河哈尼族彝族自治州的协调等级保持在"良好协调"，显示出该地区的供需关系较为稳定。临沧市、德宏傣族景颇族自治州和怒江傈僳族自治州的协调等级没有变化，仍然处于"濒临失调"或"严重失调"状态，特别是怒江傈僳族自治州仍连续被划分为"严重失调"等级，突出了该地区供需矛盾的严重局面。从协调类型来看，大多数州市的协调类型为"需求损益型"，表明需

求的变化对供给的影响较大。红河哈尼族彝族自治州和文山壮族苗族自治州的协调类型为"需求滞后型",表明供给能力较强,需求增长相对滞后,西双版纳傣族自治州的协调类型为"供给滞后型",表明需求增长较快,供给能力相对不足,而普洱市在2013年至2014年则有了"需求损益型"向"需求滞后型"的转变(见表3-29)。

表3-29 2013年、2014年云南省8个边疆州市协调等级与协调类型划分

2013年				2014年			
州市	D值	协调等级	协调类型	州市	D值	协调等级	协调类型
保山市	0.4440	濒临失调	需求损益型	保山市	0.4965	勉强协调	需求滞后型
普洱市	0.4472	濒临失调	需求损益型	普洱市	0.5096	勉强协调	需求滞后型
临沧市	0.4279	濒临失调	需求损益型	临沧市	0.4232	濒临失调	需求损益型
红河哈尼族彝族自治州	0.8857	良好协调	需求滞后型	红河哈尼族彝族自治州	0.8341	良好协调	需求滞后型
文山壮族苗族自治州	0.5197	勉强协调	需求滞后型	文山壮族苗族自治州	0.4989	勉强协调	需求滞后型
西双版纳傣族自治州	0.5274	勉强协调	供给滞后型	西双版纳傣族自治州	0.5317	勉强协调	供给滞后型
德宏傣族景颇族自治州	0.4675	濒临失调	需求损益型	德宏傣族景颇族自治州	0.4332	濒临失调	需求损益型
怒江傈僳族自治州	0.2469	严重失调	需求损益型	怒江傈僳族自治州	0.2720	严重失调	供给损益型

3. 2015年、2016年供需协调发展等级分析

从2015年到2016年,大多数州市由失调等级向协调等级转变,协调发展等级又得到了提升,多数州市位于"勉强协调"等级。从2014年到2015年再到2016年,保山市和普洱市虽然仍然处于"勉强协调"等级,但D值的提升表明它们在逐步改善,德宏傣族景颇族自治州仍处于"濒临失调"等级,但D值变动忽上忽下,不太稳定。临沧市从"濒临失调"提升至"勉强协调",表明其供需协调矛盾得到一定程度的缓解。文山壮族苗族自治州从"勉强协调"提升至"初级协调",表明其协调发展水平有了较大幅度的提升。西双版纳傣族自治州也从"濒临失调"提升至"勉强协调",但需要注意的是其协调类型从"供给滞后型"变为"供给损益型"又变为了"供给滞后型",供给方面的问题较为突出。相对其他7个州市而言,怒江傈僳族自治州的情况则较为严峻,2014—2015年从"严重失调"升至"失调"等级,但2015—2016年,又从"失调"降至"严重失调",表明其协调发展情况不稳定,协调发展水平在下降(见表3-30)。

总体来看，在2015年和2016年中，多个州市的协调类型主要为"需求滞后型"和"供给滞后型"。尤其以"需求滞后型"居多，表明公共服务供给过程中需求端的问题比较严重。

表 3-30 2015年、2016年云南省8个边疆州市协调等级与协调类型划分

2015年				2016年			
州市	D 值	协调等级	协调类型	州市	D 值	协调等级	协调类型
保山市	0.4974	勉强协调	需求滞后型	保山市	0.5842	勉强协调	需求滞后型
普洱市	0.5046	勉强协调	需求滞后型	普洱市	0.5474	勉强协调	需求滞后型
临沧市	0.4677	濒临失调	需求损益型	临沧市	0.5073	勉强协调	需求滞后型
红河哈尼族彝族自治州	0.9084	优质协调	需求滞后型	红河哈尼族彝族自治州	0.9241	优质协调	需求滞后型
文山壮族苗族自治州	0.5307	勉强协调	需求滞后型	文山壮族苗族自治州	0.6700	初级协调	需求滞后型
西双版纳傣族自治州	0.4856	濒临失调	供给损益型	西双版纳傣族自治州	0.5298	勉强协调	供给滞后型
德宏傣族景颇族自治州	0.4267	濒临失调	需求损益型	德宏傣族景颇族自治州	0.4743	濒临失调	需求损益型
怒江傈僳族自治州	0.3152	失调	供给损益型	怒江傈僳族自治州	0.2338	严重失调	供给损益型

4. 2017年、2018年供需协调发展等级分析

2017年和2018年，多数州市的 D 值呈现增长趋势，协调等级也有所提升，向协调等级靠拢，整体的协调发展水平得到提升。基于2016年的协调情况，2017年有3个州市的协调等级得到改善，如保山市从"勉强协调"到"初级协调"，德宏傣族景颇族自治州从"濒临失调"到"勉强协调"，还有怒江傈僳族自治州从"严重失调"升至"失调"等级，虽然该州仍处于失调状态，但也有了小幅的改善。到2018年，普洱市的协调等级从"勉强协调"提升至"初级协调"，文山壮族苗族自治州从"初级协调"提升至"中级协调"，西双版纳傣族自治州也从"勉强协调"提升至"初级协调"。然而，德宏傣族景颇族自治州的协调等级从"勉强协调"下降至"濒临失调"。临沧市和怒江傈僳族自治州的协调等级保持不变，但临沧市的 D 值有所增长，表明其虽然等级未变，但协调发展状况仍在改善；而怒江傈僳族自治州的 D 值下降，表明其供需矛盾的问题并没有得到很好的改善。在2017年和2018年中，多个州市的协调类型主要为"需求滞后型"和"供给滞后型"。大部分州市如保山市、普洱市、红河哈尼族彝族自治州、文山壮族苗

族自治州在两年中均保持"需求滞后型",说明这些州市在协调发展中需求方面的发展相对滞后,而西双版纳傣族自治州在两年中均为"供给滞后型",表明其在协调发展中供给方面的发展相对滞后,德宏傣族景颇族自治州的协调类型则从"需求滞后型"变为"需求损益型"(见表3-31)。

表3-31 2017年、2018年云南省8个边疆州市协调等级与协调类型划分

州市	2017年			州市	2018年		
	D 值	协调等级	协调类型		D 值	协调等级	协调类型
保山市	0.6266	初级协调	需求滞后型	保山市	0.6391	初级协调	需求滞后型
普洱市	0.5847	勉强协调	需求滞后型	普洱市	0.6218	初级协调	需求滞后型
临沧市	0.5702	勉强协调	需求滞后型	临沧市	0.5831	勉强协调	需求滞后型
红河哈尼族彝族自治州	1.1120	优质协调	需求滞后型	红河哈尼族彝族自治州	1.0221	优质协调	需求滞后型
文山壮族苗族自治州	0.6684	初级协调	需求滞后型	文山壮族苗族自治州	0.7155	中级协调	需求滞后型
西双版纳傣族自治州	0.5684	勉强协调	供给滞后型	西双版纳傣族自治州	0.6298	初级协调	供给滞后型
德宏傣族景颇族自治州	0.5338	勉强协调	需求滞后型	德宏傣族景颇族自治州	0.4569	濒临失调	需求损益型
怒江傈僳族自治州	0.3804	失调	供给损益型	怒江傈僳族自治州	0.3361	失调	供给损益型

5. 2019年、2020年供需协调发展等级分析

2019年和2020年,多数州市的 D 值呈现增长趋势,但增长幅度不大,协调等级和协调类型基本没有什么变化。在2018年的基础上,2019年6个州市的 D 值都有不同程度的提升,协调等级发生改变的仅有德宏傣族景颇族自治州,从"濒临失调"变为"勉强协调"。从2019年到2020年,保山市的协调等级从"初级协调"提升至"中级协调",普洱市虽然 D 值有所增长,但协调等级保持"初级协调"不变,临沧市的协调等级从"勉强协调"提升至"初级协调"。红河哈尼族彝族自治州的协调等级保持"优质协调"不变,文山壮族苗族自治州的协调等级保持"中级协调"不变,D 值都略有下降,但仍都代表着云南省8个边疆州市中的较高水平。西双版纳傣族自治州和德宏傣族景颇族自治州的协调等级保持不变,分别为"初级协调"和"勉强协调",但德宏傣族景颇族自治州的 D 值有所下降,表明其协调发展水平不够稳定。怒江傈僳族自治州的协调等级保持不变,仍处于"失调"状态,需要加大协调发展力度。在2019年和2020年中大部分州市如保山市、普洱市、临沧市、红河哈尼族彝族自治州、文山壮族苗族自治州在两年中均保持"需求

滞后型"，西双版纳傣族自治州和德宏傣族景颇族自治州在 2019 年分别为"供给滞后型"和"需求滞后型"，但到 2020 年德宏傣族景颇族自治州变为"供给滞后型"。除了德宏傣族景颇族自治州从"需求滞后型"变为"供给滞后型"外，其他州市的协调类型在两年中均保持不变（见表 3-32）。

表 3-32 2019 年、2020 年云南省 8 个边疆州市协调等级与协调类型划分

2019 年				2020 年			
州市	D 值	协调等级	协调类型	州市	D 值	协调等级	协调类型
保山市	0.6693	初级协调	需求滞后型	保山市	0.6954	中级协调	需求滞后型
普洱市	0.6730	初级协调	需求滞后型	普洱市	0.6898	初级协调	需求滞后型
临沧市	0.5847	勉强协调	需求滞后型	临沧市	0.6317	初级协调	需求滞后型
红河哈尼族彝族自治州	1.0850	优质协调	需求滞后型	红河哈尼族彝族自治州	1.0606	优质协调	需求滞后型
文山壮族苗族自治州	0.7799	中级协调	需求滞后型	文山壮族苗族自治州	0.7663	中级协调	需求滞后型
西双版纳傣族自治州	0.6152	初级协调	供给滞后型	西双版纳傣族自治州	0.6029	初级协调	供给滞后型
德宏傣族景颇族自治州	0.5739	勉强协调	需求滞后型	德宏傣族景颇族自治州	0.5464	勉强协调	供给滞后型
怒江傈僳族自治州	0.3410	失调	供给损益型	怒江傈僳族自治州	0.3383	失调	供给损益型

6. 2021 年、2022 年供需协调发展等级分析

从 2021 年到 2022 年，大部分州市的协调等级得到大幅提升，多数州市达到协调等级的较高水平。以文山壮族苗族自治州和临沧市为例，这两个州市的协调等级提升较为显著，文山壮族苗族自治州从 2021 年的"良好协调"提升到 2022 年的"优质协调"，临沧市从 2021 年的"初级协调"提升到 2022 年的"中级协调"。另外，怒江傈僳族自治州从常年处于"失调"或"严重失调"的等级，在 2021 年到 2022 年得到了阶段性的改变，从"濒临失调"提升到"勉强协调"。从协调类型来看，大部分州市如保山市、普洱市、临沧市、红河哈尼族彝族自治州、文山壮族苗族自治州均属于"需求滞后型"，表明这些地区在协调发展中主要面临需求不足的问题。西双版纳傣族自治州和德宏傣族景颇族自治州在 2022 年仍然属于"供给滞后型"，显示出这些地区在协调发展中供给方面的不足。怒江傈僳族自治州在 2021 年属于"供给损益型"，但在 2022 年转变为"供给滞后型"，表明其协调发展面临的问题有所变化（见表 3-33）。

表 3-33 2021 年、2022 年云南省 8 个边疆州市协调等级与协调类型划分

2021 年				2022 年			
州市	D 值	协调等级	协调类型	州市	D 值	协调等级	协调类型
保山市	0.8413	良好协调	需求滞后型	保山市	0.8779	良好协调	需求滞后型
普洱市	0.7536	中级协调	需求滞后型	普洱市	0.7872	中级协调	需求滞后型
临沧市	0.6894	初级协调	需求滞后型	临沧市	0.7641	中级协调	需求滞后型
红河哈尼族彝族自治州	1.1913	优质协调	需求滞后型	红河哈尼族彝族自治州	1.3177	优质协调	需求滞后型
文山壮族苗族自治州	0.8568	良好协调	需求滞后型	文山壮族苗族自治州	0.9658	优质协调	需求滞后型
西双版纳傣族自治州	0.6424	初级协调	供给滞后型	西双版纳傣族自治州	0.6837	初级协调	供给滞后型
德宏傣族景颇族自治州	0.5743	勉强协调	供给滞后型	德宏傣族景颇族自治州	0.6037	初级协调	供给滞后型
怒江傈僳族自治州	0.4941	濒临失调	供给损益型	怒江傈僳族自治州	0.5195	勉强协调	供给滞后型

(三) 各年供需协调空间分布分析

1. 2011 年供需协调空间分布情况

2011 年, 云南省 8 个边疆州市基本公共服务供需协调等级空间分布呈现出明显的不均衡性, 多数州市协调等级较低, 面临较大的供需矛盾, 尤其以西侧最为严重。比如怒江傈僳族自治州为"严重失调"状态, 协调等级较其他州市较低, 分布于云南省的西北侧, 距离省会较远。德宏傣族景颇族自治州、临沧市呈现"失调"状态, 同样分布于云南省西侧。西部城市中保山市的协调情况要好一些, 但也仅为"濒临失调"等级, 仍然在失调边缘徘徊。普洱市、文山壮族苗族自治州处于"濒临协调"状态, 协调等级较低, 但这两个州市之间的红河哈尼族彝族自治州则为"良好协调"状态, 相对于其他 7 个州市为供需协调的最高水平, 在普洱市南侧的西双版纳傣族自治州处于"勉强协调"状态, 协调等级相对于其他州市仍然较高。从以上分布情况可以明显看出云南省 8 个边疆州市的基本公共服务供需协调呈现不均衡性, 尤其以西部协调情况最差。

2. 2012 年供需协调空间分布情况

2012 年, 云南省 8 个边疆州市基本公共服务供需协调等级相较于 2011 年, 部分州市有了明显的进步, 但协调等级空间分布同样是西低东高, 整体发展仍然表现不均衡状态。怒江傈僳族自治州 2012 年仍然为"严重失调", 德宏傣族景颇族自治州由"失调"提升至"濒临失调", 协调等级上升, 表明该州在基本公共服务的供

需匹配上有了明显改善，公共服务供需矛盾得到缓解。临沧市仍然为"失调"，普洱市仍维持在"濒临失调"，协调等级未发生变化，西双版纳傣族自治州由"勉强协调"升至"初级协调"。红河哈尼族彝族自治州仍是"良好协调"，仍处于较高的协调等级。文山壮族苗族自治州有了一定的进步，提升为"勉强协调"，协调等级有所提升，说明该州在基本公共服务供需方面取得了一定进展，公共服务供给与需求的匹配度有所提高，但仍需继续努力提升协调水平。整体而言，协调等级空间分布仍然不均衡，东部地区协调水平仍要高于西部地区。

3. 2013年供需协调空间分布情况

2013年，云南省8个边疆州市基本公共服务供需协调等级空间分布相较于2012年，部分州市协调等级有所变动，整体协调等级仍然不高，仍然为西低东高。怒江傈僳族自治州仍然为"严重失调"，协调等级保持不变，依然是8个边疆州市中协调状况最差的地区，说明该州在基本公共服务供需方面处于相对稳定但仍不理想的状态，虽然没有进一步恶化，但也没有明显提升，需要继续改善公共服务供需关系，以提高协调程度。德宏傣族景颇族自治州、保山市、临沧市、普洱市均为"濒临失调"，相较于2012年，协调等级连区成片，分布较广，但是协调等级仍然不高，与东部地区仍然有较大差距。西双版纳傣族自治州协调等级不升反降，从"初级协调"变为"勉强协调"，显示该州在公共服务供需关系方面的不稳定状态，要持续发展和优化。红河哈尼族彝族自治州依然是"良好协调"等级，文山壮族苗族自治州仍然是"勉强协调"等级，协调等级未发生变化，虽然协调等级有待改进，但与西部地区相比，整体协调水平要高。

4. 2014年供需协调空间分布情况

2014年，云南省8个边疆州市基本公共服务供需协调等级空间分布相较于2013年，部分州市的协调等级有所进步，整体空间分布格局并没有太大改变。怒江傈僳族自治州还是处于"严重失调"状态，协调等级未发生改变，依旧是8个边疆州市中协调状况最差的区域，反映出该州在基本公共服务供需方面的严峻形势仍旧存在，公共服务供给与需求之间的巨大差距未能得到有效缓解。德宏傣族景颇族自治州和临沧市仍然为"濒临失调"的状态，保山市和普洱市与西双版纳傣族自治州和文山壮族苗族自治州同位于"勉强协调"等级，较好协调等级区域显著增强，整体基本公共服务供需方面取得了较大进步，但仍需积极采取措施，继续改进供需协调状况。红河哈尼族彝族自治州仍保持为"良好协调"等级，协调等级未发生变化，但相对于其他州市，已代表最高水平。所以，基本公共服务供需协调分布格局虽然没有太大变化，但发展差异比较复杂，需要有针对性地采取措施，缩小州市之间的差距，实现整体提升。

5. 2015年供需协调空间分布情况

2015年,云南省8个边疆州市基本公共服务供需协调等级空间分布相较于2014年,各个州市协调等级有升有降,各州市协调等级空间分布更为复杂。怒江傈僳族自治州协调等级终于发生改变,从"严重失调"升至"失调"等级,虽然提升幅度不大,但终归有所改善。西双版纳傣族自治州的协调等级又由"勉强协调"降为"濒临失调",供需协调发展不稳定的状况持续加剧,需要深入分析原因,采取有效措施恢复或提升协调水平。德宏傣族景颇族自治州、保山市、临沧市、普洱市、文山壮族苗族自治州的协调等级均未发生改变,供需协调状况相对稳定,但红河哈尼族彝族自治州优先跃升为"优质协调",进一步提升了协调等级的最高水平,但就整体供需协调水平而言,仍处于有待提升的状态,需要进一步加强公共服务体系建设,提高公共服务供给能力和质量,以推动协调等级的提高。"优质协调""勉强协调""濒临失调"和"失调"等不同等级相间分布,呈现出相对复杂的分布状况。

6. 2016年供需协调空间分布情况

2016年,云南省8个边疆州市基本公共服务供需协调等级空间分布相较于2015年,部分州市呈现出积极的发展态势,协调等级有所提升,但仍存在发展不均衡的问题。怒江傈僳族自治州又回归于"严重失调"状态,成为8个边疆州市中协调状况最差的区域,反映出该州在基本公共服务供需方面的问题持续存在且较为严峻,公共服务供给与需求之间的巨大差距未能得到有效改善,需要加大力度进行系统性的改革和投入,以提升基本公共服务水平和协调程度。临沧市、西双版纳傣族自治州由"濒临失调"变为"勉强协调",与保山市和普洱市连区成片,形成大面积的"勉强协调"区域,整体协调等级得到改善。德宏傣族景颇族自治州保持"濒临失调"等级不变,协调等级保持稳定,但有待提升。红河哈尼族彝族自治州依然处于"优质协调"等级,表现出公共服务供给与需求的协调性持续增强。文山壮族苗族自治州由"勉强协调"升至"初级协调",协调等级有所改善。从整体来看,协调等级分布有了一些积极变化,部分州市的协调等级有所提升,州市间的差异有待进一步缩小。

7. 2017年供需协调空间分布情况

2017年,云南省8个边疆州市基本公共服务供需协调等级空间分布相较于2016年,整体有了一定的进步,但是东部和西部的差距依然存在,需要重点关注西部地区基本公共服务的供需协调状况。怒江傈僳族自治州维持为"失调"状态,基本公共服务供需协调方面处于相对平稳的状态,没有明显的改善或恶化,但还是位于云南省8个边疆州市供需协调的最低水平,需要重点关注并加以改进。德宏傣族景颇族自治州从"濒临失调"升至"勉强协调",保山市从"勉

强协调"升至"初级协调",一跃成为云南省西部边疆州市中协调水平最高的地区。临沧市、普洱市、西双版纳傣族自治州仍然维持于"勉强协调"状态,协调等级相对稳定,但依然有较大的进步空间。红河哈尼族彝族自治州仍然保持"优质协调",文山壮族苗族自治州仍然为"初级协调",相较于云南省西部地区的基本公共服务水平,这两个边疆州代表着较高的协调水平,同时也说明云南省西部地区与东部地区协调等级存在明显差距。

8. 2018年供需协调空间分布情况

2018年,云南省8个边疆州市基本公共服务供需协调等级空间分布相较于2017年,整体发展呈现出不均衡但多数州市有明显进步的特点,但仍然需要重点关注西部地区的供需协调发展状况。怒江傈僳族自治州仍然为"失调"状态,协调等级仍然处于云南省8个边疆州市的最低水平。德宏傣族景颇族自治州由"勉强协调"变为"濒临失调",协调发展等级有所下降,普洱市、西双版纳傣族自治州等级提升与保山市同为"初级协调"等级,表明这两个州市在基本公共服务的供需匹配上有了明显改善,公共服务供给能力和质量可能得到了增强,临沧市保持"勉强协调"等级不变,有进一步提升的较大空间。文山壮族苗族自治州从"初级协调"变为"中级协调",协调等级上升,表明该州在基本公共服务供需协调方面取得了一定成效,公共服务供给与需求的匹配度有所提高。红河哈尼族彝族自治州保持"优质协调"等级,依然代表云南省8个边疆州市供需协调发展的最高水平,继续保持着良好的发展态势。

9. 2019年供需协调空间分布情况

2019年,云南省8个边疆州市基本公共服务供需协调等级空间分布相较于2018年,整体发展态势不佳,各州市需持续关注和改善基本公共服务供需状况,以推动区域协调发展和公共服务水平的全面提升。怒江傈僳族自治州连续多年为"失调"等级,协调等级未发生变化,依旧处于较低水平,表明该州在基本公共服务供需方面的问题仍未得到有效改善,公共服务供给与需求之间的矛盾依然存在,需要进一步加大投入和改革力度,以提升协调等级。德宏傣族景颇族自治州协调等级得以提升,由"濒临失调"提升为"勉强协调",但仍需要进一步关注供需矛盾变化,改进协调等级。临沧市保持"勉强协调"等级不变,保山市、普洱市、西双版纳傣族自治州依然为"初级协调",协调等级保持稳定。红河哈尼族彝族自治州依旧为"优质协调"等级,文山壮族苗族自治州依旧为"中级协调"等级,凸显出中部地区的发展优势。

10. 2020年供需协调空间分布情况

2020年,云南省8个边疆州市基本公共服务供需协调等级空间分布相较于2019年,部分州市呈现出积极的发展态势,协调等级有所提升,高协调等级区域有所扩大,但发展不均衡的问题依旧突出。怒江傈僳族自治州仍旧处于"失调"状态,协调等级未发生改变,依然是8个边疆州市中协调状况较差的区域,公共服务供给与需求之间的矛盾未能得到有效缓解。德宏傣族景颇族自治州保持"勉强协调"等级,临沧市升级为"初级协调",保山市更是跃升为"中级协调"等级,但是相对于东部地区而言,西部地区协调等级仍然较低。红河哈尼族彝族自治州、文山壮族苗族自治州在基本公共服务供需关系上保持了相对稳定,仍为"优质协调"和"中级协调",基本公共服务供给与需求的匹配度较高。虽然部分州市之间的差距有所减小,但怒江傈僳族自治州与其他州市的差距依然存在,这就需要重点关注怒江傈僳族自治州的供需协调状况,有针对性地采取措施,缩小州市之间的差距,实现整体提升。

11. 2021年供需协调空间分布情况

2021年,云南省8个边疆州市基本公共服务供需协调等级空间分布相较于2020年,发展呈现出部分州市进步、部分州市稳定的特点,协调等级类型空间分布多样,但仍存在发展不均衡的问题。怒江傈僳族自治州提升至"濒临失调",协调等级有所提升,说明该州在基本公共服务供需方面取得了一定进步,公共服务供给与需求的矛盾有所缓解,但仍处于较低水平,需要继续加强公共服务建设,以进一步改善协调状况。德宏傣族景颇族自治州处于"勉强协调"等级,保山市为"良好协调"等级,临沧市仍保持"初级协调"等级,普洱市提升为"中级协调",文山壮族苗族自治州由"中级协调"升为"良好协调",西双版纳傣族自治州、红河哈尼族彝族自治州保持"初级协调""优质协调"不变,协调等级相对较高且稳定。"濒临失调""勉强失调""初级失调""中级失调""良好失调""优质失调"协调等级类型丰富,空间分布交错多样。

12. 2022年供需协调空间分布情况

2022年,云南省8个边疆州市基本公共服务供需协调等级空间分布相较于2021年,整体供需协调发展等级显著提升,空间分布格局得到优化,但东西部供需协调发展差距仍然存在。怒江傈僳族自治州2021年为"濒临失调",2022年变为"勉强协调",协调等级有所提升,说明该州在基本公共服务供需方面取得了一定进步,公共服务供给与需求的匹配度有所提高,但与其他州市相比仍处于较低的协调水平,进一步提升空间较大。德宏傣族景颇族自治州由"勉强协调"变为"初级协调",保山市继续保持"良好协调"等级,临沧市协调等级升级,与普洱市同为"中级协调"等级,西双版纳傣族自治州依然为"初级协调",文山壮族苗族自治州跃升为"优质协调",与红河哈尼族彝族自治州一起代表着云南省东部边疆地区的供给和需求的高匹配水平。东西部供需差距明显,各州市需持续关注和改善供需状况,推动协调区域协调发展和全面提升。

第四节　基本公共服务供需匹配现状总结

一、省级层面

（一）供需变化情况总结

2011年、2022年全国31个省份供给需求及相关系数（C值、T值）、供需变化折线图如表3-34、图3-27所示。

表3-34　2011年、2022年全国31个省份供给需求及相关系数（C值、T值）汇总

2011年					2022年				
省份	供给	需求	C值	T值	省份	供给	需求	C值	T值
北京市	0.5159	0.7141	0.5990	0.6150	北京市	0.7064	1.1812	0.8841	0.9438
天津市	0.3163	0.4414	0.3685	0.3788	天津市	0.4866	0.7351	0.5856	0.6109
河北省	0.5531	0.1842	0.2763	0.3687	河北省	0.9003	0.4539	0.6035	0.6771
山西省	0.5394	0.2463	0.3381	0.3928	山西省	0.5833	0.4257	0.4922	0.5045
内蒙古自治区	0.4122	0.2055	0.2743	0.3088	内蒙古自治区	0.4745	0.4762	0.4753	0.4753
辽宁省	0.5537	0.3684	0.4424	0.4611	辽宁省	0.7695	0.6028	0.6760	0.6862
吉林省	0.4488	0.2413	0.3139	0.3451	吉林省	0.5315	0.5110	0.5211	0.5213
黑龙江省	0.4433	0.2747	0.3392	0.3590	黑龙江省	0.5829	0.5510	0.5665	0.5670
上海市	0.4004	0.8931	0.5530	0.6468	上海市	0.4990	1.1172	0.6898	0.8081
江苏省	0.6475	0.5200	0.5768	0.5837	江苏省	1.1343	0.8909	0.9980	1.0126
浙江省	0.6164	0.4745	0.5362	0.5455	浙江省	1.0301	0.8949	0.9578	0.9625
安徽省	0.5238	0.2157	0.3055	0.3697	安徽省	0.7614	0.5436	0.6343	0.6525
福建省	0.4006	0.2491	0.3072	0.3249	福建省	0.7362	0.6059	0.6648	0.6711
江西省	0.4462	0.2086	0.2843	0.3274	江西省	0.6553	0.5410	0.5927	0.5981
山东省	0.7743	0.2898	0.4218	0.5320	山东省	1.2360	0.6546	0.8559	0.9453
河南省	0.6735	0.2389	0.3527	0.4562	河南省	1.0415	0.5455	0.7160	0.7935
湖北省	0.5144	0.2534	0.3396	0.3839	湖北省	0.8008	0.6233	0.7010	0.7121
湖南省	0.5103	0.2457	0.3317	0.3780	湖南省	0.8331	0.6994	0.7604	0.7662
广东省	0.7864	0.5487	0.6464	0.6675	广东省	1.4466	0.7517	0.9894	1.0992
广西壮族自治区	0.4230	0.1740	0.2466	0.2985	广西壮族自治区	0.7210	0.4337	0.5416	0.5774
海南省	0.3686	0.2209	0.2762	0.2947	海南省	0.3660	0.4494	0.4035	0.4077
重庆市	0.3006	0.2700	0.2845	0.2853	重庆市	0.6326	0.6283	0.6304	0.6304
四川省	0.6402	0.3118	0.4193	0.4760	四川省	1.0228	0.6297	0.7795	0.8262
贵州省	0.3377	0.1724	0.2282	0.2550	贵州省	0.6852	0.4637	0.5531	0.5745

续表

	2011年					2022年			
省份	供给	需求	C值	T值	省份	供给	需求	C值	T值
云南省	0.4478	0.1970	0.2736	0.3224	云南省	0.6293	0.4082	0.4952	0.5187
西藏自治区	0.2045	0.0852	0.1203	0.1449	西藏自治区	0.1807	0.3053	0.2270	0.2430
陕西省	0.5332	0.2522	0.3425	0.3927	陕西省	0.6839	0.5366	0.6014	0.6102
甘肃省	0.4516	0.1888	0.2662	0.3202	甘肃省	0.5499	0.4683	0.5058	0.5091
青海省	0.3108	0.2353	0.2678	0.2731	青海省	0.3354	0.4873	0.3973	0.4114
宁夏回族自治区	0.2870	0.2679	0.2771	0.2774	宁夏回族自治区	0.3592	0.5109	0.4218	0.4351
新疆维吾尔自治区	0.4280	0.2943	0.3488	0.3611	新疆维吾尔自治区	0.4833	0.4654	0.4742	0.4744

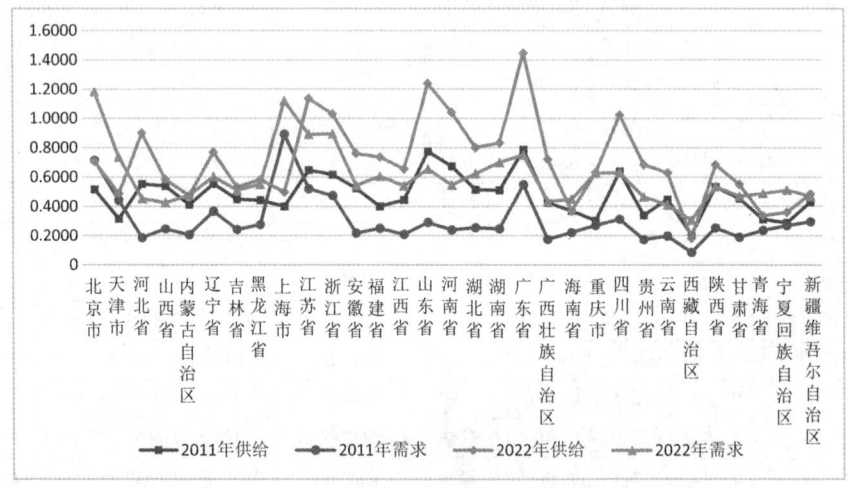

图3-27 2011年、2022年全国31省份供需变化折线图

1. 供需均呈增长态势，个别地区出现小幅下降

从供给方面来看，2011年到2022年绝大部分省份的供给呈现增长趋势。如北京市、天津市、上海市、重庆市4个直辖市的供给量都呈现出明显的增长趋势，其中以重庆市的供给量增长最为显著，从2011年的0.3006增长到2022年的0.6326。22个省份中，江苏省从0.6475增长到1.1343，广东省从0.7864增长到1.4466，云南省从0.4478增长到0.6293，其中，以广东、江苏、浙江等沿海省份的供给量相对较高且增长幅度较大。另外是5个自治区，除西藏自治区供给量从0.2045降到0.1807外，其余地区也都呈现了不同程度的增长，如内蒙古自治区从2011年的0.4122增长到2022年的0.4745，广西壮族自治区从0.4230增长到0.7210，宁夏回族自治区从0.2870增长到0.3592，新疆维吾尔自治区从

0.4280 增长到 0.4833。从需求方面来看，包括西藏自治区在内的全国 31 个省份的需求都呈现出普遍增长趋势。

2. 供给增长缓慢，需求增长迅速，供需差距较大

部分省份在 2011 年至 2022 年期间供给增长缓慢而需求增长迅速，需求与供给之间的差值逐渐增大。如山东省 2011 年供给为 0.7743，需求为 0.2898，2022 年供给为 1.2360，需求为 0.6546，供给的增长速度快于需求增长速度，供需差距有所增大，河南省 2011 年的供给为 0.6735，需求为 0.2389，2022 年的供给为 1.0415，需求为 0.5455，同样供给速度增长快于需求，供需差距进一步扩大。而在另一些地区，如重庆市，2011 年供给为 0.3006，需求为 0.2700，2022 年供给为 0.6326，需求为 0.6283，供需差距在缩小。但结合整体数据来看，全国 31 个省份的基本公共服务供需协调变化情况随着时间推移，总体表现为供需差距在不断扩大的趋势，并且供给和需求的差距越来越明显。

3. 整体表现为供给大于需求，部分地区供不应需

从整体数据来看，无论是 2011 年还是 2022 年，大部分地区的基本公共服务供给和需求表现为供给大于需求。如 2011 年，河北省的供给为 0.5531，需求为 0.1842，2022 年，河北省的供给为 0.9003，需求为 0.4539，供给均大于需求；广西壮族自治区 2011 年的供给为 0.4230，需求为 0.1740，2022 年的供给为 0.7210，需求为 0.4337，供给也都大于需求，同时包括另外的 24 个省份都表现出供给大于需求的态势。但是，北京市 2011 年供给为 0.5159，需求为 0.7141，2022 年供给为 0.7046，需求为 1.1812，表现为需求大于供给，天津市 2011 年供给为 0.3163，需求为 0.4414，2022 年供给为 0.4866，需求为 0.7351，表现为需求大于供给，上海市 2011 年供给为 0.4004，需求为 0.8931，2022 年的供给为 0.4990，需求为 1.1172，也表现为需求大于供给。另外，2022 年海南省的供给为 0.3660，需求为 0.4494，西藏自治区的供给为 0.1807，需求为 0.3053，青海省供给为 0.3354，需求为 0.4873，宁夏回族自治区供给为 0.3592，需求为 0.5109，这 4 个省份也都表现为供不应需。

（二）协调发展等级变化情况总结

2011 年、2022 年全国 31 个省份协调等级与协调类型划分如表 3-35 所示。

表 3-35　2011 年、2022 年全国 31 个省份协调等级与协调类型划分

2011 年				2022 年			
省市	D 值	协调等级	协调类型	省市	D 值	协调等级	协调类型
北京市	0.6070	初级协调	供给滞后型	北京市	0.9134	优质协调	供给滞后型
天津市	0.3737	失调	供给损益型	天津市	0.5981	初级协调	供给滞后型
河北省	0.3192	失调	需求损益型	河北省	0.6392	初级协调	需求滞后型

续表

2011年				2022年			
省市	D值	协调等级	协调类型	省市	D值	协调等级	协调类型
山西省	0.3645	失调	需求损益型	山西省	0.4983	勉强协调	需求滞后型
内蒙古自治区	0.2910	严重失调	需求损益型	内蒙古自治区	0.4753	濒临失调	供给滞后型
辽宁省	0.4517	濒临失调	需求损益型	辽宁省	0.6811	初级协调	需求滞后型
吉林省	0.3291	失调	需求损益型	吉林省	0.5212	勉强协调	需求滞后型
黑龙江省	0.3489	失调	需求损益型	黑龙江省	0.5668	勉强协调	需求滞后型
上海市	0.5980	初级协调	供给滞后型	上海市	0.7466	中级协调	供给滞后型
江苏省	0.5802	勉强协调	需求滞后型	江苏省	1.0000	优质协调	需求滞后型
浙江省	0.5408	勉强协调	需求滞后型	浙江省	0.9601	优质协调	需求滞后型
安徽省	0.3361	失调	需求损益型	安徽省	0.6434	初级协调	需求滞后型
福建省	0.3159	失调	需求损益型	福建省	0.6679	初级协调	需求滞后型
江西省	0.3051	失调	需求损益型	江西省	0.5954	初级协调	需求滞后型
山东省	0.4737	濒临失调	需求损益型	山东省	0.8995	优质协调	需求滞后型
河南省	0.4011	濒临失调	需求损益型	河南省	0.7538	中级协调	需求滞后型
湖北省	0.3611	失调	需求损益型	湖北省	0.7065	中级协调	需求滞后型
湖南省	0.3541	失调	需求损益型	湖南省	0.7633	中级协调	需求滞后型
广东省	0.6569	初级协调	需求滞后型	广东省	1.0000	优质协调	需求滞后型
广西壮族自治区	0.2713	严重失调	需求损益型	广西壮族自治区	0.5592	勉强协调	需求滞后型
海南省	0.2853	严重失调	需求损益型	海南省	0.4056	濒临失调	供给损益型
重庆市	0.2849	严重失调	需求损益型	重庆市	0.6304	初级协调	需求滞后型
四川省	0.4467	濒临失调	需求损益型	四川省	0.8025	良好协调	需求滞后型
贵州省	0.2412	严重失调	需求损益型	贵州省	0.5637	勉强协调	需求滞后型
云南省	0.2970	失调	需求损益型	云南省	0.5068	勉强协调	需求滞后型
西藏自治区	0.1320	极度失调	需求损益型	西藏自治区	0.2349	严重失调	供给损益型
陕西省	0.3667	失调	需求损益型	陕西省	0.6058	初级协调	需求滞后型
甘肃省	0.2920	严重失调	需求损益型	甘肃省	0.5075	勉强协调	需求滞后型
青海省	0.2704	严重失调	需求损益型	青海省	0.4043	濒临失调	供给损益型
宁夏回族自治区	0.2773	严重失调	需求损益型	宁夏回族自治区	0.4284	濒临失调	供给损益型
新疆维吾尔自治区	0.3549	失调	需求损益型	新疆维吾尔自治区	0.4743	濒临失调	需求损益型

1. 协调发展等级较低，多数地区处于失调状态

从时间维度来看，2011年供需协调度能达到协调状态的仅有5个省份，包括北京市的协调等级为"初级协调"、上海市的协调等级为"初级协调"、江苏省的协调等级为"勉强协调"、浙江省的协调等级为"勉强协调"、广东省的协调等级为"初级协调"，协调等级均较低。而其余地区，包括天津市、重庆市在内的两个直辖市，内蒙古自治区、广西壮族自治区、宁夏回族自治区、西藏自治区、新疆维吾尔自治区5个自治区和河北省、山西省、贵州省等19个省，均为失调状态。其中，内蒙古自治区、广西壮族自治区、海南省、重庆市、贵州省、甘肃省、青海省、宁夏回族自治区的协调等级为"严重失调"，甚至西藏自治区的协调等级为"极度失调"。2022年供需协调等级有以北京市、浙江省、广东省等为代表的"优质协调"等级，但多数省份的协调状态为"初级协调"或"勉强协调"，仍然有内蒙古自治区、海南省、青海省、宁夏回族自治区和新疆维吾尔自治区的协调等级为"濒临失调"，更有西藏自治区的协调等级为"严重失调"。

2. 协调等级有所提升，但失调问题仍然存在

2011年至2022年12年间，众多省份的协调等级实现了提升。从以上数据可以看出，天津市、河北省、安徽省、福建省、江西省、陕西省从2011年的"失调"等级提升到2022年的"初级协调"等级，山西省、吉林省、黑龙江省、云南省从2011年的"失调"等级提升到2022年的"勉强协调"等级，辽宁省从"濒临失调"到"初级协调"，贵州省、甘肃省、广西壮族自治区从"严重失调"到"勉强协调"，上海市从"初级协调"到"中级协调"，北京市、广东省从"初级协调"到"优质协调"。另外，部分省份实现了较大跨度的提升，像重庆市从"严重失调"到"初级协调"，四川省从"濒临失调"到"良好协调"，河南省、湖南省、湖北省从"濒临失调"或"失调"跃升至"中级协调"，江苏省、浙江省、山东省从"勉强协调"跃升至"优质协调"。2011年时，多数省份处于"失调"或"濒临失调"状态，到2022年，"初级协调""中级协调""良好协调""优质协调"的省份数量有所增加，内蒙古自治区、西藏自治区、海南省、青海省、宁夏回族自治区、新疆维吾尔自治区6个省份虽然协调等级有所提升，但仍位于失调等级，失调问题仍然存在。

3. 协调类型丰富多样，供需矛盾发生转变

2011年，较多省份呈现出"供给损益型"和"需求损益型"，较少为"供给滞后型"和"需求滞后型"。如天津市是"供给损益型"，意味着当时天津市的供给方面存在一些问题，可能是供给结构不合理、供给质量不佳或者供给效率低下等因素对整体的供需协调产生了负面影响，导致其处于"失调"状态。而像河北省、

山西省等多个省份属于"需求损益型",说明这些地区需求方面的状况阻碍了供需的良好协调,比如需求增长过快但缺乏合理引导,或者需求结构与当地的供给能力不匹配等情况,使得整体协调等级处于"失调"或"濒临失调"等不太理想的状态。同时,北京市、上海市等部分地区为"供给滞后型",反映出这些经济相对发达地区尽管有一定的协调基础(处于"初级协调"状态),但供给的发展速度跟不上其他相关要素的变化节奏,比如产业扩张带来的需求增长,从而出现供给滞后影响协调的情况。2022年,"供给滞后型"和"需求滞后型"分布相对更为均衡,供需协调的矛盾点在不同省份出现了多样化的转变。2022年,"供给滞后型""需求滞后型"以及"供给损益型"等继续存在且分布发生了变化。像江苏省、广东省等省份转变为"需求滞后型",还有部分省份如海南省、西藏自治区呈现"供给损益型",以河北省为例,2011年是"需求损益型",而到了2022年转变为"需求滞后型",同样,天津市从2011年的"供给损益型"变为2022年的"供给滞后型",反映出供需矛盾在不同阶段的动态转变。以上变化也体现出随着时间推移和各地区发展,供需矛盾不再集中于需求端,部分地区供给端的发展节奏与需求不一致的问题开始凸显,整体的供需矛盾呈现出从较为单一地偏向需求问题向供给和需求双向可能出现不协调的多样化转变趋势。

(三)供需协调空间分布情况总结

1. 东部地区协调等级提升幅度较大,协调发展优势明显

整体来看,2011年东部地区虽然相对中西部地区协调等级稍高,但仍存在较多问题,如山东省、辽宁省、福建省等为"失调"或"濒临失调",协调等级并不突出,与中西部一些地区差异不大。2022年整体协调等级与2011年相比有了明显提升,"良好协调"及以上等级的区域范围扩大,如东部沿海地区,像浙江省、江苏省、上海市等省份大多达到了"优质协调"或"中级协调"等级。东部地区的协调发展等级普遍达到了较高水平,"优质协调"的区域集中分布在东部沿海省份,与中西部地区的差距进一步拉大,显示出东部地区在经济、社会、环境等方面的协调发展取得了显著成效,且发展势头强劲,优势更加明显。

2. 西部地区协调等级有所改善,内部差距依然存在

2011年西部地区整体协调等级较低,但内部依然有明显差距,如西藏自治区处于"极度失调"状态,而新疆维吾尔自治区、青海省、云南省、广西壮族自治区等省份也处于"失调"或"严重失调"等级,不过像四川省相对较好,处于"濒临失调"等级,但也体现出西部地区基本公共服务协调发展存在明显差距。2022年,整体上协调等级有所提升,比如新疆维吾尔自治区由"失调"到"濒临失调",青海省从"严重失调"到"濒临失调",四川省从"濒临失调"等级提升至"良好协调"等级、重庆市由"严重失调"提升至"初级协

调",贵州省由"严重失调"提升为"勉强协调",云南省由"失调"提升为"勉强协调",其他省份如甘肃省、宁夏回族自治区等也有一定程度的改善,从"严重失调"向"濒临失调"转变,显示出西部地区在供需协调发展方面有了一定程度的改善,但西部如西藏自治区依然是"严重失调"等级,表明西部地区仍存在内部差异,需要进一步进行改善,与东中部相比,更需要进一步努力以缩小其差距。

3. 整体协调等级东南高西北低,梯度发展特征明显

2011年,东部地区中,广东省、江苏省、浙江省等省份虽有一定优势,但优势并不突出,整体梯度不明显,这些省份达到"勉强协调"或"初级协调",这些级别只是协调等级的较低水平,还有像河北省处于"失调"等级、山东省处于"濒临失调"等级,这些区域的协调等级较低。而中部地区,河南省、湖北省、湖南省、安徽省等省份,大多处于"失调"或"濒临失调"状态。西部地区的陕西省、四川省、重庆市等地,也以"严重失调""濒临失调""失调"居多,甘肃省、青海省、宁夏回族自治区、新疆维吾尔自治区、西藏自治区等地,普遍处于"失调""严重失调"甚至"极度失调"状态,低等级区域广泛分布。到2022年,东部地区发生极大转变,广东省、江苏省、浙江省、山东省基本实现"优质协调",福建省、江西省、安徽省、河北省等省份也有很大提升,"初级协调"区域大幅增加。中部地区的河南省、湖北省、湖南省以"中级协调"为主,低等级区域明显减少。西部地区的四川省、重庆市、陕西省,迈入"初级协调""良好协调"行列,云南省、贵州省等省份处于"勉强协调",协调等级也有明显提升。甘肃省、青海省、宁夏回族自治区、新疆维吾尔自治区等地,虽仍以"濒临失调""勉强协调"为主,但与2011年相比,"失调""濒临失调"区域大幅缩减。整体呈现出由东向西,"优质协调""中级协调""良好协调""初级协调""勉强协调""濒临失调""严重失调"依次分布的梯度特征。

二、边疆民族地区层面

(一)供需变化情况总结

1. 供给增长普遍,个别地区需求增幅突出

从供给来看,2011年到2022年云南省8个边疆州市的供给量显示出增长趋势。如保山市的供给从2011年的0.6914增长到2022年的1.0577,普洱市的供给从2011年的0.6836增长到0.9314,临沧市的供给从2011年的0.6420增长到2022年的0.9102,红河哈尼族彝族自治州的供给从2011年的1.3754增长至2022年的1.8155,文山壮族苗族自治州的供给从2011年的0.9155增长到2022年的1.2313,上述州市都有较为显著的增长趋势。另外,西双版纳傣族自治州的供给从2011年的0.5194增长到2022年的0.5904,德宏傣族景颇族自治州的供

给从 2011 年的 0.4380 增长到 2022 年的 0.5901，怒江傈僳族自治州的供给从 2011 年的 0.2700 增长到 2022 年的 0.3901，这 3 个少数民族自治州的供给同样也呈现出增长的趋势，尽管增长的幅度较小。从需求来看，需求在某些地区增长尤为迅速，如临沧市 2011 年的需求为 0.1588，2022 年的需求为 0.6415，增幅为 0.4827，文山壮族苗族自治州 2011 年的需求为 0.2028，2022 年的需求为 0.7576，增幅为 0.5548，红河哈尼族彝族自治州 2011 年的需求为 0.4663，2022 年的需求为 0.9565，增幅为 0.4902，增长速度在所有地区中表现突出（见表 3-36、表 3-37）。

表 3-36　2011 年云南省 8 个边疆州市供给需求及相关系数（C 值、T 值）汇总

年份	2011 年							
省市	保山市	普洱市	临沧市	红河哈尼族彝族自治州	文山壮族苗族自治州	西双版纳傣族自治州	德宏傣族景颇族自治州	怒江傈僳族自治州
供给	0.6914	0.6836	0.6420	1.3754	0.9155	0.5194	0.4380	0.2700
需求	0.3327	0.2555	0.1588	0.4663	0.2028	0.5410	0.3474	0.2576
C 值	0.4492	0.3719	0.2546	0.6965	0.332	0.5299	0.3875	0.2636
T 值	0.512	0.4695	0.4004	0.9209	0.5591	0.5302	0.3927	0.2638

表 3-37　2022 年云南省 8 个边疆州市供给需求及相关系数（C 值、T 值）汇总

年份	2022 年							
省市	保山市	普洱市	临沧市	红河哈尼族彝族自治州	文山壮族苗族自治州	西双版纳傣族自治州	德宏傣族景颇族自治州	怒江傈僳族自治州
供给	1.0577	0.9314	0.9102	1.8155	1.2313	0.5904	0.5901	0.3901
需求	0.7286	0.6653	0.6415	0.9565	0.7576	0.7918	0.6176	0.6920
C 值	0.8629	0.7762	0.7526	1.2529	0.9380	0.6764	0.6036	0.4989
T 值	0.8932	0.7984	0.7758	1.3860	0.9945	0.6911	0.6039	0.5410

2. 供给增长相对平稳，需求增长迅速，供需差距扩大

2011—2022 年，云南省 8 个边疆州市的供给增长相对平稳，而需求增长则更为迅速，供需之间的差距逐渐增大。结合表 3-36、表 3-37、图 3-28 可以看出，云南省 8 个边疆州市的供给绝大部分大于需求，如西双版纳傣族自治州的供给从 2011 年的 0.5194 增长到 2022 年的 0.5904，供给增长较为平稳，而需求则从 2011 年的 0.5410 增长到 2022 年的 0.7918，需求与供给差距增大；怒江傈僳族自治州的供给从 2011 年的 0.2700 增长到 2022 年的 0.3901，需求从 2011 年的

0.2576 增长到 2022 年的 0.6176，需求的增长同样超过了供给的增长。此外，德宏傣族景颇族自治州的供给从 2011 年的 0.4380 增长到 2022 年的 0.5901，而需求从 2011 年的 0.3474 增长到 2022 年的 0.6920，也显示出需求增长迅速的趋势。其中，以怒江傈僳族自治州、临沧市以及文山壮族自治州的供给与需求差距较为明显。

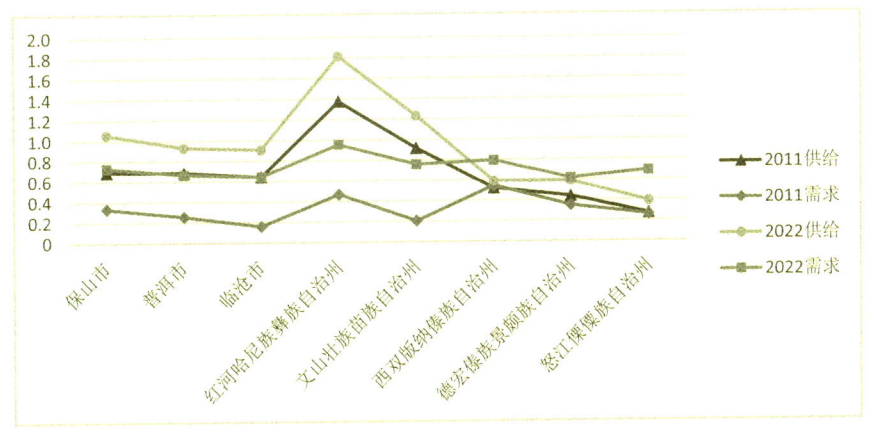

图 3-28　2011 年、2022 年云南省 8 个边疆州市供需变化折线图

3. 整体供给超越需求，部分地区需求增长超越供给

整体而言，无论是 2011 年还是 2022 年，大部分地区的供给量超过了需求量。保山市在两个年份的供给分别为 0.6914 和 1.0577，均高于需求 0.3327 和 0.7286；普洱市在两个年份的供给分别为 0.6836 和 0.9314，也都高于需求 0.2555 和 0.6653，同样，临沧市、红河哈尼族彝族自治州、文山壮族自治州也呈现出了供给超越需求的态势。然而，也有部分地区如临沧市，其 2022 年的供给为 0.9102，虽然仍然高于需求 0.6415，但需求的快速增长预示着未来供需差距可能会缩小。此外，2022 年西双版纳傣族自治州 2022 年的供给为 0.5904，需求为 0.7918，怒江傈僳族自治州在 2022 年的供给为 0.3901，与需求 0.6920 相比，均显示出需求增长超越供给的情况。

（二）供需协调发展等级情况总结

1. 协调等级不高，大部分地区呈现失调态势

在 2011 年，云南省 8 个边疆州市的大部分州市协调等级较低，具体来看，保山市、普洱市、临沧市以及文山壮族苗族自治州和德宏傣族景颇族自治州均显示为"濒临失调"或"失调"，而怒江傈僳族自治州的情况最为严重，为"严重失调"。相比之下，红河哈尼族彝族自治州的协调等级较为乐观，达到了"良好协调"的等级。这一现象反映出云南省 8 个边疆州市在 2011 年的供需协调普遍

存在不足，多数州市面临失调的挑战。到了 2022 年，虽然多数州市在协调等级上有所提升，如保山市、普洱市和临沧市的协调等级上升到了"良好协调"或"中级协调"，但是西双版纳傣族自治州和德宏傣族景颇族自治州的协调等级仅为"初级协调"，怒江傈僳族自治州也仅达到了"勉强协调"（见表3-38）。这些情况表明，尽管云南省 8 个边疆州市的协调发展有所提升，但仍有部分州市未能完全摆脱失调状态。

表 3-38 2011 年、2022 年云南省 8 个边疆州市协调等级与协调类型划分

2011 年				2022 年			
州市	D 值	协调等级	协调类型	州市	D 值	协调等级	协调类型
保山市	0.4796	濒临失调	需求损益型	保山市	0.8779	良好协调	需求滞后型
普洱市	0.4179	濒临失调	需求损益型	普洱市	0.7872	中级协调	需求滞后型
临沧市	0.3193	失调	需求损益型	临沧市	0.7641	中级协调	需求滞后型
红河哈尼族彝族自治州	0.8008	良好协调	需求滞后型	红河哈尼族彝族自治州	1.0000	优质协调	需求滞后型
文山壮族苗族自治州	0.4309	濒临失调	需求损益型	文山壮族苗族自治州	0.9658	优质协调	需求滞后型
西双版纳傣族自治州	0.5301	勉强协调	供给滞后型	西双版纳傣族自治州	0.6837	初级协调	供给滞后型
德宏傣族景颇族自治州	0.3901	失调	需求损益型	德宏傣族景颇族自治州	0.6037	初级协调	供给滞后型
怒江傈僳族自治州	0.2637	严重失调	需求损益型	怒江傈僳族自治州	0.5195	勉强协调	供给滞后型

2. 协调等级有所上升，供需失衡问题依然存在

从 2011 年至 2022 年，云南省 8 个边疆州市在协调发展方面均有进步，协调等级普遍提高。保山市、普洱市和临沧市的协调状况从"濒临失调"改善到了"良好协调"或"中级协调"的水平，红河哈尼族彝族自治州和文山壮族苗族自治州的协调等级也分别从"良好协调"和"濒临失调"提升至"优质协调"，这些变化表明这些地区在供需协调上取得了显著的成效。尽管如此，西双版纳傣族自治州和德宏傣族景颇族自治州虽然协调等级有所提升，分别从"勉强协调"和"失调"达到了"初级协调"，但其协调等级仍然相对较低。同时，怒江傈僳族自治州虽然从"严重失调"进步到了"勉强协调"，但仍然未能完全解决失调的问题，这显示出供需协调的任务依然艰巨。

3. 协调类型较为单一，供需矛盾随时间发生变化

2011 年，云南省 8 个边疆州市的协调类型主要集中在"需求损益型"和

"供给滞后型"。具体来看，保山市、普洱市、临沧市、文山壮族苗族自治州、德宏傣族景颇族自治州和怒江傈僳族自治州均为"需求损益型"，这表明这些地区的供需矛盾主要源于需求端的问题。而西双版纳傣族自治州为"供给滞后型"，意味着该地区的供给未能及时跟上需求的步伐，仅有红河哈尼族彝族自治州的协调类型为"需求滞后型"。到了2022年，云南省8个边疆州市的协调类型变得更加均衡，保山市、普洱市和临沧市从"需求损益型"转变为"需求滞后型"，这意味着这些地区的供给能力有所增强，但需求增长的速度可能更快。西双版纳傣族自治州仍然保持"供给滞后型"，这表明该地区的供给与需求之间的矛盾依旧存在，供给能力未能有效满足需求的增长。这些变化也表现出云南省8个边疆州市在供需协调上面临的挑战和矛盾正在随时间发生变化，后续可以根据上述变化趋势，通过采取有针对性的政策和措施来应对。

（三）供需协调空间分布情况总结

1. 部分州市协调等级提升幅度较大，空间发展亮点突出

从2011年至2022年，云南省边疆8个州市的供给和需求水平都有进步，协调等级得到较大幅度的提升。以普洱市为例，普洱市以"濒临失调"的状态呈现。然而，到了2022年，其协调等级已成功跃升至"中级协调"。除普洱市外，德宏傣族景颇族自治州也经历了显著的提升，从2011年的"失调"到2022年的"初级协调"，从相对较低的协调等级逐步发展，在2022年达到了与自身发展潜力相匹配的更高等级。另外，其他州市也有不同程度的变化，比如怒江傈僳族自治州从"严重失调"变化为"勉强协调"，保山市从"濒临失调"变化为"良好协调"，临沧市从"失调"变化为"中级协调"，西双版纳傣族自治州从"勉强协调"变化为"初级协调"，红河哈尼族彝族自治州从"良好协调"变化为"优质协调"，文山壮族苗族自治州从"濒临失调"变化为"优质协调"。这些州市协调发展进步显著，在空间分布图上凸显成为亮点区域。

2. 区域协调发展差异逐渐缩小，空间均衡性改善

2011年云南省8个边疆州市的协调等级整体较低，在空间上存在着巨大的鸿沟。从最北端的怒江傈僳族自治州的"严重失调"，到相对处于较好状态的红河哈尼族彝族自治州的"良好协调"，跨度极大。靠近内陆且交通相对便利的红河哈尼族彝族自治州，凭借地理优势在基本公共服务的供给和需求方面处于较高水平。而地处偏远山区的怒江傈僳族自治州，受限于地理位置和资源开发难度，协调等级为"严重失调"，处于较低水平，这种高低等级的鲜明对比，使区域间发展不均衡的现象一目了然。到了2022年，尽管各州市之间的协调等级差异依然存在，如西双版纳傣族自治州为"初级协调"，怒江傈僳族自治州为"勉强协调"，但相较于2011年，这种差异已大幅缩小。此外，各州市的协调等级分布更

为集中，不再像过去那样分散，曾经等级差异明显的区域，如今差距逐渐拉近，这表明在空间上，边疆地区各州市的协调发展水平正朝着更加均衡的方向迈进，整体的空间均衡性得到了显著增强。但是对于地理位置限制因素较多的怒江傈僳族自治州的供给和需求情况，还是要重点关注，并在今后有针对性地对其进行改善，进一步缩小与发达州市供需协调发展的差距。

3. 整体协调等级显著提升，空间分布格局优化

2011年，云南省8个边疆州市的协调等级分布呈现出较为复杂的态势，协调等级与失调等级混杂分布。怒江傈僳族自治州处于较低的协调等级，被标记为"严重失调"。保山市、普洱市、文山壮族苗族自治州为"濒临失调"等级，临沧市、德宏傣族景颇族自治州为"失调"等级，西双版纳傣族自治州呈现为"勉强协调"等级。此时，各州市之间的协调等级差异巨大，高等级与低等级区域相互交错，整体呈现出一种分散且不均衡的空间分布格局。步入2022年，云南省8个边疆州市的协调等级得到整体提升。保山市实现了质的飞跃，从2011年相对较低的"濒临失调"等级跃升至"良好协调"行列。怒江傈僳族自治州也成功摆脱了"严重失调"的阴影，最低等级变为"勉强协调"。不仅如此，普洱市、文山壮族苗族自治州、临沧市、德宏傣族景颇族自治州等州市也纷纷迈向更高的协调等级，达到"初级协调"及以上的州市数量显著增加。从空间分布来看，原本分散的低等级区域大幅减少，高等级区域逐渐连片，形成了一种更为集中且优质的空间分布格局。

第五节 结论与讨论

本研究分别把全国31个省份和云南省8个边疆州市为代表的边疆民族地区作为研究样本，通过对基本公共服务的基础教育、医疗卫生、社会保障与就业、公共文化、科学技术、环境保护六个方面的指标进行量化以及最终量化结果的匹配分析，对全国31个省份和边疆民族地区的供需匹配情况进行分析，以期对相关地区基本公共服务的供给和需求匹配提供参考。

通过对全国31个省份基本公共服务的研究，对全国各地区的协调情况有了更深刻的认识，有助于不同地区的经验启发与借鉴。

按研究结果来看，供需总体增长但增速存在区域差异。多数省份从2011年到2022年的供给与需求都在增长，发达省份如江苏、广东、浙江等供给量增长比较显著。部分中西部或欠发达省区增速相对滞后，但也保持了整体向上的态势，以北京市、上海市、天津市、广东省、江苏省、浙江省、山东省等几个沿海发达省份的供需增长最为突出，如北京市2011年供给为0.5159，需求为

0.7141；2022 年供给为 0.7064，需求为 1.1812。整体表现为需求大于供给，供给与需求均呈增长态势，协调度变化从 2011 年的"初级协调"升至 2022 年的"优质协调"。虽然供给绝对值仍不及需求，但协调度显著改善，同时表明发达地区需求增长较快，需持续增强对高层次公共服务的供给能力，提高供给质量与效率。上海市 2011 年供给为 0.4004，需求为 0.8931；2022 年供给为 0.4990，需求为 1.1172。需求同样长期高于供给，但二者均有明显增长，协调等级从 2011 年的"初级协调"提升至 2022 年的"中级协调"，显示着城市人口规模与经济结构升级导致需求上升较快，但同时也启发我们超大型城市需注重供给侧改革和布局优化，进一步均衡公共服务资源在不同区域及人群中的配置。天津市 2011 年供给为 0.3163，需求为 0.4414；2022 年供给为 0.4866，需求为 0.7351。整体表现为需求大于供给，供需差距有所扩大。协调等级变化从"失调"状态提升到"初级协调"，但依旧存在供给滞后问题，提醒我们以天津市为代表的同类型城市应加大公共财政投入或政策扶持，重点补足基本公共服务的短板领域，提高供给的精准度与效率。广东省 2011 年供给为 0.7864，需求为 0.5487；2022 年供给为 1.4466，需求为 0.7517。供给远高于需求，且供给增速较快，协调等级变化由 2011 年"初级协调"上升至 2022 年"优质协调"。另外，江苏省 2011 年供给为 0.6475，需求为 0.5200；2022 年供给为 1.1343，需求为 0.8909。供给大于需求，供给呈大幅增长趋势，协调等级变化更是从"勉强协调"跃升至"优质协调"。广东省和江苏省作为制造业大省，公共服务投入与经济发展保持相对同步，为其他地区提供了公共资源配置的可借鉴思路。同时，浙江省 2011 年供给为 0.6164，需求为 0.4745；2022 年供给为 1.0301，需求为 0.8949，协调度变化从"勉强协调"提升到 2022 年"优质协调"。

云南省作为边疆民族省份，2011 年供给为 0.4478，需求为 0.1970；2022 年供给为 0.6293，需求为 0.4082。供给大于需求，二者差距虽仍为正值，但从绝对数来看差距并不算太大。协调度变化由 2011 年的"失调"提升至 2022 年的"勉强协调"，云南在地理、经济与城镇化进程等方面与沿海发达地区存在差距，可加强跨区域合作和财政转移支付力度，加强对其他地区有益经验的学习，补齐基本公共服务的短板。另外，虽然区域"失调"在不断改善，但仍有较大提升空间。2011 年绝大多数省份处在"失调"或"濒临失调"状态；2022 年已有相当数量的省份上升到"初级协调""中级协调""良好协调"或"优质协调"，表明国家对公共服务均等化的投入初显成效。但如西藏自治区、宁夏回族自治区、海南省、青海省、新疆维吾尔自治区、内蒙古自治区等地，仍然处于"濒临失调"或"严重失调"，欠发达区域的公共服务供需矛盾依然突出。供需矛盾从单一的"需求不足"或"供给不足"，逐渐呈现"双向"或结构性问题。2011年，大部分不协调集中在"需求损益型"的需求侧问题或"供给损益型"的供给侧问题,到2022年,更多省份出现"供给滞后型""需求滞后型"并存的多元化格局。说明随着时间推移,经济结构和人口结构演变带来的公共服务需求更趋复杂,"一刀切"的供给模式难以精准匹配新型需求。

通过对云南省8个边疆州市的研究,对边疆民族地区的基本公共服务协调等级及水平有了更精准的把握,有助于解决边疆民族地区供需协调发展问题。

根据研究结果,云南省8个边疆民族地区供给增长普遍,需求增幅在某些地区突出。从2011年到2022年的数据来看,云南省边疆民族地区的供给能力整体呈上升趋势,特别是红河哈尼族彝族自治州,其供给指数从1.3754增长至1.8155,显示出供给能力的显著增强。然而,怒江傈僳族自治州虽然供给有所增长,但仍为最低,从0.2700增长至0.3901。在需求方面,临沧市、文山壮族苗族自治州和红河哈尼族彝族自治州的需求增长速度超过了供给,尤其是临沧市的需求指数增幅达到0.4827,表明这些地区的公共服务需求增长迅速,供需差距有扩大的趋势。供给增长相对平稳,需求增长迅速,供需差距扩大。从2011年至2022年,云南省8个边疆州市的供给增长相对平稳,而需求增长迅速,导致供需差距逐渐增大。西双版纳傣族自治州和怒江傈僳族自治州的需求增长超过了供给增长,显示出需求增长迅速的趋势。这种供需不平衡可能导致部分地区公共服务的供给压力增大,需要更多的资源和政策支持来满足日益增长的公共服务需求。从供需匹配的角度来看,云南省8个边疆州市的协调等级和协调类型存在差异,部分地区如红河哈尼族彝族自治州虽然供给能力强,但需求增长相对滞后,而西双版纳傣族自治州则面临供给滞后的问题。这种供需匹配程度的不一,使得协调发展面临挑战。另外,虽然协调等级有所上升,供需失衡问题依然存在。从2011年至2022年,云南省8个边疆州市在协调发展方面均有进步,协调等级普遍提高。然而,西双版纳傣族自治州和德宏傣族景颇族自治州的协调等级仍然相对较低,怒江傈僳族自治州也仅达到了"勉强协调",显示出供需协调的任务依然艰巨。这表明尽管有所改善,但供需失衡的问题依然存在,需要持续的关注和改进。2011年云南省8个边疆州市的协调类型主要集中在"需求损益型"和"供给滞后型"。到了2022年,协调类型变得更加均衡,一些州市从"需求损益型"转变为"需求滞后型",而西双版纳傣族自治州仍然保持"供给滞后型",显示出供给与需求之间的矛盾依旧存在。这种变化表明,随着时间的推移,供需矛盾的性质也在发生变化,需要根据新的供需状况调整政策和措施。

云南省边疆民族地区在基本公共服务供需匹配方面取得了一定的进步,但仍然面临诸多挑战。特别是在供需协调发展等级提升和供需矛盾的解决上,需要进一步的政策支持和措施实施,比如关注供需结构的动态优化。随着城镇化加快和人口流动,地区内部公共服务需求结构不断变化,应加强需求端的监测与预判,避免供给端滞后或盲目扩张。同时可建立跨部门数据共享平台,对教育、医疗、养老、社保等多领域的供需状况进行动态评估，实现"精准配给"。持续深化财政体制与公共服务供给机制改革推动公共财政"省级统筹、基层落实"，进一步完善对中西部和少数民族地区的转移支付制度，引导社会资本进入公共服务领域，探索政府和社会资本合作模式，减轻地方政府财政负担，提高公共服务效率与可及度。还需加大人才激励政策，如定向培养与保障措施，可以结合旅游产业和地域特色，在教育、卫生等公共服务场景下积极探索远程服务与信息化手段，逐步弥补空间差距，提高公共服务专业人才的供给能力，并且根据边疆民族地区特点制定差异化的发展策略，以实现供需的更好匹配和协调发展。

总体而言，2011—2022年无论是全国31个省级区域还是云南省内部的8个边疆州市，基本公共服务供需均呈上涨趋势，但区域间差异仍然较大。经济发达省市如江苏省、浙江省、广东省等地的供给和需求虽双双走高，且供给水平相对更高，协调度普遍优于中西部地区。云南、重庆、河南等中西部省份虽显著提升，但尚在"初级协调"或"勉强协调"的区间，西藏自治区、青海等欠发达地区依旧面临较大失调压力。云南省8个边疆州市，以红河哈尼族彝族自治州的供需协调发展状况最好，尤其要注重怒江傈僳族自治州的供给和需求的协调状况。通过对云南省8个边疆州市不同年份协调发展等级分布图的对比，也可以直观且清晰地看到这些州市在协调发展方面取得的成就。从整体协调等级的提升，到区域间差异的缩小，再到部分州市的突出进步，都展现出令人瞩目的发展态势。展望未来，仍需持续密切关注各地在发展进程中面临的新问题与新挑战，不断推动边疆地区迈向更为优质、均衡的协调发展之路，实现经济繁荣、社会和谐、生态良好的可持续发展目标。

今后可以借助信息化、区域协同和财政改革等手段，对需求结构动态演变的精准把握，继续推进基本公共服务均等化与高质量化。对于发达省份或地区，省级层面上如广东省、江苏省、浙江省，边疆民族地区如红河哈尼族彝族自治州等，应重点从"量的扩张"转向"质的提升"，在医疗、教育、社会保障等高端公共服务上深化改革，探索智慧化、数字化管理模式，并向中西部地区或省内偏远地区输送经验。对于中部和部分西部省份发展较为薄弱的省份和地区，省级层面上如云南省、河南省、四川省，边疆民族地区如保山市、文山壮族苗族自治州等需在加大财政投入的同时，结合产业特点和人口结构，引入社会力量共同参与公共服务供给，提升资源使用效率。对于欠发达地区，省级层面上如西藏、青海、宁夏、新疆，边疆民族地区如临沧市、怒江傈僳族自治州等，应加强与发达省份或州市的合作对口支援，鼓励人才、技术、资金更多流向公共服务薄弱环节，改善交通、医疗、教育等基础设施短板。通过逐步补齐公共服务短板，缩小供需差距，促进基本公共服务的整体供需匹配，推进各个区域协调发展。

第四章 公共服务感知绩效对居民获得感的影响机制研究

第一节 研究概要

一、研究背景

随着"服务型政府"建设的持续深化，各级政府的工作重心已由追求经济增长向推动公共服务高质量发展转变。同时，伴随我国经济建设的深入推进与社会的快速发展，居民对美好生活的目标越发具体、需求日趋多元、憧憬更加强烈。社会公众对公共服务需求的多元化和个性化促使政府注重提升公共服务供给质量，实现公共服务供需的有效匹配。推动公共服务的高质量发展不仅是政府建设的核心目标，更是构筑政府信任的坚实基石。

2015 年，习近平总书记在中央全面深化改革领导小组第十次会议上首次指出"要让人民群众有更多获得感"。作为衡量国家治理成效与共享发展成果的重要指标，"获得感"这一概念并非舶来品，而是由党中央结合中国实际发展情况提出的具有中国特色的词语，具有极其深远的划时代意义。2017 年党的十九大报告明确指出"使人民获得感、幸福感、安全感更加充实、更有保障、更可持续"。2024 年 5 月 23 日，习近平在企业和专家座谈会上的讲话中指出"要从人民的整体利益、根本利益、长远利益出发谋划和推进改革，走好新时代党的群众路线，注重从就业、增收、入学、就医、住房、办事、托幼养老以及生命财产安全等老百姓急难愁盼中找准改革的发力点和突破口，多推出一些民生所急、民心所向的改革举措，多办一些惠民生、暖民心、顺民意的实事，使改革能够让人民群众有更多获得感、幸福感、安全感"。然而，目前部分公共服务存在数量供给不足、质量服务不周等问题，导致民生服务发展相对滞后，未能有效保障和满足人民的根本利益，从而使人民获得感出现"钝化"。因此，应着眼于人民群众对公共服务绩效的感知，不断完善公共服务体系，以提供更为公平可及的公共服务，从而提升人民获得感。

如何完善公共服务体系、增进居民公共服务感知绩效、提升居民获得感已然成为一个亟须探究的议题，而政府作为公共服务的主要供给者，所提供服务的质量优劣和水平高低均会对居民获得感产生不同程度的影响，因此引入政府信任和政府形象两个测量指标以探究公共服务感知绩效对居民获得感的影响作用。基于以上论述，本研究综合运用新公共服务理论、马斯洛需求层次理论，以云南省边疆地区为例，通过问卷调查收集数据，运用统计分析方法对数据进行处理和分析，对公共服务感知绩效与居民获得感之间的关系进行深入的实证分析。通过揭示二者之间的关系和影响作用，为地方政府立足于居民自身需求完善公共服务体系和提高公共服务水平提供理论支撑与实践指导。

二、研究意义

（一）理论意义

第一，从公共管理的理论视角探讨公共服务感知绩效对居民获得感的影响机制，丰富现有关于公共服务和获得感的理论研究。首先，当前学界在探讨公共服务时，大多聚焦于公共服务供给的创新机制或公共服务高质量发展举措，较少立足于公众感知来探讨居民对公共服务的满意评价。由此，拓宽公共服务研究不仅要关注公共服务供给水平和质量，更要聚焦于居民个体对公共服务的需求程度及个体资源。政府所提供的公共服务无论是其供给过程还是实际成效，最终绩效评价必然要回归公共服务最终的使用者和评价者——居民自身感知。其次，获得感是一个极具中国特色的本土概念，是当前学界的热点研究议题，然而现有文献大多集中于研究获得感的概念内涵和测量指标的建构，鲜有基于公众感知视角探讨公共服务绩效与居民获得感的影响作用。因此，探究公共服务感知绩效与居民获得感之间的影响作用，不仅丰富了公共服务体系的内容，同时也拓宽了有关获得感的视野与深度。

第二，探寻公共服务感知绩效与居民获得感之间的内在作用机制，丰富了有关居民获得感影响因素的研究。公共服务感知绩效是公民在接受多元主体供给的公共服务之后，对其有关绩效进行的主观评价感知。目前关于公共服务感知绩效对居民获得感影响的研究较为单薄，有关公共服务感知绩效的定量研究相对较少。因此，本研究构建以公共服务感知绩效为自变量，以居民获得感为因变量，以政府信任为中介变量，以政府形象为调节变量的模型，探讨政府信任和政府形象在公共服务感知绩效与居民获得感之间发挥的中介作用和调节作用。通过理论分析和定量研究，探寻各变量在作用过程中发挥的作用，有助于多角度认识公共服务感知绩效与居民获得感之间的关系，进一步丰富理论研究。

（二）现实意义

第一，基于公众感知视角评估公共服务供给质量，有助于为提升公共服务供

需匹配程度提供一定的参考。公共服务供需匹配的关键在于公共服务供给与居民公共服务需求之间的有效衔接，有效掌握公民实际需求从而提高公共服务的质量和效率，进而使社会公众能享受到均等可及的公共服务就显得尤为重要。通过探究公共服务感知绩效对居民获得感的影响机制，一方面对现有公民对公共服务绩效的感知的情况进行梳理，对政府提供基本公共服务过程中出现的问题进行总结和整改，从而弥补实际工作中存在的短板和不足。

第二，探寻增进居民获得感新的实践路径。获得感侧重于强调在客观获得的基础上而产生的心理感受，高质量的公共服务能够满足居民的多元需求从而提升其自身获得体验。因此，政府提供何种程度的公共服务成为提升居民获得感的关键问题。通过探寻公共服务感知绩效如何影响居民获得感，以及政府信任和政府形象在公共服务感知绩效对居民获得感影响过程中的具体作用，不仅有利于帮助政府探寻居民对公共服务的现实需求和意愿，而且有助于掌握目前居民获得感现状，从而为提升居民获得感找到新的实践路径。

第二节 基础理论和研究综述

一、基础理论

（一）新公共服务理论

新公共服务理论是关于公共管理在以公民为中心的治理系统中所扮演的角色的一套理念。新公共服务的概念最早是由美国学者 Patricia Ingraham 和 David Rosenbloom 于 *The New Public Personnel and the New Public Service* 一文中提出，并将新公共服务视为未来公共管理的发展方向，但影响作用显微。直至 2000 年，哈登特夫妇发表 *The New Public Service: Serving Rather than Steering* 一文，在学术界掀起了关于探索新公共服务理论的浪潮。

新公共管理理论从经济学的视角看待公共服务供给，过于强调经济、效率和顾客导向，甚至把政府与公众的关系完全视为供方与顾客的关系，从而导致新公共管理在重塑政府体制的同时，也会使政府治理陷入困境。而新公共服务理论是对新公共管理理论的弊端进行的反思与批判，从理论继承上来看，新公共服务理论不仅承认新公共管理理论对改革管理实践所发挥的重要价值，同时摒弃其中诸如"企业家政府"等理论存在的固有缺陷，从而提出一种更加关注公共利益和社会发展的理论选择。新公共服务理论将公民置于政府治理体系的中心位置，强调政府的角色既不是划桨也不是掌舵，而是为人民服务。

新公共服务理论推崇公共服务精神，重视政府与公民之间的沟通与合作，旨在提供更为均衡高效的公共服务，是指导我国提升公共服务质量和建设服务型政府的价值取向和路径选择。新公共服务理论中，人民对美好生活的向往是政府公共部门的真正追求，政府在其中扮演的角色不再是控制者，而是服务者，致力于与公民形成良好的伙伴关系。作为公共价值最终的决定者，公民对政府的信任和形象有助于提升公共服务质量和解决公共问题。

公共服务不仅要满足人民日益增长的多元化需求，同时也要追求公共利益的最大化，由此，人民的自身感受以及自我价值的实现显得尤为重要。新公共服务理论观点是为公民服务而不是为顾客服务，强调要注重政府与公民之间的关系，公民对公共服务的感受和评价均会影响自身的获得感。同时，公共服务供给过程中，公民对政府的信任度以及对政府形象的好坏均会影响自身的获得感。综上所述，新公共服务理论为探究公共服务感知绩效对居民获得感的影响作用提供指导，为本研究提供重要的理论支撑。

（二）马斯洛需求层次理论

马斯洛需求层次理论是由美国著名社会心理学家马斯洛于1943年在《人类动机理论》中提出的。马斯洛认为人类作为一种有机体，其行为并非单一动机驱动，而是受到多种需求的影响。在个体的一生中，需求会多样化，并且在不同的时期对不同需求的重视程度也会有所变化。该理论将人类的需求分为五个层次，从基础的生理需求到高层次的自我实现需求，形成了一个逐层递进的结构。只有当低层次的需求得到满足之时，才会追求高层次的需求。生理需求是第一层次的需求，也是最基础和原始的需求，诸如衣、食、住、行等最为基本的需求。生理需求未被满足则会降低个体对其他需求的迫切程度。安全需求是第二层次的需求，涵盖人身安全、财产安全、环境安全等方面。社交需求是第三层次的需求，高于生理需求和安全需求。在满足前两个需求后，个体想要寻找一定的归属感，寻求诸如结交朋友、建立友谊等满足人的交际需求。尊重需求作为第四层次的需求，是更为高级别的需求，包含内部尊重和外部尊重。最后一个层次是自我实现需求，也是个体最高层次的需求，将个体内在潜能激发到最大限度，从而实现理想抱负，达到自我实现层面，包括了知识、创造、精神等方面的需求。通常将马斯洛需求层次理论表现为金字塔形式，直观地揭示需求从低到高被满足的过程。

马斯洛需求层次理论为研究获得感提供了理论基础，为提升获得感提供了更为具体的操作方法。由于个体有满足自身需求的动机，而获得感源于自身需求被满足，个体多层次的需求满足是获得感产生的基础。因此，满足生理需求即衣食住行等基本生活保障是物质层面的获得感，满足安全需求是心理层面的获得感，满足社交需求是情感层面的获得感，满足尊重需求和自我实现是精神层面的获得感。此外，不断推进满足高需求层次也说明了在我国当前社会经济发展的背景下，仅满足人民最基础的低层次需求，还不足以提升民众的获得感。根据马斯洛需求层次理论，公共服务在一定程度上可以满足民众不同层次的需求，诸如基本社会服务、住房保障、基础设施的提供满足居民生理需求，良好的医疗卫生、社会管理满足居民的安全需求，丰富的公共文化满足居民的社交需求，同样，当居民享受到公共服务后，积极参与并投身于公共服务事业中，使得居民的尊重和自我实现需求得到满足。居民的公共服务感知绩效是对满足个体不同层次需求的反映，将公共服务绩效与居民获得感挂钩，进而不断满足居民需求并取得满意的绩效，使得自身获得感得以提升。

二、研究综述

（一）公共服务感知绩效研究综述

1. 公共服务概念界定

随着新公共管理运动的兴起，以 Samuelson、Buchanan 为代表的学者基于公共物品的范畴，主张公共服务致力于为人民提供服务并承担义务，坚决维护集体利益的活动。2000 年，哈登特夫妇基于对新公共管理的理性批判，在 *The New Public Service: Serving Rather than Steering* 一书中提出"新公共服务"的概念，将其视为政府在以公民为中心的治理体系中所扮演的角色的理念，认为政府的职能应该是服务，而不是掌舵。基于此，西方的"新公共服务"理论更加关注政府在促进社会发展和满足公民需求方面的角色与责任，强调政府应以服务公民为核心，致力于提升公共服务的质量和效率，以更好地回应社会的多样化需求。

中国语境的"公共服务"，是在推进中国式现代化进程的背景下产生并不断发展，既是保民生兜底线、全民共享发展成果的政策选择，又是保障人民群众美好生活前景的现实举措。黄新华（2014）认为公共服务是"满足公共需求以及实现公共利益而向公众提供物质和精神产品的总和"。张序（2015）将公共服务界定为"基于增进人民福祉和改善社会福利为目的，以公共部门为主体而进行公共产品或服务的提供"。具体而言，在探究公共服务的概念时，既要在内涵上包含公民权利、公平正义等要素，以此探寻公共服务为人民服务过程中的合法性；又要在外延上关注政府治理、职能转型的实践，以此促进公共服务的可及性。由此，公共服务是指以政府为主体的公共部门为维护公民权利和满足公众需要而提供公共产品或服务，其目的为完善社会保障和改善社会福利从而增进人民福祉（曹爱军，2019）。公共服务的实践不仅以公共权利来保障全体社会成员以及各项人权事务为基本内容（李延均，2016），也承载着公平、正义等公共价值并且不断满足公民权利的基本需要（马瑞，2016）。

2. 公共服务与获得感的关系

获得感是基于我国改革经验而提出的本土概念，因而在国外研究中鲜少有涉及,因此,在研究公共服务时较多采用获得服务的感受或主观幸福感等相近概念。Diener 和 Oishi 等(2015)研究得出通过实施福利措施可以降低因收入差距过大而引起的不公平感,进而缓解因社会比较而造成的"幸福损失"。Robin Samuel 和 Andreas Hadjar(2016)研究得出,通过采取诸如转移性支付、公共服务供给等措施,可以有效减少因社会不平等对居民主观幸福感带来的不利影响。Lahariya Chandrakant(2020)基于测度人们对社区卫生服务的获取、利用、感知和满意度,得出要加强卫生服务的投资以此能为民众负担起公共服务,从而解决不平等问题。Puzzitiello Richard 和 Moverman Michael 等(2021)基于公共服务满意度了解公众对获取远程医疗服务的感知和态度,得出公众对获得远程医疗服务的态度大多是愿意的。基于此,国外研究更多关注福利措施与主观幸福感之间的影响,聚焦于专项公共服务与公众感知的关系。

国内学者也积极探讨公共服务与获得感之间的关系。李豪轩(2023)通过文献梳理认为影响民生获得感的因素主要是以公共服务感知评价来测度民生获得感以及公共服务的参与、供给机制以及供给水平等影响民生获得感。一方面,从居民主观态度出发,通过量化居民对公共服务的感知和评价,建立指标体系来测量居民获得感。王恬和谭远发等(2018)在测量我国居民获得感时将各项公共服务的满意度作为民生获得感因子。文宏(2020)通过中国城乡社会治理调查数据,以民众对各项公共服务的满意度为指标测度民生获得感因子。于洋航(2021)基于 2417 位城市社区居民样本调查,通过实证研究得出城市社区公共服务对生活满意度和居民获得感具有正向作用。另一方面,从公共服务客观供给出发,考察公共服务参与、供给机制以及供给水平等因素对获得感的影响。胡洪曙(2021)通过实地调研来测量居民对各项基本公共服务的获得感知,并构建了公共服务获得感的测量模型,进而提出基本公共服务供给侧改革措施。郑建君和马璇等(2022)基于自我决定理论和需求层次理论的视角,通过实证研究发现个体对政府透明度具有较高评价时,公共服务参与对提升居民获得感有正向显著作用(见表4—1)。

表4—1 公共服务与获得感的关系

角度	作者	观点
居民主观态度	王恬和谭远发	将各项公共服务的满意度作为民生获得感因子
	文宏	以民众对各项公共服务的满意度为指标测度民生获得感因子
	于洋航	研究得出城市社区公共服务对生活满意度和居民获得感具有正向作用
公共服务客观供给	胡洪曙	测量居民对各项基本公共服务的获得感知,并构建了公共服务获得感的测量模型
	郑建君和马璇等	公共服务参与对提升居民获得感有正向显著作用

在现实中，公共服务提供与居民获得感之间仍然存在许多"中梗阻"，从而阻碍居民获得感的提升。杨宝和李万亮（2022）在研究公共服务的获得感效应时指出，"获得感"是一种建立在"客观获得"基础上的"主观评价"，只有真切获得公共服务才是提升获得感的关键因素。因此，公共服务供给的成功与否，其绩效的高低不单取决于政府提供的物品数量多少，更大程度上取决于群众的认知和满意程度。原光和曹现强（2018）基于获得感的提升构建公共服务评价指标，将满意度作为公共服务供给与获得感之间的媒介。任梅和刘银喜等（2020）基于整体性视角分析认为推进基本公共服务的可及性有利于提高人民群众的获得感、幸福感和安全感。黄六招（2020）提出将公共服务绩效与民众获得感挂钩，不断满足人民需求并取得人民满意的绩效。

3. 公共服务感知绩效概念界定

绩效最早运用于企业管理领域，在历经了一个漫长的发展过程后逐渐被公共管理领域所接受和使用。自20世纪90年代起，学界逐渐把绩效评估视为政府改革的有效工具，并且随着政府改革的持续深入，绩效评估开始逐步引入公共管理领域，成为改善公共服务质量的重要工具。绩效评估是组织根据成员的主客观条件进行综合分析评价（Smith，1973）。随后，以赫伯特·西蒙为代表的学者提出应在公共管理部门和公共服务领域大力推广绩效评估，并将绩效评估视为提高部门效益、提升公共服务水平的重要手段。基于中国本土情境，政府绩效评估是树立正确发展观和政绩观的基础，是推进国家治理体系和治理能力现代化的必然要求。贠杰（2015）认为政府绩效评估是通过定量或定性对比分析并根据统一的评估指标和标准，对评估对象的业绩做出客观、公正和准确的综合判断的过程。

公共服务是政府的基本职能之一，公共服务绩效管理得到了理论界和实践界的关注（Van Ryzin，2015）。国外学者 Osborne 等（2013）认为公众是公共服务合作生产者之一，政府和公众二者之间的关系不应被割裂，应将公共服务绩效贯穿公共服务供给过程始终。当前我国学术界形成非感知绩效模式、感知绩效模式两种公共服务绩效评估模式。一是重视成本效益分析等客观信息的非感知绩效模式，在此模式下注重采用具体指标衡量服务质量。黄六招（2020）认为公共服务的非感知绩效模式采用数量化指标对公共服务实际成效进行评估。二是强调满意度等公众主观判断的感知绩效模式。倪星和李佳源（2010）认为公共服务感知绩效是基于居民的服务需求、服务期望和服务感知的结果，是一种主观感受和评价。范柏乃和金洁（2016）将公共服务感知绩效定义为公众在特定情境下，根据公共服务的真实体验得到的评价结果（见表4-2）。

第四章　公共服务感知绩效对居民获得感的影响机制研究

表 4-2　公共服务绩效评估模式

类型	特点	学者	观点
非感知绩效模式	重视成本效益分析	黄六招	采用数量化指标对公共服务实际成效进行评估
感知绩效模式	强调公众主观判断	倪星和李佳源	公共服务感知绩效是一种主观感受和评价
		范柏乃和金洁	公共服务感知绩效是公共服务的真实体验得到的评价结果

基于已有研究对公共服务感知绩效的梳理，结合本书研究，社会公众是公共服务最终的接受者和评价者，由此将公共服务感知绩效定义为公众对公共服务绩效的主观评价，是居民基于自身需求和期望对公共服务供给水平进行主观感知评价，反映了居民对政府公共服务绩效表现的总体认知和公共服务供需匹配的主观感受。

4. 公共服务感知绩效测量维度

随着社会进步，公共服务价值理念由之前注重效率、追求投入与产出比的最大化逐步向注重顾客满意和服务质量感知方向发展。公共服务感知绩效以满足公众所需为核心，其价值目标强调公共服务、责任承担、信息公开（姜晓萍，郭金云，2013）。通过梳理文献发现，学界较多使用顾客满意度模型和服务质量模型两种经典模型测量公共服务感知绩效。

一方面，顾客满意度模型侧重对整体公共服务的综合性评价，包括感知质量、感知价值、顾客期望、顾客忠诚、顾客抱怨五个要素。美国政府早于20世纪90年代开始将ACSI模型引入对政府部门的满意度测评中，并根据公共部门的特殊性对此模型进行改进。赵大海和胡伟（2014）基于我国城市特征提出从公众对公共服务提供、政府效能、政府信息公开、政府允许公众参与、政府信任五个维度构建测评体系，以此测量公众满意度。黄六招（2020）基于公共服务资源充足程度、资源分布均衡程度、获取公共服务的便利程度和公共服务的普惠程度四个维度测量公共服务的总体满意度。

另一方面，服务质量模型是对服务属性的评价，由美国著名服务质量研究者帕纳莎曼、贝里和泽森曼依据全面质量管理提出，主张从有形性、可靠性、响应性、保障性、情感投入五个维度来测量公共服务的质量。公众作为公共服务接受者，其所获得的感知效果与服务质量息息相关，Kelly（2005）认为公共服务感知绩效来源于服务质量的整体感受及其与期望的比较更具有说服力。范柏乃和金洁（2016）在前人研究的基础上对SERVQUAL模型进行一定的调整，用公共服务更为重视的均等化替换有形性，用公共服务人性化替换移情性，构建均等化、人性化、安全性、有效性、回应性五个维度来测量公共服务。

除此之外,部分学者依据研究内容进而构建感知绩效的测量维度。王前和吴理财(2015)将可及性嵌入公共文化服务之中,从可获得性、可接近性、可接受性和可适应性四个维度测量公共文化服务。李强(2023)从经济发展、政治廉洁、社会保障、政府回应和生态治理五个维度来测量公众对政府的绩效感知(见表4-3)。

表4-3 已有研究对公共服务感知绩效测量维度的分类和归纳

研究视角	主要维度	代表作者
顾客满意度模型	公共服务提供、政府效能、政府信息公开、政府允许公众参与、政府信任	赵大海和胡伟
	公共服务资源充足程度、资源分布均衡程度、获取公共服务的便利程度、公共服务的普惠程度	黄六招
服务质量模型	均等化、人性化、安全性、有效性、回应性	范柏乃和金洁
研究内容	可获得性、可接近性、可接受性、可适应性	王前和吴理财
	经济发展、政治廉洁、社会保障、政府回应、生态治理	李强

综上所述,本书认为公共服务感知绩效源于居民对公共服务质量的整体感受,以公众为主体评价公共服务感知绩效既体现公共价值,同时更具主观性和整体性。因此,本书依据范柏乃和金洁的研究,从公共服务的均等化、人性化、安全性、有效性、回应性五个维度来测量公共服务感知绩效。

5. 公共服务感知绩效影响因素

政府作为公共服务的主要供给主体,而公众是公共服务的最终接受者和评价者,因而现有关于公共服务感知绩效的影响因素研究大多从政府层面和居民个体层面进行。

一方面,政府因素。首先,政府作为公共服务供给的重要主体,在供给过程发挥主导作用。范柏乃和金洁(2016)以公共服务供给为视角,通过实证研究得出公共服务供给特征对公共服务感知绩效具有直接正向影响。随着提升公共服务绩效的紧迫性增强,研究方向逐渐转向政府在提供公共服务过程中所表现出的形象。何精华和岳海鹰等(2006)通过研究发现公共部门期望、承诺和表现会直接影响工作绩效。赵京龙(2018)认为政府形象的认知会在公共服务供给过程中有所体现和变化,并影响公众对公共服务的感知绩效。

另一方面,居民因素。国外学者Bouckaert等(2002)认为公共服务感知绩效是公众对享受的公共服务与期望之间的平衡,会受到公众情绪的影响。曾莉和李佳源(2015)认为公共服务感知绩效除真实供给特征外,还受性别、年龄等个体特征,以及服务接触、互动关系等因素的影响。黄六招(2020)则认为公民的生活水平、受教育程度、收入水平、社会地位等个体特征均会对公共服务绩效的主观评价产生影响（见表4-4）。

表4-4 公共服务感知绩效影响因素归纳

角度	学者	观点
政府层面	范柏乃和金洁	公共服务供给特征对公共服务感知绩效具有直接正向影响
	何精华和岳海鹰	公共部门期望、承诺和表现会直接影响工作绩效
	赵京龙	政府形象会影响公众对公共服务的感知绩效
居民因素	Bouckaert等	公共服务感知绩效是公众对享受的公共服务与期望之间的平衡，会受到公众情绪的影响
	曾莉和李佳源	公共服务感知绩效受性别、年龄等个体特征，以及服务接触、互动关系等因素的影响
	黄六招	居民的生活水平、受教育程度、收入水平、社会地位等个体特征均会影响公共服务绩效

（二）政府信任研究综述

1. 政府信任概念界定

关于政府信任作为独立概念进行研究最早起源于20世纪60年代末，至今对政府信任的概念仍存在多种不同的表述。Putnam和Leonardi（1994）研究认为公民对政府的信任实际上来自公众对政府的政治权威管理而产生的工作绩效的满意程度。Miller和Listhaug（1990）认为政府信任是基于公民对没有受到外部监督的政府是否做正确的事情的主观判断。Thompson和Carnevale（1996）认为政府信任是公民对政府所产生的一种可依赖和可依靠的价值取向。Hetherington（1998）认为政府信任是民众对于政府本身的信任，即民众信任省级政府但不一定信任县级政府，信任县级政府但不一定信任乡级政府。Newton等（2007）将政府信任解释为可以通过测量得出的政治信任感，公众信任政治体制和政府权威，认为政府所做出的意愿和行为是能增加公民的整体利益而不是损害公众利益。国外学者对于政府信任的概念界定大多基于公民对政府体制、政治权威以及政府行为是否合乎公民预期和增进民众利益。

相较于国外研究，国内关于政府信任的概念研究注重从多学科视角进行界定。基于心理学视角，姜晓秋和陈德权（2006）将政府信任视为民众的心理期待和信念，即政府行为能回应民众诉求并增进民众利益时，那么民众的心理期待和信念会对其本身行为产生正向影响。赵泽洪和李传香（2012）认为政府信任是基于公民对政府行为进行客观评价的一种心理结果，当政府行为与公民期望相符时产生正面评价，反之则产生负面评价。王浦劬和孙响（2020）认为政府信任是指公众对政府为了保障增进公众利益而履行其职能的情况和可能性的一种心理契合判断。基于社会学视角,李砚忠(2007)将政府信任视为在政府和公民之间进行互动和协作的一种双向关系,强调政府要及时对公民的需求做出回应,并且承担保障公众利益和增进民众福祉的职能责任。汪家焰和钱再见(2017)认为政府信任的形成过程是政府与公民不断互动和博弈的过程。因而社会学视角下的政府信任更强调政府与公民之间的互动过程和双向关系。基于公共管理学视角,该领域的学者尤为关注政府与民众之间的信任关系。邹育根和江淑等(2010)将政府信任视作基于民众对政府的预期并且政府对其需求进行回应而产生互动与合作的一种关系。徐彪(2013)认为政府信任是民众相信政府的意图和行为,并且这种意图和行为是能被预测且依赖的,进而对政府产生积极印象和正面期望(见表4-5)。

表4-5 政府信任概念归纳

角度		观点	学者
国外研究		公民对政府的信任实际上来自公众对政府的政治权威管理而产生的工作绩效的满意程度	Putnam 和 Leonardi
		政府信任是基于公民对没有受到外部监督的政府是否做正确的事情的主观判断	Miller 和 Listhaug
		政府信任是公民对政府所产生的一种可依赖和可依靠的价值取向	Thompson 和 Carnevale
		政府信任是民众对于政府本身的信任	Hetherington
		政府信任是通过测量得出的政治信任感	Newton 等
国内研究	心理学	政府信任是民众的心理期待和信念	姜晓秋和陈德权
		政府信任是基于公民对政府行为进行客观评价的一种心理结果	赵泽洪和李传香
		政府信任是公众对政府为了保障增进公众利益的心理判断	王浦劬和孙响
	社会学	政府信任是政府和公民之间进行互动和协作的一种双向关系	李砚忠
		政府信任的形成过程是政府与公民不断互动和博弈的过程	汪家焰和钱再见
	公共管理学	政府信任是民众对政府的预期并且政府对其需求进行回应而产生互动与合作的一种关系	邹育根和江淑等
		政府信任是民众相信政府的意图和行为	徐彪

综上所述,无论是从国外国内还是不同学科视角出发,政府信任普遍界定为公民与政府之间的互动关系和信赖程度。由此,本书将政府信任定义为居民对政

府提供公共服务、保障公民利益以及履行其职能的客观评价和心理判断，是公民感知与政府行为之间相互影响和互动而产生的主观评价。

2. 政府信任测量维度

自政府信任提出以来，对其进行测量一直是学界不断探索的研究热点，原因在于政府信任是公民的主观认知和态度，如果不能客观准确地测量就难以反映民众心中的真实想法，从而导致测量结果有误。通过梳理相关文献可以看出政府信任是多维度的，归纳为两种方式：直接测量和间接测量。第一，直接测量是通过直接测量公民对政府的态度从而表现其对政府的信任程度。胡荣（2007）在测量农民对政府的信任度时询问受访者对中央政府、省政府、市政府等不同级别政府进行评价以此反映对政府的信任程度。Sun等（2012）通过直接采访受访者来询问其对政府及其工作人员的信任程度。于洋航和陈志霞（2019）在研究公共服务可达性对政治信任的影响时，测量居民对全国人大、中央政府、地方政府、法院、军队、公务员和警察的信任程度。除此之外，我国许多学者在研究政府信任时均采用量表评价来测量公民对各级政府的信任程度（郭敬文，孙秀林，2019；肖佳妮，2021）。第二，间接测量则是从多个维度来调查公众对政府工作的满意度来得出其对政府的信任程度。Garrison（1968）认为居民对政府的信任程度应从现任权威、政治制度、公共哲学以及政治社群四个维度进行测量。Norris（1999）则认为应从公民对政治共同体、政治体制、政府机构及工作人员的信任程度来测量。除此之外，诸多学者是从政府工作和行为的能力、仁慈和诚信三个维度测量公民对政府的信任度（张书维等，2020；Balog-Way，2021；Porumbescu，2016；Grimmelikhuijsen，2010），如表4-6所示。

表4-6 已有研究对政府信任测量维度的分类和归纳

测量方式	主要维度	代表学者
直接测量	对中央政府、省政府、市政府等不同级别政府进行评价	胡荣
	对政府及其工作人员的信任程度	Sun等学者
	对全国人大、中央政府、地方政府、法院、军队、公务员和警察的信任程度	于洋航和陈志霞
	采用量表评价来测量公民对各级政府的信任程度	郭敬文和孙秀林、肖佳妮
间接测量	现任权威、政治制度、公共哲学以及政治社群	Garrison
	政治共同体、政治体制、政府机构及工作人员	Norris
	政府工作和行为的能力、仁慈和诚信	张书维等、Balog-Way、Porumbescu、Grimmelikhuijsen

公民对政府的信任度是一个兼具复杂性和主观性的问题，倘若采用直接测量方式，公民会受到其主观性的影响从而产生对不同层级政府信任的测量偏差。因

此，本书选择间接测量的方式，并沿用前人对政府信任的测量维度研究，从政府提供公共服务行为的能力、良善和正直三个维度进行测量。

3. 政府信任影响因素

政府信任的形成是一个漫长且复杂的过程，在这一过程中离不开公民与政府互动和影响，因此探究政府信任的影响因素对于研究政府信任具有极其重要的作用，已有研究将政府信任的形成分为制度主义学派和文化主义学派两条路径。制度主义学派认为政策、绩效、体制等制度性因素是影响政府信任的关键，而文化主义学派则认为民众的文化认知和价值观更大程度上会影响民众对政府的信任度（William，1993）。基于制度主义学派，Hetherington（1998）认为公民认同政府制定的政策或者政策符合公民利益时，公民对政府的信任程度高。Moon（2003）认为政府绩效是否符合公民的预期以及公民对政府行为的满意度会影响公民对政府的信任度。陈永国和钟杨（2012）研究认为公民对政府提供的公共服务质量及满意度对政府信任产生正向影响。近年来，我国政府已将政府绩效尤其是将公共服务作为维持公民对政府信任的重要方式，并且诸多研究认为公众对政府的信任程度与公共服务质量呈正相关。李鹏和柏维春（2019）认为获得感与政府信任之间具有紧密联系，政府职能的履行状况与承诺的兑现情况会对人民获得感产生影响。基于文化主义学派，Aberbach 和 Walker（1970）认为政府信任与民众个体因素有关，如果个体对他人的信任度较低，则对担任公职的政府人员信任度也随之降低。李砚忠（2007）研究认为当民众对政府的认知及期望与政府表现的行为差别过大时，政府信任会降低，反之则升高。靳史青（2021）认为文化因素是影响政府信任较为持久的重要因素（见表4-7）。

表4-7 政府信任影响因素归纳

角度	观点	学者
制度主义	公民认同政府制定的政策或者政策符合公民利益时，公民对政府的信任程度高	Hetherington
	政府绩效是否符合公民的预期以及公民对政府行为的满意度会影响公民对政府的信任度	Moon
	公民对政府提供的公共服务质量及满意度对政府信任产生正向影响	陈永国和钟杨
	获得感与政府信任之间具有紧密联系，政府职能的履行状况与承诺的兑现情况会对人民获得感产生影响	李鹏和柏维春
文化主义	政府信任与民众个体因素有关，如果个体对他人的信任度较低，则对担任公职的政府人员信任度也随之降低	Aberbach 和 Walker
	当民众对政府的认知及期望与政府表现的行为差别过大时，政府信任会降低，反之则升高	李砚忠
	文化因素是影响政府信任较为持久的重要因素	靳史青

综上所述，公共服务绩效已然成为维持政府与居民之间良好互动的重要因素，在一定程度上体现了政府提供公共服务的效果和满足居民需求的结果，是对政府绩效的客观反映，加之制度主义学派认为绩效是影响政府信任的关键，居民对政府形象的评价程度影响公共服务感知绩效，从而影响公共服务感知绩效与政府信任作用。

（三）政府形象研究综述

1. 政府形象概念界定

于20世纪70年代以来，西方掀起一场声势浩大的重塑政府运动，进而使得重塑政府形象成为一个世界性课题。David Osbornehe 和 Ted Gaebler（1992）提出如何开展政府形象塑造工作，认为政府应当发挥催化作用，提升行政效率以适应客户需要，从而为客户服务，这样的政府才会受人爱戴。而登哈特夫妇（2004）强调政府形象塑造与公共服务改革密切相关，要重视公众需求和服务质量，并加强对政府服务的监管和信息传递。

国内学者有关政府形象的研究可以追溯至20世纪90年代。学者郭惠民（1996）指出政府形象是政府系统自身的行为与活动所产生的总体表现与客观效应，以及公众对这种表现与效应所做的较为稳定的评价。刘小燕（2003）则通过广义和狭义划分政府形象，将广义政府形象表述为国家在国际间相互交往过程中，从对方国家及其社会公众方面获得认知与评价；而狭义国家形象则是社会公众对政府的行为表现、精神风貌等的看法。综观有关政府形象的研究，大多聚焦于新媒体时代、公共危机以及公共服务的视角下探析政府形象管理、政府形象传播和政府形象塑造。基于新媒体时代视角，黄河和翁之颢（2016）认为移动互联网提供了政府形象构建的外部环境，公众的新型媒体使用行为重塑了政府形象构建和政治传播的环境。基于公共危机视角，易臣何和李杉（2021）以舆情危机事件为考察对象，认为网民情绪演化和强度对政府行为意向及政府形象建设产生显著影响。邢云和韩影（2023）将公共危机治理视为塑造政府形象的"试金石"，良好的政府形象对于公共危机治理有着极其重要的现实意义。基于公共服务视角，范柏乃和金洁（2016）认为政府形象是公众对政府组织的整体性印象，良好的政府形象能提高公共服务感知绩效。于洋航和陈志霞（2019）在探究公共服务可达性对居民获得感的影响时，认为政府形象是指社会公众对政府运作过程中的总体表现进行认知后对政府整体素质、综合能力和施政业绩进行的评价。高学德和冯露露（2022）引入政府能力和政府意愿两个维度评估政府形象对公众满意度的影响，认为政府意愿比政府能力更能引起公众更高的满意度（见表4-8）。

表 4-8　政府形象概念归纳

视角	观点	学者
内涵范围	广义：政府形象是国家在国际间相互交往过程中，从对方国家及其社会公众方面获得认知与评价	刘小燕
	狭义：国家形象是社会公众对政府的行为表现、精神风貌等的看法	
新媒体时代	移动互联网提供了政府形象构建的外部环境，公众的新型媒体使用行为重塑了政府形象构建和政治传播的环境	黄河和翁之颢
公共危机	网民情绪演化和强度对政府行为意向及政府形象建设产生显著影响	易臣何和李杉
	将公共危机治理视为塑造政府形象的"试金石"，良好的政府形象对公共危机治理有着极其重要的现实意义	邢云和韩影
公共服务	政府形象是公众对政府组织的整体性印象，良好的政府形象能提高公共服务感知绩效	范柏乃和金洁
	政府形象是社会公众对政府运作的总体表现进行认知后对政府整体素质、综合能力和施政业绩进行的评价	于洋航和陈志霞
	政府意愿比政府能力更能引起公众更高的满意度	高学德和冯露露

综上所述，本书依据前人的研究和概念界定，将政府形象定义为居民对政府提供公共服务过程中所产生的总体表现和客观效应进行综合性的评价，良好的政府形象反映了公众对政府的认同、支持与信任。

2. 政府形象测量维度

关于政府形象的测量维度，由于学者对政府形象的研究视角及研究内容等存在差异，因而测量也从不同的维度有所侧重。Meijer 等（2014）通过考察公众对政府的形象认知，从感知能力和感知仁慈两个角度划分政府形象。高学德和冯露露（2022）从政府能力和政府意愿两个维度研究政府形象如何影响公众对地方政府的满意度。肖军勇和刘刚等（2007）提出应从价值指标体系、行为指标体系和绩效指标体系三个维度对政府形象进行评估。黄河和王芳菲等（2017）则从政府工作形象、政府绩效形象、政府官员形象、政府工作人员形象四个维度来对地方政府形象进行测量。良好的政府形象很大程度上源于善政，俞可平（2004）认为良好的政府，即善政，应当具备民主、责任、服务、质量、效益、专业、透明和廉洁 8 个要素。张鸣（2013）则将廉洁政府、公平政府、责任政府、诚信政府和信用政府视为建设"服务型政府"的目标。在此基础上，范柏乃和金洁（2016）采用政府责任心、政府进取心、政府诚信度和政府廉洁度 4 项指标来衡量政府在公众心中的形象。于洋航和陈志霞（2019）认为现有关政府形象的指标多从政府建设目标维度出发，忽略公民内心的情感需求，从而选取能力认可度、自豪感、支持程度、偏好程度以及改变程度对政府形象进行测量（见表4-9）。

本书对政府形象的测量侧重于从公民内心的情感需求与表达出发，将政府形象视为公众对政府运作过程的整体印象。因此，依据于洋航和陈志霞（2019）的研究，拟从居民对政府的能力认可度、自豪感、支持程度、偏好程度以及改变程度五个维度对政府形象进行测量。

表4-9　已有研究对政府形象测量维度的分类和归纳

类别	主要维度	代表作者
二维度	感知能力、感知仁慈	Meiier 等
	政府能力、政府意愿	高学德和冯露露
三维度	价值指标体系、行为指标体系、绩效指标体系	肖军勇和刘刚等
四维度	政府工作形象、政府绩效形象、政府官员形象、政府工作人员形象	黄河和王芳菲等
	政府责任心、政府进取心、政府诚信度、政府廉洁度	范柏乃和金洁
五维度	能力认可度、自豪感、支持程度、偏好程度、改变程度	于洋航和陈志霞

3. 政府形象影响因素

政府形象是决定政府意愿是否能被公众所接受的重要因素，不仅直接影响公众的心理和行为倾向，同时也对政府运行产生重要影响。基于对政府形象影响因素的梳理，可以发现影响政府形象的要素主要分为主体公众和客体政府两个方面。一方面，影响政府形象的政府因素。政府作为政府形象认知的客体，其本身行为因素会对政府形象产生重要影响。彭伟步（2005）总结政府自身因素诸如政府办事效率、政府的信誉和公正性以及民主化与透明化程度等都会对政府形象产生影响。王秀枝（2023）认为政府行政的行为、公共服务的供给、公务人员的表现是公众对政府形象评价的主要内容。另一方面，影响政府形象的公众因素。公众作为政府形象认知的主体，其对政府的认知评价和态度趋向必然是影响政府形象的核心。陈建平和雷美霞（2009）认为源于公众自身的因素诸如教育背景、生活经历以及价值取向等会对政府形象产生影响。同时，公众的心理因素也会对政府形象产生影响作用，公众对政府的认同、支持和信任是塑造良好政府形象的重要心理基础（胡宁生，1998）。

除此之外，部分学者指出政府形象与公众对政府的信任程度和满意程度直接相关（Pandey，2010）。原因在于政府形象是政府机构所拥有的重要资源，与公众的政府信任度和政府满意度紧密相关。良好的政府形象不仅能够赢得公众的信任和支持，减少政策执行的阻力，是提高政策执行效率的源泉（丁煌，2002），同时也能增强公众对政府服务的认同度，进而提升公共服务感知绩效（范柏乃，金洁，2016）。部分学者认为政府形象与政府信任之间也存在密切关系。邢云和韩影（2016）研究认为政府形象直接影响民众如何看待政府，良好的政府形象可以通过具体的政府行为而体现，并且得到民众的认可，进而有效提高政府的公信力。陈林（2017）将改善政府形象作为提升政府信任的策略之一，认为作风亲民、为官清廉、主动回应的政府形象有助于提高政府信任度。

目前，国内学术界有关政府形象的研究集中于从公共管理的视角研究政府形象与公共危机管理的关系（陆风英，2012），以及从新闻传播学的视角探讨新媒体时代政府形象的塑造与管理等（贾瑞雪，李卫东，2018）。近年来，也有学者关注到公共服务与政府形象之间的关系，探究政府形象在政府提供公共服务和公民接受服务之间发挥的作用。范柏乃和金洁（2016）探究政府形象在公共服务供给特征对公共服务感知绩效的影响中发挥的中介作用。于洋航和陈志霞（2019）研究发现政府形象在公共服务可达性影响政治信任的过程中发挥中介作用。

（四）研究述评

经济调节、市场监管、社会管理、公共服务和生态环境保护是我国各级政府所承担的重要职能，而居民作为公共服务最终的接受者和评价者，如何为居民提供更为优质高效、便利可及的公共服务进而满足其日益增长的物质文化需求，已然成为一个亟须探讨和解决的重点问题。通过梳理公共服务的相关研究，首先在概念上，中国语境下的公共服务与西方实行的公共服务有所不同，其产生于推进中国式现代化进程的背景之下，不仅在内涵上包含公民权利、公平正义等要素，以探寻公共服务供给过程中的合法性；同时在外延上关注政府治理、职能转型的实践，进而促进公共服务的可及性。公共服务立足于内涵和外延上不同的要求和目的就决定了其在内容和形式上的多元化。因此，根据公共服务存在的差异性和共同性，梳理了学者从不同的角度对公共服务所进行的研究。综合而言，无论是何种类别公共服务，究其本质仍是为人民服务、人民至上的价值理念的全面体现。

通过梳理公共服务感知绩效的相关文献可知，随着国内外对公共服务研究的持续深入，以公共服务绩效为核心的研究发展迅速。学者普遍认为公众作为公共服务合作生产主体之一，将公共服务绩效评价贯穿于公共服务的全过程是提升公共服务质量、促进公共服务供需匹配的关键做法。基于此，学界对公共服务感知绩效的测量普遍使用两种经典模型：一种是顾客满意度模型，侧重对整体公共服务的综合性评价；另一种是服务质量模型，强调对服务属性评价的感知。公共服务感知绩效的影响因素既要考虑政府因素又要兼顾居民自身因素。一方面，公共服务供给特征、非服务性因素、政府形象以及政府信任均会对公共服务感知绩效产生影响。另一方面，公众情绪、个体特征、服务接触以及互动关系等因素均会对公共服务感知绩效产生影响。然而，对于公共服务感知绩效的研究还有待进一步深入，将公共服务感知绩效作为前因变量，探究公共服务感知绩效对居民获得感的影响机制的相关研究亟待加强。

国内有关获得感也成为学界关注的重点，现有关获得感的研究大多集中于概念内涵、测量维度以及影响因素三个方面。由于不同学者对获得感的概念界定不同，因此获得感构建的测量维度和指标体系也有所差异，形成了从单维度、双维度、三维度、四维度、五维度到六维度的划分，主要涵括政治、经济、民生和公共服务等主要领域，从而在一定程度上可以较为全面地反映人民群众的获得感水平。获得感的影响因素研究主要基于宏观、中观和微观三个层面，关注国家政策、社会经济以及个体特征对获得感的影响。除此之外，随着学界对获得感研究的不断深入，诸多学者将公共服务作为测量获得感的重要指标，以此进一步探究提升获得感的路径。

目前，学界有关公共服务与获得感之间的研究大多集中于公共服务供给、公共服务满意度、公共服务可及性，立足于居民自身感知来评价公共服务的研究相对甚少，由此，有学者将绩效评估引入公共服务体系之中进行研究，公共服务感知绩效与居民获得感之间的关系仍有待进一步深入探讨。鉴于此，本研究基于公众认知和感受出发，引入政府信任作为中介变量、政府形象作为调节变量，通过实证分析探究公共服务感知绩效对居民获得感的影响。

第三节　公共服务感知绩效对居民获得感影响机制的理论假设

一、公共服务感知绩效对居民获得感的直接效应

2017年党的十九大报告指出："中国特色社会主义进入新时代，我国社会主要矛盾已经转化为人民日益增长的美好生活需要和不平衡不充分的发展之间的矛盾。"2022年党的二十大报告明确提出，要"健全基本公共服务体系，提高公共服务水平，增强均衡性和可及性，扎实推进共同富裕"，同时也明确"我国在幼有所育、学有所教、劳有所得、病有所医、老有所养、住有所居、弱有所扶上持续用力，人民群众获得感、幸福感、安全感更加充实、更有保障、更可持续"。目前，我国居民的生活需求层次不断提升，公共服务需求呈现多元化、个性化特征。因此，如何提供优质、高效且能够满足公民需求的公共服务，已然成为当前政府和社会广泛关注的热点问题。作为公共服务的最终接受者和评价者，居民在公共服务的使用过程和成效评价中扮演着至关重要的角色。因此，将居民作为研究公共服务绩效评价的主体显得尤为重要。公共服务感知绩效是居民对公共服务效果的主观评价，反映了他们基于自身需求和期望对公共服务水平的认知，表现

了居民对政府公共服务绩效的总体看法。获得感则是指居民在享受社会发展或公共服务所带来的实际利益时所产生的满足感，不仅体现了居民对美好生活的向往，也成为贯彻新发展理念的必然要求，是共享发展成果的最佳途径。

居民是公共服务合作生产者之一，其对公共服务绩效的感知关系到居民所接受的公共服务与自身期望或需求之间的权衡。由此，有学者基于公众感知视角开展以公共服务感知绩效为重点的研究，通过公共服务探究政府与居民之间的互动关系。丁元竹（2016）研究认为阻碍人民获得感提升的一大原因在于单一的公共服务供给无法满足人民多元化的需求。自此，众多学者开始探究公共服务与获得感之间的作用。曹现强和李烁（2017）认为公共服务的逻辑在于"服务逻辑"，在于个体的获得感与服务供需匹配、服务过程中的感受等密切相关，而人民是否满意和是否有获得感又是公共服务的评价标准。任梅和刘银喜等（2020）基于整体性视角，认为推进基本公共服务的可及性有利于提高人民群众的获得感、幸福感和安全感。黄六招（2020）强调政府要充分贯彻"以人民为中心"的理念，并将公共服务绩效与民众获得感挂钩，进而不断满足人民需求并取得人民满意的绩效。

根据马斯洛需求层次理论，由于个体有满足自身需求的动机，而个体获得感来源于自身需求被满足，当个体多元的公共服务需求得到满足后，会相应产生不同层次的获得感。公共服务在一定程度上可以满足民众不同层次的需求，公共服务感知绩效是个体对公共服务能否满足自身需求的内在体验。因此，政府越发注重公共服务供给的质量和效率，关注居民对所提供的公共服务的感受，通过完善公共服务供给并健全公共服务体系，提高居民对公共服务的感知绩效，以满足居民多元化的需求，从而持续提升其获得感。

基于以上分析，本书做出如下假设：

假设 H1：公共服务感知绩效与居民获得感呈正相关关系。

二、政府信任在公共服务感知绩效对居民获得感影响中的中介作用

政府信任是将信任具体化于政治领域的表现，指居民相信政府行为结果与其内心期望相一致的信念。作为一种持续变化的态度，政府信任展现了居民对政府的内在评价，也是维持社会稳定的重要因素。

我国政府已将政府绩效尤其是将公共服务绩效作为衡量公民对政府信任的主要方式，并且诸多研究认为公众对政府的信任程度与公共服务质量成正相关。陈永国和钟杨（2012）研究认为公民对政府提供的公共服务质量及满意度对政府信任产生正向影响。保海旭（2021）通过对 28 个省份的截面数据进行实证分析后得出个体的政府信任与公共服务满意度呈显著正相关关系。同时，政府作为公共服务的主要提供者，居民感知其提供的服务质量与居民对政府信任紧密联系。杨

三等（2022）实证研究发现，基本公共服务主观绩效对地方政府信任存在显著正向影响，在这一过程中，公众参与起正向中介作用，获得感起正向调节作用。於阅等（2024）基于"上海都市社区调查"（SUNS）和城市兴趣点（POI）数据的实证研究发现，以 15 分钟可达性为代表的城市社区公共服务设施建设是政府基层绩效的有效测量指标，社区公共服务设施建设不仅能显著提升地方政府信任从而改善央强地弱的差序信任格局，还能有效抑制后物质主义价值观对政府信任的负向影响。

获得感是一个极具中国特色的本土化概念，目前学界关于获得感的研究较为全面，既是党和国家的政策话语中经常提及的关注点，也是我国学界研究的热点议题，是一个适用于中国情景下的概念。无论是基于社会学视角下的"客观获得"，还是心理学视角下的"主观感受"，又或是经济学视角下的"物质获得"，均认为获得感是与社会发展水平以及人民生活环境密切相关，是人民在现实生活中基于自身客观获得后产生的主观感受和评价。而获得感会受到国家政策、社会经济以及个体特征不同层次的因素影响。因此，有学者将公共服务的获得感作为测量获得感指标体系的重要部分，认为政府提供的公共服务能力水平是影响居民获得感的重要因素。李鹏和柏维春（2019）认为获得感与政府信任之间具有紧密联系。李东平和田北海（2021）运用城乡融合调查数据，实证研究发现民生获得感和政府信任是影响城乡居民选举参与的关键变量，对其选举参与具有显著的正向影响。胡荣和段晓雪（2023）基于中国社会状况综合调查数据，实证研究发现政府信任在民生保障获得感与农民公共精神之间发挥的中介作用。

政府信任作为维系公民与政府之间的纽带，与居民获得感之间同样具有紧密联系。当公民获得较高质量的公共服务之后，其会认为政府履行基本职能取得了较好的成效，从而对政府的信任水平也相对较高，同时由于其自身公共服务需求得到一定满足，因而获得感水平也显著提升。本研究中居民在感知到较高的公共服务绩效时，会显著提升自身政府信任，居民相信政府的意图和行为，由此对政府产生肯定，从而提升居民获得感。

基于以上分析，本书做出如下假设：

假设 H2：公共服务感知绩效与政府信任呈正相关关系；

假设 H3：政府信任与居民获得感呈正相关关系；

假设 H4：政府信任在公共服务感知绩效对居民获得感的影响过程中发挥中介作用。

三、政府形象在公共服务感知绩效对居民获得感影响中的调节作用

政府形象不仅是政府合法性的象征，同时也有助于凝聚社会力量并不断推进

民主化进程,一般是指居民对政府所提供公共服务过程中产生的总体表现和客观效应进行的综合评价。由此,政府形象是决定政府意愿是否被居民接受的重要因素,不仅直接影响居民的心理和行为倾向,同时也对政府正常运行产生重要影响。

公众自身的因素诸如教育背景、生活经历和价值取向等会对政府形象产生影响,同时,公众的心理因素诸如认同感、支持度和信任是塑造良好政府形象的重要基础。良好的政府形象不仅能得到公众的信任和支持,还能增强对政府服务的认同,进而提升公共服务感知绩效。同时,有学者认为政府形象与政府信任之间也存在密切关系。随着互联网等新兴媒介的参与,政府形象日益透明化、具体化,政府施政过程和所得结果的现实表现与公众的期望阈值之间的落差加大了公众对政府不信任的程度,沈瑞英和周霓羽(2017)通过CSS2013问卷进行数据的收集整理,发现政府形象与政府信任具有极强的积极正相关关系。李凌燕和左凯(2020)也发现,语言腐败对政府形象的影响表现为降低政府公信力、损害民主决策和监督、影响政府行政效能等。

公共服务由以政府为主导的多元主体共同提供,越来越多的研究关注公共服务过程中政府形象发挥的作用。范柏乃和金洁(2016)研究发现,政府在公共服务过程中所表现出来的良好形象能够显著提升公众自身的公共服务感知绩效。高学德和冯露露(2022)运用实验法探讨了基于能力和意愿两个维度的地方政府形象对公众满意度的差异性影响效应。王鸿儒(2020)研究发现,公民行政负担感知能够通过影响政府形象,从而显著降低公民的公共服务满意度。代争光和李燕领(2023)研究发现,政府形象正向调节居民参与、公共体育服务期望在服务供给和居民获得感之间的中介效应。当居民接受以政府为主导提供的优质公共服务时,对政府形象评价趋于正面的居民个体更加信赖政府并对政府具有正面期望,而将所获得的优质公共服务归因于政府,提升自身的政府信任水平,进而自身获得感也显著提升。

基于以上分析,本书做出如下假设:

假设H5:政府形象正向调节公共服务感知绩效与政府信任的关系;

假设H6:政府形象经由政府信任在公共服务感知绩效对获得感的影响过程中发挥调节作用。

四、理论假设汇总与研究模型

基于新公共服务理论、马斯洛需求层次理论,本研究分析了公共服务感知绩效对居民获得感的直接效应,政府信任的中介作用,以及政府形象的调节作用,共提出6条理论假设,具体汇总如表4-10所示。

表 4-10　理论假设汇总

编号	理论假设
假设 H1	公共服务感知绩效与居民获得感呈正相关关系
假设 H2	公共服务感知绩效与政府信任呈正相关关系
假设 H3	政府信任与居民获得感呈正相关关系
假设 H4	政府信任在公共服务感知绩效对居民获得感的影响过程中发挥中介作用
假设 H5	政府形象正向调节公共服务感知绩效与政府信任的关系
假设 H6	政府形象经由政府信任在公共服务感知绩效对获得感的影响过程中发挥调节作用

公共服务是政府的基本职能之一，"为人民服务"是我国政府始终贯彻并坚持的根本宗旨。居民对公共服务的感知和评价会影响其自身的获得感，探讨公共服务感知绩效对公民获得感的影响机制具有重要意义。政府在提供公共服务与提升居民获得感中也发挥着重要作用，居民在接受和使用公共服务的过程中，其对政府的信任程度以及政府形象的好坏均会影响自身获得感的提升。因此，本研究选取公共服务感知绩效作为自变量，获得感作为因变量，政府信任作为中介变量，政府形象作为调节变量，根据理论分析和研究假设，构建本书的研究模型如图 4-1 所示。

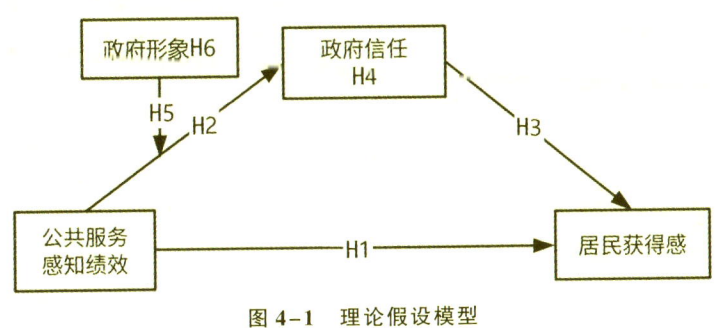

图 4-1　理论假设模型

第四节　公共服务感知绩效对居民获得感影响机制的研究设计

一、研究量表设计

根据前一章所提出的理论假设和构建的研究模型，本研究共涉及四个变量：公共服务感知绩效、居民获得感、政府信任和政府形象。其中，公共服务感知绩效属于自变量，居民获得感属于因变量，政府信任属于中介变量，政府形象属于调节变量。在设计和选择量表的过程中，主要参考与借鉴了现有的成熟量表，并且根据本研究的实际情况进行修改。所有变量的测量均要求居民根据自己的实际情况进行判断,并选择最符合自身真实感受的选项。本研究中对所有变量的测量均采用李克特五点计分法,以 1 至 5 赋值。在公共服务感知绩效、政府信任和政府形象量表中,"1"代表"非常不同意","2"代表"不同意","3"代表"一般","4"代表"同意","5"代表"非常同意";在居民获得感量表中,题项 1 和题项 2 中"1"代表"差了很多","2"代表"差了一些","3"代表"差不多","4"代表"好了一些","5"代表"好了很多";题项 3 中"1"代表"失去很多","2"代表"失去一些","3"代表"没变化","4"代表"得到一些","5"代表"得到很多"。

(一) 公共服务感知绩效量表

公共服务感知绩效来源于居民对服务质量的整体感受以及其与内心期望的比较,是居民对公共服务绩效的直接评价。范柏乃和金洁在 Parasuraman 等前人的研究基础上,对 SERVQUAL 模型进行了一定的调整,用均等化、人性化、安全性、有效性和回应性 5 个指标来测量公共服务感知绩效。而对于公共服务的类型,上海交通大学的钟杨在其主编的《中国城市公共服务满意度蓝皮书》中指出,评估公共服务质量不仅要坚持以人为本,同时也倡导居民的主观感受放在评估的首要位置。在蓝皮书中,对中国 35 个主要城市的居民从中小学教育、公立医院服务、房价稳定、社会保障、环境保护、社会治安、基础设施建设、休闲娱乐设施建设以及公共交通九个维度进行了随机抽样调查。施生旭和郭新琴(2023)从基本社会服务、公共教育、医疗卫生、住房保障、社会管理、劳动就业、社会保障、公共文化与体育和城乡基础设施九类公共服务测量居民的满意度。因此,本研究以《中国城市公共服务满意度蓝皮书》和施生旭等人的研究为依据,选择基本社会服务、公共教育服务、医疗卫生服务、住房保障服务、社会管理服务、劳动就业服务、社会保障服务、公共文体服务以及公共基础设施服务九类与居民生活息息相关的公共服务。同时结合范柏乃等人的研究中公共服务感知绩效使用的成熟量表,从均等化、人性化、安全性、有效性和回应性五个指标来测量居民的公共服务感知绩效情况,具体测量题项如表 4-11 所示。

表 4-11 公共服务感知绩效量表

变量	维度	具体题项
公共服务感知绩效	基本社会服务	我能公平地获得大致均等的基本社会服务
		我能享受到的基本社会服务是便利可及的
		我能享受到的基本社会服务是安全可靠的
		我能享受到的基本社会服务是优质高效的
		我认为政府能及时回应公众对基本社会服务的诉求

续表

变量	维度	具体题项
公共服务感知绩效	公共教育服务	我能公平地获得大致均等的公共教育服务
		我能享受到的公共教育服务是便利可及的
		我能享受到的公共教育服务是安全可靠的
		我能享受到的公共教育服务是优质高效的
		我认为政府能及时回应公众对公共教育服务的诉求
	医疗卫生服务	我能公平地获得大致均等的医疗卫生服务
		我能享受到的医疗卫生服务是便利可及的
		我能享受到的医疗卫生服务是安全可靠的
		我能享受到的医疗卫生服务是优质高效的
		我认为政府能及时回应公众对医疗卫生服务的诉求
	住房保障服务	我能公平地获得大致均等的住房保障服务
		我能享受到的住房保障服务是便利可及的
		我能享受到的住房保障服务是安全可靠的
		我能享受到的住房保障服务是优质高效的
		我认为政府能及时回应公众对住房保障服务的诉求
	社会管理服务	我能公平地获得大致均等的社会管理服务
		我能享受到的社会管理服务是便利可及的
		我能享受到的社会管理服务是安全可靠的
		我能享受到的社会管理服务是优质高效的
		我认为政府能及时回应公众对社会管理服务的诉求
	劳动就业服务	我能公平地获得大致均等的劳动就业服务
		我能享受到的劳动就业服务是便利可及的
		我能享受到的劳动就业服务是安全可靠的
		我能享受到的劳动就业服务是优质高效的
		我认为政府能及时回应公众对劳动就业服务的诉求
公共服务感知绩效	社会保障服务	我能公平地获得大致均等的社会保障服务
		我能享受到的社会保障服务是便利可及的
		我能享受到的社会保障服务是安全可靠的
		我能享受到的社会保障服务是优质高效的
		我认为政府能及时回应公众对社会保障服务的诉求
	公共文体服务	我能公平地获得大致均等的公共文体服务
		我能享受到的公共文体服务是便利可及的
		我能享受到的公共文体服务是安全可靠的
		我能享受到的公共文体服务是优质高效的
		我认为政府能及时回应公众对公共文体服务的诉求

变量	维度	具体题项
公共服务感知绩效	公共基础设施服务	我能公平地获得大致均等的公共基础设施服务
		我能享受到的公共基础设施服务是便利可及的
		我能享受到的公共基础设施服务是安全可靠的
		我能享受到的公共基础设施服务是优质高效的
		我认为政府能及时回应公众对公共基础设施服务的诉求

（二）政府信任量表

政府信任作为居民对政府提供公共服务、保障公民利益以及履行其职能的客观评价和心理判断，是公民感知与政府行为之间相互影响和互动而产生的心理归属感。由于政府信任是居民的主观认知和态度，如若不能准确测量则难以反映民众心中的真实想法，通过前文文献综述可以看出政府信任的测量是多维度的，归纳为直接测量和间接测量两种方式。一方面，直接测量是通过测量公民对政府的态度直接得到其对政府的信任程度；另一方面，间接测量从多个维度来询问公众对政府工作的满意度来测量其对政府的信任程度。张书维和宋逸雯等认为信任的三个维度分别是能力、良善和正直，同时政府信任的操作也遵循这三个维度，并被证实具有较好的测量效果。因公民对政府的信任程度是一个复杂性和主观性极强的问题，为了避免公民会受到其主观性的影响从而导致对政府信任的测量不准确，本研究选择间接测量的方式，依据张书维和宋逸雯等对政府信任的三个维度以及内容，从能力、良善和正直三个指标来测量居民的政府信任，具体测量题项如表4-12所示。

表4-12 政府信任量表

变量	维度	具体题项
政府信任	能力	我认为政府有能力承担公共责任并履行其职责
		我认为政府有能力提供均衡高效的优质公共服务
	良善	我认为政府有较强的责任心并能不断开拓进取
		我认为政府能够为公众披露准确可靠的信息
	正直	我认为政府工作人员诚实守信并遵守承诺
		我认为政府行为与公共道德标准和规范保持一致

（三）政府形象量表

政府形象是居民对政府提供公共服务过程中所产生的总体表现和客观效应进行综合性的评价，良好的政府形象反映了公众对政府的认同、支持与信任。由于学者对政府形象的研究视角及研究内容等存在差异性，因而对政府形象的测量也是从多维度出发。于洋航和陈志霞（2019）认为现有关政府形象的指标多从政府建设目标维度出发,忽略公民内心的情感需求,从而研究选取能力认可度、自豪感、支持程度、偏好程度以及改变程度对政府形象进行测量。因此,通过文献梳理,本研究对政府形象的测量注重从公民内心的情感需求与表达出发,依据于洋航和陈志霞的研究,从居民对政府的能力认可度、自豪度、支持程度、偏好程度以及改变程度五个指标对政府形象进行测量,具体测量题项如表4-13所示。

表4-13 政府形象量表

变量	维度	具体题项
政府形象	能力认可度	我相信我们的政府有能力解决所有面临的问题
	自豪度	我为我们的政府感到骄傲
	支持程度	像我们这样的政府,即使出现问题也值得我们支持
	偏好程度	我愿意生活在现有政府的治理下而非其他政府
	改变程度	与其他政府相比,我们的政府不需要做出改变

(四)居民获得感量表

作为习近平新时代中国特色社会主义思想的重要组成部分,获得感是指居民在现实生活中基于自身客观获得与主观感受相一致的满足程度,体现了个体的外在客观利益与内在主观感知的统一,是检验社会改革成果、衡量社会治理成效以及评价居民生活质量的重要标尺。由于个体间教育水平、经济收入以及生活环境等资源存在差异性,而造成对社会发展成果的主观认知也存在较大差异。因此,建立一个科学合理并与之相适应的测量维度和指标体系是客观准确地反映获得感的前提条件。通过文献梳理可以看出,目前学界研究获得感的测量维度取得了较大进展,从不同维度构建了指标体系。王浦劬和季程远基于相对剥夺感理论的研究将获得感划分为空间上的横向获得感、时间上的纵向获得感以及整体获得感三个维度。政府提供公共服务以及居民获得公共服务均要考虑时间和空间维度,由此,本研究采用王浦劬和季程远对获得感的维度划分,从纵向获得感、横向获得感和整体获得感三个维度出发构建测量指标体系,具体测量题项如表4-14所示。

表4-14 居民获得感量表

变量	维度	具体题项
居民获得感	纵向获得感	与五年前相比,您认为您目前的家庭经济状况是差了很多,差了一些,差不多,好了一些还是好了很多
	横向获得感	与您的亲戚、朋友们相比,您觉得自己的生活水平是差了很多,差了一些,差不多,好了一些还是好了很多
	总体获得感	在我国正在进行的变革中,有的人失去很多,有的人得到很多。您觉得您是失去很多,失去一些,没变化,得到一些还是得到很多

二、数据收集

本研究选择以云南省边疆地区居民作为调研对象,基于线上网络平台——问卷星采用随机抽样的方式发放问卷。本研究共回收 456 份问卷,经过处理筛选,最后得到 442 份有效问卷。

样本统计数据特征情况如表 4-15 所示,具体如下。性别方面,男性共 203 人,占样本总量 45.9%,女性共 239 人,占样本总量 54.1%,女性略高于男性。年龄方面,18~30 岁人数最多,共 149 人,占样本总量 33.7%,18 岁以下共 40 人,占样本总量 9.0%,31~40 岁共 98 人,占样本总量 22.2%,41~50 岁共 73 人,占样本总量 16.5%,51~60 岁共 59 人,占样本总量 13.4%,61 岁及以上共 23 人,占样本总量 5.2%。学历方面,大学(包括本科及大专)人数最多,共 269 人,占样本总量 60.9%,小学及以下共 1 人,占样本总量 0.2%,初中共 36 人,占样本总量 8.2%,高中(包括职高)共 96 人,占样本总量 21.7%,硕士及以上共 40 人,占样本总量 9.0%。政治面貌方面,群众人数最多,共 235 人,占样本总量 53.2%,中共党员共 53 人,占样本总量 12.0%,中共预备党员共 18 人,占样本总量 4.1%,共青团员共 127 人,占样本总量 28.7%,其他类共 9 人,占样本总量 2.0%。职业方面,非公有制企业工作人员人数最多,共 143 人,占样本总量 32.4%,各党政机关、事业单位工作人员共 38 人,占样本总量 8.6%,国有企业工作人员共 88 人,占样本总量 19.9%,自由职业者共 61 人,占样本总量 13.8%,离退休人员共 22 人,占样本总量 5.0%,家庭主妇共 21 人,占样本总量 4.7%,学生共 61 人,占样本总量 13.8%,其他类共 8 人,占样本总量 1.8%。婚姻方面,已婚人数最多,共 254 人,占样本总量 57.5%,未婚人数次之,共 167 人,占样本总量 37.8%,离异共 16 人,占样本总量 3.6%,丧偶共 4 人,占样本总量 0.9%,其他类共 1 人,占样本总量 0.2%。月收入方面,2000 元及以下共 50 人,占样本总量 11.3%,2001~4000 元共 94 人,占样本总量 21.3%,4001~6000 元共 138 人,占样本总量 31.2%,6001~8000 元共 93 人,占样本总量 21.0%,8001~10000 元共 43 人,占样本总量 9.8%,10001 元及以上共 24 人,占样本总量 5.4%。户籍方面,城镇共 295 人,占样本总量 66.7%,农村共 146 人,占样本总量 33.3%,城镇占比高于农村。

表 4-15 样本数据特征情况

指标	类型	频次	占比(%)
性别	男	203	45.9
	女	239	54.1

续表

指标	类型	频次	占比（%）
年龄	18岁以下	40	9.0
	18~30岁	149	33.7
	31~40岁	98	22.2
	41~50岁	73	16.5
	51~60岁	59	13.4
	61岁及以上	23	5.2
学历	小学及以下	1	0.2
	初中	36	8.2
	高中（包括职高）	96	21.7
	大学（包括本科及大专）	269	60.9
	硕士及以上	40	9.0
政治面貌	中共党员	53	12.0
	中共预备党员	18	4.1
	共青团员	127	28.7
	群众	235	53.2
	其他	9	2.0
职业	各党政机关、事业单位工作人员	38	8.6
	国有企业工作人员	88	19.9
	非公有制企业工作人员	143	32.4
	自由职业者	61	13.8
	离退休人员	22	5.0
	家庭主妇	21	4.7
	学生	61	13.8
	其他	8	1.8
婚姻	未婚	167	37.8
	已婚	254	57.5
	离异	16	3.6
	丧偶	4	0.9
	其他	1	0.2
月收入	2000元及以下	50	11.3
	2001~4000元	94	21.3
	4001~6000元	138	31.2
	6001~8000元	93	21.0
	8001~10000元	43	9.8
	10001元及以上	24	5.4

续表

指标	类型	频次	占比（%）
户籍	城镇	295	66.7
	农村	147	33.3

三、量表质量检验

（一）同源偏差检验

共同方法偏差是指由于数据来源、测量环境以及语境的相同所造成的效标变量与预测变量之间存在的人为的共变，作为一种系统误差，有可能对研究结果产生混淆及误导（周浩，龙立荣，2004）。因此，为避免这种人为的共变对本研究结论可能产生的影响，我们根据相关学者的研究建议（Podsakoff 等，2003；周浩，龙立荣，2004），采取"Harman 单因素检验"方法对问卷数据进行检验。

采用 SPSS 软件，将本研究所涉及的所有测量题项全部一同进行探索性因子分析，结果显示：累积方差贡献率 66.747%，其中第一个因子的方差解释率为 39.591%，小于 40%，说明不存在严重的共同方法偏差。

（二）信度检验

信度是指通过使用测量工具所得到结果的可信性、可靠性和内部一致性（吴明隆，2010）。Cortina（1993）建议使用克朗巴哈系数（Cronbach's α）检验问卷的信度，这也是目前学界通用的做法。因此，在本研究中，通过测量克朗巴哈系数从而对问卷信度进行检验。根据吴明隆（2010）等人的建议，目前学界普遍认为，克朗巴哈系数如果小于 0.50，则意味着问卷信度不理想；当克朗巴哈系数大于 0.50，小于 0.60 时，表明信度可以接受，但是需要进行修订；当克朗巴哈系数大于 0.60，小于 0.70 时，表明信度勉强可以接受；当克朗巴哈系数大于 0.70，小于 0.80 时，表明信度较为理想，可以接受；当克朗巴哈系数大于 0.80，小于 0.90 时，表明信度很高；而当克朗巴哈系数大于 0.90，则意味着问卷的信度非常高（见表 4-16）。

表 4-16 Cronbach's α 标准表

Cronbach's α	量表信度
0.50 以下	不理想，量表可不用
0.50~0.60	不太理想，需要修订
0.60~0.70	勉强接受
0.70~0.80	比较理想
0.80~0.90	理想
0.90 以上	非常理想

第四章 公共服务感知绩效对居民获得感的影响机制研究

在本研究中，我们通过测试问卷的克朗巴哈系数以检验其信度，结果如表4-17所示，公共服务感知绩效问卷的克朗巴哈系数为0.967，政府信任问卷的克朗巴哈系数为0.919，政府形象问卷的克朗巴哈系数为0.889，获得感问卷的克朗巴哈系数为0.823。表明本研究所使用问卷均具有良好的信度，适合进行实证研究。

表4-17 各变量信度分析

变量	维度	CITI	Cronbach's α
公共服务感知绩效	基本社会服务——均等化	0.583	0.967
	基本社会服务——人性化	0.617	
	基本社会服务——安全性	0.624	
	基本社会服务——有效性	0.646	
	基本社会服务——回应性	0.606	
	公共教育服务——均等化	0.667	
	公共教育服务——人性化	0.642	
	公共教育服务——安全性	0.639	
	公共教育服务——有效性	0.603	
	公共教育服务——回应性	0.646	
	医疗卫生服务——均等化	0.604	
	医疗卫生服务——人性化	0.600	
	医疗卫生服务——安全性	0.622	
	医疗卫生服务——有效性	0.591	
	医疗卫生服务——回应性	0.648	
	住房保障服务——均等化	0.596	
	住房保障服务——人性化	0.628	
	住房保障服务——安全性	0.610	
	住房保障服务——有效性	0.594	
	住房保障服务——回应性	0.596	
	社会管理服务——均等化	0.667	
	社会管理服务——人性化	0.631	
	社会管理服务——安全性	0.659	
	社会管理服务——有效性	0.640	
	社会管理服务——回应性	0.637	
	劳动就业服务——均等化	0.629	
	劳动就业服务——人性化	0.634	
	劳动就业服务——安全性	0.626	
	劳动就业服务——有效性	0.605	

续表

变量	维度	CITI	Cronbach's α
公共服务感知绩效	劳动就业服务——回应性	0.611	0.967
	社会保障服务——均等化	0.666	
	社会保障服务——人性化	0.637	
	社会保障服务——安全性	0.628	
	社会保障服务——有效性	0.611	
	社会保障服务——回应性	0.618	
	公共文体服务——均等化	0.603	
	公共文体服务——人性化	0.627	
	公共文体服务——安全性	0.621	
	公共文体服务——有效性	0.587	
	公共文体服务——回应性	0.577	
	公共基础设施服务——均等化	0.608	
	公共基础设施服务——人性化	0.591	
	公共基础设施服务——安全性	0.611	
	公共基础设施服务——有效性	0.603	
	公共基础设施服务——回应性	0.570	
政府信任	我认为政府有能力承担公共责任并履行其职责	0.783	0.919
	我认为政府有能力提供均衡高效的优质公共服务	0.762	
	我认为政府有较强的责任心并能不断开拓进取	0.757	
	我认为政府能够为公众披露准确可靠的信息	0.778	
	我认为政府工作人员诚实守信并遵守承诺	0.777	
	我认为政府行为与公共道德标准和规范保持一致	0.767	
政府形象	我相信我们的政府有能力解决所有面临的问题	0.729	0.889
	我为我们的政府感到骄傲	0.739	
	像我们这样的政府，即使出现问题也值得我们支持	0.718	
	我愿意生活在现有政府的治理下而非其他政府	0.737	
	与其他政府相比，我们的政府不需要做出改变	0.723	
居民获得感	纵向获得感	0.695	0.823
	横向获得感	0.674	
	总体获得感	0.667	

（三）效度检验

效度是指经过测量得到的结果能够有效反映出问卷初始设计时试图考察的内容的程度。本研究中所使用的量表均来源于国内外较为成熟的量表，均经过了严格严谨的学术翻译和有关学术研究的验证，在使用过程中征求了相关专家和一线工作人员的意见并且经过了预测试,问卷内容得以不断完善。因此,本研究所使用的问卷具有良好的内容效度。

检验问卷的 KMO 值,并且对问卷进行巴特列特球形检验。分析结果显示,公共服务感知绩效问卷的 KMO 值为 0.965,政府信任问卷的 KMO 值为 0.923,政府形象的 KMO 值为 0.883,获得感问卷的 KMO 值为 0.720,且显著性全部为 0.000,显著性水平达标(见表 4-18)。根据 Kaiser(1974)的研究结论,当 KMO 值大于 0.90 时表明问卷非常适宜进行因子分析。公共服务感知绩效变量的 KMO 值达到 0.965,表明适宜进行因子分析,因此我们对公共服务感知绩效进行探索性因子分析,以确定公共服务感知绩效变量的具体维度。采用主成分分析法进行因子抽取,最大方差法进行因子旋转。结果如表 4-19 所示,共提取 9 个因子。因此,表明公共服务感知绩效问卷具有良好的结构效度。

表 4-18 各变量效度分析

测量变量	KMO 值	近似卡方 (χ^2)	Bartlett's 球形检验 自由度 (df)	p 值
公共服务感知绩效	0.965	12959.871	990.000	0.000
政府信任	0.923	1717.694	15.000	0.000
政府形象	0.883	1139.234	10.000	0.000
居民获得感	0.720	476.144	3.000	0.000

表 4-19 探索性因子分析

指标	具体维度	因子1	因子2	因子3	因子4	因子5	因子6	因子7	因子8	因子9
住房保障服务	均等化	0.724								
	人性化	0.719								
	安全性	0.762								
	有效性	0.710								
	回应性	0.726								
公共基础设施服务	均等化		0.728							
	人性化		0.707							
	安全性		0.720							
	有效性		0.745							
	回应性		0.740							
劳动就业服务	均等化			0.736						
	人性化			0.695						
	安全性			0.701						
	有效性			0.732						
	回应性			0.720						

续表

指标	具体维度	因子1	因子2	因子3	因子4	因子5	因子6	因子7	因子8	因子9
社会保障服务	均等化				0.716					
	人性化				0.714					
	安全性				0.742					
	有效性				0.714					
	回应性				0.734					
公共文体服务	均等化					0.750				
	人性化					0.692				
	安全性					0.673				
	有效性					0.734				
	回应性					0.724				
医疗卫生服务	均等化						0.671			
	人性化						0.700			
	安全性						0.722			
	有效性						0.751			
	回应性						0.700			
基本社会服务	均等化							0.713		
	人性化							0.710		
	安全性							0.690		
	有效性							0.698		
	回应性							0.705		
公共教育服务	均等化								0.665	
	人性化								0.660	
	安全性								0.693	
	有效性								0.738	
	回应性								0.708	
社会管理服务	均等化									0.684
	人性化									0.698
	安全性									0.670
	有效性									0.710
	回应性									0.700

此外，公共服务感知绩效、政府信任、政府形象和居民获得感四个变量平均方差萃取值（AVE）分别为0.541、0.656、0.615、0.610，均大于0.5，组合信度CR值分别为0.914、0.920、0.889、0.824均大于0.8，说明该量表具有较好的聚合效度和组合信度（见表4-20）。

第四章 公共服务感知绩效对居民获得感的影响机制研究

表 4-20 问卷 AVE 和 CR

变量	AVE	CR
公共服务感知绩效	0.541	0.914
政府信任	0.656	0.920
政府形象	0.615	0.889
居民获得感	0.610	0.824

为进一步确定假设模型的收敛效度，我们通过构建多因子模型，对不同模型的拟合指数进行比较考察从而确定最合适的研究模型。由表 4-21 可知，相比于其他模型，四因子模型的拟合指数最好，模型适配度较高（$\chi^2/df = 1.135$，RMSEA = 0.017，GFI = 0.953，CFI = 0.995，IFI = 0.995，TLI = 0.994），说明在该模型中，4 个研究构面彼此独立，具有良好的收敛效度，四因子模型可以作为最适宜的假设模型开展相关研究。

表 4-21 研究模型适配值比较

	χ^2/df	RMSEA	GFI	CFI	IFI	TLI
一因子模型	10.463	0.146	0.546	0.619	0.620	0.581
二因子模型	9.081	0.135	0.568	0.676	0.677	0.642
三因子模型	5.933	0.106	0.653	0.804	0.805	0.781
四因子模型	1.135	0.017	0.953	0.995	0.995	0.994

注：一因子模型为公共服务感知绩效 + 政府信任 + 政府形象 + 居民获得感；二因子模型为公共服务感知绩效 + 政府信任 + 政府形象，居民获得感；三因子模型为公共服务感知绩效 + 政府信任，政府形象，居民获得感；四因子模型为公共服务感知绩效，政府信任，政府形象，居民获得感。

第五节 公共服务感知绩效对居民获得感影响机制的实证分析

一、描述性统计

通过对问卷数据进行描述性统计以实现对研究变量的直观考察。根据表 4-22 所显示的结果，在公共服务感知绩效、政府信任、政府形象和居民获得感四个显变量中，公共服务感知绩效得分最高（3.444 ± 0.752），政府信任得分最低（3.362 ± 1.017），政府形象（3.438 ± 0.969）、居民获得感（3.409 ± 0.986）分别排名第二位和第三位（见图 4-2）。结果表明，居民对政府公共服务绩效表现的总体认知和公共服务供需匹配的主观感受较高，认为政府在供给公共服务方面的表现达到了其预期，提供了较为高质量的服务，主要得益于物质生活水平的提高以及精神需求的满足。然而，居民对政府的信任程度得分最低，这意味着政府在提供公共服务以及塑造良好的政府形象方面还存在一定的不足。

表 4-22 测量题项描述性统计

变量	最小值	最大值	平均值	标准差
公共服务感知绩效	2.000	5.000	3.444	0.752
基本社会服务	1.200	5.000	3.439	0.952
公共教育服务	1.200	5.000	3.417	0.981
医疗卫生服务	1.200	5.000	3.462	0.953
住房保障服务	1.200	5.000	3.453	0.972
社会管理服务	1.400	5.000	3.429	1.001
劳动就业服务	1.200	5.000	3.479	0.992
社会保障服务	1.400	5.000	3.420	1.021
公共文体服务	1.400	5.000	3.428	0.964
公共基础设施服务	1.000	5.000	3.474	0.969
政府信任	1.000	5.000	3.362	1.017
我认为政府有能力承担公共责任并履行其职责	1.000	5.000	3.360	1.227
我认为政府有能力提供均衡高效的优质公共服务	1.000	5.000	3.380	1.180
我认为政府有较强的责任心并能不断开拓进取	1.000	5.000	3.400	1.247
我认为政府能够为公众披露准确可靠的信息	1.000	5.000	3.370	1.183
我认为政府工作人员诚实守信并遵守承诺	1.000	5.000	3.320	1.205
我认为政府行为与公共道德标准和规范保持一致	1.000	5.000	3.350	1.184
政府形象	1.200	5.000	3.438	0.969
我相信我们的政府有能力解决所有面临的问题	1.000	5.000	3.380	1.176
我为我们的政府感到骄傲	1.000	5.000	3.380	1.188
像我们这样的政府，即使出现问题也值得我们支持	1.000	5.000	3.500	1.115
我愿意生活在现有政府的治理下而非其他政府	1.000	5.000	3.450	1.174
与其他政府相比，我们的政府不需要做出改变	1.000	5.000	3.470	1.172
居民获得感	1.000	5.000	3.409	0.986
纵向获得感	1.000	5.000	3.460	1.139
横向获得感	1.000	5.000	3.400	1.135
总体获得感	1.000	5.000	3.370	1.167

在公共服务感知绩效的各个维度中，得分由高到低依次为劳动就业服务（3.479±0.992）、公共基础设施服务（3.474±0.969）、医疗卫生服务（3.462±0.953）、住房保障服务（3.453±0.972）、基本社会服务（3.439±0.952）、社会管理服务（3.429±1.001）、公共文体服务（3.428±0.964）、社会保障服务（3.420±1.021）、公共教育服务（3.417±0.981），如图4-3所示。具体来看，

劳动就业得分最高,表明我国居民对政府所提供的一系列有关劳动就业方面的政策与权益保护等方面较为满意。《中国人力资源发展报告(2023)》显示,我国居民对劳动就业的整体满意度较高,已就业居民的满意度高于未就业居民。这主要得益于我国不断健全就业公共服务体系,提供登记求职、就业指导、创业服务等一系列服务,持续改善工作岗位条件和提高文化技能水平。公共基础设施服务的得分排名第二,表明居民对政府所提供的基础设施建设与维护等方面较为满意,这可能与政府在提供基础设施建设的过程中服务质量较高、可及性较广,以及政府拓宽沟通渠道及时回应居民需求,并定期进行设施维护和改造等因素有关。公共教育服务得分最低,原因可能在于教育资源分配不均、地区差异大、师资力量不均、公共服务领域,政府部门和公众之间存在信息不对称等。总体来看,大部分居民的公共服务感知绩效情况总体较好,但得分不算太高,仍然有较大的提升空间。

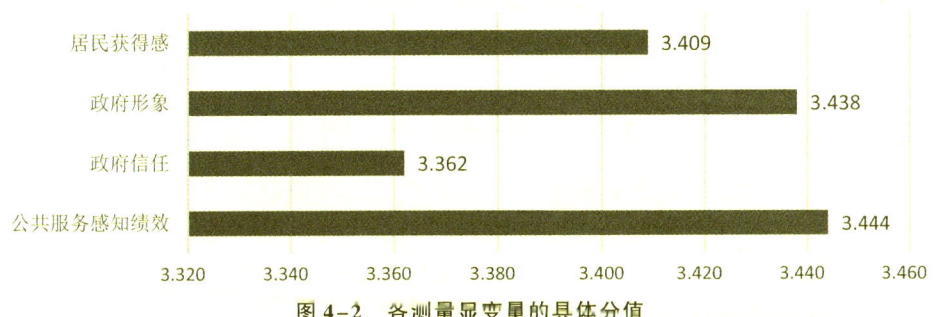

图 4-2 各测量显变量的具体分值

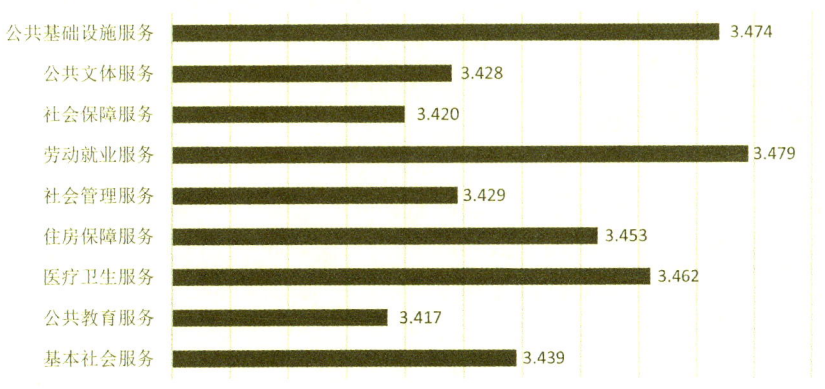

图 4-3 公共服务感知绩效潜变量具体分值

在政府信任的各个测量题项中,认为"政府有较强的责任心并能不断开拓进取"得分最高(3.400±1.247),认为"政府有能力提供均衡高效的优质公共服务"得分次之(3.380±1.180),认为"政府能够为公众披露准确可靠的信息"

得分排在第三位（3.370±1.183），认为"政府有能力承担公共责任并履行其职责"得分相对较低（3.360±1.1227），认为"政府行为与公共道德标准和规范保持一致"以及"政府工作人员诚实守信并遵守承诺"二者得分较低，分别为（3.350±1.184）和（3.320±1.205），如图4-4所示。由此，居民认为政府机构有较强的责任心并不断开拓进取，也能为公众提供信息，表明政府的行为和决策能以公共利益为导向。

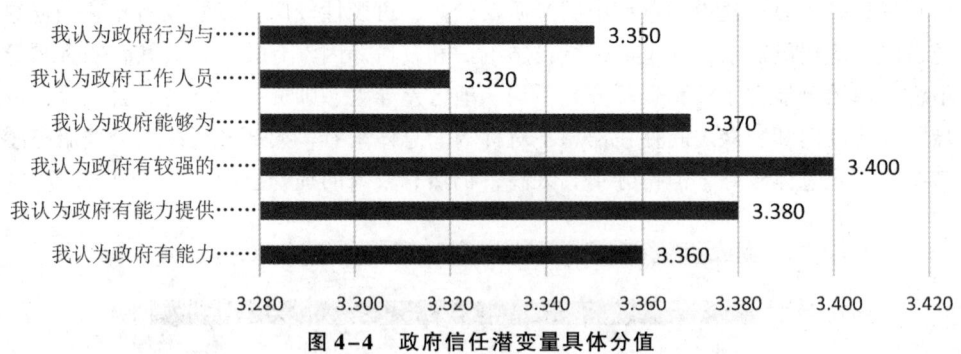

图4-4　政府信任潜变量具体分值

在政府形象的各个测量题项中，"像我们这样的政府，即使出现问题也值得我们支持"得分最高（3.500±1.115），"与其他政府相比，我们的政府不需要做出改变"得分次之（3.470±1.172），"我愿意生活在现有政府的治理下而非其他政府"得分紧随其后（3.450±1.174），"我为我们的政府感到骄傲"（3.380±1.188）、"我相信我们的政府有能力解决所有面临的问题"（3.380±1.176）得分较低，如图4-5所示。具体来看，居民对政府支持程度较高，同时对政府能力认可度较低，认为政府应不断提升专业和实践能力，以更好地提供公共服务。

在测量居民获得感的三个维度中，纵向获得感得分最高（3.460±1.139），横向获得感得分次之（3.400±1.135），总体获得感得分最低（3.370±1.167），如图4-6所示。具体来看，纵向获得感得分最高的可能原因在于改革开放以来，随着社会的发展，人民的生活水平和质量显著提高，从而持续增进人民的幸福感和获得感。而横向获得感得分较低可能与居民的社会比较和心理感知方面有关，反映居民在与他人的比较中，不仅限于收入、财富等物质方面，还包括社会地位、生活质量等方面未能感受到较多的社会进步和个人收益。同时，政府的政策、社会支持以及公平公正价值的实现，均会影响居民在横向获得感中的感受。总体获得感不仅与经济收入等物质因素有关，同时与公共服务供给与高质量的生活水平有关，涉及多方面，由此居民对总体获得感的感知绩效低也与多方面的原因有关，如政府提供公共服务的质量高低、政策惠及程度以及居民自身的认可度、感知度和满意度。

第四章 公共服务感知绩效对居民获得感的影响机制研究

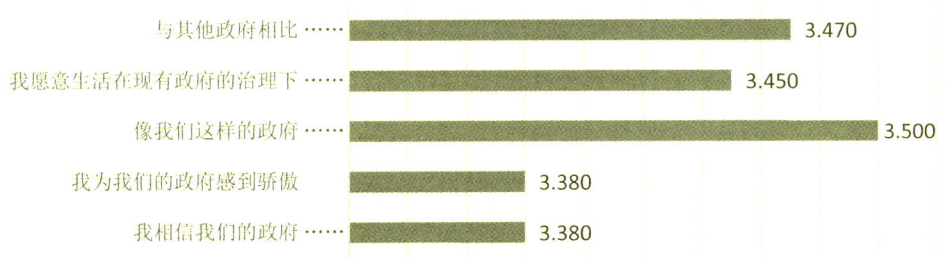

图 4-5 政府形象潜变量具体分值

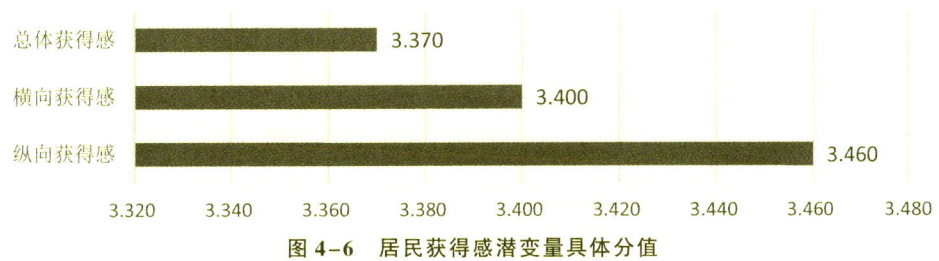

图 4-6 居民获得感潜变量具体分值

二、差异性检验

差异性检验可以确定本研究所涉及的研究变量是否在人口统计学变量上存在显著性差异。因此，本研究通过使用 SPSS 27.0 软件选择人口统计变量中的性别、年龄、学历、政治面貌、职业、婚姻、月收入和户籍 8 个变量进行 t 检验和方差分析，当人口统计学变量的 sig 值大于显著性水平 0.05 时，说明其与主要研究变量均不存在显著性差异，以此考察研究变量在人口统计学变量上的差异，同时排除由人口统计变量引起的对主要变量间作用的干扰。

（一）性别差异检验

通过 t 检验，将不同性别的居民与四个主要研究变量进行差异性分析，结果如表 4-23、图 4-7 所示。不同性别的居民在政府信任上存在统计学上的显著差异（$p=0.009<0.05$），且女性的政府信任（3.478 ± 1.049）的均值相较于男性（3.227 ± 0.963）的政府信任较高。而公共服务感知绩效、政府形象和获得感三个变量均不存在显著差异。

政府信任方面的差异反映了男性与女性在主观观念上的差异。一方面，可能源于社会对性别的角色期望有差异。传统观念来看，在家庭和社会中女性被期望扮演更为和谐和关怀的角色，这种期许使她们在主观观念上更倾向于信任包括政府在内的社会机构和权威。女性可能更看重社会稳定和良好秩序，而政府作为维持秩序的机构，更容易获得她们的信任。另一方面，可能由于安全感需求的不同。女性可能对个人和集体的安全给予更多的关注。而政府作为提供安全保护、维持秩序和福祉保障的机构，可能会被女性视为维护个人和家庭福祉的重要力量，从而更容易获得她们的信任与依赖。

表4-23 性别差异检验结果

变量	男性		女性		t	p
	M	SD	M	SD		
公共服务感知绩效	3.397	0.711	3.485	0.785	-1.245	0.214
政府信任	3.227	0.963	3.478	1.049	-2.622	0.009
政府形象	3.368	0.976	3.497	0.962	-1.402	0.162
居民获得感	3.322	0.954	3.483	1.009	-1.711	0.088

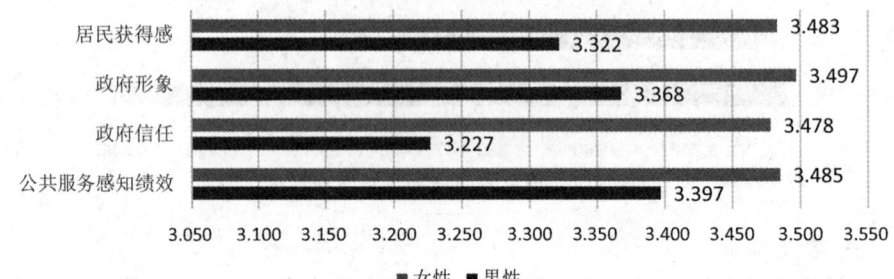

图4-7 各主要研究变量性别差异

（二）年龄差异检验

通过方差分析，将不同年龄的居民与四个主要研究变量进行差异性分析，结果如表4-24、图4-8所示。不同年龄的sig值远远大于显著性水平0.05，说明公共服务感知绩效、政府信任、政府形象和获得感四个变量均不存在年龄显著差异。

表4-24 年龄差异检验结果

变量	18岁以下		18~30岁		31~40岁		41~50岁		51~60岁		61岁及以上		F	p
	M	SD	M	SD	M	SD	M	SD	M	SD	M	SD		
公共服务感知绩效	3.390	0.723	3.481	0.761	3.448	0.752	3.444	0.807	3.295	0.661	3.669	0.783	0.989	0.424
政府信任	3.196	1.040	3.460	1.032	3.238	1.001	3.511	1.027	3.260	0.967	3.341	1.017	1.219	0.299

续表

变量	18岁以下		18~30岁		31~40岁		41~50岁		51~60岁		61岁及以上		F	p
	M	SD	M	SD	M	SD	M	SD	M	SD	M	SD		
政府形象	3.435	0.889	3.501	0.981	3.376	0.964	3.427	1.043	3.410	0.924	3.400	1.002	0.223	0.953
居民获得感	3.358	0.916	3.430	0.973	3.480	0.954	3.397	1.036	3.283	1.039	3.420	1.093	0.329	0.896

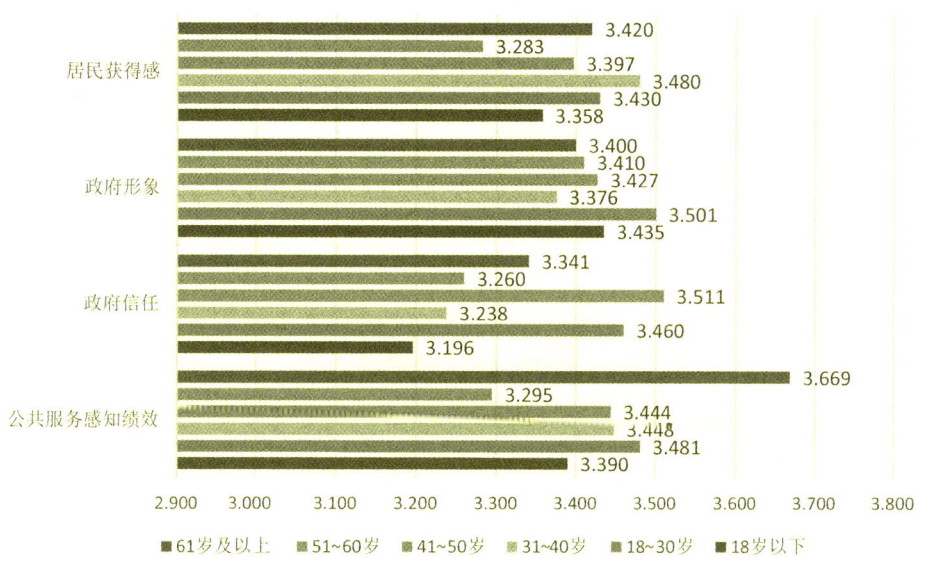

图 4-8 各主要研究变量年龄差异

（三）学历差异检验

将不同学历的居民与四个主要研究变量的差异进行方差分析，结果如表 4-25、图 4-9 所示。不同学历的居民在获得感上存在统计学上的差异（p = 0.045 < 0.05），且硕士及以上均值最高为（3.533 ± 0.889），高中（包括职高）均值最低为（3.254 ± 0.974）。而公共服务感知绩效、政府形象和获得感三个变量均不存在显著差异。

（四）政治面貌差异检验

将不同政治面貌的居民与四个主要研究变量的差异进行方差分析，结果如表 4-26、图 4-10 所示。不同政治面貌的 sig 值远远大于显著性水平 0.05，说明公共服务感知绩效、政府信任、政府形象和获得感四个变量均不存在政治面貌显著差异。

表 4-25　学历差异检验

变量	初中		高中（包括职高）		大学（包括本科及大专）		硕士及以上		F	p
	M	SD	M	SD	M	SD	M	SD		
公共服务感知绩效	3.583	0.770	3.295	0.673	3.479	0.788	3.444	0.645	1.400	0.233
政府信任	3.375	1.058	3.221	0.898	3.421	1.047	3.263	1.028	1.313	0.264
政府形象	3.489	0.896	3.298	0.952	3.481	0.993	3.395	0.886	1.331	0.257
居民获得感	3.380	1.052	3.254	0.974	3.459	0.984	3.533	0.889	2.457	0.045

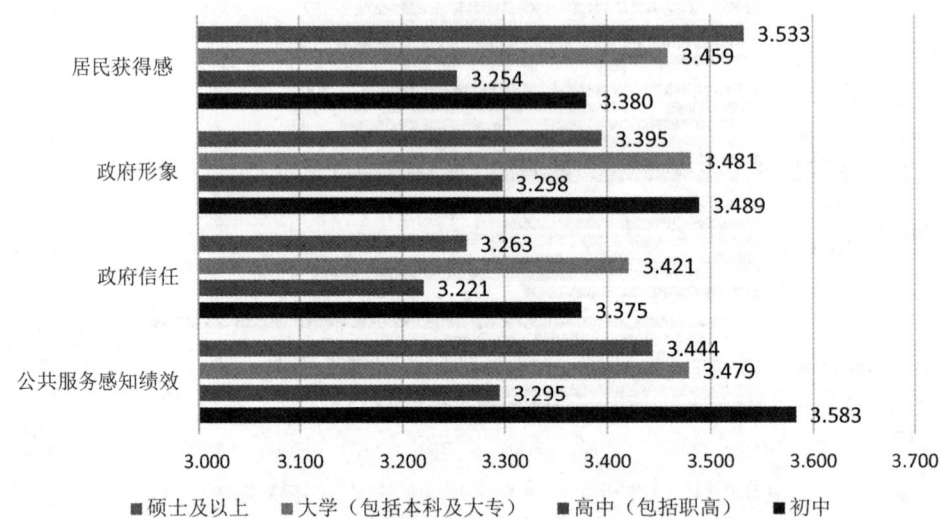

图 4-9　各主要研究变量学历差异

表 4-26　政治面貌差异检验结果

变量	中共党员		中共预备党员		共青团员		群众		其他		F	p
	M	SD	M	SD	M	SD	M	SD	M	SD		
公共服务感知绩效	3.543	0.766	3.472	0.786	3.434	0.711	3.413	0.770	3.768	0.735	0.753	0.557
政府信任	3.541	0.972	3.704	1.052	3.251	0.961	3.346	1.044	3.630	1.154	1.475	0.209
政府形象	3.445	1.042	3.544	1.166	3.461	0.923	3.400	0.971	3.822	0.777	0.515	0.725
居民获得感	3.270	0.981	3.074	1.175	3.425	0.939	3.447	0.994	3.667	1.080	1.030	0.392

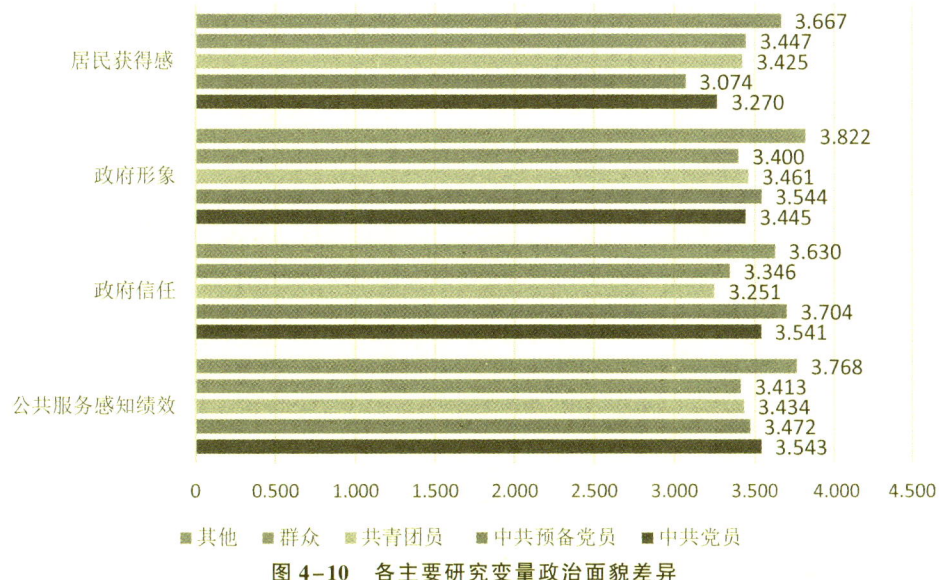

图4-10 各主要研究变量政治面貌差异

（五）职业差异检验

将不同职业的居民与四个主要研究变量的差异进行方差分析，结果如表4-27、图4-11所示。不同职业的 sig 值远远大于显著性水平0.05，说明公共服务感知绩效、政府信任、政府形象和获得感四个变量均不存在职业显著差异。

（六）婚姻差异检验

将不同婚姻状态的居民与四个主要研究变量的差异进行方差分析，结果如表4-28、图4-12所示。不同婚姻状态的 sig 值远远大于显著性水平0.05，说明公共服务感知绩效、政府信任、政府形象和获得感四个变量均不存在婚姻显著差异。

（七）月收入差异检验

将不同月收入的居民与四个主要研究变量的差异进行方差分析，结果如表4-29、图4-13所示。不同月收入的 sig 值远远大于显著性水平0.05，说明公共服务感知绩效、政府信任、政府形象和获得感四个变量均不存在月收入显著差异。

（八）户籍差异检验

通过 t 检验，将不同户籍的居民与四个主要研究变量进行差异性分析，结果如表4-30、图4-14所示。不同户籍的 sig 值远远大于显著性水平0.05，说明公共服务感知绩效、政府信任、政府形象和获得感四个变量均不存在户籍显著差异。

表 4-27 职业差异检验结果

变量	党政机关事业单位人员 M	SD	国有企业工作人员 M	SD	非公有制企业工作人员 M	SD	自由职业者 M	SD	离退休人员 M	SD	家庭主妇 M	SD	学生 M	SD	其他 M	SD	F	p
公共服务感知绩效	3.455	0.741	3.522	0.757	3.386	0.751	3.490	0.822	3.652	0.797	3.278	0.592	3.409	0.697	3.383	0.945	0.699	0.673
政府信任	3.483	1.111	3.316	1.023	3.324	0.982	3.536	1.040	3.394	1.007	2.992	0.978	3.350	1.025	3.646	1.063	0.872	0.528
政府形象	3.516	0.946	3.493	1.001	3.401	0.995	3.374	1.043	3.436	1.010	3.057	0.820	3.548	0.841	3.750	0.893	0.834	0.560
获得感	3.430	0.980	3.417	1.019	3.339	1.001	3.557	0.898	3.439	1.115	2.857	0.928	3.410	0.914	3.625	1.240	1.204	0.299

第四章 公共服务感知绩效对居民获得感的影响机制研究

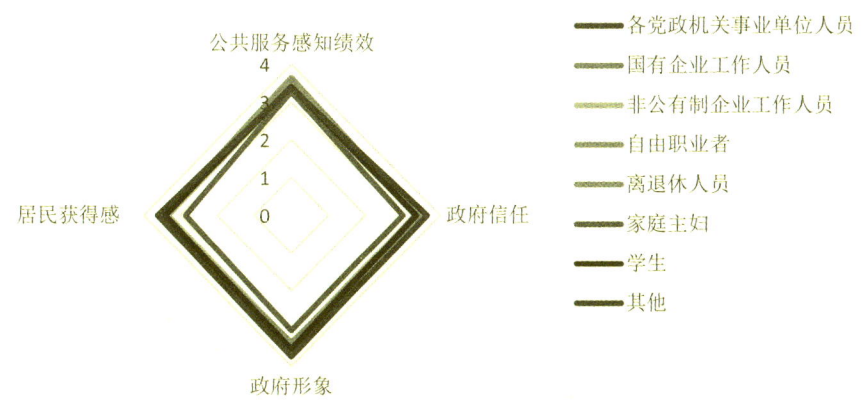

图4-11 职业差异检验雷达图

表4-28 婚姻差异性检验

变量	未婚		已婚		离异		丧偶		F	p
	M	SD	M	SD	M	SD	M	SD		
公共服务感知绩效	3.443	0.747	3.429	0.761	3.592	0.733	3.839	0.563	0.454	0.770
政府信任	3.390	1.039	3.334	1.012	3.500	0.978	3.333	0.933	0.207	0.935
政府形象	3.455	0.951	3.418	0.998	3.450	0.778	3.800	0.909	0.213	0.931
居民获得感	3.405	0.951	3.416	1.006	3.292	1.067	3.417	1.258	0.149	0.963

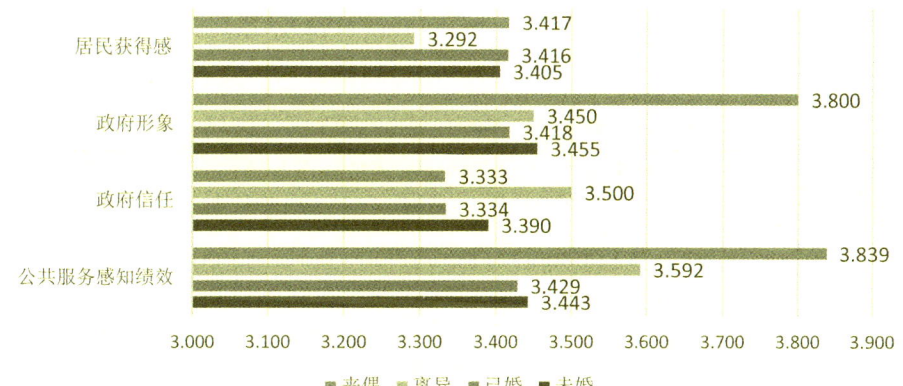

图4-12 各主要研究变量婚姻差异

表 4-29 月收入差异检验结果

变量	2000元及以下		2001~4000元		4001~6000元		6001~8000元		8001~10000元		10001元及以上		F	p
	M	SD	M	SD	M	SD	M	SD	M	SD	M	SD		
公共服务感知绩效	3.432	0.710	3.515	0.753	3.411	0.737	3.563	0.791	3.347	0.783	3.098	0.630	1.863	0.100
政府信任	3.287	1.049	3.417	1.025	3.298	0.967	3.459	1.097	3.318	1.043	3.382	0.887	0.401	0.848
政府形象	3.556	0.858	3.472	0.988	3.404	0.973	3.579	0.973	3.242	1.009	3.050	0.927	1.731	0.126
居民获得感	3.320	0.883	3.486	1.003	3.324	0.991	3.523	1.015	3.481	0.966	3.208	1.030	0.895	0.484

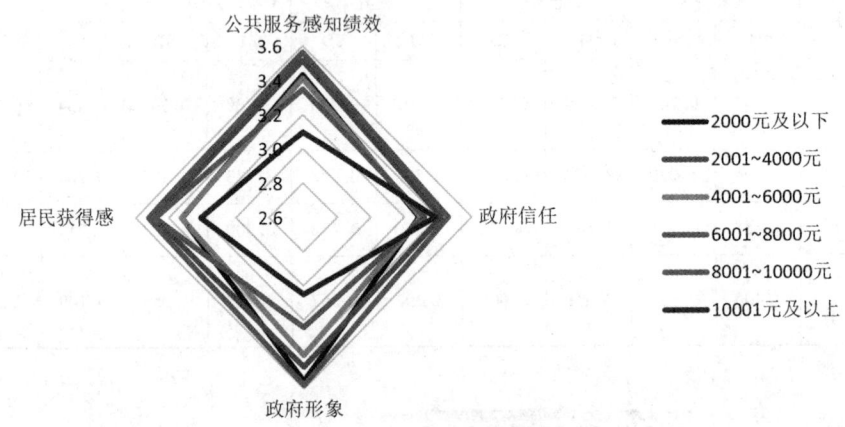

图 4-13 月收入差异检验雷达图

表 4-30 户籍差异检验结果

变量	城镇		农村		t	p
	M	SD	M	SD		
公共服务感知绩效	3.467	0.761	3.399	0.734	0.897	0.370
政府信任	3.355	1.038	3.378	0.977	-0.221	0.825
政府形象	3.408	0.993	3.498	0.921	-0.925	0.356
居民获得感	3.433	0.992	3.361	0.977	0.725	0.469

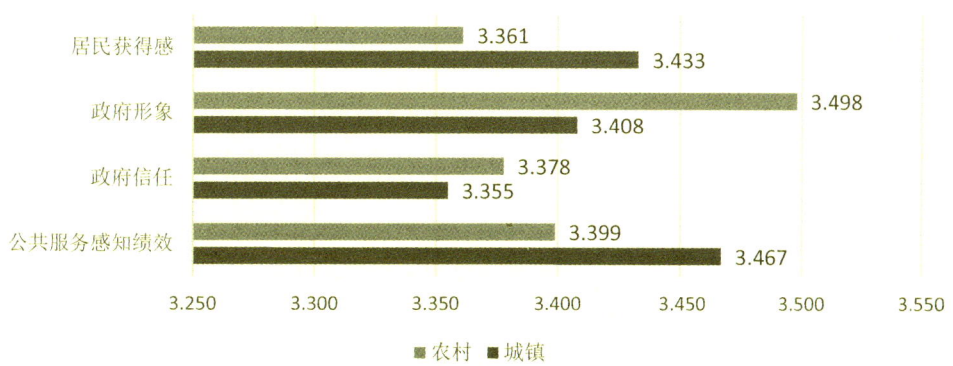

图 4-14　各主要研究变量户籍差异

三、相关性分析

将性别、年龄、学历、政治面貌、职业、婚姻状态、月收入和户籍作为控制变量，对公共服务感知绩效、政府信任、政府形象和获得感进行偏相关分析。从表 4-31 可以发现，公共服务感知绩效与政府信任之间存在显著的正相关关系（r=0.491，p≤0.01），意味着当控制其他变量时，公共服务感知绩效的提高会伴随着居民对政府的信任度的提高。公共服务感知绩效与政府形象之间存在显著的正相关关系（r=0.466，p≤0.01），意味着当控制其他变量时，公共服务感知绩效的提高会正向影响政府在居民心目中的形象。公共服务感知绩效与获得感之间存在显著的正相关关系（r=0.409，p≤0.01），意味着当控制其他变量时，公共服务感知绩效的提高会增进居民的获得感。政府信任与政府形象之间存在显著的正相关关系（r=0.408，p≤0.01），意味着当控制其他变量时，政府信任的提升会积极影响政府在居民心中的形象。政府信任与获得感之间存在显著的正相关关系（r=0.357，p≤0.01），意味着当控制其他变量时，政府信任的提升会增强居民的获得感。政府形象与获得感之间存在显著的正相关关系（r=0.378，p≤0.01），意味着当控制其他变量时，政府形象的提高促使居民获得感增加。公共服务感知绩效、政府信任、政府形象与获得感之间两两存在显著的正相关关系，为后续进一步研究奠定基础和提供参考。

表 4-31　主要研究变量间的相关性分析

变量	公共服务感知绩效	政府信任	政府形象	获得感
公共服务感知绩效	1			
政府信任	0.491**	1		
政府形象	0.466**	0.408**	1	
获得感	0.409**	0.357**	0.378**	1

续表

变量	公共服务感知绩效	政府信任	政府形象	获得感
均值	3.444	3.362	3.438	3.409
标准差	0.752	1.017	0.969	0.986

注：**表示 $p \leqslant 0.01$。

四、理论假设检验

（一）公共服务感知绩效对居民获得感的直接效应检验

本研究运用 AMOS 26.0 软件构建结构方程模型，以检验公共服务感知绩效对居民获得感的直接影响，具体结构方程模型如图 4-15 所示。通过 χ^2、χ^2/df、RMSEA、RMR、NFI、IFI、TLI、CFI 8 个指标进而判断模型适配度。结果如表 4-32 所示，模型相关拟合指数为：$\chi^2 = 60.810$，$\chi^2/df = 1.147$，RMSEA = 0.018，RMR = 0.027，NFI = 0.977，IFI = 0.997，TLI = 0.996，CFI = 0.997。拟合指数良好，表明模型具有较高的适配度。公共服务感知绩效对居民获得感具有显著的正向影响，标准化路径系数为 0.47（$p \leqslant 0.001$），说明公共服务感知绩效对居民获得感具有显著的正向影响，当公共服务感知绩效提高时，居民的获得感也随之提升，反之亦然，证明假设 1 成立，公共服务感知绩效与居民获得感呈正相关关系。

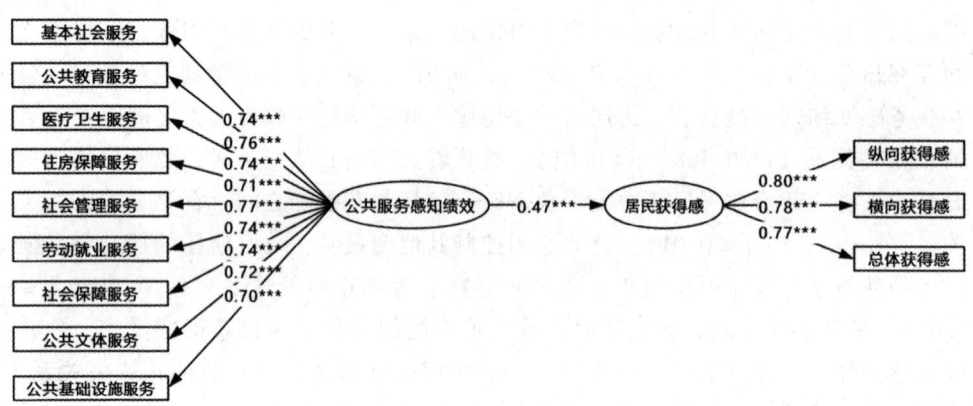

图 4-15 公共服务感知绩效对居民获得感直接影响的结构方程模型

表 4-32 结构方程模型的适配度指标值

适配指标	推荐值	拟合值
χ^2	越小越好	60.810
χ^2/df	<3.0	1.147
RMSEA	<0.05	0.018

续表

适配指标	推荐值	拟合值
RMR	<0.05	0.027
NFI	>0.9	0.977
IFI	>0.9	0.997
TLI	>0.9	0.996
CFI	>0.9	0.997

（二）政府信任的中介效应检验

为检验政府信任在公共服务感知绩效对居民获得感影响过程中的中介作用，本研究运用 AMOS 26.0 软件构建结构方程模型，具体模型如图 4-16 所示，相关拟合指数为：$\chi^2 = 144.399$，$\chi^2/\mathrm{df} = 1.094$，RMSEA = 0.015，RMR = 0.030，NFI = 0.968，IFI = 0.997，TLI = 0.997，CFI = 0.997。模型拟合指数良好，表明模型具有良好的适配度。

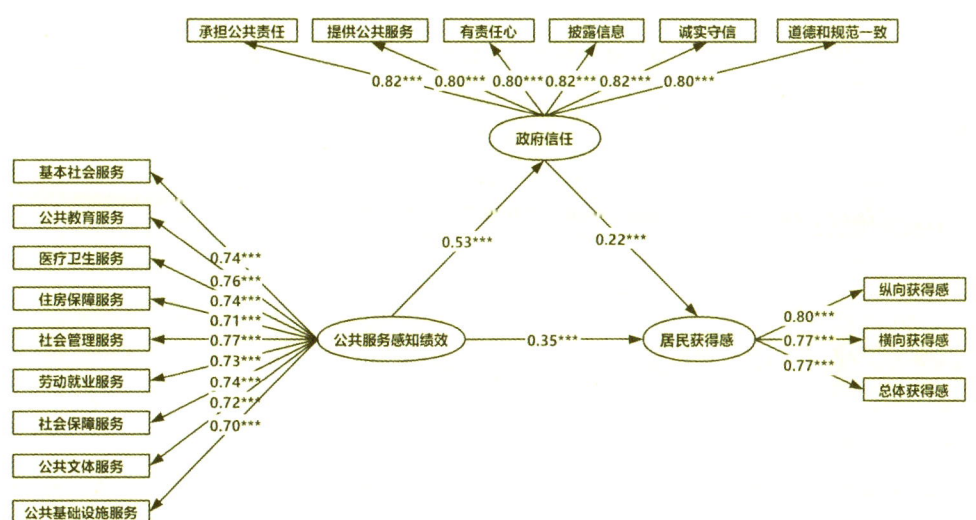

图 4-16 政府信任中介效应的结构方程模型

根据结构方程模型路径系数结果，如表 4-33 所示，得出以下结论：首先，公共服务感知绩效对政府信任具有显著正向影响（$p \leq 0.001$），这意味着公共服务感知绩效的提高会显著提升政府信任。政府信任作为居民对政府提供公共服务、保障公民利益以及履行其职能的客观评价和心理判断，是公民感知与政府行为之间相互影响和互动而产生的心理归属感。因此，当居民对政府提供的公共服务有较高的感知绩效时，如公共基础设施、医疗卫生等领域的服务质量改善，能够直接提高居民的生活质量，从而将其所享受到的优质的公共服务归因于政府，不断提高居民对政府的信任感。其次，政府信任对居民获得感具有显著正向影响（p≤0.001），这意味着政府信任的提高会显著增强居民获得感。获得感是居民基于公共服务的客观获得和感知而对实现自身需求的满足程度和享受社会发展成果的心理感受。当政府信任程度越高时，居民更可能感受到政府提供的公共服务是高效和可靠的，从而增强他们的获得感。此外，政府信任是居民对政府行为的心理期待和信念，促进政府与居民之间进行双向互动和协作，使居民更加愿意接受和使用公共服务，这也有助于增强居民获得感。综上所述，公共服务感知绩效的提高会显著提升政府信任，而政府信任的提高又会显著增强居民获得感。这个结果强调政府管理者和政策制定者更加关注公民感知，坚持从民众需求出发提高公共服务供给效率和质量，从而提高居民对政府信任程度，进而不断增强其获得感。通过提高公共服务质量、扩大覆盖范围以及满足和回应居民需求等方式，建设一个更加多元化、广覆盖和充满活力的公共服务环境。

表4-33　政府信任中介效应检验的路径系数表

路径	Estimate	S. E.	C. R.	P
公共服务感知绩效→政府信任	0.796	0.082	9.753	***
政府信任→获得感	0.199	0.055	3.626	***
公共服务感知绩效→居民获得感	0.472	0.085	5.533	***

注：***表示p≤0.001。

在控制人口学变量性别、年龄、学历、政治面貌、职业、婚姻、月收入以及户籍的前提下，检验政府信任在公共服务感知绩效与居民获得感之间的中介作用。本研究利用Hayes编制的PROCESS程序，采用Bootstrap方法重复抽样5000次，并将置信区间设置为95%，以此对中介效果进行检验。结果如表4-34所示，中介效应的总效应、直接效应和中介效应的95%置信区间（95% CI）分别为［0.427，0.652］、［0.278，0.532］、［0.200，0.063］，置信区间不包括0，但由于在引入政府信任的情况下，公共服务感知绩效仍然对居民获得感具有显著的正向影响，表明政府信任在公共服务感知绩效和居民获得感之间起到部分中介作用，则假设2和假设3成立，公共服务感知绩效与政府信任呈正相关关系，政府信任与居民获得感呈正相关关系。其直接效应（0.405）和间接效应（0.134）分别占公共服务感知绩效对居民获得感（0.539）的75.139%和24.861%，说明假设4成立，政府信任在公共服务感知绩效与居民获得感的关系中发挥中介作用。

表4-34 政府信任中介效应检验的 Bootstrap 结果

	Estimates	S. E.	Bootstrap 95% CI		相对效应占比（%）
			下限	上限	
总效应	0.539	0.057	0.427	0.652	100
直接效应	0.405	0.065	0.278	0.532	75.139
间接效应	0.134	0.035	0.200	0.063	24.861

（三）政府形象的调节效应检验

本研究采用 Process 中的 Model 7（Model 7 为有调节的中介模型）对政府形象在公共服务感知绩效和居民获得感之间的调节效应进行检验。

1. 政府形象在公共服务感知绩效对政府信任影响过程中的调节作用检验

结果如表4-35所示，公共服务感知绩效与政府形象的交互项显著正向影响政府信任（t=3.315，p=0.001），说明政府形象强化了公共服务感知绩效对政府信任的正向影响，且在政府形象较低时，公共服务感知绩效对政府信任的正向影响程度较低，但是随着政府形象的提高，公共服务感知绩效所发挥的积极作用逐渐增强，表明政府形象在公共服务感知绩效与政府信任之间起到了调节作用。为进一步检验政府形象的调节作用，采用 Aiken（1994）等提出的检验方法，以调节变量均值加减一个标准差为限，进行曲线斜率的简单估计并绘制简单斜率图。由图4-17可知，当处于高政府形象时，公共服务感知绩效对政府信任有着较强的正向影响（t=9.083，p=0.000）；当处于低政府形象时，虽然公共服务感知绩效对政府信任依旧存在着正向影响（t=2.794，p=0.005<0.05），但是与高政府形象相比，低政府形象的影响相对较弱，进一步说明假设5成立，政府形象正向调节公共服务感知绩效与政府信任的关系。

表4-35 有调节的中介模型检验

	政府信任
公共服务感知绩效	7.316*** （0.065）
政府形象	5.031*** （0.048）
公共服务感知绩效 × 政府形象	3.315*** （0.057）
F	18.028
R²	0.316
ΔR²	0.017

注：***表示 p≤0.001。

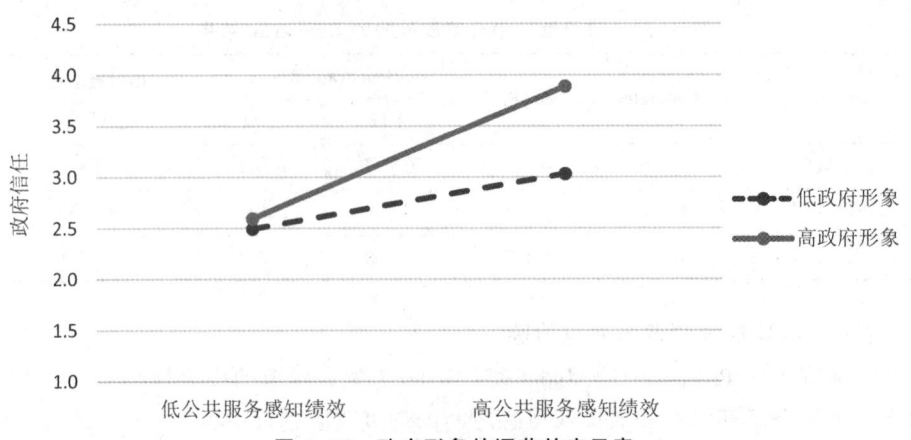

图 4-17 政府形象的调节效应示意

2. 政府形象在公共服务感知绩效与居民获得感之间经由政府信任的间接效应中的调节作用检验

由表 4-36 可知,在政府形象低分组中,公共服务感知绩效与获得感之间经由政府信任的间接效应显著(95% CI = [0.010, 0.114],不包含 0),在政府形象高分组中,公共服务感知绩效与获得感之间经由政府信任的间接效应显著(95% CI = [0.066, 0.190],不包含 0),高政府形象和低政府形象组之间标准回归系数相差 0.074,且置信区间为 [0.022, 0.136],不包含 0,说明假设 6 成立,说明政府形象经由政府信任在公共服务感知绩效与获得感的关系中发挥调节作用。

表 4-36 政府形象在不同组别中的调节效应表

组别	Estimates	S. E.	Bootstrap 95% CI	
			下限	上限
低分组	0.055	0.027	0.010	0.114
高分组	0.129	0.031	0.066	0.190
两组差值	0.074	0.029	0.022	0.136

(四)理论假设汇总

基于本研究主题,共提出六个研究假设,根据实证分析可得,六个假设均得到支持。验证了公共服务感知绩效与居民获得感的直接效应,政府信任在公共服务感知绩效对居民获得感影响中发挥的中介作用,以及政府形象在公共服务感知绩效对居民获得感影响中发挥的调节作用。具体研究假设结果如表 4-37 所示。

表 4-37　研究假设检验结果汇总

编号	理论假设	结果
假设 H1	公共服务感知绩效与居民获得感呈正相关关系	成立
假设 H2	公共服务感知绩效与政府信任呈正相关关系	成立
假设 H3	政府信任与居民获得感呈正相关关系	成立
假设 H4	政府信任在公共服务感知绩效与居民获得感的关系中发挥中介作用	成立
假设 H5	政府形象正向调节公共服务感知绩效与政府信任的关系	成立
假设 H6	政府形象经由政府信任在公共服务感知绩效与获得感的关系中发挥调节作用	成立

第六节　研究结论与实践启示

一、研究结论

提供优质高效的公共服务不仅是政府履行职责的基本要求，更是居民美好生活的关键保障。公共服务感知绩效不仅是居民基于自身需求和期望对公共服务的主观评价，同时也反映了居民对政府公共服务绩效表现的总体认知。同时，获得感作为衡量国家治理成效和共享发展成果的重要指标，为我国经济发展、社会善治以及人民福祉提供了价值指向。由此，本研究以云南省边疆民族地区居民作为调研对象，聚焦于公共服务感知绩效与居民获得感的关系，探讨政府信任在公共服务感知绩效对居民获得感的影响作用中的中介作用，以及政府形象的调节作用。在本节中，将对实证研究得出的结论进行总结，并以此提出实践启示，以期丰富有关公共服务感知绩效和获得感的研究内容，为后续相关研究和实践工作提供一定的参考价值。

（一）公共服务感知绩效对居民获得感的直接影响

实证研究结果显示，公共服务感知绩效与居民获得感之间呈显著正相关关系，居民对公共服务绩效的主观评价越高，即居民的公共服务感知绩效越高时，其自身所体会到的获得感将处于较高水平；反之，当居民对公共服务感知绩效降低时，其自身所感受的公共服务质量与预期有所差距，则其获得感也随之降低。本书的研究结果在一定程度上也验证了学者的研究，论证了公共服务与居民获得感之间的关系。李东平和田北海（2024）通过基准实验结果表明基本公共服务可及性能够显著提升农户的获得感。代争光和李燕领（2023）实证研究发现，城市社区公共体育服务能够显著正向影响居民获得感。杨宝和李万亮（2022）对2018年重庆市群众获得感调查数据的分析发现，公共服务的"客观获得"对"主观幸福感"产生了显著的积极影响。郑建君和马璇等人（2022）通过实证研究得出公共服务参与对提升居民获得感有正向显著作用。于洋航（2021）基于2417位城市社区居民样本调查得出城市社区公共服务对生活满意度和居民获得感具有正向作用。

　　根据本书研究结论，正向的公共服务绩效感知对于增强居民获得感具有重要作用，这也将为实践层面增强居民获得感提供理论上的支撑。具体而言，高公共服务感知绩效意味着居民对于自身所接受和享受的公共服务诸如公共基础设施、医疗卫生、劳动就业等方面具有较高的评价和满意度，并且所接受的公共服务与自身期望相符，能较好地满足多元化的需求，进而不断增强其获得感。以往研究多倾向于从政府角度出发探讨公共服务的供给、质量和效率等，然而衡量一项公共服务的成效如何，其绩效的高低不仅取决于政府提供服务的质量，更大程度上取决于居民的认知和满意程度。随着"公共服务均等化"的贯彻实施，政府的目标由追求经济增长向提高公共服务质量转变，同时，我国社会主要矛盾的转变也促使政府更加关注如何提升公共服务质量以及满足公众多元公共服务需求。高质量的公共服务不仅是满足广大群众基本生活需求的关键途径，更是实现人民日益增长的美好生活的重要举措。因此，要着眼于公众对公共服务绩效的感知，将公共服务绩效转化为社会公众的获得感。政府作为公共服务的主要供给者，如何提供更为优质高效可及的公共服务以满足居民多元化的需求，进而提升其自身获得感成为一项重要议题。

　　鉴于此，本研究将公共服务感知绩效作为自变量，居民获得感作为因变量，通过构建结构方程模型等实证研究方法对公共服务感知绩效与居民获得感之间的关系进行实证分析。研究结果发现，在公共服务感知绩效的九个维度中，分值由高到低依次为劳动就业服务（3.479±0.992）、公共基础设施服务（3.474±0.969）、医疗卫生服务（3.462±0.953）、住房保障服务（3.453±0.972）、基本社会服务（3.439±0.952）、社会管理服务（3.429±1.001）、公共文体服务（3.428±0.964）、社会保障服务（3.420±1.021）、公共教育服务（3.417±0.981）。由此可见，居民对劳动就业服务的感知绩效最高，认为现有的劳动就业能满足居民的需要，政府应不断健全就业公共服务体系，提供登记求职、就业指导、创业服务等一系列服务，持续改善工作岗位条件和提高文化技能水平。居民也普遍认为公共基础设施和医疗卫生等服务较能满足其自身的需求。各级政府部门应持续加大公共服务设施建设投入力度，推动公共服务基础设施布局更加优化、设施配套日趋合理，从居民实际需求出发大力推进基础设施建设和改革，切实解决居民问题，进而提高其生活质量。同时，政府不断增强医疗卫生服务能力，进一步扩大医疗保障覆盖面，深入推进紧密型县域医共体建设，致力于增强医保体制改革、卫生体制改革与药品流通体制改革三者联动协同。而居民普遍对公共教育服务的感知绩效较低,原因可能在于:首先,教育资源分配不均。不同地区经济发展水平不同,导致教育经费投入、师资力量等存在差异。发达地区学校软硬件设施好,而欠发达地区学校资源匮乏,影响居民对当地公共教育服务的评价。其次,教育质量有待提高。教学方法单一,忽视学生兴趣和能力培养,师资队伍建设不足而难以满足学生和家长对高质量教育的需求。再次,教育服务的针对性不足。学生个体差异大,但教育服务往往难以满足每个学生的个性化需求。最后,公共服务领域、政府部门和居民之间存在信息不对称。

(二) 政府信任的中介作用

根据实证研究结果可知,居民的公共服务感知绩效与政府信任之间存在正相关关系,意味着当居民公共服务感知绩效提高时,其对政府的信任度水平也随之提升。这一结论验证了前文关于公共服务与政府信任之间的关系(陈永国,钟杨,2012;保海旭,2021)。同时,政府信任与获得感之间存在显著的正相关关系,意味着政府信任的提高会显著增强居民获得感。这一结论也验证了前文关于政府信任与获得感之间的关系(李鹏,柏维春,2019)。公共服务感知绩效对政府信任具有显著正向影响,而政府信任也会对居民的获得感产生影响。由此,对政府信任进行中介效应检验,结果表明,政府信任在公共服务感知绩效对居民获得感的作用中存在部分中介作用,中介效应占比24.861%。这表明,居民的公共服务感知绩效可以通过影响其对政府的信任水平进而影响其获得感。

根据本书研究结论,公共服务感知绩效可以通过影响政府信任进而作用于居民获得感。作为一种持续性动态变化的态度,政府信任展现了居民对政府的内在评价,也是维持社会稳定的重要因素。政府信任是公民建立在政府履行职能责任以保障公民利益的基础上而对政府产生的心理感知评价,是公民与政府互动的双向关系。政府作为公共服务的主要供给者,一方面承担着直接供给公共服务的责任,高质量的能够满足居民多元需求的公共服务是政府部门的持续追求;另一方面要创新公共服务供给方式,利用数字技术更好地了解居民实际需求,从而提供更加个性化的服务。当居民对政府提供的公共服务有较高的感知绩效时,居民便会认为其所接受和享受的公共服务与自己的期望较为符合,诸如公共基础设施、医疗卫生等领域的服务质量改善,在满足居民自身的基本生活需要的基础上能提高其生活质量,从而将其所享受到的优质的公共服务归因于政府,不断提高居民对政府的信任感。居民对政府的信任度增加不仅能够促进政府部门更好地履行职责,提供更为优质高效的公共服务,同时促使居民对政府工作的开展持积极态度,从而更加主动地参与公共服务。获得感是居民在公共服务客观满足自身需求基础上的主观心理感受。居民对政府信任程度越高,越能感受到政府提供的公共服务是高效优质的,认为政府能够切实满足他们的多元化需求,从而提升自身获得感。由此，政府信任在公共服务感知绩效对居民获得感的影响过程中发挥着重要作用。

（三）政府形象的调节作用

实证结果显示，公共服务感知绩效与政府形象的交互项显著正向影响政府信任，说明政府形象强化了公共服务感知绩效对政府信任的正向影响，即政府形象在公共服务感知绩效对政府信任的影响过程中发挥调节作用，进而最终影响居民获得感。地方政府形象是地方政府影响力的重要组成部分，良好的政府形象是地方政府管理有效性和合法性的外在表现，关系到公众对政府的信任程度和满意程度（Pandey，2010）。当居民对政府的形象评价越高时，公共服务感知绩效对其政府信任的影响就越强，获得感就越高；当居民对政府的形象评价越低时，公共服务感知绩效对其政府信任的影响就越弱，获得感就越低。政府形象被视为政府合法性的象征，良好的政府形象不仅是人民群众所期盼的心声，也是政府管理能力和素质的综合反映，有助于凝聚社会力量和推进政治民主化进程。

政府在公共服务供给过程中需要投入大量的资金、人力等资源以保证公共服务的质量，同时居民对政府的形象随公共服务绩效的浮动而对其感知产生影响。如果公共服务质量不高，与居民内心期望有一定的差距，那么居民对服务的感知绩效自然会下降，与此同时，居民对政府的形象评价也会随之下降。一旦政府在以往的形象塑造中存在不足从而导致居民对政府形象的评价降低，那么政府在提供公共服务的过程中，即使保证公共服务的基本质量，居民仍可能对公共服务产生不满和负面评价，最终导致公共服务感知绩效较低。此外，政府形象在公共服务供给过程中会固化并形成自身形象，从而影响居民对公共服务的感知绩效。具体而言，在居民接受和使用公共服务过程中，会对政府形成一个初步印象，如果政府形象受到广大居民认可，那此时对公共服务的感知绩效就会提高，否则就会下降。当建立一个良好的政府形象时，后期政府提供其他公共服务和进行改革时，以往形成良好的形象评价会对居民的公共服务感知绩效产生长期正向影响。汤峰等（2021）研究发现，如果政府部门已经树立了良好的环保形象，那么社会公众便会认可政府在环境保护工作方面的决心和努力，并对政府未来能够提升环境质量充满信心。

因此，当居民个体对政府形象的评价较高时，对政府所做出的政策和决定的认同和支持程度较高，往往会表现出更高的参与公共服务的意愿，良好政府形象能够提升自身对政府的信任程度，在接受和使用公共服务过程中的包容程度也越高，即使存在一定的不足之处也不会影响居民整体的感知绩效。同时，由于高政府形象的个体拥有与公共利益更为一致的观念，往往具有更高的信任和期望，更有可能表现出积极参与公共服务的意愿和行为，因而在这一过程中个体的获得感也会显著提升。

二、实践启示

本书通过实证分析探讨了公共服务感知绩效对居民获得感的影响，以及政府信任和政府形象在其中分别发挥的中介作用和调节作用，所得出的研究结论为提升我国公共服务感知绩效和居民获得感具有重要的借鉴意义和参考价值，相关实践启示如下。

（一）以完善公共服务为导向增强居民获得感

公共服务不仅是政府履行职责的重要途径，也是居民美好生活的关键保障。完善公共服务体系，其目标是为满足居民多元化需求，持续增进居民获得感。如何为居民提供更为优质高效、便利可及的公共服务进而满足其日益增长的物质文化需求，已然成为一个亟须探讨和解决的重点问题。根据本书研究结论，公共服务感知绩效与居民获得感之间呈显著正相关关系，提供高效优质的公共服务，有助于增强居民获得感。

1. 立足居民真实需求，补齐公共服务短板

补齐公共服务短板需要从居民个体出发，立足于其多元化的真实需求，从公共服务感知绩效低的方面入手，进一步深化公共服务内涵，完善公共服务不足进而增强居民的获得感。

根据本书的结论，在公共服务感知绩效具体维度中，公共文体服务、公共教育服务和社会保障服务的感知绩效排名较低。因此，在提供公共服务具体实践工作中，要有针对性地聚焦于提升公共文体服务、公共教育服务和社会保障服务的质量和水平。首先，对于公共文体服务，要提升公共文体服务资源覆盖率，合理配套设施建设。根据研究结论可知公共文体服务与居民的期望还有一定的差距，表明现有公共文体服务还未能满足居民的需求。因此，要增加和完善公共文体设施，提供更多的文体活动场所和设备，确保社会公众能够平等地享受到文体服务。政府部门牵头经常性地组织开展多样化的文体活动，提高居民参与度和丰富居民日常文体活动。其次，对于公共教育服务，究其原因可能与云南边疆民族地区教育资源分布不均、教育系统不完善、教育实施难度较大有关。为此，要进一步提升教育质量，在财政拨款、学校建设、资源分布以及教师配备等方面向落后地区倾斜，既要解决好贫困地区、民族地区和偏远地区的均衡发展问题，又要加快缩小城乡之间的差距，以此推进教育实施和均衡教育资源。最后，对于社会保障服务，一要强化社会保障服务政策宣传，通过现场宣传、走村入户、网络视频等多样化方式宣传社会保障服务，提升居民对社会保障服务的认知度和配合度；二要优化社会保障服务体系，提高社会保障服务水平和质量，尤其要完善社会保险制度，如提高基本养老保险和生育保险统筹层次，推动"三改联动"以促进

医疗保险体系合理化，优化失业保险费率制度，完善预防、康复和补偿"三位一体"的工伤保险制度，健全和宣传长期护理保险制度，积极发挥其基础性作用。

2. 构建多元供给格局，提高公共服务质量

《"十四五"公共服务规划》中指出，到2025年，政府保障基本、社会多元参与、全民共建共享的公共服务供给格局基本形成，民生福祉达到新水平。提高公共服务质量立足于构建多元供给格局，意味着在提供公共服务的过程中，不仅依靠政府的作用，同时要充分发挥市场机制、社会组织和公民个体的作用，多元主体协同合作提高公共服务质量，以此满足不同层次的居民需求，进而增强居民获得感。

首先，构建公共服务多元供给格局要加强政府的主导作用。政府作为公共服务的主要提供者，应在公共服务的规划、管理和监督等方面发挥主导作用。其一，制定公共服务的整体规划，明确服务内容、标准和方式，确保公共服务的公平性和普惠性；其二，建立健全公共服务的监管体系，既要加强对公共服务提供者的管理和监督，又要畅通民众反馈投诉渠道，回应民众需求，确保公共服务的质量和效率。其次，构建公共服务多元供给格局充分发挥市场机制的作用。市场机制能调动各类资源积极参与公共服务的提供，提高公共服务的质量。因此，要强化市场在公共服务资源配置中的决定性作用，通过市场化手段诸如竞争招标等一系列良性方式引导和鼓励社会资本进入公共服务领域，从而提高公共服务的质量。同时，政府也要建立健全市场监管机制，确保市场的公平竞争和健康发展，以免由于市场恶性竞争而产生不合理的垄断和低质量的公共服务，导致居民对公共服务的感知绩效降低，从而引起对政府的不信任并降低其获得感。再次，构建公共服务多元化供给格局充分发挥社会组织的作用。社会组织是公共服务供给的重要参与者，通过社会组织参与公共服务有助于拓宽公共服务渠道，进而提高公共服务质量。一方面，政府应加强对社会组织的支持和引导，通过资金扶持、减免税收等方式激发社会组织参与公共服务的活力，从而为社会组织营造良好的政策环境。另一方面，推动政府、市场和社会组织之间的合作，形成共建共治共享的公共服务体系，从而完善社会组织孵化器与培育机制，提高社会组织的专业水平和服务能力。最后，构建公共服务多元化格局要充分发挥公民的主体作用。公民既是公共服务的受益者也是最终的评价者，是公共服务供给过程中的重要参与者。政府应加强公民参与公共服务过程的宣传和教育，提高公民对公共服务的认知度和参与意识，通过构建积极的政府与居民之间的关系，吸纳居民的智慧和建议，不断回应居民需求，使公共服务更加符合居民预期。同时，政府也要通过建立法规和加强监管来保障公民个体在公共服务供给中的权益，才能更好地推动公众参与公共服务供给，进而提高公共服务质量，增进居民获得感。

3. 贯彻以人为本理念，聚焦公共服务精准化

坚持以人为本是提升公共服务质量的价值取向，以人为本理念在建设公共服务工作中具有深远意义，致力于把实现好、维护好、发展好最广大人民的根本利益作为公共服务工作的出发点和落脚点，切实解决人民群众最为关注的重点问题和满足人民群众日益多元化的需求。聚焦公共服务的精准化需立足于以人为本理念，以居民需求作为公共服务供给的理念导向，利用数字化、智能化和网络化等一系列现代化技术手段提高公共服务的精准化和供给质量，以此增强居民的获得感。

一方面，以满足居民真实需求为实践导向，合理配置公共服务资源的合理性，从而提升公共服务供需匹配程度。要加大对居民公共服务感知绩效的关注力度，通过居民对公共服务的主观评价和预期差距，找出公共服务供给过程中的不足之处，从而有针对性地改善公共服务的重点和难点，并且通过各有侧重的公共服务供给方式补齐公共服务的短板，进而提高公共服务的精准化，以此增强居民获得感。另一方面，利用互联网等现代化信息技术，为公共服务精准化提供强大技术支撑。要善于把大数据、人工智能等现代科技手段与公共服务供给深度融合，贯通线上、线下融合服务新路径，打造公共服务集成化平台，利用智慧服务平台社区畅通居民网络参与和意见表达渠道，激发居民参与公共事务的意识和行为，实现服务供给和居民需求精准对接和高效满足。

（二）以提升政府信任为依托增强居民获得感

政府信任作为一种持续性动态变化的态度，展现了居民对政府的内在评价，不仅关系民心所向，而且也是社会稳定和发展的基础。根据本书研究结论，政府信任对居民获得感具有显著正向影响，这意味着政府信任的提高会显著增强居民获得感。居民对政府的信任度并不是一成不变的，而是随着政府服务绩效和满意度动态变化。提升居民的政府信任度，促进居民与政府之间持续良性互动，有助于显著增进居民获得感。

1. 鼓励公民参与，增进政府认同

公共服务作为架起居民与政府之间的桥梁，是居民最为直观感受政府作为和评价政府治理的一项工作。创新公共服务模式，鼓励并引导居民积极参与公共服务过程，有助于增进居民对政府的认同，进而提高对政府的信任。一方面，以人民需求为价值导向，拓宽居民参与渠道。政府应主动创造条件，为居民提供更多参与公共服务以及政务建设的渠道。通过设立线上线下相结合的咨询平台，广泛听取居民对政策法规、公共服务以及社会事务等方面的意见和建议。积极组织开展各类有关公共服务的听证会，让居民参与到政策制定和决策的过程中，充分发挥居民积极主动性。另一方面，合理表达诉求，打破沟通壁垒。通过建立全面科

学的民意表达机制,强化广大居民向政府反映问题的意识,以合情合理的方式表达自己的诉求和意见,并拓宽政府回应路径,及时有效给予居民回应,并提出具体有效的解决措施。

2. 优化人员素质,提高行政效率

在当今服务型政府建设的背景下,打造高素质公务员队伍显得尤为重要。公务员在日常行政活动中与公民进行直接互动,是政府形象的代表,其素质和能力直接关系到政府的行政效率和公信力。因此,政府要高度重视优化公务员素质和能力建设,不断提高行政效率,优质高效便捷为人民服务。第一,建立健全选拔制度,加强源头把关,全方位评估个人的品行道德、守法情况以及廉洁自律等方面的表现。第二,完善培训机制,立足于实际出发,以满足需求为导向,在加强理论知识培训的同时,根据岗位需要针对性地开展技能培训,同时注重实践锻炼,着力增强公务员履职能力,提升专业水平。第三,完善考核体系,以强实干、重实效、抓落实为导向,将日常工作与重点专项考核相结合,不断完善考核内容,制定相应的考核法规,明确考核的程序、方法、标准等规则,加强对公务员的全方位考核,强化考核结果运用,将考核结果与绩效考评相挂钩。

3. 规范媒介路径,增强正面舆论

在互联网时代背景下,随着信息技术的快速发展,舆论环境日益复杂多变,政府作为国家治理的重要主体,面临着巨大的舆论引导压力。习近平总书记高度重视舆论工作,指出要"着力提升新闻舆论传播力、引导力、影响力、公信力"。因此,规范媒介路径,坚持正确的舆论方向,有助于提升居民对政府的信任。首先,要充分认识媒介对政府的影响。居民通过多种传媒途径来了解国家、政府以及地方的政策法规,因此建立牢固的传媒信任,通过设身处地为人民着想,站在人民立场思考问题、解决问题,进而正面推动政府信任。其次,要加强对信息内容的审核。政府信息发布是舆论引导的重要环节,要注重提升信息发布质量,确保发布的信息具有权威性、针对性和可读性。尤其对于重要政策、突发事件等,要第一时间发布权威信息,回应社会关切,避免出现信息真空。

(三)以打造政府形象为抓手增强居民获得感

政府形象是决定政府政策能否为公众所接受或多大程度上被接受的一项重要因素,并直接影响着公众对政府活动的心理和行为倾向。打造良好的政府形象,不仅是提升政府信任的需要,更是增强居民获得感的重要途径。根据本书研究结论,政府形象在公共服务感知绩效对政府信任的影响过程中发挥调节作用,进而最终影响居民获得感。

1. 改革政府职能,打造服务政府形象

公共服务是政府重要的职能之一,政府公共服务能力不仅关系服务型政府建设成效，也与政府职能转变紧密联系。因此，建设服务型政府与政府形象紧密相连，要推动政府职能转变，不断提升优化政府形象。首先，理顺政府职能体系，找准职责重心。服务型政府以公共服务为其主要职责，建设服务型政府的应有之义是将政府的职责重心转变到公共服务上来。要不断优化政府部门组成，理顺政府与市场、政府与社会的关系，通过政府机构优化、流程再造，提升政府治理能力，持续构建高质量的公共服务体系，满足居民多层次、多样化的公共服务需求。其次，创新服务方式，持续优化营商环境，提高行政效率。依托数字化建设打造智能政务，搭建线上业务办理平台，让数据多跑路，群众少跑腿，打通便民"最后一公里"。切实解决重审批、弱监管、重流程、轻服务等问题，让数字赋能政府建设，提高政府亲和力，打造服务型政府。

2. 推动信息公开，打造透明政府形象

透明型政府既让权力在阳光下运行，又能让居民充分了解与监督政府行为，维护和保障人民的根本利益。推动信息公开有助于促进政民互动，进而保障人民知情权与监督权，打造透明政府形象。首先，要遵循政务公开条例，保障居民全面知情。《中华人民共和国政府信息公开条例》中强调政府信息公开要稳预期、强监督、促落实、优服务、提质量。因此，政府要严格实行政府信息公开制度，从随意公开转变为全面公开，从定时公开转变为实时公开，从结果公开转变为全程公开。其次，要拓宽信息公开渠道，健全公开监督机制。一方面，以多种平台媒介为依托完善信息公开渠道。通过建设电子政务服务平台、融媒体、"互联网+"等现代化技术手段，将与人民群众切身利益相关的信息全面、准确、及时进行公示，并提高回应性以及时处理公众诉求。另一方面，以多元主体协同为手段健全公开监督机制。通过强化政府内部、社会、人民等多元主体协同监督体系，通过聘请政务公开监督员、组织部门内部自评互评、开展公众满意度调查等方式广泛听取人民群众对信息公开的建议和意见，以此加强对信息公开的日常监督和定期考核。

3. 加强法治建设，打造廉洁政府形象

作为新时代下对塑造政府形象的新要求，廉洁政府既是我国宪法廉洁性条款的具体化和清廉中国建设的主体工程，也是政府治理体系改革的内在要求。在推进依法行政、建设法治政府的过程中重视廉洁，将法治建设与打造廉洁政府深度结合，有助于提升优化政府在居民心中的良好形象，增强居民获得感。首先，加强法治思维，开展普法教育，提升基层干部法治素养。法治思维是基本干部必备的基本素质之一，树立正确的法治观念是加强法治思维的应有之义。一方面，通过开展法治讲座和培训等多样化形式提高基层干部的法治素养，并将法治思维作为干部选拔、任用、考核的重要内容，建立相关法治考核机制。另一方面，坚持有法必依，避免权力的滥用。各级政府以及工作人员都必须在法律法规规定的范围内开展活动，严格遵守宪法和法律的要求。其次，加强制度建设，违法必究。政府应建立健全反腐败机制，加大对腐败行为的查处力度，以此形成对腐败行为的高压态势，同时，完善公开透明的监督机制，健全权力运行制约机制，发挥媒体和公众的监督作用，保障人民的知情权和监督权。

第五章 城市公共服务满意度对居民获得感的影响机制研究

第一节 研究概要

一、研究背景

2015年2月27日，习近平总书记在中央全面深化改革领导小组第十次会议上首次提出："让人民群众有更多获得感"。作为诞生于中国本土的学术概念，"获得感"一词一经提出，就引起社会各界的广泛关注，并成为学术研究的热点议题。2016年2月中央全面深化改革领导小组第二十一次会议指出，"把是否促进经济社会发展、是否给人民群众带来实实在在的获得感，作为改革成效的评价标准"。2017年中央全面深化改革领导小组第三十三次会议文件指出，"深入推进增强人民群众获得感的改革，建立健全科学合理的改革评价机制，把改革举措效益充分发挥出来，不断增强人民群众获得感"。2017年《中华人民共和国国民经济和社会发展第十三个五年规划纲要》指出："必须坚持发展为了人民、发展依靠人民、发展成果由人民共享，作出更有效的制度安排，使全体人民在共建共享发展中有更多获得感，增强发展动力，增进人民团结，朝着共同富裕方向稳步前进。"2017年党的十九大报告指出："完善公共服务体系，保障群众基本生活，不断满足人民日益增长的美好生活需要，不断促进社会公平正义，形成有效的社会治理、良好的社会秩序，使人民获得感、幸福感、安全感更加充实、更有保障、更可持续。"2020年党的十九届五中全会指出："坚持把实现好、维护好、发展好最广大人民根本利益作为发展的出发点和落脚点，不断增强人民群众获得感、幸福感、安全感。"同年，"十四五"规划明确指出："健全基本公共服务体系，让发展成果更多更公平惠及全体人民，不断增强人民群众获得感、幸福感、安全感。"2022年党的二十大报告指出："深入贯彻以人民为中心的发展思想，在幼有所育、学有所教、劳有所得、病有所医、老有所养、住有所居、弱有所扶上持续用力，人民生活全方位改善。人民群众获得感、幸福感、安全感更加充实、更有保障、更可持续,共同富裕取得新成效。"

加拿大城市研究学者 Harold Chorney(哈罗德·乔尼)在《梦想之城》中曾这样描绘城市:"城市召唤着我们心里潜藏的梦想……城市不仅是一个地方,也是一个变化之地,一座梦想之城。"城市既承载着一代又一代原住居民的记忆,也是新时代有理想有抱负的青年人的理想之城。截至2024年年底,我国城镇常住人口为94350万,城镇化率67%。城市是人民的城市,城市居民对美好生活的追求,离不开城市基本公共服务的有效供给和社会资源的合理分配,随着我国经济社会的发展与中国式现代化进程的不断推进,城市基本公共服务的质量显著提升。然而,发展过程中的不平衡不充分问题也日益暴露,如人口规模膨胀、生态环境恶化、公共交通拥堵、自然资源短缺、公共服务不完善、城市居民老龄化严重。这恰巧印证了我国社会主要矛盾的转变,即人民日益增长的美好生活需要和不平衡不充分的发展之间的矛盾。换句话说,需求和获得感息息相关,城市的治理水平与公共服务有效供给对提升城市居民的获得感尤其重要。党的二十大报告指出:"坚持人民城市人民建、人民城市为人民,提高城市规划、建设、治理水平,加强城市基础设施建设,打造宜居、韧性、智慧城市。"随着城市居民需求层次的不断提高和需求数量的不断增长,如何提供优质均衡的公共服务满足其多元化的需求,体现城市居民的新期待,提升其获得感,已然成为以人民为中心的发展理念的题中应有之义,更是衡量政府施政效果和改革成效的重要标尺,同时也是新时代城市治理者的重要任务。

获得感本身彰显着人文社会学科特有的人文关怀价值取向,同时也凸显了中国共产党人以人民为中心的核心理念,地方政府也逐渐意识到提升居民获得感在城市治理过程中的重要作用,把是否给人民群众带来实实在在的获得感,作为改革成效的一个重要评价标准。基于以上论述,本研究综合应用需求层次理论、治理理论和社会资本理论,以云南省边疆地区为例,通过问卷调查收集数据,运用统计分析方法对数据进行处理和分析,对城市公共服务满意度与居民获得感之间的关系进行深入的实证分析。通过揭示这一关系的内在联系和影响机制,为地方政府提升城市公共服务质量和居民获得感提供理论支撑和实践指导。

二、研究意义
(一)理论意义

丰富公共服务满意度的研究内容。当前学术界关于公共服务满意度的研究大部分集中在公共服务满意度的评估指标体系构建和影响因素分析两个方面,并取得了较多研究成果。在公共服务满意度影响因素研究中,大多研究使用二手数据资料,将公共服务满意度作为结果变量,运用实证分析方法来探究影响公共服务满意度的因素,仅有部分研究把公共服务满意度作为前因变量，探究公共服务满意度对居民生活满意度的影响。鉴于此，本研究结合需求层次理论、治理理论、社会资本理论，将城市公共服务满意度作为本研究的前因变量，居民的获得感作为本研究的结果变量，以云南省边疆民族地区城市居民为研究主体，探究城市公共服务满意度、社会资本、获得感三者之间的关系。

拓宽获得感影响因素的研究领域。从获得感的研究领域分析，获得感的生成逻辑、理论内涵、结构维度、评估指标体系构建、影响因素及其由获得感衍生出的新概念，如数字获得感、思想政治教育获得感等，是目前学术界的研究热点。获得感影响因素的相关研究大部分集中于探讨收入、公共政策、社会保障、公共服务供给、人口统计学变量等的作用。由此可知，现有研究在一定程度上忽视了城市公共服务相关因素对居民获得感的重要作用。城市公共服务作为满足居民日常生活需求的重要组成部分，公共服务供给与居民真实需求之间的匹配程度直接影响居民的获得感。因此，本研究从城市公共服务满意度的视角出发，深入探讨其对居民获得感的影响及其具体作用机制。这不仅有助于深化对获得感形成机制的理解，还可为地方政府在提升城市公共服务质量和效率、增强居民获得感方面提供有价值的参考。

（二）现实意义

伴随着城市化进程的不断深入，城市社会结构日益复杂化，社会矛盾和利益冲突也愈发激化，城市居民的需求也呈现出多样化、多层次、多方面的特点。因此，推动公共服务共建共享，满足城市居民高品质多样化需求，提升城市居民的获得感已经成为地方政府治理的重要任务。通过对云南省边疆城市公共服务现状的评估，能够更加充分地了解民众对当前公共服务质量的感受、期望、评价和态度，反思总结具体实践工作中出现的问题，推动地方政府补齐短板弱项，不断提升公共服务水平，持续增强人民群众获得感。

为地方政府不断增强人民群众获得感找到新的实现路径。获得感是新时代衡量政府施政效果的重要标尺。随着我国社会主要矛盾的转变，努力实现人民群众的不同层次的需要已经成为高质量发展的题中应有之义。获得感着力践行以人民为中心的发展思想，因此不断增强人民群众的获得感，已然成为各级党组织衡量治理成效的重要指标。全心全意为人民服务是中国共产党和人民政府的根本宗旨，提升人民群众的获得感已然成为新时代中国特色社会主义发展的重要任务。获得感既包括物质层面的满足，又涵盖精神层面的满足，通过分析云南省边疆民族地区城市居民的获得感状况，能够更好地了解民意、体察民情、优化公共服务、推进城市更新、加强社区治理、促进社会公平。

第二节 基础理论和研究综述

一、基础理论

（一）马斯洛需求层次理论

马斯洛需求层次理论是美国著名社会心理学家亚伯拉罕·马斯洛于1943年发表在《心理学评论》的《人类动机理论》一文中提出的包含生理需求、安全需求、社交需求（爱和归属的需求）、尊重需求和自我实现需求五个层面的需求理论（见图5-1）。

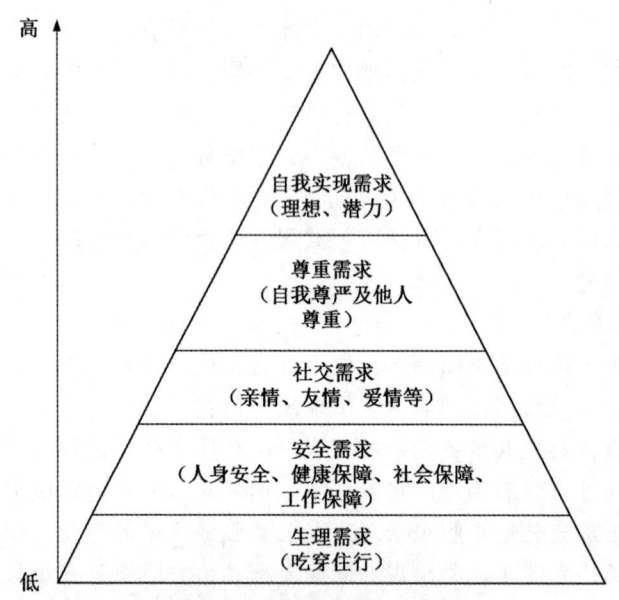

图5-1 马斯洛需求金字塔

生理需求是维持个体生存和种系发展的需求，主要包括衣食住行等与人民群众日常生活密切相关的物质层面需求。安全需求是马斯洛需求层次理论的第二层，指人类生存与发展所需的安全稳定的社会环境和公平公正的法治环境。对于城市居民来说，工作稳定是其安全需求的重要来源。第三层次是社交需求，主要包括两个方面的需求。一是情感的需要，即爱的需求。二是归属的需求，归属的需求更多来自家庭、社会等群体对个体的认可与接纳。面对城市高昂的生活成本和激烈的竞争压力，家人、朋友、伴侣等的关心与支持对城市居民至关重要，将直接影响其客观获得感，进而影响主观层面的获得感受。尊重需求是第四层次的需求，主要涉及两个方面的内容：内部尊重需求和外部尊重需求。内部尊重需求指的是个体对自我价值的评估，换句话说，也就是自尊（自我认可）；外部尊重需求既包括他人、社会等对个体自我价值的尊重、认可与肯定，又包括宏观社会环境下的公平对待。对城市居民来说公平对待显得尤其重要，以城市公共服务的供给为例，公平主要体现在城市公共服务供给过程中的分配公平，由于大城市长期以来受制于 GDP 政绩竞赛压力，往往把教育、医疗保障、养老保险等基本公共服务限制在本地户籍人口范围内（乔晓春，2019）。将基本公共服务的供给与户籍挂钩，很容易导致公共服务供给的分配公平问题的出现，这无疑对城市居民获得感的提升产生了负面消极的影响。自我实现需求是个体最高层次的需求，指实现自身潜力和追求个人目标的需求。因此，基本公共服务的提供和需求层次理论之间存在内在联系，通过满足不同层次的需求，基本公共服务可以提高民众的生活质量和获得感。

（二）治理理论

1989 年世界银行发表的一篇题为《撒哈拉以南非洲：从危机到可持续增长》的发展报告中，首次使用了"治理危机"一词。此后，"治理"一词便被广泛地用于政治发展研究中并开始在全球范围内流行起来。

目前，学界对治理内涵的研究大致可分为四类：一是传统治理观。这种观念主要强调国家和政府的统治、管理、服务。在传统观念中，国家和政府被视为社会的核心管理者和决策者，负责维护社会秩序、保障公民权益、推动社会发展。这种治理观强调政府的权威性和主导性，认为政府应该扮演主导角色，对社会进行管理和服务。二是西方治理理论影响下的西式治理观。这种观念受到西方治理理论的影响，更多地强调国家和政府之外的其他社会组织的参与、管理、服务。西式治理观认为，治理不仅是政府和国家的责任，还包括各种社会组织、企业、公民等社会力量的参与。这种治理观强调多元主体的共同参与和协作，注重社会力量的作用。三是中国式系统治理观。这种观念强调国家、政府、社会、公众等各种主体共同协作的系统性管理和服务。中国式系统治理观认为，治理是一个复杂的系统工程，需要各种主体共同参与和协作，形成合力。这种治理观注重系统性、整体性和协同性，强调各种主体之间的相互作用和影响。四是具体事务治理观。这种观念强调对具体事务的管理和处理。具体事务治理观认为，治理应该针对具体问题进行具体分析和处理，注重实际效果和可操作性。这种治理观强调问题的具体性和针对性，注重解决实际问题。

20 世纪 20 年代，全球经济严重衰退，城市治理领域开始深入研究经济不景气与社区权力不平等之间的关系，并提出了"中等城镇"命题，现代城市治理的变革由此兴起。关于城市治理理论的演变众说纷纭，国外学者萨维奇、瓦利斯、斯通分别基于区域主义、城市区域空间结构、城市政治研究三个不同视角提出其独到的见解，具体内容见表 5-1。

表 5-1 城市治理理论演变

代表人物	研究视角	城市治理理论的演变
萨维奇	基于区域主义	大都市政府理论、公共选择理论、新区域主义、再区域化理论
瓦利斯	基于城市区域空间结构	传统区域主义、公共选择理论学派、新区域主义
斯通	基于城市政治研究	以选举为中心的多元主义城市政治理论、以经济因素为主导的城市政治理论

本书基于吴晓林等（2017）的研究，从地域范畴指向与公共权力指向两个维度，对城市治理理论的演变做进一步的梳理，具体内容见表 5-2。

表 5-2 城市治理相关理论内容

研究视角	理论名称	内容
地域范畴指向	传统区域主义（大都市政府理论）	建立一个统一集权的大都市政府，解决因"政府碎片化"造成的资源浪费和效率低下问题
	公共选择理论（多中心治理理论）	通过支持政府分散化、市场化的路径，来解决大都市区的跨界治理问题
	新区域主义理论	强调区域层面的多元协商过程、政府与社会互动合作、发挥第三部门力量，以实现大都市区经济社会的均衡、公平与可持续发展目标
公共权力指向	精英主义理论	城市由少数精英人物统治，政府只是其意志的实现者、政策的执行者
	多元主义理论	大多数市民拥有非直接影响力，不同的主体和角色有资源、有途径来表达其诉求并影响决策，城市权力呈现出分散化、分层化和多元化的特点
	城市增长机器理论	政商联盟主导城市决策的制定，掌握城市权力，城市成为政府与非政府部门促进经济增长的机器
	城市政体理论	关注"如何统治"这一问题，市场与国家之间的劳动分工使权力趋于分散，政权是一种合作性安排，城市由地方政府和私人参与者共同管理

城市治理通过优化公共服务体系，提高教育、医疗、交通等关键领域的服务质量，使城市居民能够享受到更加便捷、高效和优质的公共服务，从而增强其获得感。城市治理致力于改善居民的生活环境，包括提升城市绿化、清洁程度和空气质量等，提升城市居民的生活品质，进而增强其获得感。城市治理通过加强公共安全管理和犯罪预防，降低社会动荡的风险，为城市居民提供更加安全稳定的生活环

境，安全保障的强化有助于提升城市居民的获得感和安全感。城市治理强调多元主体的参与和合作，鼓励城市居民和社会组织积极参与城市治理不仅能够提高治理效率，还能够增强居民对城市的认同感和归属感，进而提升城市居民的获得感。

综上所述，城市治理通过改善公共服务、提升生活环境、增强安全保障以及增进社会参与和认同感等多个方面，对居民的获得感产生积极的影响。因此，推进城市治理现代化、提升治理效能，是增强居民获得感、提升城市整体发展水平的重要途径。

（三）社会资本理论

布迪厄于 1980 年在《社会资本随笔》一文中正式提出了社会资本这一概念并将其运用于社会科学领域，他认为社会资本是实际或潜在资源的总和，具体体现为一种被大家认可的、规范化的人际关系网络。科尔曼（1988）运用理性选择原理，从社会功能视角详尽地解释了社会资本的定义。帕特南（1993）将社会资本理论引入民主治理研究中，认为社会资本包含信任、规范以及网络等要素。社会资源理论的代表学者林南（2001）认为，社会资本是从嵌入社会网络的资源中获得的，社会资本植根于社会网络和社会关系中。目前，国内大部分学者主要基于社会资源说这一视角对社会资本进行定义，大都认同社会资本是一种资源。表 5-3 总结了社会资本理论代表观点。

表 5-3　社会资本理论代表观点

代表学者	研究视角	主要内容
布尔迪厄	个人社会关系网络视角	强调社会关系网络的重要性
科尔曼	社会结构资源的功能视角	社会资本是一种结构资源
帕特南	民主治理视角	从政治学角度将社会资本与公民社会结合
林南	网络资本视角	社会资本是一种社会关系的投资

资料来源：作者根据文献整理。

在城市治理中，高存量的社会资本可以促进城市居民对政府的信任，提高城市居民对政策和决策的参与度，从而改善城市治理的效果。社会资本所强调的社会网络在城市治理中发挥积极作用，如在应对灾害、危机或城市发展中，社会网络可以提供资源、信息和支持，从而增强城市抵御风险的能力。社会资本是认识社区公共产品提供和集体行动形成的重要视角，易承志和王艺璇（2021）基于上海市 H 街道三个不同类型社区的案例比较分析发现：以社会网络、信任和互惠规范为核心内容的社会资本，能够较好地解释存在差异性的社区居民生活垃圾分类行为和社区生活垃圾分类绩效。此外，社会资本还可以影响城市居民的行为，包括对公共事务的参与和对规则的遵守，这些行为对城市治理的有效性和效率都有重要影响。因此，社会资本可以被视为城市治理的重要资源，它有助于促进城市内部的合作与协调,增强城市的稳定性,提高可持续发展能力。

城市治理的公正性、透明度和效率影响居民社会资本的积累。当地方政府采取公正、透明和有效的治理措施时,居民对城市的信任程度也会随之提升,进而更愿意参与城市事务,形成更紧密的社会网络。社会网络的形成为城市居民提供了更多的资源和支持,有助于解决集体和个人面临的困境。城市治理在促进居民社会资本积累方面还体现在公共服务质量的提升上。优质的公共服务不仅能够提高城市居民的生活品质,而且也能够增强城市居民的归属感。优质的公共服务能够为居民之间的交流和合作提供平台,有助于居民之间建立更广泛的社会联系和信任关系。

综上所述,城市治理与居民社会资本之间相互促进、相互依赖。优化城市治理有助于积累和提升居民社会资本,而丰富的居民社会资本又能为城市治理提供有力的支持和保障。因此,在城市发展过程中,应重视并充分发挥居民社会资本的作用,推动城市治理的不断创新和完善。

二、研究综述

(一)公共服务满意度研究综述

一直以来,国内外公共管理学界高度重视公民主观评价政府公共服务水平。我国经济已由高速增长阶段转向高质量发展阶段,民众对经济指标的敏感度下降,而对教育、医疗、社会保障等各类基本公共服务尤为关注。公共服务满意度作为公众对政府提供的各类公共服务的期望与实际感受之间差距的感知,反映了民众对公共服务是否满足其需求的主观感受与心理认可度(郑建君,2017)。公共服务满意度作为评估政府是否以人民的需求为导向,提供均衡优质的公共服务的重要标准,是打造人民满意的服务型政府的关键基石。

1. 概念界定

目前,学术界主要从两个视角来界定公共服务满意度。一是基于公众主观感知与评价。梁昌勇等(2015)认为,公共服务满意度是指公众对公共服务质量、效果的综合主观评价。范柏乃等(2016)认为,公共服务满意度是指公众对政府公共服务的总体感觉,是一种主观认知和评价。公共服务满意度不仅是衡量公共服务供给质量的重要因素之一,也是衡量公共服务获得感的有效载体(郑建君,2017)。余兴厚等(2018)认为,公共服务满意度是指居民在消费基本公共服务过程中对服务绩效的一种感知。刘华兴等(2019)认为,公共服务满意度是指市民对政府公共服务供给数量、质量以及服务态度与效果等多方面的综合满意程度。陈丽君等(2022)认为,公共服务满意度是指公众对政府提供公共服务数量和质量的综合性主观评价。程名望等(2022)认为,公共服务满意度是指居民对政府公共服务的直接感知,是对政府基本公共服务供给数量、供给效率、服务质量的主观综合评分。二是基于社会比较。王佃利等（2009）认为，公共服务满意度是公众对公共服务的感知效果与自身期望进行比较后所形成的感觉状况。纪江明（2013）认为，公共服务满意度是指公众接受政府所提供公共产品和公共服务的实际感受与其期望的比较程度。姚绩伟等（2016）认为，公共服务满意度是公众对公共产品的可感知效果与其期望值比较后所形成的心理感受状态。表5-4详细列举了不同学者对公共服务满意度的定义。

表5-4 公共服务满意度概念

研究视角	概念	出处来源
基于公众主观感知与评价	公众对公共服务质量、效果的综合主观评价	梁昌勇等（2015）
	公众对政府公共服务的总体感觉	范柏乃等（2016）
	不仅是衡量公共服务供给质量的重要因素之一，也是衡量公共服务获得感的有效载体	郑建君（2017）
	公众对服务绩效的感知	余兴厚等（2018）
	公众对公共服务多方面的综合满意程度	刘华兴等（2019）
	公众对公共服务的综合性主观评价	陈丽君等（2022）
	公众对公共服务的直接感知与主观综合评分	程名望等（2022）
基于社会比较	公众将公共服务的感知效果与自身期望值进行比较后所形成的感觉状况	王佃利等（2009）
	公众对公共产品和公共服务的实际感受与其期望之比较的程度	纪江明（2013）
	公众对公共产品的可感知效果与其期望值比较后所形成的心理感受状态	姚绩伟等（2016）

综上所述，本书认为公共服务满意度是公众对政府公共服务供给数量、供给效率以及服务质量与效果等多方面的综合主观评分，包括教育、社保、就业、医疗、公共安全、城市环境、文体、交通等方面的满意度。

2. 公共服务满意度的测量

公共服务满意度对政府具有重要意义。于政府而言，公众如何评价政府是公共部门全面质量管理的重要内容和表现，是服务型政府建设的重要特征（Van Ryzin，2004）。随着新公共管理运动的进一步发展，以顾客为导向的公共服务绩效评估成为中坚力量。公共服务满意度调查有助于政府改进公共服务质量，加强公民的政府信任，帮助政府更加有效地分配资源，优化服务流程，提高工作效率，建设人民满意的公共服务型政府。

最初，顾客满意度指数模型被应用到城市政府公共服务满意度的测评中，对满意度的测量采用总体满意度和具体领域满意度相结合的方法（Ryzin等，

2004)。国内研究主要基于美国顾客满意度测评(ACSI)模型,部分学者对该模型进行分析,或者在此基础上提出了本土化的测评模型及方法,把政府绩效考评和公众满意度测评结合起来,提出在我国政府窗口部门开展顾客满意度测量操作的可行性。类似地,有研究使用直接询问的方式获取公众对公共交通使用的满意度,发现客观的公共交通绩效和主观的公共交通满意度之间并不存在显著的相关性。之后,诸多国内外公共服务满意度的测量无外乎直接询问公众对某项公共服务的满意程度和总体地方政府公共服务满意程度的办法。公共服务满意度是衡量政府绩效和公众对政府工作评价的重要指标,而问卷调查法因其操作简便、数据收集量大且易于分析等优势,被广泛应用于基本公共服务满意度的测量中。因此,本书基于国内近五年公共服务满意度的研究,总结了基于问卷调查法的公共服务满意度测量有关研究,各项研究的具体测量指标如表5-5所示。

表5-5 国内公共服务满意度的测量指标

公共服务满意度测量	具体指标	来源出处
四维	公共教育;医疗卫生;劳动就业;基本住房保障	刘成奎,任飞容,王宙翔(2019)
	公共服务资源的充足程度;公共服务资源分布的均衡程度;获取公共服务的便利程度;公共服务的普惠性程度	陈丽君,胡晓慧,顾昕(2022);保海旭(2021);宋丽颖,张安钦(2020);孔德鹏,史传林(2020)
五维	为患者提供医疗服务;为老人提供适当的生活保障;提供优质的基础教育;打击犯罪;环境保护	王刚,刘瑶(2022)
	医疗服务满意度;养老服务满意度;就业服务满意度;住房保障满意度;子女教育满意度	李东平,卢海阳(2020)
六维	环境;就业;教育;医疗;住房;社会保障	程名望,李代悦,杨未然(2022)
八维	公共交通;公共环境;公共事业;公共医疗;社会保障;文化休闲;公共教育;公共安全	曹现强,林建鹏(2019)
	公共交通满意度;城市环境满意度;水热气等公用事业满意度;医疗卫生服务满意度;社会保障满意度;文体休闲满意度;公共教育满意度;公共安全满意度	刘华兴,曹现强(2019)
九维	公共教育满意度;医疗卫生满意度;住房保障满意度;劳动就业满意度;社会保障满意度;公共服务资源的充足程度;公共服务资源分布的均衡程度;获取公共服务的便利程度;公共服务的普惠性程度	张龙鹏,汤志伟,曾志敏(2020)

续表

公共服务满意度测量	具体指标	来源出处
九维	国家安全；打击犯罪；基础教育；老年教育；医疗服务；环境保护；公平执法；社会公平；秉公办事	刘中起，瞿栋（2020）

资料来源：作者根据文献整理。

3. 公共服务满意度的影响因素

在公共服务满意度影响因素相关文献中，学者们主要从宏观层面、微观层面、多层面探究了影响公共服务满意度的因素。

一是宏观层面的因素对公共服务满意度的影响。研究发现，财政支出相对水平对公共服务满意度有显著影响（王哲等，2018）。经济发展的差异会影响公民主体认知模式和社会资本的形成进而影响公共服务满意度（孔德鹏等，2020）。在线政务服务具有提升公共服务的公众满意度的积极作用（张龙鹏等，2020）。流动人口基本公共服务满意度显著低于城市本地居民基本公共服务满意度（程名望等，2022）。

二是微观层面的因素对公共服务满意度的影响。研究表明，公民的政治参与对公共服务满意度有显著正向影响（郑建君，2017）。民主参与具有提升居民公共服务满意度的积极作用，且民主参与在收入与居住地区两个人口统计学变量中存在差异（官永彬，2017）。公共服务质量感知与公共服务期望显著影响公共服务满意度（姬生翔等，2017）。主体认知与基本公共服务满意度显著正相关，资源禀赋与基本公共服务满意度显著负相关（余兴厚等，2018）。公民行政负担感知显著降低公民的公共服务满意度（王鸿儒，2020）。社会阶层认同具有提升公共服务满意度的积极作用，母亲的教育程度和职业阶层对个体公共服务的满意度有显著影响（刘中起等，2022）。

三是多层面的因素对公共服务满意度的影响。研究表明，公众预期与公共服务满意度之间存在着显著的负相关关系；地方政府公信力、个人效能感、个人幸福感与政府效能是影响公共服务满意度的重要因素（冯菲等，2016）。个体的期望和经历、人口密度、经济发展水平、空气质量均会对公共服务满意度产生影响（孙宗锋，2018）。城市层面变量中人均GDP和人均公共财政支出对于城市公共服务满意度具有显著的正向影响；个人层面变量中的学历、职业、居民期望值、政府信任度、政府回应满意度等对市民的公共服务满意度评价有显著的影响（曹现强等，2019）。

(二) 社会资本研究综述

1. 社会资本的起源

翰尼范于1916年发表的《乡村学校社群中心》一文中提及了社会资本这一概念，但因其有限的认识，并未对社会资本的含义做出清晰的界定。真正从学术意义上使用社会资本概念的是布尔迪厄。法国社会学家布尔迪厄于1980年发表的一篇题为《社会资本随笔》一文中，首次将社会资本运用于社会科学领域，并将社会资本界定为"实际或潜在资源的总和，具体体现为一种被大家认可的、规范化的人际关系网络"。美国社会学家詹姆斯·科尔曼于1988年发表的《社会资本在人力资本创造中的作用》一文中，将社会资本定义为：社会资本具有生产性功能，从而达到某些目标，反之缺少它则很难实现。它是具有共同特征的主体，它的主要组成部分是社会结构的一些要素，并且对其中的个体行为有利。罗伯特·帕特南于1993年发表的《让民主政治运转起来》一文中，认为社会资本是社会组织的特征，诸如信任、规范以及网络等，它们能够通过促进合作行为来提高社会的效率。

2. 社会资本的概念界定

社会资本自20世纪90年代以来成为众多学科关注的重要理论路径和分析工具，这主要得益于三位学者的开创性研究。第一位是法国社会学家布尔迪厄。布尔迪厄是第一个将社会资本运用于社会科学领域并对其进行系统研究的学者，他认为社会资本是实际或潜在资源的总和，具体体现为一种被大家认可的、规范化的人际关系网络。第二位是美国社会学家科尔曼。科尔曼认为，社会结构资源作为个人拥有的资本财产，即社会资本。第三位是美国学者帕特南。帕特南是将社会资本概念引入政治学研究的第一人，他认为社会资本是社会组织的特征，诸如信任、规范以及网络，它们能够通过促进合作行为来提高社会的效率（见表5-6）。

表5-6 国外有关社会资本的典型概念界定

研究视角	代表人物	具体内涵
个人社会关系网络视角	布尔迪厄	社会资本是指实际或潜在资源的总和，具体体现为一种被大家认可的、规范化的人际关系网络
社会结构资源的功能视角	科尔曼	社会结构资源作为个人拥有的资本财产，即社会资本
民主治理视角	帕特南	社会资本是指社会组织的特征，诸如信任、规范以及网络，它们能够通过促进合作行为来提高社会的效率

资料来源：作者根据文献整理。

目前，国内主要是从社会资源说、社会关系网络说、社会动员说三个角度来界定社会资本。一是社会资源说。苏娜（2020）认为，社会资本是一种以社会信任为核心，个体通过社会（参与）网络和社会（互惠）规范而形成的较为持久的复合社会资源。常桂祥等（2021）认为，社会资本是指储存于社会关系之中的、能够通过合作推动协调和行动并给个体或集体带来收益的诸如信任、规范、网络等要素构成的社会资源。张晓丽等（2022）认为，社会资本是嵌套在个体社会网络（人际关系）中的社会资源，以及由此形成的社会参与、社会信任、互惠互利等。付少雄等（2022）认为，社会资本指个体用户通过社会关系网络可获得的关系资源，主要涵盖结构资本、认知资本与关系资本。二是社会关系网络说。胡康（2012）认为社会资本是社会网络所具有的一些诸如信任及互惠规范等能够转化为生产能力的特征。三是社会动员说。杜雯翠等（2022）认为，社会资本是指能够通过协调行动来提高经济效率的社会网络、信任和规范。表5-7详细列举了国内不同学者对社会资本概念的界定。

综上所述，本书认为社会资本是储存在社会关系之中的资源集合体，以及由此形成的社会网络、社会参与、社会信任、社会规范、社会支持等。

表5-7　国内有关社会资本的典型概念界定

研究视角	概念	出处来源
社会资源说	拥有者的资源	卢燕平（2007）
	资源集合体	胡荣等（2011）
	复合社会资源	苏娜（2020）
	社会资源	常桂祥等（2021）；张晓丽等（2022）
	关系资源	付少雄等（2022）
社会关系网络说	能够转化为生产能力的特征	胡康（2012）
社会动员说	能够通过协调行动来提高经济效率	杜雯翠等（2022）

资料来源：作者根据文献整理。

3. 社会资本的测量

厄普霍夫认为社会资本可以理解为是由两个相互联系的类别构成，结构社会资本和认知社会资本。纳哈皮特和戈尔沙将社会资本定义为嵌入在行为人所拥有的关系网络中并能够为之所用的实际和潜在的资源，并进一步区分了关系性、认知性、结构性三个维度的社会资本。尽管各位学者基于自身学科研究范畴对社会资本有不同的见解，但其基本指向大致相同，即信任、规范、参与网络三个方面的内容被广泛提及。因此，国内外学者主要基于信任、规范、参与网络三个方面从不同研究视角对社会资本进行了测量。

Putnam（1995）认为社会资本的测量主要从社会信任、社会参与、社会联系三个维度进行。Paxton（1999）直接使用"信任"测量集体社会资本。林南（2001）

把社会资本等同于网络资产，因此社会资本的测量主要包括两方面的内容，即社会网络中的资源和个体的网络位置。Harpham等（2002）认为社会资本主要从社会网络、社会支持、社会信任、互惠和非正式社会控制五个维度来测量。

赵延东（2006）将社会资本分为微观社会资本与宏观社会资本。微观社会资本的测量主要从个人的网络规模、网络密度和网络资源三个维度进行；而宏观社会资本的测量主要包括信任和公共参与两个维度。胡荣等（2011）从社团参与、城市居民的社会信任、公共事务的参与三个方面对社会资本进行测量。胡康（2012）从社会资本的结构部分与功能部分对其进行测量。刘米娜等（2013）认为社会资本包括认知性社会资本与结构性社会资本，认知性社会资本的测量，即社会信任的测量；结构性社会资本的测量，也就是社会参与的测量。赵雪雁等（2013）基于Putnam提出的分析框架，从网络、规范、信任三个维度对社会资本进行测量。罗家德等（2014）从关系、结构、认知三个维度对社区社会资本进行考察。龙翠红等（2016）认为社会资本包含社会信任、参与网络和互惠规范三个方面的要素，并在中国综合社会调查（CGSS）2012年度数据中选取相关问题对社会资本进行测度。孔德鹏等（2020）基于中国综合社会调查（CGSS）2015年度数据，从网络与信任两个维度对社会资本进行测量。苏娜（2020）基于Putnam社会资本的研究，从社会信任、社会网络、互惠规范三个维度对社会资本进行测量。杜雯翠等（2022）认为社会资本涵盖社会信任、社会规范、社会网络和社会参与四个方面的内容，并在中国综合社会调查（CGSS）2013年度数据中分别选取相关问题对社会资本进行测度。张晓丽等（2022）认为社会资本分为个体社会资本和集体社会资本，个体社会资本通过网络规模、关系构成、网络顶端和网络异质性四个指标来测量；而集体社会资本使用社会参与、社会信任和互惠互利三个指标来测量。本研究总结了国内基于问卷调查的社会资本测量，具体测量指标如表5-8所示。

表5-8 社会资本的测量

社会资本的测量	研究视角	一级指标	二级指标	来源出处
二维	城乡居民社会资本测量	信任	制度性信任；陌生人信任；熟人信任	赵延东（2006）
		公共参与	一般公共参与；特殊公共参与	
	城市居民的政府信任	认知	熟人信任；社团信任；陌生人信任	刘米娜，杜俊荣（2013）
		结构	封闭网络；开放网络	

续表

社会资本的测量	研究视角	一级指标	二级指标	来源出处
二维	社会资本对健康状况的影响	结构	参与社团的数量；亲密网络规模；社会交往频度	胡康（2012）
		功能	特殊化信任；普遍化信任	
	社会资本对公共服务满意度的影响	网络	过去一年，您是否经常在您的空闲时间做下面的事情——社交；您与邻居进行社交娱乐活动的频繁程度；您与其他朋友进行社交娱乐活动的频繁程度	孔德鹏，史传林（2020）
		信任	您同不同意在这个社会上，绝大多数人是可以信任的；总的来说，您同不同意在这个社会上，您一不小心，别人就会想办法占您的便宜	
三维	社区社会资本测量	关系	工具网；情感网；拜年网；对本村人的信任程度	罗家德，方震平（2014）
		结构	拜年网密度；工具网密度；情感网密度	
		认知	社区归属感；邻里亲密；志愿主义	
	汉族、藏族、回族地区农户社会资本比较	网络	志愿组织参与	赵雪雁，赵海莉（2013）
		信任	普遍信任；制度信任	
		规范	互助；奉献；和睦	
	社会资本对公众警民合作意愿的影响	社会信任	对亲戚同事的信任；对社团人员的信任；对社区领导的信任；对陌生人的信任	苏娜（2020）
		社会网络	参加志愿活动；参加单位活动；参加单位外组织活动	
		互惠规范	对邻居的熟悉程度；和邻居交流互动的程度；社区团结程度	
	社会资本对居民政府信任的影响	社团参与	同乡聚会；校友或同学聚会；战友聚会；行业协会活动；社区居委会的会议或活动；寺庙或教会的活动；学术社团活动；单位组织的活动	

续表

社会资本的测量	研究视角	一级指标	二级指标	来源出处
三维	社会资本对居民政府信任的影响	社会信任	对单位同事、单位领导、邻居、一般朋友、亲密朋友、家庭成员、直系亲属、其他亲属、社会上大多数人、一般熟人、生产商和网友等12类信任对象的信任程度	胡荣，胡康，温莹莹（2011）
		公共事务的参与	对工作单位的事情、居住小区的事情、所在社区居委会的事情、本市的事情，以及国家的大政方针的关心程度	
	体育参与对中国城镇居民生活质量的提升	社会参与	社区志愿活动；与文体、学术等相关的志愿活动；帮助社会弱势群体的志愿活动；政治事务活动	张晓丽，张义祥，杜夏雨（2022）
		社会信任	对社会上绝大多数人的信任程度	
		互惠互利	邻居生活上有求于我，我绝不推辞；我会克服个人困难，完成集体的任务；为了本地发展，我会尽个人的一份努力；为了国家，我愿意牺牲个人利益	
	社会资本对农民医保参与的影响	社会信任	对社会上绝大多数人的信任程度	龙翠红，易承志（2016）
		参与网络	与邻居进行社交娱乐活动的频繁程度	
		互惠规范	如果发生自然灾害，您所在社区的居民能够联合起来一起应对危机	
四维	社会资本对公众亲环境行为的影响	社会信任	对社会上绝大多数人的信任程度	杜雯翠，万沁原（2022）
		社会规范	假定您的单位在调整工资或工作时间，使包括您在内的一大批人受到严重不公正的待遇。这时，如果有人想叫上大家一起去找领导讨个说法，动员您一起去，您会怎么办	
		社会网络	与邻居进行社交娱乐活动的频繁程度；与其他朋友进行社会娱乐活动的频繁程度	
		社会参与	上次居委会/村委会选举，是否参加投票	

资料来源：作者根据文献整理。

(三) 研究述评

通过梳理已有文献可知，当前学术界关于公共服务满意度的研究大部分集中在公共服务满意度的评估指标体系构建和影响因素分析两个方面，并取得了较多研究成果。在公共服务满意度测评方面，国内大部分学者的研究主要基于美国的 ACSI 模型，构建相关的满意测评模型，并运用算术平均法和熵权 TOPSIS 法等方法对城市公共服务满意度进行实证研究。在有关公共服务满意度影响因素的研究中，大部分研究采用二手数据资料，通过实证分析方法来验证影响公共服务满意度的影响，因此研究大多将公共服务满意度作为结果变量，探究其影响因素，仅有少部分研究把公共服务满意度作为前因变量，探究公共服务满意度对居民生活满意度、幸福感等的影响。

从获得感的研究领域分析，获得感的生成逻辑、理论内涵、结构维度、评估指标体系构建、影响因素及其由获得感衍生出的新概念，如数字获得感、思想政治教育获得感，是目前学术界的研究热点。目前，学界对获得感内涵的研究大致可分为四类。第一类强调客观获得内容；第二类强调主观心理感受；第三类强调客观获得内容和主观心理感受；第四类强调社会比较。不同学者基于其研究视角对获得感评估指标体系的构建存在较大差异，但研究大多基于二手数据资料，构建评估指标体系。而有关获得感影响因素的研究则多集中于探讨经济收入因素和人口特质变量的作用。微观层面研究大多集中于人口统计学变量对获得感影响，宏观层面研究则聚焦公共服务供给、公共政策对获得感的影响。从研究对象来看，研究对象大部分是居民，少数研究聚焦某一特定群体，如大学生、基层公务员、农民、乡村教师、老年人、青少年。从研究方法来看，大多研究采用二手数据资料，运用实证分析方法来探究影响获得感的因素。

学界现有关公共服务与获得感的研究，聚焦于公共服务政策、基本公共服务供给、公共服务质量等宏观层面的因素对获得感的影响，在一定程度上忽视了城市层面公共服务相关因素对居民获得感的重要作用。鉴于此，本研究基于微观个体对城市公共服务的主观评价和认知体现，探究城市公共服务满意度对城市居民的获得感的影响。

第三节 城市公共服务满意度对居民获得感影响机制的研究假设

一、城市公共服务满意度对居民获得感影响机制的直接效应

党的二十大报告指出："坚持人民城市人民建、人民城市为人民，提高城市规划、建设、治理水平，加强城市基础设施建设，打造宜居、韧性、智慧城市。"随着城市居民需求层次的不断提高和需求数量的不断增长，如何提供优质均衡的

公共服务满足其多元化的需求，体现城市居民的新期待，已然成为以人民为中心的发展理念的题中应有之义。

现有关城市公共服务的研究多集中于城市公共服务的供给端。洪俊杰等（2020）考察了城市公共服务供给质量对农民工定居选址行为的影响。王郁等（2021）对上海公共服务供需关系的时空变化特征进行深入分析，探讨了影响城市公共服务有效供给的主要因素。魏义方等（2021）探究了土地财政依赖对城市公共服务供给的影响。倪超军（2021）通过测算城市公共服务的开放度；研究城市公共服务开放度对农民工流迁行为的影响。许琳梓等（2022）实证分析了公共服务供给对人口城市化的影响。近年来，随着治理理论和电子政务的发展，城市公共服务多元合作供给和智慧化供给获得了众多学者的关注。这有助于提升城市公共服务供给质量和供给效率，发挥不同供给主体的积极作用，然而却在一定程度上导致学界对城市公共服务需求端关注度较低，即城市公共服务是否能够有效满足居民的多样化需求。

2015年2月27日，习近平总书记在中央全面深化改革领导小组第十次会议上首次提出："让人民群众有更多获得感。"作为诞生于中国本土的学术概念，"获得感"一词一经提出，就引起社会各界的广泛关注，并成为学术研究的热点议题。获得感是指个体在实际客观获取某种利益基础上内心深处所产生的一系列主观感受，是一种满足和幸福的积极情绪体验（彭文波等，2020）。获得感不仅能准确反映每一个社会个体客观获得的现实情况，而且与社会发展和个人成长紧密联系（王俊秀和陈满琪，2018）。

现有关获得感的研究大多集中三个方面：一是有关获得感内涵界定。现有研究大多认为获得感是检验社会发展成果、评价社会治理成效和民众生活质量的一把重要标尺，符合以人民为中心的发展理念的题中之义，是新时代国家治理的良政基准与善治标尺。二是获得感维度划分。不同的研究者对于获得感维度划分存在较大差异。王浦劬等（2018）基于相对剥夺理论，将获得感分为横向获得感、纵向获得感和总体获得感三个维度。吴克昌等（2019）基于2015年中国城乡社会治理调查（CSGS）全国性数据，利用因子分析，将获得感划分为四个维度。杨金龙等（2019）基于马克思主义的人民主体思想，结合新时代中国共产党人坚持以人民为中心的发展理念，认为人民获得感应包含五个方面的内容：经济获得感、公共服务获得感、政治获得感、安全获得感和自我实现获得感。三是获得感的影响因素研究。现有研究大多基于两个层面对获得感的影响因素进行实证分析。宏观层面的影响因素大多集中于经济收入因素；微观层面的影响因素主要基于个体心理变量。吴俣和黎洁（2024）基于相对剥夺理论，利用陕西省4市8县（区）1202份易地扶贫搬迁农户调查数据，采用有序Probit模型和中介效应模型深入探究个体收入不平等、社会融入和易地扶贫搬迁农民获得感之间的作用关系，研究发现易地扶贫搬迁农民社会融入在个体收入不平等影响获得感的过程中发挥完全中介作用，从子维度来看，经济融入发挥完全中介作用，社会关系和社区参与发挥部分中介作用，心理融入具有遮掩作用。焦开山等（2024）通过实证研究发现，收入水平和受教育水平较高的群体及拥有广泛社会关系的群体获得感相对较高。朱丽等（2025）基于自我决定理论和"工作要求—资源模型"，以广西社区工作者为研究对象，实证检验了社区工作者自我效能感对社区工作者获得感的直接效应。

公共服务满意度对获得感的影响是一个重要的研究领域。公共服务的质量及其满意度影响城市居民的获得感。优质的教育资源和完善的医疗卫生服务可以提高城市居民的生活质量和健康水平，进而对城市居民的获得感产生积极影响。因此，地方政府越来越注重提高公共服务的质量和满意度，通过提高城市人居环境质量、改善居民出行条件等方式，以满足居民的需求和期望，从而不断增强其获得感。城市公共服务涵盖教育、社保、就业、医疗、公共安全、城市环境、文体、交通等多个方面，公共服务的供给数量、供给效率、服务质量与城市居民的获得感息息相关。优质均衡的公共服务能够有效提高城市居民的安全感，保障城市居民的人身安全与财产安全，满足其安全需求。安全感的提升不仅能够增强居民对城市的认同感和归属感，还有助于维护社会稳定和促进和谐发展，从而进一步提升城市居民的获得感。

综上所述，城市公共服务满意度对居民获得感具有直接且显著的效应。提升公共服务的质量和水平，有助于增强居民的获得感，进而促进社会和谐与进步。

据此，本书提出以下研究假设：

假设1：城市公共服务满意度与居民获得感呈正相关关系。

二、社会资本在城市公共服务满意度对居民获得感影响过程的中介效应

伴随城市化进程的加速，城市优质的医疗资源与教育资源、充足的就业机会和职业发展机会吸引着大量人口涌入城市，导致城市产生了一系列治理难题。因此，为了推动城市治理高质量发展，政府、社区和居民等多方主体必须通过有效的沟通建立起良好的信任关系，同时普遍的公众参与、普遍有效的社会规范以及良好的社会支持网络也是城市高效治理的助推器。而社会网络、社会参与、社会信任、社会规范、社会支持正是社会资本所强调的基本内容，这就使得城市的治理本质与社会资本的内涵不谋而合，社会资本的质量和存量与城市治理绩效密切相关。

国内外学者从不同的视角论述了社会资本对政府治理的促进作用。Freitag（2006）发现，社会资本与政府制度密切相关。胡荣等（2011）研究表明，社会资本与城市居民政府信任显著相关。马得勇（2013）研究发现，乡村认知型社会资本对政府治理水平和政府信任具有积极的影响，加大社会资本投入对乡村治理

与和谐社会建设大有裨益。Andrews 和 Brewer（2014）的研究证明，探索创新型、外向型策略有利于促进社会资本与公共部门绩效，内向型、集中的管理策略可以更好地实现社会资本在公共部门的组织绩效和潜在利益。信任、规范、参与网络等内生性社会资本是农村养老服务的重要资源（双艳珍，2023），引导社会资本参与乡村公共文化服务、促进我国乡村文化振兴，是我国实现乡村振兴的重要基础与重要保障（杨志玲，赵阳，2022）。

公共服务的质量和效率影响居民对社区的认同感和归属感，进而影响居民之间的社会交往和互动。公共文化服务可及性中的可得性、可达性、可接受性、可适应性与居民新居住地认同感显著正相关（王春迎等，2024），优质的公共服务能够增强居民之间的信任，促进居民参与社区活动，形成积极的社区氛围和互助精神，从而提升居民的社会资本。公共服务还能够为居民提供便捷、高效的生活服务，满足居民的基本需求，提高居民的生活质量和幸福感，进一步增强居民对社区的认同感和归属感，从而促进居民之间的社会交往和互动，提升居民的社会资本。公共服务通过提供就业服务、教育、医疗等，为经济发展提供了有力支持，同时也为企业和产业的发展提供了便捷的运输和物流环境，有助于减少交通拥堵、改善环境污染，提高资源的利用效率。此外，公共服务对提升居民社会资本的作用还有利于建设服务型政府，提升政府管理能力等。

社会资本不仅是一种资源，更是一种获得资源的非正式途径，影响个体获得其他资源的机会（Woolcock，2000），个体所能获得的社会支持程度、人际关系网络的密度和质量与个体获得感密切相关。越来越多的研究发现社会资本对个体获得感具有显著影响。社交网络的纵向延伸有利于个体获得就业机会、提高经济收入、提升人力资本等，网络的横向扩展通过互惠互助发挥风险分担作用（谢家智等，2021）。社会资本的禀赋在一定程度上影响着个体实现目标的方式和能力，拥有更多社会资本的个体往往更容易获得所需资源，带来直接的获得感。此外，社会资本所构建的社会信任系统还能保障民众对付出与回报平衡的认知（谭旭运等，2020），减缓收入差距的不利影响（马红鸽等，2020），间接提升个体获得感。信任和互惠是社会资本的重要特征，这使得其时常在公共资源供给与集体行动之间扮演调节者的角色（奥斯特罗姆，2012），通过调节公共产品供给的方式来降低治理成本。灾后恢复是一个资源重整和再生的社会过程，政府通过公共产品供给进行资源调度，增强灾民的获得感，从而达到有效治理的目的（张惠，邹彤彤，2023）。合理的公共产品供给和丰富的社会资本都有利于营造良好的获得环境，正式获得途径与非正式获得途径相结合更有可能满足个体多样化的需求，带来积极的获得感。

研究城市公共服务满意度对居民获得感的影响可以帮助我们更深入地理解社会资本的积累和形成机制。社会资本是一个复杂的概念，包括社会网络、信任、规范等多个方面,而城市公共服务满意度则是居民对社会公共服务质量和效果的直接评价,两者之间存在密切的联系。通过探讨这种联系,我们可以更全面地理解社会资本的形成和积累过程。从实践层面来看,政府可以通过提升公共服务质量,如改善教育、医疗、交通等公共服务,来提高居民的满意度,进而增强居民的社会资本。

据此,本书提出以下研究假设:

假设2:城市公共服务满意度与社会资本呈正相关关系;

假设3:社会资本与居民获得感呈正相关关系;

假设4:社会资本在城市公共服务满意度对居民获得感的影响过程中发挥中介作用;

假设4a:社会网络在城市公共服务满意度对居民获得感的影响过程中发挥中介作用;

假设4b:社会参与在城市公共服务满意度对居民获得感的影响过程中发挥中介作用;

假设4c:社会信任在城市公共服务满意度对居民获得感的影响过程中发挥中介作用;

假设4d:社会规范在城市公共服务满意度对居民获得感的影响过程中发挥中介作用;

假设4e:社会支持在城市公共服务满意度对居民获得感的影响过程中发挥中介作用。

三、理论假设汇总与研究模型

基于上述分析,本研究共提出九条理论假设,具体如表5-9所示。

表5-9 理论假设汇总

编号	理论假设
假设1	城市公共服务满意度与居民获得感呈正相关关系
假设2	城市公共服务满意度与社会资本呈正相关关系
假设3	社会资本与居民获得感呈正相关关系
假设4	社会资本在城市公共服务满意度对居民获得感的影响过程中发挥中介作用
假设4a	社会网络在城市公共服务满意度对居民获得感的影响过程中发挥中介作用
假设4b	社会参与在城市公共服务满意度对居民获得感的影响过程中发挥中介作用
假设4c	社会信任在城市公共服务满意度对居民获得感的影响过程中发挥中介作用
假设4d	社会规范在城市公共服务满意度对居民获得感的影响过程中发挥中介作用
假设4e	社会支持在城市公共服务满意度对居民获得感的影响过程中发挥中介作用

随着社区治理和居民参与度的提高,居民的社会资本在公共服务满意度和居民获得感中的作用逐渐凸显。社会资本,如社会网络、社会参与、社会信任、社

会规范、社会支持等，可能会影响居民对公共服务的期望、感知和评价，从而影响其满意度和获得感。

然而，学界在一定程度上缺乏基于居民社会资本视角探讨城市公共服务满意度对居民获得感影响的研究。这可能是因为过去的研究更多地关注了公共服务的质量和效率，而较少关注居民的社会资本和其在公共服务满意度中的作用。这方面的研究对于理解城市公共服务与居民获得感之间的关系，以及如何通过提升公共服务质量来增强居民的获得感和社会资本具有重要的理论和实践意义。

因此，本研究结合社会学、管理学、心理学等多个学科的理论和工具，关注居民的社会资本，探讨其对城市公共服务满意度和居民获得感的影响，以提供更全面、深入的理解并指导实践。综上所述，本书提出如图5-2所示的研究模型。

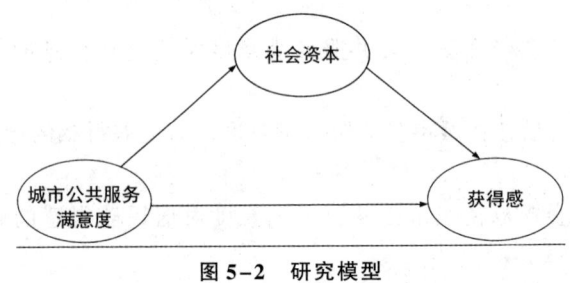

图5-2 研究模型

第四节 城市公共服务满意度对居民获得感影响机制的研究设计

一、研究量表设计

（一）城市公共服务满意度测量

本研究参照国家基本公共服务标准（2023年版）与《中国城市基本公共服务评价（2020）》，从七个维度对城市公共服务满意度进行测量。城市公共服务满意度采用李克特五点量表来测量，其中1=非常不满意，2=比较不满意，3=一般，4=比较满意，5=非常满意。具体测量题项如表5-10所示。

表5-10 本研究城市公共服务满意度测量

一级指标	具体测量题项
公共教育	A1 幼儿园
	A2 小学
	A3 中学
	A4 教育培训机构
	A5 教育资源分配
	A6 入学申请条件

续表

一级指标	具体测量题项
社会保障与就业创业	B1 弱势群体救助
	B2 基本养老保险
	B3 养老服务
	B4 残疾人服务
	B5 优军优抚服务
	B6 就业服务
	B7 创业服务
公共卫生	C1 医疗费用
	C2 医疗服务
	C3 医疗安全度
	C4 医疗便利度
	C5 基本医疗保险
公共安全	D1 人身安全
	D2 食品安全
	D3 信息安全
	D4 灾害防护
城市环境	R1 自来水水质
	R2 河流湖泊水质
	R3 绿化
	R4 街道卫生
	R5 公共厕所
公共文化体育	F1 文体活动场所
	F2 文体活动设施设备
	F3 文体活动种类
公共交通	G1 公共交通便利度
	G2 公共交通舒适度
	G3 网约车服务

（二）社会资本测量

本研究社会资本的测量主要基于帕特南提出的分析框架，从社会网络、社会参与、社会信任、社会规范、社会支持五个维度对社会资本进行测量。社会网络的测量，参照 Miao 等（2016）的研究，从与亲戚、朋友、邻居、同学、同事、老乡联系的频率六个方面来测量。采用李克特五点量表来测量社会网络，其中 1 代表"从来不"，2 代表"一年 1~2 次"，3 代表"一个月 1~2 次"，4 代表"一周 1~2 次"，5 代表"几乎每天"。社会参与的测量，参照张晓丽等（2022）

的研究，从参加社区志愿活动，参加与文体、学术等相关的志愿活动，参加帮助社会弱势群体的志愿活动，参加政治事务活动的频率四个方面来测量。采用李克特五点量表来测量社会参与，其中1代表"从来不"，2代表"一年1~2次"，3代表"一个月1~2次"，4代表"一周1~2次"，5代表"几乎每天"。社会信任的测量，参照Miao等（2016）的研究，从对家庭成员、亲戚、朋友、邻居、同学、同事、老乡、陌生人的信任程度八个方面来测量。采用李克特五点量表来测量社会信任，其中1=非常不信任，2=比较不信任，3=一般，4=比较信任，5=非常信任。社会规范的测量，参照龙翠红等（2016）和张晓丽等（2022）的研究，从三个方面、六个题项来测量。采用李克特五点量表来测量社会规范，其中1=非常不同意，2=比较不同意，3=一般，4=比较同意，5=非常同意。社会支持的测量，参照方嘉列等（2019）的研究，使用六个题项测量。采用李克特五点量表来测量社会支持，其中1=非常不同意，2=比较不同意，3=一般，4=比较同意，5=非常同意。具体测量题项如表5-11所示。

表5-11 本研究社会资本测量

一级指标	具体测量题项
社会网络	H1 与亲戚联系的频率
	H2 与朋友联系的频率
	H3 与邻居联系的频率
	H4 与同学联系的频率
	H5 与同事联系的频率
	H6 与老乡联系的频率
社会参与	J1 参加社区志愿活动的频率
	J2 参加与文体、学术等相关的志愿活动的频率
	J3 参加帮助社会弱势群体的志愿活动的频率
	J4 参加政治事务活动的频率
社会信任	K1 对家庭成员的信任程度
	K2 对亲戚的信任程度
	K3 对朋友的信任程度
	K4 对邻居的信任程度
	K5 对同学的信任程度
	K6 对同事的信任程度
	K7 对老乡的信任程度
	K8 对陌生人的信任程度
社会规范	L1 如果发生自然灾害，您所在社区的居民能够联合起来一起应对危机
	L2 愿意帮助遭遇不幸的邻居

续表

一级指标	具体测量题项
社会规范	L3 我会克服个人困难，完成集体的任务
	L4 为了城市发展，我会尽个人的一份努力
	L5 为了国家，我愿意牺牲个人利益
	L6 能与邻居和睦相处
社会支持	M1 跟他人有志同道合感
	M2 当需要时，能够获得他人的帮助
	M3 能感受到别人的关心
	M4 有人会主动和自己分享他（她）的社会经验和生活乐趣
	M5 有人愿意倾听自己的心事和烦恼
	M6 有人在决定或商量事情时会倾听自己的意见

（三）获得感测量

本书基于郑建君（2020）的研究，从社会发展获得感、民生改善获得感、自我实现获得感三个维度测量获得感。获得感采用李克特五点量表来测量，其中 1＝非常不满意，2＝比较不满意，3＝一般，4＝比较满意，5＝非常满意。具体测量题项如表 5-12 所示。

表 5-12 本研究获得感测量

一级指标	具体测量题项
社会发展获得感	N1 我能够感受到和谐的社会氛围和良好的社会信任
	N2 我们的社会正在朝着公平、公正的方向发展
	N3 现在老百姓的生活越来越有尊严
	N4 我能够在工作、生活中感受到成就感和自豪感
民生改善获得感	P1 现在，我得到了比以前任何时候都多的发展红利
	P2 目前，老百姓致富增收的效果越来越明显
	P3 目前，教育、医疗、住房等民生问题正在得到逐步解决和改善
	P4 我们国家的食药品安全、生态环境等情况正在朝好的方向发展
自我实现获得感	Q1 我总能在市场上找到自己喜欢的文化产品
	Q2 我可以追求和实现自己的梦想
	Q3 我能够以自己的智慧和力量参与到发展与改革的进程当中

二、数据收集

本研究选择以云南省边疆地区居民作为调研对象，基于线上网络平台——问卷星采用随机抽样的方式发放问卷。只有年龄在 18 周岁以上且居住在相关城市满 1 年以上的居民才能进入调查范围并剔除了问卷填写时间小于 200 秒的数据，最后的有效问卷为 505 份。

根据统计,本研究回收样本的基本情况如下。性别方面,女性共 223 人,占样本总量的 44.2%,男性共 282 人,占样本总量的 55.8%。年龄层面,30 岁及以下共 175 人,占样本总量的 34.6%,31~40 岁共 206 人,占样本总量的 40.8%,41~50 岁共 64 人,占样本总量的 12.7%,51~60 岁共 24 人,占样本总量的 4.8%,61 岁及以上共 36 人,占样本总量的 7.1%。学历方面,小学及以下学历共 28 人,占样本总量的 5.5%,初中学历共 65 人,占样本总量的 12.9%,高中(含高职高专)学历共 140 人,占样本总量的 27.7%,大学(含本科及大专)共 251 人,占样本总量的 49.7%,硕士研究生及以上学历共 21%,占样本总量的 4.2%。职业分布,各级党政机关、事业单位工作人员共 72 人,占样本总量的 14.2%,国有企业工作人员共 80 人,占样本总量的 15.8%,非公有制企业工作人员共 126 人,占样本总量的 25.0%,自由职业者共 175 人,占样本总量的 34.7%,离退休人员共 3 人,占样本总量的 0.6%,家庭主妇共 49 人,占样本总量的 9.7%。婚姻状况方面,已婚人士共 233 人,占样本总量的 46.1%,其他共 272 人,占样本总量的 53.9%。收入方面,收入在 2000 元及以下共 88 人,占样本总量的 17.4%,收入在 2001~5000 元的共 87 人,占样本总量的 17.2%,收入在 5001~8000 元的共 64 人,占样本总量的 12.7%,收入在 8001~15000 元的共 185 人,占样本总量的 36.7%,收入在 15000 元以上的共 81 人,占样本总量的 16.0%。户籍方面,居住地是户籍所在地的共 140 人,占样本总量的 27.7%,居住地不是户籍所在地的共 365 人,占样本总量的 72.3%。居住小区类型方面,居住小区类型是商品住宅小区的共 92 人,占样本总量的 18.2%,居住小区类型是单位制社区的共 68 人,占样本总量的 13.5%,居住小区类型是城中村社区的共 110 人,占样本总量的 21.8%,居住小区类型是公租房社区的共 34 人,占样本总量的 6.7%,居住小区类型是老旧小区的共 83 人,占样本总量的 16.4%,居住小区类型是其他类型小区的共 118 人,占样本总量的 23.4%。居住时长方面,居住时长为 1~5 年共 181 人,占样本总量的 35.8%,居住时长为 6~10 年共 76 人,占样本总量的 15.0%,居住时长为 11~15 年共 92 人,占样本总量的 18.3%,居住时长为 15 年以上共 156 人,占样本总量的 30.9%。房屋类型方面,居住房屋类型是自购商品房的共 131 人,占样本总量的 25.9%,居住房屋类型是自建房的共 60 人,占样本总量的 11.9%,居住房屋类型是租赁房的共 45 人,占样本总量的 8.9%,居住房屋类型是经济适用房的共 44 人,占样本总量的 8.7%,居住房屋类型是动迁补偿房的共 115 人,占样本总量的 22.8%,居住房屋类型是其他类型的共 110 人,占样本总量的 21.8%。具体的样本基本信息特征分布如表 5-13 所示。

第五章 城市公共服务满意度对居民获得感的影响机制研究

表5-13 样本基本信息特征分布

指标	类型	人数	百分比（%）
性别	女性	223	44.2
	男性	282	55.8
年龄	30岁及以下	175	34.6
	31~40岁	206	40.8
	41~50岁	64	12.7
	51~60岁	24	4.8
	61岁及以上	36	7.1
学历	小学及以下	28	5.5
	初中	65	12.9
	高中（含高职高专）	140	27.7
	大学（含本科及大专）	251	49.7
	硕士研究生及以上	21	4.2
职业	各级党政机关、事业单位工作人员	72	14.2
	国有企业工作人员	80	15.8
	非公有制企业工作人员	126	25.0
	自由职业者	175	34.7
	离退休人员	3	0.6
	家庭主妇	49	9.7
婚姻状态	已婚	233	46.1
	其他	272	53.9
月收入	2000元及以下	88	17.4
	2001~5000元	87	17.2
	5001~8000元	64	12.7
	8001~15000元	185	36.7
	15000元以上	81	16.0
户籍	居住地是户籍所在地	140	27.7
	居住地不是户籍所在地	365	72.3
社区类型	商品住宅小区	92	18.2
	单位制社区	68	13.5
	城中村社区	110	21.8
	公租房社区	34	6.7
	老旧小区	83	16.4
	其他	118	23.4
居住时长	1~5年	181	35.8
	6~10年	76	15.0

续表

指标	类型	人数	百分比（%）
居住时长	11~15年	92	18.3
	15年以上	156	30.9
房屋性质	自购商品房	131	25.9
	自建房	60	11.9
	租赁房	45	8.9
	经济适用房	44	8.7
	动迁补偿房	115	22.8
	其他	110	21.8

三、量表质量检验

（一）同源偏差检验

共同方法偏差是指由于数据来源、测量环境以及语境的相同所造成的效标变量与预测变量之间存在的人为的共变，作为一种系统误差，有可能对研究结果产生混淆及误导（周浩、龙立荣，2004）。因此，为避免这种人为的共变对本研究结论可能产生的影响，我们根据相关学者的研究建议（Podsakoff 等，2003；周浩、龙立荣，2004），采取"Harman 单因素检验"方法对问卷数据进行检验。

采用 SPSS 软件，将本研究所涉及的所有测量题项全部一同进行探索性因子分析，结果显示：累积方差贡献率 59.275%，其中第一个因子的方差解释率为 39.607%，小于 40%，说明不存在严重的共同方法偏差。

（二）信度检验

信度是指通过使用测量工具所得到结果的可信性、可靠性和内部一致性（吴明隆，2010）。Cortina（1993）建议使用克朗巴哈系数（Cronbach's α）检验问卷的信度，这也是目前学界通用的做法。因此，在本研究中，通过测量克朗巴哈系数从而对问卷信度进行检验。根据吴明隆（2010）等人的建议，目前学界普遍认为，克朗巴哈系数如果小于 0.50，则意味着问卷信度不理想；当克朗巴哈系数大于 0.50，小于 0.60 时，表明信度可以接受，但是需要进行修订；当克朗巴哈系数大于 0.60，小于 0.70 时，表明信度勉强可以接受；当克朗巴哈系数大于 0.70，小于 0.80 时，表明信度较为理想，可以接受；当克朗巴哈系数大于 0.80，小于 0.90 时，表明信度很高；而当克朗巴哈系数大于 0.90，则意味着问卷的信度非常高（见表 5-14）。

在本研究中，我们通过测试问卷的克朗巴哈系数以检验其信度，结果如表 5-15 所示，城市公共服务满意度问卷的克朗巴哈系数为 0.952，社会资本问卷的克朗巴哈系数为 0.953，获得感问卷的克朗巴哈系数为 0.872。表明本研究所使用问卷均具有良好的信度，适合进行实证研究。

第五章 城市公共服务满意度对居民获得感的影响机制研究

表5-14 Cronbach's a 标准表

Cronbach's α	量表信度
0.50以下	不理想，量表可不用
0.50～0.60	不太理想，需要修订
0.60～0.70	勉强接受
0.70～0.80	比较理想
0.80～0.90	理想
0.90以上	非常理想

表5-15 各量表信度分析

变量	维度	CITC	Cronbach's a
城市公共服务满意度	幼儿园	0.588	0.952
	小学	0.616	
	中学	0.582	
	教育培训机构	0.607	
	教育资源分配	0.595	
	入学申请条件	0.634	
	弱势群体救助	0.618	
	基本养老保险	0.611	
	养老服务	0.633	
	残疾人服务	0.629	
	优军优抚服务	0.631	
	就业服务	0.620	
	创业服务	0.623	
	医疗服务	0.613	
	医疗费用	0.627	
	医疗安全度	0.600	
	医疗便利度	0.612	
	基本医疗保险	0.600	
	人身安全	0.587	
	食品安全	0.561	
	信息安全	0.577	
	灾害防护	0.554	
	自来水水质	0.633	
	河流湖泊水质	0.595	
	绿化	0.610	
	街道卫生	0.628	

续表

变量	维度	CITC	Cronbach's a
城市公共服务满意度	公共厕所	0.646	0.952
	文体活动场所	0.511	
	文体活动设施设备	0.549	
	文体活动种类	0.542	
	公共交通便利度	0.564	
	公共交通舒适度	0.578	
	网约车服务	0.598	
社会资本	与亲戚联系的频率	0.604	0.953
	与朋友联系的频率	0.624	
	与邻居联系的频率	0.583	
	与同学联系的频率	0.614	
	与同事联系的频率	0.592	
	与老乡联系的频率	0.601	
	参加社区志愿活动的频率	0.570	
	参加与文体、学术等相关的志愿活动的频率	0.572	
	参加帮助社会弱势群体的志愿活动的频率	0.555	
	参加政治事务活动的频率	0.582	
	对家庭成员的信任程度	0.669	
	对亲戚的信任程度	0.654	
	对朋友的信任程度	0.635	
	对邻居的信任程度	0.644	
	对同学的信任程度	0.655	
	对同事的信任程度	0.626	
	对老乡的信任程度	0.631	
	对陌生人的信任程度	0.641	
	我能与邻居和睦相处	0.617	
	我愿意帮助遭遇不幸的邻居	0.623	
	如果发生自然灾害，您所在社区的居民能够联合起来一起应对危机	0.639	
	我会克服个人困难，完成集体的任务	0.639	
	为了城市发展，我会尽个人的一份努力	0.607	
	为了国家，我愿意牺牲个人利益	0.593	
	跟他人有志同道合感	0.602	
	当需要时，能够获得他人的帮助	0.604	
	能感受到别人的关心	0.630	
	有人会主动和自己分享他（她）的社会经验和生活乐趣	0.655	
	有人愿意倾听自己的心事和烦恼	0.643	
	有人在决定或商量事情时会倾听自己的意见	0.640	

续表

变量	维度	CITC	Cronbach's a
获得感	我能够感受到和谐的社会氛围和良好的社会信任	0.638	0.872
	我们的社会正在朝着公平、公正的方向发展	0.557	
	现在老百姓的生活越来越有尊严	0.546	
	我能够在工作、生活中感受到成就感和自豪感	0.582	
	现在,我得到了比以前任何时候都多的发展红利	0.567	
	目前,老百姓致富增收的效果越来越明显	0.565	
	目前,教育、医疗、住房等民生问题正在得到逐步解决和改善	0.568	
	我们国家的食药品安全、生态环境等情况正在朝好的方向发展	0.589	
	我总能在市场上找到自己喜欢的文化产品	0.547	
	我可以追求和实现自己的梦想	0.578	
	我能够以自己的智慧和力量参与到发展与改革的进程当中	0.576	

(三)效度检验

效度是指经过测量得到的结果能够有效反映出问卷初始设计时试图考察的内容的程度。本研究中所使用的量表均来源于国内外较为成熟的量表,均经过了严格严谨的学术翻译和有关学术研究的验证,在使用过程中征求了相关专家和一线工作人员的意见并且经过了预测试,问卷内容得以不断完善。因此,本研究所使用的问卷具有良好的内容效度。

检验问卷的 KMO 值,并且对问卷进行巴特列特球形检验。分析结果显示,城市公共服务满意度量表的 KMO 值为 0.954,社会资本量表的 KMO 值为 0.961,获得感量表的 KMO 值为 0.889,且显著性全部为 0.000,显著性水平达标(见表 5-16)。根据 Kaiser(1974)的研究结论,当 KMO 值大于 0.90 时表明问卷非常适宜进行因子分析。城市公共服务满意度变量的 KMO 值达到 0.954,表明适宜进行因子分析,因此我们对城市公共服务满意度进行探索性因子分析,以确定

表 5-16 各变量效度分析

测量变量	KMO 值	近似卡方 (χ^2)	Bartlett's 球形检验 自由度 (df)	p 值
城市公共服务满意度	0.954	10136.462	528.000	0.000
社会资本	0.961	10172.955	435.000	0.000
获得感	0.889	2223.828	55.000	0.000

城市公共服务满意度变量的具体维度。采用主成分分析法进行因子抽取、最大方差法进行因子旋转。结果如表5-17所示，共提取7个因子。因此，表明城市公共服务满意度问卷具有良好的结构效度。

表5-17 探索性因子分析

指标	具体维度	因子1	因子2	因子3	因子4	因子5	因子6	因子7
社会保障	弱势群体救助	0.724						
	基本养老保险	0.725						
	养老服务	0.737						
	残疾人服务	0.741						
	优军优抚服务	0.744						
	就业服务	0.745						
	创业服务	0.739						
公共教育	幼儿园		0.768					
	小学		0.746					
	中学		0.751					
	教育培训机构		0.702					
	教育资源分配		0.759					
	入学申请条件		0.794					
公共卫生	医疗服务			0.747				
	医疗费用			0.728				
	医疗安全度			0.766				
	医疗便利度			0.734				
	基本医疗保险			0.774				
城市环境	自来水水质				0.708			
	河流湖泊水质				0.736			
	绿化				0.716			
	街道卫生				0.736			
	公共厕所				0.677			
公共安全	人身安全					0.745		
	食品安全					0.799		
	信息安全					0.767		
	灾害防护					0.735		
文化体育	文体活动场所						0.804	
	文体活动设施设备						0.766	
	文体活动种类						0.766	
公共交通	公共交通便利度							0.774
	公共交通舒适度							0.767
	网约车服务							0.742

第五章 城市公共服务满意度对居民获得感的影响机制研究

此外,城市公共服务满意度、社会资本和获得感三个变量平均方差萃取值(AVE)分别为0.484、0.503、0.473,均大于0.4,组合信度CR值分别为0.867、0.835、0.729,均大于0.7,说明该量表具有较好的聚合效度和组合信度(见表5-18)。

表5-18 问卷AVE和CR

变量	AVE	CR
城市公共服务满意度	0.484	0.867
社会资本	0.503	0.835
获得感	0.473	0.729

为进一步确定假设模型的收敛效度,通过构建多因子模型,从而对不同模型的拟合指数进行比较考察从而确定最合适的研究模型。表5-19结果表明,相比于其他模型,三因子模型的拟合指数最好,模型适配度较高($\chi^2/df = 1.106$,RMSEA = 0.015,GFI = 0.976,CFI = 0.997,IFI = 0.997,TLI = 0.996),说明在该模型中,3个研究构面彼此独立,具有良好的收敛效度,三因子模型可以作为最适宜的假设模型开展相关研究。

表5-19 研究模型适配值比较

	χ^2/df	RMSEA	GFI	CFI	IFI	TLI
一因子模型	7.561	0.114	0.709	0.788	0.790	0.753
二因子模型	5.974	0.099	0.821	0.841	0.842	0.813
三因子模型	1.106	0.015	0.976	0.997	0.997	0.996

注:一因子模型为城市公共服务满意度+社会资本+获得感;二因子模型为城市公共服务满意度+社会资本,获得感;三因子模型为城市公共服务满意度,社会资本,获得感。

第五节 城市公共服务满意度对居民获得感影响机制的实证分析

一、描述性统计

通过对问卷数据进行描述性统计以实现对研究变量的直观考察。表5-20、图5-3显示,在城市公共服务满意度、社会资本和获得感三个显变量中,城市公共服务满意度(3.492±0.770)得分最高,社会资本(3.474±0.798)排名第二,居民获得感(3.426±0.850)得分最低。结果说明,城市居民对公共服务较为满意。社会资本排名第二,表明城市居民对社会资本的利用和支持程度较好。居民获得感得分最低,表明居民在多个维度或总体上对所涉及的事物或服务的满意程度、满足感相对较低。

表 5-20 测量题项描述性统计

变量	最小值	最大值	平均值	标准差
城市公共服务满意度	2.030	4.900	3.492	0.770
公共教育	1.170	5.000	3.489	1.023
社会保障	1.290	5.000	3.545	0.983
公共卫生	1.200	5.000	3.440	1.052
公共安全	1.250	5.000	3.510	1.023
城市环境	1.200	5.000	3.485	1.003
文化体育	1.000	5.000	3.478	1.068
公共交通	1.000	5.000	3.499	1.082
社会资本	1.820	5.000	3.474	0.798
社会网络	1.500	5.000	3.458	1.017
社会参与	1.000	5.000	3.476	1.059
社会信任	1.380	5.000	3.495	0.997
社会规范	1.330	5.000	3.467	1.031
社会支持	1.170	5.000	3.475	1.043
获得感	1.390	5.000	3.426	0.850
社会发展	1.250	5.000	3.483	1.026
民生改善	1.250	5.000	3.413	1.023
自我实现	1.000	5.000	3.381	1.115

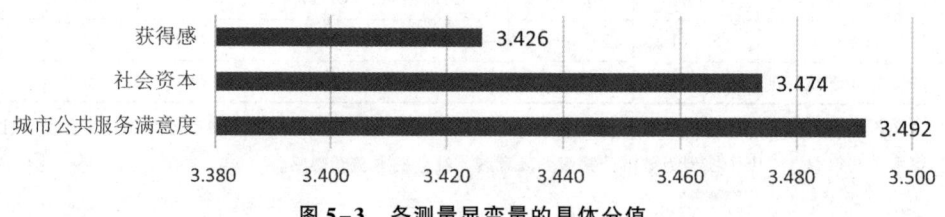

图 5-3 各测量显变量的具体分值

在城市公共服务满意度的各个维度中，社会保障、公共安全和公共交通的得分相对较高。具体来说，社会保障（3.545±0.983）得分最高，表明城市居民对社会保障的质量比较满意。一方面，可能由于社会保障政策宣传力度加大，居民对社会保障政策的理解和认识不断加深；另一方面，与政府不断完善社会保障体系，加大社会保障的投入以及加强政府管理和监管等因素有关。公共安全（3.510±1.023）紧随其后，说明城市居民对城市的治安状况、消防安全、交通安全等公共安全服务比较满意。公共交通（3.499±1.082）排名第三，表明居民对城市的公共交通便利度、舒适度以及网约车服务等公共交通服务较为满意。相比之下，公共卫生满意度（3.440±1.052）得分最低（见图5-4），表明城市居民在公共卫生服务方面比较不满意。这可能与医疗服务的质量、公共卫生设施的完善程度等因素有关。城市公共服务满意度在不同领域之间的差异，反映了城市居民对不同服务领域的关注和期望。

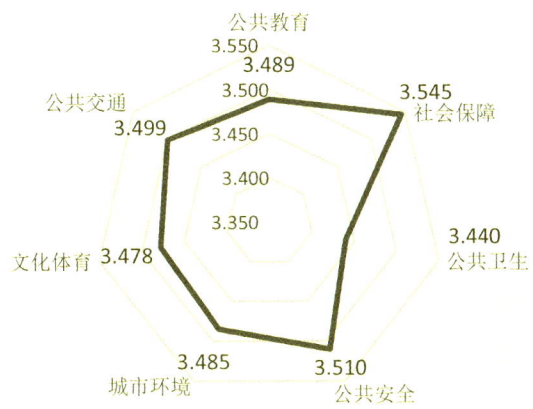

图5-4 城市公共服务满意度潜变量雷达图

社会资本方面，社会信任的得分最高（3.495±0.997），表明社区或社会中的个体之间存在较高的信任度，这种信任可能基于共同的价值观、规范和文化等因素。高社会信任有助于促进合作、减少冲突，以及提高社会凝聚力和整体福祉。社会网络的得分最低（3.458±1.017），相对较低的得分可能表明社区或社会中居民对社会关系网络的联系与交往不够紧密（见图5-5）。这可能是与地理隔离、人口流动性大、社会结构的变化以及价值观念的多元化有关。反映了社区要增强居民之间的社会网络联系，以此来增进居民之间的了解和互动，促进社区和谐。

城市居民的获得感总体处于较高水平，社会发展获得感得分最高（3.483±1.026），这表明城市居民对于社会发展成效比较满意，反映了城市居民对于国家整体发展的认可和支持。民生改善获得感得分次之（3.413±1.023），民生改善涵盖了教育、医疗、住房、就业等与城市居民密切相关的方面，这说明城市居民在这些方面的生活条件得到了改善，感受到了政策带来的实际好处。自我实现获得感分数较低（3.381±1.115），自我实现通常涉及个人的职业发展、成就感、社会地位等方面（见图5-6）。自我实现获得感得分相对较低，可能意味着城市居民在职业发展和个人成就方面比较不满意，这也可能反映了当前社会在提供个人发展机会和平台方面还存在不足，这意味着政策制定和实施都应围绕着满足人民的需求和提高人民的生活水平进行。同时，注重保障和改善民生也体现了政府对提高居民福祉的重视。

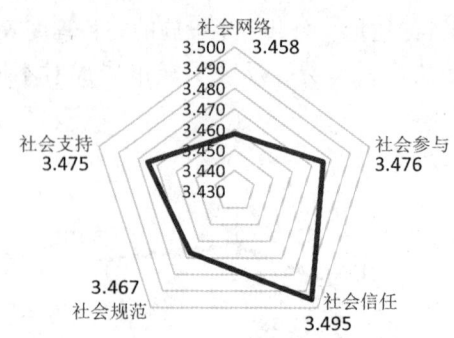

图5-5 社会资本潜变量雷达图

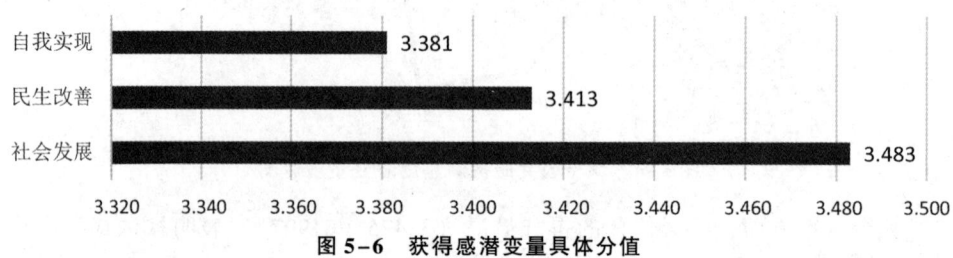

图5-6 获得感潜变量具体分值

二、差异性检验

差异性检验可以确定本研究所涉及的研究变量是否在人口统计学变量上存在显著性差异。因此，本研究通过使用 SPSS 27.0 软件选择人口统计变量中的性别、年龄、学历、政治面貌、职业、婚姻、月收入和户籍八个变量进行 t 检验和方差分析，当人口统计学变量的 sig 值大于显著性水平 0.05 时，说明其与主要研究变量均不存在显著性差异，以此考察研究变量在人口统计学变量上的差异，同时排除由人口统计变量引起的对主要变量间作用的干扰。

（一）性别差异检验

将不同性别的城市居民与三个主要变量的差异进行 t 检验，结果显示，不同性别的 sig 值远远大于显著性水平 0.05，说明城市公共服务满意度、社会资本和获得感三个变量均不存在显著性别差异，如表5-21、图5-7所示。

表5-21 性别与城市公共服务满意度、社会资本和获得感差异检验结果

测量变量	男性		女性		t	p
	M	SD	M	SD		
城市公共服务满意度	3.491	0.774	3.494	0.767	-0.032	0.974
社会资本	3.509	0.784	3.431	0.815	1.088	0.277
获得感	3.448	0.832	3.397	0.872	0.661	0.509

第五章 城市公共服务满意度对居民获得感的影响机制研究

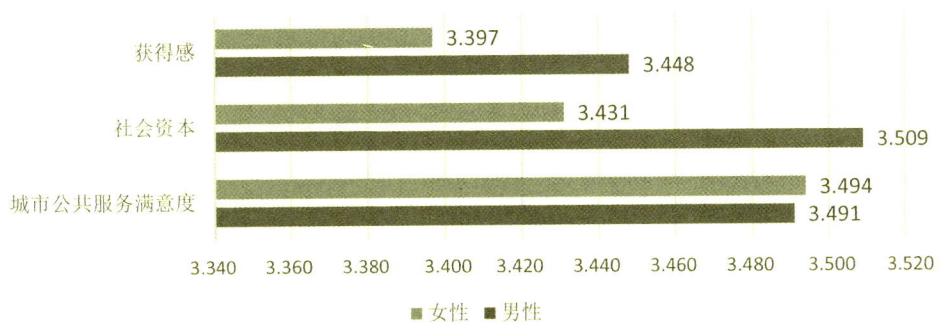

图 5-7 各主要研究变量性别差异

(二) 年龄差异检验

将不同年龄段的城市居民与三个主要变量的差异进行方差分析，结果显示，不同年龄的 sig 值远远大于显著性水平 0.05，说明城市公共服务满意度、社会资本和获得感三个变量均不存在年龄显著差异，如表 5-22、图 5-8 所示。

表 5-22 年龄与城市公共服务满意度、社会资本和获得感差异检验结果

测量变量	30岁及以下		31~40岁		41~50岁		51~60岁		61岁及以上		F	p
	M	SD	M	SD	M	SD	M	SD	M	SD		
城市公共服务满意度	3.531	0.787	3.495	0.762	3.422	0.742	3.462	0.820	3.438	0.783	0.296	0.880
社会资本	3.594	0.778	3.431	0.815	3.323	0.740	3.480	0.806	3.408	0.856	1.789	0.130
获得感	3.534	0.872	3.389	0.823	3.323	0.878	3.330	0.743	3.349	0.895	1.197	0.311

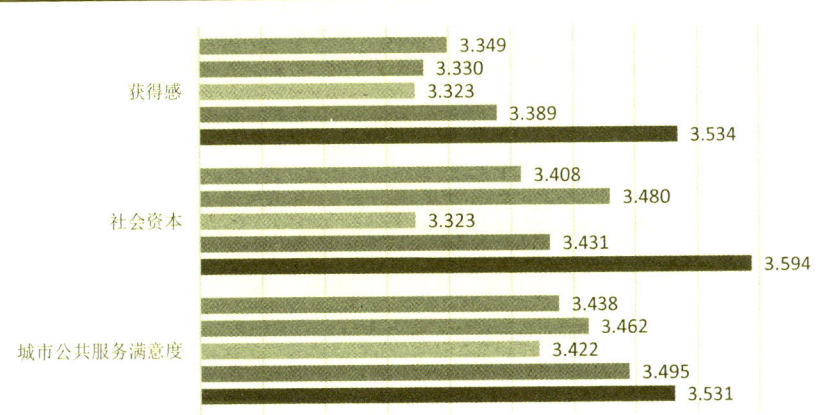

图 5-8 各主要研究变量年龄差异

(三) 学历差异检验

将不同学历的城市居民与三个主要变量的差异进行方差分析，结果显示，不同学历的城市居民在社会资本上存在统计学上的显著差异（$p = 0.025 < 0.05$），且硕士研究生及以上的均值最高，小学及以下的均值最低。而城市公共服务满意和获得感两个变量均不存在显著差异（$p > 0.05$），如表5-23、图5-9所示。

表5-23　学历与城市公共服务满意度、社会资本和获得感差异检验结果

测量变量	小学及以下		初中		高中（含高职高专）		大学（包括本科及大专）		硕士研究生及以上		F	p
	M	SD	M	SD	M	SD	M	SD	M	SD		
城市公共服务满意度	3.261	0.645	3.605	0.756	3.550	0.751	3.452	0.777	3.546	0.958	1.373	0.242
社会资本	3.128	0.623	3.515	0.817	3.509	0.810	3.450	0.792	3.871	0.800	2.823	0.025
获得感	3.077	0.648	3.485	0.813	3.493	0.889	3.392	0.846	3.653	0.883	1.964	0.099

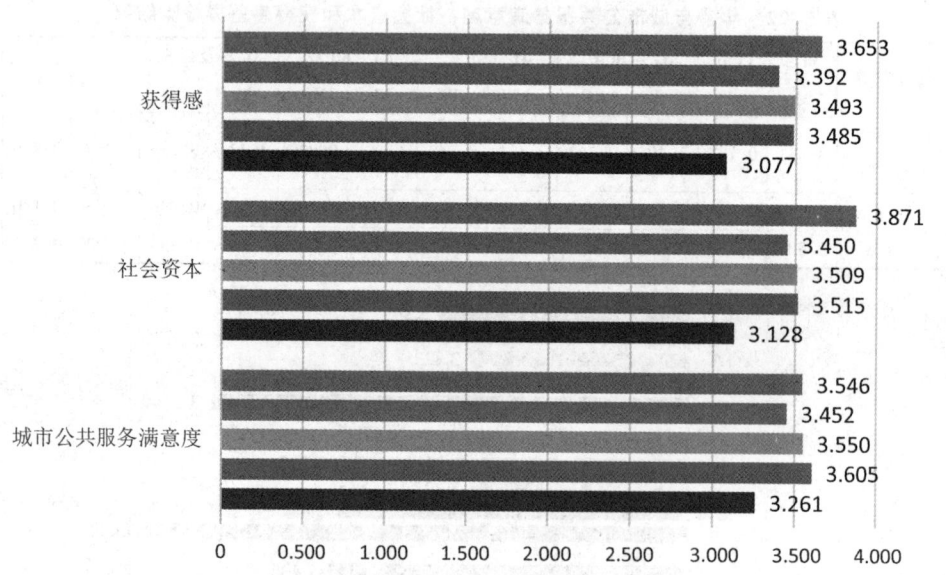

图5-9　各主要研究变量学历差异

(四) 职业差异检验

将不同职业的城市居民与三个主要变量的差异进行方差分析，结果显示，不同性别的sig值远远大于显著性水平0.05，说明城市公共服务满意度、社会资本和获得感三个变量均不存在显著职业差异，如表5-24、图5-10所示。

表 5-24 职业与城市公共服务满意度、社会资本和获得感差异检验结果

测量变量	各级党政机关、事业单位工作人员		国有企业工作人员		非公有制企业工作人员		自由职业者		离退休人员		家庭主妇		F	p
	M	SD	M	SD	M	SD	M	SD	M	SD	M	SD		
城市公共服务满意度	3.547	0.797	3.530	0.796	3.537	0.780	3.402	0.760	3.242	0.802	3.573	0.699	0.848	0.516
社会资本	3.460	0.837	3.494	0.785	3.486	0.830	3.477	0.780	2.733	0.180	3.470	0.776	0.535	0.750
获得感	3.324	0.913	3.593	0.886	3.482	0.841	3.394	0.813	3.380	0.730	3.270	0.833	1.321	0.254

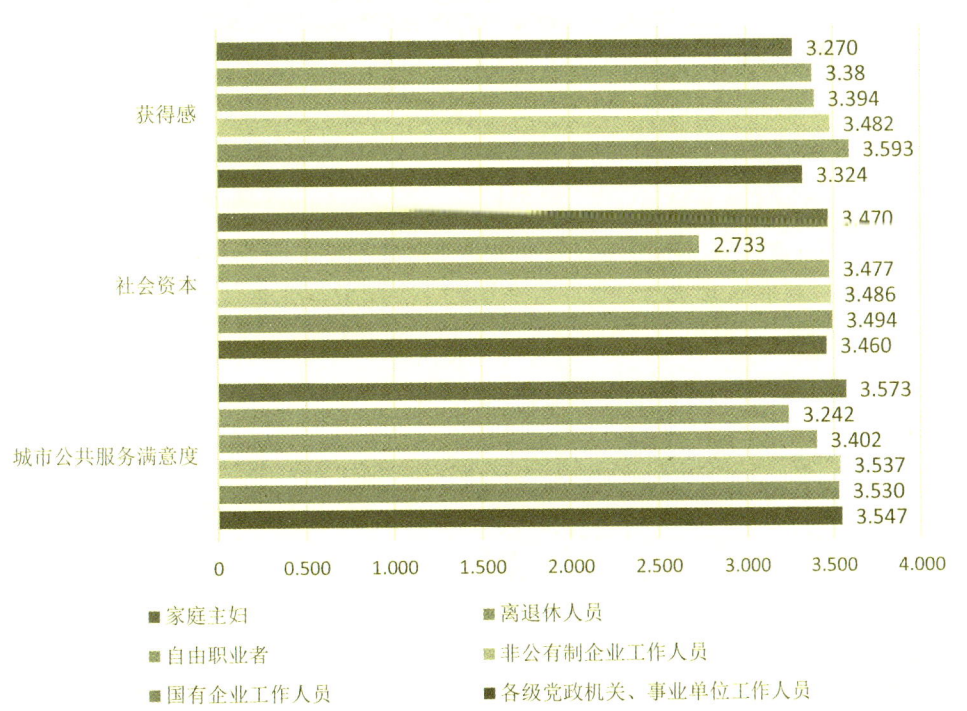

图 5-10 各主要研究变量职业差异

（五）婚姻差异检验

将不同婚姻状态的城市居民与三个主要变量的差异进行 t 检验，结果显示，

不同婚姻状态的 sig 值远远大于显著性水平 0.05，说明城市公共服务满意度、社会资本和获得感三个变量均不存在显著婚姻状态差异（p＞0.05），如表 5-25、图 5-11 所示。

表 5-25　婚姻与城市公共服务满意度、社会资本和获得感差异检验结果

测量变量	已婚		其他		t	p
	M	SD	M	SD		
城市公共服务满意度	3.483	0.766	3.501	0.775	-0.262	0.793
社会资本	3.460	0.802	3.486	0.796	-0.368	0.713
获得感	3.400	0.841	3.447	0.858	-0.615	0.539

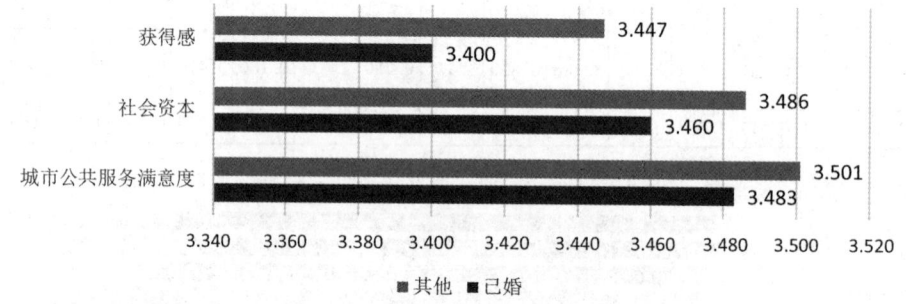

图 5-11　各主要研究变量婚姻差异

（六）月收入差异检验

将不同月收入的城市居民与三个主要变量的差异进行方差分析，结果显示，不同性别的 sig 值远远大于显著性水平 0.05，说明城市公共服务满意度、社会资本和获得感三个变量均不存在显著收入差异，如表 5-26、图 5-12 所示。

表 5-26　月收入与城市公共服务满意度、社会资本和获得感差异检验结果

测量变量	2000 元及以下		2001～5000 元		5001～8000 元		8001～15000 元		15000 元以上		F	p
	M	SD	M	SD	M	SD	M	SD	M	SD		
城市公共服务满意度	3.488	0.761	3.511	0.799	3.458	0.737	3.482	0.791	3.526	0.742	0.091	0.985
社会资本	3.330	0.750	3.537	0.832	3.466	0.838	3.557	0.784	3.383	0.801	1.622	0.167
获得感	3.494	0.824	3.449	0.960	3.255	0.850	3.435	0.831	3.439	0.794	0.816	0.515

（七）户籍差异检验

将居住地是户籍所在地的城市居民与居住地不是户籍所在地的城市居民和三个主要变量的差异进行方差分析，结果显示，不同性别的 sig 值大于显著性水平

0.05，说明城市公共服务满意度、社会资本和获得感三个变量均不存在显著户籍差异，如表5-27、图5-13所示。

图5-12 各主要研究变量月收入差异

表5-27 户籍与城市公共服务满意度、社会资本和获得感差异检验结果

测量变量	居住地是户籍所在地		居住地不是户籍所在地		t	p
	M	SD	M	SD		
城市公共服务满意度	3.402	0.750	3.527	0.776	-1.636	0.102
社会资本	3.365	0.832	3.516	0.782	-1.907	0.057
获得感	3.370	0.842	3.447	0.853	-0.911	0.363

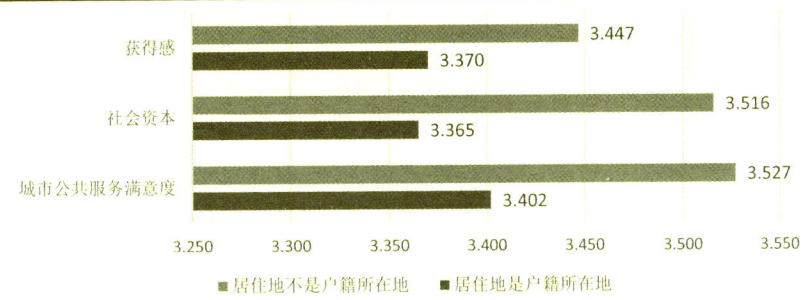

图5-13 各主要研究变量户籍差异

（八）社区类型差异检验

将居住在不同社区类型的城市居民与三个主要变量的差异进行方差分析，结果显示，不同社区类型的 sig 值远远大于显著性水平 0.05，说明城市公共服务满意度、社会资本和获得感三个变量均不存在显著社区类型差异，如表5-28、图5-14所示。

表 5-28 社区类型与城市公共服务满意度、社会资本和获得感差异检验结果

测量变量	商品住宅小区		单位制社区		城中村社区		公租房社区		老旧小区		其他		F	p
	M	SD	M	SD	M	SD	M	SD	M	SD	M	SD		
城市公共服务满意度	3.418	0.761	3.554	0.766	3.497	0.775	3.621	0.733	3.488	0.793	3.477	0.777	0.455	0.810
社会资本	3.434	0.818	3.584	0.823	3.472	0.795	3.527	0.842	3.427	0.764	3.462	0.792	0.394	0.853
获得感	3.472	0.852	3.513	0.834	3.367	0.854	3.686	0.770	3.473	0.837	3.285	0.871	1.649	0.146

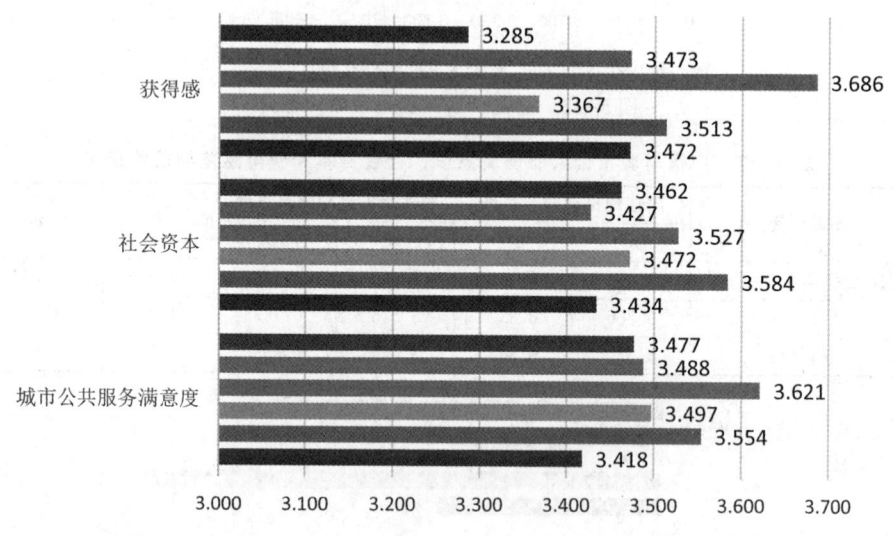

图 5-14 各主要研究变量社区类型差异

（九）居住时长差异检验

将不同居住时长的城市居民与三个主要变量的差异进行方差分析，结果显示，不同居住时长的 sig 值远远大于显著性水平 0.05，说明城市公共服务满意度、社会资本和获得感三个变量均不存在显著居住时长差异，如表 5-29、图 5-15 所示。

（十）房屋性质差异检验

将居住在不同房屋性质的城市居民与三个主要变量的差异进行方差分析，结果显示，不同房屋性质的 sig 值远远大于显著性水平 0.05，说明城市公共服务满

意度、社会资本和获得感三个变量均不存在显著不同房屋性质差异,如表5-30、图5-16所示。

表5-29 居住时长与城市公共服务满意度、社会资本和获得感差异检验结果

测量变量	1~5年		6~10年		11~15年		15年以上		F	p
	M	SD	M	SD	M	SD	M	SD		
城市公共服务满意度	3.459	0.784	3.506	0.792	3.451	0.743	3.549	0.763	0.489	0.690
社会资本	3.449	0.814	3.522	0.782	3.432	0.849	3.505	0.761	0.317	0.813
获得感	3.407	0.832	3.469	0.852	3.409	0.912	3.436	0.838	0.116	0.950

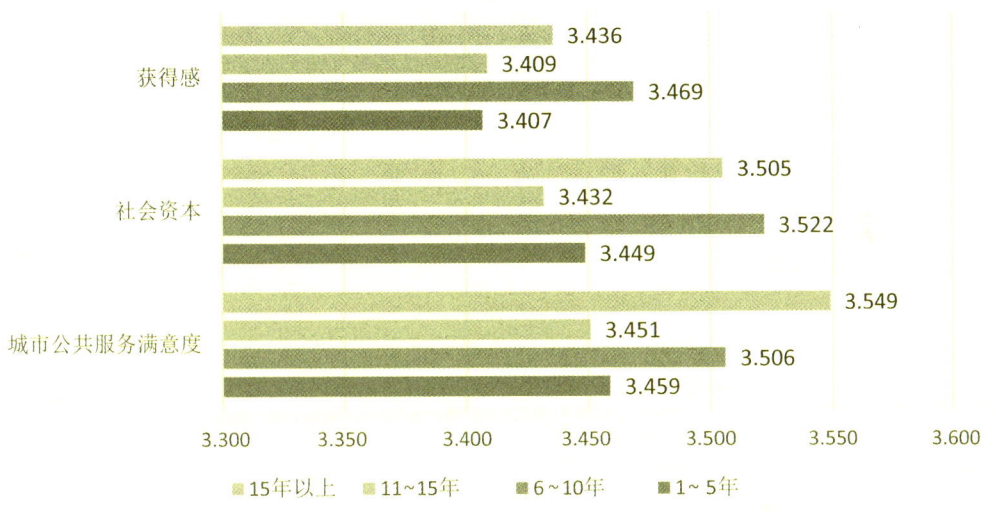

图5-15 各主要研究变量居住时长差异

表5-30 房屋性质与城市公共服务满意度、社会资本和获得感差异检验结果

测量变量	自购商品房		自建房		租赁房		经济适用房		动迁补偿房		其他		F	p
	M	SD	M	SD	M	SD	M	SD	M	SD	M	SD		
城市公共服务满意度	3.411	0.787	3.663	0.762	3.552	0.760	3.512	0.813	3.427	0.758	3.532	0.751	1.170	0.323
社会资本	3.470	0.786	3.501	0.800	3.572	0.863	3.342	0.853	3.394	0.751	3.562	0.813	0.890	0.488
获得感	3.441	0.845	3.559	0.853	3.360	0.901	3.545	0.854	3.325	0.797	3.418	0.886	0.853	0.513

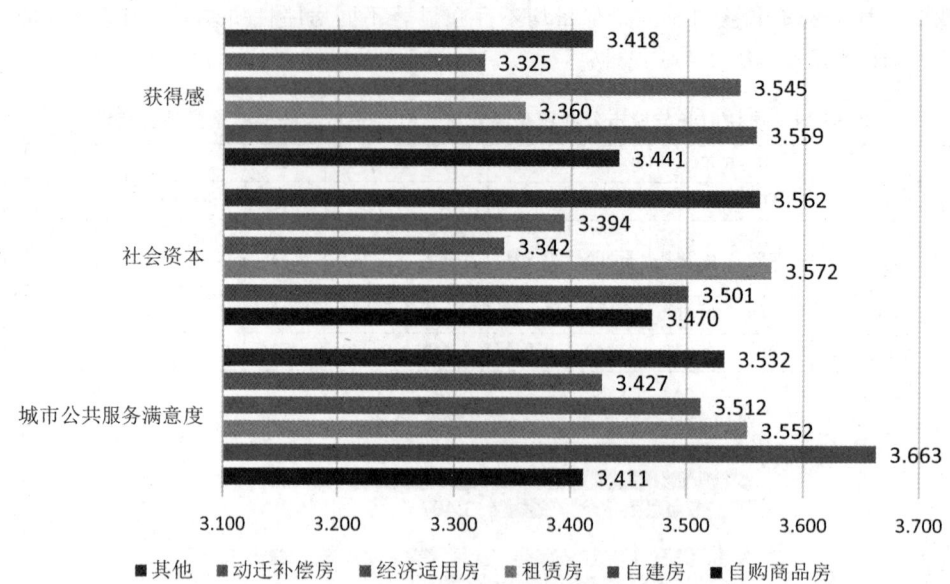

图 5-16 各主要研究变量房屋性质差异

三、相关性分析

将性别、年龄、学历、职业、婚姻状态、月收入、户籍、社区类型、居住时长、房屋性质作为控制变量,对城市公共服务满意度、社会资本和获得感进行偏相关分析。从表 5-31 可以发现,城市公共服务满意度与社会资本之间存在显著的正相关关系（r=0.507,p≤0.01）,这意味着当其他变量被控制时,城市公共服务满意度的提高会伴随着社会资本的增加。城市公共服务满意度与获得感之间也存在显著的正相关关系（r=0.457,p≤0.01）,说明当其他变量被控制时,城市公共服务满意度的提升会增强居民的获得感。社会资本与获得感之间也存在显著的正相关关系（r=0.446,p≤0.01）,这表明社会资本的积累会增加居民的获得感。所有变量两两之间都存在显著的正相关关系,为后续研究的开展提供了基础。

表 5-31 主要研究变量间的相关性分析

	城市公共服务满意度	社会资本	获得感
城市公共服务满意度	1		
社会资本	0.507**	1	
获得感	0.457**	0.446**	1
M	3.492	3.474	3.426
SD	0.770	0.798	0.850

注:** 表示 p≤0.01。

四、理论假设检验

（一）城市公共服务满意度对居民获得感的直接效应检验

本研究通过构建结构方程模型，探索城市公共服务满意度与居民获得感之间的关系，具体的结构方程模型如图 5-17 所示。使用 χ^2、χ^2/df、RMSEA、RMR、NFI、IFI、TLI、CFI 八个指标判断模型适配度，表 5-32 详细列举了结构模型检验所得的主要适配指标。通过与适配指标给定推荐值进行比较，说明了本研究结构方程模型的整体适配度良好。标准化路径系数为 0.575（$p \leqslant 0.001$），表明城市公共服务满意度与居民获得感之间存在显著的正向关系，当城市公共服务满意度提高时，居民的获得感也会随之提高，反之亦然，证明假设 1 成立。

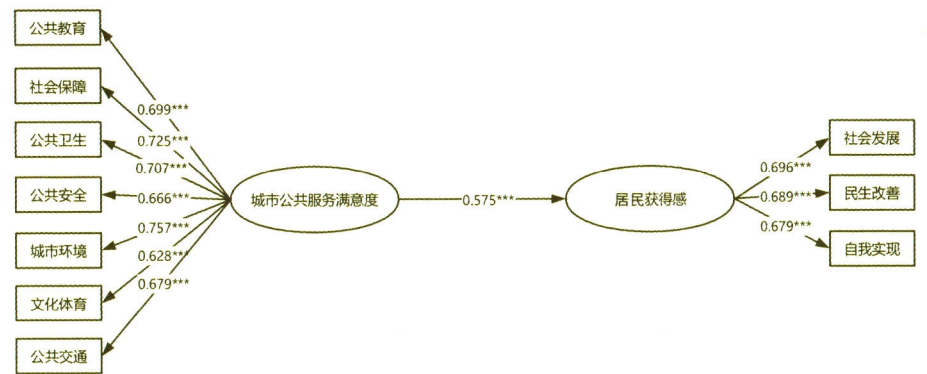

图 5-17 城市公共服务满意度对居民获得感直接效应的结构方程模型图

表 5-32 结构方法模型的配适度指标值

适配指标	推荐值	拟合值
χ^2	越小越好	43.601
χ^2/df	<3.0	1.282
RMSEA	<0.05	0.024
RMR	<0.05	0.025
NFI	>0.9	0.976
IFI	>0.9	0.995
TLI	>0.9	0.993
CFI	>0.9	0.995

（二）社会资本的中介效应检验

本研究运用 AMOS 26.0 统计软件构建结构方程模型，探讨社会资本在城市公共服务满意度对居民获得感影响过程中的中介作用，构建如图 5-18 所示的结构方程模型，相关拟合指数为：$\chi^2 = 96.250$，$\chi^2/df = 1.106$，RMSEA = 0.015，

RMR=0.026，NFI=0.967，IFI=0.997，TLI=0.996，CFI=0.997。通过与适配指标给定推荐值进行比较，说明了本研究结构方程模型的整体适配度良好。

根据表5-33，得出以下结论：城市公共服务满意度对社会资本具有显著的正向影响，标准化回归系数为0.567（$p \leq 0.001$）。这意味着城市公共服务满意度的提高会显著增加社会资本的水平。社会资本是一个社区或社会中个体之间的信任、合作和规范的总和，对促进社区凝聚力、合作和集体行动至关重要。因此，这个结果表明，当居民对城市提供的公共服务感到满意时，他们更有可能参与社区活动、建立信任关系、进行合作，从而增加其社会资本。社会资本对于提升居民获得感具有显著的积极作用，标准化回归系数为0.379（$p \leq 0.001$）。这意味着社会资本的增加会显著提高居民的获得感。居民获得感是指居民在享受城市公共服务和社会福利过程中感知到的实际利益和价值。当社会资本较高时，居民更有可能感受到来自社区的支持和帮助，从而增强其获得感。此外，社会资本还可以促进居民之间的合作和信任，使居民更加愿意参与社区活动和公共事务，这也有助于提高居民的获得感。综上所述，城市公共服务满意度的提高会增加社会资本的存量，而社会资本的增加又会提高居民的获得感。这个结果强调了城市管理者和政策制定者应该注重提高城市公共服务的质量和效率，以增加居民的满意度和社会资本，进而提升居民的获得感。通过加强社区建设、促进居民参与和合作、提高公共服务的质量和覆盖范围等方式，构建一个更加和谐、宜居和充满活力的社会环境。

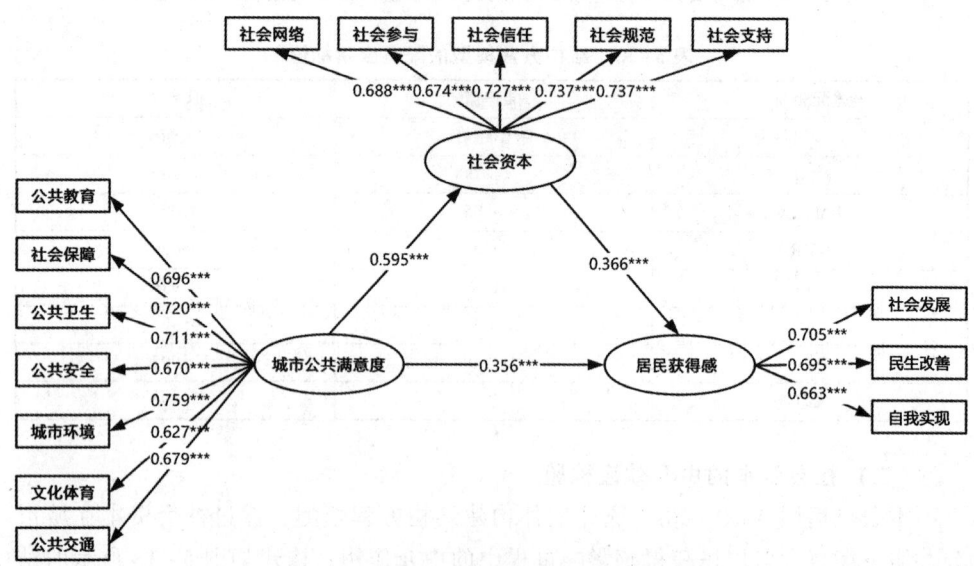

图5-18 社会资本中介效应的结构方程模型图

第五章 城市公共服务满意度对居民获得感的影响机制研究

表 5-33 结构方程模型路径系数表

路径	Estimate	S. E.	C. R.	p
城市公共服务满意度→居民获得感	0.350	0.067	5.199	***
城市公共服务满意度→社会资本	0.567	0.058	9.724	***
社会资本→居民获得感	0.379	0.073	5.166	***

在控制人口学变量性别、年龄、学历、职业、婚姻状况、月收入、户籍所在地、社区类型、居住时长以及房屋性质的前提下，检验社会资本在城市公共服务满意度与居民获得感之间的中介作用。本研究使用 Bootstrap 方法重复抽样 5000 次检验社会资本的中介效果。结果如表 5-34 所示，中介效应的总效应、直接效应和中介效应的 95% 置信区间（95% CI）分别为 [0.416, 0.589]、[0.249, 0.442]、[0.102, 0.214]，置信区间不包括 0，但由于在引入社会资本的情况下，城市公共服务满意度仍然对居民获得感具有显著的正向影响，表明社会资本在城市公共服务满意度和居民获得感之间起到部分中介作用，则假设 2 和假设 3 成立，城市公共服务满意度与社会资本呈正相关关系，社会资本与居民获得感呈正相关关系。其直接效应（0.346）和间接效应（0.156）分别占城市公共服务满意度对居民获得感（0.502）的 68.924% 和 31.076%，说明假设 4 成立，社会资本在城市公共服务满意度与居民获得感的影响中发挥中介作用。

表 5-34 社会资本中介效应检验 Bootstrap 结果表

| 效应类型 | Effect | S. E. | Bootstrap 95% CI | | 相对效应占比（%） |
			下限	上限	
总效应	0.502	0.044	0.416	0.589	100
直接效应	0.346	0.049	0.249	0.442	68.924
间接效应	0.156	0.028	0.102	0.214	31.076

运用 SPSS 对社会网络在城市公共服务满意度和居民获得感之间的中介效应进行回归检验。如表 5-35 所示，模型一表示的是仅由控制变量对因变量获得感进行影响的回归分析，模型二加入了自变量城市公共服务满意度与控制变量一起影响因变量获得感的回归分析，模型三表示的是仅由控制变量对中介变量社会网络进行影响的回归分析，模型四加入了自变量城市公共服务满意度与控制变量一起影响中介变量社会网络的回归分析，模型五表示的是自变量城市公共服务满意度、中介变量与控制变量一起影响因变量获得感的回归分析。模型一至模型五中，控制变量在统计学上未能对居民获得感产生明显的影响。城市公共服务满意度的系数为 0.394，标准误为 0.048，p 值为 0.000 < 0.001，社会网络的系数为 0.154，标

准误为 0.036，p 值为 0.000＜0.001。因此，得出结论，社会网络在城市公共服务满意度对居民获得感的影响过程中起正向中介作用，假设 4a 得到支持。

表 5-35 社会网络中介效应检验的回归分析

变量	获得感		社会网络		获得感
	模型一	模型二	模型三	模型四	模型五
性别	0.019 (0.078)	0.020 (0.069)	0.040 (0.093)	0.041 (0.085)	0.014 (0.069)
年龄	-0.079 (0.035)	-0.062 (0.031)	-0.041 (0.041)	-0.026 (0.038)	-0.058 (0.030)
学历	0.024 (0.042)	0.035 (0.038)	0.027 (0.051)	0.036 (0.046)	0.030 (0.037)
职业	-0.054 (0.028) (-1.145) (-1.145)	-0.036 (0.025)	-0.003 (0.033)	0.013 (0.031)	-0.038 (0.024)
婚姻	-0.026 (0.076)	-0.022 (0.068)	-0.012 (0.091)	-0.008 (0.084)	-0.021 (0.067)
月收入	-0.025 (0.028)	-0.024 (0.025)	0.047 (0.034)	0.048 (0.031)	-0.032 (0.025)
户籍所在地	-0.038 (0.089)	-0.003 (0.079)	0.006 (0.107)	0.037 (0.098)	-0.009 (0.079)
社区类型	-0.070 (0.021)	-0.074 (0.019)	0.028 (0.025)	0.024 (0.023) -0.008 (0.041)	-0.078 (0.019)
居住时长	0.003 (0.031)	-0.017 (0.027)	0.055 (0.037)	0.038 (0.034)	-0.022 (0.027)
房屋性质	-0.042 (0.019)	-0.046 (0.017)	0.075 (0.023)	0.072 (0.021)	-0.057 (0.017)
城市公共服务满意度		0.455*** (0.044)		0.402*** (0.054)	0.394*** (0.048)
社会网络					0.154*** (0.036)
F	0.951	12.945***	0.819	9.562***	13.203***
R^2	0.019	0.224	0.016	0.176	0.244
$\triangle R^2$	0.019	0.205	0.016	0.160	0.019

第五章 城市公共服务满意度对居民获得感的影响机制研究

运用 SPSS 对社会参与在城市公共服务满意度和居民获得感之间的中介效应进行回归检验。如表 5-36 所示，模型一表示的是仅由控制变量对因变量获得感进行影响的回归分析，模型二加入了自变量城市公共服务满意度与控制变量一起影响因变量获得感的回归分析，模型三表示的是仅由控制变量对中介变量社会参与进行影响的回归分析，模型四加入了自变量城市公共服务满意度与控制变量一起影响中介变量社会参与的回归分析，模型五表示的是自变量城市公共服务满意度、中介变量与控制变量一起影响因变量获得感的回归分析。模型一至模型五中，控制变量在统计学上未能对居民获得感产生明显的影响。城市公共服务满意度的系数为 0.386，标准误为 0.047，p 值为 $0.000<0.001$，社会参与的系数为 0.188，标准误为 0.034，p 值为 $0.000<0.001$。因此，得出结论，社会参与在城市公共服务满意度对居民获得感的影响过程中起正向中介作用，假设 4b 得到支持。

表 5-36 社会参与中介效应检验的回归分析

变量	获得感		社会参与		获得感
	模型一	模型二	模型三	模型四	模型五
性别	0.019 (0.078)	0.020 (0.069)	0.066 (0.096)	0.067 (0.089)	0.008 (0.068)
年龄	-0.079 (0.035)	-0.062 (0.031)	-0.074 (0.043)	-0.060 (0.040)	-0.050 (0.030)
学历	0.024 (0.042)	0.035 (0.038)	0.046 (0.052)	0.054 (0.048)	0.025 (0.037)
职业	-0.054 (0.028) (-1.145) (-1.145)	-0.036 (0.025)	0.037 (0.034)	0.052 (0.032)	-0.046 (0.024)
婚姻	-0.026 (0.076)	-0.022 (0.068)	-0.006 (0.094)	-0.003 (0.087)	-0.022 (0.066)
月收入	-0.025 (0.028)	-0.024 (0.025)	0.042 (0.035)	0.043 (0.033)	-0.032 (0.025)
户籍所在地	-0.038 (0.089)	-0.003 (0.079)	-0.052 (0.110)	-0.024 (0.103)	0.001 (0.078)
社区类型	-0.070 (0.021)	-0.074 (0.019)	-0.064 (0.026)	-0.067 (0.024) -0.008 (0.041)	-0.062 (0.018)

· 247 ·

续表

变量	获得感		社会参与		获得感
	模型一	模型二	模型三	模型四	模型五
居住时长	0.003 (0.031)	-0.017 (0.027)	0.067 (0.038)	0.051 (0.035)	-0.026 (0.027)
房屋性质	-0.042 (0.019)	-0.046 (0.017)	-0.050 (0.024)	-0.053 (0.022)	-0.036 (0.017)
城市公共服务满意度		0.455*** (0.044)		0.370*** (0.057)	0.386*** (0.047)
社会参与					0.188*** (0.034)
F	0.951	12.945***	1.659	9.028***	13.914***
R^2	0.019	0.224	0.032	0.168	0.253
ΔR^2	0.019	0.205	0.032	0.135	0.029

运用 SPSS 对社会信任在城市公共服务满意度和居民获得感之间的中介效应进行回归检验。如表5-37所示，模型一表示的是仅由控制变量对因变量获得感进行影响的回归分析，模型二加入了自变量城市公共服务满意度与控制变量一起影响因变量获得感的回归分析，模型三表示的是仅由控制变量对中介变量社会信任进行影响的回归分析，模型四加入了自变量城市公共服务满意度与控制变量一起影响中介变量社会信任的回归分析，模型五表示的是自变量城市公共服务满意度、中介变量与控制变量一起影响因变量获得感的回归分析。模型一至模型五中，控制变量在统计学上未能对居民获得感产生明显的影响。城市公共服务满意度的系数为0.379，标准误为0.047，p值为0.000<0.001，社会信任的系数为0.198，标准误为0.037，p值为0.000<0.001。因此，得出结论，社会信任在城市公共服务满意度对居民获得感的影响过程中起正向中介作用，假设4c得到支持。

表5-37 社会信任中介效应检验的回归分析

变量	获得感		社会信任		获得感
	模型一	模型二	模型三	模型四	模型五
性别	0.019 (0.078)	0.020 (0.069)	-0.013 (0.091)	-0.011 (0.084)	0.023 (0.068)
年龄	-0.079 (0.035)	-0.062 (0.031)	-0.082 (0.040)	-0.067 (0.037)	-0.048 (0.030)
学历	0.024 (0.042)	0.035 (0.038)	0.083 (0.049)	0.092 (0.045)	0.017 (0.037)

第五章 城市公共服务满意度对居民获得感的影响机制研究

续表

变量	获得感		社会信任		获得感
	模型一	模型二	模型三	模型四	模型五
职业	-0.054 (0.028) (-1.145) (-1.145)	-0.036 (0.025)	-0.076 (0.032)	-0.061 (0.030)	-0.024 (0.024)
婚姻	-0.026 (0.076)	-0.022 (0.068)	0.004 (0.089)	0.008 (0.082)	-0.024 (0.066)
月收入	-0.025 (0.028)	-0.024 (0.025)	0.034 (0.033)	0.034 (0.030)	-0.031 (0.025)
户籍所在地	-0.038 (0.089)	-0.003 (0.079)	-0.056 (0.104)	-0.027 (0.096)	0.002 (0.078)
社区类型	-0.070 (0.021)	-0.074 (0.019)	-0.041 (0.025)	-0.044 (0.023) -0.008 (0.041)	-0.066 (0.018)
居住时长	0.003 (0.031)	-0.017 (0.027)	-0.029 (0.036)	-0.045 (0.033)	-0.008 (0.027)
房屋性质	-0.042 (0.019)	-0.046 (0.017)	-0.005 (0.023)	-0.008 (0.021)	-0.044 (0.017)
城市公共 服务满意度		0.455*** (0.044)		0.388*** (0.053)	0.379*** (0.047)
社会信任					0.198*** (0.037)
F	0.951	12.945***	1.500	9.734***	14.129***
R^2	0.019	0.224	0.029	0.178	0.256
$\triangle R^2$	0.019	0.205	0.029	0.149	0.032

运用SPSS对社会规范在城市公共服务满意度和居民获得感之间的中介效应进行回归检验。如表5-38所示，模型一表示的是仅由控制变量对因变量获得感进行影响的回归分析，模型二加入了自变量城市公共服务满意度与控制变量一起影响因变量获得感的回归分析，模型三表示的是仅由控制变量对中介变量社会规范进行影响的回归分析，模型四加入了自变量城市公共服务满意度与控制变量一起影响中介变量社会规范的回归分析，模型五表示的是自变量城市公共服务满意度、中介变量与控制变量一起影响因变量获得感的回归分析。模型一至模型五中，控制变量在统计学上未能对居民获得感产生明显的影响。城市公共服务满意

度的系数为 0.369，标准误为 0.046，p 值为 0.000 < 0.001，社会规范的系数为 0.233，标准误为 0.034，p 值为 0.000 < 0.001。因此，得出结论，社会规范在城市公共服务满意度对居民获得感的影响过程中起正向中介作用，假设 4d 得到支持。

表 5-38 社会规范中介效应检验的回归分析

变量	获得感		社会规范		获得感
	模型一	模型二	模型三	模型四	模型五
性别	0.019 (0.078)	0.020 (0.069)	-0.010 (0.095)	-0.009 (0.088)	0.022 (0.067)
年龄	-0.079 (0.035)	-0.062 (0.031)	-0.034 (0.042)	-0.020 (0.039)	-0.057 (0.030)
学历	0.024 (0.042)	0.035 (0.038)	0.011 (0.052)	0.019 (0.048)	0.031 (0.036)
职业	-0.054 (0.028) (-1.145) (-1.145)	-0.036 (0.025)	0.003 (0.034)	0.017 (0.032)	-0.041 (0.024)
婚姻	-0.026 (0.076)	-0.022 (0.068)	-0.011 (0.093)	-0.008 (0.086)	-0.020 (0.066)
月收入	-0.025 (0.028)	-0.024 (0.025)	0.007 (0.035)	0.007 (0.032)	-0.026 (0.024)
户籍所在地	-0.038 (0.089)	-0.003 (0.079)	-0.046 (0.109)	-0.018 (0.101)	0.001 (0.077)
社区类型	-0.070 (0.021)	-0.074 (0.019)	0.014 (0.026)	0.011 (0.024) -0.008 (0.041)	-0.077 (0.018)
居住时长	0.003 (0.031)	-0.017 (0.027)	-0.025 (0.038)	-0.040 (0.035)	-0.007 (0.027)
房屋性质	-0.042 (0.019)	-0.046 (0.017)	0.003 (0.024)	0 (0.022)	-0.046 (0.017)
城市公共服务满意度		0.455*** (0.044)		0.370*** (0.056)	0.369*** (0.046)
社会规范					0.233*** (0.034)

续表

变量	获得感		社会规范		获得感
	模型一	模型二	模型三	模型四	模型五
F	0.951	12.945***	0.302	7.380***	15.212***
R^2	0.019	0.224	0.006	0.122	0.271
△R^2	0.019	0.205	0.006	0.135	0.047

运用SPSS对社会支持在城市公共服务满意度和居民获得感之间的中介效应进行回归检验。如表5-39所示，模型一表示的是仅由控制变量对因变量获得感进行影响的回归分析，模型二加入了自变量城市公共服务满意度与控制变量一起影响因变量获得感的回归分析，模型三表示的是仅由控制变量对中介变量社会支持进行影响的回归分析，模型四加入了自变量城市公共服务满意度与控制变量一起影响中介变量社会支持的回归分析，模型五表示的是自变量城市公共服务满意度、中介变量与控制变量一起影响因变量获得感的回归分析。模型一至模型五中，控制变量在统计学上未能对居民获得感产生明显的影响。城市公共服务满意度的系数为0.374，标准误为0.048，p值为0.000＜0.001，社会支持的系数为0.192，标准误为0.035，p值为0.000＜0.001。因此，得出结论，社会支持在城市公共服务满意度对居民获得感的影响过程中起正向中介作用，假设4e得到支持。

表5-39 社会支持中介效应检验的回归分析

变量	获得感		社会支持		获得感
	模型一	模型二	模型三	模型四	模型五
性别	0.019 (0.078)	0.020 (0.069)	-0.064 (0.095)	0.065 (0.086)	0.008 (0.068)
年龄	-0.079 (0.035)	-0.062 (0.031)	-0.006 (0.042)	0.010 (0.038)	-0.064 (0.030)
学历	0.024 (0.042)	0.035 (0.038)	0.009 (0.052)	0.019 (0.047)	0.031 (0.037)
职业	-0.054 (0.028) (-1.145) (-1.145)	-0.036 (0.025)	-0.035 (0.034)	-0.019 (0.031)	-0.033 (0.024)
婚姻	-0.026 (0.076)	-0.022 (0.068)	-0.033 (0.093)	-0.029 (0.084)	-0.017 (0.067)
月收入	-0.025 (0.028)	-0.024 (0.025)	-0.039 (0.035)	-0.039 (0.031)	-0.017 (0.025)

续表

变量	获得感		社会支持		获得感
	模型一	模型二	模型三	模型四	模型五
户籍所在地	−0.038 (0.089)	−0.003 (0.079)	−0.106 (0.109)	−0.074 (0.099)	0.011 (0.078)
社区类型	−0.070 (0.021)	−0.074 (0.019)	−0.033 (0.026)	0.037 (0.023) −0.008 (0.041)	−0.067 (0.018)
居住时长	0.003 (0.031)	−0.017 (0.027)	0.044 (0.038)	0.027 (0.034)	−0.022 (0.027)
房屋性质	−0.042 (0.019)	−0.046 (0.017)	−0.017 (0.024)	−0.02 (0.022)	−0.042 (0.017)
城市公共服务满意度		0.455*** (0.044)		0.425*** (0.055)	0.374*** (0.048)
社会支持					0.192*** (0.035)
F	0.951	12.945***	1.061	11.167***	13.935***
R^2	0.019	0.224	0.021	0.199	0.254
$\triangle R^2$	0.019	0.205	0.021	0.178	0.030

(三) 理论假设汇总

基于研究主题,本书共提出四个研究假设,根据实证分析结果,本研究提出的四个假设均得到了实证分析结果的支持。验证了城市公共服务满意度、社会资本对居民获得感的积极影响以及两两之间的正相关关系。以上研究结果为进一步了解城市公共服务满意度、社会资本与居民获得感之间的关系提供了有力证据,为相关政策制定和实践提供了参考。具体研究假设结果如表5-40所示。

表5-40 研究假设检验结果汇总

编号	理论假设	结果
假设1	城市公共服务满意度与居民获得感呈正相关关系	成立
假设2	城市公共服务满意度与社会资本呈正相关关系	成立
假设3	社会资本与居民获得感呈正相关关系	成立
假设4	社会资本在城市公共服务满意度对居民获得感的影响过程中发挥中介作用	成立
假设4a	社会网络在城市公共服务满意度对居民获得感的影响过程中发挥中介作用	成立
假设4b	社会参与在城市公共服务满意度对居民获得感的影响过程中发挥中介作用	成立
假设4c	社会信任在城市公共服务满意度对居民获得感的影响过程中发挥中介作用	成立
假设4d	社会规范在城市公共服务满意度对居民获得感的影响过程中发挥中介作用	成立
假设4e	社会支持在城市公共服务满意度对居民获得感的影响过程中发挥中介作用	成立

第六节 研究结论与实践启示

一、研究结论

（一）城市公共服务满意度对居民获得感的直接效应

本研究通过实证分析，深入探讨了城市公共服务满意度与居民获得感之间的关系。研究结果显示，城市公共服务满意度与居民获得感之间存在明显的正相关关系。

高质量的公共服务能够提升居民的生活质量和获得感，而低质量的公共服务则可能导致居民的不满和失望。公共服务的非排他性和公平性对居民的获得感至关重要。当公共服务能够公平地分配给每个居民时，居民的获得感会增强；反之，如果公共服务存在不公平现象，居民的获得感可能会降低。不同类型的公共服务对居民获得感的影响可能存在差异。李东平和田北海（2024）研究发现，公共教育服务可及性、医疗卫生服务可及性和劳动就业服务可及性的获得感提升效应较为突出，公共文体服务可及性则没有显著提升农户的获得感。郑建君等（2022）通过实证研究发现，在公共服务参与对个体获得感提升的正向影响中，政府透明度和政府信任分别表现出显著的调节作用和高阶调节作用。

公共服务满意度是居民对公共服务质量和公平性的直接评价，它与居民的获得感密切相关（于洋航，2021）。高满意度的公共服务能够增强居民的获得感，而低满意度的公共服务则可能导致居民的不满和失望。城市公共服务满意度对提升居民获得感有重要作用。首先，高城市公共服务满意度意味着居民能够便利地获取高质量的基础设施、教育、医疗等公共服务，有助于居民的生活质量和满意度的提升。其次，高城市公共服务满意度有助于减少社会不满情绪，增强社会稳定性和和谐性，提高居民的社会满意度。此外，高城市公共服务满意度还有助于提升城市形象，增加对城市的认同感和归属感，从而对居民的获得感产生积极影响。最后，城市公共服务满意度高的社区往往具有更加融洽的社区关系和更强的社区凝聚力，居民之间更加和睦，相互支持，对社区的认同感更强。由此可知，伴随城市公共服务满意度的提升，城市居民的生活满意度和社会融入感也将进一步提高，进而影响城市居民的获得感。

（二）社会资本的中介效应

根据实证分析结果，本书得出如下研究结论：社会资本在城市公共服务满意度对居民获得感影响过程中发挥中介作用，即城市公共服务满意度通过社会资本影响居民的获得感，本书的研究结论也在一定程度上验证了之前关于社会资本在个体积极感知影响过程中的中介效应的研究。黄谦等（2024）研究发现，社会资本在体育参与影响个体福利过程中发挥中介作用。陈永清等（2024）基于2014

年、2016年和2018年三期的中国家庭追踪调查数据，研究发现，互联网使用会增强居民的心理资本，进而促进居民的主观幸福感的提升。屈沙和刘孝斌（2022）基于中国综合社会调查（CGSS）2017年度数据实证分析发现社会信任在影响幸福感过程中发挥中介作用。

社会参与和社会网络是提升居民获得感的重要途径。通过参与社会活动、志愿服务和社区组织，个体可以建立更广泛的社交关系和人际网络，从而获得更多的支持和认同感。这种社会参与可以带来成就感和满足感，有助于提升个体的获得感。此外，社会参与还可以增强个体的社会责任感和归属感，促进社会和谐与稳定。因此，健全的社会参与网络，对于提升居民的获得感具有积极作用。

社会信任对提升居民获得感至关重要。当人们生活在一个相互信任的社会环境中时，他们更有可能感到安全、稳定和满足。社会信任可以减少人们的焦虑和紧张感，促进积极的社会互动和合作。在一个充满信任的社会中，个体更愿意参与社会活动，与他人建立良好关系，这有助于提升个体的获得感。因此，建立和促进社会信任，可以有效地提升居民的获得感。

社会规范对于提升居民获得感具有重要作用。社会规范是指社会对个体行为的期望和规定，它们的存在可以提供安全感和稳定感，帮助个体建立积极的社会互动和关系。遵守社会规范可以促进社会和谐，减少冲突和纷争，从而创造一个良好的社会环境。在这样的环境中，个体更容易获得认可和尊重，建立良好的人际关系，有助于提升个体的获得感。因此，社会规范的存在和遵守，对于提升居民的获得感具有积极的影响。

社会支持是提升居民获得感的重要因素，它可以通过提供情感上的支持、实质性的帮助以及社会参与的机会来影响个体的获得感。研究表明，得到社会支持的个体更有可能感到满足和幸福。社会支持可以来自家庭、朋友、社区以及社会组织，它可以提供安全感、认同感和自尊心，有助于缓解个体面临的压力和困难。因此，建立一个充满社会支持的社会环境，对于提升居民的获得感至关重要。

二、实践启示

（一）提升城市公共服务水平

根据本书研究结论，城市文化体育、城市公共卫生服务满意度排名较低。因此，在具体实践工作中，应加强对城市公共服务的监督和评估机制，建立科学合理的评估体系，及时解决城市公共服务供给中存在的问题。通过考核、评比等方式激励公共服务提供者提升服务质量，推动城市公共服务水平整体提升。注重提高城市公共服务的普惠性和可及性，确保城市居民能够平等地享受到优质的公共服务。建立健全城市公共服务信息公开制度，让城市居民能够了解城市公共服务的相关信息，增加透明度和公信力，促使城市公共服务向更加公平、公正的方向发展。城市公共服务是城市治理的重要一环,尤其是边疆民族地区,只有不断提高城市公共服务的质量和水平,才能更好地满足城市居民的需求,增强城市居民的获得感,提升城市治理现代化水平和推动社会稳定发展。

城市文化体育满意度较低的原因可能在于设施数量不足、分布不均,服务内容单一、缺乏专业指导,宣传推广不畅通等。首先,优化设施建设与布局。一方面,要加大投入与规划,合理规划设施建设,根据人口分布和需求预测,在人口密集区新建或扩建文化体育设施。另一方面,均衡布局,注重老城区设施改造和新城区设施配套完善,通过合理选址、资源共享等方式,提高设施覆盖率和均衡性。其次,丰富服务内容与提升质量。不断创新活动形式,结合时代热点和居民需求,举办多样化文化活动,如文化创意集市、电子竞技比赛等,增加体育赛事种类,如马拉松、街舞比赛等。持续加强人才培养与引进,培养和引进文化体育专业人才,组建志愿者队伍,为居民提供专业指导和服务。最后,加强宣传推广与居民参与。一是拓宽宣传渠道,利用新媒体平台、社区公告栏等多种渠道,及时发布文化体育服务信息,制作设施使用指南和活动宣传视频。二是鼓励居民积极参与,开展居民需求调研,根据需求设计活动和服务项目,建立居民参与管理和监督机制,提高居民对文化体育服务的认同感和参与度。

导致城市公共卫生服务满意度排名较低的原因可能有以下几点:资源配置不均衡、服务质量和服务态度问题、城市居民期望与现实的差距。应加强对卫生系统的管理,提升医疗服务水平,改善医疗环境,保障居民的健康权益,提高公众对公共卫生服务的满意度。提高公共卫生服务的专业性和效率,确保服务及时、准确、有效;建立有效的投诉处理机制,对患者反馈的问题及时做出回应和改进。确保公共卫生资源在不同人群之间的公平分配;加大对基层医疗机构的投入,提高公共卫生服务能力;优化公共卫生设施的布局和配置,使其更加符合居民的实际需求。开展多种形式的健康教育活动,提高居民对公共卫生知识的知晓率;通过媒体、社区活动等渠道,普及预防疾病、健康生活方式等知识;提供个性化的健康咨询和指导,帮助居民建立健康的生活方式。鼓励居民参与公共卫生政策的制定和实施过程,提高政策的民主性和科学性;建立居民参与的平台和渠道,收集居民的意见和建议,共同推动公共卫生服务的改善;开展社区合作项目,促进居民与公共卫生机构之间的合作与互动。及时公开公共卫生服务的相关信息,包括政策文件、服务流程、监测数据等;加强与居民的沟通互动,通过线上线下渠道提供政策解读和咨询服务;建立信任机制,让居民了解并信任公共卫生服务,从而提高满意度。根据居民需求和实际情况,制定科学、合理的公共卫生政策;定期评估政策效果,对不符合实际情况的政策进行调整和优化;强化政策宣传和推广,确保居民了解并理解政策内容和目的。总之,针对城市公共服务满意度较低的具体维度，制定相应的改进措施，加大投入，提升服务质量，为居民提供更优质的公共服务，提高公众对城市的满意度和归属感。

（二）培育社会资本

1. 拓展居民参与网络

利用互联网平台构建网络社区是提高城市治理技术的重要途径之一。通过治理技术解决因权力悬殊导致组织间话语权不平等的问题，增强各治理主体之间的信任，减少对政府的依赖，促进社会资本的建立和加强。依托互联网平台进行对话和意见反馈，缩小政府与民众之间的权力差距，平衡双方之间的话语权，增强政府的透明度和民众的参与感。同时，充分利用第三部门的积极作用，将其培养成为居民利益表达的重要渠道，使其成为城市居民和政府之间的桥梁，拓宽居民的参与渠道。推动第三部门发展的同时，鼓励民众参与，放宽市场管制，促进非营利机构发展，促进多元的参与网络建立，促进多元利益群体之间的沟通、协商和合作。只有通过多元的参与网络，才能充分了解民意、倾听民声，使民众的诉求得到表达和尊重。通过参与网络，公众可以广泛参与公共事务治理，促进政府与公众之间的沟通和理解，推动协同治理，实现共同努力提高治理绩效的目标。拓展居民的参与网络，增强社区凝聚力和社会资本，为城市居民创造一个包容、富有活力的生活环境，提升城市居民的获得感。

2. 完善社会信任体系

建立健全社会信任体系对整个社会的发展至关重要。政府应树立诚信榜样，公开透明地执行政策和决策，提高政府公信力，确保公共服务和政策的公平性和可持续性。加强企业、政府和社会组织的信息公开，确保公众能够获取准确、及时的信息，提高透明度，减少信息不对称，增强社会信任。在学校、社区、企业等各个层面加强诚信教育，培养公众的诚信意识。通过媒体、网络等渠道加强诚信宣传，营造诚信文化氛围。加强政府、企业、社会组织之间的合作，共同推进社会信任体系建设实现信息共享和资源整合，提高社会信任体系建设的整体效能。鼓励公众积极参与社会信任体系建设，提出意见和建议。加强公众监督，对失信行为进行曝光和谴责。完善社会信任体系需要全社会的共同努力和持续投入。通过建立健全法律法规，推进信息公开和透明度，建立健全信用评价体系，加强诚信教育和宣传，强化失信惩戒机制，促进跨部门跨领域合作以及鼓励公众参与和监督等措施，构建诚信社会，不断增强人民群众幸福感、安全感、获得感。

3. 培育公民公共精神

公民教育是提高公民素质，培育公共精神的重要途径，通过学校教育、社区教育、媒体宣传等多种形式，向公民普及社会公德、公民权利与义务、公共参与等基本知识，引导公民树立正确的价值观和社会责任感。鼓励公民积极参与社会公共事务，关注社会问题，参与政策讨论，增强公民参与意识和能力。政府和社会组织应提供公民参与的平台和机会，保障公民的知情权、参与权、表达权和监督权。公民责任感是公共精神的核心，引导公民认识到自己在社会中的责任和角色，自觉履行公民义务，关心他人，关注社会公共利益，积极参与社会公益事业。公共理性是公共精神的重要体现，倡导公民在参与公共事务时保持理性、客观、公正的态度，尊重他人的观点和利益，遵守公共秩序和规则，以理性和平的方式解决分歧和矛盾。良好的公共环境是培育公共精神的重要保障，政府应加强对公共环境的治理，提高公共设施的质量和覆盖率，营造文明、和谐、宜居的社会环境；同时，媒体和社会组织也应发挥积极作用，传播正能量，弘扬社会正气。

根据研究结论，相较于其他社区类型的城市居民，老旧小区城市居民的社会资本较低。提高老旧小区的整体品质、改善城市居民的居住环境和生活质量需要注重党建引领的力量，充分发挥党组织在社区治理中的引领作用，加强对城市居民的宣传教育，促进城市居民的参与和支持。同时，加强与社区其他机构的合作与协调，形成合力，共同推进改造工作。成立业主委员会或居民代表组织，拓宽城市居民表达需求和意见的渠道；鼓励城市居民参与社区决策，通过居民大会或在线投票等方式，保障居民的社区事务发言权；举办社区教育和培训活动，提升居民对社区事务的认知和参与能力。通过提高老旧小区城市居民的社会资本，增强城市居民对社区的归属感和认同感，这将有助于推动城市老旧小区改造工作的顺利进行，为打造宜居的城市环境提供有力支持。

根据研究结论，相较于其他职业，离退休人员的社会资本较低。在社会资本较低的情况下，离退休人员往往面临着孤独和无助的困境。全社会的共同努力能够为离退休人员营造一个更加温暖和融洽的社区环境。只有让离退休人员感受到关爱和尊重，他们才能更好地融入社会，享受晚年生活的幸福和快乐。政府部门应建立健全相关政策和制度，保障其权益和福利。同时，鼓励离退休人员积极参与社区活动，如志愿者工作、社区会议、兴趣小组等，这不仅能够帮助离退休人员建立新的人际关系，还能提升其归属感和自我价值感。参加各种课程、研讨会或阅读，不断提升自己的知识和技能，这有助于增加与他人交流和分享的机会。了解并利用政府提供的老年人福利和服务，如老年活动中心、健康检查、咨询服务等。此外，与子女等家庭成员保持密切联系，分享生活、经验和情感，增强家庭凝聚力。通过培养兴趣爱好，如书法、绘画、园艺、摄影等，不仅可以丰富生活，还能结识有相同兴趣的朋友。总之，提高离退休人员的社会资本需要个人、社区、政府和社会各方面的共同努力。通过积极参与、学习、交流和利用资源，离退休人员可以建立更加丰富的社交网络，提高生活质量和获得感。

第六章 农村公共服务满意度对居民获得感的影响机制研究

第一节 研究概要

一、理论背景

民生问题一直以来都是党和国家高度重视的议题，是政府工作的主要重心。2022年，党的二十大报告提出了"增进民生福祉，提高人民生活品质"的发展诉求，明确要求"必须坚持在发展中保障和改善民生，鼓励共同奋斗创造美好生活"。2023年政府工作报告中指出，要"强化基本民生保障"，并且强调"切实保障和改善民生，加快社会事业发展"。2023年5月，习近平总书记在河北考察时指出，"要大兴调查研究之风，深入了解群众需求，切实解决广大百姓关心关切的利益问题，不断提高人民群众的获得感、幸福感、安全感"。2024年3月，习近平总书记在中青年干部培训班作出重要指示，"要自觉做矢志为民造福的无私奉献者，始终把人民放在心中最高位置，树立和践行正确政绩观，走好新时代党的群众路线，提高做群众工作的本领，用心用情用力解决群众急难愁盼问题，不断增强人民群众的获得感、幸福感、安全感"。2024年5月，习近平总书记在中共中央政治局集体学习时强调，"不断增强广大劳动者的获得感幸福感安全感，为以中国式现代化全面推进强国建设、民族复兴伟业提供有力支撑"。

事实上，自党的十八大以来，党中央高度重视加强社会建设，坚持以人民为中心的发展思想，增强人民群众的获得感。习近平总书记在中央全面深化改革领导小组第十次会议上首次提出"要让人民群众有更多获得感""老百姓关心什么、期盼什么，改革就要抓住什么、推进什么，通过改革给人民群众带来更多的获得感"。进入新时代，我国社会主要矛盾已经转化为人民日益增长的美好生活需要和不平衡不充分的发展之间的矛盾。当前我国政府正在由管理型政府向建设服务型政府转变，从"管理者"到"服务者"，进一步提升经济社会的发展、提高为人民服务的能力。公共服务作为政府的一项基本职能，与人民群众的切身利益密切相关。公共服务涵盖了就业、教育、社保等多个领域的民生实事,与人民群众日常生活息息相关。因此,需要高度重视公共服务,推动公共服务建设与优化,提高公共服务可及性和均等化水平,进而使得人民群众的获得感、幸福感、安全感更加充实、更有保障、更可持续。

本研究以管理学、心理学等学科为基础,聚焦农村背景下的公共服务供给水平,将云南边疆民族地区农村居民作为调查样本,通过文献理论梳理、设计调查问卷、进行数据收集与数据分析,结合定性与定量研究方法,用实证的方法研究农村公共服务满意度对居民获得感的影响机制及社会安全感与集体主义在影响过程中的具体作用机制。一定程度上丰富了有关居民获得感影响因素的研究内容,为后续相关学术研究和具体实践工作提供了一定的参考价值。同时,为基层治理如何提升居民获得感提出建议,为地方基层政府的社会治理的政策制定和政策执行提供新思路。

二、研究意义

(一) 理论意义

从公共管理学的视角,探讨农村层面公共服务对居民获得感的影响,丰富完善公共服务和获得感的相关研究。通过探讨农村公共服务满意度对居民获得感的影响机制,能够揭示居民获得感的形成路径和影响因素。农村公共服务满意度作为居民获得感的重要来源之一,通过研究可以进一步深化分析获得感的来源,深入了解居民在公共服务领域的具体需求和期望,为提升居民获得感提供更有针对性的理论指导。为进一步深入研究获得感实证依据,推动获得感相关研究的深入。

传统有关农村公共服务的研究多聚焦于服务供给、效率和质量等方面。本研究基于农村公共服务满意度的视角,从居民的主观心理体验和社会文化背景等多个层面来综合考察公共服务与居民获得感之间的关系。研究农村公共服务满意度与居民获得感的关系,可以进一步明确公共服务的目标不仅是提供物质性的服务,更要关注居民的心理感受和全面发展,从而深化对公共服务供给目标的认识。将社会安全感作为中间变量,有助于深入了解社会安全感在农村公共服务与居民获得感之间的桥梁作用。明确社会安全感在公共服务影响居民心理状态和生活体验中的重要地位,丰富社会安全感的理论内涵。考察集体主义作为调节变量,能够揭示不同文化背景下农村公共服务满意度与居民获得感之间关系的差异,为文化与心理、社会因素的交互作用研究提供新的研究方向。

研究农村公共服务满意度对居民获得感的影响,需要综合运用社会学、心理学、管理学等多学科的理论和方法。这种跨学科的研究可以促进不同学科之间的交流与融合,拓宽研究视野,为解决农村发展问题提供更全面、深入的理论支持。跨学科研究还可以将理论研究与农村实际情况相结合,使研究成果更具针对性和实用性。通过对农村公共服务满意度和居民获得感的实证研究,可以为农村公共服务的改进和农村发展政策的制定提供具体的建议和措施,实现理论与实践的良性互动。

(二) 现实意义

有助于提升农村公共服务水平。研究结果可以为农村公共服务的改进和优化提供方向。通过了解农村居民对公共服务的满意度以及其对获得感的影响,政府和相关部门可以有针对性地提高公共服务质量,满足居民的实际需求,提升农村居民的生活品质。根据研究结果加大对农村教育、医疗等关键领域的投入,提高服务的可及性和质量。

有助于增强农村居民的安全感和获得感。通过实证检验社会安全感在居民获得感中的重要作用,有助于采取相关措施增强农村社会的安全稳定。加强社会治安管理、完善社会保障体系、提高灾害应对能力等,从而提升农村居民的社会安全感,进而增强其获得感。

有助于促进农村社会和谐发展。通过实证研究集体主义的调节作用,可以更好地理解农村社会的文化特点和居民行为模式。在制定农村发展政策和提供公共服务时,充分考虑集体主义文化背景,有利于促进农村社会的和谐发展。在农村建设中,充分发挥集体主义精神,鼓励居民共同参与公共事务,增强农村凝聚力和居民归属感。

有助于为乡村振兴战略提供支持。乡村振兴战略的核心是实现农村的全面发展和农民的幸福生活。研究农村公共服务满意度对居民获得感的影响机制,有助于为乡村振兴战略的实施提供理论指导和实践经验。通过提升公共服务水平、增强居民安全感和获得感,推动农村经济、社会、文化等各方面的协调发展,为乡村振兴注入强大动力。

第二节 基础理论与研究综述

一、基础理论

(一) 马斯洛需求层次理论

1943 年,美国的心理学家亚伯拉罕·马斯洛在其《人类激励理论》论文中提出首次提出需求层次理论。该理论将人类需求像阶梯一样从低到高按层次分为五种,分别是生理需求、安全需求、社交需求、尊重需求和自我实现需求。20 世纪 70 年代,马斯洛丰富完善了其需求层次理论,将需求层次理论进一步拓展,增加认知和审美等需求,有助于解释部分高层次的精神追求和行为。

生理需求是第一层次的需求,是人类最基本、最强烈、最明显的需求,包括对食物、水、空气、睡眠、性等维持自身生存的需求。如果这些需求得不到满足,生理机能无法正常运转,生命将会受到威胁。安全需求是第二层次的需求,当生理需求得到满足后,安全需求就会成为人们关注的焦点。安全需求包括对人身安全、生活稳定、免遭疾病等的需求。社交需求是第三层次的需求,也称为归属与爱的需求,包括对友谊、爱情、亲情以及归属感的需求。尊重需求作为第四层次的需求,分为内部尊重和外部尊重。内部尊重是指自尊,即个人对自己能力、价值的认可。外部尊重是指他人对自己的尊重,包括地位、威信、能力等的评价。自我实现需求是最高层次的需求,指的是实现个人的理想、抱负,发挥个人能力达到最大程度,进入到自我实现的境界。

马斯洛需求层次理论多被认为是一种金字塔形或是阶梯状的结构,揭示了一种由低层级到高层级的需求转变。马斯洛需求层次理论的多种高低层次反映了人类需求的多样性和阶梯性,需求层级的步步递进也表明了人类需求是运动变化而非固定静止的。此外,马斯洛需求层次理论强调人与社会的关系,人需要参与社会交往,获得社会认同,获得他人肯定。该理论解释了社会行为背后行为人的底层逻辑。

在马斯洛需求层次理论的基础上,延伸出较多新的理论研究。其中,克莱顿·奥尔德弗提出了 ERG 理论,将需求归纳为生存(Existence)、关系(Relatedness)和成长(Growth)需求,对马斯洛需求层次理论进行了简化和整合,更侧重于需求之间的相互关系和相互转化(Alderfer,1969)。此外,诸多学者开始关注到需求层次理论在不同历史背景与文化背景下的适用(李华丽,2008;苏平,2009;李晶晶,2012)。

由于个体天然存在满足需求的内在动机,而个体获得感正是源于自身需求的有效满足(于洋航,2021)。马斯洛需求层次理论不仅为深入剖析个体需求提供了清晰的层级框架,还为提升个体获得感提供了切实可行的具体操作方法,个体具有生理、安全、自我实现等不同需求,只有个体多元需求被满足,个体获得感方能得到有效提升。正因如此,马斯洛需求层次理论成为获得感研究领域的重要基础理论,为该领域的研究和实践提供了坚实的理论支撑。需求层次理论构建了需求满足与个体获得感之间的关系,构建了以物质需求满足为基础的,追求自我价值实现为目标的个人获得感。公共服务以满足农民生活需求为目的,涵盖了基础设施建设、医疗卫生、教育资源等多方面,享受到均等可及的农村公共服务,满足农民具体的基本生活需求,为农民更高层次的需求实现奠定基础。获得感是农民对自身在农村发展中所获成果的一种积极感受。农村居民不仅可以通过农村完备的基础设施满足自身生活需求,同时也可积极参与农村公共事务,从而不断实现自身多层次的需求，显著提升自身的获得感水平。

（二）文化生态理论

1955年，美国文化人类学家朱利安·海内斯·斯图尔德在其《文化变迁理论》中正式提出"文化生态学"的基本理念。文化生态学旨在运用生态学的方法研究文化与其所在的自然环境、社会环境间的相互作用，探索文化产生、发展、变化的规律，基本奠定了文化生态理论的产生（Steward, 2005）。

文化生态理论的理论基础源于生态学、人类学、地理学等学科领域的相关理论。文化生态理论在生态学的基础上，确立系统研究的方法。借鉴了生态学中生态系统的概念，将文化视为一个类似于生态系统的有机整体，文化中的各个要素如价值观、习俗、艺术等相互关联、相互作用，如同生态系统中的生物与环境、生物与生物之间的关系一样，共同构成一个复杂的文化生态网络。人类学中的文化相对性认为，不同文化均有其特点与价值，不存在绝对优劣的文化。而文化生态理论认同该观点的同时，强调研究文化需要在特定的生态环境中，不能脱离环境单独研究文化，要考虑文化与环境的相互关系与相互影响。文化生态理论基于人类学，认为文化的多样性是人类生活在不同生态环境下适应和创造的结果，不同的生态环境塑造了各具特色的文化形态（Michael, 2004）。地理学的相关理论研究也一定程度验证了环境塑造文化的说法。地理学中的环境决定论曾强调自然环境对人类社会和文化的决定性作用，文化生态理论并不完全认同绝对的决定关系，但承认自然环境是文化形成和发展的重要基础。同时，地理学的可能论也为文化生态理论提供了启示，即自然环境为文化的发展提供了多种可能性，人类可以在一定程度上根据自身的需求和能力对环境进行利用和改造，从而影响文化的发展方向。

文化生态理论的观点认为文化与环境是相互作用的（Sahlins, 1963）。该理论指出，环境一定程度上塑造了文化，文化也被动适应环境，会对环境产生反作用。文化生态理论认为文化不是孤立存在的，而是与自然环境和社会环境紧密相连、相互影响（Fang, Li, 2022）。自然环境是文化产生和发展的基础，它为文化的形成提供了物质条件和空间背景。不同的地理环境、气候条件、资源禀赋等会影响人类的生产生活方式，进而塑造出不同的文化形态和文化特征（Lapka等，2012；Noss, 1995）。例如，生活在沿海地区的民族可能发展出以渔业和航海贸易为主的文化，而内陆草原地区的民族则可能形成以游牧为主的文化。文化对环境具有反作用，人类通过文化所创造的技术、社会组织形式和价值观念等，会影响他们对自然环境的利用和改造方式（Baba, 1995）。例如，一些文化强调对自然资源的保护和可持续利用，这种文化观念会促使人们采取相应的环保措施，对自然环境产生积极的影响；反之，一些过度开发和索取的文化观念则可能导致环境破坏。

此外，文化生态理论强调文化是动态变化的（Frake，1962；Sanders 等，1988）。文化生态理论认为，文化是人类为了适应环境而创造出来的一种生存方式和手段。在长期的历史发展过程中，人类不断调整自身的文化模式，以更好地适应所处的自然和社会环境。环境是不断变化的，文化也需要具备动态适应性，以应对环境的变化。当自然环境发生变迁或社会环境出现新的情况时，文化会通过自身的调整和变革来保持与环境的协调，这种调整可能表现为文化观念的更新、技术的创新、社会制度的变革等。

文化生态理论应用的领域广泛，在文化研究、环境保护、城市规划等多个领域都发挥着重要作用。通过文化生态理论认识到不同文化在特定生态环境中的独特价值意义，从而为文化多样性的保护提供理论支持。比如在保护少数民族文化时，不仅注重保护其语言、习俗等文化要素，还重视保护其所处的自然环境和社会环境，以维持文化生态的完整性。同时，根据文化生态理论，文化对环境产生反作用，分析文化与环境的相互作用，有针对性地调整影响作用，进而更好地相互适应和发展。

农村的自然环境在很大程度上影响了人们的聚居模式。农村地区通常以农业生产为主，农民们依靠着土地生活，居住在土地旁，从而形成了相对集中的聚居模式。这种模式方便灌溉农田，又便于村民之间的交流和互助，这种聚居模式为集体主义的形成提供了空间基础。人们生活在相对紧密的空间中，日常的交往频繁，容易形成共同的价值观和行为规范。此外，农业劳动生产、抵御外来威胁与农村文化传承等都加深了农村地区的集体主义氛围。同时，不同地区的集体主义也影响着不同农村地区，形成了不同的风俗习惯，发展出极具地方特色的文化生态。

（三）治理理论

治理理论的雏形最早出现在 20 世纪 70 年代的欧洲（Mayntz，2003）。当时，由于经济和政治危机，欧洲国家被迫调整政策，探索创新治理模式。治理理论的发展始于意大利的政治学家帕斯夸莱·帕德瓦诺的研究。帕德瓦诺认为，单纯以政府公权力为基础的治理方式不能够解决当今复杂的社会问题，需要各方力量共同参与到问题的解决中。这一观点为治理理论的发展奠定了一定基础，促使人们重新审视传统的治理模式，思考多元主体参与治理的必要性和重要性，为后来治理理论中强调政府、企业、社会组织和公民等多元主体共同参与治理的理念提供了思想源泉。在此基础上，治理理论逐渐发展成为国际政治学的一个新的研究方向。到了 80 年代，治理理论逐步在世界范围内得到传播。当时，国际互动越来越频繁，政府不得不与各类组织合作解决问题。此时，"多元治理"理念在西方流行开来。多元治理的本质在于从政府治理的单一治理模式向国家、市场与社会等多元主体共同治理的治理模式过渡。进入 90 年代，治理理论的研究不再仅仅关注到国家层面，重点开始研究中微观的各类型企业、社会组织、非政府组织等等。由此可见，治理理论认为的"治理"不单是国家政府的责任义务，而是全社会的组织和个体的责任义务。詹姆斯·罗西瑙在《没有政府的治理》中提出，治理是一种管理机制，是多理念发生冲突争议时寻求有效解决的规则和程序（孙健，俞洋，2021）。罗西瑙强调，在全球层面存在着多种非政府行为体，如跨国公司、非政府组织、公民团体等，它们在国际事务中发挥着重要的治理作用，与政府行为体共同构成了全球治理的多元主体结构。杰索普认为治理是一种应对性方案（Jessop，2004）。罗兹将治理归纳成六种类型：小国治理、公司治理、新公共管理治理、社会控制系统中的治理、善治中的治理和组织网络中的治理（Rhodes，2007）。库伊曼认为治理是政府、市场与社会的新互动（Kooiman，1999）。怀特海德认为治理是不断私人部门和公民参与到公共部门管理的过程（Whitehead，2002）。斯托克认为治理理论是关于自治、自主行动者网络的理论，旨在使用新工具、技术增强政府能力（Stoker，1998）。皮埃尔认为治理是网络化的公共行为，一种非预设的与持续更新的有关合作的关系实践（王保忠，2022）。

多中心理论突破了传统的单一中心治理模式（Ostrom，2010），为治理理论中多元主体平等参与（McGinnis，Ostrom，2012）和协同治理等提供了关键的理论支撑。它强调在治理中应充分发挥不同主体的优势，通过多元主体的合作来解决复杂的公共问题。新自由主义学派倡导减少政府对经济和社会的过度干预（Jones，2014）。它为治理理论提供了新的治理主体，在政府治理过程中更多地引入市场机制，如在公共服务供给中采用公私合作模式，通过市场竞争提高服务效率和质量。而公共选择理论的代表人物詹姆斯·麦吉尔·布坎南、戈登·塔洛克等人认为政治个体如同经济个体一样，都是追求自身利益最大化的"经济人"（Buchanan，Tullock，2003；Buchanan，1983）。在治理过程中，政府、企业、社会组织等多元主体的行为和互动也受到各自利益的驱动。这一理论为治理理论提供了对各主体行为分析的理论依据，促使人们在治理过程中协调各方利益，避免利益冲突，实现公共利益的最大化。

基于治理理论，在公共服务供给方面，需要多元主体共同参与公共服务供给活动，从而满足公众需求，保障公共利益。因此，在实践过程中，引入市场机制与社会力量，提高公共服务的供给效率和质量。

二、研究综述

（一）农村公共服务

1. 农村公共服务概念

按照公共产品的概念，公共服务应是一种具有非竞争性和非排他性的社会服务。公共服务是指由政府或公共机构提供的、为满足社会公众基本需求和共同利益的服务。农村公共服务是旨在满足农业、农村发展或农民生产生活的一般需要的非竞争性和非排他性社会服务（王小林、郭建军，2003）。吴红梅（2006）认为农村公共服务为政府和非政府组织为农村地区的经济和社会发展以及正常农业生产和日常生活提供的公共产品和服务。张立军（2007）认为公共服务是农村公共产品的一部分，一定程度上既有公共产品的共性，又有自身的特殊性质。王辉（2009）、杨娱等人（2024）认为农村公共服务是政府在社会保障、医疗保健、教育和文化等领域向农民提供的公共产品和服务。

2. 农村公共服务的类型

2021年12月，国务院印发《"十四五"公共服务规划》，明确了"基本公共服务""普惠性非基本公共服务""生活服务"等相关概念。2022年1月，国家发改委结合我国国情实际将公共服务划分为基本公共服务与非基本公共服务。将基本公共服务、普惠性基本公共服务和生活服务区分的依据主要是对承担服务供给主体与社会公民生存发展需求层次划分的。李实和杨一心（2022）等学者在研究基本公共服务时，也基本参照了国务院及部委对公共服务的类别划分。基本公共服务是保障全体人民生存和发展基本需要的公共服务，政府肩负着保障服务供给的主要职责，致力于让每一位公民都能平等享受到关乎生存与发展的基础服务，如基础教育、基础医疗等。非基本公共服务是为满足公民更高层次的需求、保障社会整体福利水平所必需。政府通过出台一系列扶持政策，鼓励社会力量、市场主体积极参与，扩充普惠性服务供给，力求让大多数公民能以合理、可承受的价格获得部分公共服务。生活服务，聚焦于满足公民多元化、个性化且高品质的服务诉求。这类服务主要依托市场机制进行供给，充分发挥市场在资源配置中的决定性作用。政府全力营造公平竞争的市场环境，引导产业健康、有序、可持续发展，为生活服务的繁荣发展提供坚实的保障。

在农村场域下的公共服务，也基本沿用了国务院及部委对于公共服务的划分方法，将农村公共服务分成农村基本公共服务与农村非基本公共服务（迟瑶等，2016；韩增林等，2015；张开云，2009）。张开云（2009）、唐斌等（2021）认为农村基本公共服务包括义务教育、医疗卫生、社会保障等。在数字乡村背景下，郭美荣等（2021）认为互联网接入、数字化建设等都是农村基本公共服务的具体体现。卞纪兰和刘学衔（2022）在研究河北省农村公共服务供给时，重点选取了其中的农村基础设施、农村基本医疗卫生与农村教育三项指标作为农村基本公共服务供给现状的观测变量。和立道等（2022）将农村基本公共服务细分为保障农民基本权利的基本公共服务、基础设施的公共服务、宜居环境的公共服务以及制度性公共服务。张应良和徐亚东（2020）根据马斯洛需求层次理论的五个层次，将具体七个方面的农村基本公共服务进行细化分类，代表生理需求层次的农村生活条件、农村医疗设施，代表安全需求层次的农村社会保障，代表社交需求层次的农村交通设施，代表尊重需求层次的农村生态环境以及代表自我实现需求层次的农村文化设施与农村教育设施。

此外，部分学者也根据其他的标准对农村公共服务进行划分。有根据农村公共服务的投入方式进行公共服务划分的，将仅单次资金投入的农村公共服务称为硬性公共服务，对于需要长期进行投入资金的农村公共服务称之为柔性公共服务（于水，2008）。梁晨（2024）在研究农村公共服务体系建设时，将农村公共服务分为基本公共服务与生产性公共服务，他认为生产性公共服务是农业生产中的重要部分。部分学者认为生产性公共服务是乡村振兴背景下，推进农业生产高质量发展的重要实践创新（董俊芳，2023；芦千文，韩馥冰，2023；芦千文，高鸣，2020）。陈浩和朱雪瑗（2023）在研究农村公共服务高质量发展时，将农村公共服务分为三类：一是发展物质财富的农村经济性公共服务，二是壮大人力资本的农村发展性公共服务，三是收入再分配的农村保障性公共服务。

3. 农村公共服务的供给主体

农村公共服务的供给指的是在农村地区，维持公共事务运转和促进地区发展，政府、社会力量、企业、农民等多元供给主体提供人力、物力、财力等的行为活动（孙鹤汀，高千，2022）。张良（2012）认为公共服务供给趋势必将是由政府一元主导变为政府、市场、社会等多元主体。此外，他还指出未来公共服务供给要适应国家与社会发展，最重要的是要处理好政府与其他主体的关系。陈浩和王皓月（2022）认为农村公共服务的高质量发展中直接供给主体是地方政府。农村居民可以向地方政府表达村民需求，而上级政府在考核、监督与调整地方政府的供给。因此，作为需求者和消费者的农村居民与政策制定和监管者的上级政府是间接供给方。胡志平（2019）梳理了中华人民共和国成立以来的农村公共服务供给，发现供给主体由政府单一到政府、市场、社会的弱供给，逐渐转向政府主导的多元主体强供给。刘伟忠（2020）提出了农业公共服务供给的创新方式——共同生产模式，其中包括的参与主体涉及政府、利益相关企业、社会组织、乡镇集体与农民个体。胡守勇（2014）对公共服务多元主体供给模式研究流派进行了梳理归纳，一是政府主导、社会参与、市场配置、主体各司其职的多类型复合模式（刘湘云，王玉明，2011）；二是政府与社会主体合作供给、政府主导与社会主体主导的多模式最优选择（李少惠，王苗，2010）；三是政府直接供给、多方出资供给、自筹资金供给等的多模型并用（彭益民，2010）。

4. 农村公共服务供给存在的问题与解决对策

（1）问题。

一是农村公共服务供给质量不高。地方政府供给农村公共服务责任重大，财政拮据，权责不一（张菊梅，2013）。中央政府承担一般性公共服务供给，多数区域性农村公共服务由地方承担。而由于具有地域性，多数是由乡镇一级地方政府承担供给。但是，乡镇地方政府的财力相对较为薄弱（范逢春，2016），难以承担大量的农村基本公共服务的供给，对于相应公共服务的投入不足（李实，杨一心，2022）。政府财政对农村公共服务的投入力度有限，尽管近年来政府不断加大对农村的扶持力度，但在教育、医疗、文化、社会保障等关键领域的资金投入仍然难以满足农村日益增长的需求（陈定洋，张冲，2011）。另外，由于除政府外，多元主体公共服务供给参与度不高（林万龙，2007；贾康，孙洁，2006；梁晨，2024），也一定程度导致了农村公共服务供给数量不足与质量不高。随着经济社会的蓬勃发展与人民生活水平的稳步提高，农民对美好生活的需要日益增长，但农村公共服务供给机制却较为单一，主要依赖政府财政投入推动，市场力量与社会力量参与不足（陈定洋，张冲，2011）。公共服务建设不单需要政府、相关部门，也要凝聚多方力量，多重方式共同参与，协调各方资源（王兆辉等，2016）。社会资本对农村公共服务的投入积极性不高（王延中，龙玉其，2018），使得农村公共服务供给过度依赖政府财政（陈元欣，王健，2013；徐明，2021）。这种资金投入不足的状况严重制约了农村公共服务的质量提升和可持续发展，导致农村居民在享受公共服务方面与城市居民存在较大差距，阻碍了农村经济社会的全面进步。

二是农村公共服务供需匹配错位。由于管理决策方面的原因导致公共支出存在供给错位（林万龙，2007；贾康，孙洁，2006）。刘红建等（2021）在研究农村文体服务时，指出政府治理一定程度上忽视了农村居民多元化需求，致使供给偏离需求。此外，供给主体间合作协调不足、供需主体间沟通不畅也很大程度上造成了供需配适度不高的结果（杨兆晨等，2022）。闫章荟（2014）在研究供给主体合作机制时，指出公共服务供给主体参与合作有利于将资源整合，虽然会产生一部分的合作成本，但会增强竞争力，提高服务效率，增强公信力（李爽等，2012；董幼鸿，2018；樊炳有等，2021；宣烨，胡俊，2015）。此外，当前供给合作的关系并未真正形成（张良，2012；刘智勇，2008），而在假象合作与低阶合作关系下，合作关系脆弱甚至可能破裂，农村公共服务供给质量也难以保障（毛明明，2023）。

三是农村公共服务科技支持不足。张新生（2018）在相关研究中指出，以养老公共服务为例，当前存在较为明显的粗放供给现象，需要结合数字技术和大数据分析进行精准识别并供给。王岑（2011）的研究表明，新信息技术对于提升政府行政能力和农村公共服务能力具有重要意义，从而实现向主动型服务政府的转变。杨芳和王晓辉（2021）通过对农村文化公共服务的研究发现，公共服务信息沟通不通畅是突出问题，也由此导致一定程度的供需不匹配。

四是农村公共服务监督考核机制尚不完善。舒刚民（2017）指出，农村体育公共服务的评价体系不完善，存在指标设置不合理，评估主体权责不明确，问责追责制度不完善等。周铭扬（2022）认为当前农村公共服务的监督主要依赖内部监督，缺少村民、新闻媒体等社会力量的外部监督参与相对不足，无法形成有效的舆论监督氛围。岑乾明和宋卫琴（2009）提出了"后供给"的概念，他们认为"后供给"阶段存在疏于管理的状况，对于农村公共服务供给的使用情况跟进不足，也难以根据使用情况对农村公共服务供给的数量、质量、供需进行合理调整。

（2）对策。

一是强化资金保障，加强财政投入，鼓励社会参与。加大财政投入力度，优化转移支付。罗文清（2023）认为改善民生，要增加在民生领域的投入力度，加强对农村义务教育的财政支持。陈凤菊（2013）认为在农村地区基础公共服务供给资金短缺，转移支付效率不高，提出要加大农村公共服务财政投入，同时倡导民间资本、有供给经验和能力的社会力量参与供给。项继权和袁方成（2008）探讨了如何实现基本公共服务均等化，需要建立财政投入增长机制，合理调整公共财政的支出结构，分摊各级政府的基本公共服务财政投入，以适应人民群众对于公共服务的数量与质量要求。鼓励市场、社会力量参与农村公共服务供给，完善社会资本投资回报机制。洪银兴（2022）认为在现代市场经济中，可以利用市场提高公共服务供给能力。孙鹤汀和高千（2022）强调了基层党组织对农村公共服务供给的领导，同时供给中争取企业、社会组织与乡贤等的资金支持，以弥补资金不足的短板。张胡前和冯文超（2023）认为要鼓励企业、非营利组织、集体组织参与农村公共服务供给，要深挖农村的组织、人才、资源等优势，引入供给竞争机制，以提高供给效用。

二是加强主体协同，明晰主体权责，回应农民需求。明确农村公共服务供给主体的权力与责任，科学界定政府、市场、社会组织等多元主体的职能边界。盛莉波（2023）指出农村养老供给需分清主次供给主体，厘清核心行动者（政府）、相关行动者（社会组织）的权力责任，形成"强政府+强市场"的养老服务格局。韩冬和陈英雪（2022）将农村体育公共服务的供给主体分为物质型、法律法规型、责任与义务型，明确了政府部门与农村村民等在建设体育公共产品时的责任义务。毛明明（2021）结合贵州省B乡农村"美丽乡村"建设，将农村社会治理主体分成组织性、群体性和个体性三类。刘世炜和孙明茜（2022）通过实证研究得出，明确财权与事权相统一，科学划分各级政府的责任，多级分工，高效供给农村公共服务。此外，畅通供求关系主体间的交流，尊重农民就公共服务方面反映的需求意愿,针对不同类型的农村基本公共服务进行不同的回应,明晰农村公共服务需要完善改进的重点领域,使供需趋近达成相对平衡,进而推动乡村振兴(陈秋红,2022)。

三是科技融入生活,数字赋能服务。王胜等(2021)认为,数字乡村建设要持续推动数字技术基础建设,有助于数据全面入网,精准发展农村地区公共服务的薄弱环节。同时也要依靠信息化推动解放农村数字化生产力,带动资金、人才流向农村,进而达到数字乡村赋能乡村振兴的目的。杨芳和王晓辉(2021)基于扎根理论研究,结合"淄川文化云"等的数字应用,利用诸如大数据统计平台、视频监控平台、电子展馆等现代技术手段,使得供给侧能够了解农民基本信息、文化需求,进而推进新时期农村文化公共服务的供需平衡。邵明华和刘鹏(2023)认为,互联网、大数据技术的成熟,推进了供给主体基于数字技术供给的高效精细,数据流通共享也为市场主体、社会力量的参与降低了门槛。同时,信息技术的成熟,也为农民提供了多样化的农村公共文化服务,丰富了农民的精神文化需求。鉴于此,邵明华和刘鹏(2023)指出,需要依靠网络技术建立"虚拟文化空间"和依托农家书屋、文化礼堂等优化公共文化实体空间,为农民提供线上与线下的文娱体验,同时也能形成新的文旅融合场景。

四是优化绩效考核,合理运用结果。李云燕等(2020)在研究北京市雾霾治理时,根据平衡计分卡以及相关权重确定方法构建了雾霾治理的政府绩效考核体系并结合一系列年度的数据进行了绩效评价,并且针对测评结果给出了"调整产业机构—优化交通体系—建立环境绩效—深挖治霾潜力—建立区域联防"五维度的对策建议。李宁(2009)根据农村公共文化服务具体的指标,围绕经济性、程序性、满意度等方面构建了评估指标体系,也将建设文化站、文化下乡与绩效、晋升、职称考核等挂钩,切实让农民得到实惠。高学德(2022)通过实验研究方法,就食品安全监管、义务教育均衡发展等方面进行了实证研究,结合实际与测评结果进行思考,认为需要引入第三方开展绩效评估,提高农民公共服务满意度。

(二) 农村公共服务满意度相关研究

1. 农村公共服务满意度的相关概念

满意度最早用于衡量消费者对消费产品与服务的满足程度。公共服务满意度是对公共服务质量进行评价的重要方式,是政策制定者制定公共政策的重要基础(Walle,Ryzin,2011)。吕维霞和王永贵(2010)认为满意度是公民和企业等在公共部门办事效率、办事流程、办事结果以及对于办事人员的服务态度的评价认可程度。靳永翥(2009)从对象、利益、内容、价值、功能、主体六个方面对公共服务进行论述。姜晓萍(2018)认为,公共服务是以公共部门和公共资源为基础，为相同公共利益和偏好的消费者提供服务。农村公共服务满意度是农村居民对多元治理主体共同提供的公共服务的满意程度，是农村居民对公共服务质量能否满足其基本生活需求主观感知的一种评价（王健，徐睿，2012；易剑东，2012）。农村公共服务满意度是指农民在享受了公共服务或者产品后对于公共服务效能产生的一种主观判断，通过农民享受公共服务后产生的认知与得到前的预期相比较来反映（郭帅统，2022）。王升绩（2024）认为，农村公共服务满意度是指农村居民在享受农村公共服务或产品后，根据接受前的预期与享受后所形成的认知，由此产生的一种主观判断。

2. 农村公共服务满意度的测量

农村公共服务满意度是农民对政府或其他供给主体提供的各类公共服务的主观评价，学者通过指标体系直接测评农村地区居民对于公共服务的满意程度，也有部分学者依靠农村公共服务的公平性、可及性等维度间接了解农民满意度情况，以探索农民需求与公共服务供给之间的匹配程度。

围绕公共服务具体维度研究农村公共服务满意度。寇垠和刘杰磊（2019）从数量、便利、宣传与质量等方面的满意度测量东部省份农村公共文化服务的满意度。何精华等（2006）在对长三角农村公共服务满意度进行实证研究时，结合了世界银行与国际通用测评方法与我国实际设置满意度指标，通过农村社会保障满意度、农村基础设施满意度、农民5年内参加各类技术培训时间、农村医疗合作保险满意度等对农村公共服务开展满意度测评。李燕凌和曾福生（2008）分析了农村公共品供给绩效满意度的影响因素，包括农民受教育年限、医疗可及性、有效灌溉面积率、人均小额贷款额、距乡镇距离、农林技术站服务次数等。张开云（2009）在研究农村基本公共服务时，围绕着与农民密切相关的具体的公共服务进行了满意度调查，并按照重要程度进行排序，得出教育、医疗、社保是农民最需要、最关心的公共服务。李倩和张开云（2010）通过发放调查问卷对广东省农村公共服务进行了满意度调查，问卷内容涉及义务教育、公共卫生、社会保障（养老、新农合、工伤、低保）、职业培训及就业服务、农业技术推广及服务、公共基础设施、涉农惠农政策与社区服务等11项农村公共服务。朱玉春等（2010）在调研西北农户时，设计了农村公共服务满意度量表，包含人口统计学变量与农村道路、农村基础教育、农村医疗、农田水利设施、饮水设施、农村文化娱乐、农业科技推广与培训、农村清洁能源、农村公共卫生、公共服务供给农民参与情况、对村委会的评价与对政府的评价等变量。郑卫荣（2011）在研究浙江省农村公共服务满意度时，将农村公共服务细分为农业设施、农技信息、金融信贷、劳动就业、生活设施、环境整治、文体娱乐、村务管理、社会治安、义务教育、医疗卫生、养老保险、最低保障和生态保护进行满意率测评。肖亮

（2012）从医疗投入、交通状况、住房状况、社会保障与教育投入等方面对湖北省农村公共品供给农民满意度进行研究。廖嫒红（2013）通过义务教育、农田水利、医疗卫生、社会保障、农村科技、农村道路与环境卫生等维度评价农村公共物品的满意度。郭帅统（2022）从教育服务、劳动就业服务、医疗卫生服务、养老服务、公共交通服务、公共文化服务、环境清洁卫生服务、办事服务、社会治安管理服务、基础设施服务、社会保障服务等维度测量公共服务满意度。

部分学者通过评估测算农村公共服务的公平性、可及性等，间接测量了农村公共服务满意度。睢党臣和肖文平（2014）基于因子聚类分析方法、SERVQUAL服务质量模型，对农村公共服务进行质量评价研究。宋潇君等（2012）运用了不平衡指数模型、熵值法等对江苏省农村公共服务进行分析，得出农村公共服务区域发展情况与分异特点等。周侃等（2011）通过调查问卷对北京首批新农村进行调研，聚焦人居环境质量评价以测评农民对于新农村建设的满意度。程波辉和罗培锴（2024）从均等化的角度切入，研究农村公共服务供给是否平等均衡，并探讨了供给侧改革对城乡基本公共服务均等化的影响。张梁梁和金亮（2023）使用了CGSS调查的数据，将部分题项赋予了农村公共服务满意度的意义，探讨了社会资本与农村公共服务满意度间的影响关系。

3. 农村公共服务满意度的影响因素

关于农村公共服务满意度的影响因素，众多学者主要从居民个体因素、公共服务特征因素和外部环境因素进行论述。

居民个体因素。何精华等（2006）从农民需求的视角出发，对长江三角洲地区农民公共服务需求满足情况进行实证分析，研究发现影响农村公共服务满意度的主要因素有农民的预期、政府的承诺和实际行动。张立荣等（2011）从农民经济收入视角出发，实证研究发现经济收入低的农民比经济收入高的农民的公共服务满意度低。张莉莉等（2019）研究发现，农户个体特征、参与程度及满足程度与农户对公共文化服务供给的评价间存在相关性。刘浩和马琳（2019）通过倾向评分匹配和有序统计回归方法探讨了居民户口影响公共服务满意度的因果推论，研究发现本地户口和外地户口居民之间、城市户口和农村户口居民之间的公共服务满意度有明显差异，本地户口和城市户口居民满意度普遍低于外地户口和农村户口。黄祥庚和玉钊华（2020）基于中国综合社会调查2015年度的数据发现，农村居民的社会公平感、阶级认同、年龄、社会信任、主观幸福感、社会经济地位、性别、政治参与等均能显著地影响农村居民的公共服务满意度。杨志健（2022）基于中国综合社会调查2015年度的调查数据发现，个体社会资本能够通过公共服务满意度间接影响相对贫困。

公共服务特征因素。袁建华等（2016）从公共服务供应角度出发，研究发现公共服务的供给数量和质量对农民公共服务满意度具有显著影响。于水等（2017）研究发现公共服务的充足性、均衡性、公共性、便利性能够显著影响城乡居民公共服务满意度。寇垠和刘杰磊（2019）研究发现东部农村居民的公共文化服务综合满意度水平有待结构性优化，四类子项满意度水平从高到低依次是数量满意度、便利性满意度、宣传满意度和质量满意度，其中数量满意度对综合满意度影响权重最大，对质量满意度影响权重最小。侯江红和刘文婧（2019）研究发现，公共服务的充足度、均衡度、便利度、普惠度对城乡居民的公共服务满意度有显著影响。

外部环境因素。张俊（2017）从基层干部的视角出发，发现村干部积极行为能够显著提升农民对农村公共服务的满意度。村干部执行村务公开的力度越大、执行农村公共服务的利益中性程度越高，农户的公正获得感就越高，对农村公共服务满意度产生的正向影响就越大。徐兴兴（2017）认为农民主动参与能够显著提升其公共服务满意度。张梁梁和金亮（2023）实证研究发现，在考虑县级政府普遍面临财政困境的前提下，宽松的财政约束实际抑制了农村公共服务满意度的提升，与正式制度存在替代关系的社会资本则显著提升了村民对公共服务的满意度。卢元昕和冷佩婷（2024）以2013—2022年30个省份数据为样本，采用基准回归和门槛效应模型进行分析。结果发现，数字经济能够显著提升农村公共服务质量和满意度，乡村数字经济对农村公共服务质量的促进作用在经济发展和农村人力资本水平达到一定阈值之后会显著增强。

（三）社会安全感相关研究

随着社会的演进，国家形态逐渐出现，政府开始承担起维护社会秩序、保障人民安全的职责。古代的法律制度、治安管理以及军事防御等措施，都是为了满足人们对社会安全的需求，这进一步推动了社会安全感概念的发展。近代以来，随着工业革命的兴起和城市化进程的加速，社会结构发生了巨大变化。新的社会问题不断涌现，如犯罪率上升、贫富差距加大、环境污染等，这些问题对人们的社会安全感产生了重大影响。同时，社会科学的发展也促使人们对社会安全感进行更深入的思考和研究。学者们开始从心理学、社会学、政治学等多个角度探讨社会安全感的内涵、影响因素以及提升途径。

1. 社会安全感的概念

社会安全感是人们对社会或者处在环境的安全的一种主观感受和认知（王俊秀，2008；王大为等，2002；荆怀福，2006）。姚本先和汪海彬（2011）认为社会安全感是一种综合心理反应（王娟，2009；公安部"公众安全感指标研究与评价"课题组，1989），是时间空间下的对于社会治安维稳的主观感受（林荫茂，2007）。宋宝安和王一（2010）、杨春江等（2014）定义社会安全感为个体对社会安全的整体认知。杨墉栋和李琼（2021）定义公众社会安全感是维系社会运转的基础，缺失社会安全会诱发社会恐慌、焦虑等不良情绪，进而影响政府形象。谢娅婷和靳小怡（2014）认为公众对于公共安全的忧虑心理会降低生活质量，进而导致社会失序。Vail（1999）认为安全感和不安全感可以通过个体、社会、政治、经济等进行描述，社会安全感是公民对于政府提供社会保障的感觉。

社会安全涵盖了多个层面，包括人身安全、财产安全、生活稳定以及对社会秩序的信任等方面。从人身安全角度来看，社会安全感意味着人们在日常生活中不用担心遭受暴力侵害、意外事故等对身体造成伤害的情况（沈一兵，2020）。在财产安全方面，社会安全感体现为人们相信自己的财物不会轻易被盗窃、抢劫或遭受其他非法侵犯。生活稳定也是社会安全感的重要组成部分，包括稳定的就业环境、可靠的社会保障体系以及和谐的家庭与社区关系。此外，社会安全感还建立在对社会秩序的信任基础上（马俊峰，白春阳，2005；王绍光，刘欣，2002）。良好的法治环境、公正的执法体系以及有序的社会管理，让人们相信社会是按照一定的规则和规范运行的，违法犯罪行为会得到及时有效的惩处，从而增强人们对社会的信任感和安全感。

2. 社会安全感的影响因素

目前有关社会安全感影响因素的研究较为分散。王大为等（2002）指出社会安全感会受到社会治安秩序、公共安全、个性和生活经验等因素的影响。李培林和李炜（2010）通过实证研究得出，生活压力感知、社会经济地位、社会保障与个人受教育程度等都是社会安全的影响因素。宋宝安和土一（2010）通过在吉林九个县市的调查后的实证分析得出，初次分配、再分配、社会环境能够显著影响个体的社会安全感。陈晓冰和张文宏（2022）通过2019年"新时代特大城市居民生活状况调查"数据分析发现，不公正待遇能够对居民的社会安全感产生显著的负向影响。王晓楠（2023）采用2019年"新时代特大城市居民生活状况调查"数据进行实证检验，研究发现公众遭遇挫折经历不仅会直接降低社会安全感，而且通过降低政府信任、政策认同和社会公平感，降低个体安全感和社会安全感。朱志玲（2018）在矛盾遭遇对基层政府评价的研究中，将社会公平感和社会安全感作为中介变量，最终发现矛盾遭遇通过影响个体的社会安全感，最终影响个体对基层政府的评价。王积超和李俊南（2023）以中国社会状况综合调查（CSS）2017年的数据为基础，通过有序Probit回归模型和中介效应检验发现，社会公平感对社会安全感的影响来自机会公平和结果公平两个方面，且机会公平感的影响更加明显；机会公平感通过政治信任的提升对居民社会安全感产生间接的积极影响；结果公平感越强的居民越可能有更高水平的社会安全感。

3. 社会安全感的测量

公安部公共安全研究所（1991）从主客两方面构造指标体系，主观方面选择生理心理因素等指标，客观方面选择社会治安和秩序等指标。李培林和李炜（2010）通过运用财产安全、人身安全、交通安全、医疗安全、食品安全、劳动安全与个人信息隐私安全对社会安全感进行测量。蔡培鹏（2021）在此基础上，外加环境和总体状况共计九个维度测量社会安全感。朱志玲（2018）通过测量被调查者在"食品安全""生态安全""经济形势""治安状况""个人信息""财产安全""职业稳定"七个方面的安全感测量社会安全感。苗瑞凯和王俊秀（2021）从人身安全感、财产安全感、环境安全感三个维度对社会安全感进行测量（见表6-1）。

表6-1 已有研究对社会安全感测量维度的归纳

作者	测量维度
公安部公共安全研究所	主观因素、客观因素
李培林和李炜	财产安全、人身安全、交通安全、医疗安全、食品安全、劳动安全、个人信息隐私安全
蔡培鹏	财产安全、人身安全、交通安全、医疗安全、食品安全、劳动安全、个人信息隐私安全、环境、总体状况
朱志玲	食品安全、生态安全、经济形势、治安状况、个人信息、财产安全、职业稳定
苗瑞凯和王俊秀	人身安全感、财产安全感、环境安全感

（四）集体主义相关研究

1. 集体主义相关概念

集体主义是一种价值观念和道德原则，强调以集体为核心（Triandis，1995）。集体主义认为集体利益高于个人利益，个人利益服从集体利益（朱仁宝，2005）。同时，集体主义的观点认为，在保障集体利益的前提下，要充分尊重和发展个人利益的价值观念和道德原则（李庆，2019；金德楠，2022；吴胜涛等，2025）。由此，集体主义的最高目标是达到个体与集体利益的辩证统一（罗国杰，1989）。此外，集体主义文化关注到组织群体、社会、个人的忠诚、责任，强调社会凝聚、人际和谐等（过琳，云祥，2024）。对于个体来说，高集体主义成员会认为个体是集体的一部分（杜旌，王丹妮，2009），个体并非为了个人利益，而是为了集体利益工作（Markus, Kitayama, 1991）。对于团队来说，团体层面的集体主义研究相对不足（Dierdorff 等，2011；Workman，2001）。但由于团队在组织中的地位越发重要，也引起了更多学者的研究兴趣（Pillai, Meindl, 1998；Workman, 2001）。

从内涵上看，集体主义包含以下几个重要方面。首先，集体主义重视集体利益的优先性（陈美兰，王华明，2010）。集体是由个体组成的有机整体，集体利益代表着大多数成员的共同利益和长远利益（张成福，李丹婷，2012）。在面临利益抉择时，集体主义优先考虑集体利益，以确保集体的稳定、发展和繁荣。其次，集体主义重视集体利益并不否定个人利益（许启贤，1990）。它认识到个人利益的合理性和重要性，认为个人的发展和幸福是集体发展的基础。在保障集体利益的前提下，集体主义鼓励个人充分发挥自己的才能，追求个人的合法利益和幸福生活。再次，集体主义强调个人对集体的责任和奉献（樊东光，2012；江汀生，1991）。作为集体的一员，每个人都有义务为集体的发展贡献自己的力量。这种责任和奉献不仅体现在物质层面，还包括精神层面，如遵守集体的规则、关心集体成员、为集体的荣誉而努力等。最后，集体主义倡导集体成员之间的团结互助（王志康，蒋瑜洁，2022）。集体中的成员应该相互关心、相互帮助，共同克服困难，实现共同进步。

2. 集体主义的测量

Hofstede 将集体主义文化定义为个体与所在组织关系的感知。Triandis 和 Gelfland（1998）设计了个人主义与集体主义量表，该量表包含了对垂直个体主义、垂直集体主义、水平个体主义以及水平垂直主义的测量。Singelis（1994）提出的自我构念量表包含独立自我构念和互依自我构念部分的内容，后者多用来研究集体主义程度，题项包括"我会为了我所在群体的利益而牺牲自己的利益""对我来说，保持我所在群体的和谐很重要""当我与他人合作时，我感觉很好""我的幸福取决于我周围人的幸福""我尊重我所在群体做出的决定"。Dorfman 与 Howell（1988）设计了集体主义量表，包含六个题项："我的领导会将集体利益置于自身利益之上""我的领导会将集体成就置于自身成就之上""我的领导认为被下属认可是非常重要的""我的领导总是将自身目标置于集体目标之后""我的领导鼓励下属对集体忠诚，即使需要下属有所牺牲""我的领导为追求集体成功，不惜放弃自身目标"。Wagner（1995）设计了关于个人主义或集体主义倾向量表，包含"我更喜欢与他人在一个组，而不是独自工作""鉴于选择，我宁愿做一个工作，我可以独自工作而不是做一个工作，我必须与他人在一起"（反向得分）和"与一个小组工作比单独工作更好"三个题项（见表6-2）。

表 6-2 已有研究对集体主义测量维度的归纳

作者	测量题项
Triandis 和 Gelfland	如果一个同事获奖了，我会感到很高兴 同事们的幸福对我来说很重要 对我来说，快乐就是花时间和别人在一起 当我和别人合作时，我感觉很好 父母和孩子必须尽可能多地待在一起 照顾我的家庭是我的责任，即使我必须牺牲我想要的东西 家庭成员应该团结在一起，无论需要什么牺牲 对我来说，重要的是我要尊重我的团队所做的决定
Singelis	我会为了我所在群体的利益而牺牲自己的利益 对我来说，保持我所在群体的和谐很重要 当我与他人合作时，我感觉很好 我的幸福取决于我周围人的幸福 我尊重我所在群体做出的决定
Dorfman 和 Howell	我的领导会将集体利益置于自身利益之上 我的领导会将集体成就置于自身成就之上 我的领导认为被下属认可是非常重要的 我的领导总是将自身目标置于集体目标之后 我的领导鼓励下属对集体忠诚，即使需要下属有所牺牲 我的领导为追求集体成功，不惜放弃自身目标
Wagner	我更喜欢与他人在一个组，而不是独自工作 鉴于选择，我宁愿做一个工作，我可以独自工作而不是做一个工作，我必须与他人在一起（反向得分） 与一个小组工作比单独工作更好

第三节 农村公共服务满意度对居民获得感影响机制的研究假设

一、农村公共服务满意度对居民获得感的直接效应

农村公共服务满意度是农村居民对多元治理主体共同提供的公共服务的满意程度，是农村居民对公共服务质量能否满足其基本生活需求主观感知的一种评价（王健，徐睿，2012；易剑东，2012）。在现代社会中，多元化、高质量的公共服务是政府履行职责、发挥核心职能的重要体现。农村公共服务涵盖了农村教育、农村医疗、农村交通等多个领域，切实为农村居民的生活提供保障和便利（李

林，2024）。因此，作为政府职能之一的公共服务能否完善且高效将很大程度影响居民日常生活和生产工作。由于地方基层政府在公共服务供给过程中往往处于主导地位，因此农村公共服务满意度也较大程度上体现了基层政府公共服务绩效水平，是农村居民对地方基层政府绩效能力认同程度感知。基层治理是国家整体存在、发展与治理的基石，而农村治理的治理主体、过程与成果最终都要落脚于农村居民。获得感是衡量个体自我发展成长的重要指标，是对个人对客观生活的判断，也是对自我成长的判断。让农村成为宜居宜业和美乡村，让农民生活和谐、有获得感，村美民富和谐善治的新农村是乡村振兴基层治理的最大价值追求和终极意义目标。

根据马斯洛需求层次理论，个体有满足自身需求的动机，个体自我获得源于自身需求的满足。充足的公共服务能够满足居民多样生活需求。当公共服务满意度提升，居民的物质和精神得到满足，农村居民的获得感也会得到提升。农村公共服务满意度与获得感是相互关联的。满意度是获得感的重要前提，只有当农民对公共服务满意时，他们才会有更强的获得感。提高农村公共服务的质量和水平，增强农民的满意度，是提升农民获得感的关键。杜秀予和李芬（2024）基于OLS回归模型，发现公共服务满意度与农村居民获得感存在正相关关系。何巧和李艳丽（2023）探究了体育公共服务的供给质量对获得感的影响。林菲（2024）基于浙江省K县的数据，通过多元回归模型研究得出公共服务满意度对获得感具有正向影响。李莹（2022）基于天津市居民问卷调查，发现民生公共服务与发展性公共服务、保障性公共服务可以通过居民获得感影响居民生活满意度。黎洁等（2023）调研了解了陕西省部分地区的安置社区情况，发现社区公共服务的多样性、时效性、回应性对易地扶贫搬迁安置农民的获得感有显著的正向作用。代争光和李燕领（2023）通过定性分析、问卷调查、多元回归等方法研究发现，社区公共体育服务、居民参与均能够正向影响居民获得感。公共服务能够满足农村居民社保、文体、住房等多领域的客观需求（李楠，何爱爱，2022），从而保障基本生活需要，因此对农村居民的自我提升具有重要作用。

需求层次理论构建了需求满足与个体获得感之间的关系，构建了以物质需求满足为基础的，追求自我价值实现为目标的个人获得感。公共服务以满足农民生活需求为目的，涵盖了基础设施建设、医疗卫生、教育资源等多方面，享受到均等可及的农村公共服务，满足农民具体的基本生活需求，为农民更高层次的需求实现奠定基础。获得感是农民对自身在农村发展中所获成果的一种积极感受。在农村区域，农民通过参与乡村建设、获得政策扶持等，感受到自身为农村发展做出贡献并得到回报，自身需求得到满足后从而产生获得感。

基于以上分析，提出假设：

H1：农村公共服务满意度与获得感呈正相关关系。

二、社会安全感的中介作用

社会安全感是人们对社会安全状况的一种主观感受和认知，涵盖了多个层面，包括人身安全、财产安全、生活稳定以及对社会秩序的信任等方面。社会安全感受到多种因素影响，如社会治安秩序、公共安全等（王大为等，2002），同时也受到生活压力感知、社会经济地位、社会保障与个人受教育程度影响因素（李培林，李炜，2010）。此外，蔡培鹏（2021）在研究政府质量对警察信任的研究时验证了政府质量也是社会安全的影响因素。社会安全感包含个体对公共交通、医疗卫生、食品健康、劳动就业等方面的安全感知，只有多维度的公共服务水平质量得到提升，多维度的社会安全才有可能得到保障。

根据马斯洛需求层次理论，人们通常会在满足了前一层次的需求后，才会转而追求后一层次的需求，进而追求更高层次需求，这一理论在农村居民的需求满足过程中也得到了体现。当公共服务充分满足了农村居民的衣食住行等基本生活需求，并且切实保障了幼有所育、学有所教、劳有所得、病有所医、老有所养、住有所居、弱有所扶时，农村居民的生理需求得到了可靠的满足。此时，他们才有可能将关注点转向第二层次的安全需求，安全需求包括对自身的人身财产安全以及对周围工作生活环境的安全需求等。

在安全需求得到一定程度的满足后，农村居民会进一步追求更高级的需求，渴望获得尊重，渴望得到自我实现。村民渴望与他人建立深厚的情感联系，融入社区和社会群体，获得归属感和友谊。他们希望在社会中得到他人的尊重和认可，包括自尊和他人对自己的尊重。他们渴望展现自己的价值和能力，获得成就感和自信心。他们希望在工作中能够得到公正的评价和认可，发挥自己的才能，希望在乡村建设中参与决策和事务的讨论。马斯洛需求层次理论为我们理解农村居民的需求发展提供了一个有益的框架。公共服务的提供应该逐步满足农村居民不同层次的需求，从而促进农民个体的全面发展与精神价值的升华。

基于以上分析，提出假设：

H2：农村公共服务满意度与社会安全感呈正相关关系；

H3：社会安全感与获得感呈正相关关系；

H4：社会安全感在农村公共服务满意度对获得感的影响过程中发挥中介作用。

三、集体主义的调节作用

集体主义强调集体是核心，集体利益高于个人利益，个人利益服从集体利益。同时，集体主义观点认为，在保护集体利益时，必须充分尊重和发展个人利益的价值观和道德原则。集体主义的最终目标是实现个人利益与集体利益的辩证统一。文化生态理论认为,文化与环境可以相互作用,文化是动态变化的。文化是居民为适应自然环境、社会环境而创造出的生存方式。在长期的社会历史发展中,文化模式不断调整完善,从而应对环境的变化。当自然环境、社会环境发生变迁时,文化会通过自身的调整和变革来保持与环境的协调。陈江旗(2001)认为集体主义是在我国社会主义建设过程中发挥重要作用的价值观念。胡家翀(2017)以农村题材电影进行研究,发现集体主义是该类型电影的主要特点,因此认为集体主义是农村地区的主要价值观念。胡凯基(2013)指出,集体主义对农村经济发展、农村公共事业、农村管理等具有促进作用。陆汉文和彭堂超(2016)引入"文化集体主义"概念,从理论视角解读中国农村减贫工作的中国经验。吴一平(2005)认为,集体主义促进了苏南农村地区乡镇企业的发展,进而推进了农村工业化的步伐。

在集体主义文化氛围中,人们更倾向于将公共服务视为集体资源。当公共服务满意度较高时,集体主义价值观会促使人们更加珍惜和积极参与公共服务的建设与发展。集体主义鼓励人们相互合作,共同解决当前公共服务面临的问题。同时,集体主义氛围下,居民会强化社会信任与凝聚力。集体主义强调集体利益高于个人利益,这有助于建立起人们之间的信任。当公共服务满意度高时,集体主义价值观会进一步增强信任,使人们相信集体有能力保障安全和福祉。集体主义能够增强社会凝聚力,使人们在面对外部威胁时展现出更强的凝聚力。这种凝聚力可以转化人们对公共服务的支持和参与,提高公共服务的效率和质量,进而增强社会安全感。

在文化生态视角下,高度集体主义的环境提供了一种紧密的社会结构。家庭、氏族或社区的这种归属关系使得个体的安全需求能够通过集体得到满足。在传统的农耕社会,村民们彼此依赖进行农业生产,共同抵御自然灾害、外敌入侵等风险。在这样的集体中,大家会分享资源。农村居民清楚地知道自己是村集体的一部分,当面临疾病、经济困境或者外部威胁时,集体就是坚强的后盾,从而给个体带来安全感。而且,集体主义文化通常有比较明确的社会角色和规范,每个居民知道自己身处集体中的位置和责任,这也减少了不确定性带来的焦虑。因为在遵循既定规则和角色期望的过程中,个体可以预测他人的行为,同时也能对自己行为的后果有清晰的认知,从而在心理上产生一种稳定的、安全的感觉。

在集体主义浓厚的农村地区,村民们秉持着集体利益优先的观念,当公共服务满意度较高时,如村里的水利设施建设完善,能够满足农田灌溉需求,集体主义会促使村民们共同维护这些设施,确保其长期有效运行。这种集体维护行为进一步增强了社会安全感,因为大家深知集体的力量能够保障水利设施的稳定,从而保障农业生产的稳定,减少因自然灾害或设施故障带来的经济风险。在这种情况下,居民的获得感会得到显著提升。

此外,集体主义能够引导村民形成共同的目标和价值观。当公共服务满意度通过社会安全感影响获得感时,集体主义会促使村民们将个人的获得感与集体的发展紧密相连。如在农村环境整治项目中,村民们在集体主义的驱动下,共同努力改善村庄环境,当环境变好后,不仅提升了社会安全感,而且能够有效促进乡村发展,个人获得感在集体的繁荣中得到更大程度的提升,进一步强化了集体主义在这一间接效应中的调节作用,促进农村公共服务满意度、社会安全感与居民获得感之间形成良性影响,推动农村社会向着更加和谐、稳定、幸福的方向发展。

基于以上分析,提出假设:

H5:集体主义在农村公共服务满意度对社会安全感的影响过程中发挥调节作用;

H6:集体主义在农村公共服务满意度与获得感之间经由社会安全感的间接效应中发挥调节作用。

四、理论假设汇总与研究模型

本章分析了农村公共服务满意度对居民获得感的直接效应,社会安全感的中介作用,以及集体主义的调节作用。共提出 6 条理论假设,具体如表 6-3 所示。同时,根据分析构建影响机制模型,如图 6-1 所示。

表 6-3 理论假设汇总

编号	假设内容
H1	农村公共服务满意度与获得感呈正相关关系
H2	农村公共服务满意度与社会安全感呈正相关关系
H3	社会安全感与获得感呈正相关关系
H4	社会安全感在农村公共服务满意度对获得感的影响过程中发挥中介作用
H5	集体主义在农村公共服务满意度对社会安全感的影响过程中发挥调节作用
H6	集体主义在农村公共服务满意度与获得感之间经由社会安全感的间接效应中发挥调节作用

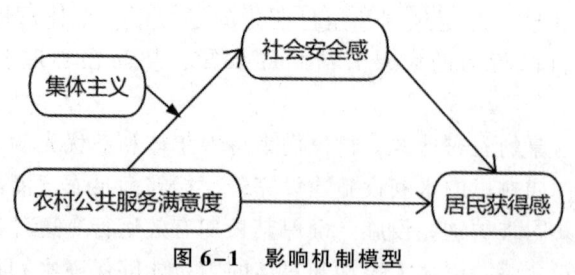

图 6-1 影响机制模型

第四节 农村公共服务满意度对居民获得感影响机制的研究设计

一、量表设计

据前章所提出的理论假设和构建的研究模型，本研究涉及四变量，农村公共服务满意度、获得感、社会安全感和集体主义。农村公共服务满意度作为自变量，获得感作为因变量，社会安全感作为主效应的中介变量，集体主义作为中介效应的前调节变量。量表设计基于相关实证研究设计或选取的成熟量表，根据研究实际情况进行适当的改编。此外，通过一定数量的预试验数据处理，逐步完善量表。

选取成熟量表。量表是本实证研究必须使用的工具，基于大量的文献研究，研究中使用的量表引用借鉴了成熟的量表。在将量表应用于各种研究时，通常会考虑到研究对象的背景，在问卷设计时考虑到农村情境适当调整完善了整体问卷。

数据预试。为了确保量表的准确性，避免大量的问卷调查调研引起的问题，在首次量表选取使用后，对问卷初步测试。测试后对问卷收集的少量数据进行了数据分析，完善调整量表形成最终问卷。

所有变量的测量均要求农村居民根据自身真实情况进行判断，并在问卷上选择最符合实际情况的相应选项。本研究所有变量的测量均采用李克特五点计分法。

（一）农村公共服务满意度量表

本研究使用的农村公共服务满意度量表是参考朱玉春等（2010）在西北五省40个县市实地调研时设计的12个维度，包括对农村道路、基础教育、医疗等的评价。研究剔除了该满意度量表中对供给主体的评价，包括对公共服务供给农民参与情况、村委会、政府的评价。剔除后的量表涉及9个维度，采用五点计分，1~5依次代表"非常不满意""比较不满意""一般""比较满意"以及"非常满意"。将9个维度的题项得分合计后取平均得到总体满意度得分，具体测量题项如表6-4所示。

表6-4 农村公共服务满意度量表

序号	具体题项内容
1	农村道路
2	农村基础教育
3	农村医疗
4	农村水利设施
5	农村饮水设施
6	农村文化娱乐

续表

序号	具体题项内容
7	农业科技推广与培训
8	农村清洁能源
9	农村公共卫生

(二) 获得感量表

本研究使用的是王浦劬和季程远（2018）提出的二维度三题项的获得感量表，涉及纵向获得感、横向获得感以及总体获得感的测量。获得感量表中，1~5依次代表"差了很多""差了一些""差不多""好了一些"以及"好了很多"。将3个题项的得分合计后取平均得到居民获得感得分，具体测量题项如表6-5所示。

表6-5 获得感量表

序号	具体题项内容
1	纵向获得感
2	横向获得感
3	总体获得感

(三) 社会安全感量表

本研究使用的社会安全感量表是在蔡培鹏（2021）的社会安全感量表基础上做调整后设计的。原社会安全感量表是对个人和家庭财产、人身、交通、医疗、食品、劳动、个人信息隐私、环境以及总体状况在内的9个维度进行测量。本研究采用了前8个维度，将8个维度的得分合计后取平均得到总体社会安全感得分。在社会安全量表中，1~5依次代表"非常不安全""比较不安全""一般""比较安全"以及"非常安全"，具体测量题项如表6-6所示。

表6-6 社会安全感量表

序号	具体题项内容
1	财产安全
2	人身安全
3	交通安全
4	医疗安全
5	食品安全
6	劳动安全
7	隐私安全
8	生态环境安全

（四）集体主义量表

本研究参考的是 Triandis 和 Gelfland（1998）的 Individual and Collectivism Scale 量表中的集体主义量表中文译版，包含了垂直集体主义的 4 个题项和水平集体主义的 4 个题项，共计 8 个题项。最终将 8 个题项得分相加求和取平均值得到集体主义的得分。在集体主义量表中，1～5 依次代表"非常不符合""比较不符合""一般""比较符合"以及"非常符合"，具体测量题项如表 6-7 所示。

表 6-7 集体主义量表

序号	具体题项内容
1	如果一个朋友被表扬了，我会感到很高兴
2	朋友们的幸福对我来说很重要
3	对我来说，快乐就是花时间和别人在一起
4	当我和别人合作时，我感觉很好
5	父母和孩子必须尽可能多地待在一起
6	照顾我的家庭是我的责任，即使我必须牺牲我想要的东西
7	家庭成员应该团结在一起，无论需要什么牺牲
8	对我来说，重要的是我要顺从我的家庭所做的决定

二、数据收集

本研究选取了云南省的边疆地级市、自治州等进行了问卷调查。问卷调查基于问卷星平台向农村地区居民发放，时间为 2024 年 7 月至 9 月。问卷采用滚雪球抽样方法。本研究发放问卷 548 份，剔除回答时长过短的问卷，得到有效问卷 500 份，问卷有效率为 91.24%。

样本统计数据如表 6-8 所示。性别方面，男性 260 人（52.0%），女性 240 人（48.0%）。年龄方面，18 岁及以下 52 人（10.4%），19～30 岁 152 人（30.4%），31～40 岁 103 人（20.6%），41～50 岁 88 人（17.6%），51～60 岁 78 人（15.6%），61 岁及以上有 27 人（5.4%）。学历方面，初中及以下 55 人（11.0%），高中（含职高）130 人（26.0%），大学（含本科、大专）274 人（54.8%），硕士及以上 41 人（8.2%）。职业方面，党政机关、事业单位工作人员 70 人（14.0%），企业工作人员 184 人（36.8%），自由职业者 134 人（26.8%），离退休人员 42 人（8.4%），学生 52 人（10.4%），其他类 18 人（3.6%）。政治面貌方面，群众 259 人（51.8%），共青团员 133 人（26.6%），中共党员（含预备党员）80 人（16.0%），民主党派党员 22 人（4.4%），无党派人士 6 人（1.2%）。月收入分布方面，2000 元及以下 63 人（12.60%），2001～4000 元 83 人（16.6%），4001～6000 元 94 人（18.8%），6001～8000 元

113 人（22.6%），8001~10000 元 83 人（16.6%），10001 元及以上 64 人（12.8%）。

表 6-8 数据样本特征分析

控制变量	分类	频次	百分比（%）
性别	男性	260	52.0
	女性	240	48.0
年龄	18 岁及以下	52	10.4
	19~30 岁	152	30.4
	31~40 岁	103	20.6
	41~50 岁	88	17.6
	51~60 岁	78	15.6
	61 岁及以上	27	5.4
学历	初中及以下	55	11.0
	高中（包括职高）	130	26.0
	大学（包括本科和大专）	274	54.8
	硕士及以上	41	8.2
职业	党政机关、事业单位工作人员	70	14.0
	企业工作人员	184	36.8
	自由职业者	134	26.80
	离退休人员	42	8.4
	学生	52	10.4
	其他	18	3.6
政治面貌	群众	259	51.8
	共青团员	133	26.6
	中共党员（含预备党员）	80	16.0
	民主党派党员	22	4.4
	无党派人士	6	1.2
月收入	2000 元及以下	63	12.6
	2001~4000 元	83	16.6
	4001~6000 元	94	18.8
	6001~8000 元	113	22.6
	8001~10000 元	83	16.6
	10001 元及以上	64	12.8

三、量表质量分析

(一) 同源偏差检验

采用 SPSS 26.0 软件,将研究题项全部一起进行探索性因子分析。得出特征根值大于 1 的因子共有 4 个 (10.613、3.362、3.048 和 1.643),累积方差贡献率 66.662%。其中第一个因子的方差解释率为 20.643%,远小于 40%,说明不存在严重的共同方法偏差。

(二) 信度检验

学界普遍认为,Cronbach's alpha (克隆巴赫系数) 如果小于 0.50,则意味着问卷信度不理想;大于 0.50,小于 0.60 时,表明信度可以接受,但是需要进行修订;大于 0.60,小于 0.70 时,表明信度勉强可以接受;大于 0.70,小于 0.80 时,表明信度较为理想,可以接受;大于 0.80,小于 0.90 时,表明信度很高;大于 0.90,则意味着问卷的信度非常高。

在本研究中,测试问卷的克朗巴哈系数以检验其信度,结果如表 6-9、表 6-10 所示,整体问卷的克朗巴哈系数为 0.915,农村公共服务满意度问卷的克朗巴哈系数为 0.929,获得感问卷的克朗巴哈系数为 0.846,社会安全感问卷的克朗巴哈系数 0.926,集体主义问卷的克朗巴哈系数 0.928。表明本研究所使用问卷均具有良好的信度,适合进行实证研究。

表 6-9 问卷整体信度分析

克朗巴哈系数	项数
0.915	34

表 6-10 各变量信度分析

变量	维度	CITC	克朗巴哈系数
农村公共服务满意度	农村道路	0.741	0.929
	农村基础教育	0.735	
	农村医疗	0.739	
	农村水利设施	0.755	
	农村饮水设施	0.735	
	农村文化娱乐	0.732	
	农业科技推广与培训	0.736	
	农村清洁能源	0.742	
	农村公共卫生	0.736	
获得感	纵向获得感	0.720	0.846
	横向获得感	0.691	
	总体获得感	0.729	

续表

变量	维度	CITC	克朗巴哈系数
社会安全感	财产安全	0.735	0.926
	人身安全	0.741	
	交通安全	0.749	
	医疗安全	0.741	
	食品安全	0.756	
	劳动安全	0.757	
	隐私安全	0.767	
	生态环境安全	0.728	
集体主义	如果一个朋友被表扬了，我会感到很高兴	0.725	0.928
	朋友们的幸福对我来说很重要	0.749	
	对我来说，快乐就是花时间和别人在一起	0.774	
	当我和别人合作时，我感觉很好	0.748	
	父母和孩子必须尽可能多地待在一起	0.776	
	照顾我的家庭是我的责任，即使我必须牺牲我想要的东西	0.724	
	家庭成员应该团结在一起，无论需要什么牺牲	0.757	
	对我来说，重要的是我要顺从我的家庭所做的决定	0.767	

（三）效度检验

首先，检验问卷的 KMO 值，并且对问卷进行巴特列特球形检验。分析结果显示，整体问卷的 KMO 值为 0.955，农村公共服务满意度问卷的 KMO 值为 0.957，获得感问卷的 KMO 值为 0.728，社会安全感问卷的 KMO 值为 0.952，集体主义问卷的 KMO 值为 0.948，且显著性全部为 0.000，显著性水平达标（见表 6-11、表 6-12）。KMO 值一般用于比较变量间相关系数，是问卷进行因子分析的重要先验指标。

表 6-11　问卷整体效度

KMO 值	Bartlett's 球形检验		
	近似卡方（χ^2）	自由度（df）	显著性（sig.）
0.955	8869.038	378.000	0.000

表6-12　各变量效度

测量变量	KMO值	Bartlett's 球形检验		
		近似卡方（χ^2）	自由度（df）	显著性（sig.）
农村公共服务满意度	0.957	2729.654	36.000	0.000
获得感	0.728	626.770	3.000	0.000
社会安全感	0.952	2454.228	28.000	0.000
集体主义	0.948	2550.189	28.000	0.000

根据 Kaiser（1974）的研究结论，当 KMO 值大于 0.70 时表明问卷可以进行因子分析。农村公共服务满意度变量的 KMO 值达到 0.965，获得感变量的 KMO 值达到 0.728，社会安全感变量的 KMO 值达到 0.952，集体主义变量的 KMO 值达到 0.948，表明适宜进行因子分析，因此我们对农村公共服务满意度、获得感、社会安全感与集体主义进行探索性因子分析，以确定农村公共服务满意度、获得感、社会安全感和集体主义的具体维度。采用主成分分析法进行因子抽取，最大方差法进行因子旋转。结果如表6-13所示，共提取 4 个因子，表明农村公共服务满意度问卷具有良好的结构效度。

表6-13　探索性因子分析

变量	题项	因子1	因子2	因子3	因子4
农村公共服务满意度	B1 农村道路	0.760			
	B2 农村基础教育	0.767			
	B3 农村医疗	0.760			
	B4 农村水利设施	0.764			
	B5 饮水设施	0.779			
	B6 农村文化娱乐	0.769			
	B7 农业科技推广与培训	0.757			
	B8 农村清洁能源	0.759			
	B9 农村公共卫生	0.789			
获得感	E1 纵向获得感				0.827
	E2 横向获得感				0.799
	E3 总体获得感				0.823

续表

变量	题项	因子1	因子2	因子3	因子4
社会安全感	C1 财产安全			0.747	
	C2 人身安全			0.758	
	C3 交通安全			0.775	
	C4 医疗安全			0.764	
	C5 食品安全			0.774	
	C6 劳动安全			0.791	
	C7 隐私安全			0.794	
	C8 生态环境安全			0.774	
集体主义	D1 如果一个朋友被表扬了,我会感到很高兴		0.763		
	D2 朋友们的幸福对我来说很重要		0.772		
	D3 对我来说,快乐就是花时间和别人在一起		0.788		
	D4 当我和别人合作时,我感觉很好		0.786		
	D5 父母和孩子必须尽可能多地待在一起		0.790		
	D6 照顾我的家庭是我的责任,即使我必须牺牲我想要的东西		0.754		
	D7 家庭成员应该团结在一起,无论需要什么牺牲		0.783		
	D8 对我来说,重要的是我要顺从我的家庭所做的决定		0.801		

为确定假设模型的收敛效度,构建单因子模型和多因子模型,对各模型进行拟合,根据拟合结果选取较好的一种拟合模型进行研究。由表6-14可知,四因子模型的拟合效果最佳,$\chi^2/df = 1.034 < 3$,RMSEA = 0.008 < 0.05,NFI = 0.961 > 0.9,RFI = 0.957 > 0.9,IFI = 0.999 > 0.9,TLI = 0.999 > 0.9,CFI = 0.999 > 0.9,说明四个研究变量相互独立,具有良好的收敛效度。

表6-14 研究模型适配度比较

	χ^2/df	RMSEA	NFI	RFI	IFI	TLI	CFI
四因子模型	1.034	0.008	0.961	0.957	0.999	0.999	0.999

此外,农村公共服务满意度、获得感、社会安全感和集体主义四个变量平均方差萃取值(AVE)分别为0.593、0.609、0.617、0.648,均大于0.5,组合信

度 CR 值分别为 0.929、0.926、0.928、0.847 均大于 0.8，说明该量表具有较好的聚合效度和组合信度（见表 6-15）。

表 6-15　因子载荷和组合信度

变量	AVE	CR
农村公共服务满意度	0.593	0.929
获得感	0.609	0.926
社会安全感	0.617	0.928
集体主义	0.648	0.847

第五节　农村公共服务满意度对居民获得感影响机制的实证分析

一、描述性统计

通过对问卷数据进行描述性统计以实现对研究变量的直观考察。表 6-16、图 6-2 显示，在农村公共服务满意度、获得感、社会安全感和集体主义四个显变量中，集体主义得分最高（3.373±0.943），社会安全感得分最低（3.303±0.955），获得感（3.330±1.014）、农村公共服务满意度（3.325±0.922）分别排名第二、第三位。结果说明农村居民自身具有较高的集体主义，有高利他动机，愿意团结乡邻、合作互助。然而，社会安全感得分排名最后，这说明在农村日常生活中居民住住感受到较少的安全感。

表 6-16　测量变量与题项描述性统计

变量	极小值	极大值	均值	标准差
1 农村公共服务满意度	1.444	5.000	3.325	0.922
B1 农村道路	1.000	5.000	3.310	1.138
B2 农村基础教育	1.000	5.000	3.280	1.148
B3 农村医疗	1.000	5.000	3.300	1.170
B4 农村水利设施	1.000	5.000	3.360	1.170
B5 农村饮水设施	1.000	5.000	3.370	1.164
B6 农村文化娱乐	1.000	5.000	3.350	1.167
B7 农业科技推广与培训	1.000	5.000	3.330	1.128
B8 农村清洁能源	1.000	5.000	3.300	1.165
B9 农村公共卫生	1.000	5.000	3.330	1.143
2 获得感	1.000	5.000	3.330	1.014
E1 纵向获得感	1.000	5.000	3.340	1.151
E2 横向获得感	1.000	5.000	3.340	1.154

续表

变量	极小值	极大值	均值	标准差
E3 总体获得感	1.000	5.000	3.300	1.174
3 社会安全感	1.375	5.000	3.303	0.955
C1 财产安全	1.000	5.000	3.270	1.169
C2 人身安全	1.000	5.000	3.310	1.162
C3 交通安全	1.000	5.000	3.320	1.174
C4 医疗安全	1.000	5.000	3.320	1.159
C5 食品安全	1.000	5.000	3.330	1.211
C6 劳动安全	1.000	5.000	3.290	1.184
C7 隐私安全	1.000	5.000	3.300	1.189
C8 生态环境安全	1.000	5.000	3.270	1.168
4 集体主义	1.375	5.000	3.373	0.943
D1 如果一个朋友被表扬了，我会感到很高兴	1.000	5.000	3.310	1.145
D2 朋友们的幸福对我来说很重要	1.000	5.000	3.390	1.130
D3 对我来说，快乐就是花时间和别人在一起	1.000	5.000	3.370	1.183
D4 当我和别人合作时，我感觉很好	1.000	5.000	3.390	1.151
D5 父母和孩子必须尽可能多地待在一起	1.000	5.000	3.430	1.178
D6 照顾我的家庭是我的责任，即使我必须牺牲我想要的东西	1.000	5.000	3.390	1.165
D7 家庭成员应该团结在一起，无论需要什么牺牲	1.000	5.000	3.420	1.167
D8 对我来说，重要的是我要顺从我的家庭所做的决定	1.000	5.000	3.290	1.138

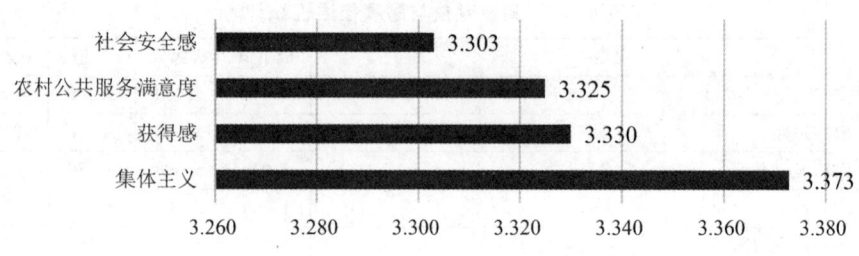

图 6-2 各测量变量具体分值

在农村公共服务满意度的九个维度中，得分由高到低依次为农村饮水设施（3.370±1.164）、水利设施（3.360±1.170）、文化娱乐（3.350±1.167）、公共卫生（3.330±1.143）、科技推广与培训（3.330±1.128）、道路（3.310±1.138）、医疗（3.300±1.170）、清洁能源（3.300±1.165）、基础教育（3.280±1.148）。这说明农村居民对农村基础设施（饮水、水利等）建设与供给具有较高的评价，而对于农村医疗、教育服务等社会保障方面评价较低（见图6-3）。

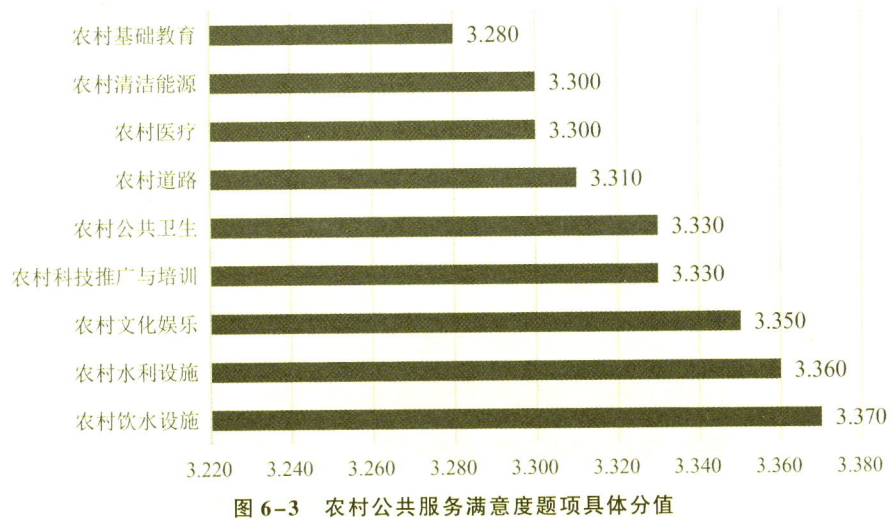

图 6-3 农村公共服务满意度题项具体分值

在获得感的三个维度中，得分由高到低依次为横向获得感（3.340±1.154）、纵向获得感（3.340±1.151）、总体获得感（3.300±1.174）。这表明农村居民整体获得感还是中等偏上的，且横向获得感的感知更高一些（见图6-4）。

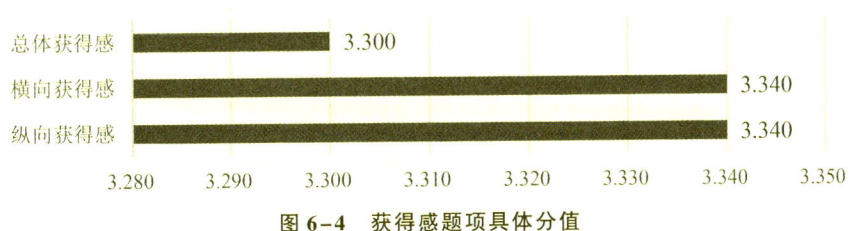

图 6-4 获得感题项具体分值

在社会安全感的八个维度中，得分由高到低依次为食品安全（3.330±1.211）、交通安全（3.320±1.174）、医疗安全（3.320±1.159）、人身安全（3.310±1.162）、隐私安全（3.300±1.189）、劳动安全（3.290±1.184）、财产安全（3.270±1.169）、生态环境安全（3.270±1.168）。这说明农村居民的安全感整体较为良好，其中对食品、交通和医疗方面的安全感较高，劳动、财产和生态环境方面略显担忧（见图6-5）。

在集体主义的八个维度中，得分由高到低依次为"父母和孩子必须尽可能多地待在一起"（3.430±1.178）、"家庭成员应该团结在一起，无论需要什么牺牲"（3.420±1.167）、"照顾我的家庭是我的责任，即使我必须牺牲我想要的东西"（3.390±1.165）、"当我和别人合作时，我感觉很好"（3.390±1.151）、"朋友们的幸福对我来说很重要"（3.390±1.130）、"对我来说，快乐就是花时间和别人在一起"（3.370±1.183）、"如果一个朋友被表扬，我会感到很高兴"（3.310±1.145）、"对我来说，重要的是我要顺从我的家庭所做的决定"（3.290±1.138）。这说明农村居民在家庭中的集体主义强于社会交往，农村居民整体上更加注重与父母子女等家庭成员的关系，相较于工作更愿意牺牲时间放在家庭上（见图6-6）。

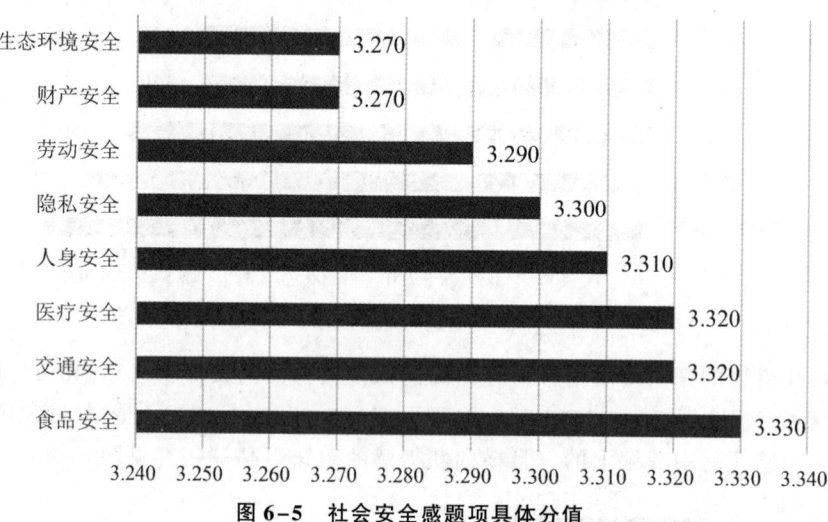

图6-5 社会安全感题项具体分值

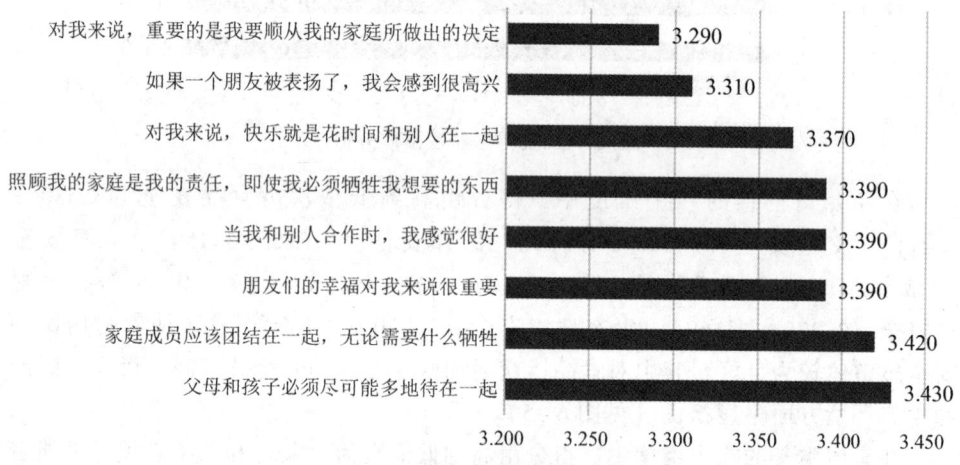

图6-6 集体主义题项具体分值

农村道路、基础教育、医疗、水利设施、饮水设施、文化娱乐、科技推广与培训、清洁能源和公共卫生九个题项中"比较满意"和"非常满意"的农村居民分别占比46.0%、45.0%、47.0%、49.8%、49.2%、48.2%、47.4%、

48.0% 和 47.8%, "非常不满意"的占比分别为 4.0%、4.0%、3.4%、2.0%、3.2%、2.8%、2.8%、4.6% 和 4.0%（见表 6-17）。整体而言，农村居民对农村公共服务的满意度是较为满意的，不满意的比例较低。

表 6-17 农村公共服务满意度题项选择分布情况

	非常不满意	比较不满意	一般	比较满意	非常满意
农村道路	20（4.0%）	121（24.2%）	129（25.8%）	142（28.4%）	88（17.6%）
农村基础教育	20（4.0%）	133（26.6%）	122（24.4%）	139（27.8%）	86（17.2%）
农村医疗	17（3.4%）	145（29.0%）	103（20.6%）	142（28.4%）	93（18.6%）
农村水利设施	10（2.0%）	152（30.4%）	89（17.8%）	147（29.4%）	102（20.4%）
农村饮水设施	16（3.2%）	131（26.2%）	107（21.4%）	145（29.0%）	101（20.2%）
农村文化娱乐	14（2.8%）	140（28.0%）	105（21.0%）	140（28.0%）	101（20.2%）
农村科技推广与培训	14（2.8%）	131（26.2%）	118（23.6%）	148（29.6%）	89（17.8%）
农村清洁能源	23（4.6%）	128（25.6%）	114（22.8%）	146（29.2%）	89（17.8%）
农村公共卫生	20（4.0%）	123（24.6%）	118（23.6%）	151（30.2%）	88（17.6%）

纵向获得感、横向获得感和总体获得感三个题项中"好了一些"和"好了很多"的农村居民分别占比 47.2%、48.6% 和 47.8%，"差了很多"的占比分别为 2.8%、2.8% 和 4.8%（见表 6-18）。整体而言，农村居民的获得感是较高的，低获得感的比例较低。

表 6-18 获得感的题项选择分布情况

	差了很多	差了一些	差不多	好了一些	好了很多
纵向获得感	14（2.8%）	134（26.8%）	116（23.2%）	138（27.6%）	98（19.6%）
横向获得感	14（2.8%）	139（27.8%）	104（20.8%）	148（29.6%）	95（19.0%）
总体获得感	24（4.8%）	129（25.8%）	108（21.6%）	149（29.8%）	90（18.0%）

财产安全、人身安全、交通安全、医疗安全、食品安全、劳动安全、隐私安全和生态环境安全八个题项中"较为安全"和"非常安全"的农村居民分别占比 44.2%、45.8%、47.6%、48.0%、47.4%、46.0%、47.0% 和 44.4%，"非常不安全"的占比分别为 3.8%、3.8%、4.2%、3.8%、4.6%、4.0%、5.2% 和 4.6%（见表 6-19）。整体而言，农村居民对社会安全感是较高的，不安全的比例较低。

表6-19 社会安全感的题项选择分布情况

	非常不安全	较为不安全	一般	较为安全	非常安全
财产安全	19（3.8%）	140（28.0%）	120（24.0%）	127（25.4%）	94（18.8%）
人身安全	19（3.8%）	130（26.0%）	122（24.4%）	133（26.6%）	96（19.2%）
交通安全	21（4.2%）	130（26.0%）	111（22.2%）	142（28.4%）	96（19.2%）
医疗安全	19（3.8%）	133（26.6%）	108（21.6%）	149（29.8%）	91（18.2%）
食品安全	23（4.6%）	135（27.0%）	105（21.0%）	130（26.0%）	107（21.4%）
劳动安全	20（4.0%）	141（28.2%）	109（21.8%）	133（26.6%）	97（19.4%）
隐私安全	26（5.2%）	127（25.4%）	112（22.4%）	140（28.0%）	95（19.0%）
生态环境安全	23（4.6%）	131（26.2%）	124（24.8%）	131（26.2%）	91（18.2%）

"如果一个朋友被表扬了，我会感到很高兴""朋友们的幸福对我来说很重要""对我来说，快乐就是花时间和别人在一起""当我和别人合作时，我感觉很好""父母和孩子必须尽可能多地待在一起""照顾我的家庭是我的责任，即使我必须牺牲我想要的东西""家庭成员应该团结在一起，无论需要什么牺牲""对我来说，重要的是我要顺从我的家庭所做的决定"八个题项中"比较符合"和"非常符合"的农村居民分别占比45.8%、50.0%、49.0%、49.8%、51.0%、50.6%、50.2%和44.2%，"非常不符合"的占比分别为3.8%、3.2%、4.0%、3.6%、3.0%、3.4%、3.0%和3.6%（见表6-20）。整体而言，农村居民对集体主义是较高的，低集体主义的比例较低。

表6-20 集体主义的题项选择分布情况

	非常不符合	比较不符合	一般	比较符合	非常符合
如果一个朋友被表扬了，我会感到很高兴	19（3.8%）	127（25.4%）	125（25.0%）	139（27.8%）	90（18.0%）
朋友们的幸福对我来说很重要	16（3.2%）	117（23.4%）	117（23.4%）	156（31.2%）	94（18.8%）
对我来说，快乐就是花时间和别人在一起	20（4.0%）	126（25.2%）	109（21.8%）	140（28.0%）	105（21.0%）
当我和别人合作时，我感觉很好	18（3.6%）	118（23.6%）	115（23.0%）	150（30.0%）	99（19.8%）

续表

	非常不符合	比较不符合	一般	比较符合	非常符合
父母和孩子必须尽可能多地待在一起	15（3.0%）	124（24.8%）	106（21.2%）	139（27.8%）	116（23.2%）
照顾我的家庭是我的责任，即使我必须牺牲我想要的东西	17（3.4%）	126（25.2%）	104（20.8%）	151（30.2%）	102（20.4%）
家庭成员应该团结在一起，无论需要什么牺牲	15（3.0%）	123（24.6%）	111（22.2%）	140（28.0%）	111（22.2%）
对我来说，重要的是我要顺从我的家庭所做的决定	18（3.6%）	130（26.0%）	131（26.2%）	133（26.6%）	88（17.6%）

二、差异性检验

本研究选择人口统计变量中的性别、年龄、学历、职业、政治面貌、月收入进行差异检验，考察研究农村公共服务满意度、获得感、社会安全感与集体主义等变量在人口统计学变量上的差异，同时排除可能由此产生的对主要变量间干扰。

（一）性别差异检验

从表6-21、图6-7可以看出，农村公共服务满意度、获得感、社会安全感与集体主义四个变量在性别方面不存在显著差异。

表6-21 性别差异检验结果

	男		女		t	p
	SD	M	SD	M		
1 农村公共服务满意度	3.263	0.932	3.392	0.909	-1.568	0.835
B1 农村道路	3.230	1.157	3.400	1.112	-1.627	0.482
B2 农村基础教育	3.170	1.140	3.390	1.148	-2.172	0.516
B3 农村医疗	3.230	1.174	3.370	1.164	-1.262	0.928
B4 农村水利设施	3.320	1.176	3.400	1.164	-0.848	0.666
B5 农村饮水设施	3.340	1.192	3.400	1.134	-0.590	0.430
B6 农村文化娱乐	3.270	1.191	3.430	1.137	-1.573	0.336

续表

	男		女		t	p
	SD	M	SD	M		
B7 农业科技推广与培训	3.290	1.125	3.380	1.132	-0.860	0.841
B8 农村清洁能源	3.260	1.172	3.350	1.158	-0.845	0.671
B9 农村公共卫生	3.250	1.131	3.410	1.153	-1.512	0.662
2 获得感	3.292	1.042	3.371	0.984	-0.865	0.131
E1 纵向获得感	3.290	1.168	3.400	1.131	-1.124	0.488
E2 横向获得感	3.300	1.193	3.390	1.111	-0.847	0.075
E3 总体获得感	3.290	1.181	3.320	1.168	-0.308	0.748
3 社会安全感	3.290	0.956	3.317	0.954	-0.319	0.886
C1 财产安全	3.220	1.174	3.330	1.163	-1.014	0.787
C2 人身安全	3.270	1.162	3.360	1.163	-0.819	0.714
C3 交通安全	3.330	1.172	3.310	1.178	0.210	0.901
C4 医疗安全	3.320	1.179	3.330	1.140	-0.093	0.505
C5 食品安全	3.340	1.231	3.310	1.191	0.313	0.265
C6 劳动安全	3.270	1.170	3.320	1.200	-0.523	0.268
C7 隐私安全	3.320	1.180	3.280	1.200	0.412	0.686
C8 生态环境安全	3.240	1.165	3.300	1.173	-0.591	0.875
4 集体主义	3.355	0.933	3.392	0.956	-0.430	0.209
D1 如果一个朋友被表扬了，我会感到很高兴	3.240	1.169	3.380	1.118	-1.336	0.974
D2 朋友们的幸福对我来说很重要	3.400	1.102	3.380	1.161	0.285	0.284
D3 对我来说，快乐就是花时间和别人在一起	3.400	1.186	3.330	1.181	0.629	0.939
D4 当我和别人合作时，我感觉很好	3.360	1.198	3.420	1.098	-0.535	0.091
D5 父母和孩子必须尽可能多地待在一起	3.400	1.156	3.470	1.203	-0.671	0.164
D6 照顾我的家庭是我的责任，即使我必须牺牲我想要的东西	3.320	1.186	3.470	1.139	-1.493	0.604
D7 家庭成员应该团结在一起，无论需要什么牺牲	3.420	1.128	3.420	1.211	0.025	0.060
D8 对我来说，重要的是我要顺从我的家庭所做的决定	3.300	1.106	3.270	1.174	0.286	0.192

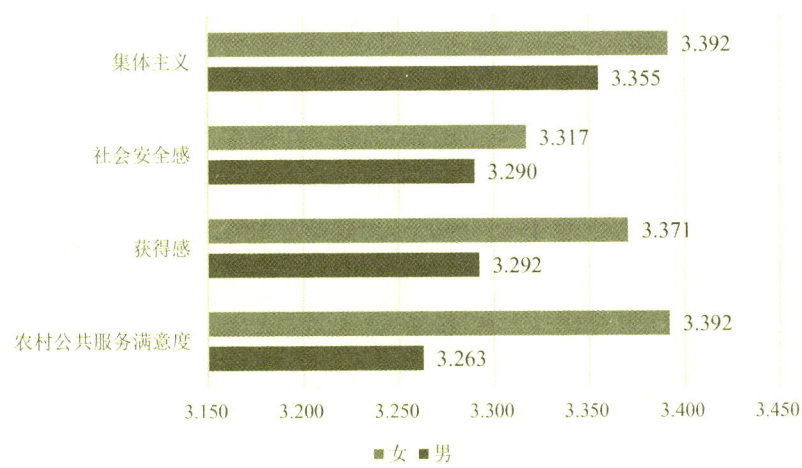

图 6-7 各主要研究变量性别差异

农村公共服务满意度、获得感、社会安全感和集体主义四个变量，女性得分均高于男性。农村公共服务满意度各维度中，各具体维度男性的满意度均低于女性。获得感各维度中，各具体维度男性的满意度均低于女性。社会安全感各维度中，财产安全、人身安全、医疗安全、劳动安全、生态安全维度方面男性的满意度低于女性，交通安全、食品安全、隐私安全维度方面男性的满意度高于女性。集体主义各维度中，"如果一个朋友被表扬，我会感到很高兴""当我和别人合作时，我感觉很好""父母和孩子必须尽可能多地待在一起""照顾我的家庭是我的责任，即使我必须牺牲我想要的东西"维度男性的满意度均低于女性，"朋友们的幸福对我来说很重要""对我来说，快乐就是花时间和别人在一起""对我来说，重要的是我要顺从我的家庭所做的决定"维度男性的满意度高于女性，在"家庭成员应该团结在一起，无论需要什么牺牲"维度男女得分一样高。

（二）年龄差异检验

在年龄方面，变量或题项均不存在统计学显著性差异，如表 6-22、图 6-8 所示。

农村公共服务满意度各维度中基本呈现出中青年者以及退休老年人得分较高的特点。在农村公共服务满意度、获得感、社会安全感和集体主义等主要研究变量中，农村公共服务满意度、集体主义呈现出 61 岁及以上群体得分最高的特点，获得感、社会安全感呈现出 31~40 岁群体得分高的特点。18 岁及以下群体的农村公共服务满意度、获得感和集体主义得分最低，51~60 岁群体的社会安全感最低。整体呈现出中青年和退休老年群体感知较好，未成年人与临退休老年群体感知较低的趋势。

表 6-22 年龄差异检验结果

	18岁及以下		19~30岁		31~40岁		41~50岁		51~60岁		61岁及以上		F	p
	M	SD	M	SD	M	SD	M	SD	M	SD	M	SD		
1 农村公共服务满意度	3.126	0.810	3.355	0.955	3.375	0.945	3.371	0.929	3.241	0.920	3.436	0.842	0.829	0.529
B1 农村道路	3.080	1.045	3.380	1.185	3.360	1.008	3.340	1.193	3.170	1.189	3.560	1.155	1.108	0.355
B2 农村基础教育	3.130	1.030	3.300	1.173	3.340	1.142	3.250	1.225	3.310	1.132	3.190	1.111	0.283	0.922
B3 农村医疗	3.100	1.034	3.320	1.171	3.370	1.221	3.280	1.184	3.240	1.197	3.480	1.122	0.565	0.727
B4 农村水利设施	3.130	1.121	3.340	1.180	3.400	1.231	3.430	1.133	3.330	1.181	3.560	1.086	0.638	0.671
B5 农村饮水设施	3.130	1.268	3.380	1.201	3.440	1.160	3.500	1.155	3.230	1.056	3.440	1.086	0.960	0.442
B6 农村文化娱乐	3.210	1.143	3.360	1.210	3.410	1.208	3.420	1.210	3.260	1.062	3.330	1.000	0.363	0.874
B7 农业科技推广与培训	3.210	1.073	3.380	1.127	3.340	1.193	3.420	1.047	3.220	1.202	3.330	1.074	0.443	0.818
B8 农村清洁能源	3.000	1.029	3.360	1.176	3.380	1.189	3.300	1.176	3.180	1.181	3.630	1.115	1.459	0.202
B9 农村公共卫生	3.130	0.908	3.380	1.189	3.350	1.109	3.400	1.189	3.230	1.216	3.410	1.083	0.558	0.732
2 获得感	3.128	0.959	3.366	0.980	3.460	1.031	3.348	0.976	3.197	1.053	3.346	1.225	1.065	0.379
E1 纵向获得感	3.120	1.096	3.300	1.150	3.600	1.149	3.320	1.189	3.270	1.101	3.370	1.214	1.585	0.163
E2 横向获得感	3.120	1.114	3.420	1.131	3.380	1.189	3.410	1.079	3.150	1.196	3.520	1.312	1.167	0.324

续表

	18岁及以下		19~30岁		31~40岁		41~50岁		51~60岁		61岁及以上		F	p
	M	SD	M	SD	M	SD	M	SD	M	SD	M	SD		
E3 总体获得感	3.150	1.092	3.380	1.097	3.400	1.166	3.320	1.140	3.170	1.294	3.150	1.512	0.744	0.591
3 社会安全感	3.185	0.853	3.360	0.976	3.392	0.993	3.335	0.957	3.104	0.827	3.338	1.170	1.153	0.331
C1 财产安全	3.380	1.105	3.360	1.125	3.300	1.243	3.230	1.172	3.000	1.117	3.410	1.338	1.235	0.291
C2 人身安全	3.120	1.199	3.270	1.168	3.420	1.116	3.390	1.254	3.240	1.059	3.520	1.221	0.803	0.548
C3 交通安全	3.100	1.053	3.390	1.191	3.470	1.195	3.340	1.173	3.120	1.057	3.370	1.471	1.313	0.257
C4 医疗安全	3.190	1.049	3.420	1.148	3.390	1.165	3.340	1.212	3.170	1.144	3.110	1.281	0.881	0.493
C5 食品安全	3.400	1.176	3.340	1.245	3.370	1.237	3.400	1.160	3.120	1.151	3.330	1.359	0.602	0.698
C6 劳动安全	3.100	1.142	3.310	1.152	3.390	1.246	3.370	1.235	3.130	1.061	3.410	1.366	0.863	0.506
C7 隐私安全	3.150	1.017	3.410	1.220	3.390	1.174	3.350	1.260	3.040	1.086	3.260	1.375	1.320	0.254
C8 生态环境安全	3.040	1.102	3.380	1.228	3.420	1.192	3.260	1.169	3.030	0.993	3.300	1.235	1.712	0.130
4 集体主义	3.243	0.938	3.322	0.990	3.420	0.997	3.395	0.877	3.401	0.815	3.574	1.057	0.602	0.698
D1 如果一个朋友被表扬了，我会感到很高兴	3.230	1.262	3.260	1.183	3.330	1.166	3.280	1.028	3.440	1.039	3.330	1.330	0.304	0.910

续表

	18岁及以下		19~30岁		31~40岁		41~50岁		51~60岁		61岁及以上		F	p
	M	SD	M	SD	M	SD	M	SD	M	SD	M	SD		
D2 朋友们的幸福对我来说很重要	3.370	1.205	3.380	1.138	3.400	1.191	3.360	1.074	3.410	1.050	3.520	1.189	0.095	0.993
D3 对我来说，快乐就是花时间和别人在一起	3.310	1.197	3.320	1.198	3.420	1.225	3.420	1.191	3.350	1.042	3.480	1.341	0.210	0.958
D4 当我和别人合作时，我感觉很好	3.460	1.128	3.330	1.195	3.430	1.160	3.350	1.155	3.350	1.030	3.670	1.271	0.498	0.778
D5 父母和孩子必须尽可能多地待在一起	3.330	1.200	3.390	1.219	3.450	1.227	3.430	1.091	3.490	1.159	3.670	1.109	0.362	0.874
D6 照顾我的家是我的责任，即使我必须牺牲我想要的东西	3.100	0.995	3.340	1.185	3.440	1.250	3.550	1.154	3.360	1.105	3.670	1.177	1.397	0.224
D7 家庭成员应该团结在一起，无论需要什么牺牲	3.150	1.195	3.410	1.204	3.480	1.195	3.430	1.102	3.400	1.109	3.740	1.163	1.004	0.415
D8 对我来说，重要的是我要顺从我的家庭所做的决定	3.000	1.138	3.150	1.200	3.430	1.151	3.330	1.080	3.420	1.013	3.520	1.156	1.895	0.094

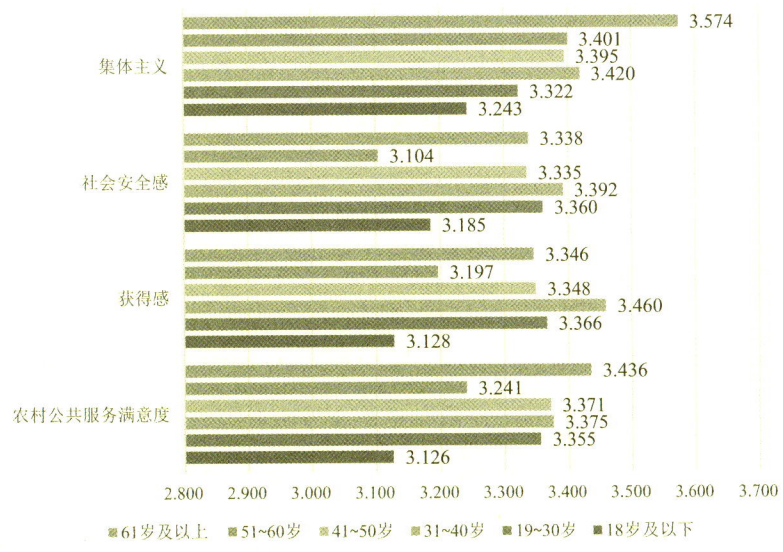

图6-8 各主要研究变量年龄差异

（三）学历差异检验

在学历方面，农村公共服务满意度中的农村道路的评价（p = 0.009）存在显著差异，如表6-23所示。可能的原因是，初中及以下学历群体生活在农村的时间相对更长，对农村道路的改善有着最直观的感受。在过去，农村道路状况可能较差，多为土路或简易的石子路，出行极为不便，尤其是在雨季，泥泞的道路会严重影响交通。随着农村基础设施建设的推进，道路逐渐硬化、拓宽，他们的出行条件得到了极大的改善，从差到好的巨大转变使得他们对农村道路的评价较高。硕士及以上学历群体对国家的农村政策有较好的理解和认识，明白农村道路建设背后是大量的政策支持和资源投入。他们知道政府在推动农村基础设施建设方面所做的努力，如资金的筹集、规划的制定等。即使当前道路可能还不是十分完美，但他们考虑到建设过程中的困难和已经取得的进展，能够理解并给予相对客观的评价。本科学历群体在评价农村道路时会进行较为理性的分析。他们既看到道路改善带来的积极影响，也会关注到一些现实存在的问题。在城市中，他们体验到了更加完善、高标准的道路设施，回到农村后，虽然认可农村道路的进步，但也会不自觉地将其与城市道路进行对比，这种对比会使他们看到差距，从而在一定程度上影响了评价的高度。高中学历群体在农村可能对道路建设相关信息的获取渠道相对有限。他们可能不太了解道路建设的规划背景、资金来源以及未来的发展方向等，他们的关注重点可能更多地集中在自身的生活和工作需求上，对道路与农村整体发展的关联性认识不足。

表 6-23 学历差异检验结果

	初中及以下		高中（包括职高）		本科（包括本科和大专）		硕士及以上		F	p
	M	SD	M	SD	M	SD	M	SD		
1 农村公共服务满意度	3.398	0.860	3.159	0.891	3.356	0.934	3.542	0.977	2.401	0.067
B1 农村道路	3.530	1.103	3.030	1.148	3.390	1.114	3.440	1.184	3.939	0.009
B2 农村基础教育	3.400	1.047	3.110	1.176	3.300	1.153	3.510	1.121	1.758	0.154
B3 农村医疗	3.490	1.136	3.140	1.140	3.310	1.166	3.440	1.305	1.525	0.207
B4 农村水利设施	3.420	1.083	3.230	1.158	3.380	1.193	3.540	1.164	0.910	0.436
B5 农村饮水设施	3.440	1.102	3.170	1.142	3.410	1.189	3.660	1.087	2.288	0.078
B6 农村文化娱乐	3.380	1.080	3.200	1.081	3.370	1.213	3.630	1.199	1.568	0.196
B7 农业科技推广与培训	3.290	1.165	3.250	1.100	3.350	1.132	3.590	1.140	0.979	0.402
B8 农村清洁能源	3.350	1.142	3.120	1.134	3.330	1.184	3.610	1.115	2.062	0.104
B9 农村公共卫生	3.290	1.100	3.180	1.147	3.380	1.134	3.460	1.247	1.106	0.346
2 获得感	3.309	1.140	3.228	0.976	3.372	0.990	3.398	1.121	0.664	0.575
E1 纵向获得感	3.310	1.169	3.280	1.101	3.360	1.151	3.440	1.305	0.255	0.858
E2 横向获得感	3.330	1.292	3.250	1.114	3.380	1.149	3.440	1.141	0.476	0.699
E3 总体获得感	3.290	1.329	3.150	1.197	3.380	1.120	3.320	1.234	1.056	0.368
3 社会安全感	3.330	1.055	3.149	0.843	3.365	0.956	3.345	1.110	1.552	0.200
C1 财产安全	3.470	1.274	3.080	1.104	3.320	1.151	3.340	1.296	1.946	0.121
C2 人身安全	3.400	1.180	3.240	1.133	3.320	1.160	3.410	1.264	0.385	0.764
C3 交通安全	3.250	1.265	3.130	1.095	3.440	1.157	3.270	1.342	2.145	0.094
C4 医疗安全	3.310	1.230	3.150	1.096	3.380	1.156	3.460	1.267	1.344	0.259
C5 食品安全	3.380	1.312	3.220	1.136	3.390	1.206	3.170	1.340	0.806	0.491
C6 劳动安全	3.420	1.197	3.110	1.136	3.360	1.191	3.270	1.245	1.550	0.201
C7 隐私安全	3.270	1.269	3.150	1.072	3.370	1.217	3.370	1.240	1.115	0.343
C8 生态环境安全	3.130	1.218	3.120	1.046	3.350	1.186	3.460	1.306	1.809	0.144
4 集体主义	3.511	0.942	3.353	0.897	3.344	0.949	3.439	1.062	0.563	0.639
D1 如果一个朋友被表扬了，我会感到很高兴	3.380	1.225	3.370	1.108	3.240	1.143	3.440	1.184	0.658	0.578
D2 朋友们的幸福对我来说很重要	3.550	1.136	3.350	1.133	3.370	1.135	3.440	1.097	0.448	0.719
D3 对我来说，快乐就是花时间和别人在一起	3.530	1.152	3.360	1.168	3.340	1.185	3.370	1.280	0.386	0.763
D4 当我和别人合作时，我感觉很好	3.560	1.183	3.380	1.109	3.360	1.141	3.370	1.318	0.484	0.694

续表

	初中及以下		高中 (包括职高)		本科 (包括本科和大专)		硕士及以上		F	p
	M	SD	M	SD	M	SD	M	SD		
D5 父母和孩子必须尽可能多地待在一起	3.580	1.134	3.420	1.167	3.390	1.182	3.560	1.266	0.574	0.632
D6 照顾我的家庭是我的责任，即使我必须牺牲我想要的东西	3.490	1.086	3.300	1.097	3.400	1.204	3.490	1.227	0.495	0.686
D7 家庭成员应该团结在一起，无论需要什么牺牲	3.600	1.148	3.340	1.158	3.410	1.177	3.460	1.164	0.669	0.572
D8 对我来说，重要的是我要顺从我的家庭所做的决定	3.400	1.148	3.300	1.076	3.240	1.152	3.390	1.243	0.447	0.719

农村公共服务满意度、获得感、社会安全感、集体主义变量与各变量维度基本呈现出两边高、中间低的 U 形趋势。在农村公共服务满意度、获得感方面，硕士及以上学历群体得分较高，高中（包括职高）学历群体得分最低。社会安全感方面，本科（包括本科和大专）学历群体得分高，高中（包括职高）学历群体得分最低。集体主义方面，初中及以下学历群体得分最高，本科（包括本科和大专）学历群体得分最低（见图 6-9）。学历水平通过影响知识储备、信息获取、价值观形成、经济状况和社会参与等多方面因素，进而对农村公共服务满意度、获得感、社会安全感和集体主义等变量产生不同程度的影响，呈现出当前的 U 形趋势和学历群体间的差异表现。

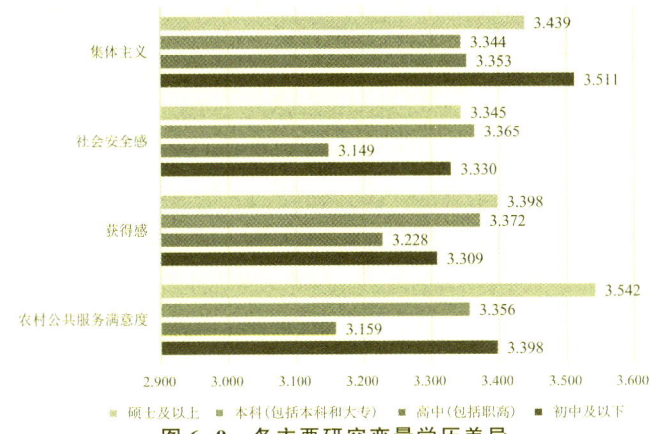

图 6-9　各主要研究变量学历差异

（四）职业差异检验

在职业方面，变量与题项均不存在显著差异，如表 6-24 所示。

表6-24 职业差异检验结果

	党政机关、事业单位工作人员		企业工作人员		自由职业者		离退休人员		学生		其他		F	p
	M	SD	M	SD	M	SD	M	SD	M	SD	M	SD		
1 农村公共服务满意度	3.411	1.035	3.409	0.886	3.290	0.952	3.280	0.908	3.126	0.810	3.062	0.904	1.268	0.276
B1 农村道路	3.330	1.213	3.430	1.124	3.270	1.098	3.380	1.188	3.080	1.045	2.890	1.323	1.450	0.205
B2 农村基础教育	3.430	1.246	3.320	1.130	3.220	1.180	3.140	1.117	3.130	1.030	3.390	1.145	0.648	0.663
B3 农村医疗	3.400	1.256	3.340	1.139	3.290	1.219	3.260	1.191	3.100	1.034	3.170	1.150	0.521	0.760
B4 农村水利设施	3.430	1.281	3.410	1.137	3.390	1.195	3.380	1.168	3.130	1.121	2.940	0.998	0.967	0.438
B5 农村饮水设施	3.460	1.200	3.490	1.131	3.310	1.145	3.190	1.194	3.130	1.268	3.280	1.074	1.231	0.293
B6 农村文化娱乐	3.340	1.226	3.490	1.192	3.280	1.154	3.290	1.043	3.210	1.143	2.940	1.056	1.220	0.299
B7 农业科技推广与培训	3.470	1.188	3.360	1.088	3.370	1.142	3.210	1.200	3.210	1.073	2.830	1.150	1.194	0.311
B8 农村清洁能源	3.440	1.281	3.390	1.081	3.210	1.263	3.380	1.147	3.000	1.029	3.170	1.098	1.383	0.229
B9 农村公共卫生	3.400	1.232	3.450	1.100	3.270	1.221	3.290	1.132	3.130	0.908	2.940	1.211	1.235	0.292
2 获得感	3.567	1.022	3.351	0.985	3.251	1.025	3.365	1.177	3.128	0.959	3.278	0.880	1.377	0.231
E1 纵向获得感	3.560	1.163	3.390	1.154	3.230	1.156	3.360	1.246	3.120	1.096	3.560	0.856	1.323	0.253
E2 横向获得感	3.590	1.136	3.290	1.117	3.400	1.163	3.380	1.306	3.120	1.114	3.060	1.211	1.385	0.228

续表

	党政机关、事业单位工作人员		企业工作人员		自由职业者		离退休人员		学生		其他		F	p
	M	SD	M	SD	M	SD	M	SD	M	SD	M	SD		
E3 总体获得感	3.560	1.125	3.370	1.124	3.130	1.229	3.360	1.376	3.150	1.092	3.220	1.060	1.610	0.156
3 社会安全感	3.423	1.113	3.310	0.931	3.364	0.889	3.107	1.124	3.185	0.853	3.104	0.833	1.002	0.416
C1 财产安全	3.590	1.161	3.220	1.168	3.220	1.115	3.120	1.310	3.380	1.105	3.000	1.328	1.564	0.169
C2 人身安全	3.210	1.307	3.330	1.160	3.450	1.080	3.330	1.183	3.120	1.199	3.110	1.023	0.877	0.496
C3 交通安全	3.490	1.305	3.360	1.161	3.380	1.102	3.120	1.400	3.100	1.053	3.000	0.970	1.297	0.264
C4 医疗安全	3.440	1.125	3.310	1.163	3.430	1.166	3.000	1.269	3.190	1.049	3.220	1.215	1.208	0.304
C5 食品安全	3.490	1.327	3.290	1.187	3.400	1.164	3.020	1.352	3.400	1.176	3.000	1.029	1.217	0.300
C6 劳动安全	3.310	1.269	3.330	1.203	3.320	1.121	3.260	1.251	3.100	1.142	3.220	1.166	0.362	0.874
C7 隐私安全	3.400	1.279	3.340	1.222	3.360	1.120	3.000	1.343	3.150	1.017	3.220	1.060	0.916	0.470
C8 生态环境安全	3.460	1.326	3.300	1.132	3.340	1.170	3.000	1.189	3.040	1.102	3.060	0.873	1.472	0.197
4 集体主义	3.316	1.064	3.365	0.895	3.410	0.941	3.482	1.029	3.243	0.938	3.514	0.810	0.482	0.790
D1 如果一个朋友被表扬了，我会感到很高兴	3.260	1.282	3.280	1.095	3.310	1.064	3.360	1.284	3.230	1.262	3.890	0.963	1.035	0.396

续表

	党政机关、事业单位工作人员		企业工作人员		自由职业者		离退休人员		学生		其他		F	p
	M	SD	M	SD	M	SD	M	SD	M	SD	M	SD		
D2 朋友们的幸福对我来说很重要	3.370	1.265	3.360	1.073	3.410	1.125	3.500	1.132	3.370	1.205	3.390	1.092	0.115	0.989
D3 对我来说,快乐就是花时间和别人在一起	3.340	1.284	3.370	1.142	3.370	1.180	3.450	1.292	3.310	1.197	3.390	1.037	0.077	0.996
D4 当我和别人合作时,我感觉很好	3.300	1.267	3.350	1.092	3.410	1.171	3.500	1.194	3.460	1.128	3.440	1.199	0.254	0.938
D5 父母和孩子必须尽可能多地待在一起	3.390	1.231	3.420	1.113	3.490	1.249	3.500	1.153	3.330	1.200	3.560	1.199	0.229	0.950
D6 照顾我的家是我的责任,即使我必须牺牲我想要的东西	3.270	1.179	3.430	1.199	3.490	1.149	3.500	1.254	3.100	0.995	3.330	1.085	1.112	0.353
D7 家庭成员应该团结在一起,无论需要什么牺牲	3.400	1.232	3.460	1.120	3.420	1.191	3.600	1.149	3.150	1.195	3.440	1.199	0.770	0.572
D8 对我来说,重要的是我要顺从我的家庭所做的决定	3.200	1.235	3.250	1.117	3.390	1.117	3.450	1.194	3.000	1.138	3.670	0.840	1.581	0.164

农村公共服务满意度、社会安全感方面，其他群体的得分最低，而获得感、集体主义方面学生群体的得分最低，党政机关、事业单位工作人员在农村公共服务满意度、获得感、社会安全感方面得分最高（见图6-10）。可能是由于拥有信息优势与政策理解、资源获取与服务体验优化、社会稳定感与安全保障意识，进而有较高的满意度、获得感、安全感。学生群体得分最低，可能是因为依赖家庭与尚未独立体验，同时个体成长与集体参与度低，因此在获得感和集体主义方面得分较低。

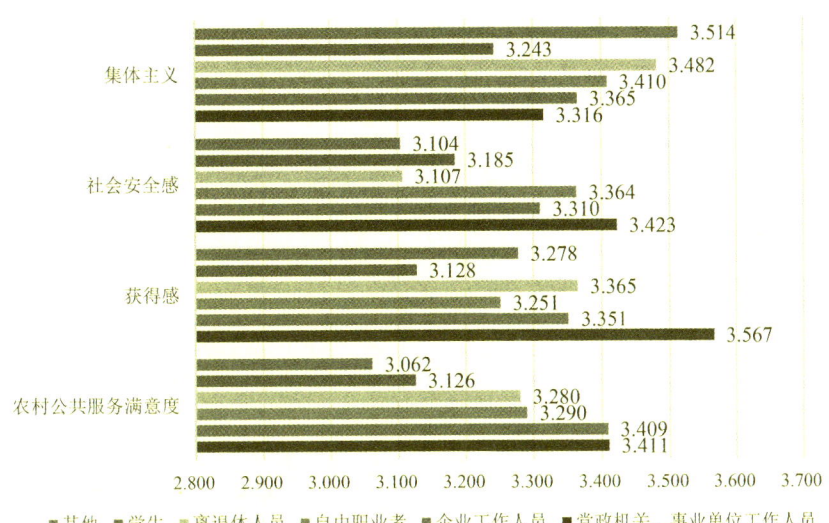

图6-10　各主要研究变量职业差异

（五）政治面貌差异检验

在政治面貌方面，获得感（p=0.037）与获得感下的题项纵向获得感（p=0.034）和总体获得感（p=0.014）存在显著差异（见表6-25），可能的原因是中共党员的使命担当与积极参与。无论是参与农村基础设施建设项目的组织实施，还是助力农业产业发展政策的推广落地，党员都冲在一线。亲身参与并推动农村发展进步的经历，使他们能够直观地感受到因自己的努力而给农村带来的积极变化，从而在纵向获得感（自身对比过去农村状况的感受）和总体获得感（对农村整体发展成果的体验）方面都有较高的评价。此外，党的组织引领与资源整合也发挥了重要作用。党组织在农村具有强大的组织动员能力和资源整合优势，党员能够借助党组织的力量，为农村地区争取更多的发展资源，切实改善了农村居民的生活质量和发展机会，党员在其中不仅是组织者和推动者，更是直接的受益者，他们深知这些资源的来之不易以及对农村发展的巨大推动作用，所以在获得感评价中得分较高。民主党派在社会事务中发挥着民主监督和政策建言的作用。在农村发展方面，他们通过调研农村公共服务现状，提出针对性的建议和

表 6-25 政治面貌差异检验结果

	群众		共青团员		中共党员（含预备党员）		民主党派党员		无党派人士		F	p
	M	SD	M	SD	M	SD	M	SD	M	SD		
1 农村公共服务满意度	3.348	0.945	3.251	0.878	3.375	0.948	3.439	0.873	2.889	0.763	0.733	0.570
B1 农村道路	3.350	1.163	3.280	1.117	3.300	1.118	3.270	1.120	3.000	1.095	0.212	0.932
B2 农村基础教育	3.290	1.151	3.220	1.089	3.350	1.244	3.320	1.211	2.670	0.816	0.611	0.655
B3 农村医疗	3.340	1.204	3.240	1.122	3.260	1.166	3.450	1.101	2.670	1.033	0.715	0.582
B4 农村水利设施	3.410	1.192	3.200	1.133	3.530	1.158	3.180	1.181	3.000	0.894	1.385	0.238
B5 农村饮水设施	3.420	1.157	3.260	1.198	3.260	1.156	3.730	1.032	3.500	1.225	1.172	0.322
B6 农村文化娱乐	3.340	1.141	3.260	1.147	3.510	1.283	3.590	1.141	2.500	0.837	1.615	0.169
B7 农业科技推广与培训	3.370	1.158	3.270	1.122	3.340	1.055	3.410	1.182	3.000	0.894	0.314	0.869
B8 农村清洁能源	3.300	1.192	3.280	1.131	3.310	1.132	3.550	1.224	2.670	1.033	0.700	0.592
B9 农村公共卫生	3.310	1.147	3.250	1.083	3.510	1.222	3.450	1.057	3.000	1.549	0.891	0.469
2 获得感	3.287	1.063	3.278	0.969	3.583	0.918	3.455	0.935	2.500	0.691	2.571	0.037
E1 纵向获得感	3.310	1.170	3.260	1.152	3.660	1.055	3.360	1.136	2.500	0.837	2.631	0.034
E2 横向获得感	3.320	1.201	3.260	1.126	3.520	1.102	3.590	0.908	3.000	1.095	1.109	0.351

续表

	群众		共青团员		中共党员（含预备党员）		民主党派党员		无党派人士		F	p
	M	SD	M	SD	M	SD	M	SD	M	SD		
E3 总体获得感	3.240	1.218	3.320	1.098	3.560	1.089	3.410	1.260	2.000	0.632	3.147	0.014
3 社会安全感	3.274	0.946	3.252	0.953	3.453	0.948	3.568	1.088	2.729	0.654	1.626	0.166
C1 财产安全	3.230	1.177	3.320	1.152	3.290	1.116	3.680	1.323	2.500	1.049	1.497	0.202
C2 人身安全	3.330	1.133	3.200	1.217	3.450	1.124	3.590	1.297	2.330	0.516	1.983	0.096
C3 交通安全	3.300	1.189	3.270	1.142	3.450	1.179	3.640	1.136	2.670	1.211	1.185	0.316
C4 医疗安全	3.290	1.168	3.300	1.115	3.440	1.146	3.500	1.371	2.670	1.211	0.856	0.490
C5 食品安全	3.250	1.206	3.320	1.222	3.490	1.191	3.820	1.220	2.500	0.837	2.207	0.067
C6 劳动安全	3.250	1.146	3.220	1.189	3.550	1.231	3.410	1.403	2.830	0.983	1.441	0.219
C7 隐私安全	3.270	1.174	3.250	1.157	3.440	1.231	3.550	1.438	3.000	1.095	0.689	0.600
C8 生态环境安全	3.260	1.141	3.130	1.202	3.520	1.211	3.360	1.136	3.330	0.816	1.497	0.202
4 集体主义	3.387	0.940	3.335	0.933	3.386	0.967	3.460	1.023	3.104	0.927	0.241	0.915
D1 如果一个朋友被表扬了，我会感到很高兴	3.350	1.122	3.280	1.189	3.270	1.136	3.230	1.152	2.830	1.472	0.415	0.798

续表

	群众		共青团员		中共党员(含预备党员)		民主党派党员		无党派人士		F	p
	M	SD	M	SD	M	SD	M	SD	M	SD		
D2 朋友们的幸福对我来说很重要	3.360	1.130	3.410	1.142	3.460	1.136	3.450	1.184	3.170	0.753	0.213	0.931
D3 对我来说,快乐就是花时间和别人在一起	3.350	1.166	3.360	1.189	3.450	1.190	3.500	1.439	2.830	0.753	0.490	0.743
D4 当我和别人合作时,我感觉很好	3.400	1.135	3.410	1.136	3.360	1.204	3.180	1.220	3.330	1.506	0.214	0.931
D5 父母和孩子必须尽可能多地待在一起	3.460	1.182	3.420	1.169	3.350	1.254	3.550	1.011	3.170	0.983	0.271	0.897
D6 照顾我的家庭是我的责任,即使我必须牺牲我想要的东西	3.390	1.188	3.320	1.112	3.450	1.146	3.680	1.287	2.830	1.169	0.850	0.494
D7 家庭成员应该团结在一起,无论需要什么牺牲	3.420	1.163	3.350	1.175	3.450	1.200	3.680	1.171	3.500	0.837	0.429	0.788
D8 对我来说,重要的是我要顺从我的家庭所做的决定	3.360	1.120	3.130	1.157	3.290	1.127	3.410	1.260	3.170	1.169	0.990	0.412

提案，部分建议被政府采纳并转化为实际政策举措。他们能看到自己的政治参与对农村公共服务提升的积极贡献，进而在获得感上有较好的体现。另外，民主党派通常有较为广泛的社会联系，他们可以利用自身的人脉和资源优势，为农村引入一些外部支持。虽然参与程度可能不如中共党员深入基层具体事务，但他们在宏观层面的资源协调和政策推动也让他们感受到农村公共服务的改善，在纵向和总体获得感上有一定的积极评价。团员与群众的得分几乎不相上下。农村地区的团员或多为学生群体，故多与大部分村民群众的体验感受基本一致。群众和团员在决策中的参与程度较低：在农村公共服务的决策过程中，无论是群众还是团员，相较于党员和民主党派人士，他们的参与程度都相对较低。群众可能由于缺乏相关意识或渠道而较少参与，团员虽然有一定的组织性，但在农村事务决策中的话语权相对有限。社会活动的局部影响：团员在农村虽然会积极参与一些社会活动，如志愿服务、文化宣传等，但这些活动的范围和影响往往是局部的。群众同样也会参与一些邻里互助等小规模的社会活动。所以，两者在获得感得分上较为接近。而无党派人士可能更多地关注到现有的问题，而忽视了潜在的改进和积极因素，从而在纵向和总体获得感方面都给出较低的评价。

农村公共服务满意度、社会安全感、集体主义方面，民主党派党员得分最高，获得感方面，中共党员得分最高。满意度、获得感、社会安全感、集体主义方面，无党派人士得分最低（见图6-11）。

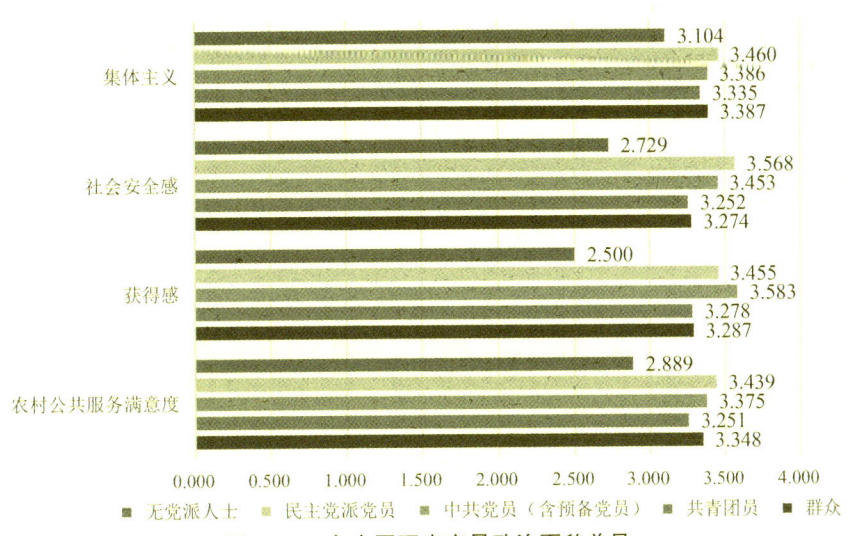

图6-11 各主要研究变量政治面貌差异

（六）月收入差异检验

在月收入方面，各变量与各维度均不存在显著差异，如表6-26所示。

表 6–26　月收入差异检验结果

	2000 元及以下		2001~4000 元		4001~6000 元		6001~8000 元		8001~10000 元		10001 元及以上		F	p
	M	SD	M	SD	M	SD	M	SD	M	SD	M	SD		
1 农村公共服务满意度	3.157	0.787	3.216	0.903	3.397	0.947	3.346	0.935	3.394	0.929	3.399	1.002	0.953	0.446
B1 农村道路	3.110	1.064	3.180	1.181	3.430	1.178	3.340	1.091	3.300	1.112	3.500	1.195	1.164	0.326
B2 农村基础教育	3.130	0.992	3.180	1.139	3.320	1.193	3.360	1.196	3.350	1.098	3.230	1.231	0.564	0.727
B3 农村医疗	3.210	1.034	3.160	1.163	3.350	1.233	3.380	1.227	3.430	1.095	3.170	1.203	0.842	0.520
B4 农村水利设施	3.270	1.110	3.250	1.135	3.460	1.152	3.240	1.182	3.430	1.212	3.550	1.221	0.978	0.430
B5 农村饮水设施	3.160	1.221	3.300	1.090	3.370	1.173	3.490	1.127	3.370	1.197	3.440	1.220	0.741	0.593
B6 农村文化娱乐	3.160	1.081	3.220	1.148	3.470	1.124	3.350	1.217	3.420	1.180	3.420	1.232	0.857	0.510
B7 农业科技推广与培训	3.160	1.019	3.240	1.100	3.370	1.173	3.370	1.174	3.350	1.131	3.480	1.127	0.692	0.630
B8 农村清洁能源	3.060	1.076	3.190	1.163	3.390	1.166	3.300	1.164	3.350	1.234	3.470	1.154	1.081	0.370
B9 农村公共卫生	3.160	0.919	3.220	1.127	3.410	1.149	3.280	1.161	3.530	1.243	3.330	1.183	1.096	0.361
2 获得感	3.138	0.998	3.365	1.106	3.344	1.032	3.304	0.987	3.305	0.939	3.531	1.021	1.007	0.413
E1 纵向获得感	3.100	1.118	3.410	1.200	3.380	1.146	3.280	1.153	3.330	1.094	3.580	1.179	1.265	0.278
E2 横向获得感	3.210	1.124	3.400	1.219	3.390	1.175	3.260	1.092	3.300	1.123	3.530	1.221	0.737	0.596

第六章 农村公共服务满意度对居民获得感的影响机制研究

续表

	2000元及以下		2001~4000元		4001~6000元		6001~8000元		8001~10000元		10001元及以上		F	p
	M	SD	M	SD	M	SD	M	SD	M	SD	M	SD		
E3 总体获得感	3.110	1.193	3.290	1.245	3.260	1.226	3.370	1.174	3.290	1.099	3.480	1.084	0.753	0.584
3 社会安全感	3.198	0.927	3.190	0.926	3.254	0.993	3.323	0.984	3.429	0.882	3.426	0.997	0.946	0.451
C1 财产安全	3.400	1.171	3.040	1.109	3.130	1.229	3.350	1.223	3.420	1.049	3.360	1.173	1.547	0.174
C2 人身安全	3.210	1.207	3.160	1.163	3.340	1.232	3.390	1.121	3.360	1.111	3.390	1.163	0.598	0.701
C3 交通安全	3.080	1.154	3.330	1.149	3.210	1.190	3.280	1.176	3.490	1.108	3.580	1.245	1.703	0.132
C4 医疗安全	3.140	1.105	3.300	1.101	3.230	1.195	3.410	1.185	3.410	1.071	3.380	1.303	0.655	0.658
C5 食品安全	3.410	1.200	3.120	1.152	3.350	1.189	3.350	1.266	3.420	1.149	3.310	1.320	0.659	0.655
C6 劳动安全	3.100	1.214	3.290	1.185	3.270	1.202	3.270	1.180	3.400	1.219	3.440	1.097	0.692	0.630
C7 隐私安全	3.160	1.096	3.170	1.208	3.230	1.231	3.340	1.222	3.410	1.169	3.520	1.155	1.021	0.404
C8 生态环境安全	3.100	1.118	3.120	1.109	3.270	1.184	3.210	1.184	3.520	1.130	3.440	1.258	1.631	0.150
4 集体主义	3.294	0.962	3.319	0.920	3.516	0.854	3.433	0.903	3.197	1.039	3.432	1.007	1.294	0.265
D1 如果一个朋友被表扬了,我会感到很高兴	3.270	1.298	3.290	1.099	3.330	1.111	3.400	1.130	3.180	1.139	3.340	1.158	0.381	0.862

续表

	2000 元及以下		2001~4000 元		4001~6000 元		6001~8000 元		8001~10000 元		10001 元及以上		F	p
	M	SD	M	SD	M	SD	M	SD	M	SD	M	SD		
D2 朋友们的幸福对我来说很重要	3.380	1.184	3.370	1.176	3.550	1.012	3.410	1.058	3.170	1.228	3.440	1.167	1.062	0.381
D3 对我来说，快乐就是花时间和别人在一起	3.320	1.189	3.190	1.142	3.550	1.103	3.420	1.171	3.230	1.291	3.470	1.208	1.210	0.303
D4 当我和别人合作时，我感觉很好	3.490	1.162	3.270	1.060	3.520	1.124	3.350	1.201	3.230	1.233	3.530	1.083	1.093	0.363
D5 父母和孩子必须尽可能多地待在一起	3.400	1.185	3.400	1.136	3.630	1.145	3.440	1.126	3.220	1.269	3.500	1.234	1.143	0.337
D6 照顾我的家庭是我的责任，即使我必须牺牲我想要的东西	3.170	1.056	3.360	1.154	3.530	1.143	3.500	1.135	3.190	1.283	3.480	1.182	1.506	0.186
D7 家庭成员应该团结在一起，无论需要什么牺牲	3.240	1.201	3.360	1.154	3.560	1.083	3.580	1.124	3.240	1.216	3.410	1.256	1.432	0.211
D8 对我来说，重要的是我顺从我的家庭所做的决定	3.080	1.168	3.310	1.092	3.450	1.064	3.370	1.104	3.120	1.183	3.280	1.253	1.284	0.270

农村公共服务满意度、获得感方面，月收入 10001 元及以上的群体得分最高，社会安全感方面，8001~10000 元的群体得分最高，集体主义方面，月收入 4001~6000 元的群体得分最高。农村公共服务满意度、获得感方面，月收入 2000 元及以下的群体得分最低，社会安全感方面，月收入 2001~4000 元的群体得分最低，集体主义方面，月收入 8001~10000 元的群体得分最低（见图 6-12）。

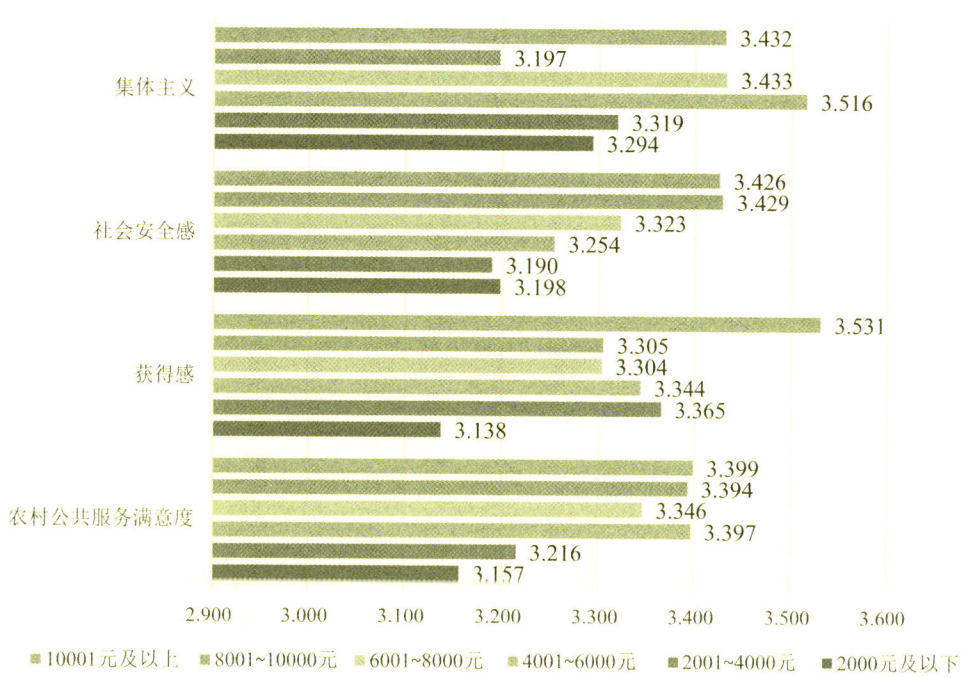

图 6-12　各主要研究变量月收入差异

三、相关性分析

将性别、年龄、学历、职业、政治面貌和月收入作为控制变量，对农村公共服务满意度、居民获得感、社会安全感和集体主义进行 Pearson 相关分析，结果如表 6-27 所示。由 Pearson 相关分析可以得到，农村公共服务满意度、获得感、社会安全感和集体主义四个变量均在显著性为 0.01 水平上存在显著正相关关系。农村公共服务满意度与获得感、社会安全感和集体主义存在显著正相关关系（$r = 0.358$，$p < 0.01$；$r = 0.428$，$p < 0.01$；$r = 0.396$，$p < 0.01$）。获得感与社会安全感和集体主义存在显著正相关关系（$r = 0.389$，$p < 0.01$；$r = 0.400$，$p < 0.01$）。社会安全感与集体主义显著正相关（$r = 0.417$，$p < 0.01$）。所有变量两两之间都存在显著的正相关关系，为后续研究的开展提供了基础。

表 6-27 主要研究变量间的相关性分析

	1	2	3	4
农村公共服务满意度	1			
获得感	0.358**	1		
社会安全感	0.428**	0.389**	1	
集体主义	0.396**	0.400**	0.417**	1

注：**表示 $p \leq 0.01$。

四、理论假设检验

（一）农村公共服务满意度对居民获得感的直接效应检验

如表 6-28 所示，模型一表示的是仅由控制变量对因变量获得感进行影响的回归分析，模型二加入了自变量农村公共服务满意度与控制变量一起影响因变量获得感的回归分析。模型一与模型二中，控制变量在统计学上未能对农村居民获得感产生明显的影响。模型二中，农村公共服务满意度的系数为 0.387，标准误为 0.047，p 值为 $0.000 < 0.001$。因此，得出结论，农村公共服务满意度正向影响居民获得感，假设 H1 得到支持。

表 6-28 主效应检验的回归分析

变量	获得感	
	模型一	模型二
性别	0.064（0.091）	0.018（0.086）
年龄	0.000（0.037）	-0.010（0.035）
学历	-0.051（0.093）	-0.047（0.087）
职业	-0.074（0.051）	-0.048（0.048）
政治面貌	0.050（0.048）	0.053（0.045）
月收入	0.022（0.039）	0.015（0.036）
农村公共服务满意度		0.387***（0.047）
F	1.033	10.883***
R^2	0.012	0.134
$\triangle R^2$	0.012	0.122

注：***表示 $p \leq 0.001$，括号内为标准误，下同。

运用 AMOS 26.0 再次检验农村公共服务满意度对居民获得感的主效应影响。由表 6-29 可以看出，$\chi^2/df = 1.087$，RMSEA = 0.013，NFI = 0.983，RFI = 0.973，IFI = 0.999，TLI = 0.998，CFI = 0.999。卡方自由度比低于 3 时表明模型

拟合较好，RMSEA 低于 0.05 时表明模型拟合非常好，NFI、RFI、IFI、TLI、CFI 一般在大于 0.9 时表明该模型拟合较好，故认为该主效应模型拟合效果较好。根据表 6-30 的路径系数，农村公共服务满意度对居民获得感路径的标准化系数为 0.430。故农村公共服务满意度正向影响居民获得感，假设 1 得到支持，与 SPSS 检验结果一致。

表 6-29 社会安全感中介效应检验的拟合模型拟合指数表

	x^2/df	RMSEA	NFI	RFI	IFI	TLI	CFI
实测值	1.087	0.013	0.983	0.973	0.999	0.998	0.999

表 6-30 主效应检验的路径系数表

路径	Estimates	SE	CR	p
农村公共服务满意度→获得感	0.430	0.054	7.972	***

（二）社会安全感的中介作用

如表 6-31 所示，模型一表示的是仅由控制变量对中介变量社会安全感进行影响的回归分析，模型二加入了自变量农村公共服务满意度与控制变量一起影响中介变量社会安全感的回归分析。模型一与模型二中，控制变量在统计学上未能对社会安全感产生明显的影响。模型二中，农村公共服务满意度的系数为 0.441，标准误为 0.042，p 值为 0.000 < 0.001。因此，得出结论，农村公共服务满意度正向影响社会安全感，假设 H2 得到支持。

表 6-31 中介效应检验的回归分析 1

变量	社会安全感	
	模型一	模型二
性别	0.016（0.086）	-0.036（0.078）
年龄	-0.023（0.035）	-0.035（0.032）
学历	-0.070（0.087）	-0.066（0.079）
职业	-0.045（0.048）	-0.015（0.044）
政治面貌	0.049（0.045）	0.053（0.041）
月收入	0.054（0.036）	0.046（0.033）
农村公共服务满意度		0.441***（0.042）
F	1.138	16.739***
R^2	0.014	0.192
$\triangle R^2$	0.014	0.179

如表 6-32 所示，模型一表示的是仅由控制变量对因变量获得感进行影响的回归分析，模型二加入了中介变量社会安全感与控制变量一起影响因变量获得感的回归分析。模型一与模型二中，控制变量在统计学上未能对农村居民获得感产生明显的影响。模型二中，农村公共服务满意度的系数为 0.407，标准误为 0.044，p 值为 0.000 < 0.001。因此，得出结论，社会安全感正向影响居民获得感，假设 H3 得到支持。

表 6-32 中介效应检验的回归分析 2

变量	获得感	
	模型一	模型二
性别	0.064（0.091）	0.058（0.084）
年龄	0.000（0.037）	0.009（0.034）
学历	-0.051（0.093）	-0.022（0.086）
职业	-0.074（0.051）	-0.056（0.047）
政治面貌	0.050（0.048）	0.030（0.044）
月收入	0.022（0.039）	0.000（0.036）
社会安全感		0.407***（0.044）
F	1.033	13.109***
R^2	0.012	0.157
$\triangle R^2$	0.012	0.145

如表 6-33 所示，模型一表示的是仅由控制变量对因变量获得感进行影响的回归分析，模型二加入了自变量农村公共服务满意度与控制变量一起影响因变量获得感的回归分析，模型三表示的是仅由控制变量对中介变量社会安全感进行影响的回归分析，模型四加入了自变量农村公共服务满意度与控制变量一起影响中介变量社会安全感的回归分析，模型五表示的是自变量农村公共服务满意度、中介变量与控制变量一起影响因变量获得感的回归分析。模型一至模型五中，控制变量在统计学上未能对农村居民获得感产生明显的影响。农村公共服务满意度的系数为 0.253，标准误为 0.049，p 值为 0.000 < 0.001，社会安全感的系数为 0.303，标准误为 0.048，p 值为 0.000 < 0.001。因此，得出结论，社会安全感在农村公共服务满意度对居民获得感的影响过程中起正向中介作用，假设 H4 得到支持。

第六章 农村公共服务满意度对居民获得感的影响机制研究

表6-33 中介效应检验的回归分析3

变量	获得感		安全感		获得感
	模型一	模型二	模型三	模型四	模型五
性别	0.064 (0.091)	0.018 (0.086)	0.016 (0.086)	-0.036 (0.078)	0.029 (0.082)
年龄	0.000 (0.037)	-0.010 (0.035)	-0.023 (0.035)	-0.035 (0.032)	0.001 (0.033)
学历	-0.051 (0.093)	-0.047 (0.087)	-0.070 (0.087)	-0.066 (0.079)	-0.027 (0.084)
职业	-0.074 (0.051)	-0.048 (0.048)	-0.045 (0.048)	-0.015 (0.044)	-0.044 (0.046)
政治面貌	0.050 (0.048)	0.053 (0.045)	0.049 (0.045)	0.053 (0.041)	0.037 (0.043)
月收入	0.022 (0.039)	0.015 (0.036)	0.054 (0.036)	0.046 (0.033)	0.001 (0.035)
农村公共服务满意度		0.387*** (0.047)		0.441*** (0.042)	0.253*** (0.049)
社会安全感					0.303*** (0.048)
F	1.033	10.883***	1.138	16.739***	13.109***
R^2	0.012	0.134	0.014	0.192	0.200
$\triangle R^2$	0.012	0.122	0.014	0.179	0.066

运用AMOS 26.0再次检验农村公共服务满意度与居民获得感间中社会安全感起到的中介效应。由表6-34可以看出,$\chi^2/df = 1.070$,RMSEA = 0.012,NFI = 0.971,RFI = 0.967,IFI = 0.998,TLI = 0.998,CFI = 0.998。卡方自由度比低于3时表明模型拟合较好,RMSEA低于0.05时表明模型拟合非常好,NFI、RFI、IFI、TLI、CFI一般在大于0.9时表明该模型拟合较好。根据表6-35的路径系数,农村公共服务满意度对社会安全感路径的非标准化系数为0.474,社会安全感对获得感路径的非标准化系数为0.329,农村公共服务满意度对获得感路径的非标准化系数为0.274。研究通过Bootstrap方法进行5000次抽样,得出表6-36拟合模型的直接效应、间接效应、总效应,三者的置信区间均不经过0,中介作用的假设得到支持。故农村公共服务满意度正向影响社会安全感,社会安全感正向影响获得感,社会安全感在农村公共服务满意度与居民获得感之间起到正向中介作用。因此,假设2、3、4均得到支持。

表 6-34 社会安全感中介效应检验的拟合模型拟合指数表

χ^2/df	RMSEA	NFI	RFI	IFI	TLI	CFI
1.070	0.012	0.971	0.967	0.998	0.998	0.998

表 6-35 社会安全感中介效应检验的路径系数表

路径	Estimates	SE	CR	p
农村公共服务满意度→社会安全感	0.474	0.051	9.276	***
社会安全感→获得感	0.329	0.056	5.859	***
农村公共服务满意度→获得感	0.274	0.057	4.842	***

表 6-36 社会安全感中介效应检验的 Bootstrap 结果表

	Estimates	S. E.	Bootstrapping				效应占比（%）
			Bias-Corrected 95% CI		Percentile 95% CI		
			lower	upper	lower	upper	
总效应	0.430	0.051	0.333	0.535	0.331	0.532	100.000
直接效应	0.274	0.056	0.164	0.385	0.164	0.384	63.721
间接效应	0.156	0.031	0.102	0.225	0.099	0.221	36.279

（三）集体主义的调节作用

如表 6-37 所示，模型一表示的是仅由控制变量对中介变量社会安全感进行影响的回归分析，模型二加入了自变量农村公共服务满意度与控制变量一起影响中介变量社会安全感的回归分析。模型一至模型四中，控制变量在统计学上未能对社会安全感产生明显的影响。模型四中，农村公共服务满意度的系数为 0.264，标准误为 0.044，p 值为 0.000，集体主义的系数为 0.268，标准误为 0.042，p 值为 0.000，农村公共服务满意度与集体主义的交互项系数为 0.239，标准误为 0.043，p 值为 0.000。因此，集体主义在农村公共服务满意度对社会安全感的影响过程中起正向调节作用。

表 6-37 调节效应检验的回归分析

变量	社会安全感			
	模型一	模型二	模型三	模型四
性别	0.016（0.086）	-0.036（0.078）	-0.033（0.074）	-0.020（0.072）
年龄	-0.023（0.035）	-0.035（0.032）	-0.045（0.030）	-0.039（0.029）
学历	-0.070（0.087）	-0.066（0.079）	-0.067（0.075）	-0.068（0.073）
职业	-0.045（0.048）	-0.015（0.044）	-0.028（0.042）	-0.027（0.041）

续表

变量	社会安全感			
	模型一	模型二	模型三	模型四
政治面貌	0.049（0.045）	0.053（0.041）	0.054（0.039）	0.043（0.038）
月收入	0.054（0.036）	0.046（0.033）	0.043（0.031）	0.030（0.031）
农村公共服务满意度		0.441***（0.042）	0.317***（0.044）	0.264***（0.044）
集体主义			0.303***（0.043）	0.268***（0.042）
农村公共服务满意度*集体主义				0.239***（0.043）
F	1.138	16.739***	22.407***	24.515***
R^2	0.014	0.192	0.267	0.310
$\triangle R^2$	0.014	0.179	0.075	0.043

如表6-38所示，展示了集体主义作为调节变量在取各种值时的回归系数、p值以及置信区间等。在低分组时，置信区间为[-0.065, 0.184]，经过0，p值大于0.05；在中间组和高分组时，置信区间[0.201, 0.370]和[0.403, 0.620]，均不经过0，p值均小于0.001。表明低集体主义在农村公共服务满意度与社会安全感影响过程中的调节作用在统计学意义上不显著，中集体主义和高集体主义在农村公共服务满意度对社会安全感的影响过程中起到显著的调节作用。根据解释变量农村公共服务满意度和结果变量社会安全感的情况绘制了简单斜率检验图。由图6-13可以看出，集体主义低分组对解释变量与结果变量的关系几乎没有影响，集体主义高分组对解释变量与结果变量的影响较为明显。在此基础上结合前文研究，集体主义在此影响过程呈正向调节。因此，高集体主义在农村公共服务满意度对社会安全感影响机制中起正向调节作用。

表6-38 集体主义不同取值分组的调节作用

集体主义		Effect	t	p	LLCI	ULCI
低分组（M-SD）	2.429	0.059	0.938	0.348	-0.065	0.184
中间组（M）	3.373	0.285	6.619	0.000	0.201	0.370
高分组（M+SD）	4.316	0.511	9.252	0.000	0.403	0.620

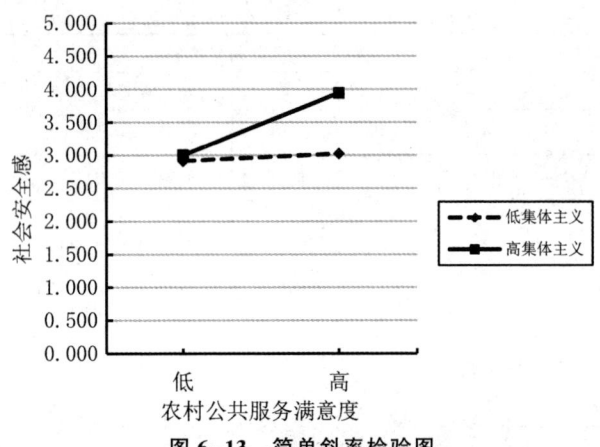

图 6-13　简单斜率检验图

如表 6-39 所示,当集体主义取低分组 (M-SD) 时,置信区间为 [-0.022, 0.060],经过 0,中介效应不显著。当集体主义取中间组 (M) 和高分组 (M+SD) 时,置信区间为 [0.052, 0.127] 和 [0.101, 0.212] 均不经过 0,中介效应显著。表 6-40 表示的是组建差值的置信区间等信息,比较高分组和中间组的差值,置信区间为 [0.040, 0.102],经过 0,故调节变量集体主义在中间组和高分组之间取值时的中介效应显著。

表 6-39　集体主义不同取值分组对中介效应的影响

集体主义		Effect	BootSE	BootLLCI	BootULCI
低分组 (M-SD)	2.429	0.018	0.021	-0.022	0.060
中间组 (M)	3.373	0.086	0.019	0.052	0.127
高分组 (M+SD)	4.316	0.155	0.028	0.101	0.212
有调节的中介		0.073	0.017	0.042	0.108

表 6-40　集体主义不同取值分组差值的中介效应影响

Effect1	Effect2	Contrast	BootSE	BootLLCI	BootULCI
中间组 0.086	低分组 0.018	0.068	0.016	0.040	0.102
高分组 0.155	低分组 0.018	0.137	0.032	0.080	0.204
高分组 0.155	中间组 0.086	0.068	0.016	0.040	0.102

五、理论假设汇总

本研究考察农村公共服务满意度对居民获得感的影响机制,并讨论社会安全感与集体主义在此影响过程中起到的影响机制。本研究根据文献梳理和相关理论,提出了 6 个研究假设。根据回归分析结果得出 6 个假设得到验证,0 个假设未得到验证。

(一) 农村公共服务满意度对居民获得感的直接效应

研究结果表明农村公共服务满意度与居民获得感具有显著正向影响。农村居民对公共服务满意度越高,自身获得感也越高,故 H1 成立。此外,满意度中部分维度与居民获得感有显著正向影响,第九维度农村公共卫生评价的满意度正向影响获得感,而其他维度未发现与居民获得感有显著性影响。

(二) 社会安全感的中介作用

研究结果表明农村公共服务满意度与社会安全感呈正相关关系。农村居民对公共服务满意度越高,其自身就越会感受到更多的社会安全感,故 H2 成立。

社会安全感与获得感呈正相关关系。当居民获得更多的社会安全感时,其自身的获得感也越高,故 H3 成立。

社会安全感在农村公共服务满意度对获得感的影响过程中发挥中介作用,故 H4 成立。

(三) 集体主义的调节作用

集体主义在农村公共服务满意度对社会安全感的影响过程中发挥调节作用。当农村居民的集体主义氛围越强时,农村公共服务满意度对社会安全感的影响越强烈,故 H5 成立。研究发现在中间组和高分组的集体主义产生的调节作用较为显著。

集体主义在农村公共服务满意度与居民获得感之间经由社会安全感的间接效应发挥调节作用。当农村居民的集体主义氛围越强时,农村公共服务满意度通过社会安全感对居民获得感的影响越强烈,故 H6 成立。研究发现在中间组和高分组的集体主义产生的调节作用较为显著。

本研究得出,6 个假设均成立,将假设检验结果汇总后形成表 6-41。

表 6-41 研究假设检验结果汇总

编号	假设内容	检验结果
H1	农村公共服务满意度与获得感呈正相关关系	成立
H2	农村公共服务满意度与社会安全感呈正相关关系	成立
H3	社会安全感与获得感呈正相关关系	成立
H4	社会安全感在农村公共服务满意度对获得感的影响过程中发挥中介作用	成立
H5	集体主义在农村公共服务满意度对社会安全感的影响过程中发挥调节作用	成立
H6	集体主义在农村公共服务满意度与获得感之间经由社会安全感的间接效应中发挥调节作用	成立

第六节 研究结论与实践启示

一、研究结论

(一) 农村公共服务满意度对居民获得感的直接影响

研究结果显示，农村公共服务满意度与居民获得感呈显著正相关关系，即当农村居民感知到其享受到优质公共服务时，其获得感将处于较高的水平。反之，农村居民获得感体验将有所降低。本研究的结果也在一定程度上检验了相关学者的以往研究，论证了公共服务与居民获得感之间的关系（于洋航，2021；戴艳清，李梅梅，2022；代争光，李燕领，2023；李东平，田北海，2024）。然而当前有关公共服务与居民获得感的研究，多从宏观层面出发，从中观、微观层面的研究并不多，此外，以农村视角研究公共服务与获得感的研究也并不多。美丽乡村建设已经开展了十余年，乡村振兴战略提出也近十年了，农村建设已经积累了一定程度的实践经验，但农村视角的研究仍然较为欠缺。重视农村公共服务质量对于农村的发展、农民的福祉以及社会的稳定和可持续发展都具有重要的意义。根据本研究，农村公共服务对于提升居民获得感具有重要作用，这也将为实践层面提升农村居民的获得感提供理论支撑。本研究将农村公共服务满意度作为自变量，探讨了其对农村居民获得感的影响。

本研究参考有关农村公共服务满意度的研究成果，实证检验了农村公共服务满意度，分值由高到低依次为农村饮水设施、农村水利设施、农村文化娱乐、农村公共卫生、农业科技推广与培训、农村道路、农村医疗、农村清洁能源与农村基础教育。农村居民对饮水设施、水利设施等基础设施建设满意度较高，可能是因为这些基础设施的改善直接影响了他们的生活便利性和生产条件。饮水设施的改善确保了居民能够获得安全、清洁的饮用水；水利设施的建设有助于农田灌溉，提高农业生产效率。然而，对医疗和教育等方面的满意度不高，可能有以下原因。一是医疗资源不足。农村地区可能缺乏优质的医疗设备、药品和专业医疗人员，导致医疗服务质量不高。此外，医疗设施的分布可能不均匀，居民就医不便。二是医疗费用问题。医疗费用较高可能给农村居民带来经济负担，尤其是对于一些重大疾病的治疗，可能导致部分居民因经济原因无法得到及时有效的治疗。其一，教育质量差距。农村地区的教育资源相对城市可能较为薄弱，包括师资力量、教学设施、教育教学水平等方面。这可能导致农村学生在接受教育时面临一定的劣势，影响他们的学习效果和发展机会。其二，教育观念和机会。一些农村居民可能对教育的重视程度不够，或者由于经济条件等原因，限制了农村学生接受更高层次教育的机会。此外，研究发现农村居民对于村委会的评价和公共服务村民参与的满意度得分也较为靠后。对村委会的评价不高的原因包括村委会与村民的沟通可能存在一定问题，执行力度可能不强，没能及时兑现承诺，村务信息公开做得不太到位，村民参与情况不佳。而公共服务农民参与程度的满意度不高的原因可能包括：公共服务项目的宣传不足，村民不知道项目或者不知道如何参与项目；沟通渠道可能不够畅通，村民难以有效参与；基层政府或村委会对于村民参与提出的意见建议没能采纳或充分重视；公共服务整体的供给质量不高，打击村民参与信心等。综上所述，农村居民对不同方面的满意度差异主要是由于资源配置、经济因素、观念等多方面原因造成的。

（二）社会安全感的中介作用

研究结果显示，社会安全感在农村公共服务满意度对居民获得感的影响过程中发挥中介作用，即农村公共服务满意度通过社会安全感作用于居民获得感。通过提升公共服务质量，以增加对安全需求的渴望，进而提升对获得感的追求。本研究表明，拥有较高社会安全感的个体，他们能够更加自信地追求目标，从而更容易获得成就感和获得感。高社会安全感可以降低个体对潜在威胁和不确定性的担忧，减少焦虑和压力，使他们能够更加专注于自身的发展和成就。当个体感到安全和受保护时，他们更有可能相信自己的能力，敢于尝试新的事物，从而更容易取得成功，获得成就感。社会安全感高的个体通常更容易与他人建立良好的关系，获得更多的社会支持。这种支持可以帮助他们克服困难、实现目标，进而增强获得感。社会安全感有助于提高个体的生活质量，使他们能够更好地享受生活中的美好事物，从而更容易产生获得感。

（三）集体主义的调节作用

农村的高集体主义有助于增强社会稳定性和居民凝聚力，促进居民之间的互助与合作。本研究得出以下结论，集体主义在农村公共服务满意度对社会安全感的影响过程中起到正向调节作用。农村居民通常生活在相对较小的村落中，彼此之间的联系较为紧密，他们相互帮助、支持，共同应对生活中的挑战。农村社区往往有着共同的价值观，如尊重长辈、勤劳节俭、团结协作等，这些价值观促使居民在行动上更加倾向于集体利益。在农业生产中，农村居民常常需要相互合作，共同完成耕种、收割等工作，这种合作生产的方式体现了集体主义的精神。农村居民可能会共享一些资源，如农具、灌溉设施等，以提高资源的利用效率，促进共同发展。农村地区通常有着丰富的传统习俗和文化活动，这些活动往往需要居民共同参与，增强了集体的凝聚力和认同感。

二、实践启示

（一）提升农村公共服务水平

农村公共服务水平作为农村地区人民群众最基础的需求，对农村居民获得感、幸福感、满意度具有重要意义。因此，建议从财政投入、供给机制、人才建设、科技建设、反馈监督等方面提升农村公共服务水平。

一是增加财政投入，优化拨付方式，鼓励财政政策向乡村倾斜。促进共同富裕，最艰巨最繁重的任务仍然在农村。政府应增加对农村公共服务的财政预算，确保有足够的资金用于农村教育、医疗、文化、交通、水利等基础设施建设。建立健全农村公共服务财政投入的稳定增长机制，确保财政投入与农村经济发展和农民需求增长相适应。设立农村公共服务专项财政资金，专款专用，确保资金能够真正用于农村公共服务的提升。优化财政拨款的分配结构，提高使用效率。加强对农村公共服务资金的监管，确保资金专款专用，防止资金被挪用和浪费。

二是完善供给机制。构建多元化的农村公共服务供给主体。充分发挥政府在农村公共服务供给中发挥主导作用，明确地方政府在农村公共服务中的职责。加强政府对农村公共服务的监督管理，防止市场垄断和不正当竞争行为，确保农村公共服务的质量和公平性。积极鼓励社会组织、企业和村民等多元主体参与农村公共服务供给，形成政府、市场、社会组织和农民共同参与的多元化供给格局。社会组织可以在农村文化、养老等领域发挥积极作用；企业可以通过参与农村基础设施建设和公共服务运营获得商业机会和社会效益；村民可以通过参与农村公共服务决策和监督，提高自身对公共服务的满意度和参与度。建立健全农村公共服务需求表达机制。充分听取农民的意见和建议，了解农民的真实需求，确保公共服务供给与农民需求相匹配。可以通过建立农民代表大会、农村社区理事会等形式，让农民参与公共服务决策和监督。

三是加强人才建设。地方政府制定针对农村地区的公共服务专项政策，在农村教育、医疗卫生、农业生产等方面给予政策倾斜。培养一批优秀人才，人事组织部门根据农村地区教育、医疗、农业等人才缺口，可以通过定向培养、委托培养等方式，为农村培养一批高素质的教师、医生、农业工作者等专业人才。吸引一批优秀人才，为农村制定特殊的人才引进和培养政策，提高农村地区工作人员的待遇和职业发展空间。加强本区域内的教育、医疗等人员流动，鼓励城市优秀人才到农村进行交流，同时为农村人才提供到城市学习和交流的机会，制定城乡结对帮扶政策，提高农村教育、医疗等方面技术水平。

四是推进科技建设。加强科技信息基础设施的建设，加大对农村网络通信设施的建设力度，提高农村网络覆盖范围和速度。政府和通信企业应合作推进农村光纤入户、5G基站建设等项目，确保农村地区能够享受到高速稳定的网络服务。不仅有利于农村居民的日常生活和娱乐，还为农村公共服务的信息化提供了基础条件。

将科学技术应用到教育、医疗、农业生产等方面。推广在线教育在农村的应用，为农村学生提供丰富的教育资源，打破地域限制，让农村学生能够接触到优质的教学内容。在线教育平台可以为农村学校提供免费的课程视频、学习资料和教学工具，农村教师可以根据这些资源进行教学，学生也可以自主学习。利用互联网技术搭建远程医疗平台，实现城市优质医疗资源与农村医疗机构的对接。通过视频会诊、远程影像诊断等方式，让农村患者能够得到大城市专家的诊断和治疗建议，提高农村医疗服务质量。运用物联网、大数据、人工智能等技术，为农民提供智慧农业科技服务。通过科技仪器，实时监测农村地区农业生产情况，并将数据传输到云端进行分析，为农民提供精准开展农业生产的决策建议。此外，还可利用农业机器人进行田间作业，提高农业生产效率。

农业科技人才的培养与引进。加强对农村本土科技人才的培养，通过开展科技培训课程、设立科技兴趣小组等方式，提高农村居民对科技的认知和应用能力。在农村学校开设科技课程，培养年轻村民的科技兴趣和创新能力，鼓励其回村帮助家庭、全村村民提高科技知识，提高农业生产收益和效率。在农村社区举办科技讲座和培训活动，让成年居民了解和掌握一些实用的科技知识和技能。制定优惠政策吸引科技人才到农村工作，政府可以为科技人才提供住房补贴、工资待遇提高、职称评定优惠等政策，吸引他们参与农村公共服务的科技提升工作。

农业知识从娃娃抓起，进而带动整个家庭。充分利用互联网、大数据、人工智能等先进的信息技术，切实提高农村公共服务的效率和质量。可以在义务教育阶段大力普及青少年的信息技术知识，积极鼓励青少年发挥自身优势带动父母长辈等进行知识科普，不断提高农民的信息化意识和实际运用信息技术的能力。

五是拓宽反馈渠道，强化监督评估。建立健全农村公共服务监督机制。加强对农村公共服务供给过程的监督，确保公共服务供给的公平、公正、公开。可以通过建立农村公共服务投诉举报平台、加强媒体监督等方式，加强对公共服务供给的监督。完善农村公共服务评估体系。建立科学合理的评估指标体系，对农村公共服务供给的效果进行评估。加强评估结果的应用。将评估结果作为政府绩效考核、财政投入、政策调整的重要依据，促进农村公共服务供给水平的不断提高。

(二) 增强农村居民安全感

1. 知识宣传普及

基层政府和村委会联系组织助农的金融机构开展农村金融知识宣传活动，向农民普及防范金融诈骗、正确选择金融产品等知识。举办金融知识讲座，发放宣传单，通过具体的案例让农民了解常见的金融诈骗手段，提高防范意识。同时，可以培训农村干部和致富带头人金融知识，让他们在村里起到示范和带动作用，帮助村民正确管理财产。

开展农村法律知识宣传，提高农民的法律意识和维权能力。重点宣传财产、食品、隐私、就业等各类安全相关法律法规，让农民知道如何通过法律手段维护自己的权益。建立农村法律援助机制，为农民提供免费的法律咨询和法律援助服务。当农民受到侵害时，能够及时获得法律帮助，维护自己的合法权益。

提高农民食品安全意识。开展食品安全知识宣传教育活动，宣传识别假冒伪劣食品、正确储存食品、合理饮食等知识，提高农民的食品安全意识和自我保护能力。组织食品安全培训，对农村食品从业人员进行培训，提高他们的食品安全意识和业务水平，培训内容包括食品卫生知识、操作规范、法律法规等方面。

安全教育培训。针对农村劳动力开展劳动安全培训，内容包括安全生产法律法规、安全操作规程、事故应急处理等方面。可以通过举办培训班、现场演示等形式进行培训，提高农民的安全意识和操作技能。加强对农村企业主和包工头的安全教育，督促他们落实安全生产主体责任，为农民工提供安全的工作环境和必要的劳动保护用品。

开展农村隐私安全知识宣传活动。宣传保护个人信息、防范网络诈骗、正确使用社交媒体等知识，提高农民的隐私保护意识。加强对农村青少年的隐私安全教育，引导他们正确使用互联网和手机等，不随意泄露个人信息。可以在农村的学校开设隐私安全课程、组织主题班会等，提高青少年的隐私保护意识和能力。

加强环保宣传教育。开展农村生态环境保护宣传活动，宣传讲解垃圾分类、污水处理、农药化肥合理使用等知识，提高农民的环保意识。加强对农村中小学生的环境教育，将生态环境保护知识纳入学校教育内容，培养学生的环保意识和责任感。通过"小手拉大手"活动，带动家庭和社会共同参与生态环境保护。

2. 加强治安管理

增加农村地区的警力部署，加强巡逻力度。特别是在集市、银行网点等重点区域，加大巡逻频次，震慑违法犯罪分子。建立农村治安防控体系，安装视频监控设备，实现重点区域全覆盖。申请拨付专项经费安装村庄、家庭安防设备，提高农村整体治安水平。成立农村治安联防队，由村民自愿参与，经过培训后协助警方维护治安。建立农村治安巡逻制度，组织治安巡逻队定期巡逻。巡逻队可以由村民志愿者和警察、警务辅助人员等组成，加强对农村地区的治安管控。

3. 加强监管力度

建立健全农村食品安全监管体系，明确食品安全主管部门职责，加强对农村食品生产、加工、流通、销售等环节的监管。加大对农村小作坊、小摊贩等的监管力度，规范其生产经营行为。增加农村地区的食品抽检频次，扩大抽检范围，及时发现和处理不合格食品。对发现的问题食品要追根溯源，严厉打击违法生产经营行为。加强对农村农贸市场、超市等食品销售场所的管理，督促经营者落实食品安全主体责任，建立健全进货查验等制度。

4. 完善社会保障

加强农村社会保障体系建设，提高农村居民的社会保障水平。扩大农村养老保险、医疗保险的覆盖面，提高保障标准。建立农村社会救助体系，对农村贫困人口、残疾人、孤寡老人等弱势群体进行救助。加大对农村特困家庭的救助力度，确保他们的基本生活得到保障。加强农村就业服务体系建设，为农村居民提供就业信息、职业培训等服务。提高农村居民的就业技能，增加他们的收入来源。

5. 改善劳动条件，提供安全保障

加大对农村企业的安全投入，督促企业改善劳动条件，淘汰落后的生产设备和工艺。在工厂安装防护设施、通风设备、降噪设备等，减少职业危害因素对农民工的影响。加强对农村建筑工地、矿山等重点行业的安全监管，规范施工现场管理，确保农民工的劳动安全。对存在安全隐患的企业要责令限期整改，对整改不到位的要依法予以处罚。拓宽农村职工的社会保险缴纳覆盖面，完善农村工伤保险制度，扩大工伤保险覆盖范围，确保农民工在发生工伤事故时能够得到及时的救治和赔偿。

6. 开展环境保护

推进农村环境整治。加大农村环境整治力度，加强农村生活垃圾、污水处理设施建设。建立健全农村垃圾收集、转运、处理体系，推广垃圾分类和资源化利用。加强农村污水处理设施建设，提高农村生活污水收集处理率。加强农村面源污染治理，推广生态农业技术，减少农药、化肥、农膜等的使用量。加强畜禽养殖污染治理，推广生态养殖模式，实现养殖废弃物的资源化利用。加强农村生态保护，划定生态保护红线，严格保护农村自然生态系统。加强对森林、河流、湖泊、湿地等生态系统的保护和修复，提高生态系统的稳定性等功能。推进农村生态建设，开展植树造林、水土保持、荒漠化治理等生态建设工程。鼓励农民发展生态农业、生态旅游等产业，实现生态保护与经济发展的良性互动。

（三）加强农村居民凝聚力

一是加强基层组织建设。发挥基层党组织的领导核心作用，引导党员干部带头践行集体主义价值观，组织农民参与集体活动，为农民办实事、解难题。通过党员干部的示范引领，带动农民强化集体主义观念。村民委员会要积极组织村民参与村庄事务管理，制定村规民约，规范村民行为，促进集体主义价值观的形成。同时，要加强对集体资产的管理和监督，确保集体利益得到保障。鼓励发展农村专业合作社、农村文化协会、志愿服务组织等社会组织，为农民提供交流合作的平台。社会组织可以通过组织活动、开展培训等方式，培养农民的集体意识和团队合作精神,促进农村集体主义氛围的提升。

二是推动集体项目建设。组织农民参与集体农业生产或农村产业发展项目,成立农民合作社,共同开展农产品种植、养殖、加工等业务,共享收益。在项目实施过程中,强调集体决策、共同劳动、风险共担和利益共享,增强农民的集体认同感和归属感。鼓励农民共同参与道路、水利、电力等基础设施建设,通过集体努力改善农村生活条件。可以采取"一事一议"等方式,让农民共同讨论决策建设项目,并共同出资、出劳,增强集体凝聚力。组织农民共同举办文化活动,如传统节日庆祝、文艺演出、体育比赛等,丰富农村文化生活。同时,鼓励农民参与农村公益事业,如关爱孤寡老人、留守儿童、环境保护等,培养农民的社会责任感和集体荣誉感。

三是建立有效激励机制。设立奖励,对在集体项目中表现突出、为集体做出贡献的农民进行表彰和奖励,激发农民的积极性和主动性。在政策扶持、项目安排、资金分配等方面,向村民团结合作的村庄倾斜。将团结合作表现纳入农村信用体系建设,对积极参与集体活动、遵守集体规则、为集体利益做出贡献的农民给予信用加分,在贷款、创业扶持等方面给予优惠政策,激励农民树立良好的合作互助形象。

第七章　城市社区公共服务满意度对居民获得感的影响机制研究

第一节　研究概要

一、研究背景

党的十九大报告指出："中国特色社会主义进入新时代，我国社会主要矛盾已经转化为人民日益增长的美好生活需要和不平衡不充分的发展之间的矛盾。"随着中国经济的持续发展与社会的转型升级，居民对公共服务的需求已经从满足最基本的生活保障逐步向需要高质量的公共服务转变。公共部门在行使基本职能的内容和方式上，已经开始更为关注如何满足人民日益增长的美好生活需要，聚焦于提供更多高质量的基本公共服务，从而体现以人民为中心的公共服务意识。公共服务的高质量发展是适应新时代我国社会主要矛盾发生根本性转变的必然要求。随着城市化进程的加快，城市社区作为社会治理的基层单元，成为承载人民群众美好生活的重要空间，也承担了越来越多的公共服务职能。到2022年年末，中国城镇化率已达65.22%。2022年第三季度民政统计数据显示，全国共有城乡社区约60.6万个，其中农村社区约48.9万个、城市社区约11.7万个。社区作为城市居民生活和基层社会治理的最基本单元，越发成为党和政府提供社会基本公共服务、开展社会治理及居民邻里互动等的微观单元，提高社区服务能力是实现我国国家治理体系和治理能力现代化的内在要求。2024年，国家发展改革委、住房城乡建设部、自然资源部联合印发《城市社区嵌入式服务设施建设导则（试行）》，文件中明确"通过社区嵌入式服务设施建设，使公共服务项目延伸覆盖到社区，逐步补齐社区服务短板，让更多群众享受到身边和'家门口'的优质普惠公共服务，有效提升城市和社区更好承载人民美好生活功能，不断增强人民群众获得感、幸福感和安全感"。

获得感作为一个重要的社会发展理念，最早可以追溯到2015年习近平总书记在主持中央全面深化改革领导小组第十次会议时提出。这一概念应运而生于中国从追求高速增长转向高质量发展的关键历史转折点，标志着国家治理理念从单一的经济总量扩张转向更加注重人民群众的实际利益和主观感受。2023年9月28日，习近平总书记在庆祝中华人民共和国成立74周年招待会上发表重要讲话，"我们要围绕满足人民日益增长的美好生活需要，加大民生保障力度，着力扩大就业，解决好人民群众急难愁盼问题，加强对困难群体兜底帮扶，巩固拓展脱贫攻坚成果，全面推进乡村振兴，扎实推进共同富裕，不断增强人民群众获得感、幸福感、安全感。"党的二十届三中全会通过的《中共中央关于进一步全面深化改革 推进中国式现代化的决定》，将坚持以人民为中心确立为进一步全面深化改革的原则之一，凸显了改革的人民性本质和鲜明的价值取向。获得感本质上是一种主观体验，它超越了传统的物质指标，强调公民对自身权益保障、生活品质提升的整体性感知。它不仅是衡量经济发展的工具，更是反映社会公平正义、体现人民美好生活需要的重要维度。

同时，我国公共服务供需方面还存在一定问题。正如党的十九大报告所指出的，我们在"民生领域还有不少短板，脱贫攻坚任务艰巨，城乡区域发展和收入分配差距依然较大，群众在就业、教育、医疗、居住、养老等方面面临不少难题"。"十四五"时期是我国加快推进基本公共服务体系建设、实现城乡区域协调发展和共同富裕的关键阶段。2022年1月，国家发展改革委等21个部门联合发布了《"十四五"公共服务规划》，明确提出到2025年，要在公共服务制度体系方面进一步完善，形成"政府保障基本、社会多元参与、全民共建共享"的公共服务供给格局，推动民生福祉达到新的高度。这一规划为全国公共服务体系的顶层设计提供了明确的方向，同时也为城市社区层面的公共服务提升设定了具体的规范和标准。在这一背景下，城市社区作为公共服务的最前沿阵地，逐渐承担起精准对接居民需求、提升公共服务满意度的重要职责。

2023年7月，国家发展改革委等部门联合印发《国家基本公共服务标准（2023年版）》，对原有的公共服务标准进行了首次全面的完善与修订。新标准更加细化了基本公共服务的范围和标准，这一标准不仅明确了政府在公共服务供给中的基本职责与义务，也为城市社区公共服务的提升提供了刚性参考，同时为基于居民满意度的公共服务绩效评估提供了科学依据。

在省域层面，云南省作为边疆民族地区，其公共服务提升的紧迫性尤为突出。2022年，云南省发布了《云南省"十四五"区域协调发展规划》和《云南省基本公共服务提升三年行动（2023—2025年）》，明确了全面推进基本公共服务体系建设、分层次推进公共服务均等化、实现公共资源的区域共享和优势互补的目标。然而，由于地理环境、民族文化和经济发展水平的多重制约，云南省许多城市社区仍然存在公共服务优化不到位、公共服务投入没有取得居民肯定等问

第七章　城市社区公共服务满意度对居民获得感的影响机制研究

题。这些现实困难使得揭示公共服务满意度与居民获得感之间的关系在云南等边疆民族地区具有更为迫切的现实意义。对于像云南这样的边疆民族地区而言，提升公共服务满意度不仅是改善民生的现实路径，更是缩小区域发展差距、增强各族人民获得感的重要抓手，体现了中国特色社会主义制度在持续改进人民福祉、促进社会公平正义方面的制度自信和治理智慧。

新公共服务理论强调公共服务的核心在于服务公民而非仅仅管理和控制，该理论主张政府应以公民为中心，通过协作和参与的方式满足公民需求，促进社会整体福祉。这一理论与传统的新公共管理理论形成鲜明对比，后者更侧重于效率、绩效和市场机制的引入，而新公共服务理论则强调以人为本、民主参与和公共价值的创造。在这一框架下，公共服务满意度被视为衡量政府服务质量的重要指标。马斯洛需求层次理论为理解公共服务满意度奠定了心理学基础。根据这一理论，人的需求从基础的生理需求逐步上升到自我实现需求。公共服务供给质量的提高正是对马斯洛需求层次理论的印证，不仅是为了基本的生理和安全需要，还要能够满足其更高层次的心理和社会需求。此外，社会资本理论和文化资本理论也为理解公共服务满意度与居民获得感的关系提供了重要视角。社会资本理论强调社会网络、信任和合作对公共服务供给和居民满意度的重要影响，认为高水平的社会资本能够促进公共服务的协调性和效率性，提升居民的满意度和获得感。文化资本理论则关注不同文化背景下居民对公共服务的需求和评价标准，强调公共服务的多样性和包容性对不同群体获得感的影响。这些理论进一步丰富了公共服务满意度与居民获得感关系的理论内涵，强调了社会结构和文化背景在这一关系中的作用。

在探讨城市社区公共服务满意度对居民获得感的影响机制时，必须综合考虑多重因素的交织作用。首先，城市社区公共服务的供给主体呈现出日益多元化的趋势。政府在基本公共服务方面仍然承担主要责任，社会组织、企业以及志愿者团体等多元主体的参与也越发普遍。这种多主体协作的供给体系使公共服务的质量、效率和公平性受到制度安排、市场机制以及社会网络关系的共同影响。在资源配置、服务设计和实施过程中可能存在目标和利益的差异，这对公共服务的供给质量有了更高的要求。

尤其是在边疆民族地区，研究这一问题时需考虑其独特的地理和社会文化背景。云南省作为一个多民族聚居的边疆地区，其城市社区公共服务供给面临着诸多挑战。首先，地理环境的复杂性和交通的不便限制了公共服务资源的有效分配，特别是在偏远山区，公共服务的覆盖面和可及性存在明显不足。其次，云南省多元的民族文化使得公共服务的设计和实施需要充分考虑不同民族的文化习惯和需求，这增加了公共服务供给的复杂性。此外，经济发展的不均衡也是制约公共服务优化的重要因素。尽管云南省在《云南省"十四五"区域协调发展规划》和《云南省基本公共服务提升三年行动（2023—2025年）》中明确了全面推进基本公共服务体系建设、分层次推进公共服务均等化、实现公共资源的区域共享和优势互补的目标，但在实际执行过程中，仍然面临诸多困难。云南省许多城市社区在公共服务优化方面仍存在明显的不足。首先，公共服务项目的实际效果未能完全满足居民的实际需求，即部分项目更多地注重表面建设而忽视服务的实质性提升。例如，虽然在基础设施建设上投入了大量资金，但由于缺乏有效的管理和服务机制，居民在实际使用过程中仍然感受到服务质量的不足，导致公共服务满意度未能显著提升。其次，公共服务投入的效率和效果未能得到居民的充分肯定，部分公共服务项目在资源配置和管理上存在浪费和低效现象。这不仅影响了公共服务的整体质量和效率，也削弱了居民对公共服务体系的信任和满意度。

此外，云南省的公共服务供需匹配难度较大，供给侧与需求侧之间的磨合成本较高。由于社会经济发展的不平衡，不同地区和不同群体对公共服务的需求存在显著差异，导致公共服务在设计和实施过程中难以兼顾所有群体的需求。需求的多样性和复杂性要求公共服务供给必须具备高度的灵活性和适应性，以有效提升居民的生活满意度和获得感。云南省边疆民族地区在推进公共服务均等化和高质量发展的过程中，面临着地理、文化和经济多重制约。这些现实困难不仅制约了公共服务的优化效果，也使得研究公共服务满意度与居民获得感之间的关系具有更为迫切的现实意义。深入研究这些地区的公共服务满意度与居民获得感之间的关系，有助于揭示公共服务在特定区域内的挑战与成效，为其他地区提供宝贵的理论与实践参考。

二、研究意义

（一）理论意义

本研究从公共管理学的视角，探讨城市社区公共服务满意度对居民获得感的影响机制，并引入生活满意度作为中介变量，揭示了公共服务满意度通过生活满意度影响居民获得感的路径机制。

首先，本研究从城市社区的视角切入，探讨有关城市社区公共服务供需匹配相关问题。城市社区作为城市社会的基本单元，在城市化进程中逐渐成为国家治理的首要空间，同时也是人们生产生活与安居乐业的家园。城市社区公共服务是城市发展的重要组成部分，对提高城市居民生活质量和城市可持续发展具有重要意义。本研究从中观视角关注城市社区公共服务供需匹配，并且从城市社区文体满意度、城市社区安全满意度等七个方面测量公共服务满意度，为公共服务满意度的科学测量提供了新的理论工具，推动城市社区公共服务满意度研究的规范化和科学化。

其次，本研究丰富了公共服务与获得感关系的理论研究。现有关于公共服务的研究多集中于供给效率、资源配置和服务质量等客观维度。本研究通过构建公共服务满意度、生活满意度与居民获得感之间的理论模型，从公共服务供需匹配的视角，揭示了公共服务满意度如何通过提升居民生活满意度进而增强其获得感的内在机制。这一研究不仅弥补了现有文献中对公共服务供需匹配关注的不足，还为公共服务研究提供了新的理论视角和分析框架，有助于深入探讨城市社区公共服务满意度与居民获得感之间的关系。

最后，本研究深化了有关生活满意度与获得感之间关系的理论探讨。生活满意度作为个体对自身生活状况的主观评价，是连接公共服务满意度与居民获得感的关键变量。然而，现有研究多集中于探讨生活满意度的影响因素，如经济条件、社会环境等，而对生活满意度如何影响获得感的研究较为匮乏。本研究通过实证分析，系统地揭示了生活满意度在公共服务满意度与居民获得感之间的中介作用。这一发现不仅深化了对生活满意度与获得感关系的理解，还为后续研究提供了可借鉴的理论框架。

（二）现实意义

本研究聚焦城市社区公共服务满意度与居民获得感现状，相关结论对地方政府优化城市社区治理效能、提升城市居民生活满意度和获得感提供有力的支持。

首先，本研究为社区公共服务的优化与提升提供了科学依据。通过揭示社区公共服务对居民生活满意度和获得感的影响机制，有助于协助地方政府和社区管理者识别出哪些服务维度对提升居民生活满意度和获得感具有重要作用。同时，通过对云南省边疆民族地区进行数据调查与实证分析，探讨了不同群体的城市社区公共服务满意度差异，揭示了目前公共服务供需匹配中居民的感知差异。研究结果为促进城市社区公共服务均衡发展提供了参考，有助于政府制定更为合理的资源配置策略，缩小城市社区居民在公共服务供需层面的差距，促进公共服务均等化和提高公共服务质量，实现共同富裕。

其次，本研究有助于提升边疆民族地区居民获得感水平。获得感是衡量社会和谐与稳定的重要指标之一。通过提升社区居民的获得感，能够增强居民的社会认同感和归属感，减少社会矛盾和冲突，促进社会的和谐与稳定。本研究为地方政府在社区治理过程中如何通过优化公共服务提升居民获得感提供了数据支持与实证参考。同时，通过实证分析，研究明确了影响居民获得感的关键因素和作用路径，为政府在制定和实施公共服务相关政策时提供了科学依据。根据研究结果，政府可以调整和优化政策内容和实施策略，确保公共服务政策更具针对性和有效性，提高政策的执行效果和居民的满意度。同时，研究结果有助于地方治理主体进一步深入了解城市社区居民的真实需求和期望，进而改进服务内容和方式，提升居民的生活质量和获得感。这不仅有助于提升居民的生活满意度，也有助于增强社区的凝聚力和活力，为建设宜居城市提供有力支持。

第二节 基础理论与研究综述

一、基础理论

(一) 社会资本理论

社会资本（social capital）作为一个多维度且跨学科的概念，源于社会学、政治学和经济学等多个学科领域，最早由皮埃尔·布迪厄、詹姆斯·科尔曼和罗伯特·普特南等学者提出并发展。社会资本主要指的是社会关系网络中的资源，这些资源通过网络中的信任、规范和互惠行为得以积累和利用。

布迪厄将社会资本视为个体在社会网络中积累的资源，这些资源可以转化为经济、文化和象征资本。科尔曼则强调社会资本在教育和社会化过程中的作用，认为社会资本有助于个体获取信息和支持，从而提升其社会和经济地位。普特南进一步扩展了社会资本的概念，特别是在社区和国家层面的应用，探讨了社会资本如何促进公共事务的合作与治理。

社会资本的核心要素包括网络、规范和信任。网络指的是个人或集体之间的关系结构，规范涉及这些关系中的行为准则和共同价值观，信任则是这些关系中相互期望和依赖的基础。社会资本可以分为绑定型社会资本（bonding social capital）和桥接型社会资本（bridging social capital）。绑定型社会资本主要存在于亲密关系和同质群体内部，而桥接型社会资本则跨越不同群体，促进异质群体之间的合作与理解。此外，连接型社会资本（linking social capital）指的是跨越正式权力结构的网络，连接个体与权力机构。

众多实证研究验证了社会资本对城市公共服务供给和居民获得感的积极影响。例如，普特南（2000）在其著作《独自打保龄球：美国社区的衰落与复兴》中，通过大量数据分析，指出具有较高社会资本的社区在教育、健康和公共安全等公共服务方面表现更佳。科尔曼（1988）的研究表明，社会资本能够通过增强社区网络和信任，提升教育资源的有效利用，进而提高学生的学业成绩。

(二) 自我决定理论

自我决定理论（self-determination theory）由爱德华·德西和理查德·瑞安于20世纪70年代提出，是一个关于人类动机和个性发展的广泛理论框架。自我决定理论强调个体在行为选择和动机形成过程中的自主性、能力感和关联性这三个基本心理需求，这一理论被广泛应用于教育、工作、体育、健康等多个领域，用以解释和增进个体的内在动机和整体福祉。

自主性指个体在行为选择和决策过程中感受到的自我主导和自主控制的程度。当个体感到自己能够自主选择行为而非被强迫时，其内在动机和满意度会显著提升。能力感指个体在完成任务和应对挑战时感受到的有效性和自我效能。当个体感到自己具备完成特定任务的能力时，其动机和参与度也会随之提高。关联性指个体在社会关系中感受到的连接和归属感。

在社区治理和公共服务领域，自我决定理论提供了一个理解居民参与和满意度的重要视角。通过满足居民的自主性、能力感和关联性，公共服务供给主体可以提升居民的参与意愿。研究表明，当居民感到自己在公共服务供给过程中有实际的影响力时，他们对服务的满意度显著提高（Ryan 和 Deci，2000）。大量实证研究验证了自我决定理论在公共服务满意度中的应用和效果。例如，Gagné 和 Deci 的研究表明，在教育和工作环境中，支持个体的自主性、能力感和关联性能够显著提升个体的满意度和绩效。在社区治理领域，当公共服务供给者能够满足居民的基本心理需求时，居民的满意度和参与度显著提高（Deci 和 Ryan，2008）。

（三）社会支持理论

社会支持理论（social support theory）是社会学和心理学中的一个重要理论框架，旨在解释社会关系对个体健康和福祉的影响。社会支持指的是个体在社会网络中获得的各种形式的支持，这些支持包括情感支持、物质支持、信息支持和评估支持等。社会支持理论强调，强大的社会支持网络能够帮助个体应对生活中的压力和挑战，提升其心理健康和生活满意度。

Raschke（1977）提出社会支持是指人们感受到的来自他人的关心和支持。Cobb（1976）将社会支持定义为一种信息，包含：（1）使个体相信他被关心和爱的信息；（2）使个体相信他有尊严和价值的信息；（3）使个体相信他属于团体成员的信息。Cutrona 和 Russell（1990）将社会支持区分为情感性支持、网络支持、满足自尊的支持、物质性支持和信息支持。Malecki 等（2002）认为社会支持是来自他人的一般性或特定的支持性行为。

社会支持能够有效缓解居民在面对生活压力和挑战时的心理负担，提升其心理健康和获得感。例如，社区中的情感支持网络能够为居民提供情感慰藉和心理支持，帮助他们更好地应对生活中的挫折（Cohen 和 Wills，1985）。强大的社会支持网络能够促进居民之间的互动和合作，增强社区的凝聚力。例如，社区活动和社交平台的建设能够促进居民之间的联系和互动，增强他们的归属感和集体认同感（Putnam，2000）。社会支持通过满足居民的基本需求和提供资源支持，提升其生活满意度和获得感。例如，社区提供的物质支持和信息支持能够帮助居民更好地利用和参与公共服务，提升其对社区服务的满意度和获得感（Thoits，2011）。

二、城市社区公共服务相关研究

近年来，关于城市社区公共服务的研究在国内外均引起了学术界和政策制定者的广泛关注。随着城市化进程的不断加快和居民生活需求的日益多元，如何提供高质量、高效率且能够回应地方社区真实需求的城市公共服务，成为当代城市治理的一项核心议题。回顾相关文献，可以发现众多学者对城市社区公共服务内涵、供给主体和供给方式等方面进行了探讨，并在理论层面与实践层面都提出了具有启发性的见解。

从概念层面看，公共服务长期以来都被视为政府的一项基本职能，旨在满足社会共同需求，实现社会福利与公共利益的最大化。然而，在传统研究与实践中，公共服务往往带有自上而下的色彩，政府被认为是公共服务的唯一提供者。而新世纪以来，受新公共管理理论和治理理论的影响，理论界与实务界逐渐认识到公众、社区组织及社会资本在公共服务供给中的重要作用。例如，Bovaird（2007）就提出了"用户和社区共同生产"（co-production）的概念，强调服务并非仅由政府的专业人员和管理者单向供给，而是用户与社区力量在参与、支持和合作过程中共同完成。在这个新视角下，公共服务不只是"提供"与"接受"之间的单线关系，更演化为各利益相关方的网络化互动过程，从而对传统的服务规划和管理模式提出了新的挑战。

20世纪80年代以来，西方国家在社会治理过程中更强调政府、社区、非政府组织等的共同作用，认为社区应当承担更多公共服务供给的功能。1991年，英国政府在《竞争求质量》白皮书中明确，地方政府的任务在于明确要求和设定优先项目、制定服务标准，不再采用直接提供公共服务。通过重新平衡中央政府、地方政府和社区居民三者之间的关系，赋予地方更多自主权与影响力，进而改善公共服务的质量和效率。该白皮书特别强调了强大、繁荣的社区在公共服务体系中的支点作用，认为唯有让社区在公共事务中获得更多的决策影响力，公共服务的供给才能更好地匹配当地公众的多样化需求。公共服务概念也逐渐从"政府包揽"转向"社会共治"，并展现出多元主体协同治理的特征。

在国内，学者们对"城市公共服务"的讨论通常与"社区公共服务"紧密相关。一方面，社区越来越被视为城市公共服务供给的基本空间单元；另一方面，社区是联结政府与公众的重要平台，是公共政策落地、公共资源配置以及公共需求表达的直接场域。尹宝华（2011）从社区实践角度出发，提出了"社区公共服务"作为社区服务主体的新定位，主张以人为本，面向社区全体居民，提供可及、普惠的社会公共服务。该观点认为，社区公共服务既包括了政府、社会组织等正式机构的服务，也涵盖了社区内部的互助、参与乃至志愿活动，是一项兼具公益性和社会性的综合服务过程。从理论维度看，社区公共服务概念的演变和拓展，也使社会学、社会政策、社会工作与公共管理等学科在此领域逐步交叉融合，形成了更丰富的研究视角。

与此对应，淮建军和刘新梅（2007）从公共服务理论的发生和演进过程入手，梳理了"公共服务"概念在国内外研究中的几种主要脉络，认为其核心在于回答"什么是公共服务"和"谁来提供公共服务更有效率"这两大问题。他们指出，单纯依赖政府垄断供给可能产生超量供给、效率低下和质量不佳等弊端，也存在部分领域有效供给不足的问题，因此需要对政府、大众、市场和社会组织等多元主体的合力供给方式加以关注。

在实践层面，陈伟东和张大维（2007）聚焦于我国城市社区公共服务设施的供需现状，通过统计分析和居民需求调研，发现城市社区公共服务设施在现实中更为紧缺，且与市政设施、生活服务设施相比，公共服务设施的配套与覆盖率明显不足。这一研究凸显了城市居民在医疗、养老、教育、文化娱乐等公共服务方面的巨大需求缺口，也直接反映出城市基层公共服务资源分布不平衡的问题。与此同时，他们还提出了相应的城市社区公共服务设施规划指标与实施建议，强调要综合考虑建设成本、政策法规、居民人口结构与地域差异等多方面因素，以实现公共服务设施建设与城市整体规划的有效衔接。此类研究具有明显的应用价值，为后续提升城市公共服务水平提供了实证支撑。

城市公共服务的精准化与精细化供给同样是近年来学者们关注的焦点。徐增阳和张磊（2017）从城市治理创新的角度提出，"公共服务精准化"是应对居民需求个性化、差异化和多元化的重要路径，也是提升社区治理能力的重要目标之一。精准化不仅体现了马克思主义唯物史观中"立足实际、因地制宜"的原则，也呼应了国家治理现代化背景下对公共服务供给侧结构性改革的实践诉求。城市社区公共服务的精准化，要求政府与社会力量在提供公共服务时更加注重居民的真实需求和生活特征，并通过协同治理与有效的沟通机制来保证服务能够精准供给。这一过程需要在党建引领、协商制度完善、质量监测与评估以及科技平台支撑等多个方面进行机制创新，从而使服务方案精准落地并持续优化。

智慧社区的出现与数字化的兴起，也为城市社区公共服务的转型提供了新思路。蒋俊杰（2014）注意到，传统社区公共服务模式在价值导向、运作方式和供给主体上均存在"行政化"和"碎片化"的局限，而云计算、物联网、大数据等技术的兴起，则可能重塑社区公共服务的信息整合能力和协同治理能力。数字化应用可使政府部门、社会组织与居民之间的沟通更加高效，减少信息不对称问题，并通过实时反馈或网络平台收集公众意见，进而改善公共服务的管理与评估。何继新和李露露（2019）认为，社区公共服务智慧化供给体现社区公共服务供给效率和质量提升的核心价值，在民众、公共部门、社会部门和私人部门等不同层面呈现出便捷精准的服务品质、丰富完整的服务内容、扁平顺畅的服务流程、高效精细的服务能力等具体功能价值。

同时，也有学者将目光集中于社区公共服务的历史演变与制度逻辑。万正艺（2020）认为，我国社区公共服务经历了从民政部门倡导与自主化供给，到部门联动与产业化推进，再到以"三社联动"为代表的社会化发展三个阶段，每个阶段在服务理念、组织机制和供给方式上都有所转变，反映出国家治理与社会建设在不同历史时期的特征与侧重点。李凤琴（2011）综合分析了多项国内文献后指出，当下的研究仍有相当部分停留在对社区公共服务基础概念、分类或零散个案的探讨，整体系统性不足，且理论与实践之间存在较明显的脱节，难以为社区公共服务全面、持续的发展提供足够的学理支撑。她认为，要更好地推动社区公共服务研究，需要在跨学科的视野下持续深化研究，关注不同城市与社区在资源禀赋、居民结构、体制环境等方面的差异，探索可行的本土化供给模式。

然而，正如代明和袁沙沙（2010）在其综述中指出的那样，国内外城市公共服务依旧存在不少问题。首先，理论与实践的互动仍显不足。例如，福利经济学对公共品的界定与市场失灵的分析虽然为公共服务研究奠定了理论基础，但在如何结合具体的社区情境，以及应对复杂社会需求时，尚缺少更具弹性的操作框架。其次，政府与市场的边界究竟应如何划分，仍是一个理论与实践交互的核心问题。随着公共服务领域不断向社会资本、社会组织乃至社区自组织开放，如何界定各主体的角色与责任，需要更多基于实证的研究。再次，精准化、协同化、多元化的新趋势在实践推广中会面临资源短缺、制度约束和能力建设等现实难题。如何在城市社会结构日益分化的当代背景下，实现公共服务的普适性与公平性，也亟待进一步探讨。最后，社区公共服务领域对于数字化、信息化技术的应用也在不断拓展，其在数据收集、服务监测、政策评估和居民参与等方面的效用值得进一步评估与反思。

三、公共服务满意度的相关研究

（一）公共服务满意度的相关概念

近年来，公共服务满意度问题在公共管理与社会治理领域受到越发广泛的关注。随着新公共管理理论的普及以及服务型政府理念的兴起，学者们逐渐认识到衡量公共部门服务绩效不应局限于投入与产出的客观指标，更需侧重于公众的主观感受与评价（Fornell 和 Wernerfelt，1987）。基于此，公共服务满意度被视为检验政府治理成效和公共机构服务质量的重要维度，并在近几十年呈现出多维度、跨学科的研究态势。

有学者将研究焦点置于公共服务质量与满意度的内在联系。蔡立辉（2003）

认为，公共服务质量不仅关乎公共部门提供服务时的方法与手段，也取决于公众对服务所产生的满意程度，以及政府在提供公共服务时表现出的社会效果与管理能力。换言之，服务供给者与服务使用者之间的互动体验、态度和绩效结果共同决定了公众对公共服务的评价。金青梅（2011）借鉴巴拉苏罗门、西斯姆和贝瑞等提出的服务质量管理模型，强调公共服务满意度等于"公众感知的服务质量减去其期望的服务质量"。当实际感受质量与预期存在正向差距时，满意度便会提升；反之，则会出现公众不满。Aberbach（2005）提出，新公共管理实践中关注"消费者主权"，要求公共组织尽力满足公民需求，但若将公民简单视为"顾客"可能带来对公民身份和政治参与正当性的忽视，从而对公共价值与公共利益产生潜在影响。陈文博（2012）指出，对于公共服务质量评价与满意度测量的研究起步较晚，尚需借鉴国外已有成果来完善本土化研究。梁昌勇、代翌、朱龙（2015）通过实证检验发现：公共服务供给制度保障、公共服务质量保障对公众主观感知的影响最为显著；此外，公众期望、服务效果感知与公众满意度之间存在交叉影响；满意度又会反向投射到政府形象与公众信任中。许家伟等（2024）以信息惠民国家试点政策为准自然实验，采用双重差分模型实证检验了公共信息服务对工作满意度的影响及其作用机制。覃红霞等（2024）基于《关于高考改革的调查问卷》，依据公共服务满意度模型与高等教育满意度模型，调查了高中生、大学生、高中教师、大学教师四类新高考改革利益相关者，探讨了改革预期、质量感知、公平感知和服务感知对师生群体新高考改革满意度的影响路径。

在公共服务满意度的理论建构过程中，"期望否定"与"期望锚定"两个模型尤为突出（Oliver James，2007）。基于期望否定理论，人们常将服务质量等主观感受视为"实际绩效—先前期望"的函数（Anderson，1973），当现实供给低于预期时，就会产生明显的不满意；反之，则容易形成正向评价。期望锚定理论进一步指出，公众的满意与不满不仅取决于绩效偏差程度，还与"锚定"水平（个人或群体对公共服务应有水准的认知）密切相关。Anderson（1973）通过对英格兰地方政府公共服务的实证研究表明，公众对整体公共服务与具体服务（如垃圾收集）之间的满意度影响并不一致，且负面体验对不满意度的推动往往强于正面体验对满意度的促进。这一点与Zeithaml等（1990）对服务业消费者行为的研究结果相呼应，即服务受众对负向体验的敏感度普遍更高。高学德（2022）运用实验研究方法，随机分配给被试有关地方政府公共服务绩效的积极或消极信息线索，从而考察公共服务绩效、公众期望失验与公民满意度之间的关系，研究发现公众期望失验在绩效性质对公民满意度影响中起部分中介作用。

与公共服务满意度相关的另一个关键议题是其与居民幸福感之间的关系。于洋航（2019）强调，幸福感既是对个体客观生活质量的认知，也是一种主观情感评估。随着我国城市化的迅速推进，社区治理日益承担起过去由"单位制"提供的诸多公共服务功能，城市社区公共服务满意度对居民幸福感的影响日趋显著。在这一过程中，公共服务并不是单一维度的整体评价，而是通过安全、医疗、教育、文体设施等多维度公共服务满意度作用于居民幸福感。陈丽君、胡晓慧、顾昕（2022）通过对社会流动与公共服务满意度之间关联的实证研究，发现社会地位的感知、流动预期和社会公平感都会影响公众对公共服务的评价以及他们的幸福感水平。当公众相信社会具有相对公平的晋升机会和资源分配机制，便更倾向于对公共服务抱有积极预期，从而形成更高满意度与幸福感。

在特定场域下，城市社区公共服务满意度的研究也逐渐兴起。随着我国城市社区建设的深化，不少学者开始关注社区层面的公共服务与居民主观感受。蔡德发和张蛟洋（2024）研究发现，社会信任、社会保障、社会评价以及公平性是影响公共服务满意度的关键因素。这些因素在社区层面与城市人口结构、社会资本分布以及基层治理模式相互耦合，导致不同社区在公共服务满意度上呈现明显的差异。已有研究表明，个体人口学特征（年龄、收入、职业等）、社区资源禀赋以及地方政府在资源分配和政策执行过程中的透明度，都直接或间接地作用于公众对服务的满意度或不满意度（James 和 Van Ryzin，2017）。赵赟（2021）关注社区体育公共服务供给主体对供给满意度的影响，研究发现供给主体、供给内容和供给效应分别对供给满意度具有显著的正向影响，供给内容和供给效应在供给主体与供给满意度之间呈现出多重中介作用。Kim 等（2024）通过对公共行政领域的文献进行系统回顾，提出在"公民满意度"研究中，定量方法和对"绩效—期望"二元组的关注占据主导，但对于调节变量、文化因素以及社会心理影响尚缺乏足够重视。他们认为，在多元环境中，公民身份的认同感、政治文化、行政合法性等皆可对满意度与实际行为之间的关系产生调节作用。同样地，Oliver James（2010）提到，若将公民身份与消费者身份等同，可能会忽略公共领域中价值冲突、民主参与、监督问责和社会凝聚力等更广泛的目标。

与此同时，信息化与数字化技术的兴起，也为公共服务满意度的提升和研究带来新的契机。随着智慧城市、电子政务以及大数据分析的发展，公众能够通过移动应用、在线平台等方式对公共服务进行反馈（De Wulf 等，2001），从而使政府部门能够更加精准地掌握公众满意与不满的来源，并实时调整政策或改进服务。尽管如此，学者们也提醒，需要警惕数字鸿沟、技术垄断等潜在问题，以防止弱势群体缺乏技术条件而无法有效表达需求，从而在公共服务中被进一步边缘化（Thomas 和 Palfrey，1996）。刘鲁川和蒋晓阳（2015）关注居民为什么接受或抵制社区公共服务综合信息平台以及哪些因素在影响着居民的采纳意愿和使用行为，并且利用扎根理论的方法，以山东省 J 市 L 区 L 社区为调查对象，构建了社区公共服务综合信息平台居民使用的概念模型。研究发现社区环境因素影响居民的认知，居民认知与环境因素共同影响居民的使用，环境因素、居民个人认知和使用行为三者之间相互作用。经渊等（2016）指出社区云是一种改进城镇公共信息一体化服务的技术和方法，并且从服务内容和主体、目标与理念、模式与架构、服务评价等方面对社区云在新城镇公共信息服务中的应用进行研究。

（二）公共服务满意度的模型

1. 顾客满意度模型

顾客满意度作为市场营销领域的重要概念，是研究消费者购买行为的核心内容（Fornell 和 Wernerfelt，1987）。该模型用于衡量顾客对服务提供者所提供服务或产品质量的满意程度。1989 年，Johnson 和 Fornell 整合了经济因素和心理因素，构建了顾客满意度研究模型，并开发了顾客满意度指数（Customer Satisfaction Index，CSI）。同年，瑞典将 Fornell 设计的顾客满意度模型应用于实践，设计了"瑞典顾客满意度指数"（Sweden Customer Satisfaction Barometer，SCSB），成为全球最早由国家主导设立的满意度测量模型之一。该模型将顾客满意度作为核心变量，包含顾客期望和价值感知两个前因变量，以及顾客忠诚和顾客投诉两个结果变量。

1994 年，美国建立了美国顾客满意度指数（American Customer Satisfaction Index，ACSI）。ACSI 模型由顾客期望、感知质量、感知价值、顾客满意度、顾客抱怨和顾客忠诚六个变量组成。相比 SCSB，ACSI 区分了质量感知和价值感知，进一步细化了模型结构，成为政府提升服务质量的重要参考，并被全球多个国家和地区广泛采用。随后，欧洲顾客满意度指数模型（European Customer Satisfaction Index，ECSI）在 ACSI 基础上增加了企业形象变量，进一步丰富了模型内容。

尽管满意度最初源于市场营销和企业管理领域，但随着 20 世纪中后期西方国家政府职能的扩张，公共服务满意度逐渐成为公共管理学的重要研究内容。新公共管理理论强调"顾客满意"和"结果导向"，将公共服务满意度视为体现这些理念的关键概念（Kaboolian，1998）。作为一项质量衡量标准，公民满意度是一种将公民意见进行反馈量化的有效工具，它反映了公民是公共服务利益相关者中最为重要角色的事实。虽然公民满意度并不是唯一的衡量指标，但却是最为重要的指标（Webb，1973）。Marc Holzer 等（2009）认为，在公共物品和公共服务领域中，公民是所有利益相关者中最为重要的主体，公民是公共物品和公共服务的终端用户，他们对质量的评价是服务结果的关键。公共组织需要更加注重公民对服务的评价，以更好地回应公民需求（Hansen 和 Jacobsen，2016）。

国内学者积极借鉴西方顾客满意度指数模型，构建适合中国本土的公共服务满意度的测量模型。2002年,中国标准化研究所与清华大学结合消费行为学等相关理论,共同提出了中国顾客满意度模型(China Customer Satisfaction Index, CCSI),CCSI充分吸收了ACSI和ECSI的优点,结合中国本土的客观现实,更加强调感知质量对顾客满意度的影响。刘武等(2009)构建了两种顾客满意度评价指标模型:一种针对具体服务项目,包括顾客预期、感知质量、顾客满意度、顾客抱怨和顾客忠诚五个维度;另一种是适用于一般性公共服务的满意度和信任度指数模型,涵盖感知质量、组织形象、公众满意和公众信任四个变量。何华兵(2012)从新公共服务理论视角出发,将"顾客"替换为"公民",并将"顾客忠诚"改为"公民信任",构建了包含感知质量、公民预期、感知价值、满意度、公民抱怨和公民信任等变量的基本公共服务均等化公民满意度模型。徐增阳等(2017)结合中国城市居民的特点,构建了包含质量感知、公众期望、公众满意度、公众形象和公众信任的城市公共服务满意度指数模型,进一步适应了中国城市社区的实际情况。

2. SERVQUAL模型

SERVQUAL模型是与顾客满意度紧密相关的另一个重要模型。Zeithaml(1988)认为,感知质量是消费者或使用者对产品优越性的判断。Parasuraman等(1988)将其应用于服务研究,认为服务质量感知是个体对所接受服务优越性的整体判断或态度。Parasuraman等(1985)通过对多个行业的深入访谈,提出了著名的SERVQUAL模型。1991年,Parasuraman等将SERVQUAL模型细化为有形性(Tangibles)、可靠性(Reliability)、回应性(Responsiveness)、保障性(Assurance)和移情性(Empathy)五个维度。这一模型广泛应用于各类服务行业,用于评估和改进服务质量。

基于SERVQUAL模型,Gadea(2000)总结出公共服务质量测评的十个维度,包括可靠性、回应性、胜任力、可达性、礼貌、沟通、可信性、安全性、理解与物质设施。这些维度全面涵盖了公共服务质量的各个方面,适用于多种公共服务场景。Thabit Atobishi(2018)研究了约旦医院的信息质量与系统质量对服务质量的影响,Ali(2018)等检验了医院服务质量。Alemán等(2018)通过因子分析验证了SERVQUAL模型在公共服务领域的适用性。

国内学者也依据SERVQUAL模型构建了用户服务满意度指标,并针对特定领域进行了测量。杨文恺(2015)将SERVQUAL模型应用于电信行业,采用信息熵方法计算并修正电信服务质量评价指标。张晓娟等(2017)研究发现,政务微信的便捷性、响应性和可靠性与用户满意度显著相关,而保障性和移情性与用户满意度无显著关联。迟景明和邵宏润(2018)探讨了博士生教育服务质量与学习满意度的关系,通过结构方程模型发现有形性、可靠性、保障性、回应性和移情性对博士生满意度均有正向影响。曾粤亮和陆欣仪（2023）基于 SERVQUAL 模型，结合高校图书馆创客空间服务特点，构建了包含有形性、可靠性、保证性、响应性和移情性指标的评价量表。徐绪堪等（2022）基于 SUB-SERVQUAL 模型及用户感知价值，构建了包含信息特征、技术功能、服务效果、嵌入过程、用户控制的高校图书馆嵌入式学科服务质量评价模型。SERVQUAL 模型在公共服务满意度研究中的应用，丰富了公共服务质量评估的方法论。通过系统评估服务质量的各个维度，政府和公共组织能够识别服务中的不足，制定改进措施，提升公共服务的整体质量和居民的满意度。

公共服务满意度的测量模型为评估和改进公共服务质量提供了科学的理论基础和方法工具。顾客满意度模型通过整合期望与感知，系统地衡量居民对公共服务的满意程度；而 SERVQUAL 模型则通过细化服务质量的各个维度，全面评估公共服务的优劣。两者在公共管理领域的广泛应用，不仅提升了公共服务质量评估的科学性和准确性，也为政府制定和优化公共政策提供了重要参考。

3. 公共服务满意度的测量

公共服务满意度的测量始终是公共服务满意度研究中不可或缺的一部分，也逐渐成为衡量各级政府部门工作绩效的一个重要指标。在传统的政府绩效评价范式中，学者们更多依赖对客观成果与成本效益的考察，然而伴随新公共管理与服务型政府理念的兴起，人们日渐认识到公众在主观层面对公共服务质量的感知与判断，往往更能反映政府形象。因此，如何构建科学而系统的公共服务满意度测量方法，在国内外有关理论研究和实证探索中都至关重要。

农村公共服务领域，李燕凌和曾福生（2008）运用 CSI-Probit 回归模型探讨了农民在教育、医疗、收入、灌溉面积与政府距离等因素下的满意度结构，发现受教育年限、医疗可及性以及农户距离乡镇政府的远近等对于农户的满意度具有显著影响。李强等（2006）则通过对道路、学校、灌溉水、饮用水、诊所和生活垃圾处理 6 种公共服务的满意度调查，对比环境敏感区与非环境敏感区的差异，指出生态环境与区域发展水平的不同会显著影响农户对公共服务供给的主观评价。白南生等（2007）在对 5536 户农户调查后提出村民对基础设施表现出极高的需求，但是融资意愿与需求强度并不呈正相关关系，暗示了农村公共服务建设中尚存在供给与支付意愿错位的现象。此外，一些学者也关注农村灌溉设施、新型农村合作医疗等特定领域的满意度测量（马林靖，张林秀，2008；樊丽明等，2009），在测量工具与指标设计方面积累了经验。朱玉春等（2010）在西北五省的农村地区采用因子分析法与二元离散选择模型进一步验证了道路、基础教育、医疗、农田水利等领域对农民公共服务满意度的影响，并强调了农村公众参与程度、对政府评价与对村委会评价等主观因素的关键作用。

城市公共服务领域，王佃利、宋学增（2009）以济南市市政公用行业为例，开展了比较系统的公共服务满意度调查，并就指标设计、量表编制、调查实施与结果反馈等流程做了深入探讨。该研究强调了针对不同行业、不同服务项目应采用差异化的测量指标，尤其需要兼顾服务过程、服务产出与服务结果等多重维度，以便全面掌握公众主观评价背后的原因与结构。类似的研究进一步扩展到社会地位、信任以及政治参与等社会心理学与政治学变量，如姬生翔和姜流（2017）基于 CGSS 2013 年数据构建了公共服务满意度的结构方程模型，发现社会地位对"大政府"倾向的认同度有重要影响，而"大政府"倾向又与公共服务满意度正相关。保海旭（2021）运用 CGSS 2015 年截面数据考察了社会信任、政府信任与公共服务满意度间的关系，证明了信任不仅具有结构性，也在不同收入水平和地区发展状况下呈现不同的效果与机制。郑建君（2017）则把政治参与和政治沟通纳入测量框架，通过对 6159 名公民的调查发现政治沟通对公共服务满意度的调节作用在性别间存在差异，这些研究均将公共服务满意度的测量从狭义的"感知质量—期望"框架，延伸到社会、政治、文化与心理诸多维度。

国外对于公共服务满意度的测量也经历了从传统的政府绩效评估向以公民感受为主的多元取向转变。早期研究如 Stipak（1979）就尝试将市民对警务、教育、交通等市政服务的主观满意度指标融入整体绩效评价中，借此揭示政府产出的社会效益。随后，Boyne（2002）提出，公共服务满意度是一种有助于发现政府供给不足或服务"盲点"的敏锐信号，它能及时暴露公众需求与政府行动之间的落差，对于改进服务供给模式有重要意义。Van de Walle（2008）强调在公共服务满意度测量中应考虑文化差异、价值偏好与制度背景等因素，他认为同样的服务水准在不同国家或地区可产生截然不同的主观评价，需要在跨文化比较研究中引入定性访谈、社会心理测试等辅助方法。Kampen 等（2006）以荷兰和比利时的地方政府为例，发现满意度不仅与个人对服务结果的评价相关，也与公民对政府的整体信任、对民主制度的归属感及社会凝聚力有着复杂联系，这些隐性态度往往会对满意度数据产生系统性偏差。

针对公共服务满意度的测量工具，国内外学者多采用来自商业领域的服务质量或顾客满意度等模型，再结合公共部门的特点进行适配与修正。例如，Kelly（2003）指出，相较于企业环境中注重效率和顾客利益最大化的目标，公共部门在资源配置与产出时常要平衡社会公平、政治责任与公众参与，因此在设计问卷量表时，要兼顾市民对服务过程的透明度和对服务结果的正当性要求。Esaiasson（2010）将公共服务测量模型细分为功能性指标（功能实现程度）、互动性指标（沟通、回应程度）与规范性指标（合法性与问责），提出在公共部门环境中，尤其要重视公民与服务提供者之间的互动过程，因为这可能显著影响最终的满意度评价。Kelly（2005）基于立陶宛的公共服务调查，使用改进版 SERVQUAL 量表，并辅以 Logit 和 Probit 模型分析了受访者的人口特征与居住地因素对满意度的显著影响。研究结果显示，高学历女性群体普遍对公共服务质量表现出较高评价，而低学历男性则相对消极，对公共服务输出抱有较大怀疑或不满。同时，婚姻状况、收入水平等变量与满意度无显著关联，居住地与服务类型反而成为影响满意度差异的主要原因。该研究也强调了在公共部门中引入"顾客导向"需要谨慎，一方面要承认公众确为最终受益者，另一方面也要将公共价值的实现、公益性目标、社会公平诉求融入测量指标，以免简化为对"顾客满意"的机械追求。在国内的理论与实务演进中，梁昌勇、代犟、朱龙（2014）结合美国顾客满意度模型与结构方程模型方法，构建了公共服务公众满意度测评模型，从制度保障、质量保障与效果感知差异等方面阐释了满意度的影响路径。实证分析发现，公众期望、公共服务质量感知与政府形象三者彼此交叉作用，并且公众信任高度依赖满意度与政府形象的正向循环。该研究在一定程度上印证了国外文献中对"过程—结果—期望—信任"这条链式逻辑的认识，也与国内学者对农村与城市公共服务多样化需求所做的实证发现相呼应。

与此同时，国内外学者的研究还涉及对具体影响因素与调节变量的深入探索。社会地位、政治态度、社会信任、政府角色认知、收入水平、教育程度、地区经济发展水平等都可能影响公共服务满意度。在测量设计上，如何将这些变量适当地纳入指标体系或问卷题项成为重要挑战。DeLeon 和 Denhardt（2000）指出，定量数据背后隐藏着市民对公共机构期望的历史文化积淀及制度偏好，若过于依赖单次调查与数量指标，难以洞悉满意度生成的深层心理机制。因此，越来越多研究主张采用多方法综合，既要通过大规模调查与统计模型做宏观把握，又要加入访谈、焦点小组、实验设计等质性方法（Goodsell，1983），以捕捉公众在价值认同与情感层面对政府服务的微观认知。国内以 CGSS 或 CSS 数据为基础的跨区域研究，如保海旭（2021）关于信任对满意度的门槛作用，以及郑建君（2017）对政治沟通与满意度间调节的性别差异分析，都为测量维度与模型修正提供了有益启示，佐证了社会心理和政治参与因素对于测量公共服务满意度的重要性。

公共服务满意度的测量研究在理论与实证两端均日益深化。第一，更加注重对个体多元属性以及社会结构变量的综合考虑，在模型中设置丰富的自变量、调节变量和中介变量，以揭示满意度的复杂形成过程。第二，将满意度的评价过程视为公民对公共价值、政府绩效与社会公平的互动认知过程，强调过程性、情境性与动态性。第三，工具方法上趋向多样化与精细化，既依靠传统的回归方法，也会尝试多层线性模型、门槛回归模型以及多水平结构方程模型等，兼顾对个体、社会与制度等层次的剖析。需要注意的是,公共服务满意度测量尚面临若干难题与争议。公共价值的多元性与非市场化属性决定了满意度指标不能简单套用企业管理中的顾客满意度模式,同时测量模型如何平衡"绩效客观指标"与"公众主观评价"存在争议,部分政府管理者往往倾向于硬性绩效数据,却可能忽视公众需求差异、社会公平或参与维度对主观评价的影响。此外,政府或部门在推广满意度调查时,还需警惕"数字鸿沟"和"信息偏差",避免数据失真。总体而言,公共服务满意度的测量研究已经比较成熟与完善。从早期注重城市服务到逐渐延伸至农村与贫困地区,从关注单一指标到多维度指标体系的构建,从单次截面数据到多重模型与跨区比较研究,从传统主客观分离的绩效评价到重视公众期望、政治态度、社会信任与公平感的综合分析。

四、生活满意度相关研究

近年来,生活满意度的研究在心理学、社会学以及公共管理领域都得到了广泛关注。从最初对个体幸福感的单一探讨,到与政府公共服务供给、社会公平感以及社会经济因素的多维关联分析,学者们对这一概念的认知持续深化。

在生活满意度的概念界定上,Shin 和 Johnson(1978)认为,生活满意度是个体依据自己所设定的标准,对整体生活质量所进行的主观评价,并将其视为主观幸福感的认知成分,强调这种主观评价不仅与个体的情感体验(如快乐与痛苦)相互关联,也深受社会比较、个人目标及文化环境影响。Veenhoven(2015)则进一步指出,生活满意度在理论上可囊括认知与情感两部分,即人们在评价自身生活时会综合理性判断和情感体验做出整体反应。国内研究大多沿用这一范式,将生活满意度视为衡量个人生活质量与幸福程度的核心指标,并探讨其与社会支持、经济收入、心理品质及公共服务等多维因素的关联。陈世平和乐国安(2002)的研究聚焦城市居民,通过对天津市居民的问卷测量发现,在宏观社会环境相对稳定、基本生活保障得到满足的情况下,乐观、自尊、自由感等心理品质对于生活满意度具有显著影响,不同人口学特征(如下岗、离异等生活事件)也会与满意度产生复杂互动。

具体到测量方法与量表使用方面,国内外学界形成了单维与多维模型两大思路。单维模型主要考察个人对生活的总体主观印象,常见的做法是通过一个或几个笼统问题来快速捕捉总体满意度水平。Diener 等学者(1985)提出的 Satisfaction With Life Scale(SWLS)即典型代表,它通过五个项目度量个体对整体生活的综合评价,并在相关研究中验证了其所具有的较高的信度和效度。与此同时,多维模型也得到了更加深入的研究。Huebner(1991)提出的等级生活满意度模型(hierarchical life satisfaction model)将生活满意度分为总满意度与各生活领域满意度两个层次。Andrews 和 Robinson(1991)在其"主观满意度梯形评尺"中也强调先分别测量若干生活领域,再将其综合为整体分值,便于研究者定位人们在不同层面可能存在的满意与不满意来源。Cummins(1997)的加权生活满意度模型则指出,不同领域对整体满意度的影响权重可能各不相同,若某方面(如收入或健康)对个体格外重要,其变化便往往在整体评价中占主导地位,呼应了对生活满意度具有"个性化"解释思路的观点。值得注意的是,Esaiasson(2010)在其研究中还进一步讨论了文化环境及社会背景在主观满意度测量中的重要性,强调跨文化与跨区域比较时需要谨慎处理社会价值取向和制度差异等影响因素。

多维度测量的价值也体现在研究者对不同人群的关注。张苏伟(2024)采用文献计量可视化方法,总结了2012—2022年间国内对老年人生活满意度的研究现状。结果显示,当前关于老年人生活满意度的研究尚缺乏协同与系统视角,需要更多跨学科、跨专业的研究队伍共同努力,以打破研究孤岛、促进理论突破与实践创新。这种对于老年人群体的生活满意度关注不仅在我国应对人口老龄化的进程中日益重要,也成为家庭研究和公共管理研究的交叉议题。

围绕公共服务供给对生活满意度的影响,李进华(2021)基于全国范围的CSS 2017年居民样本数据,区分安全保障型、民生普惠型和个人发展型三类政府公共服务,探讨三者对生活满意度的影响路径,并引入社会公平感作为调节变量。实证结果表明,不同类型的公共服务供给均能显著提升居民生活的满意度,但民生普惠型公共服务在诸多因素中起到了核心拉动作用。刘华兴和曹现强(2019)基于山东省17地市城市居民的公共服务满意度数据,实证研究发现,公共服务供给质量和供给方式的主观感知与评价是影响城市居民生活满意度的重要因素。邓睿(2022)利用流动人口专题调查数据评估了卫生服务可及性对农民工主观生活质量的影响及作用机制,研究发现卫生服务可及性水平的提升可以使农民工卫生习惯趋同于城市居民,帮助农民工养成健康就诊行为,从而提高这一群体的生活满意度。

在城乡和家庭结构层面,学者们也展开了相关讨论。连玉君等(2014)分析子女外出务工与留守父母自评健康和生活满意度的关系,结果显示子女外出务工在提升家庭经济收入的同时,却使父母在健康和满意度两方面均受到负向影响,提醒人们关注中国城镇化背景下的"空巢家庭"生活质量议题。蔡宇涵等(2021)基于对非贫困户的调查数据发现,精准扶贫政策在改善农村基础设施和社会资本的同时,也会通过改变贫困户与非贫困户的相对收入位置,带来邻里互助与竞争感交织的"溢出效应"。该研究发现"贫困村效应"有助于整体提升村庄的生活满意度,但贫困户收入增加可能引发部分非贫困户的"相对收入位置下降"担忧,削弱了政策的正面效应。可见,对生活满意度的影响往往具有多重效应并存的特点，需要兼顾环境改善、社会关系与心理期望等多维度要素。

此外，研究还拓展到获得感与生活满意度的紧密联系。谭旭运等（2020）从概念与结构上界定了"获得感"包含获得内容、获得环境、获得途径、获得体验、获得共享五个维度，进而利用 CSS 2013 年数据验证其对生活满意度具有正向预测作用。获得感本身反映了人们对社会发展成果和社会治理成效的主观评判，其与生活满意度的耦合关系说明，除去经济条件、公共服务等外部因素外，民众在主观层面还会将个人努力与社会资源的投入进行综合比较，并对自身"获得状态"进行评估，这种评估对整体满意度具有重要意义。蔺海沣和王孟霞（2022）以 H 省 5 个县的 15 乡镇 1243 名乡村青年教师为调查对象，研究发现，乡村青年教师获得感及各维度均显著正向预测生活满意度、留岗意愿，生活满意度显著正向预测乡村青年教师留岗意愿，并在乡村青年教师获得感影响其留岗意愿过程中发挥中介效应。

在对不同人群、不同社会因素影响的具体研究中，心理品质、社会支持、特殊生活领域等要素也同样出现。刘庆奇等（2016）针对中学生群体，探讨社交网站真实自我呈现与青少年生活满意度之间的关系，结果表明，线上积极反馈和一般自我概念在其中起到重要的链式中介作用，这提示在当代网络环境下，青少年的社会认同、社交反馈或许成为影响其生活满意度的重要因素。方聪龙和芮正云（2018）基于上海市 2013 年的 1212 个调查样本的实证分析表明，从收入和城市融合度两个维度解释农民工生活满意度的变化情况，家庭收入、相对收入、城市融合度等因素对农民工生活满意度具有显著的正面影响。朱迪（2016）使用 2013 年中国社会状况综合调查数据进行实证分析，分析结果显示，收入和人均 GDP 等市场竞争因素均对生活满意度具有显著影响，集体消费也有显著影响，社会保障水平、公共服务水平和社会公平程度对人们的生活满意度具有重要作用。

整体而言，近年来学者们在探讨生活满意度时更强调社会环境因素与公共政策的影响，而不再局限于传统的个体认知与情感评估。相较于以往偏重内在心理品质或个体差异的研究范式，现有研究逐步将微观和宏观因素结合起来，关注社会结构性要素与政策制度背景如何塑造居民的主观生活评价。同时，也有研究者对不同群体进行针对性探索，努力从分层分群体的角度完善对生活满意度的测量和研究。从目前来看，生活满意度的研究在国内仍有较大的拓展空间。既需要更精确、动态的测量工具来适配多元群体，又需要在理论和实践上加深对社会公平感、公共服务、社会资本、获得感等外部因素与生活满意度之间相互作用的理解。

第三节　城市社区公共服务满意度对居民获得感影响的研究假设

一、城市社区公共服务满意度对居民获得感影响的主效应

随着国家不断深化以"人民为中心"的发展理念，公共服务在城市社区提升居民福祉、促进社会公平和维护社会和谐方面的作用愈加显著。城市社区公共服务作为政府与市民之间的重要纽带，通过为社区居民提供多样化的高质量的公共服务，从而在日常生活的各个环节深刻影响其主观体验。获得感是一个具有"中国特色"的概念，已经成为习近平新时代中国特色社会主义思想的重要组成部分，体现了社会个体对外在客观物质利益与内在主观精神感知的统一，提升人民获得感是新时代治国理政的重要价值追求。因此，探究城市社区公共服务满意度对居民获得感的影响机制，对于完善基层公共服务体系、提升社会治理效能和增强人民获得感具有重要的理论和现实意义。

公共服务通常被视为政府或社会组织为满足公众需求所提供的公共产品与公共事务管理活动，它既涵盖了城市道路、治安防范、环境治理、文体设施等"硬性"供给，也涉及社会保障、医疗教育、社会救助等"软性"服务（李进华，2021）。而公共服务满意度则是个体基于自我需求与社会期望，在实际接触与认知过程中对服务质量、可及性和公平性的综合评价。Shin 和 Johnson（1978）对于生活满意度所做的初步定义为"个体依据自己标准对整体生活质量的主观评估"。随着研究视角从传统的物质性需求拓展到主观体验与精神世界，学界认为获得感不仅包含客观层面的收入、保障与机会，也反映了个人在社会交往、价值认同及公平感方面的内心满足。因此，把公共服务满意度和居民获得感结合考察时，便可聚焦公共服务满意度对居民在物质和精神的多维度多层次的影响。

当社区公共服务在供给覆盖面、质量与匹配度方面能满足居民自身内在需求时，居民更可能产生积极的情感认同，进而转化为更高的获得感。社区居民的获得感是人民美好生活需要满足程度的关键衡量指标，也映射着社区治理的健全水平和实际效果。张平和商晨阳（2024）基于社会质量理论和开放式问卷访谈调查数据的结构方程模型分析显示，社区居民获得感的驱动因素从大到小依次为社区管理服务、基础设施及环境、邻里关系、社区党建引领、群众参与。谭旭运、董洪杰、张跃和王俊秀（2020）基于全国性调查数据提出，居民个体对公共政策与社会建设过程的"获得感"并不只是客观收入增加的结果，而是对社会资源配置和自身需求满足度的感性认同与判断。在社区范围内，这种认同便体现在公共服务能否精准回应居民安全、文体、交通乃至环境宜居等方面的需求。李斌和张贵生（2018）研究发现公共服务供给均等化是影响居民获得感的重要因素。底层

社区空间的居民（如保障性住房小区、新近农转居社区等）的获得感普遍较高，而单位社区、商品房社区、高级住宅区的居民获得感相对较低。

教育向来是公众实现自我发展与社会流动的重要通道，也是社会公平的关键环节。如果社区能为儿童或成人提供各类教育培训、继续教育或兴趣班，并保证师资队伍与资源配置的合理性，则往往能有效扩大居民能力提升的空间。连玉君、黎文素和黄必红（2014）在对农村留守家庭的实证研究中指出，当务工子女的教育与技能培训获得社区相关机构的支持时，家庭成员整体的生活信心与满意度更易攀升。类比城市社区场景，优良的公共教育服务所带来不仅是子女学业或就业方面的收益，还涵盖父母对未来的期望与养老的需求，从而帮助个体增强对时代发展的信心与希望，带来更高的获得感。

城市社区基本社会保障满意度是影响民众获得感与前景预期的重要变量。社会保障一般涉及医疗和养老等多重保障，若社区层面能在社区养老服务、困难群体帮扶等方面切实发挥作用，居民感受到的"生活有托底、困难有依靠"体验就更为真实。居民若相信在失业或患病等情况下能得到政府或社区的可靠支援，则心理压力和不确定感明显减少，从而有更强的信心去追求更高层次的生活目标。这种对医疗服务等基础社会保障满意度的提升可以让公众更好地感受到社会保障的完善，从而增进获得感。

城市社区安全满意度也被普遍视为影响居民主观福祉的重要因素。安全是人类的基础需求，社区层面的安全保障措施能够降低居民对犯罪或意外风险的担忧。尽管安全感更容易被视为一种基础需求，但根据情景威胁理论，一旦满意度偏低便会降低心理安全感，直接侵蚀居民的获得感。因而，当社区安全防范做得好，居民对公共服务满意度较高时，能有效提升心理安全感，更易从日常活动乃至社会互动中获取积极情绪，形成对自身境遇的良性评价，使获得感自然而然得到增强。

城市社区基础设施满意度不仅包含满足基本生活需求的超市，还包含公共厕所和垃圾处理等市政设施。在城市快速扩张和更新过程中，社区基础设施的质量与布局对居民生产与生活便利程度起到关键作用。Sirgy（2002）在研究生活质量时指出，社区物质条件的提升是生活满意度最易感知和最直观见效的领域，社区基础设施这种明显的改善一旦被居民感知并认可，往往直接提升他们对当下生活"社区值得拥有与享受"的认知，进而提升对社区发展的获得感。

城市社区文体服务满意度侧重在社区层面的文化娱乐与体育休闲活动。随着居民物质条件的普遍提升，精神文化需求显著增加，社区组织若能通过读书会、文艺演出、体育竞赛、公益培训等方式，多渠道提供丰富多样的文体服务，就能让人们更充分地满足自我成长与社交需求。已有研究表明，社区文体活动不仅能够帮助个体释放压力,也利于打造更紧密的邻里联系(Esaiasson,2010)。当居民对文体设施、活动质量和参与机会表示满意,便可能获得情感上的愉悦与归属,从而产生更强的"我在社区有丰富的活动、生活更充实"的满足感。因此,文体服务满意度提升往往也能在居民主观层面转化为对社区发展成效的认可,进而增强获得感的深层体验。

城市社区居住环境满意度主要指向生态环境与居住环境的综合质量,如绿化率、噪声控制和照明设施等。环境与人们的身心健康关系密切:在绿地覆盖率较高或环境整洁的社区,居民的生活压力与焦虑感往往较低,更易产生愉悦与放松的体验。陈世平和乐国安(2001)发现,当社会环境保持良好、基础生活条件得到满足后,个体的乐观、自尊和满足感是影响公共服务满意度的重要心理因素。而在微观层面,社区环境持续得到优化,就能让居民认同社区治理与公共服务的有效性,从而转化为对"生活水平真正改善"和"人与自然和谐共生"等感受,即人们更易在日常生活中感受到社区的发展与进步,从而转换为获得感。

城市社区交通满意度强调社区居民在出行与交通环境方面的体验。城市交通问题一直困扰着众多城市居民,交通拥堵、车位短缺以及公共交通资源不足等因素都会拉低居民对于社区生活的整体评价。如果社区治理层面能在道路规划、公共交通建设、出行设施完善上做出努力,让居民更快捷地上班、购物和就医,则有助于减少"拥堵焦虑"和时间浪费,从而在心理层面提高居民在出行方面的舒适感。这种正向情绪会逐步上升为对生活状态良好的整体印象,最终表现在获得感水平的提升上。

基于以上分析,本研究提出如下假设:
假设1:城市社区公共服务满意度与居民获得感呈正相关关系;
假设1a:城市社区教育服务满意度与居民获得感呈正相关关系;
假设1b:城市社区基本社会保障满意度与居民获得感呈正相关关系;
假设1c:城市社区安全满意度与居民获得感呈正相关关系;
假设1d:城市社区基础设施满意度与居民获得感呈正相关关系;
假设1e:城市社区文体服务满意度与居民获得感呈正相关关系;
假设1f:城市社区居住环境满意度与居民获得感呈正相关关系;
假设1g:城市社区交通满意度与居民获得感呈正相关关系。

二、生活满意度的中介效应

公民获得感作为新时代国家治理的良政基准与善治标尺,是一种极具中国特色的心理构念。获得感不仅体现在对物质利益上的实质性提升,还突出表现为人民在精神世界中的丰富与满足。人民获得感思想是习近平新时代中国特色社会主义思想的重要组成部分,是习近平总书记治国理政理念和实践的重要目标(张卫伟，2018）。人民获得感作为多层面、多维度的综合指标，既反映了政府在经济、文化、社会和生态等方面的治理成效，也折射出民众对社会生活质量的主观评价和社会服务的满意度（谭旭运等，2020）。本书探讨公共服务满意度、生活满意度与居民获得感之间的关系，为提升公共服务质量以增进人民获得感提供理论参考。

生活满意度是社会公众对自身工作、收入、婚姻、住房、出行、环境、教育、社会保障和健康等各方面的总体生活状况所进行的满意度评价（Diener，2006）。Diener等（2013）认为积极情绪、消极情绪和生活满意度是居民主观幸福感的重要组成部分。居住于不同国家和地区的个体的生活满意度存在较大差异，生活在较低生活水平条件下的发展中国家或地区的人们的生活满意度水平要显著低于同时期的发达国家或地区（Appleton等，2009）。

基础设施和公共服务的质量直接影响居民的日常生活便利度和满意度（Musgrave，1959）。城市社区公共服务的满意度反映了居民对所享受公共服务质量的主观评价，这种评价直接关系到居民的生活体验和幸福感。高质量的公共服务，如完善的交通系统、有效的垃圾处理、清洁的公共厕所等，能够显著提升居民的生活便利性和环境质量，从而提高他们的生活满意度。李莹（2022）的研究基于天津市城乡居民调查数据，进一步验证了民生公共服务及其两个细分维度保障型公共服务与发展型公共服务均对居民生活满意度具有显著正向影响。洪伟与曾双红（2020）的研究表明，社区公共服务供给的完善程度显著提升了居民的生活满意度。Appleton 和 Song（2008）实证研究发现自评健康状况对中国城镇居民的生活满意度有显著的正向影响。朱迪（2016）研究发现社会保障水平、公共服务水平和社会公平程度对个体的生活满意度具有重要作用。高质量的城市社区公共服务能够通过满足居民的多层次需求，进而提升其生活质量水平，因此公共服务满意度的提高能够直接促进生活满意度的提升。

获得感已经成为衡量基本公共服务均等化实现程度和治理效能发挥程度的重要维度（姜晓萍，康健，2020）。获得感作为一种主观体验，反映了民生福祉的本土化概念，体现了人民群众对美好生活的强烈期许与价值表达（郑建君，2020）。目前，中国的基本公共服务均等化建设已经从"缩小地区间财力差距"迈向"提升人民群众获得感"的治理新时代（缪小林等，2020）。生活满意度则是居民对其整体生活状况的总体评价。谭旭运与董洪杰（2020）的研究从社会心理学视角出发，基于需求满足理论，构建了获得感的内涵结构，并通过实证分析探讨了生活满意度对获得感的正向影响，生活满意度的提升首先意味着居民在物质条件上的改善，如收入增加、住房条件改善、医疗保障完善等，这些都是获得感的重要来源。当居民自身多元化的需求得到满足后，居民自然会感受生活质量水平的显著提升，从而其获得感水平也显著增强。此外，生活满意度的提升还包括心理和社会需求的满足、友善的人际关系、和谐的社区氛围等。这些因素共同作用，使得居民在享受公共服务和社会资源时，能够更加全面地体验到国家的发展与社会环境的改善，进一步提升获得感。

公共服务满意度不仅直接影响居民的获得感，还通过提升生活满意度，间接增强了居民对获得感的认知和体验。各项基本公共服务的获取和利用有助于通过提升人力资本水平、减轻经济负担、降低健康风险等渠道改善农民的经济福祉和身心健康（毛捷，赵金冉，2017）。蔺海洋（2022）在对乡村青年教师的研究中发现，获得感显著正向预测生活满意度，而生活满意度又显著正向预测留岗意愿，表明获得感通过提升生活满意度进一步影响个体行为。生活满意度的提升不仅限于物质层面的满足，还包括精神层面的满足。例如，优质的公共服务能够减少居民的生活压力，提升他们的心理健康水平，增强社会归属感和心理安全感。这些精神层面的积极体验进一步促进了居民的获得感，使其不仅感受到物质上的收获，更体验到精神上的富足与满足。此外，生活满意度作为一个综合性的评价指标，能够反映居民对多方面生活条件的整体满意程度。这种整体性的满意感有助于增强居民对社区公共服务的信任和依赖，进而提升他们对参与社区管理的积极性和主动性。居民在高生活满意度的驱动下，更加积极主动地参与社区公共事务，从而进一步提升其自身获得感。

基于以上分析，本研究提出如下假设：

假设2：城市社区公共服务满意度与生活满意度呈正相关关系；

假设3：生活满意度与居民获得感呈正相关关系；

假设4：生活满意度在城市社区公共服务满意度对居民获得感影响过程中发挥中介作用。

基于马斯洛需求层次理论和新公共服务理论等理论，本章分析了城市社区公共服务满意度对居民获得感影响的主效应，以及生活满意度在城市社区公共服务满意度影响居民获得感过程中的中介作用。共提出11条理论假设，具体汇总如表7-1所示。

表7-1 理论假设汇总

编号	理论假设
假设1	城市社区公共服务满意度与居民获得感呈正相关关系
假设1a	城市社区教育服务满意度与居民获得感呈正相关关系
假设1b	城市社区基本社会保障满意度与居民获得感呈正相关关系
假设1c	城市社区安全满意度与居民获得感呈正相关关系
假设1d	城市社区基础设施满意度与居民获得感呈正相关关系

续表

编号	理论假设
假设1e	城市社区文体服务满意度与居民获得感呈正相关关系
假设1f	城市社区居住环境满意度与居民获得感呈正相关关系
假设1g	城市社区交通满意度与居民获得感呈正相关关系
假设2	城市社区公共服务满意度与生活满意度呈正相关关系
假设3	生活满意度与居民获得感呈正相关关系
假设4	生活满意度在城市社区公共服务满意度对居民获得感影响过程中发挥中介作用

第四节 城市社区公共服务满意度对居民获得感影响的研究设计

一、研究量表设计

基于前一章提出的理论假设和研究模型，本研究探讨三个主要变量：城市社区公共服务满意度（自变量）、居民获得感（结果变量）以及生活满意度（中介变量）。在量表的设计与选择过程中，研究参考并借鉴了现有的成熟量表，并结合本研究的具体情境进行了适当的改编。为确保量表的科学性和适用性，研究采用了讨论、访谈及量化分析等方法，对问卷进行了多轮修正和完善。

（一）采用成熟量表

量表作为研究中的关键工具，本研究在广泛文献梳理的基础上，选用了多次验证且具有高信度和效度的成熟量表。然而，考虑到不同研究情境的特殊性，本研究在选择量表时遵循以下原则：首先，确保量表与本研究的具体情境高度契合；其次，优先选择那些已被证实具有良好信度和效度的量表；最后，选用在相关领域中被广泛应用和认可的量表。此外，鉴于部分量表源自国外研究，为减少文化差异和语言转换带来的潜在歧义，研究邀请了来自公共管理、心理学及政治学领域的三位海外高校博士研究生对量表进行准确的语言翻译，确保量表在本土化应用中的准确性和适用性。

（二）量表测量方法

本研究所有变量的测量均要求城市社区居民根据自身的真实情况进行判断，并在问卷中选择最符合实际情况的选项。为了确保数据的可比性和分析的便捷性，所有变量的测量均采用李克特五点评分法。在城市社区公共服务满意度量表中，评分标准设定为："1"表示"非常不满意"，"2"表示"比较不满意"，"3"表示"一般"，"4"表示"比较满意"，"5"表示"非常满意"。而在其他量表中，评分标准则设定为："1"代表"非常不符合"，"2"代表"比较不符合"，"3"代表"一般"，"4"代表"比较符合"，"5"代表"非常符合"。

二、研究量表测度

(一) 城市公共服务满意度量表

公共服务满意度是衡量社会公众对公共服务质量进行评价的重要指标,同时也是政策制定的重要依据 (Walle 和 Ryzin, 2011)。城市社区公共服务作为以社区为单位,由多元主体共同提供的多样化社会服务,其满意度反映了居民对所享受公共服务的整体评价。孙宗锋 (2018) 通过锚定场景法分析了个体经历、期望、政治态度、政府经济绩效、城市人口密度及空气质量等因素对城市公共服务满意度的影响。上海交通大学钟杨主编的《中国城市公共服务公众满意度蓝皮书》自 2013 年起定期发布,具备高度权威性。以 2015—2016 年度蓝皮书为例,调研覆盖全国 35 个主要城市,构建了包括中小学教育、公立医院服务、房价稳定、社会保障、环境保护、社会治安、基础设施建设、休闲娱乐设施建设及公共交通九个维度的基本公共服务指标体系。

本研究基于《中国城市公共服务公众满意度蓝皮书》中的公共服务指标,结合实地调研和城市社区的具体特点,构建了包括七个维度的公共服务满意度量表。这七个维度分别为:社区教育服务满意度、社区基本社会保障满意度、社区安全满意度、社区基础生活设施满意度、社区文体服务满意度、社区居住环境满意度以及社区交通满意度,具体测量内容如表 7-2 所示。

社区教育服务满意度:涵盖社区幼儿园满意度、社区小学教育满意度、社区中学教育满意度及社区培训机构满意度四个方面。社区基本社会保障满意度:包括社区医疗服务满意度、社区养老服务满意度、社区困难家庭救助服务满意度和社区就业服务满意度四个维度。社区安全满意度:从社区安全设施满意度、社区警务人员工作满意度和社区安全知识宣传满意度三个方面进行测量。社区基础生活设施满意度:涉及社区商业设施和社区市政设施两个维度,具体包括社区超市、社区理发店、社区公共厕所及社区垃圾收集点四个题项。社区文体服务满意度:包括社区文体活动场所满意度、社区文体活动设施满意度和社区文体活动种类满意度三个维度。社区居住环境满意度:涵盖社区绿化程度满意度、社区噪声处理满意度、社区照明设施满意度和社区小摊贩管理满意度四个方面。社区交通满意度:包含社区道路建设及维护满意度、社区公共交通便利度满意度和社区停车场及停车位满意度三个维度。

(二) 居民获得感量表

本研究采用了王浦劬和季程远 (2018) 开发的获得感量表,该量表包含三个维度,共计三个题项,分别为纵向获得感、横向获得感及总体获得感 (见表 7-3)。纵向获得感主要反映居民在时间维度上感受到的进步或退步,而横向获得感则侧重于居民在社会比较中的感受,总体获得感则综合了居民对其整体生活状况的主观评价。

表7-2　城市社区公共服务满意度量表

构念	参考来源	维度	具体测度
城市社区公共服务满意度	Akinboade（2012）；钟杨（2017）	社区教育	幼儿园
			小学
			中学
			培训机构
		社区基本社会保障	医疗服务
			养老服务
			困难家庭救助服务
			就业服务
		社区安全	安全设施设备
			警务人员工作
			安全知识宣传
		社区基础生活设施	超市
			理发店
			公共厕所
			垃圾收集点
		社区文体服务	文体活动场所
			文体活动设施
			文体活动种类
		社区居住环境	绿化程度
			噪声处理
			照明设施
			小摊贩管理
		社区交通	道路建设及维护
			公共交通便利度
			停车场及停车位

表7-3　居民获得感量表

序号	具体题项内容
1	纵向获得感
2	横向获得感
3	总体获得感

(三) 生活满意度量表

生活满意度量表最初由 Diener 等人于 1985 年编制，后经过多次修订和完善。本研究使用的量表由 Pavot 和 Diener 于 1993 年在原量表基础上进行修订，并在学术研究中得到广泛应用 (Wang 等, 2009)。该量表包括五个问题："大部分情况下，我现在的生活和我理想的生活状态很接近""我的生活状态很好""我对我的生活感到满意""到目前为止，我基本已经得到了我想要的重要的东西""我不会对我现在的生活状态做太大改变"，如表 7-4 所示。

表 7-4 生活满意度量表

构念	参考来源	维度	具体题项
生活满意度	Diener (1985); Pavot Diener (1993)	生活满意度	大部分情况下，我现在的生活和我理想的生活状态接近 我的生活状态很好 我对我的生活感到满意 到目前为止，我基本已经得到了我想要的重要的东西 我不会对我现在的生活状态做太大改变

三、数据收集

本研究选取了云南省边疆地州进行问卷调查，问卷调查采用滚雪球方式收集数据。本研究共回收 720 份问卷，剔除回答时长过短的问卷，得到有效问卷 686 份。

样本特征如表 7-5 所示。在性别分布方面，男性 244 人 (35.6%)，女性 442 人 (64.4%)。年龄结构方面，30 岁及以下的受访者有 365 人 (53.2%)，31~40 岁 159 人 (23.2%)，41~50 岁 126 人 (18.4%)，51 岁及以上 36 人 (5.2%)。学历分布方面，初中及以下 54 人 (7.9%)，高中 (包括职高) 127 人 (18.5%)，大学 (包括本科和大专) 348 人 (50.7%)，硕士及以上 157 人 (22.9%)。家庭人均年收入方面，20000 元及以下 189 人 (27.6%)，20001~50000 元 174 人 (25.3%)，50001~80000 元 138 人 (20.1%)，80001~100000 元 89 人 (13.0%)，100000 元以上 96 人 (14.0%)。社区类型方面，商品住宅小区 313 人 (45.6%)，单位制社区 59 人 (8.6%)，城中村社区 76 人 (11.1%)，公租房社区 9 人 (1.3%)，老旧小区 63 人 (9.2%)，其他类型 166 人 (24.2%)。房屋性质分布方面，自购房 396 人 (57.7%)，老屋 91 人 (13.3%)，租赁房 94 人 (13.7%)，其他 105 人 (15.3%)。家庭人均居住面积方面，$20m^2$ 及以下有 120 人 (17.5%)，$21~40m^2$ 有 272 人 (39.7%)，$41~60m^2$ 有 144 人 (21.0%)，$61m^2$ 及以上有 149 人 (21.8%)。

表7-5 样本特征

	分类	样本量	占比（%）
性别	男性	244	35.6
	女性	442	64.4
年龄	30岁及以下	365	53.2
	31~40岁	159	23.2
	41~50岁	126	18.4
	51岁及以上	36	5.2
学历	初中及以下	54	7.9
	高中（包括职高）	127	18.5
	大学（包括本科和大专）	348	50.7
	硕士及以上	157	22.9
家庭人均年收入	20000元及以下	189	27.6
	20001~50000元	174	25.3
	50001~80000元	138	20.1
	80001~100000元	89	13.0
	100000元以上	96	14.0
社区类型	商品住宅小区	313	45.6
	单位制社区	59	8.6
	城中村社区	76	11.1
	公租房社区	9	1.3
	老旧小区	63	9.2
	其他	166	24.2
房屋性质	自购房	396	57.7
	老屋	91	13.3
	租赁房	94	13.7
	其他	105	15.3
家庭人均居住面积	$20m^2$及以下	120	17.5
	$21~40m^2$	272	39.7
	$41~60m^2$	144	21.0
	$61m^2$及以上	149	21.8

四、量表质量分析

（一）同源偏差检验

共同方法偏差指的是因为同样的数据来源或评分者、同样的测量环境、项目语境以及项目本身特征所造成的预测变量与效标变量之间人为的共变（周浩、龙立荣，2004）。为避免同源偏差，将所有题项进行探索性因子分析，得出特征根值大于1的因子共有3个，累积方差贡献率43.997%，其中第一个因子的方差解释率为14.141%，远小于40%，说明不存在严重的共同方法偏差。

（二）信度检验

学界普遍认为，Cronbach's alpha（克朗巴哈系数）如果小于0.50，则意味着问卷信度不理想；大于0.50，小于0.60时，表明信度可以接受，但是需要进行修订；大于0.60，小于0.70时，表明信度勉强可以接受；大于0.70，小于0.80时，表明信度较为理想，可以接受；大于0.80，小于0.90时，表明信度很高；大于0.90，则意味着问卷的信度非常高（见表7-6）。

表7-6 Cronbach's α 标准表

Cronbach's α	量表信度
0.50以下	不理想，量表可不用
0.50~0.60	不太理想，需要修订
0.60~0.70	勉强接受
0.70~0.80	比较理想
0.80~0.90	理想
0.90以上	非常理想

在本研究中，测试问卷的克朗巴哈系数以检验其信度，结果如表7-7所示，问卷整体的克朗巴哈系数为0.976，城市公共服务满意度的克朗巴哈系数为0.964，居民获得感的克朗巴哈系数为0.812，生活满意度的克朗巴哈系数0.911，表明本研究所使用问卷均具有良好的信度，适合进行实证研究。

（三）效度检验

首先，检验问卷的KMO值，并且对问卷进行巴特列特球形检验。分析结果显示，城市公共服务满意度问卷的KMO值为0.953，居民获得感问卷的KMO值为0.716，生活满意度的KMO值为0.929，且显著性全部为0.000，显著性水平达标（见表7-8）。

表 7-7　各变量信度分析

变量	题项	CITC	Cronbach's α
城市公共服务满意度	A1 教育——幼儿园	0.719	0.964
	A2 教育——小学	0.703	
	A3 教育——中学	0.693	
	A4 教育——培训机构	0.710	
	A5 基本社会保障——医疗服务	0.725	
	A6 基本社会保障——养老服务	0.758	
	A7 基本社会保障——困难家庭救助服务	0.727	
	A8 基本社会保障——就业服务	0.712	
	A9 安全——安全设施	0.706	
	A10 安全——警务人员工作	0.718	
	A11 安全——安全知识宣传	0.756	
	A12 基础生活设施——超市	0.729	
	A13 基础生活设施——理发店	0.642	
	A14 基础生活设施——公共厕所	0.688	
	A15 基础生活设施——垃圾收集点	0.702	
	A16 文体服务——文体活动场所	0.776	
	A17 文体服务——文体活动设施	0.787	
	A18 文体服务——文体活动种类	0.777	
	A19 居住环境——绿化程度	0.660	
	A20 居住环境——噪声处理	0.593	
	A21 居住环境——照明设施	0.677	
	A22 居住环境——小摊贩管理	0.686	
	A23 交通状况——道路建设及维护	0.689	
	A24 交通状况——公共交通便利度	0.699	
	A25 交通状况——停车场及停车位	0.645	
居民获得感	G1 纵向获得感	0.647	0.812
	G2 横向获得感	0.673	
	G3 总体获得感	0.668	
生活满意度	B1 生活状态	0.887	0.911
	B2 生活理想	0.890	
	B3 生活满足	0.879	
	B4 生活得到	0.880	
	B5 生活改变	0.916	

第七章 城市社区公共服务满意度对居民获得感的影响机制研究

表 7-8 各变量效度

测量变量	KMO 值	Bartlett's 球形检验		
		近似卡方 (x^2)	自由度 (df)	显著性 (sig.)
城市公共服务满意度	0.953	14688.222	300.000	0.000
居民获得感	0.716	690.242	3.000	0.000
生活满意度	0.929	6517.886	66.000	0.000

根据 Kaiser（1974）的研究结论，当 KMO 值大于 0.90 时表明问卷非常适宜进行因子分析。城市公共服务满意度变量的 KMO 值达到 0.953，表明适宜进行因子分析，因此我们对城市公共服务满意度进行探索性因子分析，以确定城市公共服务满意度变量的具体维度。本研究对城市社区公共服务满意度进行探索性因子分析，以确定的社区公共服务满意度具体维度。采用主成分分析法进行因子抽取，最大方差法进行因子旋转。结果如表 7-9 所示，总计提取 7 个维度，各维度都只能提取 1 个因子。

表 7-9 探索性因子分析

指标	具体维度	因子1	因子2	因子3	因子4	因子5	因子6	因子7
教育	幼儿园	0.848						
	小学	0.925						
	中学	0.88						
	培训机构	0.729						
基本社会保障	医疗服务		0.796					
	养老服务		0.875					
	困难家庭救助服务		0.909					
	就业服务		0.855					
安全	安全设施			0.788				
	警务人员工作			0.876				
	安全知识宣传			0.882				
基础生活设施	超市				0.833			
	理发店				0.844			
	公共厕所				0.732			
	垃圾收集点				0.71			
文体服务	文体活动场所					0.898		
	文体活动设施					0.966		
	文体活动种类					0.906		

续表

指标	具体维度	因子1	因子2	因子3	因子4	因子5	因子6	因子7
居住环境	绿化程度						0.815	
	噪声处理						0.668	
	照明设施						0.74	
	小摊贩管理						0.696	
交通状况	道路建设及维护							0.84
	公共交通便利度							0.777
	停车场及停车位							0.694

根据表7-10的验证性因子分析结果，对"公共服务满意度""生活满意度""居民获得感"三个变量的结构效度进行了评估。根据Carmines等（1981）以及Brown（1993）的研究标准，χ^2/df值越接近1表示模型拟合度越好，小于2表示模型拟合度理想，大于2小于5时属于可接受范围；RMSEA值小于0.05表示拟合度很好，0.05到0.08表示尚可，0.08到0.1表示可接受；而GFI、CFI、IFI、TLI值越接近1，模型拟合效果越佳。公共服务满意度的模型拟合指数为χ^2/df=3.363，RMSEA=0.059，GFI=0.984，CFI=0.985，IFI=0.985，TLI=0.984。χ^2/df值虽未接近1，但仍处于2至5的可接受范围内；RMSEA为0.059，表明模型拟合度尚可；而GFI、CFI、IFI和TLI均超过0.98，说明模型具有非常高的拟合度。因此，"公共服务满意度"量表的结构效度得到较好的验证。生活满意度变量的拟合指数χ^2/df=2.762，RMSEA=0.051，GFI=0.998，CFI=0.998，IFI=0.998，TLI=0.996。χ^2/df值接近理想区间，RMSEA仅为0.051，提示模型拟合度非常不错；而各项拟合优度指标均接近1，显示出模型与数据的高度契合。综上，"生活满意度"量表在本研究中表现出极佳的结构效度。居民获得感的模型拟合指数χ^2/df=4.306，RMSEA=0.069，GFI=0.981，CFI=0.978，IFI=0.978，TLI=0.974。虽然χ^2/df值略高于其他变量，但仍在可接受范围内；RMSEA=0.069说明模型拟合尚可；同时，GFI、CFI、IFI和TLI均在0.97以上，表明模型对数据有较高的解释力。因此，"居民获得感"量表也具有良好的结构效度。综上所述，如表7-10所示的各变量拟合指数均落在可接受的范围内，证明了所使用的"公共服务满意度""生活满意度""居民获得感"量表的结构效度良好，这为后续分析提供了坚实的测量基础和理论支持。

第七章 城市社区公共服务满意度对居民获得感的影响机制研究

表 7-10 验证性因子分析

变量	χ^2/df	RMSEA	GFI	CFI	IFI	TLI
公共服务满意度	3.363	0.059	0.984	0.985	0.985	0.984
生活满意度	2.762	0.051	0.998	0.998	0.998	0.996
居民获得感	4.306	0.069	0.981	0.978	0.978	0.974

为进一步确定假设模型的收敛效度,我们通过构建多因子模型,从而对不同模型的拟合指数进行比较考察从而确定最合适的研究模型。表 7-11 结果显示,相比于其他模型,三因子模型的拟合指数最好,模型适配度较高(χ^2/df = 2.465,RMSEA = 0.046,GFI = 0.984,CFI = 0.988,IFI = 0.988,TLI = 0.987),说明三个研究变量相互独立,具有良好的收敛效度。三因子模型可以作为最适宜的假设模型开展相关研究。

表 7-11 研究模型适配度比较

	χ^2/df	RMSEA	GFI	CFI	IFI	TLI
一因子模型	4.981	0.076	0.968	0.967	0.967	0.965
二因子模型	4.59	0.072	0.971	0.97	0.97	0.968
三因子模型	2.465	0.046	0.984	0.988	0.988	0.987

注：一因子模型表示城市社区公共服务满意度 + 生活满意度 + 居民获得感；二因子模型表示城市社区公共服务满意度 + 生活满意度,居民获得感；三因子模型表示城市社区公共服务满意度,生活满意度,居民获得感。

第五节 城市社区公共服务满意度对居民获得感影响的实证分析

一、实证分析

（一）描述性统计

通过对问卷数据进行描述性统计以实现对研究变量的直观考察。根据表 7-12、图 7-1,在城市公共服务满意度、居民获得感和生活满意度三个显变量中,城市公共服务满意度得分最高（3.223 ± 0.892）,居民获得感（2.968 ± 0.892）排名第二,生活满意度得分最低（2.806 ± 1.123）。结果说明,城市居民对其所享受到的公共服务较为满意。然而,较低的生活满意度与获得感说明城市居民对于满足自身生活需求和享受社会发展成果的收获与公共服务的供给并不匹配。同时,所有变量的峰度和偏度的统计量绝对值均小于 1,根据 Kline（1998）的研究结论,表明数据服从正态分布,可以进一步进行后续相关研究。

表 7-12 变量描述性统计

变量	极小值	极大值	平均值	标准差	偏度 统计量	偏度 标准误	峰度 统计量	峰度 标准误
1 城市公共服务满意度	1	5	3.223	0.892	-0.120	0.093	-0.178	0.186
1.1 教育——幼儿园	1	5	3.252	1.233	-0.292	0.093	-0.700	0.186
1.2 教育——小学	1	5	3.372	1.170	-0.377	0.093	-0.561	0.186
1.3 教育——中学	1	5	3.366	1.207	-0.391	0.093	-0.660	0.186
1.4 教育——培训机构	1	5	3.044	1.234	0.029	0.093	-0.882	0.186
1.5 基本社会保障——医疗服务	1	5	3.195	1.190	-0.225	0.093	-0.727	0.186
1.6 基本社会保障——养老服务	1	5	3.106	1.210	-0.185	0.093	-0.686	0.186
1.7 基本社会保障——困难家庭救助服务	1	5	2.974	1.209	-0.014	0.093	-0.731	0.186
1.8 基本社会保障——就业服务	1	5	2.870	1.216	0.054	0.093	-0.771	0.186
1.9 安全——安全设施	1	5	3.197	1.189	-0.254	0.093	-0.659	0.186
1.10 安全——警务人员工作	1	5	3.194	1.219	-0.205	0.093	-0.744	0.186
1.11 安全——安全知识宣传	1	5	3.172	1.160	-0.114	0.093	-0.712	0.186
1.12 基础生活设施——超市	1	5	3.548	1.181	-0.555	0.093	-0.470	0.186
1.13 基本生活设施——理发店	1	5	3.345	1.203	-0.280	0.093	-0.745	0.186
1.14 基础生活设施——公共厕所	1	5	2.987	1.233	0.034	0.093	-0.864	0.186
1.15 基础生活设施——垃圾收集点	1	5	3.379	1.212	-0.378	0.093	-0.687	0.186
1.16 文体服务——文体活动场所	1	5	3.292	1.244	-0.251	0.093	-0.822	0.186
1.17 文体服务——文体活动设施	1	5	3.195	1.234	-0.114	0.093	-0.846	0.186
1.18 文体服务——文体活动种类	1	5	3.042	1.215	0.027	0.093	-0.737	0.186
1.19 居住环境——绿化程度	1	5	3.611	1.213	-0.585	0.093	-0.531	0.186
1.20 居住环境——噪声处理	1	5	3.111	1.187	-0.168	0.093	-0.760	0.186

续表

变量	极小值	极大值	平均值	标准差	偏度		峰度	
					统计量	标准误	统计量	标准误
1.21 居住环境——照明设施	1	5	3.350	1.194	-0.225	0.093	-0.817	0.186
1.22 居住环境——小摊贩管理	1	5	3.309	1.227	-0.320	0.093	-0.755	0.186
1.23 交通——道路建设及维护	1	5	3.226	1.238	-0.223	0.093	-0.898	0.186
1.24 交通——公共交通便利度	1	5	3.354	1.205	-0.345	0.093	-0.722	0.186
1.25 交通——停车场及停车位	1	5	3.108	1.243	-0.109	0.093	-0.933	0.186
2. 居民获得感	1	5	2.968	0.892	-0.410	0.093	0.427	0.186
2.1 纵向获得感	1	5	2.907	1.056	-0.483	0.093	0.118	0.186
2.2 横向获得感	1	5	3.201	1.028	-0.265	0.093	0.059	0.186
2.3 总体获得感	1	5	3.089	1.028	-0.310	0.093	-0.141	0.186
3. 生活满意度	1	5	2.806	1.123	0.03	0.093	-0.025	0.186
3.1 生活状态	1	5	2.636	1.168	-0.074	0.093	-0.428	0.186
3.2 生活理想	1	5	3.176	1.120	-0.233	0.093	-0.175	0.186
3.3 生活满足	1	5	3.294	1.105	-0.179	0.093	-0.324	0.186
3.4 生活得到	1	5	3.290	1.143	0.151	0.093	-0.640	0.186
3.5 生活改变	1	5	3.232	1.101	0.172	0.093	-0.829	0.186

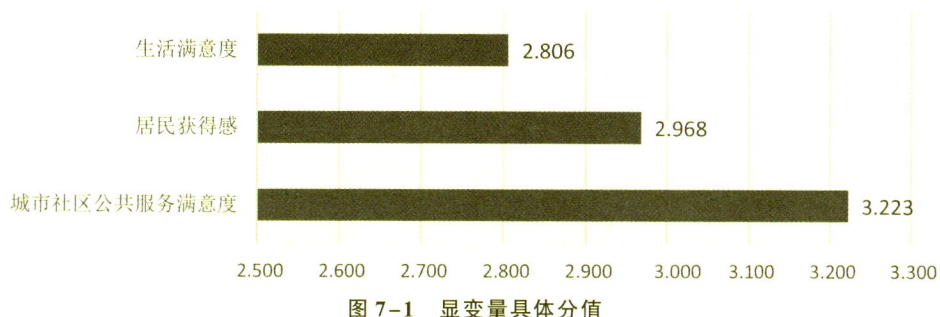

图 7-1 显变量具体分值

城市社区公共服务满意度潜变量具体分值及雷达图如图 7-2、图 7-3 所示。在公共服务满意度各子项中，居住环境——绿化程度的平均得分最高，为 3.611，标准差为 1.213。这一结果显示，居民对所在社区的绿化工作普遍持肯定态度，整体满意度较高。较高的平均值表明大多数社区在绿化方面投入较多资源，取得了明显改善。然而，标准差 1.213 表示居民的满意度存在一定的分散性，暗示不同社区或不同居民群体对绿化服务的感知存在较大差异。这可能是由于各地住宅的建设和物业成本不同，导致绿化水平参差不齐。

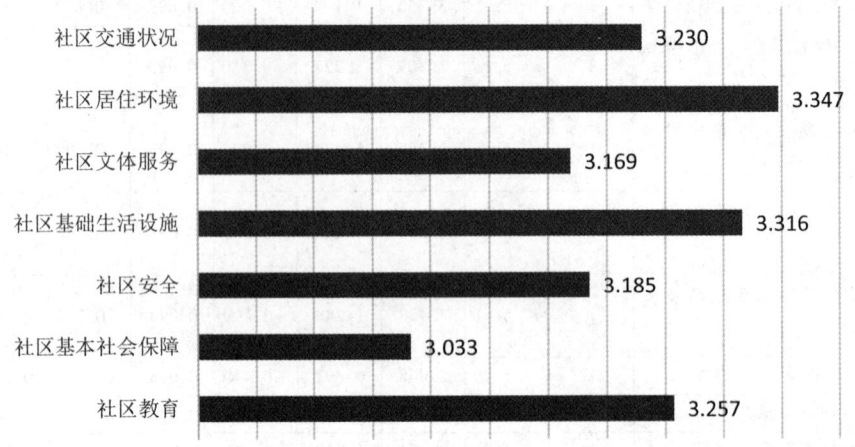

图 7-2　城市社区公共服务满意度潜变量具体分值

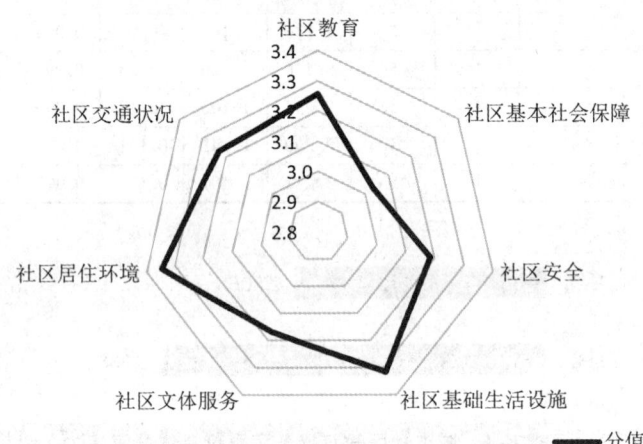

图 7-3　城市社区公共服务满意度潜变量雷达图

相较之下，基本社会保障——就业服务的平均得分最低，仅为 2.870，标准差为 1.216。这反映出在就业服务方面，居民普遍存在较低的满意度，且意见分歧较大。较低的平均分表明就业服务可能存在供给不足、服务质量不高或无法有效满足部分居民就业需求的问题。标准差 1.216 则进一步揭示了不同居民对这一服务领域的看法差异较大，可能由于不同地区、行业或个人背景导致其对就业服务的期待和体验不一致。

城市社区教育满意度具体分值及分布情况如图7-4、表7-13所示。其中，社区居民对幼儿园教育的满意度较高，"较为满意"和"非常满意"这两个选项分别占比23.2%和18.7%，合计为41.9%。相比之下，"非常不满意"的比例较低，仅为12.5%。"较为不满意"占比为10.2%，而"一般"占比为35.4%，显示出整体评价较为正面，但仍有一定的改进空间。在小学教育方面，一方面，居民的满意度整体较高，"较为满意"占比28.7%，而"非常满意"占比18.8%，合计为47.5%。另一方面，"非常不满意"的比例为8.7%，"较为不满意"占比为11.7%，而"一般"占比32.1%。总体来看，小学教育在居民中得到了积极反馈，尤其是"较为满意"和"非常满意"的比例较为突出。中学教育的满意度表现与小学教育类似，"较为满意"占比28.8%，而"非常满意"占比19.7%，合计为48.5%。"非常不满意"的比例为9.8%，相对较低，"较为不满意"占比为12.1%，而"一般"占比29.6%。居民对中学教育的总体满意度较高，整体反馈呈现积极态势，少数人表示不满。培训机构的满意度较低，"较为满意"占比18.2%，而"非常满意"占比15.9%，合计为34.1%。不过，培训机构中"非常不满意"的比例较高，达到12.4%。同时，"较为不满意"的比例为20.8%，这表明居民对培训机构的教育服务整体不满，较为显著的负面反馈需要引起重视。

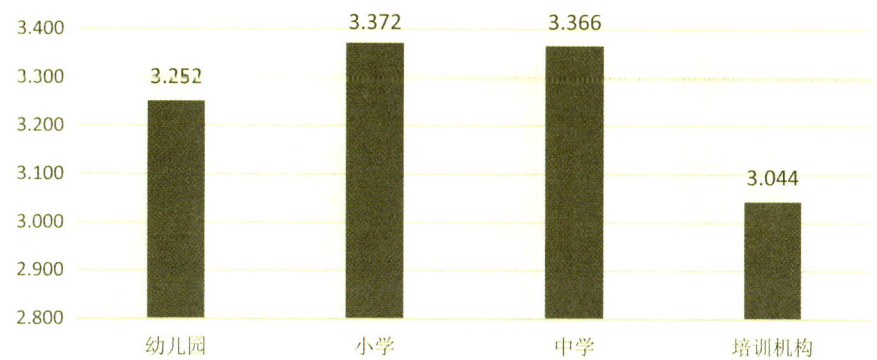

图7-4 城市社区教育服务满意度具体分值

表7-13 城市社区教育服务满意度的具体分布情况

	非常不满意	较为不满意	一般	较为满意	非常满意
幼儿园	86（12.5%）	70（10.2%）	243（35.4%）	159（23.2%）	128（18.7%）
小学	60（8.7%）	80（11.7%）	220（32.1%）	197（28.7%）	129（18.8%）
中学	67（9.8%）	83（12.1%）	203（29.6%）	198（28.8%）	135（19.7%）
培训机构	85（12.4%）	143（20.8%）	224（32.7%）	125（18.2%）	109（15.9%）

城市社区基本社会保障服务满意度具体分值及分布情况如图7-5、表7-14所示。其中，医疗服务方面，"较为满意"占比26.1%，而"非常满意"占比15.2%，合计为41.3%。然而，"不满意"的比例较高，其中"较为不满意"占比15.3%，而"非常不满意"占比10.8%。养老服务的满意度分布较为均衡，"较为满意"占比21.3%，而"非常满意"占比14.6%，合计为35.9%。然而，较多居民（38.3%）表示"一般"，并且有25.8%的居民认为服务"不满意"，其中"非常不满意"占比14.0%。总体来看，养老服务的满意度较为中等，居民的反馈呈现较大差异。困难家庭救助服务的满意度较低，虽然有17.4%的居民表示"较为满意"，但有15.0%的居民对该服务表示"非常不满意"。大部分居民（38.3%）表示"一般"，而不满的比例（"较为不满意"与"非常不满意"合计为31.2%）较高。整体来看，居民对该服务的满意度较为分散，负面反馈较为显著。就业服务的满意度较为分散，"较为满意"占比16.3%，但有17.4%表示"非常不满意"，且不满意的比例总和为35.0%。大部分居民对就业服务持中立态度，表现在"一般"这一选项上，占比为37.2%。整体来看，就业服务的满意度较低，且存在较大不满情绪。

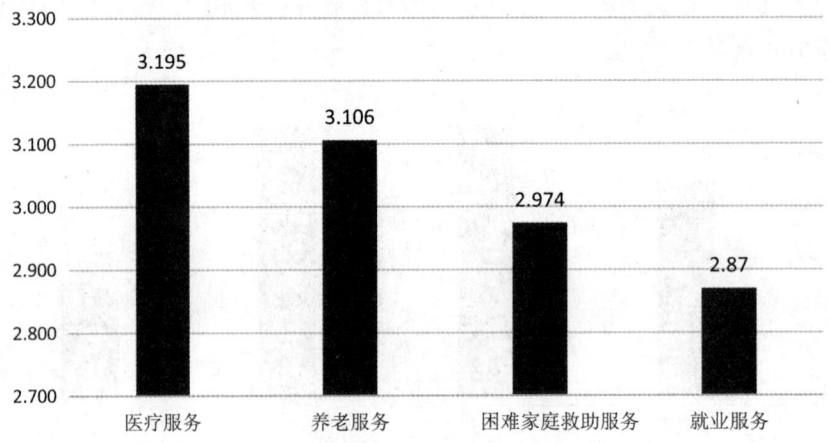

图7-5 城市社区基本社会保障服务满意度具体分值

表7-14 城市社区基本社会保障服务满意度的具体分布情况

	非常不满意	较为不满意	一般	较为满意	非常满意
医疗服务	74（10.8%）	105（15.3%）	224（32.6%）	179（26.1%）	104（15.2%）
养老服务	96（14.0%）	81（11.8%）	263（38.3%）	146（21.3%）	100（14.6%）
困难家庭救助服务	103（15.0%）	111（16.2%）	263（38.3%）	119（17.4%）	90（13.1%）
就业服务	119（17.4%）	121（17.6%）	255（37.2%）	112（16.3%）	79（11.5%）

城市社区安全服务满意度具体分值及分布情况如图 7-6、表 7-15 所示。其中,安全设施方面,居民的满意度呈现中等水平。25.3% 的居民表示"较为满意",15.2% 表示"非常满意",合计为 40.5%。同时,24.5% 的居民表示不满意,其中"非常不满意"占 11.5%,而"较为不满意"占 13.0%。约 35.0% 的居民认为该服务"一般",表现出一定的中立态度。在警务人员工作方面,居民的满意度较为分散。尽管有 17.0% 的居民表示"非常满意",22.6% 的居民表示"较为满意",但仍有较高比例的居民(25.4%)对警务人员的工作表示"不满意",这表明部分居民对警务人员的工作表现出较强的不满情绪。在安全知识宣传方面,整体满意度偏低。虽然 23.6% 的居民表示"较为满意",但有 18.1% 的居民认为"较为不满意",9.0% 表示"非常不满意"。有 34.4% 的居民对安全知识宣传服务表示"一般",即大多数人对这一服务的认同感较低。

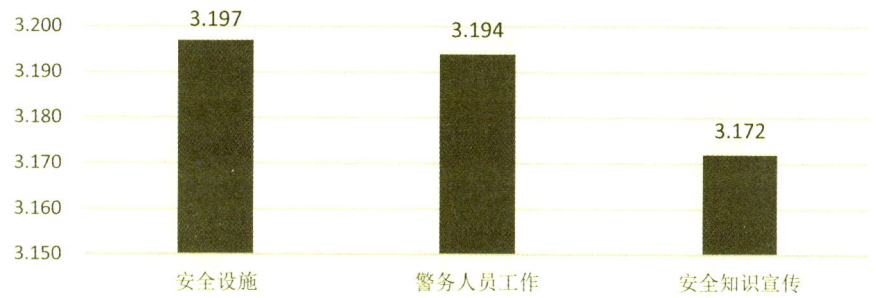

图 7-6 城市社区安全服务满意度具体分值

表 7-15 城市社区安全服务满意度的具体分布情况

	非常不满意	较为不满意	一般	较为满意	非常满意
安全设施	79(11.5%)	89(13.0%)	240(35.0%)	174(25.3%)	104(15.2%)
警务人员工作	82(12.0%)	92(13.4%)	240(35.0%)	155(22.6%)	117(17.0%)
安全知识宣传	62(9.0%)	124(18.1%)	236(34.4%)	162(23.6%)	102(14.9%

城市社区基础生活设施服务满意度具体分值及分析情况如图 7-7、表 7-16 所示。其中,超市方面,居民整体表现出较高的满意度。31.9% 的居民表示"较为满意",24.2% 的居民表示"非常满意",合计为 56.1%。尽管如此,仍有 18.0% 的居民表示"不满意",其中"非常不满意"占 7.6%,而"较为不满意"占 10.4%。25.9% 的居民认为服务"一般",说明仍有一定比例的居民对超市服务质量持中立态度。理发店方面,满意度较为分散。25.1% 的居民表示"较为满意",20.6% 的居民表示"非常满意",合计为 45.7%。但仍有 22.8% 的居民表示"不满意",其中 8.7% 为"非常不满意",14.1% 为"较为不满意"。这

表明尽管整体满意度偏高，但也有相当一部分居民对理发店的服务不满。公共厕所方面，满意度较低。14.0%的居民表示"非常不满意"，20.2%表示"较为不满意"，且33.1%的居民表示服务"一般"。只有18.4%的居民认为"较为满意"，14.3%表示"非常满意"。这一结果显示，公共厕所服务仍然是居民较为不满的方面，改进空间较大。垃圾收集点方面，居民的满意度略高。27.8%的居民表示"较为满意"，20.7%表示"非常满意"，合计为48.5%。但依然有21.9%的居民表示不满意，其中9.5%为"非常不满意"，12.4%为"较为不满意"。此项服务的整体满意度较为分散，表现出中等水平。

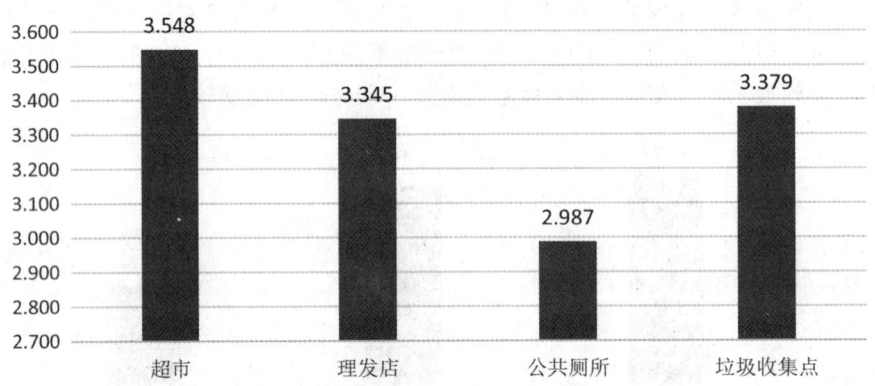

图7-7　城市社区基础生活设施服务满意度具体分值

表7-16　城市社区基础生活设施服务满意度的具体分布情况

	非常不满意	较为不满意	一般	较为满意	非常满意
超市	52（7.6%）	71（10.4%）	178（25.9%）	219（31.9%）	166（24.2%）
理发店	60（8.7%）	97（14.1%）	216（31.5%）	172（25.1%）	141（20.6%）
公共厕所	96（14.0%）	139（20.2%）	227（33.1%）	126（18.4%）	98（14.3%）
垃圾收集点	65（9.5%）	85（12.4%）	203（29.6%）	191（27.8%）	142（20.7%）

城市社区文体服务满意度具体分值及分布情况如图7-8、表7-17所示。其中，文体活动场所方面，居民的满意度相对较高。22.7%的居民表示"较为满意"，20.9%的居民表示"非常满意"。然而，仍有10.8%的居民表示"非常不满意"，13.7%的居民表示"较为不满意"，显示出文体活动场所仍然存在改进的空间，尤其是在场所的质量和数量方面。文体活动设施方面，居民的满意度分布较为均匀。10.9%的居民表示"非常不满意"，16.3%的居民表示"较为不满意"，整体上对设施的评价较为中立。尽管有19.6%的居民表示"较为满意"，19.1%的居民表示"非常满意"，但仍有34.1%的居民将其评价为"一般"，表明文体设施的使用体验较为平衡，但仍有提升的空间。文体活动种类方面，居民

的满意度较低。12.8%的居民表示"非常不满意",17.2%的居民表示"较为不满意",38.9%的居民认为活动种类"一般"。仅15.0%的居民表示"较为满意",16.1%的居民表示"非常满意"。这一结果表明,社区在提供丰富多样的文体活动方面存在较大的不足,尤其是在活动种类的多样性和覆盖面方面,需要进一步加强。

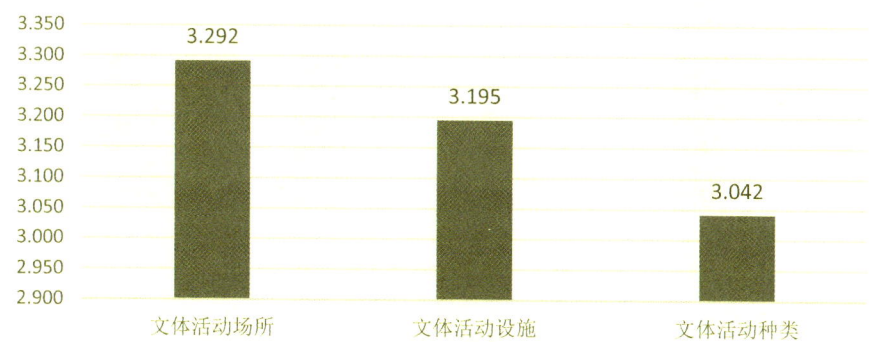

图7-8 城市社区文体服务满意度具体分值

表7-17 城市社区文体服务满意度的具体分布情况

	非常不满意	较为不满意	一般	较为满意	非常满意
文体活动场所	74 (10.8%)	94 (13.7%)	219 (31.9%)	156 (22.7%)	143 (20.9%)
文体活动设施	75 (10.9%)	112 (16.3%)	234 (34.1%)	134 (19.6%)	131 (19.1%)
文体活动种类	88 (12.8%)	118 (17.2%)	267 (38.9%)	103 (15.0%)	110 (16.1%)

城市社区居住环境满意度具体分值及分布情况如图7-9、表7-18所示。其中,绿化程度方面,居民的满意度相对较高。28.9%的居民表示"较为满意",28.7%的居民表示"非常满意"。尽管7.6%的居民表示"非常不满意",10.0%的居民表示"较为不满意",总体上,绿化水平得到了大多数居民的认可。尽管存在一定的不满情绪,但总体满意度较高。噪声处理方面,32.8%的居民将其评价为"一般",11.8%的居民表示"非常不满意",16.9%的居民表示"较为不满意",仅13.1%的居民表示"非常满意",25.4%的居民表示"较为满意"。这一结果显示出社区在噪声控制方面仍面临挑战,可能需要加强噪声管理或采取更有效的减噪措施。照明设施方面,30.3%的居民认为其"一般",7.4%的居民表示"非常不满意",16.6%的居民表示"较为不满意"。然而,24.8%的居民表示"较为满意",20.9%的居民表示"非常满意",显示照明设施的满意度较为中等,可能需要进一步改进某些区域的照明质量和覆盖范围。小摊贩管理方面,居民的满意度表现为中等。10.7%的居民表示"非常不满意",13.1%的居民表示"较为不满意",30.3%的居民认为其"一般"。26.5%的居民表示"较为满

意"，19.4% 的居民表示"非常满意"，表明管理水平尚有提升空间，尤其是在规范摊贩行为、确保环境整洁方面需要改进。

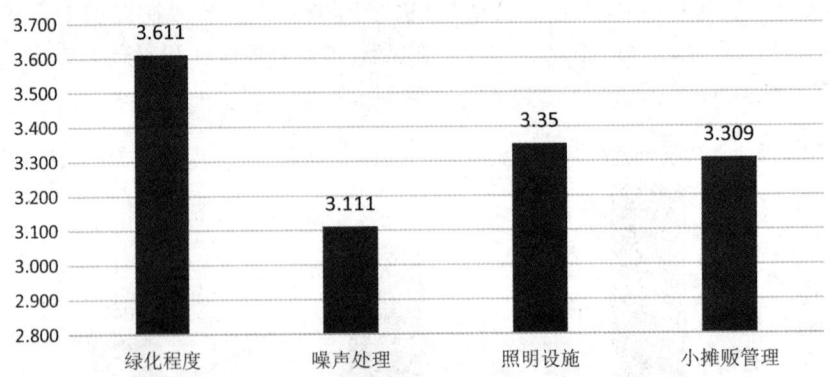

图 7-9 城市社区居住环境满意度具体分值

表 7-18 城市社区居住环境满意度的具体分布情况

	非常不满意	较为不满意	一般	较为满意	非常满意
绿化程度	52（7.6%）	69（10.0%）	170（24.8%）	198（28.9%）	197（28.7%）
噪声处理	81（11.8%）	116（16.9%）	225（32.8%）	174（25.4%）	90（13.1%）
照明设施	51（7.4%）	114（16.6%）	208（30.3%）	170（24.8%）	143（20.9%）
小摊贩管理	73（10.7%）	90（13.1%）	208（30.3%）	182（26.5%）	133（19.4%）

城市社区交通状况满意度具体分值及分布情况如图 7-10、表 7-19 所示。其中，道路建设及维护方面，26.5% 的居民对道路状况表示"较为满意"，17.7% 的居民表示"非常满意"。尽管有 10.9% 的居民表示"非常不满意"，17.3% 的居民表示"较为不满意"，但总体上，约 44% 的居民对道路建设和维护持肯定态度。这表明大部分社区居民认为道路建设和维护情况尚可，但仍有一定的改进空间，尤其是在细节管理和改善道路条件方面。公共交通便利度方面，28.3% 的居民表示"较为满意"，19.7% 的居民表示"非常满意"，显示出较好的满意度。然而，也有 9.2% 的居民表示"非常不满意"，13.8% 的居民表示"较为不满意"，29.0% 的居民评价为"一般"，说明仍有一部分居民对公共交通的便捷性和覆盖度感到不满，可能与交通网络的不完善或交通高峰时段的拥堵相关。停车场及停车位方面，29.0% 的居民评价为"一般"，12.5% 的居民表示"非常不满意"，19.1% 的居民表示"较为不满意"。尽管 23.8% 的居民表示"较为满意"，15.6% 的居民表示"非常满意"，但总体上，停车设施的满意度相对较低，反映出停车资源的紧张和分配不均的问题，可能需要加大停车场的建设和优化管理。

第七章　城市社区公共服务满意度对居民获得感的影响机制研究

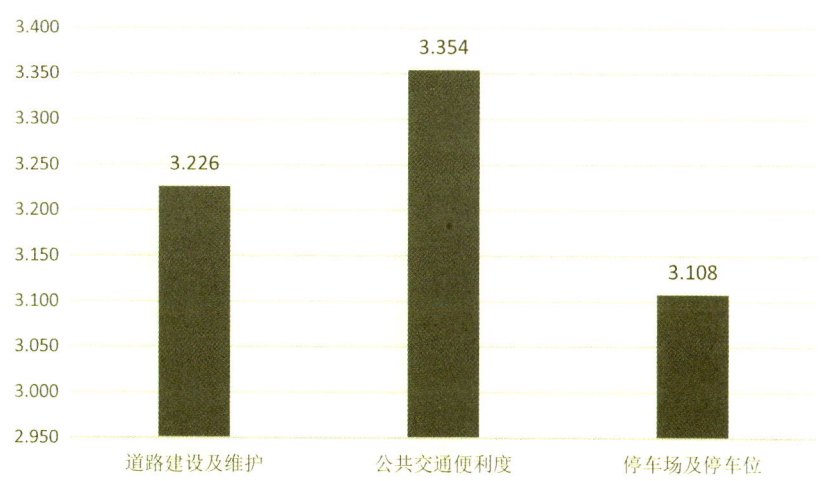

图 7-10　城市社区交通状况满意度具体分值

表 7-19　城市社区交通状况满意度的具体分布情况

	非常不满意	较为不满意	一般	较为满意	非常满意
道路建设及维护	75（10.9%）	119（17.3%）	189（27.6%）	182（26.5%）	121（17.7%）
公共交通便利度	63（9.2%）	95（13.8%）	199（29.0%）	194（28.3%）	135（19.7%）
停车场及停车位	86（12.5%）	131（19.1%）	199（29.0%）	163（23.8%）	107（15.6%）

（二）差异性检验

1. 性别差异检验

各主要研究变量性别差异如图 7-11 所示，城市社区公共服务满意度各维度性别差异如图 7-12 所示。具体而言，在城市社区公共服务满意度方面，男性居民的平均得分为 3.159（标准差 0.875），女性居民的得分为 3.258（标准差 0.900）。统计检验结果显示，F 值为 1.955，p 值为 0.162，表明总体上两性间的满意度差异不显著。然而，在具体维度分析中，某些指标呈现出显著的性别差异。例如，在基本社会保障——就业服务这一指标上，男性的平均得分为 2.922（标准差 1.154），女性的得分为 2.842（标准差 1.250），统计检验显示 F 值为 0.926，p 值为 0.009，表明性别差异显著，男性在此服务上的满意度显著高于女性。另一方面，在基础生活设施——超市方面，男性得分 3.488（标准差 1.181），女性得分 3.581（标准差 1.181），F 值为 0.947，p 值为 0.004，反映出女性对超市服务的满意度明显高于男性。特别是在交通状况——道路建设及维护上，男性得分 3.070（标准差 1.333），女性得分 3.312（标准差 1.175），显著性检验结果 F 值接近 0.001 且 p 值远大于 0.05，提示此项性别感知差异尤为突出，女性对道路建设的满意度高于男性。总体来看，在特定服务领域，性别差异仍然存在。

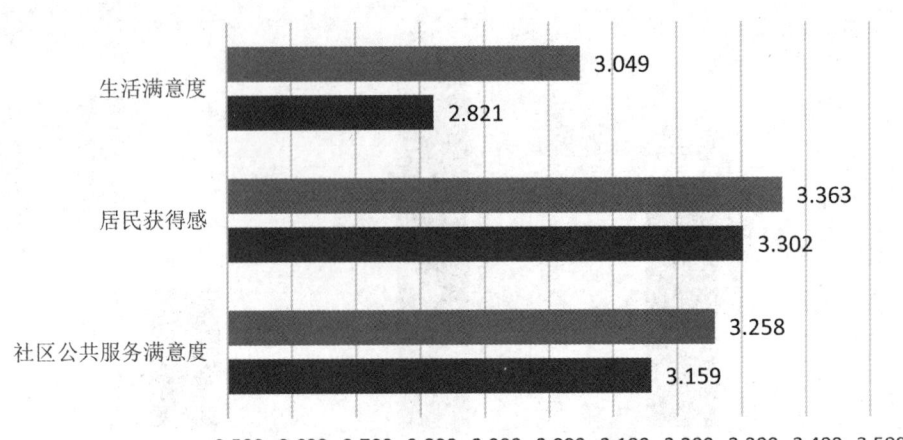

图 7-11 各主要研究变量性别差异

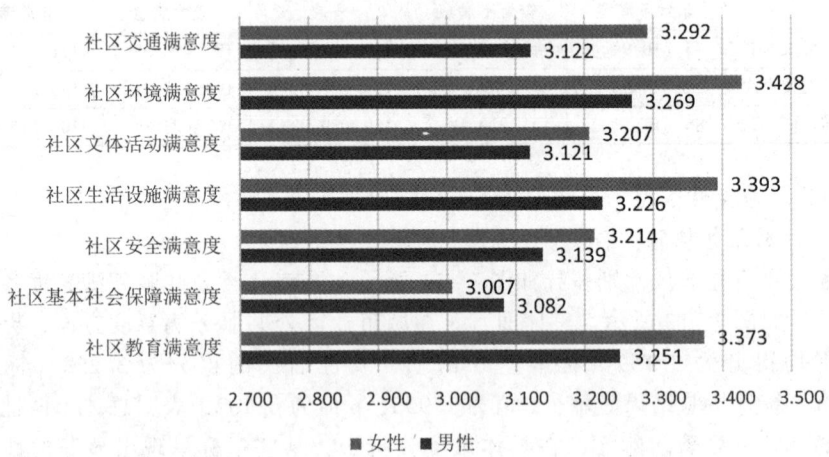

图 7-12 城市社区公共服务满意度各维度性别差异

在居民获得感的评价上，男性居民的平均得分为 3.302（标准差 0.870），女性居民为 3.363（标准差 0.850），统计检验显示 F 值为 0.811，p 值为 0.368，表明两性在整体获得感上的差异不显著。进一步分析具体维度，包括纵向获得感、横向获得感和总体获得感，所有这三个指标的性别比较均未达到统计显著性（对应的 p 值均大于 0.05），这意味着在个人发展、同伴比较及总体感知层面上，男性和女性居民的获得感基本一致。

在生活满意度这一指标上，男性居民的平均得分为 2.821（标准差 0.983），而女性居民的得分为 3.049（标准差 0.857）。统计检验结果显示，F 值为

10.044，p 值为 0.010，表明性别间存在显著差异，女性的生活满意度显著高于男性。对于各子项分析，同样呈现出多项显著差异：在生活理想上，男性得分 3.016（标准差 1.062），女性得分 3.303（标准差 0.996），p 值为 0.001，提示女性在生活理想方面比男性更为满意；在生活得到和生活改变上，男性得分分别为 2.668 和 2.549，而女性分别为 2.882 和 2.683，对应 F 值均为 0.001，反映出女性对这些生活方面的满意度显著更高（见表 7-20）。总体来看，女性在生活满意度各方面的评分均高于男性，说明性别在居民生活满意度的感知上具有一定影响。

表 7-20　性别差异检验结果

	男性		女性		F	p
	M	SD	M	SD		
1 城市社区公共服务满意度	3.159	0.875	3.258	0.900	1.955	0.162
1.1 教育——幼儿园	3.209	1.287	3.276	1.203	0.162	1.955
1.2 教育——小学	3.320	1.160	3.400	1.176	0.496	0.464
1.3 教育——中学	3.225	1.218	3.443	1.194	0.387	0.749
1.4 教育——培训机构	3.020	1.205	3.057	1.250	0.023	5.165
1.5 基本社会保障——医疗服务	3.262	1.150	3.158	1.211	0.714	0.134
1.6 基本社会保障——养老服务	3.197	1.141	3.057	1.245	0.274	1.200
1.7 基本社会保障——困难家庭救助服务	2.980	1.174	2.971	1.229	0.147	2.112
1.8 基本社会保障——就业服务	2.922	1.154	2.842	1.250	0.926	0.009
1.9 安全——安全设施	3.127	1.229	3.235	1.166	0.407	0.688
1.10 安全——警务人员工作	3.123	1.312	3.233	1.164	0.254	1.304
1.11 安全——安全知识宣传	3.168	1.237	3.174	1.116	0.258	1.283
1.12 基础生活设施——超市	3.488	1.181	3.581	1.181	0.947	0.004
1.13 基础生活设施——理发店	3.242	1.212	3.403	1.196	0.320	0.990
1.14 基础生活设施——公共厕所	2.852	1.177	3.061	1.257	0.094	2.821
1.15 基础生活设施——垃圾收集点	3.225	1.248	3.464	1.184	0.034	4.526
1.16 文体服务——文体活动场所	3.213	1.275	3.335	1.226	0.014	6.132
1.17 文体服务——文体活动设施	3.180	1.290	3.204	1.204	0.220	1.507
1.18 文体服务——文体活动种类	2.971	1.215	3.081	1.215	0.813	0.056
1.19 居住环境——绿化程度	3.512	1.191	3.665	1.222	0.256	1.292

续表

	男性		女性		F	p
	M	SD	M	SD		
1.20 居住环境——噪声处理	3.053	1.159	3.143	1.203	0.114	2.504
1.21 居住环境——照明设施	3.250	1.223	3.405	1.175	0.346	0.888
1.22 居住环境——小摊贩管理	3.033	1.227	3.462	1.201	0.104	2.656
1.23 交通——道路建设及维护	3.070	1.333	3.312	1.175	0.001	19.736
1.24 交通——公共交通便利度	3.291	1.224	3.389	1.194	0.014	6.078
1.25 交通——停车场及停车位	3.004	1.236	3.165	1.244	0.308	1.043
2. 居民获得感	3.302	0.870	3.363	0.850	0.811	0.368
2.1 纵向获得感	3.357	1.034	3.457	0.971	0.040	4.241
2.2 横向获得感	3.275	0.978	3.303	0.991	0.370	0.805
2.3 总体获得感	3.287	0.998	3.330	1.043	0.368	0.811
3. 生活满意度	2.821	0.983	3.049	0.857	10.044	0.010
3.1 生活状态	2.758	1.056	2.989	1.049	0.104	2.647
3.2 生活理想	3.016	1.062	3.303	0.996	0.001	10.44
3.3 生活满足	2.902	1.061	3.192	0.995	0.006	7.560
3.4 生活得到	2.668	1.141	2.882	1.106	0.001	12.433
3.5 生活改变	2.549	1.191	2.683	1.154	0.001	12.791

2. 年龄差异检验

各主要研究变量年龄差异如图7-13所示，城市社区公共服务满意度各维度年龄差异如图7-14所示。具体而言，在城市社区公共服务满意度方面，四个年龄组的平均得分分别为30岁及以下组3.250（标准差0.804）、31~40岁组3.189（标准差0.881）、41~50岁组3.067（标准差1.077）、51岁及以上组3.640（标准差0.959）。方差分析结果显示，F值为4.148，p值为0.006，表明不同年龄组之间在城市社区公共服务满意度上存在显著差异。其中，51岁及以上组的满意度得分最高，远高于其他年龄段，说明老年居民对城市社区公共服务的总体满意度相对较高。相反，41~50岁组的满意度得分最低，提示中年居民可能在公共服务体验上感到相对不足。该差异可能与不同年龄群体的需求、期望和服务利用程度有关,如老年人可能更关注社区环境和生活便利性,而中年群体则可能对工作与家庭压力下的服务需求更高,导致满意度降低。城市教育服务、基本社会保障、社区安全等领域也体现出不同程度的年龄差异。例如,在"城市教育服务——小学"这一指标上,31~40岁及以下组的满意度显著高于41~50岁组,反映出年轻家庭对基础教育服务的期望与感受较为积极。总体而言,不同年龄组对城市社区公共服务的满意度在各个维度上存在显著差异。

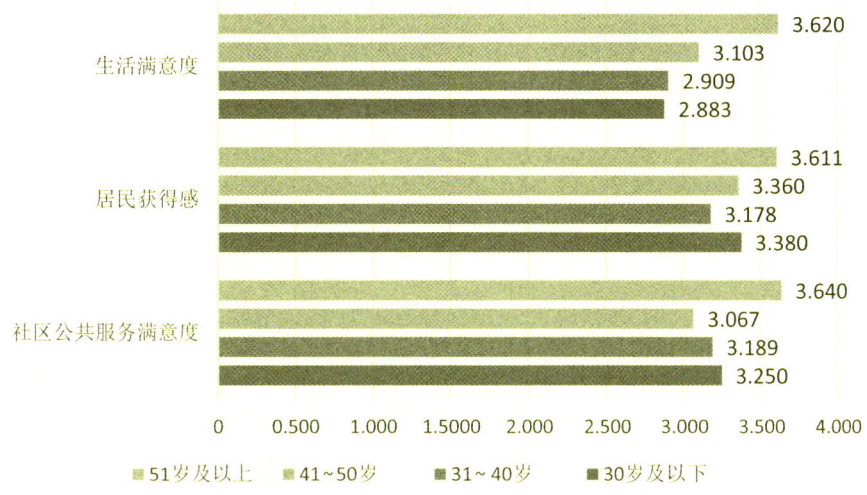

图 7-13 各主要研究变量年龄差异

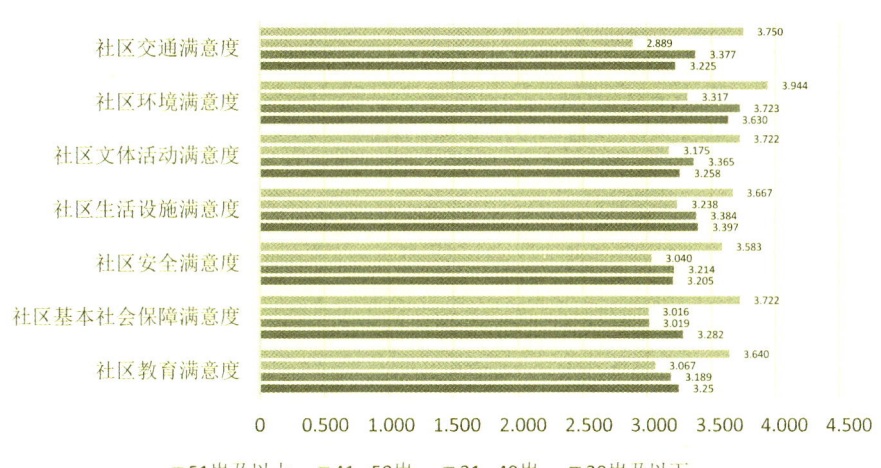

图 7-14 城市社区公共服务满意度各维度年龄差异

在居民获得感方面,不同年龄组的整体平均得分为 30 岁及以下组 3.380(标准差 0.806)、31~40 岁组 3.178(标准差 0.767)、41~50 岁组 3.360(标准差 1.016)和 51 岁及以上组 3.611(标准差 1.031)。方差分析结果显示 F 值为 3.409,p 值为 0.017,表明不同年龄组在居民获得感上存在显著差异。51 岁及以上组的居民获得感最高,而 31~40 岁组的得分相对较低。这可能反映出老年居民在城市社区公共服务和社会支持方面的满意度较高,从而感受到更强的获得感;而年轻人或中年人可能面临更多压力和挑战,导致他们在同等服务水平下获得感相对较弱。如横向获得感显示出显著的年龄差异(F 值为 5.267,p = 0.001),表明在与他人比较中,不同年龄组居民的获得感差异较为明显。老年居民可能由于积累了较多社会资源和经验,在比较中感受到较高的成就感和满足感。

生活满意度在不同年龄组之间也存在显著差异。总体而言,30 岁及以下组的生活满意度平均得分为 2.883(标准差 0.813),31~40 岁组为 2.909(标准差 0.822),41~50 岁组为 3.103(标准差 1.065),而 51 岁及以上组则显著更高,平均得分为 3.620(标准差 1.006)。方差分析结果显示 F 值为 9.020,p 值为 0.001,表明不同年龄组的生活满意度存在显著差异(见表 7-21)。其中,51 岁及以上居民的生活满意度最高,可能是由于随着年龄增长,他们在生活经历、经济条件和心理调适等方面达到了一定的稳定状态和满足感。"生活改变"的平均得分在不同年龄组间差异显著,较年轻组得分较低,而老年组得分较高(F 值显著且 p < 0.001)。这暗示随着年龄增长,居民对生活变化的感知和满意度可能提高,反映出老年人在面对生活变化时更能适应或对变化持有积极态度。同样,"生活状态""生活理想"等子项也显示出显著的年龄差异,进一步支持了不同年龄组在生活满意度上的差异化的评价。

表 7-21 年龄差异检验结果

	30 岁及以下		31~40 岁		41~50 岁		51 岁及以上		F	p
	M	SD	M	SD	M	SD	M	SD		
1 城市社区公共服务满意度	3.250	0.804	3.189	0.881	3.067	1.077	3.640	0.959	4.148	0.006
1.1 教育——幼儿园	3.282	1.122	3.138	1.155	3.214	1.532	3.583	1.442	1.432	0.232
1.2 教育——小学	3.416	1.049	3.283	1.170	3.190	1.441	3.944	1.120	4.429	0.004
1.3 教育——中学	3.507	1.096	3.132	1.197	3.159	1.445	3.694	1.167	5.903	0.001
1.4 教育——培训机构	3.030	1.123	2.912	1.224	3.056	1.482	3.722	1.233	4.314	0.005
1.5 基本社会保障——医疗服务	3.282	1.087	3.019	1.166	3.016	1.403	3.722	1.279	5.217	0.001

续表

	30岁及以下		31~40岁		41~50岁		51岁及以上		F	p
	M	SD	M	SD	M	SD	M	SD		
1.6 基本社会保障——养老服务	3.142	1.139	2.931	1.186	3.103	1.390	3.528	1.253	2.699	0.045
1.7 基本社会保障——困难家庭救助服务	2.995	1.158	2.843	1.250	2.905	1.280	3.583	1.131	3.893	0.009
1.8 基本社会保障——就业服务	2.847	1.138	2.723	1.227	2.929	1.375	3.556	1.157	4.805	0.003
1.9 安全——安全设施	3.205	1.096	3.214	1.245	3.040	1.317	3.583	1.317	2.028	0.109
1.10 安全——警务人员工作	3.222	1.113	3.069	1.233	3.143	1.429	3.639	1.313	2.306	0.076
1.11 安全——安全知识宣传	3.153	1.114	3.069	1.143	3.254	1.258	3.528	1.298	1.792	0.147
1.12 基础生活设施——超市	3.595	1.102	3.547	1.162	3.286	1.408	4.000	1.014	4.070	0.007
1.13 基础生活设施——理发店	3.411	1.105	3.346	1.232	3.119	1.336	3.472	1.464	1.991	0.114
1.14 基础生活设施——公共厕所	2.989	1.104	2.987	1.288	2.905	1.456	3.250	1.381	0.733	0.533
1.15 基础生活设施——垃圾收集点	3.397	1.167	3.384	1.163	3.238	1.347	3.667	1.352	1.275	0.282
1.16 文体服务——文体活动场所	3.258	1.204	3.365	1.235	3.175	1.357	3.722	1.210	2.095	0.100
1.17 文体服务——文体活动设施	3.181	1.174	3.270	1.221	2.984	1.356	3.750	1.296	3.915	0.009
1.18 文体服务——文体活动种类	3.008	1.120	3.075	1.290	2.984	1.345	3.444	1.297	1.549	0.201
1.19 居住环境——绿化程度	3.630	1.154	3.723	1.222	3.317	1.354	3.944	1.068	3.903	0.009
1.20 居住环境——噪声处理	3.184	1.120	3.031	1.214	2.952	1.338	3.278	1.137	1.684	0.169
1.21 居住环境——照明设施	3.419	1.118	3.421	1.209	2.944	1.322	3.750	1.105	6.971	0.001

续表

	30岁及以下		31~40岁		41~50岁		51岁及以上		F	p
	M	SD	M	SD	M	SD	M	SD		
1.22 居住环境——小摊贩管理	3.364	1.161	3.428	1.193	2.984	1.356	3.361	1.397	3.757	0.011
1.23 交通——道路建设及维护	3.225	1.206	3.377	1.101	2.889	1.454	3.750	1.025	6.194	0.001
1.24 交通——公共交通便利度	3.422	1.055	3.396	1.307	2.960	1.399	3.861	1.125	7.251	0.001
1.25 交通——停车场及停车位	3.156	1.127	3.031	1.309	2.929	1.426	3.583	1.273	3.042	0.028
2. 居民获得感	3.380	0.806	3.178	0.767	3.360	1.016	3.611	1.031	3.409	0.017
2.1 纵向获得感	3.449	0.989	3.358	0.916	3.341	1.075	3.694	1.064	1.489	0.216
2.2 横向获得感	3.342	0.902	3.050	0.992	3.357	1.149	3.639	0.990	5.267	0.001
2.3 总体获得感	3.348	0.985	3.126	0.953	3.381	1.158	3.583	1.180	2.944	0.032
3. 生活满意度	2.883	0.813	2.909	0.822	3.103	1.065	3.620	1.006	9.020	0.001
3.1 生活状态	2.808	1.001	2.931	0.982	3.024	1.223	3.389	1.153	4.160	0.006
3.2 生活理想	3.151	0.953	3.145	1.018	3.254	1.193	3.778	1.045	4.402	0.004
3.3 生活满足	3.000	0.958	3.057	1.020	3.230	1.118	3.639	1.222	5.290	0.001
3.4 生活得到	2.647	1.071	2.767	0.989	3.103	1.289	3.556	1.107	11.298	0.001
3.5 生活改变	2.411	1.100	2.616	1.095	3.000	1.239	3.722	1.003	20.611	0.001

3. 学历差异检验

各主要研究变量学历差异如图7-15所示，城市社区公共服务满意度各维度学历差异如图7-16所示。具体而言，不同学历群体在城市社区公共服务满意度上存在一定差异。总体来看，初中及以下学历组的平均满意度为2.999（标准差0.899），高中（包括职高）学历组为3.359（标准差1.012），本科（包括专科和大专）学历组为3.240（标准差0.883），而硕士及以上学历组为3.150（标准差0.786）。方差分析结果显示，整体差异的F值为2.532，p值为0.056，虽然总体学历差异在显著性水平0.05附近，但尚未达到统计显著性。然而，在具体的服务子项分析中，不同学历群体间的满意度差异显著。例如，在"城市教育服务——幼儿园"指标上，初中及以下学历居民的平均得分为2.778（标准差1.550），高中（包括职高）学历组为3.472（标准差1.320），本科（包括专科和大专）学历组为3.342（标准差1.174），硕士及以上学历组为3.038（标准差1.097），该项目的方差分析显示 F 值为 6.352，p 值为 0.001，表明在幼儿园教育服务上，不同学历居民的满意度存在显著差异。学历较高的群体通常拥有更多的教育资源认知和期望，他们对幼儿园教育质量的要求较高，而初中及以下学历群体可能由于经验或资源有限，对服务质量的感知相对较低，从而导致满意度差异明显。

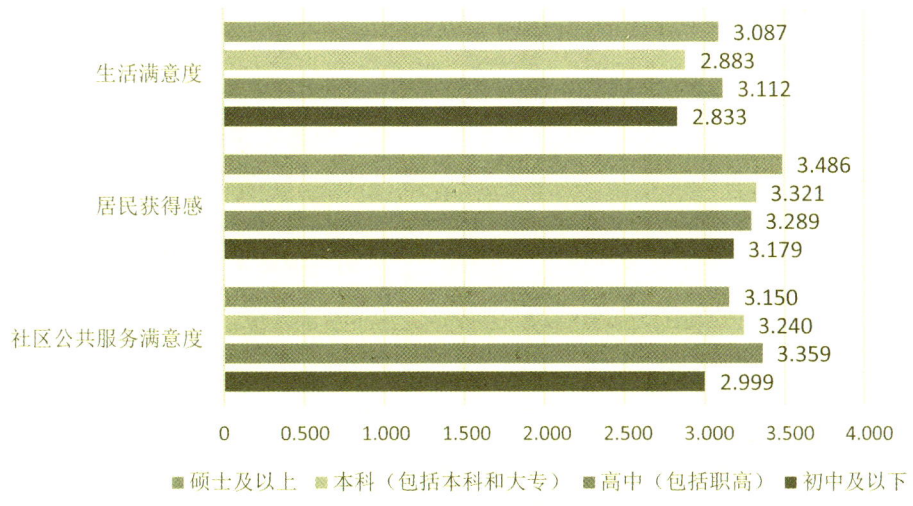

图 7-15　各主要研究变量学历差异

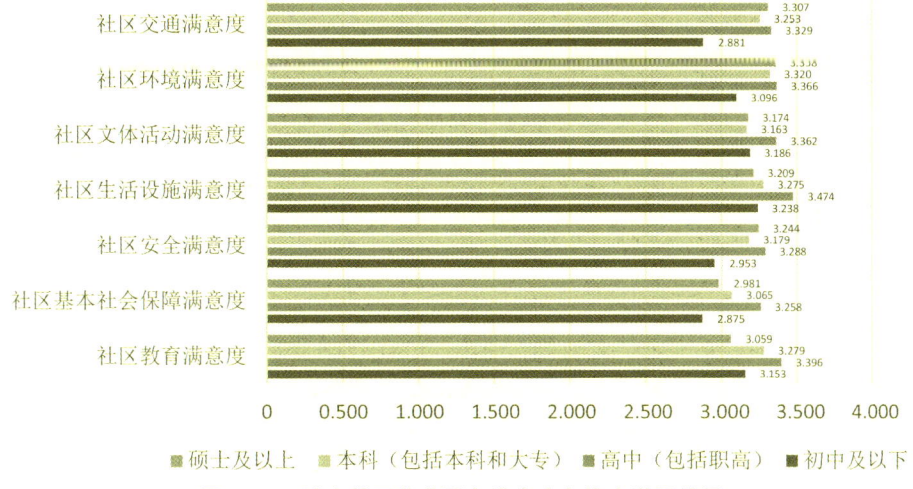

图 7-16　城市社区公共服务满意度各维度学历差异

在居民获得感方面，初中及以下学历群体的平均得分为 3.179（标准差 0.969），高中（包括职高）学历组为 3.289（标准差 1.004），本科（包括本科和大专）学历组为 3.321（标准差 0.870），硕士及以上学历组为 3.486（标准差

0.614)。总体上,方差分析得到的 F 值为 2.380,p 值为 0.069,提示不同学历群体间的总体获得感差异接近统计显著水平。尽管整体差异未达到严格的显著性,但在具体子项"纵向获得感"上,不同学历群体的差异显著。具体来说,初中及以下学历群体的纵向获得感平均值为 3.167(标准差 0.966),高中(包括职高)学历为 3.307(标准差 1.102),本科(包括本科和大专)学历为 3.434(标准差 1.009),硕士及以上学历为 3.573(标准差 0.849),该指标的方差分析结果显示 F 值为 3.006,p 值为 0.030,表明学历较高的居民在个人成长和进步方面感受到的成就感显著更强。学历提高可能伴随更多的教育和职业资源,增强了个体的自我效能感和成就感,从而提升了其纵向获得感。在横向获得感和总体获得感方面,虽然不同学历组的平均值存在差异,但统计检验未显示出显著性(p 值分别为 0.481 和 0.081),表明在这些维度上,不同学历居民的获得感差异不如纵向获得感明显。

在生活满意度方面,初中及以下学历群体的平均得分为 2.833(标准差 0.983),高中(包括职高)学历组为 3.112(标准差 1.082),本科(包括本科和大专)学历组为 2.883(标准差 0.845),硕士及以上学历组为 3.087(标准差 0.763)。总体方差分析显示,生活满意度在不同学历群体之间存在显著差异(F = 3.525,p = 0.015)。这一结果表明,不同学历居民对生活满意度的感知存在显著差异。"生活状态"显示出显著的学历差异。初中及以下学历居民在生活状态的平均得分为 2.463(标准差 1.111),高中(包括职高)学历组为 3.016(标准差 1.202),本科(包括本科和大专)学历组为 2.836(标准差 1.043),硕士及以上学历组为 3.127(标准差 0.868),该项的方差分析结果为 F = 6.588,p = 0.001(见表 7-22)。这显示学历较高的群体对当前生活状态的满意度显著高于学历较低的群体。教育水平可能影响个体的生活资源获取能力和对生活品质的期望较高,从而使得高学历群体在满足感上表现得更为积极。

表 7-22 学历差异检验结果

	初中及以下		高中 (包括职高)		本科 (包括本科 和大专)		硕士及以上		F	p
	M	SD	M	SD	M	SD	M	SD		
1 城市社区公共服务满意度	2.999	0.899	3.359	1.012	3.240	0.883	3.150	0.786	2.532	0.056
1.1 教育——幼儿园	2.778	1.550	3.472	1.320	3.342	1.174	3.038	1.097	6.352	0.001
1.2 教育——小学	3.352	1.430	3.480	1.253	3.445	1.068	3.127	1.197	3.140	0.025
1.3 教育——中学	3.222	1.327	3.409	1.317	3.503	1.117	3.076	1.217	4.900	0.002

续表

	初中及以下		高中（包括职高）		本科（包括本科和大专）		硕士及以上		F	p
	M	SD	M	SD	M	SD	M	SD		
1.4 教育——培训机构	3.111	1.369	3.268	1.360	3.129	1.178	2.650	1.120	7.556	0.001
1.5 基本社会保障——医疗服务	2.722	1.472	3.370	1.259	3.276	1.120	3.038	1.126	5.301	0.001
1.6 基本社会保障——养老服务	2.796	1.446	3.386	1.209	3.109	1.207	2.981	1.089	4.056	0.007
1.7 基本社会保障——困难家庭救助服务	2.796	1.419	3.181	1.151	3.034	1.205	2.732	1.151	4.062	0.007
1.8 基本社会保障——就业服务	2.889	1.436	3.142	1.245	2.891	1.178	2.599	1.148	4.834	0.002
1.9 安全——安全设施	2.963	1.400	3.220	1.321	3.193	1.184	3.268	0.996	0.899	0.441
1.10 安全——警务人员工作	2.667	1.467	3.417	1.281	3.190	1.185	3.204	1.096	4.879	0.002
1.11 安全——安全知识宣传	3.000	1.346	3.528	1.187	3.101	1.136	3.102	1.075	5.094	0.002
1.12 基础生活设施——超市	3.333	1.244	3.709	1.203	3.578	1.175	3.427	1.145	2.010	0.111
1.13 基础生活设施——理发店	3.093	1.278	3.512	1.308	3.382	1.189	3.217	1.100	2.328	0.073
1.14 基础生活设施——公共厕所	3.056	1.309	3.307	1.366	2.859	1.156	2.987	1.219	4.215	0.006
1.15 服务生活设施——垃圾收集点	3.315	1.315	3.465	1.338	3.342	1.215	3.414	1.056	0.413	0.744
1.16 文体服务——文体活动场所	3.444	1.369	3.402	1.274	3.259	1.230	3.223	1.207	0.843	0.470
1.17 文体服务——文体活动设施	3.130	1.374	3.370	1.320	3.170	1.232	3.134	1.110	1.081	0.357
1.18 文体服务——文体活动种类	3.000	1.332	3.213	1.307	3.060	1.243	2.879	1.009	1.830	0.140
1.19 居住环境——绿化程度	3.222	1.341	3.472	1.265	3.635	1.213	3.803	1.083	3.801	0.010
1.20 居住环境——噪声处理	2.759	1.212	3.142	1.258	3.172	1.168	3.070	1.150	1.989	0.114
1.21 居住环境——照明设施	3.333	1.289	3.244	1.295	3.365	1.182	3.408	1.103	0.476	0.699

续表

	初中及以下		高中 (包括职高)		本科 (包括本科 和大专)		硕士及以上		F	p
	M	SD	M	SD	M	SD	M	SD		
1.22 居住环境——小摊贩管理	2.852	1.472	3.260	1.274	3.356	1.212	3.401	1.097	3.065	0.027
1.23 交通——道路建设及维护	2.778	1.383	3.291	1.310	3.195	1.244	3.395	1.073	3.562	0.014
1.24 交通——公共交通便利度	2.778	1.436	3.378	1.297	3.394	1.173	3.446	1.065	4.634	0.003
1.25 交通——停车场及停车位	2.574	1.283	3.315	1.301	3.078	1.211	3.191	1.204	4.881	0.002
2. 居民获得感	3.179	0.969	3.289	1.004	3.321	0.870	3.486	0.614	2.380	0.069
2.1 纵向获得感	3.167	0.966	3.307	1.102	3.434	1.009	3.573	0.849	3.006	0.030
2.2 横向获得感	3.204	1.122	3.291	1.085	3.261	1.020	3.395	0.749	0.824	0.481
2.3 总体获得感	3.148	1.123	3.283	1.154	3.273	1.034	3.490	0.837	2.250	0.081
3. 生活满意度	2.833	0.983	3.112	1.082	2.883	0.845	3.087	0.763	3.525	0.015
3.1 生活状态	2.463	1.111	3.016	1.202	2.836	1.043	3.127	0.868	6.588	0.001
3.2 生活理想	3.056	1.280	3.228	1.236	3.149	0.990	3.344	0.798	1.699	0.166
3.3 生活满足	3.111	1.341	3.150	1.127	2.971	0.998	3.293	0.842	3.785	0.010
3.4 生活得到	2.796	1.234	3.039	1.262	2.638	1.087	2.994	0.977	6.023	0.001
3.5 生活改变	3.019	1.189	3.071	1.28	2.414	1.114	2.643	1.056	12.604	0.001

在生活满意度其他子项方面，如生活得到和生活改变等，均出现显著的学历差异（p值均<0.01），这些差异反映了不同学历群体在经济收入、社会地位和生活条件上的不同感知和满意度水平。

4. 家庭人均年收入差异检验

各主要研究变量家庭人均年收入差异如图7-17所示，城市社区公共服务满意度各维度家庭人均年收入差异如图7-18所示。具体而言，不同收入群体在城市社区公共服务满意度上存在显著差异。总体来看，收入在80001~100000元及以上的居民对城市社区公共服务的总体满意度最高，平均得分为3.597（标准差0.785），而收入在20000元及以下以及20001~50000元区间的居民满意度较低，均为3.043（标准差0.947），这表明不同收入组间的总体满意度差异具有高度统计显著性。这一发现表明，随着收入水平的提高，居民对城市社区公共服务的评价趋向于更加积极。收入较高的居民可能拥有更多的选择权和资源，享受到了更高质量的公共服务，从而提高了他们的满意度。

第七章 城市社区公共服务满意度对居民获得感的影响机制研究

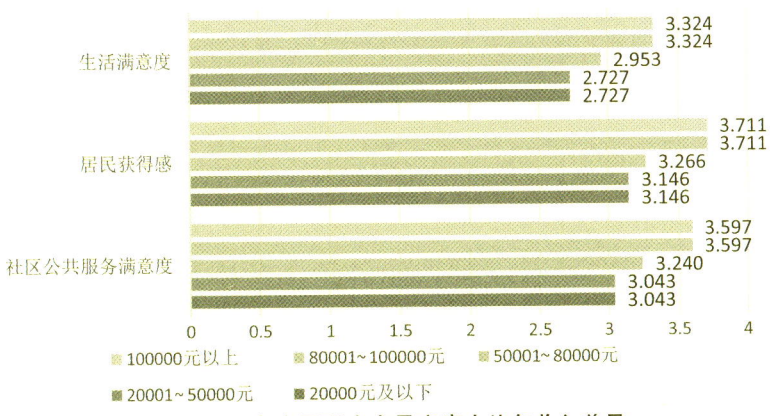

图 7-17 各主要研究变量家庭人均年收入差异

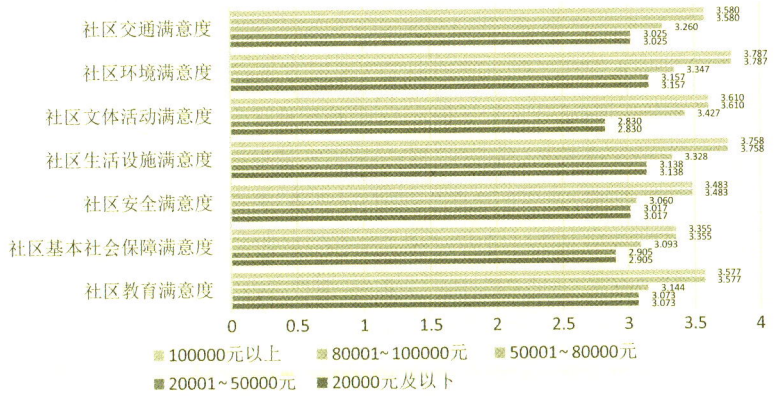

图 7-18 城市社区公共服务满意度各维度家庭人均年收入差异

在居民获得感方面，不同收入群体的总体得分存在显著差异。收入在 80001～100000 元及以上的居民总体获得感最高，平均得分为 3.711（标准差 0.720），而收入在 20000 元及以下和 20001～50000 元的群体得分较低，均为 3.146（标准差约 0.932）。显示出不同收入层次的居民在获得感上的评价存在显著差异。收入水平较高的居民往往拥有更丰富的资源和更好的社会条件，这增强了他们的自我效能感和幸福感，从而提高了他们的获得感。

生活满意度方面，不同收入群体的得分显示出明显的收入梯度效应。收入在 80001 元至 100000 元及以上的居民生活满意度最高，平均得分为 3.324（标准差 0.791），而低收入群体（收入在 20000 元及以下及 20001～50000 元）的平均得分约为 2.727（标准差 0.941），显著低于高收入群体。方差分析结果显示，生活满意度的 F 值为 7.636，p 值小于 0.001，表明不同收入层次居民的生活满意度存在显著差异（见表 7-23）。这意味着经济条件较好的居民通常对自己的生活状况更为满意，因为他们在教育、医疗、住房和社区服务等方面的需求更容易得到满足。

· 387 ·

表 7-23 家庭人均年收入差异检验结果

	20000元及以下		20001~50000元		50001~80000元		80001~100000元		100000元以上		F	p
	M	SD	M	SD	M	SD	M	SD	M	SD		
1 城市社区公共服务满意度	3.043	0.947	3.043	0.947	3.240	0.938	3.597	0.785	3.597	0.785	7.431	<0.001
1.1 教育——幼儿园	2.728	0.941	2.728	0.941	2.953	0.931	3.324	0.792	3.324	0.792	2.921	0.021
1.2 教育——小学	3.146	0.932	3.146	0.932	3.266	0.919	3.712	0.720	3.712	0.720	1.947	0.101
1.3 教育——中学	3.350	1.188	3.350	1.188	3.280	1.266	3.870	1.189	3.870	1.189	5.129	<0.001
1.4 教育——培训机构	3.100	1.225	3.100	1.225	2.980	1.281	3.380	1.257	3.380	1.257	2.798	0.025
1.5 基本社会保障——医疗服务	3.130	1.240	3.130	1.240	3.170	1.145	3.560	1.128	3.560	1.128	3.452	0.008
1.6 基本社会保障——养老服务	2.920	1.340	2.920	1.340	3.170	1.173	3.460	1.012	3.460	1.012	5.568	<0.001
1.7 基本社会保障——困难家庭救助服务	2.870	1.328	2.870	1.328	3.070	1.166	3.160	1.205	3.160	1.205	3.073	0.016
1.8 基本社会保障——就业服务	2.700	1.280	2.700	1.280	2.960	1.189	3.240	1.187	3.240	1.187	4.551	0.001
1.9 安全——安全设施	3.050	1.215	3.050	1.215	2.970	1.334	3.630	1.027	3.630	1.027	6.634	<0.001
1.10 安全——警务人员工作	2.960	1.226	2.960	1.226	3.070	1.319	3.510	1.169	3.510	1.169	4.844	<0.001
1.11 安全——安全知识宣传	3.040	1.235	3.040	1.235	3.140	1.228	3.310	1.124	3.310	1.124	1.518	0.195

第七章 城市社区公共服务满意度对居民获得感的影响机制研究

续表

	20000元及以下		20001~50000元		50001~80000元		80001~100000元		100000元以上		F	p
	M	SD	M	SD	M	SD	M	SD	M	SD		
1.12 基础生活设施——超市	3.380	1.164	3.380	1.164	3.530	1.284	4.110	1.060	4.110	1.060	7.927	<0.001
1.13 基础生活设施——理发店	3.250	1.147	3.250	1.147	3.240	1.364	3.660	1.167	3.660	1.167	2.529	0.039
1.14 基础生活设施——公共厕所	2.800	1.208	2.800	1.208	3.030	1.308	3.390	1.114	3.390	1.114	5.316	<0.001
1.15 基础生活设施——垃圾收集点	3.120	1.238	3.120	1.238	3.510	1.311	3.870	0.944	3.870	0.944	9.871	<0.001
1.16 文体服务——文体活动场所	2.940	1.334	2.940	1.334	3.560	1.283	3.720	1.118	3.720	1.118	9.743	<0.001
1.17 文体服务——文体活动设施	2.850	1.239	2.850	1.239	3.430	1.361	3.640	1.100	3.640	1.100	10.110	<0.001
1.18 文体服务——文体活动种类	2.700	1.220	2.700	1.220	3.290	1.271	3.470	1.159	3.470	1.159	11.629	<0.001
1.19 居住环境——绿化程度	3.350	1.244	3.350	1.244	3.630	1.305	4.110	0.982	4.110	0.982	7.303	<0.001
1.20 居住环境——噪声处理	2.980	1.274	2.980	1.274	3.130	1.288	3.420	1.269	3.420	1.269	2.077	0.082
1.21 居住环境——照明设施	3.140	1.289	3.140	1.289	3.280	1.261	3.830	0.944	3.830	0.944	6.045	<0.001
1.22 居住环境——小摊贩管理	3.080	1.250	3.080	1.250	3.410	1.304	3.600	1.105	3.600	1.105	5.390	<0.001
1.23 交通——道路建设及维护	2.960	1.286	2.960	1.286	3.200	1.446	3.630	1.070	3.630	1.070	5.000	<0.001

续表

	20000元及以下		20001~50000元		50001~80000元		80001~100000元		100000元以上		F	p
	M	SD	M	SD	M	SD	M	SD	M	SD		
1.24 交通——公共交通便利度	3.090	1.237	3.090	1.237	3.330	1.318	3.880	1.053	3.880	1.053	6.767	<0.001
1.25 交通——停车场及停车位	2.970	1.216	2.970	1.216	3.100	1.289	3.210	1.238	3.210	1.238	1.190	0.314
2. 居民获得感	3.146	0.932	3.146	0.932	3.266	0.919	3.711	0.720	3.711	0.720	8.904	<0.001
2.1 纵向获得感	3.230	1.104	3.230	1.104	3.300	1.033	3.790	0.776	3.790	0.776	6.472	<0.001
2.2 横向获得感	3.120	1.087	3.120	1.087	3.210	1.044	3.670	0.765	3.670	0.765	6.712	<0.001
2.3 总体获得感	3.090	1.119	3.090	1.119	3.310	1.073	3.670	0.850	3.670	0.850	7.063	<0.001
3. 生活满意度	2.727	0.941	2.727	0.941	2.953	0.930	3.324	0.791	3.324	0.791	7.636	<0.001
3.1 生活状态	2.650	1.095	2.650	1.095	2.860	1.124	3.470	0.880	3.470	0.880	9.892	<0.001
3.2 生活理想	2.960	1.066	2.960	1.066	3.170	1.093	3.580	0.939	3.580	0.939	6.451	<0.001
3.3 生活满足	2.890	1.111	2.890	1.111	3.000	1.059	3.390	0.937	3.390	0.937	4.735	<0.001
3.4 生活得到	2.530	1.099	2.530	1.099	2.750	1.232	3.150	1.061	3.150	1.061	5.880	<0.001
3.5 生活改变	2.420	1.203	2.420	1.203	2.660	1.205	2.890	1.172	2.890	1.172	4.964	<0.001

5. 社区类型差异检验

各主要研究变量社区类型差异如图 7-19 所示，城市社区公共服务满意度各维度社区类型差异如图 7-20 所示。在不同类型的城市社区中，居民在城市社区公共服务满意度、居民获得感和生活满意度等方面表现出明显差异。整体来看，单位制社区的居民在各项服务维度中的满意度普遍较高，城市社区公共服务满意度为 3.519，远高于其他类型的社区。相比之下，公租房社区的居民在多个维度中满意度较低，尤其是在城市社区公共服务满意度（2.462）和居民获得感（1.944）方面，显示出低收入和资源匮乏可能导致的生活满意度不高（见表 7-24）。

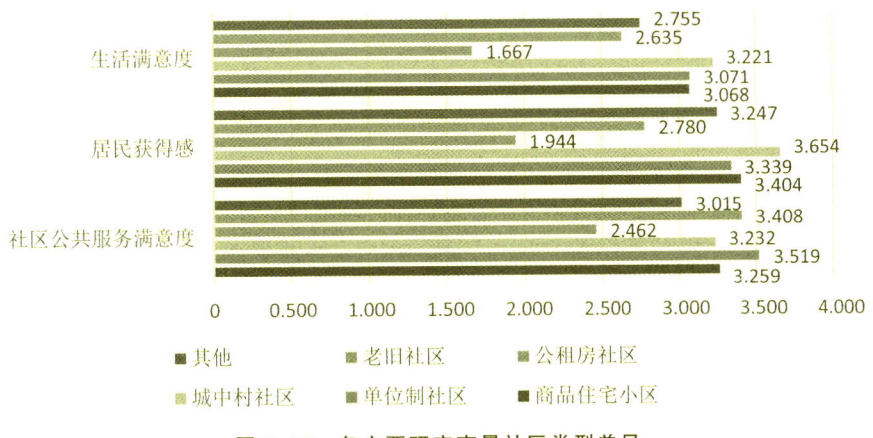

图 7-19 各主要研究变量社区类型差异

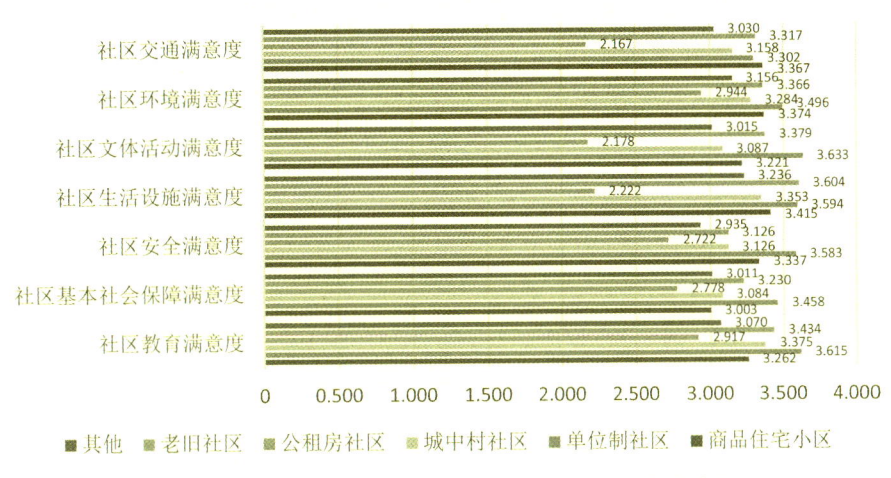

图 7-20 城市社区公共服务满意度各维度社区类型差异

表 7-24 社区类型差异检查结果

	商品住宅小区		单位制社区		城中村社区		公租房社区		老旧社区		其他		F	p
	M	SD	M	SD	M	SD	M	SD	M	SD	M	SD		
1 城市社区公共服务满意度	3.259	0.809	3.519	0.868	3.232	1.155	2.462	1.072	3.408	0.884	3.015	0.849	5.208	<0.001
1.1 教育——幼儿园	3.288	1.188	3.525	1.369	3.474	1.227	1.889	1.269	3.476	1.162	2.976	1.211	5.586	<0.001
1.2 教育——小学	3.307	1.177	3.847	1.014	3.592	1.224	2.778	1.481	3.540	1.090	3.193	1.138	4.282	<0.001
1.3 教育——中学	3.252	1.249	3.763	1.135	3.461	1.321	3.000	1.414	3.683	1.105	3.295	1.075	3.119	0.009
1.4 教育——培训机构	2.984	1.239	3.458	1.072	3.039	1.351	3.000	1.414	3.444	1.133	2.861	1.201	3.598	0.003
1.5 基本社会保障——医疗服务	3.157	1.143	3.610	1.130	3.118	1.442	3.000	1.414	3.365	1.168	3.102	1.147	2.088	0.065
1.6 基本社会保障——养老服务	3.102	1.130	3.339	1.321	3.092	1.471	1.889	1.167	3.302	1.186	3.030	1.162	2.755	0.018
1.7 基本社会保障——困难家庭救助服务	2.885	1.171	3.542	1.023	3.145	1.439	2.222	0.972	3.19	1.148	2.819	1.187	5.037	<0.001
1.8 基本社会保障——就业服务	2.904	1.159	3.119	1.233	3.066	1.370	2.556	1.014	3.000	1.244	2.596	1.206	2.921	0.013
1.9 安全——安全设施	3.358	1.077	3.593	1.019	3.079	1.364	3.222	1.394	3.079	1.299	2.849	1.224	5.760	<0.001
1.10 安全——警务人员工作	3.316	1.106	3.610	1.246	3.197	1.366	2.111	1.364	3.095	1.292	2.910	1.225	5.493	<0.001
1.11 安全——安全知识宣传	3.224	1.060	3.356	1.063	3.224	1.391	2.556	1.014	3.365	1.067	2.946	1.266	2.601	0.024

第七章 城市社区公共服务满意度对居民获得感的影响机制研究

续表

	商品住宅小区		单位制社区		城中村社区		公租房社区		老旧社区		其他		F	p
	M	SD	M	SD	M	SD	M	SD	M	SD	M	SD		
1.12 基础生活设施——超市	3.617	1.152	3.593	1.146	3.553	1.380	2.333	1.225	3.841	1.139	3.355	1.112	3.870	0.002
1.13 基础生活设施——理发店	3.323	1.185	3.508	1.419	3.434	1.237	3.222	1.394	3.730	1.139	3.151	1.121	2.529	0.028
1.14 基础生活设施——公共厕所	2.933	1.165	3.237	1.291	3.026	1.469	2.556	1.333	3.222	1.237	2.916	1.203	1.417	0.216
1.15 基础生活设施——垃圾收集点	3.454	1.043	3.864	1.106	3.329	1.509	2.000	1.414	3.730	1.139	3.030	1.272	8.773	<0.001
1.16 文体服务——文体活动场所	3.342	1.141	3.746	1.226	3.276	1.429	2.333	1.225	3.429	1.254	3.042	1.281	4.337	<0.001
1.17 文体服务——文体活动设施	3.256	1.146	3.644	1.310	3.092	1.416	2.000	1.414	3.333	1.283	2.982	1.183	4.781	<0.001
1.18 文体服务——文体活动种类	3.064	1.153	3.508	1.180	2.895	1.438	2.222	1.394	3.381	1.263	2.819	1.130	5.040	<0.001
1.19 居住环境——绿化程度	3.712	1.188	3.814	1.210	3.605	1.347	3.000	1.414	3.619	1.084	3.380	1.204	2.462	0.032
1.20 居住环境——噪声处理	3.141	1.152	3.186	1.210	2.974	1.211	3.333	1.581	3.413	1.131	2.964	1.220	1.685	0.136
1.21 居住环境——照明设施	3.393	1.087	3.678	1.090	3.513	1.409	2.111	1.537	3.206	1.259	3.199	1.217	3.995	0.001
1.22 居住环境——小摊贩管理	3.419	1.152	3.661	1.169	3.211	1.526	1.778	0.972	3.635	1.005	2.982	1.193	8.016	<0.001
1.23 交通——道路建设及维护	3.342	1.144	3.153	1.400	3.329	1.300	1.889	1.167	3.127	1.385	3.096	1.222	3.293	0.006

续表

	商品住宅小区		单位制社区		城中村社区		公租房社区		老旧社区		其他		F	p
	M	SD	M	SD	M	SD	M	SD	M	SD	M	SD		
1.24 交通——公共交通便利度	3.406	1.151	3.678	0.973	3.474	1.311	2.444	1.236	3.540	1.330	3.066	1.217	4.444	<0.001
1.25 交通——停车场及停车位	3.291	1.212	3.102	1.348	2.671	1.320	2.222	0.972	3.333	1.270	2.928	1.142	5.430	<0.001
居民获得感	3.404	0.761	3.339	0.688	3.654	0.873	1.944	0.682	2.780	0.929	3.247	0.926	7.302	<0.001
2.1 纵向获得感	3.508	0.896	3.390	0.965	3.645	0.86	1.667	1.000	2.746	1.015	3.337	1.126	6.412	<0.001
2.2 横向获得感	3.396	0.921	3.237	0.727	3.487	1.077	2.222	0.667	2.778	1.170	3.187	1.036	8.242	<0.001
2.3 总体获得感	3.319	0.951	3.407	0.873	3.803	1.120	1.778	0.972	2.778	1.142	3.217	1.027	6.148	<0.001
3. 生活满意度	3.068	0.846	3.071	0.663	3.221	1.025	1.667	1.000	2.635	1.140	2.755	0.897	6.319	<0.001
3.1 生活状态	3.054	0.984	3.119	0.911	2.934	1.330	2.667	0.866	3.190	1.281	2.669	1.029	3.366	0.005
3.2 生活理想	3.284	0.926	3.322	0.819	3.618	1.070	2.444	0.882	3.381	1.263	3.024	1.106	4.407	<0.001
3.3 生活满足	3.163	0.952	3.220	0.832	3.342	1.126	1.889	1.167	3.190	1.208	2.976	1.061	4.570	<0.001
3.4 生活得到	2.962	1.049	2.712	1.051	3.079	1.334	3.556	1.333	2.921	1.299	2.548	1.093	2.680	0.021
3.5 生活改变	2.735	1.148	2.695	0.933	2.829	1.399	3.000	1.225	3.159	1.208	2.422	1.172	4.685	<0.001

在社区教育满意度方面,单位制社区居民的得分最高,达到3.615,明显高于其他社区类型,如公租房社区(2.917)和城中村社区(3.375)。这表明,单位制社区通常拥有较好的教育资源,居民对教育服务的满意度更高。而公租房社区和城中村社区的教育服务水平较为薄弱,导致居民满意度较低。关于社区基本社会保障满意度,单位制社区的得分(3.458)显著高于其他社区类型,特别是公租房社区(2.778)和老旧社区(3.230)。这种差异可能反映了不同社区类型在社会保障和福利方面的资源分配和服务质量的不同。在社区安全满意度方面,单位制社区的得分最高(3.583),而公租房社区和老旧社区的安全服务满意度较低,分别为2.722和3.126,这可能与社区的治安状况、警务覆盖及社区居民的安全感有关。社区生活设施满意度和社区文体活动满意度也呈现类似趋势,单位制社区的居民满意度较高,反映了这类社区通常具备更完善的基础设施和更多的文化活动资源。而公租房社区的居民在这两个方面的满意度最低,分别为2.222和2.178,显示出生活条件的简陋和文体活动匮乏对居民满意度的负面影响。

6. 家庭人均居住面积差异检验

各主要研究变量家庭人均居住面积差异如图7-21所示,城市社区公共服务满意度各维度家庭人均住房面积差异如图7-22所示。具体而言,不同居住面积的居民在城市社区公共服务的满意度上存在显著差异。居住面积在21~40㎡的居民满意度最高,平均得分为3.301(标准差0.843),而居住面积在20㎡及以下的群体满意度最低,平均得分为3.001(标准差0.924)。表明居住面积较大的群体在公共服务满意度上表现更为积极。差异较为显著的包括"社保——医疗服务"($F=3.782$,$p=0.005$)、"社保——养老服务"($F=3.461$,$p=0.008$)、"社区安全——警务人员工作"($F=2.629$,$p=0.033$)等。在这些服务领域,居住面积较大的居民表现出较高的满意度,可能是因为更宽敞的居住环境提供了更多的便利和资源,使他们对社区服务的评价更为积极。

不同居住面积的居民在获得感上也表现出显著差异。居住面积在61㎡及以上的居民总体获得感最高,平均得分为3.609(标准差0.903),而居住面积在20㎡及以下的群体得分最低,平均为2.950(标准差0.862)。方差分析结果的F值为13.594,p值小于0.001,表明居住面积越大,居民的获得感普遍越强。特别是在"横向获得感"和"总体获得感"方面,居住面积较大的群体得分显著更高($F=13.301$,$p<0.001$;$F=11.845$,$p<0.001$)。这反映出更大的居住空间可能使得居民在社会交往、生活保障等方面的体验更为积极,增强了他们的社会认同感和幸福感。

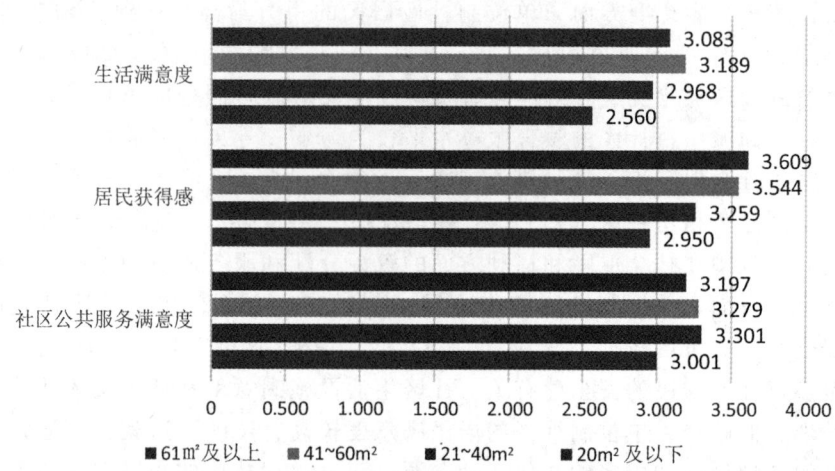

图 7-21　各主要研究变量家庭人均住房面积差异

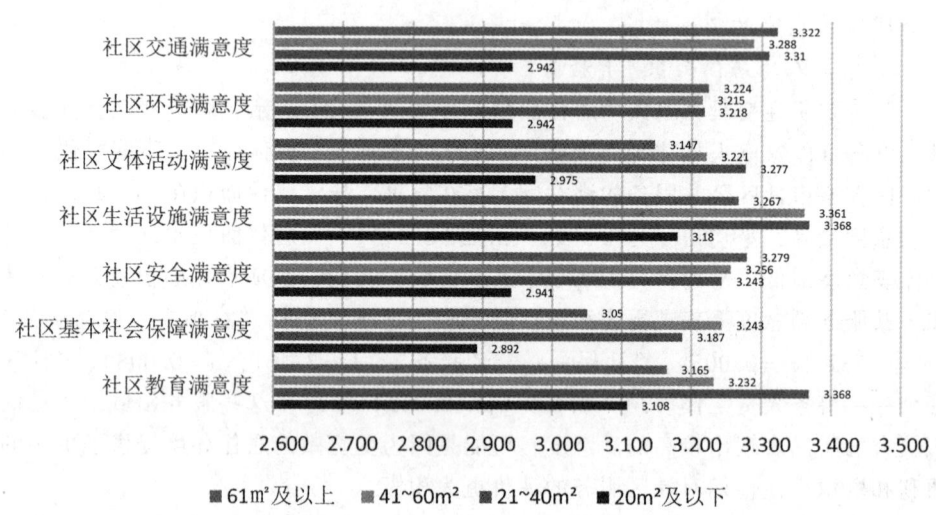

图 7-22　城市社区公共服务满意度各维度家庭人均住房面积差异

生活满意度方面，不同居住面积的居民也存在显著差异。居住面积在 41~60㎡ 的居民生活满意度最高，平均得分为 3.189（标准差 0.744），而居住面积在 20㎡ 及以下的居民得分最低，平均为 2.560（标准差 0.847）。生活状态、生活理想和生活情绪等方面，居住面积较大的群体普遍表现出较高的满意度。例如，"生活状态"题项的 F 值为 12.990，p 小于 0.001（见表 7-25）。这些差异表明，较大的居住面积不仅影响居民的物质条件，还能带来更多的心理舒适感和生活满足感。

表 7-25　家庭人均住房面积差异检验结果

	20m² 及以下		21~40m²		41~60m²		61m² 及以上		F	p
	M	SD	M	SD	M	SD	M	SD		
1 城市社区公共服务满意度	3.001	0.924	3.301	0.843	3.279	0.796	3.197	1.010	2.869	0.022
1.1 教育——幼儿园	3.083	1.192	3.393	1.182	3.146	1.212	3.221	1.350	2.264	0.061
1.2 教育——小学	3.300	1.142	3.441	1.109	3.444	1.145	3.228	1.316	1.124	0.344
1.3 教育——中学	3.167	1.198	3.482	1.127	3.382	1.183	3.289	1.352	2.074	0.083
1.4 教育——培训机构	3.125	1.363	3.136	1.136	2.924	1.071	2.919	1.421	1.383	0.238
1.5 基本社会保障——医疗服务	2.908	1.243	3.268	1.139	3.424	0.979	3.074	1.366	3.782	0.005
1.6 基本社会保障——养老服务	2.800	1.294	3.246	1.169	3.194	0.991	3.007	1.358	3.461	0.008
1.7 基本社会保障——困难家庭救助服务	2.883	1.317	3.048	1.137	3.049	0.963	2.839	1.438	1.024	0.394
1.8 基本社会保障——就业服务	2.867	1.347	2.835	1.158	3.035	0.964	2.779	1.413	0.931	0.445
1.9 安全——安全设施	2.958	1.368	3.217	1.156	3.299	0.983	3.248	1.262	1.681	0.153
1.10 安全——警务人员工作	2.883	1.271	3.221	1.157	3.271	1.079	3.315	1.376	2.629	0.033
1.11 安全——安全知识宣传	3.000	1.270	3.290	1.133	3.188	0.975	3.074	1.263	1.777	0.132
1.12 基础生活设施——超市	3.458	1.099	3.596	1.139	3.625	1.170	3.450	1.323	1.072	0.369
1.13 基础生活设施——理发店	3.183	1.115	3.438	1.173	3.347	1.196	3.295	1.318	1.485	0.205
1.14 基础生活设施——公共厕所	2.942	1.272	3.033	1.225	3.069	1.132	2.859	1.310	0.697	0.594
1.15 服务生活设施——垃圾收集点	3.133	1.216	3.404	1.214	3.604	1.098	3.309	1.278	2.725	0.029
1.16 文体服务——文体活动场所	3.033	1.309	3.368	1.259	3.382	1.084	3.268	1.293	1.841	0.119
1.17 文体服务——文体活动设施	2.942	1.266	3.279	1.261	3.264	1.103	3.174	1.267	1.819	0.123

续表

	20m² 及以下		21~40m²		41~60m²		61m² 及以上		F	p
	M	SD	M	SD	M	SD	M	SD		
1.18 文体服务——文体活动种类	2.908	1.188	3.158	1.209	2.972	1.146	2.993	1.297	1.819	0.123
1.19 居住环境——绿化程度	3.125	1.261	3.779	1.179	3.590	1.054	3.705	1.281	6.924	<0.001
1.20 居住环境——噪声处理	2.758	1.181	3.210	1.109	3.097	1.179	3.221	1.294	3.638	0.006
1.21 居住环境——照明设施	2.883	1.251	3.412	1.159	3.542	0.967	3.416	1.316	6.489	<0.001
1.22 居住环境——小摊贩管理	2.992	1.267	3.342	1.170	3.410	1.067	3.403	1.399	2.621	0.034
1.23 交通——道路建设及维护	2.883	1.251	3.327	1.257	3.118	1.156	3.430	1.215	4.362	0.002
1.24 交通——公共交通便利度	3.083	1.345	3.489	1.100	3.368	1.193	3.302	1.250	2.940	0.020
1.25 交通——停车场及停车位	2.842	1.257	3.114	1.196	3.278	1.155	3.134	1.364	2.673	0.031
2. 居民获得感	2.950	0.862	3.259	0.825	3.544	0.714	3.609	0.903	13.594	<0.001
2.1 纵向获得感	3.058	1.071	3.415	0.976	3.542	0.792	3.604	1.071	6.043	<0.001
2.2 横向获得感	2.925	1.078	3.151	0.966	3.507	0.828	3.631	0.933	13.301	<0.001
2.3 总体获得感	2.883	1.109	3.213	0.904	3.583	1.112	3.591	1.053	11.845	<0.001
3. 生活满意度	2.560	0.847	2.968	0.868	3.189	0.744	3.083	0.999	9.568	<0.001
3.1 生活状态	2.317	1.004	2.982	0.985	3.167	0.939	2.993	1.165	12.990	<0.001
3.2 生活理想	2.775	1.096	3.206	1.010	3.361	0.882	3.376	1.049	7.528	<0.001
3.3 生活满足	2.700	1.112	3.074	0.950	3.354	0.889	3.174	1.131	7.222	<0.001
3.4 生活得到	2.433	1.136	2.798	1.103	2.986	0.975	2.953	1.216	5.125	<0.001
3.5 生活改变	2.258	1.111	2.654	1.139	2.826	1.026	2.725	1.330	4.487	0.001

二、相关性分析

将性别、年龄、学历、收入、社区类型和家庭人均居住面积作为控制变量，对城市社区公共服务满意度、生活满意度和获得感进行偏相关分析。从表7-26

可以发现，城市社区公共服务满意度与生活满意度之间存在显著的正相关关系（r=0.574，p≤0.01），这表明，社区服务质量的提升能够显著增强居民的生活满意度。例如，社区基础设施的完善、教育资源的公平分配以及医疗保障的优化，直接改善了居民的生活质量，从而提升了对生活的整体满意度。城市社区公共服务满意度与获得感之间存在显著的正相关关系（r=0.432，p≤0.01），城市社区公共服务对居民获得感的影响也较为显著，说明高质量的社区服务是居民获得感的重要来源。通过提供多样化的公共产品和服务，社区不仅满足了居民的日常需求，还通过社会支持增强了个体的社会地位和心理满足感。生活满意度与获得感之间存在显著的正相关关系（r=0.594，p≤0.01），生活满意度与获得感之间的相关性最强，反映了两者之间的密切联系。居民的生活状态改善直接提升了其对生活的满足感，而这种满足感进一步转化为主观获得感，这一关系强调了生活满意度在实现个体获得感中的关键作用。城市社区公共服务满意度、生活满意度与获得感之间两两存在显著的正相关关系，为后续进一步研究奠定了基础和提供了参考。

表 7-26 变量均值、标准差及相关系数

	1	2	3
1. 城市社区公共服务	1		
2. 生活满意度	0.574**	1	
3. 居民获得感	0.432**	0.594**	1
M	3.222	3.342	0.857**
SD	0.891	2.968	0.892

注：*表示 p≤0.05，**表示 p≤0.01，***表示 p≤0.001，下同。

三、理论假设检验

（一）城市社区公共服务满意度对居民获得感的直接效应检验

1. 模型一：控制变量对居民获得感的影响

在模型一中，仅引入了基本的人口统计学变量，包括性别、年龄、文化程度和收入水平，以探讨这些因素对居民获得感的直接影响。结果显示：性别的系数为0.061，呈正向效应，但标准误为0.068，未达到显著性水平，表明性别差异对获得感的影响较弱。年龄的系数为0.064（标准误0.041），虽然也呈现正向效应，但其影响力同样不显著。文化程度的系数为0.066（标准误0.047），正向效应表明受教育程度较高可能有助于提升获得感，但影响力较小且不显著。收入水平的系数为0.115（标准误0.025），呈现较为显著的正向影响，说明经济条件是居民获得感的重要影响因素。这一结果与社会经济地位理论相符：较高的收入不仅改善物质生活条件，还可能带来更好的社会资源获取能力，从而增强居民的获得感。

2. 模型二：城市社区公共服务与生活满意度对居民获得感的直接影响

在模型二中，进一步引入了城市社区公共服务和生活满意度两个关键变量，以考察其对居民获得感的增量影响。结果显示：控制变量方面，性别、年龄、文化程度和收入水平的系数均略有变化，其中收入水平的系数由 0.115 降至 0.085，提示部分经济效应可能通过后续变量间接作用于获得感。城市社区公共服务的系数为 0.405，且达到高度显著（$p \leq 0.001$），表明高质量的社区服务供给能够显著提升居民的获得感。这符合社会支持理论，即完善的基础保障性服务（如医疗、养老、交通、居住环境等）能够增强居民的安全感和心理满足感。生活满意度的系数为 0.415（$p \leq 0.001$），显示出生活状态的整体提升对居民获得感有显著正向影响，进一步验证了心理满足理论：当居民对自身生活整体评价较高时，其内在获得感也会随之增强。

模型二的整体拟合效果为 $F = 73.584$，$R^2 = 0.245$，且引入城市社区公共服务与生活满意度后，模型的解释力得到明显提升（$\Delta R^2 = 0.241$），如表 7-27 所示。这说明，除基本的人口统计学因素外，社区服务供给质量和生活满意度共同对居民获得感产生了较大而显著的增量效应。

表 7-27 城市公共服务对居民获得感的直接效应检验

	获得感	获得感
	模型一	模型二
性别	0.061	0.039
	(0.068)	(0.214)
年龄	0.064	0.047
	(0.041)	(0.061)
文化程度	0.066	0.089
	(0.047)	(0.036)
收入水平	0.115	0.085
	(0.025)	(0.043)
城市社区公共服务		0.405***
		(0.033)
生活满意度		0.415***
		(0.003)
F	91.692***	73.584***
R^2	0.212	0.245
ΔR^2	0.209	0.241

(二) 生活满意度的中介效应检验

1. 城市社会公共服务满意度对生活满意度的回归分析

模型一以生活满意度为因变量,探讨了控制变量和城市社区公共服务对生活满意度的影响。性别的回归系数为 0.211(标准误 0.056),呈正向效应,说明在样本中,不同性别之间存在明显的生活满意度差异。该结果提示,可能存在与性别角色、社会角色认知等因素相关的影响机制。年龄的回归系数为 0.239(标准误 0.034),也显示出显著的正向效应。这一发现符合人们随着年龄增长,生活阅历和经验不断丰富,生活稳定性和心理成熟度提高,从而获得更高生活满意度的普遍规律。

城市社区公共服务变量系数为 0.561(标准误 0.030),且具有高度显著性,表明公共服务水平与生活满意度之间存在强烈正向关联。良好的社区公共服务不仅改善了居民的物质生活环境,也提升了居民对社区整体治理与服务供给的满意度,从而间接促进了生活满意度的提升。

模型一的 F 值为 14.609,且 R^2 为 0.041($\triangle R^2 = 0.038$),这说明控制变量与城市社区公共服务共同解释了约 4.1% 的生活满意度变化。解释率不高,说明不同性别以及年龄等控制变量在城市公共服务满意度对生活满意度的影响并不显著。

2. 生活满意度对居民获得感的回归分析

在模型二中,性别、年龄、文化程度与收入水平的系数分别为 -0.098、-0.073、0.015 和 -0.098,均未达到显著水平。这表明,单独来看,这些人口统计学变量对居民获得感的解释力度较弱,可能是由于居民获得感更多地反映了个体主观体验和对环境整体评价,而非单一的人口特征决定。城市社区公共服务的标准化系数为 0.125(标准误 0.036),显示出显著正向影响,说明高质量的社区服务不仅改善了居民的生活环境,也能直接增强居民对自身所获资源和服务的感知。生活满意度的标准化系数为 0.499(标准误 0.037),表现出高度显著的正向效应,提示居民对生活整体状态的满意度对其获得感具有强大的推动作用。这一结果也从侧面反映出,主观幸福感与个体对资源获取的感知之间存在紧密联系。模型二的 F 值为 37.395,R^2 达到 0.371($\triangle R^2 = 0.367$),意味着新增的生活满意度变量使得模型能够解释约 37.1% 的居民获得感波动,较之模型一显著提高的解释力表明,生活满意度在城市社区公共服务满意度对居民获得感中起到了显著的中介作用。

模型三进一步将生活满意度作为中介变量,同时纳入城市社区公共服务,探讨二者在解释居民获得感时的综合作用。性别、年龄、文化程度与收入水平的系数分别为 -0.090、-0.054、0.029 和 0.056,依然显示出较小的直接影响,表明这些变量对居民获得感的解释作用在综合模型中较为边缘化。

生活满意度的系数仍保持在 0.499（标准误 0.037）的水平，显著正向影响居民获得感。这一稳定性表明，无论在单一模型中还是在引入其他变量后，生活满意度始终是居民获得感的重要推动力。尽管在模型三中，城市社区公共服务的系数下降至 0.125（标准误 0.036），但其正向作用依然显著，提示公共服务通过一定途径影响居民获得感，其效应在部分与生活满意度重叠后依然独立存在。

模型三的 F 值为 70.085，R^2 为 0.382（$\triangle R^2 = 0.377$），如表 7-28 所示。表明加入生活满意度变量后，模型解释力的提升进一步证明了生活满意度在构建居民获得感中的关键的中介作用，同时也反映出公共服务与生活满意度在影响居民获得感方面具有互补效应。

表 7-28 公共服务满意度、生活满意度和居民获得感分层回归分析结果表

	生活满意度	居民获得感	居民获得感
	模型一	模型二	模型三
性别	0.211	-0.098	-0.090
	(0.056)	(0.056)	(0.055)
年龄	0.239	-0.073	-0.054
	(0.034)	(0.034)	(0.034)
文化程度	0.082	0.015	0.029
	(0.040)	(0.038)	(0.038)
收入水平	0.071	-0.098	0.056
	(0.021)	(0.056)	(0.020)
城市社区公共服务	0.561***		0.125***
	(0.030)		(0.036)
生活满意度		0.575***	0.499***
		(0.031)	(0.037)
F	14.609***	37.395***	70.085***
R^2	0.041	0.371	0.382
$\triangle R^2$	0.038	0.367	0.377

3. 生活满意度的中介效应

表 7-29 展示了本研究中介效应的 Bootstrap 检验结果，旨在探讨城市社区公共服务满意度对居民获得感的影响路径，并验证生活满意度在其中的中介作用。通过 Bootstrap 方法进行中介效应检验，能够有效减少样本偏差，提高结果的稳健性。本节将对总效应、间接效应和直接效应进行详细分析，并结合 Bootstrap 置信区间（Percentile 95% CI）评估各效应的显著性和实际意义。

第七章 城市社区公共服务满意度对居民获得感的影响机制研究

表7-29 生活满意度中介效应检验的路径系数表

路径	Estimate	S. E.	C. R.	p
城市社区公共服务满意度→获得感	0.131	0.036	3.655	***
城市社区公共服务满意度→生活满意度	0.574	0.031	18.342	***
生活满意度→获得感	0.495	0.036	13.837	***

总效应衡量的是自变量（城市社区公共服务满意度）对因变量（居民获得感）的整体影响。如表7-30所示，城市社区公共服务满意度对居民获得感的总效应估计值为0.415，标准误为0.033。Bootstrap检验结果显示，Percentile 95% CI%为［0.350，0.480］，且双尾检验的p值均为0.001。这表明，总效应在统计上显著不为零，意味着城市社区公共服务满意度对居民获得感具有显著的正向影响。

表7-30 中介效果Bootstrap检验结果表

	Estimates	S. E.	Percentile 95% CI	
			上限	下限
总效应	0.415	0.033	0.350	0.480
直接效应	0.131	0.036	0.061	0.201
间接效应	0.284	0.031	0.225	0.348

间接效应反映了自变量通过中介变量（生活满意度）对因变量的影响路径。在本研究中，间接效应的估计值为0.284，标准误为0.031。Bootstrap检验结果显示，Percentile 95% CI为［0.225，0.348］，双尾检验的p值均为0.001。由于两个置信区间均不包含零，间接效应在统计上显著，这表明生活满意度在城市社区公共服务满意度与居民获得感之间起到了中介作用。

直接效应衡量的是自变量对因变量在控制了中介变量后的直接影响。在本研究中，直接效应的估计值为0.131，标准误为0.036。Bootstrap检验结果显示，Percentile 95% CI为［0.061，0.201］，双尾检验的p值均为0.001。尽管存在表格中直接效应估计值与置信区间不一致的问题，但基于置信区间均不包含零且p值显著，可以推断直接效应同样在统计上显著。这意味着，即使在考虑了生活满意度的中介作用后，城市社区公共服务满意度仍然对居民获得感具有直接的正向影响。

Bootstrap方法通过重复抽样生成大量样本，构建置信区间以评估估计值的稳定性和可靠性。Percentile 95% CI为百分位法的95%置信区间。在本研究中，所有路径的置信区间均不包含零，进一步验证了各效应的显著性。这表明即使在不同的抽样条件下，城市社区公共服务满意度对居民获得感的总效应、间接效应和直接效应均保持稳定和显著。

基于上述分析，城市社区公共服务满意度对居民获得感的影响不仅通过生活满意度发挥作用（间接效应显著），同时还存在直接影响（直接效应显著）。由于间接效应和直接效应均显著，表明生活满意度在这一关系中起到了部分中介作用，而非完全中介。这意味着城市社区公共服务满意度既通过提升居民的生活满意度间接增强其获得感，又通过直接路径直接影响居民的获得感。

四、理论假设汇总

本研究旨在探讨城市社区公共服务满意度对居民获得感的影响机制，并进一步分析生活满意度在其中的中介作用以及集体主义在此过程中所起的调节作用。基于全面的文献梳理和相关理论框架，本研究提出了六个理论假设，并通过实证分析进行了验证。根据回归分析结果，所有六个假设均得到支持，具体统计结果如表 7-31 所示。

（一）城市社区公共服务满意度对居民获得感的主效应假设

研究假设 1 提出，城市社区公共服务满意度与居民获得感之间存在显著的正相关关系。实证分析结果显示，城市社区公共服务满意度对居民获得感的总效应估计值为 0.415，标准误为 0.033，且双尾检验的 p 值为 0.001，表明这一假设得到了显著支持。此外，假设 1 下的各子假设（1a 至 1g）均显示，社区教育服务满意度（假设 1a）、社区基本社会保障满意度（假设 1b）、社区安全满意度（假设 1c）、社区基础设施满意度（假设 1d）、社区文体服务满意度（假设 1e）、社区居住环境满意度（假设 1f）以及社区交通满意度（假设 1g）均与居民获得感呈显著正相关关系。这意味着，不同维度的公共服务满意度均能显著提升居民的获得感，进一步确认了公共服务质量在提升居民幸福感和生活满意度中的关键作用。

（二）城市社区公共服务满意度对生活满意度的影响假设

假设 2 提出，城市社区公共服务满意度与生活满意度之间存在显著的正相关关系。回归分析结果显示，城市社区公共服务满意度对生活满意度的影响估计值为 0.215，标准误为 0.036，且双尾检验的 p 值为 0.001，支持了假设 2。这表明，公共服务的高质量供给不仅直接提升了居民的获得感，还通过提升居民的生活满意度间接增强了其获得感。具体而言，公共服务中的教育、医疗和社会保障等关键领域的满意度提升，显著改善了居民的整体生活质量和幸福感。

（三）生活满意度与居民获得感的影响假设

假设 3 指出，生活满意度与居民获得感之间存在显著的正相关关系。实证结果显示，生活满意度对居民获得感的影响估计值为 0.499，标准误为 0.037，且双尾检验的 p 值为 0.001，验证了这一假设。这表明，居民对生活整体状况的满意程度越高，其获得感也越强。生活满意度涵盖了居民对工作、家庭、健康、社交关系和个人成长等多方面的主观评价，反映了居民对自身生活质量的认可和满足感，是获得感的重要前置因素。

（四）生活满意度在城市社区公共服务满意度对获得感的中介效应假设

假设 4 提出，生活满意度在城市社区公共服务满意度对居民获得感的影响过程中发挥中介作用。Bootstrap 中介效应检验结果表明，生活满意度的间接效应为 0.284，且其 95% 置信区间（[0.225, 0.348]，双尾检验 p 值 = 0.001）不包含零，确认了生活满意度在公共服务满意度与获得感之间的中介作用。因此，公共服务满意度通过提升居民的生活满意度，进一步增强了居民的获得感，表明生活满意度在这一关系中起到了部分中介作用。

表 7-31 理论假设检验结果汇总

编号		检验结果
假设 1	城市社区公共服务满意度与居民获得感呈正相关关系	成立
假设 1a	城市社区教育服务满意度与居民获得感呈正相关关系	成立
假设 1b	城市社区基本社会保障满意度与居民获得感呈正相关关系	成立
假设 1c	城市社区安全满意度与居民获得感呈正相关关系	成立
假设 1d	城市社区基础设施满意度与居民获得感呈正相关关系	成立
假设 1e	城市社区文体服务满意度与居民获得感呈正相关关系	成立
假设 1f	城市社区居住环境满意度与居民获得感呈正相关关系	成立
假设 1g	城市社区交通满意度与居民获得感呈正相关关系	成立
假设 2	城市社区公共服务满意度与生活满意度呈正相关关系	成立
假设 3	生活满意度与居民获得感呈正相关关系	成立
假设 4	生活满意度在城市社区公共服务满意度对居民获得感影响过程中发挥中介作用	成立

第六节 研究结论与实践启示

一、研究结论

（一）城市社区公共服务满意度与居民获得感呈显著正相关关系

获得感既强调全体人民物质利益的客观获得，又凸显社会个体精神世界的主观丰裕，彰显了中国共产党"为人民谋幸福"的初心、"以人民为中心"的发展理念和"实现全体人民共同富裕"的最终目标。本研究基于对云南省边疆民族地区的实证考察和回归模型结果，集中探讨了城市社区公共服务满意度与居民获得感之间的关系。结果显示,城市社区公共服务与居民获得感之间存在显著正向相关关系。高质量的城市社区公共服务能够有效转化为居民的城市社区公共服务满意度,当居民自身的多元公共服务需求得到满足之后,其获得感体验随之增强。城市社区公共服务包括社区教育、社区基本社会保障、社区安全、社区基础生活设施、社区居住环境与社区交通条件等多个维度。公共服务供给质量越高,居民对社区公共服务的满意度越强,从而进一步提升对自身生活状态的满意程度,从而增进获得感。

在全面深化改革、全民共建共治共享发展成果的社会治理格局下,不断满足人民群众对美好生活的向往、增强人民群众的获得感既是贯彻新发展理念的必然要求,也是衡量改革发展成效的新标尺(邢占军,牛千,2017),而平等享有基本的公共服务是人民群众共同分享中国改革与发展成果的最好途径(李东平,田北海,2024)。社区多元主体提供的公共服务是满足社区居民多层次需求的重要途径。当公共交通、环境、社会保障和文体设施等公共服务水平不断提升时,多元需求满足使得居民往往更容易产生对自身、社会以及家庭未来发展的信心,并进一步提升自身的获得感水平。实证分析结果均显示,社区公共服务供给水平对居民获得感的作用是系统而稳健的。这与Prior和Liu(2019)的研究结论相类似,政府主导的公共服务对提升居民生活满意度与主观幸福感有着直接且重要的促进作用。切实完善公共服务体系,能有效增强居民对生活状态的正面评价和对自身的积极认知。高质量的公共服务供给不仅是满足居民自身多元需求的保障,更是促进社会公正和提供自身感知的有效工具。

此外,本研究围绕城市社区公共服务中的社区教育、社区基本社会保障、社区安全、社区基础生活设施、社区文体活动、社区居住环境与社区交通状况七个维度展开相关研究。

根据实证回归结果,城市社区教育服务、社区基本社会保障、社区安全服务、社区基础生活设施、社区文体活动、社区居住环境与社区交通状况七个维度对生活满意度和居民获得感均具有显著的正向影响。居民对社区教育资源的满意程度越高,其主观获得感和生活满意度就越强。正如Diener(2000)所言,受教育水平不仅影响就业机会与技能储备,也会增强个人与家庭的发展潜能。教育的溢出效应往往带来更高的社会参与度与自我认同感,从而提升对整体生活状态的积极感知。社会保障覆盖面广,当社区居民对健康和养老等潜在风险的焦虑大幅减轻时,有助于显著提升其生活满意度和获得感水平。良好的社区治安水平能够显著提升其自身安全感知,满足其生存和安全需求,从而提升对自身生活水平的正面感知。当公共厕所、垃圾处理点等基础设施完善时,居民会更好地感受到社区的便利服务,基础设施建设既可以通过改善生活环境而直接提高生活满意度,也能间接缓解经济与社会资源不平等所带来的消极情绪,提高获得感。居住舒适度和交通便利性显著增强居民对社区的认同,也显著提升出行效率和生活品质,促使居民在通勤等方面减少时间成本,从而提升其生活满意度和获得感。

(二) 生活满意度在城市社区公共服务满意度对获得感影响过程中发挥中介作用

社区是居民日常活动的重要场所,通过提供具有差异化的类型多样的公共服务提升社区居民的生活质量,不仅有助于保障社会公众的基本生存和发展需要,更是满足人民对美好生活需要的重要途径。本研究实证分析了生活满意度在城市社区公共服务满意度对获得感影响过程中所发挥的中介作用。城市社区公共服务首先通过提升居民的整体生活满意度,然后进一步强化居民的获得感。这意味着城市社区公共服务对居民获得感的促进效应,不仅来自"直接作用",也存在显著的"间接作用"。当社区公共服务质量全面提升时,社区居民往往会认为社区多元治理主体所提供的公共服务能够满足其多元服务需求,自身需求满足之后从而获得较高的生活质量评价,这种积极的主观评价又会内化为更强烈的获得感。完善的公共服务体系让居民先对自身生活状况产生更积极的评价(生活满意度的增强),进而转化为更强烈的主观获得感。这种多维度、系统化的积极效应也符合 Kaboolian(1998) 所强调的公共服务在社会治理过程中的重要价值。

研究结果不仅丰富了有关生活满意度结果变量的研究,同时也明晰了城市社区公共服务影响个体获得感的路径机制。社区公共服务是实现基层治理能力提升的重要抓手,通过为社区居民提供丰富的公共产品以满足其自身多元化的服务需求,供需匹配的实现能够有效提升居民生活质量,从而进一步实现居民获得感的增强。

二、实践启示

进一步提高公共服务水平使人民群众享有更多的获得感,不仅是推进国家治理体系和治理能力现代化的需要,而且是打造共建共治共享社会治理格局的需要,同时也是化解人民日益增长的美好生活需要和不平衡不充分的发展之间矛盾的需要。根据本书研究结果,提出如下政策建议。

第一,宏观层面,协调社区多元主体关系,确保财政资金投入,规范公共服务制度。首先,社区内多元主体要秉持为人民服务的理念和合作治理的精神,明确各方主体的权责边界,推动多元主体整合资源、协调一致,通过市场机制和社会共同参与,采取政府购买服务、培育社会组织和吸纳社区志愿服务等做法,形成国家、市场、社会多元主体供给合力,丰富公共服务的供给内容和提升公共服务的供给能力。政府应在公共服务供给中发挥主导作用,同时积极引入社会组织和企业的参与,鼓励公共服务创新,支持社会组织和企业在教育、医疗、文化等领域开展更多的公共服务项目，提高公共服务的多样性和灵活性。为了提升城市社区公共服务的满意度和居民获得感，政府应持续增加对公共服务的财政投入，确保教育、医疗、交通、环境等关键领域的服务质量和覆盖范围，不断提升公共服务的质量。其次，有效运用互联网、大数据、人工智能等信息技术手段，搭建社区公共服务"一窗式"信息平台，不仅拓宽和畅通社区居民需求表达渠道，而且使社区内公共服务数据信息资源成为公共服务供给决策的重要依据，提升社区公共服务智慧化、信息化供给能力。社区公共服务信息化水平的提升和社区硬件基础设施的改善离不开大量资金的投入，社区建设资源的物质保障不可或缺。开发和应用智慧社区平台，实现社区公共服务的信息化、智能化管理，提高服务供给的效率和便利性。通过新兴技术在社区公共设施中的应用，实现智能管理，实现公共服务的迅速匹配和精准供给。最后，规范有关社区公共服务的制度建设，通过定岗定责的方式明晰社区居委会和社区服务工作站二者的组织定位和人员隶属，建设规范高效的公益项目遴选制度和评价制度，以及编制社区公共服务标准文本，实现社区公共服务治理机制法治化。以提升居民获得感为目标做好社区发展顶层政策设计，发挥政府机制、市场机制、社会机制和社区机制各自优势，形成"政社企民"彼此互动共同提升居民获得感的局面。

第二，微观层面，关注公共服务供给不足之处，满足居民多元需求，提升居民生活质量。首先，从社区公共服务具体维度方面分析，政府部门等社区治理主体重点关注社区基本社会保障、社区文体服务和社区交通状况等目前居民评价较低的方面，但是这并不意味着对社区内其他公共服务内容的忽视，社区教育、社区安全和社区基础设施依然是居民获得感的重要来源，因此需要社区多元主体共同协作采取有针对性的措施实现服务效果的提升。其次，加强对社区居民服务需求的管理工作，实现社区公共服务的精准化供给。社区治理主体应拓宽参与渠道、畅通参与机制，从而便于社区居民表达自身服务需求，在主动实际调查收集居民需求信息的基础上，将相关需求信息整合并传递至社区公共服务的决策主体和供给主体处，进而将居民公共服务需求吸纳并且转化为实际社区中可供居民使用的公共服务。在这一过程中，社区治理主体要充分考虑社区居民需求的多样性，在保障居民基本公共服务需求的前提下，兼顾个体层面或区域层面多元主体的不同利益需求，因地制宜地调整公共服务供给内容从而平衡不同利益群体的诉求。积极召开社区议事会、居民代表大会等形式各样的活动，增强居民在社区决策和监督中的参与度，确保社区公共服务与居民需求相匹配，不仅能提升服务的针对性和满意度，而且增进了居民的参与感，让自己深刻体会到是社区中的一分子，满足其社交与尊重需求，促进个人对自身发展与社会进步的体悟，增进获得感。最后，关注社区居民生活质量现状，通过多种类、高质量公共服务的供给为社区居民身体和心理健康的实现提供良好的生活环境和完备的日常保障。将提升居民生活质量和增进居民获得感作为社区公共服务的出发点和落脚点，促进社区资源合理优化配置，提升居民的社区归属感和社区认同感，维护不同类型社区居民的切身利益。政府与社区应建立健全公共服务质量评价体系，定期对公共服务的各个环节进行评估和监督，确保公共服务的公平与有效。同时，推动公共服务的透明化和民主化，鼓励居民参与社区公共服务的规划、设计和监督过程，确保公共服务的供给能够真正反映居民的需求和期望。通过建立有效的反馈机制，及时收集和回应居民的意见和建议，进一步提升公共服务的公平性和满意度。政府与社区应确保不同群体的特殊需求得到充分考虑和满足。例如，针对老年人、残疾人、少数民族等特殊群体，提供定制化的公共服务和设施，确保他们在享受公共服务时不受歧视和障碍。在公共服务均等化的推进过程中，政府还需注重政策的连续性和稳定性，制定长期、系统性的公共服务发展规划，确保公共服务均等化能够有序进行，满足居民的多层次需求。

三、研究局限与展望

（一）研究局限

本研究在测量城市社区公共服务满意度、居民生活满意度与居民获得感时，尽管采用了多项指标，但仍存在一定的局限性。首先，城市公共服务满意度的测量可能未能全面涵盖居民对所有公共服务领域的期望和感受，尤其是在快速变化的城市环境中，新兴服务需求可能未被充分反映。其次，获得感和生活满意度作为主观性较强的概念，其测量方法可能无法完全捕捉其深层次的内涵和动态变化。最后，本研究采用的是截面数据，未能对公共服务满意度对获得感影响的时间序列数据进行收集和分析，无法反映变量在时间上的发展动态和因果关系的变化。

本研究基于现有的理论模型，主要关注生活满意度在城市社区公共服务满意度与居民获得感关系中的中介作用。然而，这一理论框架可能未能充分考虑其他潜在的影响因素。例如，自我效能感、社区参与度等变量也可能在这一关系中发挥重要作用。理论框架的单一性可能限制了对城市社区公共服务满意度与居民获得感关系的全面理解，未能充分揭示复杂的社会心理机制和多层次的影响路径。

（二）研究展望

未来的研究在测量与分析两方面皆可进一步拓展和深化。首先，应当构建更完善的测量体系，为城市社区公共服务满意度、居民获得感及生活满意度的考察提供更加全面、精细的评估工具。通过设置多维、多层次的指标，涵盖社区活动等多方面的服务内容，可以更全面地捕捉居民对公共服务的实际认知和使用体验。其次，应重视获得感与生活满意度在不同时间段和情境下的动态变化，通过纵向数据的搜集与混合研究方法的运用深入观察其发展演化。进一步结合深度访谈、焦点小组讨论等定性研究手段，对于主观感受和微观机制可获得更加丰富和具象的理解，从而弥合既有定量测量所无法反映的个体差异和时序脉络。最后，研究的理论框架也需不断拓展和完善，力求构建更为立体、动态且多元化的分析模型。结合社会资本理论、社区发展理论、文化理论等，自我效能感、社区参与以及社区文化等潜在影响因素也可以纳入后续分析模型，从而进一步从不同理论视野剖析城市社区公共服务影响居民获得感的路径机制。

第八章 农村社区公共服务满意度对居民获得感影响的机制研究

第一节 研究概要

一、研究背景

党的二十大报告指出"我们要坚持以推动高质量发展为主题,着力推进城乡融合和区域协调发展,健全公共服务体系,提高公共服务水平,保证人民生活全方位得到改善,让人民群众获得感、幸福感、安全感更加充实、更有保障、更可持续"。这是党和国家继 2015 年中央全面深化改革领导小组第十次会议上首次指出要"让人民群众有更多获得感"后,再次将人民群众的获得感置于显要高度。党的十九大报告将我国社会主要矛盾定位为"人民日益增长的美好生活需要和不平衡与不充分的发展之间的矛盾",深刻揭示了人民需求与发展绩效之间不匹配、不同步的现实困境已成为亟待回应的理论问题。对此,党的十九届五中全会将"社会治理特别是基层治理水平明显提高"作为我国长期实现治理效能的主要内容。农村社区作为传统农村向城市化过渡的特殊样态,其独特性使其成为提高基层治理水平、发挥基层治理效能、建设基层治理共同体的重要治理单元,是推动城乡协调发展、解决现实矛盾"最后一公里"的关键一环,其治理重心在于深入感知基层群众的实际需求与治理体验,使农村社区居民获得感知与治理绩效更匹配、更充分且更持久。

改善公共服务质量、提升民生福祉始终是党和政府持续关注的工作重点(于洋航,2021)。随着中国城镇化的快速推进,许多农村社区正在经历治理秩序打乱与生活秩序改变的过渡阶段,农村社区治理陷入了农民被动城市化、社区治理脱节、公共服务供给不均衡等现实因素所导致的社区公共失序与基层治理困境。农村社区作为具价值认同和情感认同的农村社会共同体,治理重心已从"管理生产和维持秩序"向"满足农村居民对美好生活的需求"偏移,强调在情感层面关注农村居民的需求与获得,试图通过公共服务模式创新来增强社区基层治理能力,从而促进农村社区治理现代化以助推国家治理体系和治理能力现代化。至此,如何提升农村社区公共服务感知、增进农村社区居民的乡情回归、实现农村社区居民美好生活愿景和获得感体验,已然成为亟待回应的论题,也是我国社会基层治理创新与突破的新侧重和新要求。从当前农村社区治理策略来看,治理实践多侧重于技术层面和制度层面对治理主体服务绩效的重视,而忽视了治理客体情感治理的辅助价值,进而导致治理效能无法在个人层面得到激活。基层公共服务作为满足人民对美好生活需要的主要载体,是将制度优势和技术优势转化为治理效能的重要发力点。由此可见,为激活农村社区治理效能,提高我国基层服务水平并让农村社区居民能够长期感受到与城市居民同等的获得感,亟须将居民获得感纳为反映农村社区基层治理成效的重要指标。

本研究试图采用理论分析和实证检验探究农村社区公共服务满意度对居民获得感的影响因素,充分探究该影响关系中民众期待与发展绩效之间存在差别与联系。这有助于深入了解当前农村社区居民对公共服务的真实满意度,也有利于在明确农村社区公共服务满意度如何影响居民获得感的基础上,对未来农村社区有效治理提出针对可行的优化建议,为政府部门制定相关政策和优化基层政府治理效果提供切实有效的参考意见和建议。

二、研究意义

(一) 理论意义

农村社区公共服务满意度对居民获得感影响的理论研究,有利于明确农村社区公共服务满意度与居民获得感之间存在的理论关系,确定农村社区公共服务满意度影响居民获得感的内在机制,从而为进一步指导实证研究和提出相关对策建议奠定理论基础。

从公共管理的理论视角讨论农村公共服务相关因素对居民获得感的影响,丰富现有关于公共服务和获得感的理论研究。居民获得感作为评价政府改革成效的重要标准,有关获得感的研究仅停留在一般性层面上的抽象分析远远不够。农村社区作为农村治理的"最小单元",如何通过"缩小地区间差距"向"提升人民群众获得感"转型,促使公共服务向着均等化的目标不断发展,为农村社区居民提供更优质的公共服务从而满足农村居民多元化需求并提高农村社区公共服务满意度,是落实党中央"让人民有更多获得感"方略的出发点和落脚点。本研究基于农村社区的特点,参考《中国城市公共服务公众满意度蓝皮书》中的公共服务指标,从教育服务、医疗卫生服务、基本社会保障、基础生活设施、公共文体服务这五个维度测算了农村社区居民的公共服务满意度,并研究了该满意度与居民获得感之间的影响关系。

现有的公共服务满意度多聚焦于公共服务满意度计算维度和影响因素的研

究，然而却少有关于居民获得感的结果变量的研究。本研究通过以公共服务满意度为前因变量，以居民获得感为结果变量，探讨社区认同在农村社区公共服务满意度对居民获得感影响过程中的中介作用，以及公众参与在农村社区公共服务满意度对社区认同影响过程中的调节作用，结合政治学、管理学、心理学和社会学等不同学科理论，探究农村社区公共服务满意度对居民获得感影响的作用机制。

（二）实践意义

评估我国目前农村社区公共服务满意度，为全国各地城乡治理工作的开展提供指导。公共服务满意度和居民获得感评价在理论层面已经积累了大量经验，然而多聚焦于城市社区层面。随着城市化进程的不断深入，探讨农村社区公共服务满意度对居民获得感的影响及其具体作用机制，一方面是对目前我国农村社区公共服务满意度的现状进行梳理及评估，同时也是对实践工作中出现的问题进行总结和反思，从而弥补和解决农村治理在实践工作中出现的短板和问题。另一方面也是通过对农村社区公共服务满意度的评估和反思，为未来创新城乡治理、提升公共服务质量和农村居民获得感提供有意义的理论借鉴，防止理论与实际脱节现象的发生。

探究公共服务满意度与获得感的影响作用机制，为我国地方政府提升居民获得感找到新的实践路径。在中国共产党革命、建设和改革的实践中，最为关键与核心的规律就是始终坚持"以人民为中心"，如何实现"让人民群众有更多获得感"是深刻认识新时代我国社会主要矛盾的必然结果，也是恪守全面深化改革宗旨的必然诉求。本研究试图通过分析农村社区公共服务满意度对居民获得感影响的具体作用机制，分析现阶段我国农村居民获得感状况，探寻农村社区公共服务满意度对居民获得感影响的具体作用路径，以及社区认同与公众参与在农村社区公共服务满意度对居民获得感影响过程中的具体作用，从而为我国城乡居民获得感的提升找到新的实践路径。

第二节 基础理论与研究综述

一、基础理论

（一）马斯洛需求层次理论

近年来，需求层次理论被广泛应用于微观层面的需求研究中，其中被学者们公认且普遍使用的是美国人本主义心理学家马斯洛在著名心理学杂志《心理学评论》发表的《人类动机的理论》一文中所提出的马斯洛需求层次理论。马斯洛在《人类激励理论》一文中提到，"需求是个体在生产生活中的在人脑中形成的对现实需要的反应，是现实中个体或群体积极行为的根本动因和驱动力"。需求层次理论倡导人类社会应坚持贯彻"以人为本"的发展理念,即尊重个体多元的现实需求。为进一步认识、管理并预测个体或群体的行为,马斯洛对该理论进行了更深入的研究和阐述,试图在厘清个体现实需求的层次或结构的基础上,依据某种次序规律或重要程度将其划分为人的需求中普遍存在的 5 种需求层次:生理需求、安全需求、社交需求、尊重需求和自我实现需求。马斯洛于 1976 年再次将自我实现需求细分为认知需求、审美需求和自我实现需求,将需求层次理论丰富为 7 种层次(见图 8-1)。

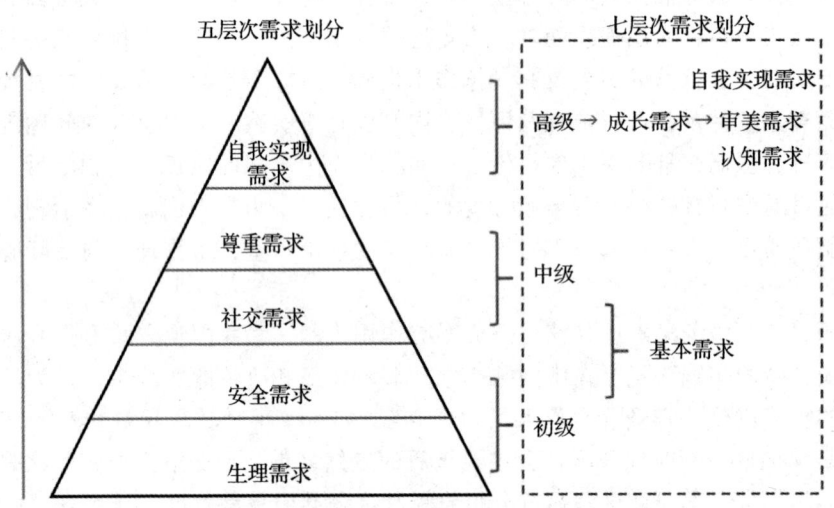

图 8-1 马斯洛需求层次划分

五层次的需求理论很大程度上揭示了个体社会生活需求的本质,也反映出个体内在心理与外在行为的共性,将个体生物性到社会性的需求遵照从低级需求到高级需求的逻辑呈等级序列排列。一方面,从需求层次的产生顺序来说,个体的需求遵照"生理需求→安全需求→社交需求→尊重需求→自我实现需求"的刚性序列顺序演进,各需求层次之间不能间隔跳跃。另一方面,从需求层次的划分等级来看,这五种层次的需求按照"初级→中级→高级"的等级阶梯归类,从下往上需求等级逐级变高。具体而言,生理需求和安全需求归为"初级"需求,社交需求和尊重需求归为"中级"需求,自我实现需求则是最高等级的需求。初级需求主要是满足个体在生活物质层面的需求,而中级和高级需求更侧重于精神价值层面的需求。而在七层次的需求理论中,是将"初级"和"中级"的需求共同理解为个体的"基本需求",而将认知需求、审美需求和自我实现需求归属于"成长需求"。整体观之,需求层次模型拟同于金字塔逐渐上升，只有当初级需求获得满足后，个体才能够按序逐步产生并追求更高层次的需求。

由于个体获得感的基础来源于自身物质需求的满足，而个体存在主动追求并满足自身需求的动机，因此马斯洛需求层次理论为提升个体获得感提供了具体的方法体系，同时也成为获得感研究领域的基础理论。获得层次论认为"个体不同层次需求的满足会引起不同层次的获得感"。例如，当维持个体生存的生理需求在个体所有需求中占据重要地位时，满足个体衣食住行等生存方面的最基本需求则使得个体物质层面的获得感增加；安全需求是个体对安全有序生活方面的次基本需求，其内涵从自身安全、社会安定到世界和平，安全需求一旦被满足则个体生存环境层面的安全获得感就会增加；当前两者基本需求获得满足时，希望与他人建立情感联系的社交需求以及希望自己获得他人重视、关心或者赞许的尊重需求便逐渐凸显出来，最终个体会产生最高层次的需求，即个体内在潜能得以充分挖掘后其自身价值得以充分实现的成就获得感。

由需求层次理论可知，只有当初级需求获得满足后，个体才能够按序逐步产生并追求更高层次的需求，所以不同的个体对于需求的侧重点也因此不同。随着经济社会的不断发展，人民生活水平日益提高且日常需求日益丰富，农村社区居民的日常公共服务需求基本得到满足，但居民对社区在情感精神和价值参与方面的需求日益增加。例如，农村社区内完善的基础公共设施供给可以满足该社区居民的生理需求，充分的社区危房改造与农房抗震改造等可以满足该社区居民安全需求，丰富多彩的社区文体服务可以满足社区居民社交的需求，与此同时，更公平且更普适的公众参与机会，以及为社区治理建设建言献策的畅通渠道则使得该农村社区居民尊重与自我实现的需求被满足。根据需求层次理论，当组织成员不同层次的需求被满足时，该组织的认同感和价值感知会同步放大，组织成员的自身获得感也得以实现。

（二）社会认同理论

社会认同理论（Social Identity Theory）是由 Henri Tajfel 和 John Turner 在 20 世纪 70 年代提出的社会心理学理论，并在研究群体行动的过程中不断发展和完善，该理论为探究并解释群体间的行动和关系奠定了坚实的理论基础。Tajfel（1978）将社会认同界定为："个人从其所参与的集体中获得的归属感，以及作为该集体成员所拥有的互利资源认知与情感价值体验。"社会认同理论强调了社会认同感知对群体行为的解释作用，即个体对群体的认同是个体参与群体行为的基础。在社会认同理论创立之初，Tajfel 认为社会认同全面地定义了个体认识到他属于特定的社会群体，同时也认识到作为群体成员带给他的情感和价值意义。若干年后，Tajfel 和 Turner 等人进一步指出，社会认同是一个社会类别对全体成员的一种自我描述，认为个体通过社会分类对自己所属群体产生认同之感，并做出相应的积极评价，从而产生内群体偏好以增强自尊感。上述定义突出了社会认同的两个重要特征：第一，社会认同是个体对其社会身份的主观确认；第二，社会认同本质上是一种集体观念，社会认同和群体是不可分割的。主观性和群体性作为社会认同的两个特征，决定了社会认同虽然体现为一种个体的主观心理，但这一主观心理却是经由群体影响和社会互动而来的。在此理论基础上，Ashforth 和 Mael（1989）指出个体的行为和身份受到社会分类的影响，个体通过认知投入进行自我分类来选择其自身的社会身份，最终他们会将自己最认同、最满意、最具有归属感的某个身份作为自我最主要的社会身份，在这个身份确定的过程中，群体对该个体心理和行为上产生影响和结果，从而使其产生内群体偏好以增强个体自尊感，这便是社会认同形成的过程，该过程经由分类、比较和认同三个阶段（见图 8-2）。

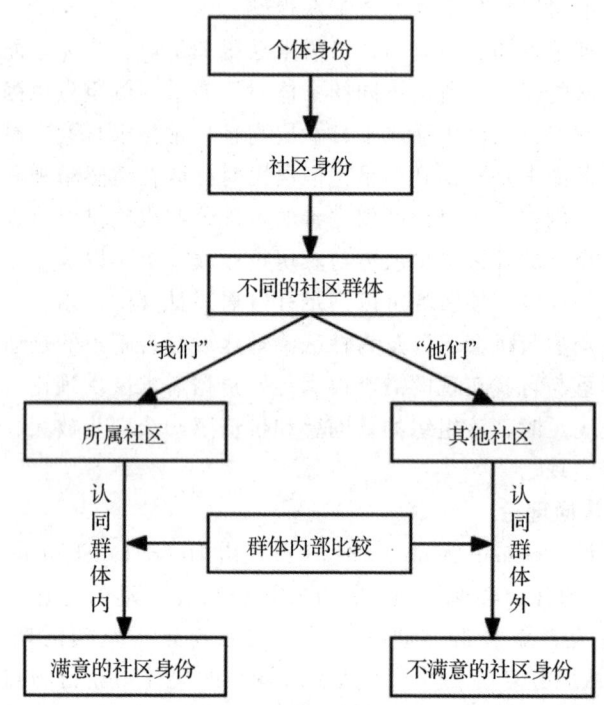

图 8-2 社会认同形成原理

社会认同理论从微观层面将个体认同与社会认同进行了更详尽、更深入的细化。在社会认同理论的社会分类（社会范畴化）下，个体对群体内的"我们"产生认同，并影响了个体对群体的社会认同。有研究表明，个体对群体的认同是其参与群体行为的基础。也就是说,个体的群体认同度与其参与群体行动的行为动机呈正相关关系。例如,当个体将自身归属于某社会群体时,他们便会对该群体产生积极的情感依恋和价值感知,群体内部的凝聚力和号召力得以提升。与此同时,当个体以积极的态度看待自己所属群体时,他们更容易在社会认同形成的过程中感受到获得感的积累,个体的社会认知与行为态度也会随之发生改变。

人是一切社会关系的总和。近年来,我国的基层社会治理与治理现代化研究中,公民的态度与行为被认为是与社会认同理论最相关的变量之一,其决定了治理成效与公民角色内外行为之间关联的强度。根据社会认同理论关于"个体通过与群体互动来增强自尊"的论述,社区居民在享受社区公共服务的同时,他们不断地在社区管理与治理的互动中发生认同改变,直至找到"自我舒适"的身体状态这种基于社区认同的行为改变、基于个体自身的理性判断以及所属群体影响作用下的内在心理认同。

事实上,每一个社区被视为一个相对独立的基层治理"节点",社区治理者和社区成员不断地在集体行动中发生改变直至找到"自我舒适"的位置与状态。社会认同作为个体在群体成员生活中所产生的一个自我概念,其感知和行为会受到群体及环境的影响作用进而让该群体成员做出相似的行为反馈,从而阐明了个体与群体之间直接和间接的归属关系与行为特征。农村社区区别于其他治理单元,是承载村民美好生活愿景,同时具有多种社会功能和共同文化认同的社会生活共同体,社群由单位组织转变为地域组织,社区居民由"单位人"转变为"社区人"。在党建引领基层治理现代化的背景下,社区党组织的嵌入使得社区成员的身份从"单一"向"多元"转化,部分社区成员同时具有"社区人"与"组织人"的双重身份,社区成员的日常生存生活与基层治理与党组织工作联系在一起,其参与意愿与参与行为受到社区以及党组织两大群体的共同作用,其对社区的认同感以及自身的获得感也随之发生改变。

因此,为了分析农村社区公共服务满意度、社区认同感以及居民获得感的关系,本研究从社会认同理论出发,将社区认同分为社区功能认同和社区情感认同。功能认同是基于社区为居民提供的实际服务和基础功能,居民所感受到的社区效用的评价。具体来说,社区功能认同首先是基于社区为社区成员提供其所需的基础设施及公共服务,如教育、医疗、生活设施等;其次是社区能够提供安全舒适的生活环境,在保障居民人身和财产安全的同时,保持有效的社区管理和居民服务;最后在满足居民日常需求的基础上,居民与社区的未来目标同向发展,则产生对社区功能的认同感。而社区情感认同更多的是侧重于社区居民对社区的情感联结和心理归属感,是成员对社区价值感与公共目标的认同,具体表现为居民感觉到自己是社区的组成部分,对社区产生归属感,同时社区内的成员相互之间建立了关系联结和社会网络,基于各种因素形成深厚的情感依恋促使社区居民对社区的成就及价值而感到自豪。

(三) 自我决定理论

自我决定理论(Self-Determination Theory)是由心理学家爱德华·迪西和理查德·瑞恩在20世纪80年代提出的一种关于人类动机和人格发展的理论。其产生与发展是心理学领域中的一个重要历程,可追溯到20世纪60年代和70年代,当时心理学家开始关注个体行为的内在动机。在20世纪60年代,心理学家爱德华·迪西对当时流行的行为主义理论提出了质疑。行为主义理论主要强调外部奖励和惩罚在行为改变中的作用,而迪西则认为这种观点忽视了人类行为的内在动机。在1969年的一项研究中,迪西和瑞恩(1980)开始探索个体在无外部奖励的情况下进行选择的动机(Deci,1969)。这一研究为自我决定理论的初步形成奠定了基础。随后,在20世纪70年代,迪西和瑞恩进一步发展了这一理论,提出了自我决定理论的基本框架。他们发表了多篇论文,详细阐述了自主性、能力感和归属感这三大基本心理需求,并指出这些需求对个体行为和心理健康的重要性。这一时期的研究表明,当个体的这些需求得到满足时,他们的内在动机和幸福感将显著提高。进入20世纪80年代,自我决定理论开始受到更广泛的关注。迪西和瑞恩继续深入研究,将自我决定理论应用于教育、工作、健康等多个领域。在这一时期,他们发表了《自我决定论》一书,系统性地阐述了自我决定理论的理论体系和应用。到了20世纪90年代,自我决定理论得到了进一步的发展和完善。研究者们开始关注文化因素对个体自我决定的影响,以及自我决定理论在不同文化背景下的适用性。这一时期,迪西和瑞恩发表了多篇论文,探讨了自我决定理论在不同文化背景下的应用和推广。

如今,自我决定理论在心理学、教育学、管理学等多个领域得到了广泛的应用,成为解释和预测个体行为的重要理论工具。研究者们继续在理论和实践层面探讨自我决定理论,以期为人类福祉的提升做出贡献。根据自我决定理论,公众参与的需要由"胜任、自主和归属"三者构成,公众个体主观参与意愿和客观参与能力共同决定其参与公共事务的具体成效。

在自我决定理论中,胜任感是激发个体参与公共事务的关键因素之一。胜任感,即个体对自己影响环境并达成目标的能力的感知,是自我决定理论三大基本心理需求之一。当公众在参与公共事务过程中感受到自己的能力被认可和提升时,他们会更加积极地投入社区活动中,胜任感的满足与个体的自我效能感和自我价值感紧密相连。在这种内在逻辑下,可以通过创造条件让公众在参与中体验到成功和进步,增强他们的胜任感,这种体验不仅能够促进公众对公共事务的持

续参与,还能够提升他们对社区问题的解决能力,进而推动社区发展和民主进程。

自主性在自我决定理论中扮演着核心角色,它是公众参与公共事务的起点和动力源泉。自主性反映了个体对自己行为选择和控制的渴望,当公众在参与公共事务时能够自主做出决定,他们的参与动机便得到了内在的强化。从主观公众参与意愿看,一般来说,对于主观参与意愿较强的居民,其较多了解政府事务,对政府提供公共服务变化的敏感度较高,而主观公众参与意愿较低的居民则较少关注政府公共服务改革的各项进程及其成果。从客观公众参与能力看,公众参与能力较强的居民对公共服务供给信息的判断能力和感知能力更强,对于政府提供公共服务的力度、内容也会有更深的认识。当公众能以越便利的方式参与公共事务时,越是能激发其自身的主体意识和参与积极性,从而使得公众参与结果更有效。有实证研究发现,公众参与意识与公民权利意识、社会责任意识和公众参与效能感有关,而公众参与能力受到政府信息的公开程度和公众对法律政策的知晓度的影响。因此,自主性的支持是激发和维持公众参与的关键,它不仅促进了公众与公共事务之间的深层次联结,也为构建更加包容和响应性的公共管理体系奠定了基础。

随着我国治理体系和治理能力现代化进程的逐步深化,农村社区公共服务满意度和居民获得感逐渐成为政治学、经济学、社会学和心理学领域研究的热点问题,受到政府和学界的广泛关注。关于农村社区公共服务满意度对居民获得感的影响作用研究,本书主要从公共服务满意度、居民获得感、社区认同和公众参与等几个方面对国内外研究文献进行系统梳理。

二、公共服务满意度相关研究

(一)公共服务满意度的内涵研究

公共服务满意度自提出以来,受到诸多学者的关注,随着我国社会主义现代化建设发展,公民对于公共服务的需求日渐迫切,评价居民公共服务满意度正成为我国建设服务型政府成效的重要标准。满意度研究起源于西方心理学领域,在新公共管理运动的影响下,公众满意度逐渐成为评价政府公共服务水平的重要标准,公共服务满意度也被视为衡量公民公共服务获得感的重要依据。

国外学者关于公共服务绩效评估的研究由来已久。20世纪中后期,西方发达国家政府职能扩张导致公共服务问题层出不穷,因此,公共服务满意度的概念逐渐成为公共管理学的研究热题。Kaboolian(1998)指出公共服务满意度被认为是最能够体现新公共管理理论中所强调的"公民为本""顾客满意"以及"结果导向"等核心理念的重要概念之一,其在评价主体和评价目标上很大程度区别于顾客满意度。Grosso（2012）通过对居民社区进行数据样本调查得出"公共服务满意度"是居民对居住社区中公共服务的"预期"与"现实"的数值化认知，其数值高低会对社区认同感产生一定的影响。基于期望不一致模型，Morgeson（2012）指出公共服务满意度是个体内在期望与公共服务外在感知之间对比后，对政府服务绩效形成的认同或不认同的满意度评价（满意度越低越不认同，反之亦成立）。Hansen和Jacobsen（2016）强调公共部门需以满足群众需要为导向，注重公民对公共服务的评价才能更好地回应公民的需求，因此，公共服务满意度便成为评估政府绩效的关键因素。Walle（2018）则突出强调"初始期望"在公共服务满意度中的关键作用，他认为公众的"初始期望"直接影响公众对公共服务满意度评价，即公众面对相同公共服务时，初始期望较低的公众会因为获得的服务感知高于初始预期而产生较高水平的公共服务满意度，而初始期望值较高的公众则相反。

国内学者关于公共服务满意度的研究滞后于西方学者。20世纪90年代，学界为满足服务型政府建设目标和公共服务需求的现实要求，诸多学者展开了公共服务满意度评价的研究。公共服务满意度是公众对政府公共服务过程中所接受的公共服务绩效的感知评价，梁昌勇等（2015）认为公众会对公共服务预期质量与实际感知质量之间进行比较，比较后的感知差异即公共服务满意度。周绍杰（2015）等人认为公共服务满意度反映了公众诉求被回应的主观评价，且具有人群分布等微观异质性特征，应根据国民诉求明确各项公共服务发展的优先序。姚绩伟等（2016）认为公共服务满意度就是公众获得公共服务后，对所获得的全部公共产品和服务的感知效果与其自身预期期望进行比较后所形成的一种心理感受。郑建君（2017）认为公共服务满意度反映了公众对政府提供的公共服务水平是否满足其需求程度的主观感受与心理认可，是衡量公共服务供给质量的重要指标。社会公众在享受政府所提供的公共产品或服务的基础上，陈朝兵（2017）将公共服务满意度定义为一种公众基于自身价值判断，对政府所提供的公共产品和服务满意度的主观评价。于洋航（2019）从社区治理的角度出发，将居民公共服务满意度看作居民对其所享有的多样化的社区公共服务的主观性评价和认知体现。王鸿儒（2020）则认为公共服务满意度作为公民的主观认知，受到公民与公共服务关系的影响，即公共服务与公民直接的利益关系可能会影响公民对公共服务的主客观评价。

（二）公共服务满意度测量模型

满意度虽然是市场营销、企业管理领域理论与实践的核心概念，但随着新公共管理运动的发展，以公众满意、服务型政府为导向的行政改革也逐渐兴起。公共服务满意度被认为是能够体现新公共管理理论中"顾客至上""结果导向"的重要概念（Kaboolian，1998）。相较于其他评价指标，公共服务满意度着重强调从公民视角对公共服务进行评价（Petrovsky 等，2016），因而更能够直接准确地反映出公民对于公共服务的现实需求，基于此也更有利于我国服务型政府建设的步伐与进程改进自身服务质量，提高服务效率，为政府决策提供重要参考依据。当前学者关于公共服务满意度测量模型的研究主要基于两种模型发展而来，一种是基于期望理论的顾客满意度（Customer Satisfaction）模型，认为公共服务满意度是公众在政府提供公共服务过程中，服务质量与内心期望比较后产生的心理差距。第二种是服务质量评价（SERVQUAL）模型，认为满意度是个体对服务质量感知后所产生的实际评价，该模型共包括 5 个维度，分别为有形性（tangibles）、响应性（responsiveness）、可靠性（reliability）、保证性（assurance）、移情性（empathy），重点研究通过用户对服务水平的主观感知与内心期望之间的差别程度来综合评价服务质量。

顾客满意度是市场营销领域的重要概念，是通过研究消费者满意度影响购买意愿和购买行为进而为营销策略提供指导的重要指标。20 世纪 70 年代，Oliver（1980）等学者率先提出顾客满意度理论，并在后续研究中持续丰富相关理论。顾客满意度模型就是将顾客对服务供给者提供的服务或产品质量的衡量指数化。1989 年，瑞典率先提出顾客满意度指数模型，是第一个实行顾客满意度指数的国家。80 年代以来，为了使顾客满意度能够在不同个体间和不同产品种类间进行对比，Johnson 和 Fornell（1991）构建了顾客满意度研究模型，并以此模型开发了顾客满意度指数（Customer Satisfaction Index，CSI）。同年，为解决本国实际问题，瑞典将 Fornell 设计的顾客满意度模型和计算方法运用于实践中，构建了"瑞典顾客满意度指数"（Sweden Customer Satisfaction Barometer，SCSB）模型。随后，欧洲、美洲等其他地区的国家也相继建立起适用于本国的顾客满意度指数和评价模型。1994 年，美国学者建立了美国顾客满意度指数模型（American Customer Satisfaction Index，ACSI），该顾客满意度指数将质量感知和价值感知进行了区分，对顾客满意度进行了整体评估，且进一步细化了模型的宏观指标，是当时体系最完整、应用最广泛的顾客满意度指数模型。

国外学者关于公共服务满意度的研究早于国内，基于顾客满意度模型，从不同的视角出发，结合自身研究现况，开展大量有关公共服务满意度的研究。Ryzin（2004）基于纽约市民电话调查数据，运用美国顾客满意度指数模型，对地方政府服务满意度影响因素进行了实证分析和假设验证。Mazzulla（2009）结合本国实际，提出了"异质顾客满意度指数"（Heterogeneous Customer Satisfaction Index，HCSI）用于评估公共交通服务质量，借助该指数监控服务质量，识别导致顾客满意或不满意的因素并用于指导改善服务质量的策略。Alizadeh 和 Kianfar（2012）基于粗糙集理论模型，以德黑兰市为例进行了案例研究，并提出公民满意度树状图测量方法，用于评估和提高公民对公共部门服务的满意度。Akinboade（2013）从医疗卫生服务、住房服务、供水服务、电力服务、固体垃圾处理服务、社区设施、交通道路服务、社会治安服务和就业服务9个维度对南非城市居民公共服务的满意度进行了测量。Pyon 等（2017）探讨了在公共服务组织中顾客知识对管理服务质量的决策支持模型，为提高公共服务满意度提供了新的方法和思路。

国内有关满意度的测评研究起步较晚，20 世纪 90 年代开始，相关领域研究日益受到国内学者的关注，国内学者积极借鉴西方顾客满意度指数模型，从不同视角出发，构建中国公共服务满意度指数模型。何精华（2006）认为提高农村公共服务满意度是促进社会主义新农村建设的重大课题，也是探索新农村建设的新方法和新途径。曾莉（2006）发现以公众满意度为导向评议政府绩效是构建现代高效型政府的必然要求，但公共服务满意度测评涉及众多潜在变量及因果。刘武等人（2009）应用结构方程模型（SEM），构建了适用于对具体公共部门公共服务项目进行评价的模型，以及适用于一般性公众满意度评估的模型，这两种公共服务满意度评价指标模型为建设服务型政府、完善公共服务体系并提高公共服务质量做出了一定探索。王佃利等人（2009）综合考量公共服务质量的特征，构建了市政公用行业满意度指标体系。纪江明等人（2013）基于 2012 新加坡连氏"中国城市公共服务质量调查"数据，运用熵权 TOPSIS 分析法，从公共教育、公共安全、环境保护、住房与社会保障、基础设施、文体设施、公共交通、医疗卫生八个维度构建了中国公共服务满意度指标体系。梁昌勇等人（2015）以美国顾客满意度模型为理论基础，结合中国服务型政府建设实际，提出包含公共服务供给制度保障、公共服务质量保障、公共服务内容品质、公众期望、公共服务态度与水平的公共服务公众满意度模型。徐增阳等人（2017）构建了包含质量感知、公众期望、公众满意度、公众形象和公众信任的我国农民工公共服务满意度指数。于洋航（2018）构建了包含教育服务满意度、基本社会保障满意度、安全满意度、基础生活设施满意度、文体服务满意度、居住环境满意度和交通状况满意度的我国城市居民公共服务满意度指数。为矫正主观公共服务满意度测量客观公共服务质量的偏差，王思琦（2020）等人基于期望失验模型（Expectancy Dis-confirmation Model），通过一项嵌入性调查实验，对公共服务满意度测量问题进行了完善和补充。公共服务满意度研究的主要维度如表 8-1 所示。

表 8-1　公共服务满意度研究的主要维度

测量视角	主要维度	代表学者
公共服务	（1）医疗卫生服务；（2）住房服务；（3）供水服务；（4）电力服务；（5）固体垃圾处理服务；（6）社区设施；（7）交通道路服务；（8）社会治安服务；（9）就业服务	Akinboade
	（1）社会保障；（2）环境卫生；（3）义务教育；（4）基建；（5）公共医疗；（6）公共交通；（7）公共治安；（8）行政管理；（9）市容市貌	冯亚平等
	（1）公共教育；（2）公共安全；（3）环境保护；（4）住房与社会保障；（5）基础设施；（6）文体设施；（7）公共交通；（8）医疗卫生	纪江明等
政府服务	（1）家庭收入满意度；（2）自然环境满意度；（3）社会治安满意度；（4）医疗保障满意度；（5）就业机会满意度；（6）执法公正性满意度；（7）政策稳定性满意度；（8）政府部门效率满意度；（9）政府部门态度满意度；（10）政府人员廉洁满意度	郑方辉、王排
	（1）整体满意程度；（2）同预期相比对服务质量的满意程度；（3）同理想相比对服务质量的满意度	程镝
公共服务和政府服务	公共服务维度：包括中小学教育、公立医院服务、房价稳定、社会保障、环境保护、社会治安、基础设施建设、休闲娱乐设施建设、公共交通 政府服务维度：政策制定过程中的公民参与程度、公共政策中对民意的反映程度、政府支出公示情况、公共信息获取便利程度、公职人员服务态度、公职人员工作效率	钟杨

三、社区认同相关研究

（一）社区认同的内涵研究

随着现代化治理体系建设的推进，命运共同体、社区共同体等概念日渐出现在公共管理领域的研究视野中，近年来，学界诸多学者热衷于对社区认同的研究，但关于社区认同的概念和内涵，学者们众说纷纭，尚未达成统一共识。国外学者 William（1990）提出，所谓社区认同，一般是指社区居民在主观上对自己、他人及这个社区的感觉，这种感觉包括喜爱、依恋、归属等多种情感，后来被学者们统称为社区认同感。社区认同具有动态性，是在社区成员以及社区组织之间互动形成的，并处于不断变化的过程之中，其中，社区成员对社区公共事务的关心和参与是社区认同的一个重要表现，而文化认同是其内核所在。Hummon（1992）将社区认同（community identity）狭义归纳为社区居民对他们日常生活区域，特别是住宅区的认同程度。Puddifoot（1995）则提出社区认同是泛指对特定地理区域、长期生活居住地以及家庭邻里关系所产生的归属感。Dholakia（2004）经过研究发现，社区认同是建立在社区成员感知到所在社区利益供给基础上的，特别是当社区成员参与社区互动时，其预期利益得到满足时便会形成认同社区，从而对社区产生归属感。

相较于国外学者的研究而言，国内学者对社区认同的研究从内涵和外延有了更进一步的扩展。大部分学者对社区认同的理解是从情感层面出发的，探讨社区成员对于居住社区是否具有特殊情感、是否在意他人对该社区的看法、社区是否成为自己生命的一部分等。此外，也有另一部分学者是从社区成员对于社区便利程度、管理水平、环境条件以及社区能否满足家庭需求等功能方面的认同进行研究的，强调的是社区居民对社区功能的满意和认可程度。吴晓燕（2011）在村改居治理研究中发现，社区成员与社区组织之间的互动形成了社区认同，且社区认同处于不断变化，在此过程中成员认同自己是社区的一分子，并愿意长期在该社区生活，遵守社区的基本规则。谢治菊（2012）在国内学者袁振龙（2010）关于社区认同强调个人对社区的归属感，是社区凝聚力重要表现的研究基础上，将社区认同内涵进行丰富，提出社区认同包括身份认同、情感认同、行为认同和文化认同四个维度。从社会学角度出发，王潇等（2014）经研究发现，社区认同是居民对社区的一种特殊情感，是个体基于地域范围现实，结合自身生活发展的精神和物质需要，对所处社区所形成的心理上的依恋感和归属感。楼天阳等学者（2014）认为，社区成员在社区中积极友好的交流互动行为，不仅能够促使成员形成心理认同感，而且能够增强该成员身份意识，进而促使其更积极参与社区建设。辛自强等（2015）将社区认同看作社会认同的一种特殊类型，客观反映了社区成员对社区共有价值的认可、赞同和珍视，其水平的高低与居民幸福感之间存在密切联系，其关于社区认同的内涵研究后续被广泛用于国内学者社会学、管理学以及心理学等领域。社区认同被看作社区居民日常参与社区公共事务的重要前提和内在动力，唐有财等（2017）发现社区认同的强度受居民参与意愿和参与能力的影响，并指出缺乏社区认同的参与是强制性动员而非公众自主参与。巫秀芳等（2018）通过成员对虚拟品牌社区的主观感知实验，发现社区认同是成员对所在社区价值内涵的评估所形成的"成员感"，且这种认同感受社区自我价值的影响。李雪欣等（2019）则将社区成员在社区中的互动划分为人机互动、内容互动、社交互动三类，进一步发现积极的内容互动与社交互动能够帮助成员形成强烈的社区认同感。社区认同作为社会认同的特殊部分存在，能够反映社区成员对社区价值的认同、赞许和依赖。王艳丽等（2023）对全国500名居民进行调查，发现当社区成员将自己归属于该社区群体时，社区认同在社会阶层对主观幸福感影响过程中发挥中介作用，可以正向提升居民的主观幸福感。

（二）社区认同的测量指标

社区认同研究初期，在国内并未受到学者的重视且缺乏本土化的测量，特别是有关农村社区认同的研究更是少之又少。McMillan 和 Chavis（1986）认为，社区满意度是社区居民对社区客观实际所产生的一种主观评估，如果个体对社区感到满意，那么对社区便具有更强的依恋和归属感，其社区认同感也随之增加，所以用社区满意度测量社区认同是最直接的测量指标。Puddifoot（1995）基于前人关于社区感、社会凝聚力和社区满意度的研究，将社区认同测量丰富为"居民对社区生活质量的评估""居民对社区情感联结的感知"等 14 个维度。地方依恋最早由 Williams 等（2003）提出，该学者将地方依恋细分为地方认同（情感性）和地方依赖（功能性）两个测量维度，此研究成果为后续国内学者关于社区认同的研究和发展奠定了重要的理论基础。随后，Dawkins（2006）在 Williams（2003）的研究基础上，将地方依恋进一步细化为社区依赖和社区认同，并从收入、房价、居住环境等多方面因素测量居民对该社区的依赖程度和认同联系，发现积极的情感反馈和较强的认同联系与成员在社区中居住时长呈正相关关系。

自 21 世纪之后，国内关于社区认同的量表设计研究成果逐渐丰富，但测量方式存在差异性。袁振龙（2010）根据理论假设，将用于测量社会资本的三个重要维度用来研究社区的认同，即社区意识、社区凝聚力、社区依恋度。杨世箐（2011）将社区满意度中国本土化，通过居民对社区生活满意度的 12 个主观感知指标来测量社区认同感，包括社区卫生环境、居委会工作、社区治安、居住条件、医疗和健康服务、水电气供应、邮电通信的便利性、交通、文化娱乐活动、职业咨询服务、日常购物的便利程度、教育设施。辛自强和凌喜欢（2015）综合考量了居民对社区功能的认可及居民与社区情感联结的强弱，从功能认同和情感认同两个维度编制了社区认同量表。王艳丽等（2019）从社区认同的影响因素和结果变量上对国内外现有研究进行系统梳理，从社会认知、情感体验和参与行为三个层面开展对社区认同的感知和测量。刘影（2023）基于已有研究基础以及江苏省农村社区 1363 份问卷的试调查，分别从迁居意愿、社区生活满意度、邻里关系感知、社区治安满意度和对社区未来发展期许五个维度进行社区认同的测量。

四、公众参与相关研究

（一）公众参与的内涵研究

公众参与理论（Public Participation Theory）肇始于西方，早期研究多指代公民参与，即政治学中的公民参与政治决策和立法，从最初公民参与政治决策和立法过程，后来逐渐演进并发展至多个学科和领域。随着社会对民主治理和公民权利的重视，在 20 世纪中叶，公众参与开始得到更广泛的认可和发展，公众参与被视为加强民主建设、提高决策质量和增进公共服务有效性的关键手段。其中，Sherry Arnstein（1969）的"公众参与阶梯"理论是研究公众参与的一个重要里程碑。Sherry Arnstein认为"公众参与"实质上是一种公民权利的运用和再分配，公众通过政治参与使其意见对政府政治、经济活动产生一定影响。系统地描述了公众参与的不同层次，并指出只有当公众有实质性的决策权时，才能算是真正的公众参与，该理论的提出为后期学者理解和评估公众参与的价值和效果奠定了重要的理论基础，并对后来的公众参与实践和理论发展产生了深远的影响。新公共管理运动以来，公共服务被看作一种具有特定政策目标和消费群体的公共产品，Whitaker（1980）研究发现公众参与可以有效弥补政府在公共服务供给中的不足，通过发挥公众参与的积极作用能够提高公共服务质量和公民满意度。为进一步理解公众参与在公共行政中的角色，Kathryn（1998）将公众参与视为提升公共治理效率和健全民主制度的重要途径，强调"真实的公众参与"不仅能够约束公共权力的滥用，还能促使公共政策更加科学和民主，进而增强政府信任和政策认同。随着公众参与理论研究的深入，公众参与已成为公共管理学研究的焦点，有关公众参与形式的研究也逐步从单维向多维转变，学者们试图进一步明确有序公众参与在国家和社会治理中的积极作用。

20世纪90年代，公众参与理论逐渐被国内学者重视，围绕参与主体、参与方式、参与路径等有关公众参与的研究随之兴起。公众参与是服务型政府价值实现的重要环节，对于提升基层治理效能具有异质性影响。近年来，已经有大量的研究关注中国社区治理中的公众参与，目前对公众参与基层治理的研究主要从参与模式、参与机制、影响因素三个方面展开。我国的公众参与与西方社区参与存在诸多差异，结合我国现实公民参与的理论与实践，公民参与主要有公民调查、公民听证会、民主恳谈会、公民旁听、网络参与等多种形式。贾西津等（2009）从非政府组织发展和作用的角度来研究公众参与实践，一方面更深入和细致地厘清公民参与的理念和有序参与的基本原则，另一方面分析探究公民参与的方法、工具、程序和机制，以期增进公民参与的能力。彭惠青等（2018）从社区社会资本、居民能力建设以及社区熟人关系等视角讨论了公众参与社区治理的问题，为探索社会基层治理专业化提供了新思路。伴随着城市治理现代化发展，城市社区治理逐渐将公众参与置于重要位置，公众参与是我国公民的一项基本权利，也是我国深入践行和发展全过程人民民主的具体实践，公众有序参与城市社区治理切实保障了人民当家作主的知情权、参与权、表达权、监督权。余雅洁（2023）则运用自我决定理论分析框架，探究同一社会背景下公众参与的差异性，从动态视角切入探析公众参与"需要—动机—行为"的动态心理过程，揭示参与行为背后的内在驱动机制。郑浩生（2024）将公众参与概括为提升政府治理效能进而正向影响农村居民公共服务质量的重要内容,并将公众参与划分为过程有效和结果有效,试图在公众参与有效性提升的前提下,探讨公众如何通过民主参与影响政策制定,从而提高其公共服务质量感知结果。

(二) 公众参与的测量指标

关于公众参与的测量量表,目前主要包括两种测量方式,一些学者是从公众参与的范围和内容方面进行测量。王满等(2014)从社区政治参与、文化参与、社会与公共事业参与三个维度出发,构建了社区参与量表。为验证公众参与行为的影响作用以及城乡差异,应优优(2018)依据参与动机差异性,从体制内表达参与、体制外维权抗争参与以及自发的公益服务参与三个不同维度对公众参与进行测量。马亮等(2019)根据评价框架对公众参与样本数据进行编码,构建多层模型,比较有公众参与和无公众参与的城市在公众满意度上的差异。为探讨公众参与经历对政府质量感知的影响作用,金炜玲等(2021)基于主成分分析法,从制度化参与(参加会议、投票选举等)和非制度化参与(游行示威、网上批评等)两个参与经历因子对公众参与进行测量。

另一些学者是从公众参与的意愿和程度方面对公众参与进行测量。为探究农村社区参与社区认同之间的影响效应,谢治菊(2012)基于两个农村社区表现出的不同的参与水平和参与特征,从参与态度、参与动机、参与主体和参与内容四个维度对公众参与进行测量。根据公民在公共政策制定中被赋权程度和参与对政策制定的影响,可将公民参与划分为象征型参与、协商型参与和完全型参与三个类型。张洪振等(2019)基于 CGSS2010 微观调查数据与相应的城市宏观水平数据结果,用价值条件评估法来衡量公众参与环境保护的意愿和行为。为测量公共政策制定过程中公民参与程度,王洛忠等(2020)以象征型参与、协商型参与和完全型参与作为具体变量,对公民参与的程度进行赋值进而测量公众参与程度。为探究公众参与对政府购买公共服务有效性的影响作用,方国阳等(2022)同时考虑效率和质量两个方面,分别从"公众参与的广度、深度和范围"以及"公众参与的组织化程度和主动性"对公众参与的程度和方式进行量化测量。杨三等(2022)将公众参与界定为公众通过各种渠道表达需求并影响政府公共服务行为的过程,具体体现为参与的影响与效果,故参考《政治参与问卷》将测量指标设计为参与意愿和参与效果两个维度对公共参与进行测量。为测量公共行政中公众参与行政决策和管理的过程,Langella 等(2023)采用伪参与(仅接收信息,不实际参与)、部分参与(公众实际参与协商讨论)和完全参与(公众全过程参与政府决策)三种参与方式进行测量。

五、研究述评

通过梳理和回顾有关获得感的现有文献,可以看出:就研究对象而言,目前学界分析居民获得感的对象相较单一，主要聚焦于城市社区，从农村社区视角出发探讨提升居民获得感的研究仍较缺乏。就研究视角而言，对获得感的研究主要集中在获得感内涵、价值的定性研究，而对于获得感影响研究的理论探讨和实证研究比较缺乏。且已有文献大多是对公共服务满意度、获得感的单独研究，而较少探讨满意度与获得感二者关系，仅有的成果也只是理论推断，缺乏实证研究的检验，这便导致了现有研究缺乏对农村社区公共服务满意度与居民获得感之间关系的讨论。

在公共服务领域，获得感代表了公众感受到的共建共享发展过程中需求的满足程度和受益程度。作为极具中国特色的心理构念，"获得感"已成为衡量社会供给满足民生需求程度的重要指标，体现了新时代党和政府积极应答人民向往的执政理念，对分析人民群众的利益实现程度和状况、明确国家治理的侧重点以及稳定改革发展期的社会心态等具有重要意义。广泛意义的满意度和获得感的关系基本形成共识，大部分学者认为公共服务质量的增强有利于提升居民获得感（于洋航，2021；李东平，田北海，2024；代争光，李燕领，2024）。但公共服务满意度也可能会降低居民获得感，如公共服务满意度促使居民对社区获得的预期长期处于高位，与居民实际获得之间差距甚远最终引起公众不满。客观而言，现有文献并未完全证实公共服务满意度和居民获得感之间的正相关关系。农村社区作为基层治理的基本单元，是构建全民共建共享社会治理格局和实现共同富裕的关键。在此情况下，哪些因素会影响农村居民获得感的感知？针对农村社区的居民，评价获得感应考虑哪些维度？农村社区公共服务满意度影响居民获得感的具体作用机制如何实现，以及如何有效提升农村社区居民获得感？都需要对此进一步进行探索。由此可见，在理论和实践层面对农村社区公共服务满意度和居民获得感的测量以及影响开展研究，进而对获得感相关文献和实践指导做出贡献是必要的。

综上所述，本研究从实证角度出发，聚焦于农村社区公共服务，以居民公共服务满意度作为自变量，居民获得感为因变量，以社区认同和公众参与作为中介变量和调节变量。通过实证分析探索农村社区公共服务满意度对居民获得感的影响作用机制，评估当前居民满意度和获得感的实际情况，为回应农村居民需求、破解农村基层治理困境提出有效的优化和解决措施，进而助推国家治理体系和治理能力现代化。

第三节　农村社区公共服务满意度对居民获得感影响机制的研究假设

一、农村社区公共服务满意度对居民获得感的直接效应

福利国家理论曾指出，国家有保障公民基本生活福利的责任和义务，为保障

公民的社会权利，国家需通过相关社会政策和行政手段来对社会和经济进行适当的干预行为，进而提高公民的生活质量和幸福程度（孔明安，2024）。根据福利国家理论，高福利国家往往具有完善的公共服务体系和社会医疗保障体系，能够提供高质量的公共服务，如教育、卫生、文化等，比如北欧的"社会民主模式"、德国的"社会市场经济模式"和英国的"福利国家模式"等。随着中国特色社会主义现代化建设进程的不断推进，农村社区公共服务供给逐步丰富和完善，农村社区公共服务满意度体现了农村社区居民对公共服务供给质量的客观感知和满足其生活需求的主观评价。社区作为连接城乡居民生活的基本单元，社区治理关乎国家发展与治理的成效、关乎国家治理能力与治理体系现代化建设的进度，无论国家治理还是社会治理，其治理主体、过程与成果最终的最终落脚点都在于社区及其居民。获得感被认为是个体在社会改革发展中，经过横向、纵向以及整体的比较，衡量其可见的物质需求和不可见的精神需求获得满足的过程与结果的主观感知综合反映。

随着经济社会的不断发展，人民生活水平日益提高且人民日常需求日益丰富，农村社区居民的日常公共服务需求基本得到满足，但居民对社区在情感精神和价值参与方面的需求日益增加。由马斯洛需求层次理论可知，当个体的初级需求获得满足后，个体开始按序逐步产生并追求更高层次的需求，而个体获得又源自个体需求的满足，所以充足且便利的公共服务能够满足居民多元化的日常需求，对居民获得感具有显著影响。近年来，国内外学者对居民公共服务满意度与获得感之间的关系也进行大量的研究和分析。李斌和张贵生（2018）关注到居民自身多元需求等要素对公共服务获得感的积极影响显著。阳义南（2018）基于MIMIC模型研究民生公共服务影响获得感的量化效应，发现公共服务能够对获得感产生正向影响。邱伟国（2019）等则发现乡村教育提供、乡风文明建设对农民获得感的影响在稳步增长。于洋航（2020）采用层次回归分析和结构方程模型探讨了城市社区公共服务对生活满意度和居民获得感之间的关系。廖福崇（2020）综合社会比较维度和公共服务维度界定和测量了民生获得感，构建了基本公共服务财政投入对民生获得感的影响作用模型。

在具体实践中，我国经济社会发展目标与改革方向逐步从单向维度聚焦经济发展向强调关注社会公众民生获得体验的综合维度转变。社区是基层治理的核心基础，农村社区建设是我国改善农村居民社会保障、基层治理效能提升的重要单位，农村社区建设与发展改善了农村居民当前的生活设施与居住水平，在多个维度满足了农村居民的需求，农村公共服务水平的提升显著提高了农村居民的公共服务满意度，而公共服务满意度的提升将会进一步增强村民自身内在的整体主观获得感。基于以上分析，本研究做出如下假设。

假设 H1：农村社区公共服务满意度与居民获得感呈正相关关系。

二、社区认同的中介作用

社区认同是反映居民与社区的情感联结强度以及居民对社区功能状况的认可程度的个体认同感，社区认同构建了社区能力与社区居民生产生活之间的情感与价值纽带（吴晓燕，2011）。农村基层社会治理优化给农村社区带来巨大变革，改变了社区居民的身份角色，进而影响到农村居民对农村社区的个体认同感。而社区认同恰恰描述了农村社区与居民之间的关系质量，构成社区居民相关态度和行为的重要影响因素。

现有文献对社区认同的前因变量和结果变量的研究比较丰富，诸多学者经研究发现社区能力与社区认同之间存在某种变量关系。一般情况下，当社区的社区能力较强时，居民会被赋予某种强烈的主人翁意识，积极参与社区各类公共事务，在参与社区公共事务的过程中产生较高的社区认同感。而当社区能力减弱时，社区居民的认同感会同步受到影响而降低。管义伟（2012）在其研究中指出通过优化农村社区公共服务供给质量与数量以满足农村居民生产生活中物质与精神的需求，能够有效增强农村居民对其所在农村社区的公共服务满意度，从而逐渐积累社区成员的认同感和归属感，进而增加个体获得感。刘影（2023）调查了81名上海郊区农村社区居民，发现社区认同是通过显著增加社区内部信任氛围和成员情感价值，进而间接影响该农村社区成员的个体获得感的。该学者指出"农村社区并非只是简单的村改居更名，也不单单只是一个行政管理主体，而是一个以共同居住为特征的人际关系的共同体，是国与家之间、社会治理与基层管理之间的公共空间"。这种基于共同居住和生产生活而形成的地域型生活共同体，成员的社区认同首先是基于物质基础而产生的功能认同，也就是居民对所在农村社区社会环境、公共服务、社会保障等多方面感知质量的综合评价，随后衍生出情感和文化方面的情感认同。与城市社区不同的是，农村社区中的居民大多是世代在此居住，许多居民对该社区具有特殊的感情和责任。农村社区认同建立在社区居民的互动基础之上，没有一定的互动不可能形成社区认同，并且社区认同与居民所在社区的社会资本相互关联，它促进社区成员的利益趋同，从而增进公共利益（吴理财，2011）。

农村社区公共服务水平的提升为社区居民参与社区公共事务提供了机会和条件，在参与社区公共事务治理过程中，农村社区居民的社区认同水平能够显著得以增强。在社区认同增强的基础上，农村社区居民对自身与社区之间的连接感会显著提升，在归属感增强的基础上，其自身的获得感水平也随之提升。因此，社区认同在公共服务满意度对居民获得感的影响过程中发挥中介作用。通过对以上文献的回顾分析，本研究提出以下假设。

H2a：农村社区公共服务满意度与社区认同呈正相关关系。

H2b：社区认同与居民获得感呈正相关关系。

H2：社区认同在农村社区公共服务满意度对居民获得感影响过程中发挥中介作用。

三、公众参与的调节作用

公众参与是农村基层社会治理的重要环节和基本保障，是社区居民心理状态与行为实践的统一，是基层社会治理不可或缺的组成部分。我国社区治理的核心在于在党和政府的领导下，依靠多元主体的各自优势，整合社会资源共同参与社区治理全过程，力求持续提高社区成员的生活水平和生活质量以满足居民需求的动态过程。因此，农村社区从某种程度而言，既是基层治理组织，又是国家行政整合社会资源的重要基础。在农村社区治理过程中，社区公民参与不再是单一的居民自发行为，也是社区居民对国家基层治理现代化政策的精神支持与实践表达（唐有财，胡兵，2016）。学界围绕义化主义视角发现居民社区参与的动机和行为与该社区中长期存在的价值体系、信仰体系以及人与人之间的人际交往方式有关，也就是说传统制度和文化孕育的意识影响了该农村社区居民公众参与的主动性和价值取向（颜玉凡，叶南客，2019）。为进一步厘清公众参与的内涵和外延，大量研究者对公众参与与社区认同之间的关系进行了探究。部分研究认为公众参与是前因，社区认同是结果，社区居民通过公众参与增强了个体的认同感，从而促进居民的社区认同。而有的研究则认为社区认同是促进社区居民做出公众参与的内因驱动，公众参与是基于社区认同的存在而存在的（胡荣，2006；吴理财，2011；胥兴安等，2015）。

公众参与能够显著提升个体的获得感。在"以人民为中心"的治理体系建设中，居民参与对公共服务获得感具有重要影响。谢刚和苗红娜（2023）基于居民社区参与的6089份调研数据，研究发现自发型参与对公共服务获得感具有显著正向影响，而政府主导型参与对获得感的影响不具有统计显著性。即时的互动型沟通渠道，对公共服务获得感具有显著的正向影响。在这一过程中，公民参与效能感和政治信任发挥着重要的调节作用。张平和商晨阳（2024）基于社会质量理论和开放式问卷访谈调查数据得出，群众参与是社区居民获得感的重要驱动因素。

公众参与能够不断生产社区居民的社区认同。参与社区工作的居民，他们不仅具有更强的社区认同感，而且很可能具有更强的国家认同感。积极参与社区公共事务，不仅提升了农村社区居民的家园意识和集体意识，同时赋予了他们参与社区治理的价值感和责任感。吴欢欢（2020）曾对百色市右江区永乐乡南乐村社区的100多名社区志愿者（该农村社区居民自发组成的社区志愿者）进行实地走访调查，据统计，有60%以上的志愿者认为参与社区管理非常辛苦且没有任何经济回报，但这部分人中有 86% 的居民志愿者明确表达了对参与社区管理的肯定态度,且有 64% 的居民志愿者表示因为参与了社区管理工作,获得了该社区其他居民的额外尊重。吴文峰等(2024)通过实证研究发现,社区参与能够正向显著影响易地扶贫搬迁户的生活满意度,社区认同在这一过程中发挥中介作用。

根据上述分析,本研究提出以下假设。

假设 H3:公众参与在农村社区公共服务满意度对社区认同影响过程中发挥调节作用。

四、理论假设汇总与研究模型

基于马斯洛需求层次理论和社会认同理论等理论,通过文献查阅及梳理,本研究聚焦农村社区公共服务,探讨农村社区公共服务满意度对居民获得感的作用机制,分析社区认同的中介作用以及公众参与的调节作用,并在此基础上提出了以下 5 条理论研究假设,具体如表 8-2 所示。

表 8-2 理论假设汇总

假设编号	理论假设
假设 H1	农村社区公共服务满意度与居民获得感呈正相关关系
假设 H2a	居民公共服务满意度与社区认同呈正相关关系
假设 H2b	社区认同与居民获得感呈正相关关系
假设 H2	社区认同在农村社区公共服务满意度对居民获得感影响过程中发挥中介作用
假设 H3	公众参与在农村社区公共服务满意度对社区认同影响过程中发挥调节作用

经过归纳分析提炼,研究选取农村社区公共服务满意度作为自变量,居民获得感作为因变量,社区认同作中介变量,公众参与为调节变量,构建本研究的分析模型,如图 8-3 所示。

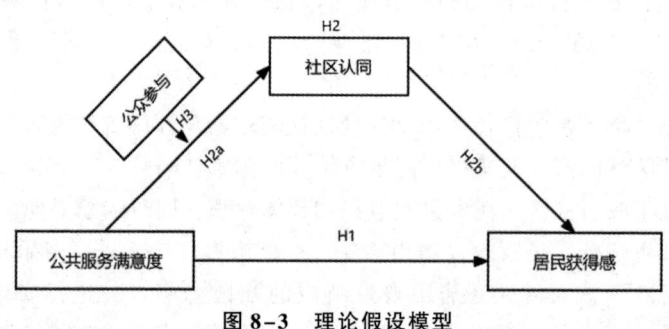

图 8-3 理论假设模型

第四节 农村社区公共服务满意度对居民获得感影响机制的研究设计

一、研究量表设计

根据第二章所梳理的理论基础、论述的研究假设以及构建的研究模型,本实证研究总共涉及四个变量:农村社区公共服务满意度、居民获得感、公众参与以及社区认同。其中,农村社区公共服务满意度属于自变量,居民获得感属于因变量,社区认同是中介变量,公众参与是调节变量。在设计、选择并确定量表的过程中,首先通过查阅文献将前人已有的成熟量表进行归纳总结以备参考和借鉴,其次结合研究的主要内容和调研对象的实际情况进行量表本土化改编,最后借助师门小组讨论、专家访谈意见等外界帮助对问卷的专业性、准确性以及可测性进行修正和完善。在本研究中,所有变量的测量均采用李克特五点计分法。

二、数据收集

本研究选择云南边疆地区的农村社区的居民作为调研的主要对象,在当地社区居委会协助组织下,通过简单随机抽样的方式选出居住于上述农村社区的居民作为调研对象,并采用现场问卷发放和家庭拜访问谈的方式进行调查问卷的发放和回收,最终通过"问卷星"调研平台将纸质版的问卷结果进行数字化统计。

本研究共发放调研问卷400份,回收了369份调查问卷,经过对问卷的筛选整理,剔除了离群点和无效样本,最终剩余317份有效样本。问卷中的调研对象的样本特征如表8-3所示。性别方面,男性148人,占样本总数的46.7%;女性169人,占样本总数的53.3%,女性人数略微高于男性。年龄方面,55岁以上的居民最多,有97人,占样本总数的30.6%;26~35岁的居民最少,有38人,占样本总数的12.0%;25岁及以下的居民有61人,占比19.2%;36~45岁居民46人,占比14.5%;46~55岁居民75人,占比23.7%。学历方面,高中学历的受访者最多,113人,占样本总数的35.6%;其次是初中及以下学历91人,占比28.7%;大专学历人群63人,占比19.9%;本科学历39人,占比12.3%;最少的是研究生及其以上学历,仅有11人,占样本总数的3.5%。职业方面,自由职业者的受访人数是最多的,有137人,占样本总数的43.2%;其次是离退休人员有86人,占比27.1%;公务员或事业单位工作人员5人,占比1.6%;国有企业工作人员9人,占比2.8%;私营或外资企业工作人员25人,占比7.9%;学生有55人,占比17.4%。政治面貌方面,被调查对象中群众受访者最多,有202人,占比63.7%;中共党员80人(含预备党员),占比25.3%;共青团员34人,占比10.7%;其他1人,占比0.3%。个人月均收入方面,月均2000元及以下收入人群最多,有174人,占比54.9%;2001~4000元95人,占比30.0%;4001~6000元40人,占比

12.6%；6001~8000元6人，占比1.9%，8000元以上2人，占比0.6%。婚姻状况方面，已婚人群最多，有195人，占比61.5%；未婚91人，占比28.7%；离异23人，占比7.3%；丧偶8人，占比2.5%。居住时长方面，大部分受访者在该社区的居住时长为15年以上，有123人，占样本总数的38.8%；其次是居住时长10~15年的居民，有80人，占比25.2%；居住6~10年的居民有50人，占比15.8%；居住1~5年的居民有44人，占比13.9%；居住不到一年的居民有20人，占比6.3%。

表8-3 数据样本特征分析

	分类	频次	百分比（%）
性别	男	148	46.7
	女	169	53.3
年龄	25岁及以下	61	19.2
	26~35岁	38	12.0
	36~45岁	46	14.5
	46~55岁	75	23.7
	55岁以上	97	30.6
学历	初中及以下	91	28.7
	高中	113	35.6
	大专	63	19.9
	本科	39	12.3
	研究生及以上	11	3.5
职业	公务员或事业单位工作人员	5	1.6
	国有企业工作人员	9	2.8
	私营或外资企业工作人员	25	7.9
	自由职业者	137	43.2
	离退休人员	86	27.1
	学生	55	17.4
政治面貌	中共党员	63	19.9
	中共预备党员	17	5.4
	共青团员	34	10.7
	群众	202	63.7
	其他	1	0.3

续表

	分类	频次	百分比（%）
月均收入	2000 元及以下	174	54.9
	2001~4000 元	95	30.0
	4001~6000 元	40	12.6
	6001~8000 元	6	1.9
	8000 元以上	2	0.6
婚姻状况	未婚	91	28.7
	已婚	195	61.5
	离异	23	7.3
	丧偶	8	2.5
居住时长	不到一年	20	6.3
	1~5 年	44	13.9
	6~10 年	50	15.8
	10~15 年	80	25.2
	15 年以上	123	38.8

三、量表质量分析

（一）同源偏差检验

共同方法偏差（Common Method Variance，CMV）是指在研究设计中，由于使用了相同或相似的测量方法、问卷项目、调查环境或受访者心理状态等因素，导致的变量之间呈现出虚假的相关性，被视为一种统计误差来源。因此，本研究对回收后的有效调查问卷使用了哈曼单因素测试（Harman's Single Factor Test）的检验方法，从而有效避免由于共同方法偏差结果对本研究结论的影响。主要运用检验 SPSS 分析的第一个因子累计方差是否大于 50%，如果第一个因子累计方差小于 50%，说明不存在共同方法偏差；反之，则说明存在共同方法偏差。

运用 SPSS 27.0 软件，对本研究问卷调查中所涉及的所有测量题项一并进行了探索性因素分析，结果表明：共有 9 个因素的特征根值大于 1，累计方差解释率为 73.535%，其中第一个因素的方差解释率为 10.629%，小于 40%，说明本研究所涉及的测量题项不存在严重的共同方法偏差问题。

（二）信度检验

信度是指使用测量工具或研究方法所得到的研究结果的内部一致性、外部稳定性、可信性与可靠性。信度分析主要验证的是量表的内部一致性，具体而言，就是考察该调查问卷中不同题项之间是否可以独立测量同一内容或概念。目前学界常用的检验方法包括 Cronbach's Alpha 和 Kuder-Richardson 20 (KR-20), 本研究主要运用克朗巴哈系数 (Cronbach's Alpha) 来检验问卷数据的信度以考察量表的内部一致性。目前学界普遍认为, Cronbach's α 系数的值介于 0 和 1 之间。如果 α 系数不超过 0.6, 一般认为内部一致信度不足; 当 α 系数介于 0.7~0.8 时表示量表具有相当的信度; 当 α 系数达 0.8~0.9, 甚至超过 0.9 时, 则意味着量表信度非常好, 可进行相应的实证分析 (见表 8-4)。对此, 本研究将证实农村社区公共服务满意度、居民获得感、社区认同与公众参与四个研究变量的 Cronbach's alpha 系数。

表 8-4 Cronbach's α 标准表

Cronbach's α	量表信度
0.60 以下	不理想, 量表内部一致信度不足
0.6~0.7	不太理想, 信度勉强可以接受
0.7~0.8	比较理想, 具有相当的信度
0.8~0.9	理想, 量表信度好
0.9 以上	非常理想, 量表信度非常好

在本研究中, 基于研究调查问卷的研究结果运用 SPSS 27.0 软件对问卷题项进行克朗巴哈系数检验来进行量表信度的检验, 结果如表 8-5 所示。农村社区公共服务满意度问卷的克朗巴哈系数为 0.899, 社区认同问卷的克朗巴哈系数 0.820, 公众参与感问卷的克朗巴哈系数 0.837, 居民获得感问卷的克朗巴哈系数为 0.798。表明本研究所使用问卷均具有良好的信度, 适合进行实证研究。

表 8-5 变量各维度信度分析

变量	维度	CITC	Cronbach's α
公共服务满意度	B1 教育——教育资源分布均衡程度、教育资源获取普惠程度、中小学义务教育教学质量	0.546	0.899
	B2 医疗卫生——周边医疗便利程度、周边医院医疗费用、医院医疗水平及服务水平	0.498	
	B3 社会保障——社区养老服务、社区就业服务、社区困难家庭救助服务、退役军人优抚服务	0.543	
	B4 基础设施——危房改造及抗震改造、公共交通便捷程度和覆盖范围、通信设施和水利工程、社区绿化和空气质量	0.589	
	B5 文体服务——文体活动场所供给、文体活动设施设备、文化活动服务质量	0.567	
社区认同	C1 功能认同——认同工作人员的管理水平和能力、认同社区日常生产生活便利程度、认同社区基础设施和环境状况	0.423	0.820
	C2 情感认同——对社区的特殊情感意义、对社区好评的自豪感、在意他人对社区的看法	0.423	

续表

变量	维度	CITC	Cronbach's α
公众参与	D1 参与频率	0.680	0.837
	D2 参与意愿	0.652	
	D3 参与行为	0.668	
	D4 参与效果	0.670	
居民获得感	E1 横向获得感	0.666	0.798
	E2 纵向获得感	0.619	
	E3 整体获得感	0.641	

(三) 效度检验

效度是评估研究工具或测量方法是否能够准确测量所要测量结果的程度。高效度的测量结果能够准确反映并有效考察研究对象的真实特征,而低效度的测量则可能直接导致研究结果的偏差。由于效度直接关乎研究结果的准确性与可靠性,所以在社会科学和心理学研究中,效度是一个至关重要的概念。对此,本研究将采用探索性因子分析 (Exploratory Factor Analysis, EFA) 对调查问卷的合理性进行效度检验。

首先,检验问卷的 KMO 值,并且对问卷进行巴特列特球形检验,以此来判断本次问卷数据是否适合进行因子分析。从表8-6可以看出,农村社区公共服务满意度问卷的 KMO 值为 0.888,社区认同问卷的 KMO 值为 0.787,公众参与问卷的 KMO 值为 0.816,居民获得感问卷的 KMO 值为 0.707,KMO 值均大于 0.5,且显著性全部为 0.000,显著性水平达标,表明本次数据适合做探索性因子分析。其次,对问卷进行巴特列特球形检验。巴特列特球形检验的 p 值为 $0.000 < 0.05$,说明各题项之间的关系度较好,非常适合进一步进行因子分析。KMO 值一般用于比较变量间相关系数,是问卷进行因子分析的重要先验指标。农村社区公共服务满意度变量的 KMO 值达到 0.888,表明适宜进行因子分析,因此我们对农村社区公共服务满意度进行探索性因子分析,以确定农村社区公共服务满意度变量的具体维度。采用主成分分析法进行因子抽取,最大方差法进行因子旋转。结果如表8-7所示,共提取9个因子。因此,表明本研究问卷具有良好的结构效度。

表8-6 各变量效度分析

测量变量	KMO 值	Bartlett's 球形检验		
		近似卡方 (X^2)	自由度 (df)	显著性 (sig.)
公共服务满意度	0.888	2550.733	136	0.000
社区认同	0.787	755.052	15	0.000
公众参与	0.816	467.810	6	0.000
居民获得感	0.707	291.379	3	0.000

表 8-7 探索性因子分析

指标	具体维度	因子1	因子2	因子3	因子4	因子5	因子6	因子7	因子8	因子9
B1 教育服务	教育资源分布均衡程度	0.783								
	教育资源获取普惠程度	0.788								
	中小学义务教育教学质量	0.767								
B2 医疗卫生	周边医疗便利程度		0.776							
	周边医院医疗费用		0.806							
	医院医疗水平及服务水平		0.740							
B3 社会保障	社区养老服务			0.769						
	社区就业服务			0.798						
	社区困难家庭救助服务			0.760						
	退役军人优抚服务			0.804						
B4 基础设施	危房改造及抗震改造				0.787					
	公共交通便捷程度和覆盖范围				0.760					
	通信设施和水利工程				0.780					
	社区绿化和空气质量				0.699					

第八章 农村社区公共服务满意度对居民获得感影响的机制研究

续表

指标	具体维度	因子1	因子2	因子3	因子4	因子5	因子6	因子7	因子8	因子9
B5 文体服务	文体活动场所供给					0.753				
	文体活动设施设备					0.758				
	文化活动服务质量					0.788				
C1 功能认同	认同工作人员的管理水平和能力						0.807			
	认同社区日常生活便利程度						0.790			
	认同社区基础设施和环境状况						0.734			
C2 情感认同	对社区存在特殊情感意义							0.772		
	对所在社区好评产生自豪感							0.771		
	在意他人对社区的看法							0.775		
D 公众参与	参与频率								0.768	
	参加社区会议评建言献策的意愿								0.745	
	关注该社区公共事务动态的行为								0.761	
	参与决策对社区的影响和结果								0.802	
E 获得感	横向获得感									0.792
	纵向获得感									0.721
	整体获得感									0.802

· 439 ·

接下来，本研究对问卷进行探索性因子分析，以确定城市社区公共服务满意度、社区认同、公众参与以及居民获得感变量的具体维度。为了识别出各个变量的具体维度，本研究利用主要因子成分分析法提取因子，对公共服务满意度、社区认同、公众参与和获得感变量进行探索性因子分析。一共提取了9个因子，其中农村社区公共服务满意度的问卷共提取到5个因子，表明该农村社区公共服务满意度问卷具有良好的结构效度，由此我们认为公共服务满意度测量的研究项信息能够被有效、准确地提取出来。此外，这9个因子中，公共服务满意度的方差解释率为33.589%，社区认同为14.747%，公众参与为7.212%，居民获得感为18.182%，经旋转后的累计方差解释率为73.730%＞50%，这就意味着该研究问卷的信息能够被有效提取出来，且每个题项均在各自原来定义的维度内，并未发生变量混淆的情况，表明该研究调查问卷具有良好的效度。

第五节 农村社区公共服务满意度对居民获得感影响机制的实证分析

一、描述性统计

通过对问卷量表进行了信效度分析之后，又对问卷数据进行描述性统计进一步对研究变量做出更加直观和准确的分析。以均值、标准差、偏度和峰度这4个指标来衡量本次研究农村社区居民样本数据结果的集中程度与离散状况。由表8-8、图8-4可知，在农村社区公共服务满意度、居民获得感、社区认同和公众参与这四个变量中，社区认同得分最高（3.362±0.852），公众参与（3.257±0.923）得分最低，居民获得感（3.308±0.953）和公共服务满意度得分（3.330±0.711）居于中间位置，结果说明作者选择调研的农村社区居民样本具有较高的社区认同感。同时，各变量均值都在3.257~3.362，可见其分布比较均衡，其标准差均在0.711~0.953，说明样本数据离散度小。Kline（1998）的研究认为，当样本数据的偏度绝对值＜3，峰度绝对值＜10时，则表明该研究变量数据基本符合正态分布特征。本研究所有变量的偏度绝对值＜1，峰度绝对值＜2，二者远远小于Kline（1998）提出的指标参考值。因此，本研究的样本数据形态基本符合正态分布，满足作者在本书研究假设中对分析数据的基本要求。

表8-8 测量题项描述性统计

变量	极小值	极大值	均值	标准差	偏度		峰度	
					统计量	标准误	统计量	标准误
公共服务满意度	1.93	5.00	3.330	0.711	0.506	0.137	-0.806	0.273
B1教育服务——教育资源分布均衡程度	1	5	3.290	1.112	-0.114	0.137	-0.925	0.273

续表

变量	极小值	极大值	均值	标准差	偏度 统计量	偏度 标准误	峰度 统计量	峰度 标准误
B1 教育服务——教育资源获取普惠程度	1	5	3.230	1.150	-0.033	0.137	-0.989	0.273
B1 教育服务——中小学义务教育教学质量	1	5	3.320	1.168	-0.150	0.137	-1.084	0.273
B2 医疗卫生——周边医疗便利程度	1	5	3.290	1.149	0.031	0.137	-1.102	0.273
B2 医疗卫生——周边医院医疗费用	1	5	3.290	1.126	0.005	0.137	-1.041	0.273
B2 医疗卫生——医院医疗水平及服务水平	1	5	3.360	1.148	-0.086	0.137	-1.136	0.273
B3 社会保障——社区养老服务	1	5	3.320	1.118	-0.038	0.137	-0.995	0.273
B3 社会保障——社区就业服务	1	5	3.390	1.102	-0.164	0.137	-0.952	0.273
B3 社会保障——社区困难家庭救助服务	1	5	3.390	1.185	-0.194	0.137	-1.100	0.273
B3 社会保障——退役军人优抚服务	1	5	3.390	1.179	-0.238	0.137	-1.019	0.273
B4 基础设施——危房改造及抗震改造	1	5	3.380	1.117	-0.103	0.137	-1.103	0.273
B4 基础设施——公共交通便捷程度和覆盖范围	1	5	3.370	1.128	-0.145	0.137	-1.071	0.273
B4 基础设施——通信设施和水利工程	1	5	3.320	1.151	-0.108	0.137	-1.078	0.273
B4 基础设施——社区绿化和空气质量	1	5	3.380	1.151	-0.182	0.137	-1.119	0.273
B5 文体服务——文体活动场所供给	1	5	3.320	1.211	-0.107	0.137	-1.174	0.273
B5 文体服务——文体活动设施设备	1	5	3.310	1.177	-0.034	0.137	-1.140	0.273
B5 文体服务——文化活动服务质量	1	5	3.340	1.203	-0.084	0.137	-1.144	0.273
社区认同	1.50	5.00	3.362	0.852	0.150	0.137	-0.850	0.273
C1 功能认同——认同工作人员的管理水平和能力	1	5	3.340	1.163	-0.181	0.137	-1.046	0.273
C1 功能认同——认同社区日常生产生活便利程度	1	5	3.440	1.139	-0.160	0.137	-1.173	0.273
C1 功能认同——认同社区基础设施和环境状况	1	5	3.420	1.157	-0.147	0.137	-1.123	0.273
C2 情感认同——对社区的特殊情感意义	1	5	3.260	1.239	-0.030	0.137	-1.181	0.273
C2 情感认同——对社区好评的自豪感	1	5	3.370	1.190	-0.202	0.137	-1.004	0.273

续表

变量	极小值	极大值	均值	标准差	偏度 统计量	偏度 标准误	峰度 统计量	峰度 标准误
C2 情感认同——在意他人对社区的看法	1	5	3.340	1.160	-0.104	0.137	-1.078	0.273
公众参与	1.25	5.00	3.257	0.923	0.025	0.137	-0.910	0.273
D1 公众参与——参与频率	1	5	3.210	1.156	0.044	0.137	-1.151	0.273
D2 公众参与——参与意愿	1	5	3.260	1.121	-0.116	0.137	-0.921	0.273
D3 公众参与——参与行为	1	5	3.250	1.114	0.001	0.137	-1.047	0.273
D4 公众参与——参与效果	1	5	3.310	1.116	-0.097	0.137	-0.943	0.273
居民获得感	1.33	5.00	3.308	0.953	0.024	0.137	-1.005	0.273
F1 获得感——横向获得感	1	5	3.320	1.135	-0.082	0.137	-1.086	0.273
F2 获得感——纵向获得感	1	5	3.310	1.113	-0.135	0.137	-1.007	0.273
F3 获得感——整体获得感	1	5	3.290	1.139	-0.064	0.137	-1.130	0.273

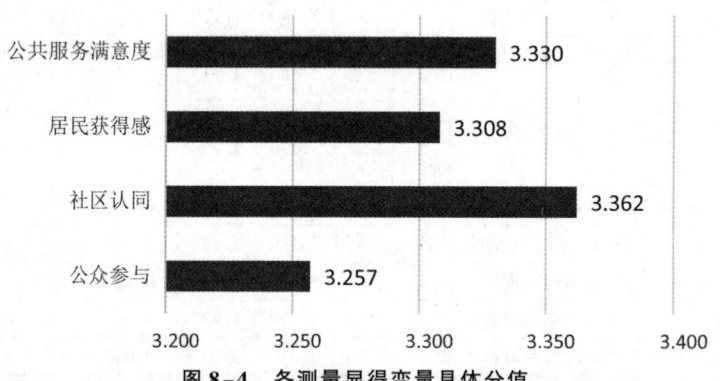

图 8-4 各测量显得变量具体分值

在农村社区公共服务满意度五个维度中,分值由高到低依次为社会保障满意度(3.373±1.146)、基础设施满意度(3.363±1.137)、文体服务满意度(3.323±1.197)、医疗卫生满意度(3.310±1.141)、教育服务满意度(3.280±1.143),如图 8-5 所示。通过对各测量变量的描述性统计表可知,受访社区居民对公共服务总体满意度打分(3.330±0.711)处于中等偏上水平。其中,受访者对社区困难家庭救助服务(3.390±1.185)、退役军人优抚服务(3.390±1.179)、社区就业服务(3.390±1.102)的满意度较高,其次是社区绿化和空气质量(3.380±1.151)、危房改造及抗震改造(3.380±1.117),对教育资源获取普惠程度的满意程度最低(3.230±1.150)。总体来说,大部分受访者的公共服务满意度情况总体还不错,但综合打分不算特别高,仍有很大的提升空间。

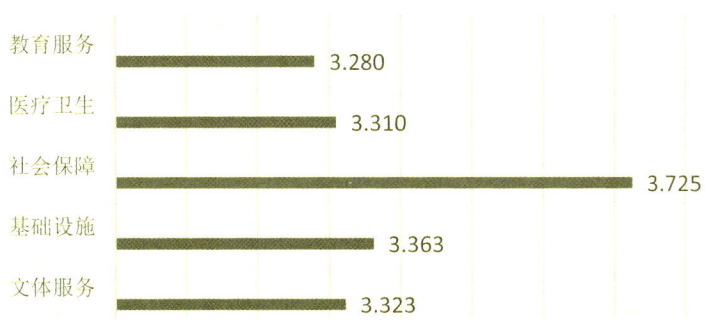

图 8-5 农村社区公共服务满意度潜变量具体分值

在农村社区教育服务满意度方面,中小学义务教育教学质量满意度最高(3.320 ± 1.168),其次为教育资源分布均衡程度满意度(3.290 ± 1.112),教育资源获取普惠程度满意度(3.230 ± 1.150)得分最低。同时,教育资源分布均衡程度、教育资源获取普惠程度和中小学义务教育教学质量三个维度中"满意"和"非常满意"的农村社区居民分别占比 46.38%、43.53% 和 49.84%,"不满意"和"非常不满意"的占比分别为 28.39%、31.23% 和 30.92%(见表 8-9)。这说明社区居民对农村社区教育服务中的中小学义务教育教学质量和教育资源分布均衡程度满意度较高,而对教育资源获取普惠程度的满意度较低。整体而言,被调查对象对所在农村社区教育服务较为满意,不满意的比例较低。

表 8-9 农村社区教育服务满意度的具体分布情况

	非常不满意	不满意	一般	满意	非常满意
教育资源分布均衡程度	13 (4.10%)	77 (24.29%)	80 (25.23%)	100 (31.55%)	47 (14.83%)
教育资源获取普惠程度	16 (5.05%)	83 (26.18%)	80 (25.24%)	88 (27.76%)	50 (15.77%)
中小学义务教育教学质量	14 (4.42%)	84 (26.50%)	61 (19.24%)	131 (32.49%)	55 (17.35%)

在农村社区医疗服务满意度方面,医院医疗水平及服务水平满意度最高(3.360 ± 1.148),其次为周边医疗便利程度满意度(3.290 ± 1.149)、周边医院医疗费用满意度(3.290 ± 1.126)。同时,周边医疗便利程度、周边医院医疗费用和医院医疗水平及服务水平三个维度中"满意"和"非常满意"的农村社区居民分别占比 44.17%、44.48% 和 49.21%,"不满意"和"非常不满意"的占比分别为 30.59%、29.65% 和 29.65%(见表 8-10)。这在一定程度上说明了社

区居民对农村社区医疗服务中的医院医疗水平及服务水平和周边医院医疗费用满意度的认可，而对周边医疗便利程度的满意度较低。

在农村社区社会保障满意度方面，社区困难家庭救助服务（3.390±1.185）、退役军人优抚服务满意度（3.390±1.179）和社区就业服务满意度（3.390±1.102）较高，社区养老服务满意度（3.320±1.118）得分最低。同时，社区养老服务、社区就业服务、社区困难家庭救助服务和退役军人优抚服务四个维度中"满意"和"非常满意"的农村社区居民分别占比45.43%、50.16%、51.74%和52.06%，"不满意"和"非常不满意"的占比分别为27.76%、25.55%、29.02%和28.07%（见表8-11）。这说明了社区居民对农村社区社会保障服务中的社区困难家庭救助服务和退役军人优抚服务的较为满意，而对社区养老服务的满意度相对较低一些。

表8-10 农村社区医疗服务满意度的具体分布情况

	非常不满意	不满意	一般	满意	非常满意
周边医疗便利程度	10 (3.15%)	87 (27.44%)	80 (25.24%)	81 (25.56%)	59 (18.61%)
周边医院医疗费用	10 (3.15%)	84 (26.50%)	82 (25.87%)	87 (27.44%)	54 (17.04%)
医院医疗水平及服务水平	9 (2.84%)	85 (26.81%)	67 (21.14%)	96 (30.28%)	60 (18.93%)

表8-11 农村社区社会保障满意度的具体分布情况

	非常不满意	不满意	一般	满意	非常满意
社区养老服务	10 (3.15%)	78 (24.61%)	85 (26.81%)	89 (28.08%)	55 (17.35%)
社区就业服务	9 (2.84%)	72 (22.71%)	77 (24.29%)	104 (32.81%)	55 (17.35%)
社区困难家庭救助服务	13 (4.10%)	79 (24.92%)	61 (19.24%)	98 (30.92%)	66 (20.82%)
退役军人优抚服务	15 (4.73%)	74 (23.34%)	63 (19.88%)	102 (32.18%)	63 (19.88%)

在农村社区基础设施满意度方面，社区绿化和空气质量满意度（3.380±1.151）、危房改造及抗震改造满意度（3.380±1.117）较高，其次为公共交通便捷程度和覆盖范围满意度（3.370±1.128），通信设施和水利工程满意度（3.320±1.151）得分最低。同时，危房改造及抗震改造、公共交通便捷程度和覆盖范围、通信设施和水利工程以及社区绿化和空气质量这四个维度中"满意"和

"非常满意"的农村社区居民分别占比 50.16%、50.79%、48.58% 和 52.68%,"不满意"和"非常不满意"的占比分别为 28.08%、28.39%、29.02% 和 29.97%(见表 8-12)。总体而言,社区居民对社区绿化和空气质量的满意度较高,认可所在农村社区基础设施服务在该方面工作的成果,但也同时认为在通信设施和水利工程方面仍需做进一步的优化与改善。

表 8-12 农村社区基础设施满意度的具体分布情况

	非常不满意	不满意	一般	满意	非常满意
危房改造及抗震改造	7 (2.21%)	82 (25.87%)	69 (21.76%)	102 (32.18%)	57 (17.98%)
公共交通便捷程度和覆盖范围	9 (2.84%)	81 (25.55%)	66 (20.82%)	105 (33.12%)	56 (17.67%)
通信设施和水利工程	12 (3.78%)	80 (25.24%)	71 (22.40%)	106 (33.44%)	48 (15.14%)
社区绿化和空气质量	10 (3.16%)	85 (26.81%)	55 (17.35%)	110 (34.70%)	57 (17.98%)

在农村社区文体服务满意度方面,文化活动服务质量满意度最高(3.340±1.203),其次为文体活动场所供给满意度(3.320±1.211),文体活动设施设备满意度(3.310±1.177)得分最低。同时,文体活动场所供给、文体活动设施设备和文化活动服务质量三个维度中"满意"和"非常满意"的农村社区居民分别占比 48.90%、46.37% 和 47.32%,"不满意"和"非常不满意"的占比分别为 32.17%、31.23% 和 30.28%(见表 8-13)。被调查的农村社区居民大多对所在社区提供的文化活动服务质量和文体活动场所较为满意,但在文体活动设施设备的供给上依然有待提高。

表 8-13 农村社区文体服务满意度的具体分布情况

	非常不满意	不满意	一般	满意	非常满意
文体活动场所供给	15 (4.73%)	87 (27.44%)	60 (18.93%)	90 (28.39%)	65 (20.51%)
文体活动设施设备	12 (3.79%)	87 (27.44%)	71 (22.40%)	85 (26.81%)	62 (19.56%)
文化活动服务质量	14 (4.41%)	82 (25.87%)	71 (22.40%)	81 (25.55%)	69 (21.77%)

二、差异性检验

差异性检验,又称差异性分析,是一种用于确定两个及以上样本或多个组别之间在一些变量上是否存在显著统计差异的统计方法。这种检验通常用于比较不同处理、条件或时间点下的平均值、比例或其他统计量。因此，本研究采用 t 检验和方差分析将农村社区居民样本数据的性别、年龄、学历、职业、政治面貌、月均收入、婚姻状况、居住时长等数值进行差异性检验，以此观察并测量相关研究变量在人口统计学变量上的差异。

（一）性别差异检验

如表 8-14 所示，从均值得分来看，样本女性群体的公共服务满意度 (3.351±0.725)、公众参与 (3.290±0.952) 和居民获得感 (3.381±0.960) 均高于男性，但整体上差别不大。此外，公共服务满意度、社区认同、公众参与、居民获得感四个变量的莱文方差等同性检验的显著性均大于 0.05，说明结果需要看 t 检验的假定等方差结果；从 t 检验的结果得知，性别对公共服务满意度、社区认同、公众参与、居民获得感差异分析的显著性大于 0.05，表明公共服务满意度、社区认同、公众参与、居民获得感在不同性别的人群之间没有显著差异。此外，在农村社区公共服务满意度、社区认同、公众参与和居民获得感各研究变量中，只有社区认同呈现女性低于男性的趋势，其余各变量的分值在性别维度分布中均呈现女性略高于男性的特点（见图 8-6）。

表 8-14 性别差异性检验

	男		女		t	p
	M	SD	M	SD		
公共服务满意度	3.307	0.697	3.351	0.725	-0.545	0.586
社区认同	3.385	0.784	3.341	0.910	0.457	0.648
公众参与	3.220	0.891	3.290	0.952	-0.676	0.499
居民获得感	3.225	0.941	3.381	0.960	-1.452	0.148

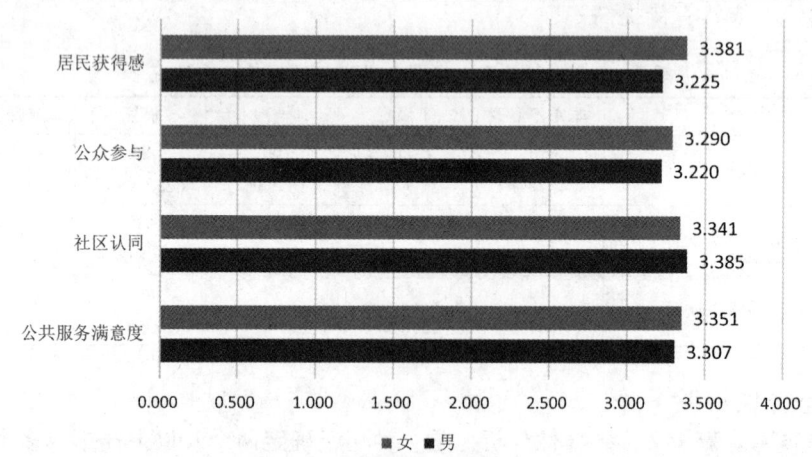

图 8-6 各主要研究变量性别差异

（二）年龄差异检验

根据表 8-15 可知，在年龄方面，只有公共服务满意度、社区认同差异分析的显著性 p<0.05，说明公共服务满意度和社区认同在不同年龄的人群之间有显著差异；公众参与、居民获得感差异分析的显著性 p>0.05，说明公众参与、居民获得感在不同年龄的人群之间均不存在显著性差异。25 岁及以下群体的社区认同最低（3.221±0.838），其次是 36~45 岁（3.279±0.823）、55 岁以上（3.345±0.847）、46~55 岁（3.353±0.822），26~35 岁人群的社区认同最高（3.746±0.913）。可知，受访农村社区居民的社区认同水平随着年龄的增长呈倒 U 形曲线增长（见图 8-7）。

表 8-15　年龄差异性检验

	25岁及以下		26~35岁		36~45岁		46~55岁		55岁以上		F	p
	M	SD	M	SD	M	SD	M	SD	M	SD		
公共服务满意度	3.324	0.657	3.667	0.789	3.269	0.654	3.292	0.714	3.261	0.714	2.551	0.039
社区认同	3.221	0.838	3.746	0.913	3.279	0.823	3.353	0.822	3.345	0.847	2.508	0.042
公众参与	3.250	0.971	3.368	1.003	3.038	0.745	3.293	0.914	3.294	0.944	0.853	0.493
居民获得感	3.295	0.890	3.614	0.902	3.297	1.012	3.289	0.968	3.217	0.965	1.219	0.303

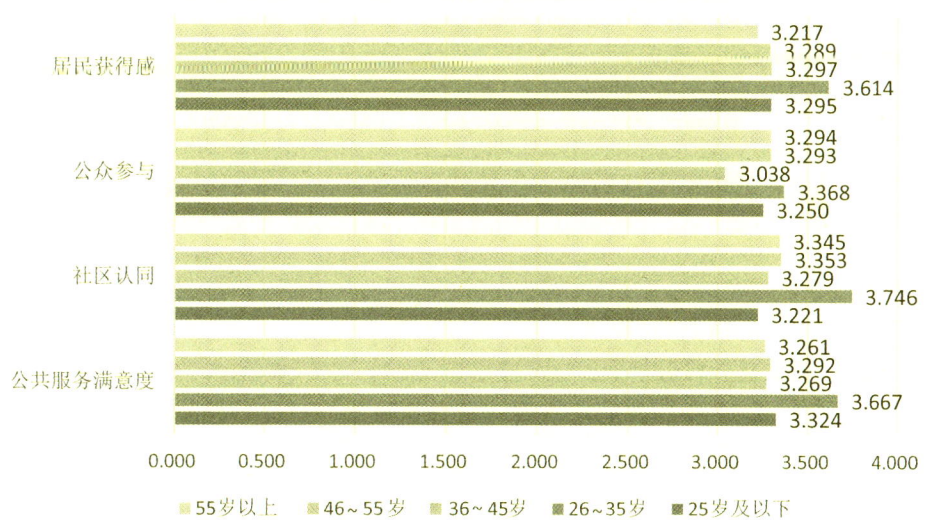

图 8-7　各主要研究变量年龄差异

（三）学历差异检验

根据表 8-16 可知，在学历方面，公共服务满意度、社区认同、公众参与、居民获得感差异分析的显著性 p>0.05，说明公共服务满意度、社区认同、公众参与、居民获得感在不同学历的人群之间均没有显著差异。其中，高中学历样本居民的公共服务满意度水平、社区认同水平最低；学历高的受访者普遍比学历较低的受访者的公众参与水平要高；在居民获得感方面，本科学历人群的居民获得感水平最高，高中学历的受访居民获得感水平最低（见图8-8）。

表 8-16 学历差异性检验

	初中及以下		高中		大专		本科		研究生及以上		F	p
	M	SD	M	SD	M	SD	M	SD	M	SD		
公共服务满意度	3.398	0.758	3.224	0.639	3.287	0.734	3.476	0.700	3.599	0.835	1.714	0.147
社区认同	3.509	0.852	3.254	0.810	3.331	0.882	3.329	0.938	3.546	0.727	1.303	0.269
公众参与	3.371	0.986	3.168	0.842	3.183	1.011	3.314	0.899	3.455	0.714	0.873	0.481
居民获得感	3.421	0.968	3.183	0.961	3.270	0.914	3.444	0.922	3.394	1.063	1.057	0.378

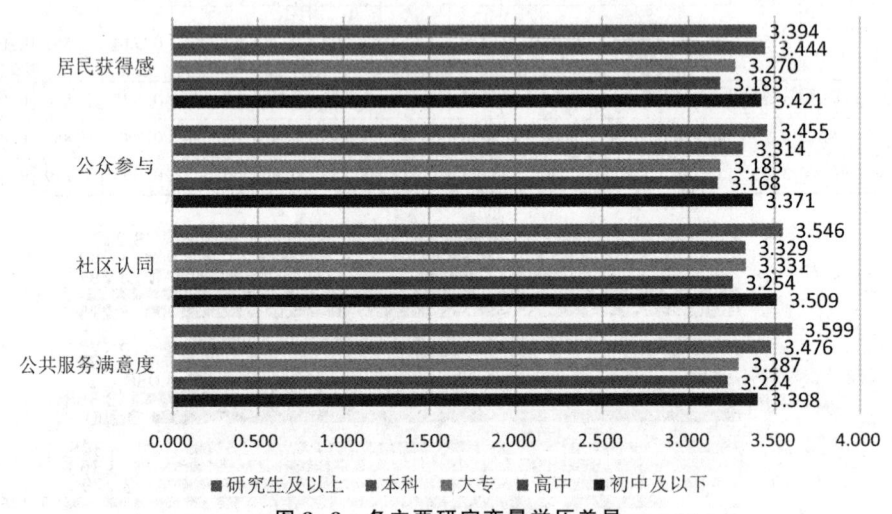

图 8-8 各主要研究变量学历差异

（四）职业差异检验

根据表8-17可知，在职业方面，公共服务满意度、社区认同、公众参与、居民获得感差异分析的显著性 p>0.05，说明公共服务满意度、社区认同、公众参与、居民获得感在不同职业的人群之间均没有显著差异。与其他职业相比，被调研的云南边疆地区的这些农村社区居民中，公务员或事业单位工作人员的居民获得感水平最高（3.733±0.641），其次是自由职业者（3.382±0.987）、私营或外资企业工作人员（3.347±1.002）和学生（3.279±0.862），离退休人员

(3.202±0.962) 和国有企业工作人员 (3.037±0.889) 的居民获得感水平相对较低 (见图8-9)。这可能是由于公务员或事业单位工作人员相对其他单位的工作人员来说相对稳定，其他职业的工作人员相比公务员、事业单位工作人员来说稳定程度更低，所以获得感水平相对较低。

表8-17 职业差异性检验

	公务员或事业单位工作人员		国有企业工作人员		私营或外资企业工作人员		自由职业者		离退休人员		学生		F	p
	M	SD	M	SD	M	SD	M	SD	M	SD	M	SD		
公共服务满意度	3.567	0.966	3.107	0.823	3.451	0.790	3.387	0.717	3.228	0.694	3.308	0.647	0.971	0.436
社区认同	3.200	1.193	3.407	0.646	3.507	0.998	3.438	0.840	3.297	0.830	3.215	0.850	0.829	0.530
公众参与	3.500	0.984	2.833	1.008	3.000	0.781	3.334	0.917	3.247	0.919	3.246	0.982	1.031	0.399
居民获得感	3.733	0.641	3.037	0.889	3.347	1.002	3.382	0.987	3.202	0.962	3.279	0.862	0.740	0.594

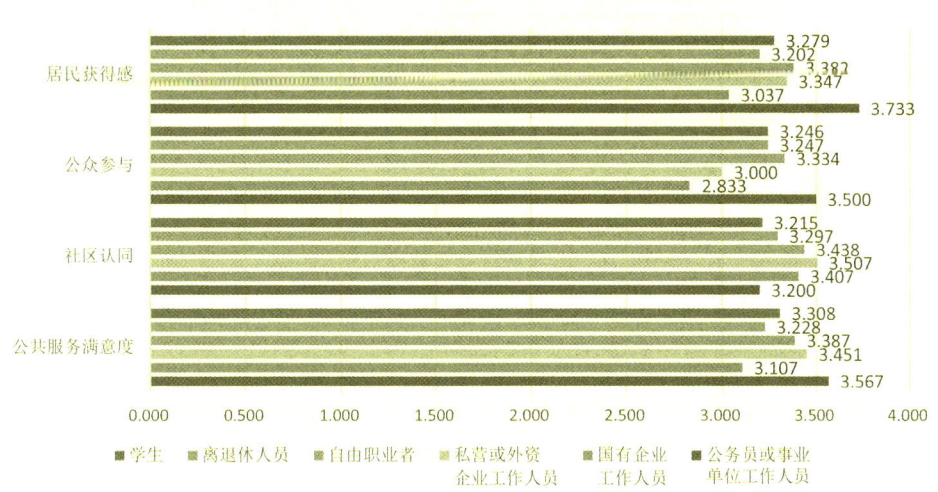

图8-9 各主要研究变量职业差异

（五）政治面貌差异检验

根据表8-18可知，在政治面貌方面，公共服务满意度、公众参与、居民获得感差异分析的显著性$p > 0.05$，说明公共服务满意度、公众参与、居民获得感在不同政治面貌的人群之间均没有显著差异。与其他政治面貌相比,被调研的农村社区居民中,除了单个其他样本以外,中共党员的居民获得感水平最高(3.397±0.927),其次是共青团员(3.353±0.928)、群众(3.274±0.978)和预备党员(3.216±0.790),如图8-10所示。

表8-18 政治面貌差异性检验

	中共党员		中共预备党员		共青团员		群众		其他		F	p
	M	SD	M	SD	M	SD	M	SD	M	SD		
公共服务满意度	3.342	0.665	3.281	0.681	3.477	0.695	3.300	0.729	4.467	0.000	1.115	0.349
社区认同	3.405	0.837	2.873	0.824	3.382	0.819	3.378	0.852	5.000	0.000	2.431	0.048
公众参与	3.329	0.817	3.441	0.929	3.022	1.058	3.257	0.931	3.500	0.000	0.832	0.505
居民获得感	3.397	0.927	3.216	0.790	3.353	0.928	3.274	0.978	4.667	0.000	0.766	0.548

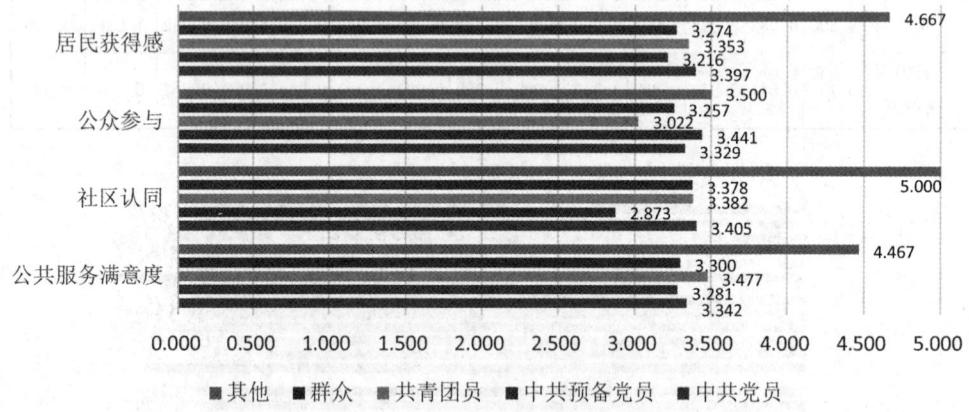

图8-10 各主要研究变量政治面貌差异

(六)月均收入差异检验

根据表8-19可知,在月均收入方面,公共服务满意度、社区认同、公众参与、居民获得感差异分析的显著性$p>0.05$,说明公共服务满意度、社区认同、公众参与、居民获得感在不同月均收入的人群之间均没有显著差异。如图8-11所示,居民获得感方面,2000元以下、2001~4000元、4001~6000元、6001~8000元、8000元以上收入受访者的均值和标准差分别为3.230±0.921、3.397±1.010、3.400±0.982、3.389±0.491、3.833±1.650。由此可见,收入水平较高的样本居民获得感水平比收入水平低的样本居民更高,居民的获得感水平随着收入的增加而提高。

表 8-19　月均收入差异性检验

	2000 元及以下		2001~4000 元		4001~6000 元		6001~8000 元		8000 元以上		F	p
	M	SD	M	SD	M	SD	M	SD	M	SD		
公共服务满意度	3.254	0.690	3.406	0.714	3.434	0.750	3.297	0.831	4.433	0.071	2.224	0.066
社区认同	3.280	0.820	3.470	0.849	3.421	0.919	3.194	1.098	4.667	0.471	2.095	0.081
公众参与	3.276	0.948	3.234	0.895	3.294	0.888	2.667	0.769	3.750	1.414	0.803	0.524
居民获得感	3.230	0.921	3.397	1.010	3.400	0.982	3.389	0.491	3.833	1.650	0.751	0.558

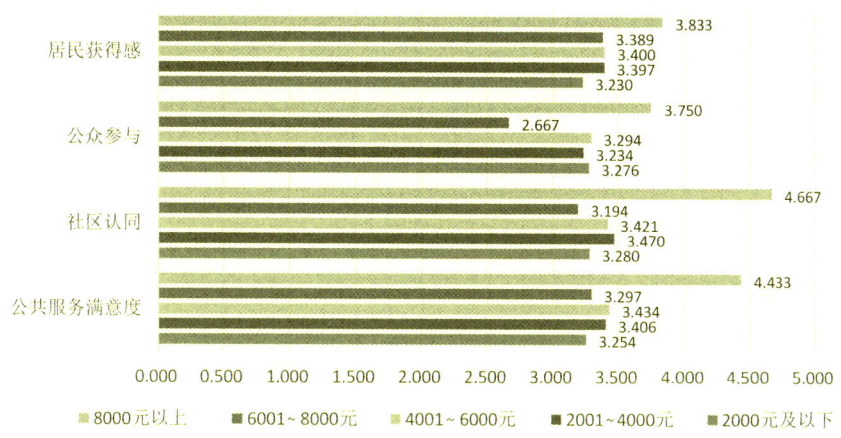

图 8-11　各主要研究变量月均收入差异

(七) 婚姻状况差异检验

根据表 8-20 可知，在婚姻状况方面，公共服务满意度、社区认同、公众参与、居民获得感差异分析的显著性 $p > 0.05$，说明公共服务满意度、社区认同、公众参与、居民获得感在不同婚姻状况的人群之间均没有显著差异。如图 8-12 所示，与其他婚姻状况相比，被调研的这些农村社区居民中，未婚的居民获得感水平最高 (3.432 ± 0.899)，其次是已婚居民 (3.268 ± 0.956)、离异 (3.261 ± 1.180) 和丧偶 (3.000 ± 0.735)。

表 8-20　婚姻状况差异性检验

	未婚		已婚		离异		丧偶		F	p
	M	SD	M	SD	M	SD	M	SD		
公共服务满意度	3.424	0.715	3.296	0.709	3.364	0.751	3.006	0.565	1.258	0.289
社区认同	3.377	0.907	3.380	0.814	3.203	0.987	3.208	0.796	0.389	0.761
公众参与	3.289	0.994	3.245	0.906	3.402	0.797	2.781	0.807	0.944	0.419
居民获得感	3.432	0.899	3.268	0.956	3.261	1.180	3.000	0.735	0.925	0.429

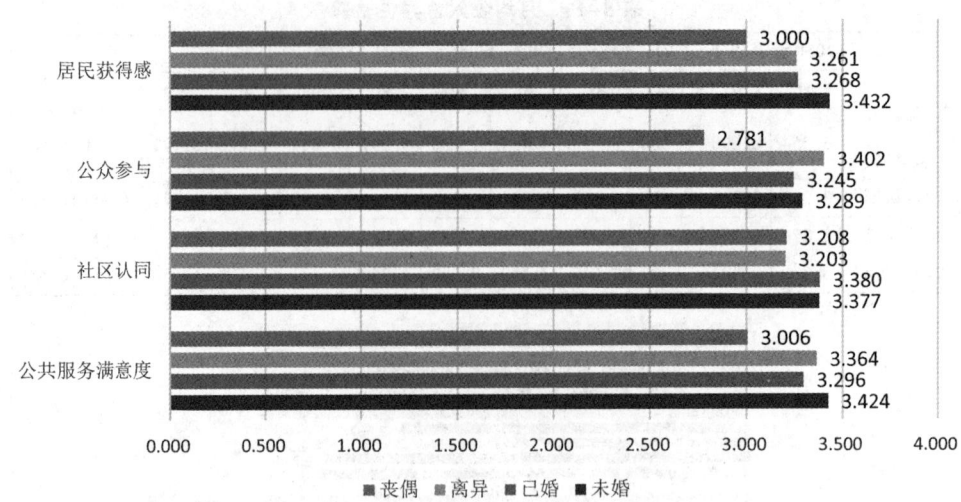

图 8-12 各主要研究变量婚姻状况差异

（八）居住时长差异检验

根据表 8-21 可知，在居住时长方面，公共服务满意度（p=0.000）、社区认同（p=0.000）、公众参与（p=0.010）、居民获得感（p=0.000）差异分析的显著性 p<0.05，说明公共服务满意度、社区认同、公众参与、居民获得感在当前农村社区的居住时长之间有显著差异。由图 8-13 可知，居住时长在 15 年以上的居民无论是在公共服务满意度、社区认同方面，还是在公众参与、居民获得感方面均得分最高。

表 8-21 居住时长差异性检验

	不到一年		1~5 年		6~10 年		10~15 年		15 年以上		F	p
	M	SD	M	SD	M	SD	M	SD	M	SD		
公共服务满意度	2.996	0.417	3.063	0.549	3.058	0.508	3.228	0.644	3.658	0.785	13.161	0.000
社区认同	2.692	0.650	2.905	0.664	3.063	0.602	3.238	0.642	3.836	0.908	22.574	0.000
公众参与	3.050	0.789	3.028	0.823	3.020	0.840	3.269	0.933	3.461	0.966	3.359	0.010
居民获得感	3.200	0.775	3.068	0.753	2.900	0.863	3.096	0.937	3.715	0.950	10.875	0.000

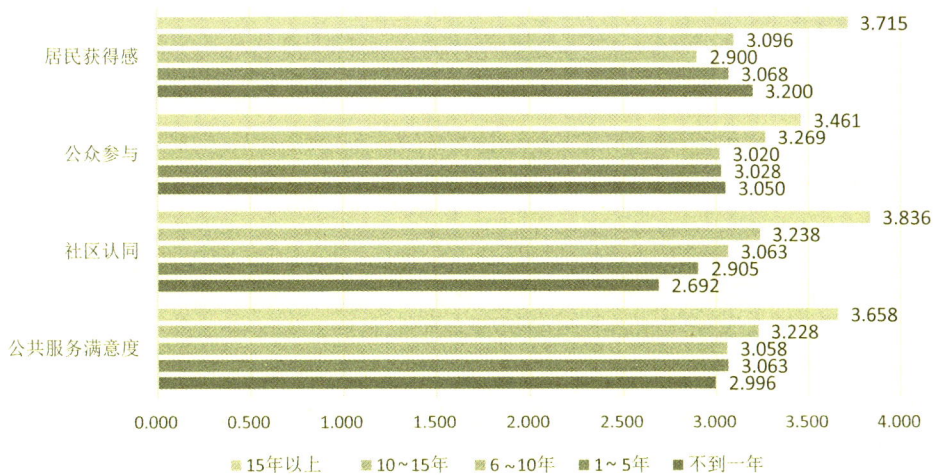

图 8-13 各主要研究变量居住时长差异

三、相关性分析

在实证研究中，学者们为讨论出各个变量之间的相关性，往往会采用 Pearson 相关系数统计分析法，借助该指标来测度各变量之间的相关性，通过数值量化的形式来揭示并反映各个变量之间相关性的强弱程度。因此，本研究使用统计软件 SPSS 27.0 对有效样本数据结果进行分析，以农村社区公共服务满意度为自变量，居民获得感为因变量，社区认同与公众参与为中介变量和调节变量，受访者的性别、年龄、学历、职业、政治面貌、月均收入、婚姻状况和居住时长为控制变量。通过相关性分析，厘清各变量之间的相关关系。结果表明：公共服务满意度与居民获得感正相关（$r=0.540$，$p<0.01$）、与社区认同呈正相关（$r=0.672$，$p<0.01$）、与公众参与呈正相关（$r=0.520$，$p<0.01$）；社区认同与居民获得感正相关（$r=0.472$，$p<0.01$）、与公众参与正相关（$r=0.436$，$p<0.01$）；公众参与与居民获得感正相关（$r=0.337$，$p<0.01$）。公共服务满意度、社区认同、公众参与、居民获得感这 4 个变量两两之间均呈现出显著的相关性，且相关系数介于 0.337~0.672，具体相关性分析结果详见表 8-22。

表 8-22 主要研究变量间的相关性分析

	r			
	公共服务满意度	社区认同	公众参与	居民获得感
公共服务满意度	1			
社区认同	0.672**	1		
公众参与	0.502**	0.436**	1	

续表

	r			
	公共服务满意度	社区认同	公众参与	居民获得感
居民获得感	0.540**	0.472**	0.337**	1
均值	3.330	3.362	3.257	3.308
标准差	0.711	0.852	0.923	0.953

注：*表示 $p \leq 0.05$，**表示 $p \leq 0.01$，***表示 $p \leq 0.001$。

四、理论假设检验

（一）农村社区公共服务满意度对居民获得感的直接效应检验

为了研究自变量农村社区公共服务满意度与因变量居民获得感的影响关系，本书采用线性回归分析的方法对研究变量进行分析。进行线性回归分析时，首先需单独考量控制变量（性别、年龄、学历、职业、政治面貌、月均收入、婚姻状况以及居住时长）对因变量所产生的影响，其次在考量控制变量影响的基础上再放入自变量，以综合考量对因变量产生的影响。

本研究首先构建模型一，将人口特征信息作为控制变量（性别、年龄、学历、职业、政治面貌、月均收入、婚姻状况以及居住时长）对因变量居民获得感进行回归分析。接下来构建模型二，在上述控制变量的基础上加入自变量公共服务满意度对因变量居民获得感进行多元回归分析。通过回归分析结果表8-23可以发现，农村社区公共服务满意度影响居民获得感的标准化系数值 $\beta = 0.503$，标准误 $SE = 0.069$，p 值为 $0.000 < 0.001$。同时，对比模型一与模型二可知，相较于控制变量与因变量的影响模型，将公共服务满意度加入模型后，模型二的解释力提升至28.5%（$\Delta R^2 = 0.285$）。由此我们可以得出，农村社区公共服务满意度对居民获得感存在正向影响（$\beta = 0.503$，$SE = 0.069$，$p < 0.001$），故假设 H1 成立。

表8-23 公共服务满意度对居民获得感的直接效应检验

变量	获得感	
	模型一	模型二
性别	0.052（0.005）	0.054（0.092）
年龄	−0.063（0.064）	−0.017（0.056）
学历	−0.023（0.054）	−0.036（0.047）
职业	−0.013（0.078）	−0.022（0.069）
政治面貌	−0.036（0.044）	−0.030（0.039）
月均收入	0.033（0.015）	−0.006（0.092）
婚姻状况	−0.077（0.012）	−0.050（0.106）

第八章 农村社区公共服务满意度对居民获得感影响的机制研究

续表

变量	获得感	
	模型一	模型二
在当前农村社区的居住时长	0.274*** (0.043)	0.088 (0.040)
公共服务满意度		0.503*** (0.069)
R^2	0.090	0.305
$\triangle R^2$	0.066	0.285
F	3.801***	14.983***

注：*表示 $p \leq 0.05$，**表示 $p \leq 0.01$，***表示 $p \leq 0.001$。

（二）社区认同的中介效应检验

根据假设 H2，研究试图说明社区认同可作为中介变量在公共服务满意度对居民获得感的直接影响效应中起到部分中介作用。为进一步检验社区认同作为中介变量在公共服务满意度对居民获得感影响过程中起到的部分中介作用，本研究运用 SPSS 27.0 中的 Process 插件进行检验，检验结果如表 8-24 所示。

表 8-24 公共服务满意度、社区认同和居民获得感分层回归分析结果

变量	社区认同	居民获得感	
	模型一	模型二	模型三
性别	-0.061 (0.069)	0.079 (0.096)	0.065 (0.091)
年龄	-0.020 (0.042)	-0.031 (0.058)	-0.013 (0.055)
学历	-0.041 (0.035)	-0.011 (0.049)	-0.028 (0.047)
职业	-0.056 (0.051)	0.007 (0.072)	-0.012 (0.068)
政治面貌	0.014 (0.029)	-0.039 (0.041)	-0.032 (0.038)
月均收入	-0.035 (0.069)	0.028 (0.096)	0.001 (0.091)
婚姻状况	-0.043 (0.080)	-0.044 (0.111)	-0.042 (0.105)
居住时长	0.253*** (0.030)	0.067 (0.044)	0.040 (0.041)
公共服务满意度	0.586*** (0.052)		0.392*** (0.086)
社区认同		0.441*** (0.063)	0.190** (0.075)
R^2	0.514	0.241	0.323
$\triangle R^2$	0.500	0.219	0.301
F	36.053***	10.839***	14.580***

注：*表示 $p \leq 0.05$，**表示 $p \leq 0.01$，***表示 $p \leq 0.001$。

1. 公共服务满意度对社区认同的回归分析

假设 H2a 试图说明公共服务满意度对社区认同存在直接影响作用。分别把公

共服务满意度、社区认同设定为自变量、因变量,然后实施线性回归分析,即可得到表8-24中的结果。由模型一可以看出,农村社区公共服务满意度影响社区认同的标准化系数值 β = 0.586,标准误 SE = 0.052,p 值为 0.000 < 0.001。同时,模型一的 R^2 值为0.514,这说明农村社区公共服务满意度能够解释51.4%的社区认同发生变动的原因;该模型引入了F检验后得出的结果为(F = 36.053,p = 0.000 < 0.001)。由此可以认为农村社区公共服务满意度与社区认同之间存在着明显的正向影响关系,故假设H2a成立。

2. 社区认同对居民获得感的回归分析

假设H2b试图说明社区认同对居民获得感存在直接影响作用。分别把社区认同、居民获得感设定为自变量、因变量,然后实施线性回归分析,即可得到表8-24中的结果。由模型二可以看出,社区认同影响居民获得感的标准化系数值 β = 0.441,标准误 SE = 0.063,p 值为 0.000 < 0.001。同时,模型二的 R^2 值为0.241,这说明社区认同能够解释24.1%的居民获得感发生变动的原因;该模型引入了F检验后得出的结果为(F = 10.839,p = 0.000 < 0.001)。由此可认为社区认同与居民获得感之间存在着明显的正向影响关系,故假设H2b成立。

3. 社区认同的中介效应

为进一步检验社区认同作为中介变量,在农村社区公共服务满意度对居民获得感影响过程中起到的部分中介作用,本研究采用逐步回归法检验社区认同的中介效应。首先,我们回顾农村社区公共服务满意度与居民获得感的直接效应,公共服务满意度对居民获得感存在显著的正向影响作用(β = 0.503,p < 0.01)。其次,由表8-24中的模型一、模型二可知,公共服务满意度对社区认同存在显著的正向影响作用(β = 0.586,p < 0.001),社区认同对居民获得感存在显著的正向影响作用(β = 0.441,p < 0.001)。模型三显示放入中介变量社区认同后,公共服务满意度对居民获得感的标准化系数 β = 0.392(p < 0.001),标准误SE = 0.086,正向影响作用显著;社区认同对居民获得感的标准化系数 β = 0.190(p < 0.001),标准误 SE = 0.075,正向影响作用显著。由此说明,农村社区公共服务满意度对居民获得感的影响作用,需要通过社区认同的中介作用来实现,假设H2成立。

为了进一步验证社区认同在公共服务满意度与居民获得感之间的中介作用,现将中介效应检验的路径系数结果绘制如表8-25所示,可以清晰地看到农村社区公共服务满意度对社区认同具有显著正向影响,标准化回归系数为0.586(p≤0.001),社区认同对居民获得感具有显著正向影响,标准化回归系数为0.190(p≤0.001);同时,a和b都显著,c′<0.001显著。

第八章　农村社区公共服务满意度对居民获得感影响的机制研究

表 8-25　中介效应检验的路径系数表

路径		Estimate	S. E.	t
公共服务满意度→居民获得感	c	0.503***	0.069	9.754
y = c * x + e1				
公共服务满意度→社区认同	a	0.586***	0.052	13.585
M = a * x + e2				
公共服务满意度→社区认同→居民获得感	c'	0.392***	0.086	6.071
Y = c' * x + b * M + e3	b	0.190***	0.075	2.814

注：x = 公共服务满意度，m = 社区认同，y = 居民获得感。

采用 SPSS 中的 Process 插件中的 Model 4 来进一步进行简单中介效应的检验，通过 Bootstrap 方法重复抽样 1000 次对中介效果进行检验，结果发现模型总效应、直接效应和间接效应的 95% 置信区间分别为 [0.642, 0.897]、[0.355, 0.695]、[0.182, 0.413]，置信区间内均不包含 0（见表 8-26），说明中介作用成立。因此，研究可以最终确定该模型的中介效应部分中介假设成立，说明社区认同在公共服务满意度对居民获得感的影响中起部分中介作用，假设 H2 进一步得到了支持。

表 8-26　社区认同中介效应检验的 Bootstrap 结果表

效应类型	Estimates	S. E	Bootstrap 95% CI		效应量
			上限	下限	
总效应	0.816	0.041	0.642	0.897	
直接效应	0.503	0.086	0.355	0.695	61.642%
间接效应	0.258	0.059	0.182	0.413	31.618%

（三）公众参与的调节效应检验

检验影响模型调节效应是否成立最常用的方法就是逐步回归分析法，通过判断交互项系数的显著性来查验调节效应是否存在。当然，为了确保验证的准确性，在开始调节效应分析之前，我们通常需要对各变量结果数据进行去中心化处理，基于此再进行交互项的构造。

据悉，调节变量的加入可能会改变前因变量对结果变量影响的方向和大小。由于社区认同、公众参与和农村社区公共服务满意度均为连续变量，因此以社区认同为因变量，采用逐步回归分析的方法将控制变量、公共服务满意度和公众参与以及由二者产生的交互项依次加入回归分析中，从而检验公众参与在农村社区公共服务满意度对社区认同影响过程中的调节作用。回归分析结果如表 8-27 所示，模型一表示的是由控制变量和自变量公共服务满意度对中介变量社区认同的回归分析，模型二加入了调节变量公众参与、自变量农村公共服务满意度与控制变量一起影响中介变量社区认同。在模型二中，我们放入公众参与和农村社区公共服务满意度，结果显示：公众参与、农村社区公共服务满意度对社区认同有显著正向影响（F=33.993，p≤0.001），ΔR^2值为0.511，表明模型二拟合度良好，且农村社区公共服务满意度和公众参与能够解释该社区居民社区认同51.1%的变动原因，说明公众参与能够显著影响社区认同，公众参与程度较高的个体往往具有较高的社区认同。为进一步检验公众参与的调节作用，在模型三中我们构建交互项即公共服务满意度与公众参与的乘积，结果显示：公众参与、农村社区公共服务满意度对社区认同有显著正向影响（F=31.152，p≤0.001），模型三的ΔR^2值为0.512，说明公众参与、农村社区公共服务满意度能够解释该社区居民社区认同51.2%的变动原因且调节效应存在。模型三中，农村社区公共服务满意度的标准化系数值β=0.499，标准误SE=0.061，p值为0.000<0.001。公众参与的标准化系数值β=0.130，标准误SE=0.042，p值为0.000<0.001。农村社区公共服务满意度与公众参与的交互项系数的标准化系数值β=0.058，标准误SE=0.056，p值为0.043<0.05。因此，公众参与在社区认同对农村社区公共服务满意度和居民获得感的中介影响过程中发挥正向调节作用，假设H3得到验证。

表8-27 公众参与对公共服务满意度和社区认同之间关系的调节效应分析

变量	社区认同		
	模型一	模型二	模型三
性别	-0.061（0.069）	-0.064（0.068）	-0.063（0.068）
年龄	-0.020（0.042）	-0.032（0.041）	-0.037（0.041）
学历	-0.041（0.035）	-0.040（0.035）	-0.040（0.035）
职业	-0.056（0.051）	-0.058（0.051）	-0.056（0.051）
政治面貌	0.014（0.029）	0.018（0.029）	0.016（0.029）
月均收入	-0.035（0.069）	-0.026（0.068）	-0.024（0.068）
婚姻状况	-0.043（0.080）	-0.034（0.079）	-0.027（0.079）
居住时长	0.253***（0.030）	0.252***（0.030）	0.248***（0.030）
公共服务满意度	0.586***（0.052）	0.520***（0.058）	0.499***（0.061）
公众参与		0.130***（0.042）	0.130***（0.042）
公共服务满意度×公众参与			0.058*（0.056）
R^2	0.514	0.526	0.529
ΔR^2	0.500	0.511	0.512
F	36.053***	33.993***	31.152***

注：*表示p≤0.05，**表示p≤0.01，***表示p≤0.001。

第八章 农村社区公共服务满意度对居民获得感影响的机制研究

为了更直观地呈现公众参与如何在社区认同与公共服务满意度之间发挥中介效应,本研究进行简单斜率检验,公众参与在农村社区公共服务满意度对社区认同影响过程中产生的调节效应如图8-14所示。从简单斜率图中可以看出,当调节变量公众参与在不同水平上的时候,农村社区公共服务满意度对社区认同的影响幅度上是有明显差异和不同的,当公众参与处于低水平时,斜率小,当公众参与处于高水平时,斜率大,也就表明了当居民公众参与的程度处于低水平时,农村社区公共服务满意度对社区认同的影响幅度相对来说明显较低,当居民公众参与的程度在高水平时,农村社区公共服务满意度对社区认同的影响幅度更大。由此可见,高公众参与的农村社区居民的公共服务满意度通过社区认同对居民获得感产生的影响更强。这证实了公众参与能够正向调节社区认同在公共服务满意度影响居民获得感过程中的中介作用,表明在公共服务满意度影响居民获得感的过程中带有调节的中介作用再次得到验证,假设H3得到支持。

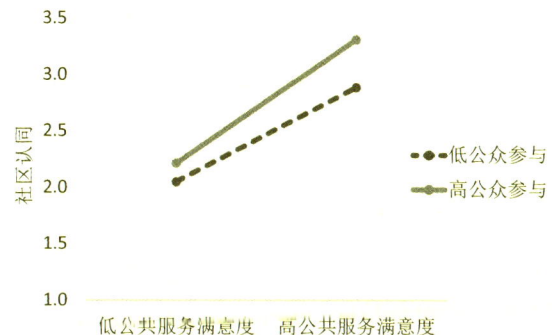

图8-14 公众参与对社区认同与公共服务满意度之间关系的调节作用

公众参与取不同值时,其中介效应的高低以及置信区间等如表8-28所示。当公众参与取低分组(M-SD)、中间组(M)和高分组(M+SD)时,置信区间为[0.036, 0.200]、[0.041, 0.220]和[0.045, 0.250],均未经过0;同时,公众参与中间组对中介效应的影响0.127低于公众参与高分组对中介效应的影响。因此,验证了有调节的中介效应成立,公众参与在农村公共服务满意度对居民获得感之间经由社区认同的中介效应中起到了正向调节作用。

表8-28 公众参与不同取值分组对中介效应影响

公众参与		Effect	BootSE	BootLLCI	BootULCI
低分组(M-SD)	-0.923	0.112	0.042	0.036	0.200
中间组(M)	0.000	0.127	0.045	0.041	0.220
高分组(M+SD)	0.923	0.142	0.052	0.045	0.250
有调节的中介	0.016	0.015	-0.007	0.050	

五、理论假设检验汇总

本研究主要就农村社区公共服务满意度对居民获得感的影响进行考察研究，并同步探讨了社区认同在这一影响过程中的中介作用以及公众参与所起的调节作用，共提出了五个理论研究假设。根据研究结果表明，所提出的五个假设均通过了检验进而得到证实，研究假设检验结果如表8-29所示。

表8-29 研究假设检验结果汇总

假设编号	假设内容	检验结果
假设 H1	农村社区公共服务满意度对居民获得感具有正向影响	成立
假设 H2a	农村社区公共服务满意度对社区认同具有正向影响	成立
假设 H2b	社区认同对居民获得感具有正向影响	成立
假设 H2	农村社区公共服务满意度会增加社区认同，继而提高居民获得感，即社会认同在农村社区公共服务满意度对居民获得感的正向影响之间发挥中介作用	成立
假设 H3	在公众参与高的情况下，农村社区公共服务满意度与社区认同之间的正向影响作用越明显，居民获得感也越高，即公众参与正向调节社区认同在公共服务满意度影响居民获得感过程中的中介作用	成立

（一）农村社区公共服务满意度正向影响居民获得感的直接效应假设

本章经过实证研究数据检验发现，农村社区公共服务满意度对社区居民获得感有显著正向影响，农村社区公共服务满意度越高的社区居民，获得感也会越高。农村社区公共服务满意度中的教育服务、医疗卫生、社会保障、基础设施、文体服务各个维度的满意度，均会对居民获得感产生显著的正向影响。因此，假设H1成立。

（二）检验社区认同在农村社区公共服务满意度对居民获得感影响过程中产生的中介效应

农村社区公共服务满意度会正向影响社区认同，当农村社区居民对农村社区公共服务满意度感知度越高时，该社区居民感受到的社区认同也会越高，假设H2a成立。社区认同和居民获得感之间显著正相关，也就是说社区认同表现越高，居民获得感也越高，假设H2b成立。社区认同在农村社区公共服务满意度影响居民获得感的过程中产生了部分中介作用，假设H2成立。

（三）公众参与正向调节社区认同在公共服务满意度影响居民获得感过程中的中介作用

公众参与在农村社区公共服务满意度对居民获得感的中介影响过程中发挥着正向调节作用，当公众参与处于不同水平（高水平或低水平）时，社区认同对农村社区公共服务满意度与居民获得感的中介影响幅度存在显著的差异和不同，假设H3成立。

第六节 研究结论与实践启示

一、研究结论

党的十八大以来，中国的国家治理迈入全新的发展阶段，以人民为中心的发展理念在现实中更加彰显，有力地推动了高质量发展，在国家治理的各个领域探索出具有中国特色的治理之路。同时，中国的治理经验也为广大后发国家的现代化发展和国家治理体系的完善贡献了宝贵的中国经验。党的二十大报告指出，"我们要坚持以推动高质量发展为主题，着力推进城乡融合和区域协调发展，健全公共服务体系，提高公共服务水平，保证人民生活全方位得到改善，让人民群众获得感、幸福感、安全感更加充实、更有保障、更可持续"。这是党和国家继2015年中央全面深化改革领导小组第十次会议上首次指出要"让人民群众有更多获得感"后，再次将人民群众的获得感置于显要高度。因此，提升公众的获得感成为党和国家回应时代需要，以及更好地贯彻"全心全意为人民服务"的宗旨所采取的重大举措。

本研究以云南边疆地区的农村社区居民作为调研对象，探讨农村社区公共服务满意度对居民获得感的影响及其作用机制。实证结果表明，农村社区公共服务满意度与居民获得感之间均呈显著正相关关系，且社区认同在农村社区公共服务满意度影响居民获得感的过程中发挥中介作用，公众参与发挥调节效应作用。

（一）农村社区公共服务满意度对居民获得感的直接影响

本研究通过对农村社区居民公共服务满意度与获得感进行回归分析发现，农村社区居民公共服务满意度对其获得感具有正向影响作用。即当该农村社区居民认为其享受到高效优质的公共服务时，其自身的居民获得感体验将处于较高水平，反之，当社区公共服务质量下降时，其自身居民获得感体验也有所降低。本书的研究结果也在一定程度上验证了之前相关学者的研究，论证了公共服务与居民获得感之间存在显著相关的关系（杨宝，李万亮，2022；谢刚，2023；尹栾玉，隋音，2024；李东平，田北海，2024）。然而，过去大多数学者关于公共服务满意度以及居民获得感方面的研究，主要以城市居民为对象，本研究将农村社区居民作为调查研究对象，选取公共服务满意度作为自变量，分析和探讨了对农村社区居民获得感的影响作用。

本研究参考有关城市公共服务满意度的研究成果，对现阶段农村社区公共服务满意度各潜变量的情况进行了分类考察，并实证检验了农村社区教育服务满意度、农村社区医疗卫生满意度、农村社区社会保障满意度、农村社区基础设施满意度、农村社区文体服务满意度与居民获得感之间的关系。研究结果发现，农村社区公共服务满意度五个维度中，分值由高到低依次为农村社区社会保障满意度、农村社区基础设施满意度、农村社区文体服务满意度、农村社区医疗卫生满意度、农村社区教育服务满意度。在目前农村社区建设过程中，社区社会保障已经能够满足社区居民日常需求，对农村社区社会保障服务方面满意度最高。通过差异性检验发现，农村社区居民的性别、年龄、学历、职业以及政治面貌等无显著差异，居住时长上有一定的差别，居住时长越久，公共服务满意度越高，居民获得感也更高。

（二）社区认同的中介作用

根据农村社区公共服务满意度与社区认同和居民获得感之间的相关性分析和回归分析发现：农村社区公共服务满意度与社区认同之间存在正相关关系，且居民公共服务满意度对其社区认同具有正向影响作用，这一结论再次验证了之前学者关于公共服务满意度与社区认同之间关系的研究（李增元，2012；刘磊，2018；何军，2022）。同时，农村社区居民的社区认同也会对其获得感产生影响，这也证实了前期学者们关于居民社区认同与获得感之间关系的研究（应小丽，袁霏，吴礼军，2019；张宝灿，2021；郑建君，高妍春，2023）。根据中介效应检验结果可知，社区认同在农村社区公共服务满意度与居民获得感之间存在中介作用，表明社区认同在居民公共服务满意度和获得感之间起到部分中介作用，居民公共服务满意度可以通过影响其社区认同，进而影响居民获得感水平。

Tajfel 和 Turner（1986）在社会认同理论中提出，人们会基于其作为所在群体的成员来定义自己获得感的产生源自个体物质获得比较与心理需求满足的程度。依据该理论，个体对社会群体（如社区）的强烈认同能增强该个体自尊和生活满意度。相反，个体如果感受到来自社会群体的拒绝和排斥，则会导致其自尊和生活满意度的降低。在农村社区中，当居民意识到自己被社区群体所接纳，其来源于社区群体内部的地位感和价值感体验也不断增加，对社区的认同、喜爱和依恋进一步促进了其获得感水平的不断提升。

（三）公众参与的调节作用

本书以云南边疆地区多个农村社区居民为研究样本，运用线性回归分析方法，讨论了农村社区公共服务满意度影响居民获得感的机制。经研究结果发现，公众参与调节了公共服务满意度→社区认同→居民获得感这一中介过程的前半段路径。具体而言，公众参与可以增强公共服务满意度对社区认同的影响。对于公众参与水平较高的农村社区居民来说，公共服务满意度对居民社区认同的影响更大，随着公共服务满意度的提高，社区认同也越强。这表明，当农村社区居民自身具有较高的公共服务满意度时，公众参与在农村社区公共服务满意度对社区认同的中介影响过程中发挥调节作用，即当农村社区居民的公众参与水平越高时，

农村社区公共服务满意度对社区认同的影响效应就越强,当公众参与水平越低时,农村社区公共服务满意度对其社区认同的影响效应就越弱。随着居民参与意愿与参与程度的增强,加之居民在社区公共服务与基层治理的参与中获得成效与影响的正向反馈,该农村社区居民会逐渐信任并产生认同社区,进而由消极被动参与转变为对社区治理工作和公共事业优化积极配合的状态。而随着农村社区居民对公共服务满意度的进一步提升,以及社区认同在情感和功能方面水平的提升,其社区参与意识、参与程度、参与行为的主动性会进一步得到加强,最后进入主动的社区参与治理阶段。在农村社区居民政治参与的演进过程中,伴随着归属感、能力感、依赖感、成就感等基本心理需要的满足,其对社区的认同逐渐增强,最终使得他们的居民获得感得到提升。

这一结论进一步论证了以往学者们关于公众参与在社区治理过程中的重要性(吕志奎,王玉莹,2024;方亚琴,夏建中,2019)。就当下我国的现实国情而言,社区居民参与应遵循居民自治的理念,坚持居民权利与义务相对等的原则,通过一定的组织或渠道推动居民参与社区活动或社区事务的决策、管理和运作(俞祖成,彭扬,2024)。农村社区居民的公众参与有利于推动我国基层治理向科学化、民主化以及现代化发展,有助于巩固政府与基层公民间的纽带关系,更有利于实现国家治理体系和治理能力现代化建设的宏观战略目标。尤其是在基层,农村社区作为基层治理的最基本单元,以公众参与推进社区治理水平,对提升公共服务满意度以及社区认同感,进而为增强居民获得感具有重要意义。

二、实践启示

获得感以发展为前提,以民生为重中之重,以人民政治权利的实现为保障。获得感的提出明确了发展和改革的目标、落脚点和突破口,解决了发展质量、改革成败的评价标准问题(曹现强,李烁,2017)。从访谈结果、问卷调查和实证模型分析的结果看,目前农村社区的公共性功能的发挥仍旧存在一定空间,农村社区居民民主参与、当家作主的意识不强烈,社区公共服务供给效率和设施设备有待提升,社会保障机制体系仍需进一步完善,社区居民对社区文化认同亟待增强。针对上述问题,本研究提出如下对策建议。

(一)以民生需求为导向,优化公共服务供给能力

公共服务满意度是公众主观上衡量公共服务绩效的有效载体之一,居民具有较高的获得感意味着基层政府管理效率和公共服务供给质量的全面提升。政府相关部门亟须重视公众对公共服务的评价,有效提升公民获得感,进一步促进公众对公共服务和基层治理绩效的积极评价与踊跃参与。首先,公共服务建设目标需坚持以人民为中心。农村社区公共服务供给应以是否切实满足群众民生需求作为衡量绩效的价值标准,公共服务设施改善应统筹兼顾社区居民共性与个性需求,

优先满足群众民生的刚性需求，分层分类将居民在教育、医疗、养老、社区基础设施和文体等公共服务方面的需求逐一落实。

首先，从长期规划来看，坚持以人民为中心是农村公共服务绩效评估的重要价值取向，需要注重公共服务供给对农村居民实际需求的满足程度。注重政府部门和社区居委会信息公开的及时性和有效性，打通农村社区居民发表意见、传达诉求的发声渠道，社区治理主体要认真倾听公众在公共服务方面的诉求，以确保公共服务供给的效果与农村社区公众的意愿期待相吻合。其次，公共服务优化目标需坚持科学民主论证。精准定位意味着对实现目标的科学民主论证，实事求是设定目标这不仅依赖于技术手段，更取决于决策程序，通过大数据等方式广泛地收集居民信息，真实客观地全面了解社区居民的需求，从而更为准确地设定公共服务供给内容，方能有效实现公共服务供需的准确匹配。最后，调动多元主体参与积极性。政府可以通过向成熟的社会机构和市场主体购买服务，进一步细化公共服务指标体系，在提供公共服务前做好调研、规划工作，充分了解公众切实需求，在提供服务过程中做到及时监控、调整，在服务后期及时总结分析，降低影响居民公共服务满意度的不良因素，并制定相关改进方案，为提高资源的利用效率提供一定保障。政府相关部门要积极主动分析公共服务满意度指标的发展变化趋势，一方面能更直观、及时有效地了解公众需求，另一方面能发现当前社会治理中更多仍需完善的细节。

（二）以社区文化为根基，培育社区主体认同意识

社区认同中最为基本的元素是社区文化，社区能够成为一个社会生活共同体，离不开群体价值和行为模式的逐渐内化，从自然人向社区人的转变。因此，社区认同的建构应以社区文化的形成和传播为基础，通过培植新的公共文化或者寻求扎根传统文化，来寻求社区价值理念上的契合。将社区文化视作扩大农村社区参与和培育社区意识的重要方式，徐中振（2011）强调了社区文化在社区认同建构中的功能作用，提出应全面拓展社区文化的功能，培育社区主体意识，发展社区认同为基础的社区参与公共服务与基层治理体系，同时还要完善组织体制，实现公共文化的社会认同价值。在深化社区文化建设中，要真正做到努力满足居民群众的多样化需求，积极引导居民群众的参与性追求，最终确立社区文化的公共性领域和社会化机制。

居民的社区参与行为是与周围环境相联系的嵌入性行为，制度与文化会对其主观获得感产生影响。结合本研究数据分析结果，可以从以下三个方面提高农村居民的社区认同。首先，提高居民对社区未来发展的预期。运用多种方式加大有关社区建设的舆论宣传，扩大信息共享面，让广大农村居民对所在社区的未来发展有更坚定的信心。其次，通过引进或培育社会工作专业队伍为农村居民提供优

质的公共服务。农村社区需要吸引各类社会组织、社工专业人才参与农村社区建设，提供更加扁平化、精细化和高效的民生服务，从而提升居民对公共服务的感知程度和评价体验。村民只有真正发自内心地体会到社区公共服务的公共性、平等性和普惠性，才能产生向社区靠拢的向心力并在行为上真正产生质的转变，即由被动接受转向主动参与。最后，拓宽居民社区参与渠道。本研究证实了农村居民在基层治理和社区公共事业发展两方面的较为强烈的参与意愿，因此农村社区应该为居民提供更多的互动平台，通过"乡贤理事会""居民代表议事会"等方式实现社区公共事务的全面参与，提升农村社区居民的获得感。

（三）以法治保障为工具，提升居民社区参与程度

农村居民是乡村振兴的主体，有效的治理离不开农村居民参与。农村居民参与的缺席和缺位是导致基层公共服务绩效目标偏离农村居民获得感最优值的重要原因，农村居民广泛参与既可以为公共部门公共服务绩效目标提供标尺，又是促成提升居民获得感的重要路径。

同时，农村居民参与意愿和参与程度决定了参与的成效和成果，具体体现在三个维度。首先，主动性和能动性。农村居民主动参与是建立在对自身主体地位的认知和认同的基础上，培育农村居民参与公共服务意识、提升农村居民公共政策认知水平，使之意识到公共事务的参与程度与自身利益休戚相关，并且相信个体能够通过参与主动创造公共价值。培育农村居民主动参与社区公共事务的积极性需要提高农村人口受教育水平，同时开阔农村居民的视野。其次，参与的广度和深度，即农村居民参与基层治理的广泛性和深入性。广泛的社区参与不能停留在为数不多的村干部和乡贤，乡村振兴项目无一不是为服务农村居民、无一不需要依靠农村居民，而非避重就轻或形式上的被动参与。深度参与即农村居民参与涵盖决策、执行、监督和考评等政策或项目全过程，克服深度参与过程中的阻碍，有赖于纵深的制度建设和法治建设。全面落实《乡村振兴促进法》，以法治保障农村居民参与权，降低农村社会交易成本和乡村治理内外风险。最后，农村居民参与的可衡量与可检验。地方政府主导的公共服务建设的能动性离不开内部激励问责和外部压力，考核评价既是"指挥棒"又是"风向标"，将农村社区居民参与度内化为基层治理和公共服务供给的考评指标，并衔接地方政府乡村振兴实绩考评，既可督促政府部门积极为农村居民参与创造条件、提供资源和制度保障，又可作为检验农村社区居民参与程度和成效的依据。

三、研究局限与未来展望

本研究聚焦农村社区公共服务满意度对居民获得感的影响机制，通过实证研究得到了有意义的结论并提出了有针对性的意见建议，然而尚存在以下几方面的局限和不足。

首先，没有跨时间和多地点采集数据。本研究采集数据的时间和地点比较集中。虽然有效样本量达到了研究的基本要求，但为了进一步提升研究结论的科学性和准确性，未来可以采取多时空配比抽样调查方法选择跨时间和多地点进行数据采集。其次，除了社区认同外，反映社区与居民之间关系的变量还有社区信任、社区承诺、组织公平等，未来可以将它们纳入模型并考察其作用。最后，本研究虽然讨论了公众参与的调节作用，但是对于参与类型的描画仍然存在一定不足，特别是不同类型公众参与对居民获得感影响的差别仍有待进一步讨论。

参 考 文 献

[1] 埃莉诺·奥斯特罗姆. 公共事物的治理之道：集体行动制度的演进 [M]. 余逊达, 陈旭东, 译. 上海：上海译文出版社, 2012.

[2] 包亚明. 布迪厄访谈录——文化资本与社会炼金术 [M]. 上海：上海人民出版社, 1997.

[3] 车文博. 人本主义心理学 [M]. 杭州：浙江教育出版社, 2003.

[4] 公安部公共安全研究所. 你感觉安全吗？———公众安全感基本理论及调查方法 [M]. 北京：群众出版社, 1991.

[5] 郭惠民. 国际公共关系教程 [M]. 上海：复旦大学出版社, 1996.

[6] 胡洪曙. 基于获得感提升的中国基本公共服务供给侧结构性改革研究 [M]. 北京：经济科学出版社, 2021.

[7] 胡宁生. 中国政府形象战略（上册）[M]. 北京：中央党校出版社, 1998.

[8] 贾西津. 中国公民参与：案例与模式 [M]. 北京：社会科学文献出版社, 2009.

[9] 莱昂·狄骥. 公法的变迁 [M]. 郑戈, 译. 北京：中国法制出版社, 2010.

[10] 林南. 社会资本——关于社会结构和行动的理论 [M]. 张磊, 译. 上海：上海人民出版社, 2020.

[11] 罗伯特·D. 帕特南. 使民主运转起来 [M]. 王列, 赖海榕, 译. 南昌：江西人民出版社, 2001.

[12] 罗得菲尔德. 美国的农业与农村 [M]. 安子平, 译. 北京：农业出版社, 1983.

[13] 毛连程. 西方财政思想史 [M]. 北京：经济科学出版社, 2003.

[14] 宁志中. 中国乡村地理 [M]. 北京：中国建筑工业出版社, 2019.

[15] 彭伟步. 信息时代政府形象传播 [M]. 北京：社会科学文献出版社, 2005.

[16] 谭旭运. 获得感：一种社会心理分析 [M]. 北京：社会科学文献出版社, 2020.

[17] 吴宗宪. 法律心理学大词典 [M]. 北京：警官教育出版社, 1994.

[18] 亚伯拉罕·马斯洛, 等. 人的潜能和价值 [M]. 林方, 等, 译. 北京：华夏出版社, 1987.

[19] 詹姆斯·科尔曼. 社会理论的基础 [M]. 邓方, 译. 北京: 社会科学文献出版社, 1999.

[20] 赵平主, 国家质检总局质量管理司, 清华大学中国企业研究中心. 中国顾客满意指数指南 [M]. 北京: 中国标准出版社, 2003.

[21] 珍妮特·登哈特, 罗伯特·登哈特. 新公共服务: 服务, 而不是掌舵 [M]. 北京: 中国人民大学出版社, 2004.

[22] 郑杭生, 杨敏. 社会互构论: 世界眼光下的中国特色社会学理论的新探索 [M]. 北京: 中国人民大学出版社, 2010.

[23] 钟杨, 王奎明. 中国城市公共服务公众满意度蓝皮书 (2015—2016) [M]. 上海: 上海人民出版社, 2017.

[24] 安体富, 任强. 公共服务均等化: 理论、问题与对策 [J]. 财贸经济, 2007 (8): 48-53+129.

[25] 保海旭. 信任对公共服务满意度的影响及其区域差异化研究——基于CGSS2015年中国28个省份的截面数据 [J]. 管理评论, 2021, 33 (7): 301-312.

[26] 边燕杰, 肖阳. 中英居民主观幸福感比较研究 [J]. 社会学研究, 2014, 29 (2): 22-42+242.

[27] 蔡培鹏. 政府质量如何影响民众对警察的信任: 社会安全感的中介作用 [J]. 北京警察学院学报, 2021 (3): 77-83.

[28] 蔡振华, 赵友华. 人工智能时代的公共服务需求治理: 动力与方向 [J]. 宁夏社会科学, 2020 (2): 47-54.

[29] 仓平, 严文斌, 袁珏. 公众安全感影响因素模型的构建与研究 [J]. 南京财经大学学报, 2011 (3): 36-42.

[30] 曹爱军. 当代中国公共服务的话语逻辑与概念阐释 [J]. 吉首大学学报 (社会科学版), 2019, 40 (2): 55-62.

[31] 曹海军, 刘少博. 社区公共服务合作网络模式辨析——以"三社联动"为例 [J]. 中国行政管理, 2020 (8): 39-44.

[32] 曹海军, 薛喆. 协作视角下基层公共服务供给侧改革的动态分析 [J]. 理论探讨, 2017 (5): 151-156.

[33] 曹海林, 任贵州. 从"精细化"到"精准化": 乡村公共服务供给的逻辑转向 [J]. 吉首大学学报 (社会科学版), 2023, 44 (1): 141-149.

[34] 曹现强, 李烁. 获得感的时代内涵与国外经验借鉴 [J]. 人民论坛·学术前沿, 2017 (2): 18-28.

[35] 曹现强, 林建鹏. 城市公共服务满意度评价及影响因素研究——以山东省

为例［J］．山东大学学报（哲学社会科学版），2019（4）：19-30．

［36］常桂祥，陈东霞．融通与互动：社会资本与协商治理的内在逻辑［J］．济南大学学报（社会科学版），2021，31（5）：16-27+173．

［37］陈朝兵．公共服务质量：一个亟待重新界定与解读的概念［J］．中共天津市委党校学报，2017，19（2）：74-81．

［38］陈建平，雷美霞．"品牌"与"软实力"：关于政府形象问题的研究综述［J］．福州党校学报，2009（1）：30-33．

［39］陈丽君，胡晓慧，顾昕．社会流动感知和预期如何影响居民幸福感？——公共服务满意度的中介作用和社会公平感的调节作用［J］．公共行政评论，2022，15（1）：148-170+199-200．

［40］陈梦根，刘毓珊，张乔．数字经济对基本公共服务的影响研究［J］．财经问题研究，2024（4）：81-93．

［41］陈沛然，汪娟娟．城乡融合发展背景下新型农村社区公共服务能力提升路径研究——基于南京市江宁区的案例分析［J］．中州学刊，2020（12）：62-67．

［42］陈沛然．员工获得感及其镜像研究的管理启示［J］．甘肃社会科学，2020（3）：208-214．

［43］陈世香，黄冬季．协同治理：我国城市社区公共文化服务供给机制创新的个案研究［J］．南通大学学报（社会科学版），2018（5）：120-128．

［44］陈世香，谢秋山．居民个体生活水平变化与地方公共服务满意度［J］．中国人口科学，2014（1）：76-84．

［45］陈世香，周维．地方政府公共服务能力差异性的生成机制——基于16个案例的定性比较分析［J］．南通大学学报（社会科学版），2023，39（4）：99-110．

［46］陈水生．公共服务需求管理：服务型政府建设的新议程［J］．江苏行政学院学报，2017（1）：109-115．

［47］陈文博．公共服务质量评价与改进：研究综述［J］．中国行政管理，2012（3）：39-43．

［48］陈雪薇，张铮．文化消费对公众幸福感的影响——获得感的中介作用与主观阶层感知的调节作用［J］．文化产业研究，2023（2）：103-118．

［49］陈永国，钟杨．公共服务、政府管理对政府公信力的影响——中国城市政府公信力问题的调查研究［J］．上海交通大学学报（哲学社会科学版），2012，20（3）：16-23．

［50］陈永涌，李艺．社会认同视角下中华民族共同体意识的形成机理及实践路

径[J]. 民族教育研究, 2022, 33 (2): 38-44.

[51] 陈志霞, 于洋航. 城市居民社会管理满意度对居民幸福感的影响[J]. 城市问题, 2017 (11): 78-86.

[52] 程名望, 李代悦, 杨未然. 城市基本公共服务中存在"户籍歧视"吗？[J]. 同济大学学报 (社会科学版), 2022, 33 (5): 104-114.

[53] 迟景明, 邵宏润. 博士生教育服务质量对满意度的影响机理: 一项实证的研究[J]. 现代教育管理, 2018 (5): 111-117.

[54] 储伊力, 储节旺, 毕煌. 公共图书馆服务如何实现有效供给——基于供需协调视角[J]. 图书馆理论与实践, 2019 (11): 1-6+11.

[55] 褚宏启, 褚昭伟. 我国县城义务教育公共服务的拥挤效应与有效供给[J]. 教育发展研究, 2018, 38 (10): 1-6.

[56] 代争光, 李燕领. 城市社区公共体育服务供给精细化中不同要素对居民获得感的影响: 一个有调节的中介模型[J]. 中国体育科技, 2023, 59 (11): 50-57.

[57] 戴艳清, 李梅梅. 公共数字文化服务可及性对公众文化获得感的影响及作用机理[J]. 图书情报工作, 2022, 66 (21): 3-13.

[58] 党秀云, 陆黎. 公共服务场景: 概念构建、分析维度与设计原则[J]. 社会科学研究, 2023 (6): 51-59.

[59] 邓凌云, 张楠, 郑华. 城市社区公共服务设施实施现状问题与优化对策研究——以长沙市为例[J]. 城市发展研究, 2016, 23 (11): 77-84+108.

[60] 丁欣雨. 构建适合我国国情的"公共池塘资源"治理制度路径探析[J]. 中共山西省直机关党校学报, 2014 (1): 43-45.

[61] 丁新华, 王极盛. 青少年主观幸福感研究述评[J]. 心理科学进展, 2004 (1): 59-66.

[62] 丁元竹. 让居民拥有获得感必须打通最后一公里——新时期社区治理创新的实践路径[J]. 国家治理, 2016 (2): 18-23.

[63] 董洪杰, 谭旭运, 豆雪姣, 等. 中国人获得感的结构研究[J]. 心理学探新, 2019, 39 (5): 468-473.

[64] 董艳玲, 李华. 从失衡到均衡: 基本公共服务供给结构对高质量发展的影响分析[J]. 财政研究, 2024 (2): 38-56.

[65] 董瑛. 正风反腐视域下的获得感生成机理研究[J]. 人民论坛·学术前沿, 2020 (22): 100-109.

[66] 杜雯翠, 万沁原. 社会资本对公众亲环境行为的影响研究——来自CGSS2013的经验证据[J]. 软科学, 2022, 36 (11): 59-64+80.

[67] 樊红敏, 王新星. 地方政府疫情防控行为如何影响居民获得感?——基于公众满意度的实证调查 [J]. 河南师范大学学报(哲学社会科学版), 2022, 49 (5): 82-89.

[68] 樊立惠, 蔺雪芹, 王岱. 北京市公共服务设施供需协调发展的时空演化特征——以教育医疗设施为例 [J]. 人文地理, 2015, 30 (1): 90-97.

[69] 范柏乃, 金洁. 公共服务供给对公共服务感知绩效的影响机理——政府形象的中介作用与公众参与的调节效应 [J]. 管理世界, 2016 (10): 50-61+187-188.

[70] 范逢春. 建国以来基本公共服务均等化政策的回顾与反思: 基于文本分析的视角 [J]. 上海行政学院学报, 2016, 17 (1): 46-57.

[71] 范逢春. 建设"民生政府": 提高改革"获得感"的关键 [J]. 人民论坛, 2016 (36): 54-55.

[72] 方国阳, 邵建树, 靳晓. 公众参与如何影响政府购买公共服务的有效性?——基于政府购买服务项目的案例分析 [J]. 中国行政管理, 2022 (4): 36-46.

[73] 方翰青, 谭明. 城市流动人口社会公平感与心理和谐的实证研究 [J]. 职教论坛, 2016 (36): 38-49.

[74] 方嘉列, 胡若瑜, 王继伟等. 社会资本量表的编制及在乳腺癌患者中的应用和信效度分析 [J]. 中国健康教育, 2019, 35 (10): 867-870+889.

[75] 方黎明. 社会支持与农村老年人的主观幸福感 [J]. 华中师范大学学报(人文社会科学版), 2016, 55 (1): 54-63.

[76] 冯菲, 钟杨. 中国城市公共服务公众满意度的影响因素探析——基于10个城市公众满意度的调查 [J]. 上海行政学院学报, 2016, 17 (2): 58-75.

[77] 冯帅帅, 罗教讲. 中国居民获得感影响因素研究——基于经济激励、国家供给与个体特质的视角 [J]. 贵州师范大学学报(社会科学版), 2018 (3): 35-44.

[78] 冯亚平, 徐长生, 范红忠. 大中小城市及小城镇居民基本公共服务满意度比较研究 [J]. 经济经纬, 2016 (3): 126-131.

[79] 冯亚平. 城市规模、公共服务满意度与居民主观幸福感——以武汉城市圈为例 [J]. 中国人口·资源与环境, 2015, 25 (1): 358-362.

[80] 付少雄, 朱梦蝶, 郑德俊等. 基于社会资本理论的在线医疗社区医生知识贡献行为动因研究 [J]. 情报资料工作, 2022, 43 (3): 67-74.

[81] 傅才武, 刘倩. 农村公共文化服务供需失衡背后的体制溯源——以文化惠民工程为中心的调查 [J]. 山东大学学报(哲学社会科学版), 2020

(1): 47-59.

[82] 傅利平, 贾才毛加. 公共服务满意度、社会资本与居民主观幸福感关系研究—基于中国综合社会调查（CGSS）2013 的实证分析 [J]. 天津大学学报（社会科学版）, 2017, 19 (4): 321-326.

[83] 傅勇. 财政分权、政府治理与非经济性公共物品供给 [J]. 经济研究, 2010 (8): 4-15.

[84] 甘行琼, 张晓伟. 财政分权影响环境公共服务满意度的实证分析 [J]. 湖南社会科学, 2017 (3): 98-106.

[85] 高琳. 分权与民生: 财政自主权影响公共服务满意度的经验研究 [J]. 经济研究, 2012, 47 (7): 86-98.

[86] 高学德, 冯露露. 地方政府形象对公众满意度的影响研究——基于政府能力和意愿的分析 [J]. 公共行政评论, 2022, 15 (6): 116-135+199.

[87] 高学德. 公共服务绩效、公众期望失验与公民满意度 [J]. 公共管理与政策评论, 2022, 11 (2): 50-64.

[88] 耿云. 我国城市社区社会组织的发展困境及其对策 [J]. 云南行政学院学报, 2013, 15 (6): 102-104.

[89] 龚紫钰, 徐延辉. 农民工获得感的概念内涵、测量指标及理论思考 [J]. 兰州学刊, 2020 (2): 159-169.

[90] 官永彬. 公众参与对民生类公共服务满意度影响的理论分析 [J]. 重庆师范大学学报（哲学社会科学版）, 2014 (6): 63-69.

[91] 官永彬. 民主与民生: 民主参与影响公共服务满意度的实证研究 [J]. 中国经济问题, 2015 (2): 26-37.

[92] 郭敬文, 孙秀林. 不公正体验、媒介使用与政府信任 [J]. 社会发展研究, 2018, 5 (4): 46-62+243.

[93] 郭玲玲. 社区治理视阈下城市社区公共体育服务多元供给主体的研究 [J]. 武汉体育学院学报, 2015, 49 (1): 10-14.

[94] 郭庆旺, 贾俊雪. 中央财政转移支付与地方公共服务提供 [J]. 世界经济, 2008 (9): 74-84.

[95] 郭威, 李泽浩. 财政纵向失衡、转移支付与基本公共服务供给 [J]. 现代经济探讨, 2024 (1): 35-47.

[96] 国家发展改革委宏观经济研究院课题组, 丁元竹, 杨宜勇, 等. 促进我国的基本公共服务均等化 [J]. 宏观经济研究, 2008 (5): 7-12+21.

[97] 国家统计局福州调查队课题组. 提升政府公共服务公众满意度研究——以福州市为例 [J]. 调研世界, 2015 (4): 15-19.

[98] 韩小凤, 赵燕. 公共服务供给侧改革中政府与社会组织关系的再优化 [J]. 福建论坛 (人文社会科学版), 2020 (10): 191-200.

[99] 韩增林, 李彬, 张坤领. 中国城乡基本公共服务均等化及其空间格局分析 [J]. 地理研究, 2015, 34 (11): 2035-2048.

[100] 汉克·V. 萨维奇, 罗纳德·K. 福格尔, 罗思东. 区域主义范式与城市政治 [J]. 公共行政评论, 2009, 2 (3): 51-75+203-204.

[101] 何包钢, 吴进进. 公共协商的政治合法性功能——基于连氏市民公共服务满意度调查 [J]. 浙江社会科学, 2016 (9): 26-38.

[102] 何芳, 李晓丽. 保障性社区公共服务设施供需特征及满意度因子的实证研究——以上海市宝山区顾村镇"四高小区"为例 [J]. 城市规划学刊, 2010 (4): 83-90.

[103] 何华兵. 基本公共服务均等化满意度测评体系的建构与应用 [J]. 中国行政管理, 2012 (11): 25-29.

[104] 何继新, 李原乐. "互联网+"背景下城市社区公共服务精准化供给探析 [J]. 广州大学学报 (社会科学版), 2016, 15 (8): 64-68.

[105] 何继新. 社区"互联网+公共服务"供给模型建构探究 [J]. 深圳大学学报 (人文社会科学版), 2018, 35 (2): 116-124.

[106] 何精华, 岳海鹰, 杨瑞梅, 董颖瑶, 李婷. 农村公共服务满意度及其差距的实证分析——以长江三角洲为案例 [J]. 中国行政管理, 2006 (5): 91-95.

[107] 和立道, 黄璐, 刘晓彤. 乡村振兴与农村基本公共服务供给融合的动力机制研究 [J]. 经济研究参考, 2022 (9): 30-39.

[108] 贺芒, 邹芳, 范晓洁. "三圈理论"模型下公共文化服务跨部门合作机制研究 [J]. 重庆社会科学, 2020 (12): 88-98.

[109] 洪俊杰, 倪超军. 城市公共服务供给质量与农民工定居选址行为 [J]. 中国人口科学, 2020 (6): 54-65+127.

[110] 洪业应. 包容性发展: 一种新时代农村脱贫人口获得感的尝试性阐释 [J]. 西昌学院学报 (社会科学版), 2021, 33 (1): 44-49.

[111] 侯斌, 慈勤英. 社会救助对受助者获得感的影响——基于"完善社会救助制度研究"调查数据的分析 [J]. 调研世界, 2019 (7): 23-28.

[112] 侯斌. 就业能提升获得感吗?——基于对城市低保受助者再就业情况的考察 [J]. 兰州学刊, 2019 (4): 134-149.

[113] 胡洪曙, 武锶芪. 中国基本公共服务供给效率的评价与供给方式优化——基于省级面板数据的DEA分析 [J]. 财经论丛, 2020 (1): 33-42.

[114] 胡康. 社会资本对城乡居民健康的影响 [J]. 云南民族大学学报（哲学社会科学版），2012，29（5）：51-60.

[115] 胡荣，胡康，温莹莹. 社会资本、政府绩效与城市居民对政府的信任 [J]. 社会学研究，2011，25（1）：96-117+244.

[116] 胡荣，焦明娟. 善治之基：中国民众的获得感与政治支持 [J]. 东南学术，2023（6）：78-88.

[117] 胡税根，齐胤植. 大数据驱动的公共服务需求精准管理：内涵特征、分析框架与实现路径 [J]. 理论探讨，2022（1）：77-85+2.

[118] 胡仙芝. 共同富裕目标背景下的乡村振兴途径 [J]. 国家治理，2024（1）：44-51.

[119] 黄冬霞，吴满意. 思想政治教育获得感：内涵、构成和形成机理 [J]. 思想教育研究，2017（6）：28-32.

[120] 黄和平，孙晓东，邴振华，等. 古镇乡村旅游发展的获得感评价与影响机制——基于上海朱家角、港西、周浦的实证分析 [J]. 经济地理，2020，40（9）：233-240.

[121] 黄河，王芳菲，邵立. 公众新媒体接触行为对政府形象构建的影响——基于北京市居民的网络调查分析 [J]. 国际新闻界，2017，39（5）：109-128.

[122] 黄河，翁之颢. 移动互联网背景下政府形象构建的环境、路径及体系 [J]. 国际新闻界，2016，38（8）：74-91.

[123] 黄六招. 社会资本、政府角色认知影响公共服务绩效的主观评价吗？——基于CGSS2015的中国经验证据 [J]. 领导科学论坛，2020（15）：16-29.

[124] 黄新华，李松霖. 论深化公共服务供给侧结构性改革 [J]. 中国高校社会科学，2019（2）：51-58+158.

[125] 黄新华. 从公共物品到公共服务——概念嬗变中学科研究视角的转变 [J]. 学习论坛，2014，30（12）：44-49.

[126] 黄艳敏，张文娟，赵娟霞. 实际获得、公平认知与居民获得感 [J]. 现代经济探讨，2017（11）：1-10+59.

[127] 姬生翔，姜流. 社会地位、政府角色认知与公共服务满意度——基于CGSS2013的结构方程分析 [J]. 软科学，2017，31（1）：1-5.

[128] 纪江明，胡伟. 中国城市公共服务满意度的熵权TOPSIS指数评价——基于2012连氏"中国城市公共服务质量调查"的实证分析 [J]. 上海交通大学学报（哲学社会科学版），2013，21（3）：41-51.

[129] 纪江明. 我国城市公共服务满意度指数研究——基于熵权 TOPSIS 法的分析 [J]. 国家行政学院学报, 2013 (2): 38-46.

[130] 贾高建. 以更大的努力解决好现阶段发展中的民生问题 [J]. 中国党政干部论坛, 2023 (10): 5-10.

[131] 贾楠, 余顺坤. 新生代员工获得感与职业倦怠关系研究——基于结构方程模型的路径分析 [J]. 现代商业, 2023 (14): 55-60.

[132] 江平, 徐越倩. 基本公共服务供需分析与对策研究——基于 15 个省市自治区的调查研究 [J]. 调研世界, 2013 (3): 17-21.

[133] 姜晓萍, 郭宁. 我国基本公共服务均等化的政策目标与演化规律——基于党的十八大以来中央政策的文本分析 [J]. 公共管理与政策评论, 2020, 9 (6): 33-42.

[134] 姜晓秋, 陈德权. 公共管理视角下政府信任及其理论探究 [J]. 社会科学辑刊, 2006 (4): 41-44.

[135] 蒋俊杰. 从传统到智慧: 我国城市社区公共服务模式的困境与重构 [J]. 浙江学刊, 2014 (4): 117-123.

[136] 金辉, 董春燕, 刘晓彦. 领导集体主义取向对员工创新行为的跨层影响机理——基于两类知识共享的中介效应 [J]. 研究与发展管理, 2021, 33 (3): 58-72.

[137] 金辉, 李支东, 段光. 集体主义导向、知识属性与知识共享行为研究 [J]. 科研管理, 2019, 40 (11): 236-246.

[138] 金辉, 盛永祥, 罗小芳. 从知识共享到创新行为的跃迁——集体主义的调节作用 [J]. 软科学, 2020, 34 (2): 92-97.

[139] 金伟, 陶砥. 新时代民生建设的旨归: 增强群众获得感、幸福感与安全感 [J]. 湖北社会科学, 2018 (5): 153-157.

[140] 康飞, 张颖. 企业员工获得感研究: 量表编制与效度检验 [J]. 科学与管理, 2021, 41 (1): 88-94.

[141] 康来云. 获得感: 人民幸福的核心坐标 [J]. 学习论坛, 2016 (12): 68-71.

[142] 克拉伦斯·N. 斯通, 罗思东. 城市政治今与昔 [J]. 公共行政评论, 2009, 2 (3): 4-50+203.

[143] 孔德鹏, 史传林. 感觉与认知: 经济发展水平与公共服务满意度的悖论逻辑 [J]. 上海行政学院学报, 2020, 21 (3): 46-58.

[144] 雷玉明, 曹博, 李静. 公共服务型政府视野中城市社区养老合作共治模式——以南京市玄武区为例 [J]. 华中农业大学学报 (社会科学版),

2013 (4): 113-118.

[145] 雷玉琼, 刘丹. 农村公共服务供需矛盾及其原因分析 [J]. 统计与决策, 2010 (4): 71-73.

[146] 李丹, 杨璐, 何泽川. 精准扶贫背景下西南民族地区贫困人口获得感调查研究 [J]. 四川大学学报 (哲学社会科学版), 2018 (3): 57-62.

[147] 李丁, 何春燕, 马双. 公共服务供给侧改革的结构性对策 [J]. 中国行政管理, 2019 (10): 158-159.

[148] 李东平, 田北海. 基本公共服务可及性如何影响农户获得感——基于湖北省1036个农户样本的实证分析 [J]. 中国农村观察, 2024 (1): 22-44.

[149] 李东平, 卢海阳. 公共服务满意度、城市归属感与农民工城市定居意愿——基于福建省厦门、泉州两地的调查分析 [J]. 农村经济, 2020 (3): 136-143.

[150] 李利文. 人工智能时代的公共服务供给模式创新: 类型、适应与转向 [J]. 社会主义研究, 2019 (4): 87-95.

[151] 李培林, 李炜. 近年来农民工的经济状况和社会态度 [J]. 中国社会科学, 2010 (1): 119-131.

[152] 李鹏, 柏维春. 人民获得感对政府信任的影响研究 [J]. 行政论坛, 2019, 26 (4): 75-81.

[153] 李少惠, 崔吉磊. 政府与社会力量在公共文化服务供给中的互动机理研究——以Z市"乡村舞台"建设为例 [J]. 图书与情报, 2021 (2): 99-107.

[154] 李涛, 陶明浩, 张竞. 精准扶贫中的人民获得感: 基于广西民族地区的实证研究 [J]. 管理学刊, 2019, 32 (1): 8-19.

[155] 李炜. 近十年来中国公众社会公平评价的特征分析 [J]. 山东大学学报 (哲学社会科学版), 2016 (6): 3-14.

[156] 李雪欣, 郭辰, 余婷. 虚拟品牌社区互动对消费者品牌推崇的影响 [J]. 辽宁大学学报 (哲学社会科学版), 2019, 47 (4): 47-54.

[157] 李延均. 公共服务及其相近概念辨析——基于公共事务体系的视角 [J]. 复旦学报 (社会科学版), 2016, 58 (4): 166-172.

[158] 李砚忠. 论政府信任的产生与效果及其模型构建 [J]. 学术探索, 2007 (1): 11-15.

[159] 李莹. 民生公共服务、居民获得感与生活满意度关系研究——基于天津市城乡居民调查数据的分析 [J]. 价格理论与实践, 2022 (5): 182-185+208.

[160] 李增元, 姚化伟. 农村社区协同治理体系建设: 地方实践及经验启示 [J]. 社会主义研究, 2016 (3): 115-122.

[161] 梁昌勇, 代钿, 朱龙. 基于 SEM 的公共服务公众满意度测评模型研究 [J]. 华东经济管理, 2015, 29 (2): 123-129.

[162] 梁土坤. 环境因素、政策效应与低收入家庭经济获得感——基于 2016 年全国低收入家庭经济调查数据的实证分析 [J]. 现代经济探讨, 2018 (9): 19-30.

[163] 梁玉芳. 大数据驱动下公共服务供给网络变革的四个维度 [J]. 理论探索, 2022 (1): 107-113.

[164] 林万龙. 从城乡分割到城乡一体: 中国农村基本公共服务政策变迁 40 年 [J]. 中国农业大学学报 (社会科学版), 2018, 35 (6): 24-33.

[165] 林荫茂. 公众安全感及指标体系的建构 [J]. 社会科学, 2007 (7): 61-68.

[166] 刘波, 方奕华, 彭瑾. "多元共治"社区治理中的网络结构、关系质量与治理效果——以深圳市龙岗区为例 [J]. 管理评论, 2019, 31 (9): 278-290.

[167] 刘朝捷. 试论公众安全感指标调查 [J]. 武汉公安干部学院学报, 2009, 23 (3): 63-65.

[168] 刘成奎, 任飞容, 王宙翔. 社会资本、公共服务满意度与居民幸福感 [J]. 首都经济贸易大学学报, 2019, 21 (4): 3-11.

[169] 刘宏亮, 邱丽. 基于供需协同的农村体育公共服务多元供给框架研究 [J]. 天津体育学院学报, 2019, 34 (6): 479-485.

[170] 刘华兴, 曹现强. 供给侧改革背景下城市居民生活满意度及影响因素分析——基于山东省公共服务满意度的实证研究 [J]. 东岳论丛, 2019, 40 (11): 174-182.

[171] 刘柯琚, 周典, 王梦莹, 等. 社区生活圈公共服务设施供需适配分析与优化——以西安为例 [J]. 建筑学报, 2024 (S1): 192-197.

[172] 刘米娜, 杜俊荣. 转型期中国城市居民政府信任研究——基于社会资本视角的实证分析 [J]. 公共管理学报, 2013, 10 (2): 64-74+140.

[173] 刘松博, 潘静洲, 唐贵瑶, 等. "大材小用"也有积极效应? 团队集体主义取向对资质过度感和创造力关系的调节作用 [J]. 管理评论, 2021, 33 (4): 205-214.

[174] 刘武, 刘钊, 孙宇. 公共服务顾客满意度测评的结构方程模型方法 [J]. 科技与管理, 2009, 11 (4): 40-44.

[175] 刘武, 杨雪. 论政府公共服务的顾客满意度测量 [J]. 东北大学学报 (社会科学版), 2006 (2): 129-132.

[176] 刘武, 朱晓楠. 地方政府行政服务大厅顾客满意度指数模型的实证研究 [J]. 中国行政管理, 2006 (12): 32-35.

[177] 刘小燕. 政府形象传播的本质内涵 [J]. 国际新闻界, 2003 (6): 49-54.

[178] 刘亚, 龙立荣, 李晔. 组织公平感对组织效果变量的影响 [J]. 管理世界, 2003 (3): 126-132.

[179] 刘蕴. 团队成员交换与工作绩效的关系——工作投入的中介作用与集体主义的调节作用 [J]. 企业经济, 2019, 38 (4): 95-101.

[180] 刘中起, 瞿栋. 社会阶层、家庭背景与公共服务满意度——基于CGSS2015 数据的实证分析 [J]. 北京行政学院学报, 2020 (4): 93-100.

[181] 龙翠红, 易承志. 政府信任与社会资本对农民医保参与的影响——基于CGSS2012 数据的实证分析 [J]. 华中师范大学学报 (人文社会科学版), 2016, 55 (6): 44-54.

[182] 卢燕平. 社会资本的来源及测量 [J]. 求索, 2007 (5): 5-8.

[183] 罗家德, 方震平. 社区社会资本的衡量——一个引入社会网观点的衡量方法 [J]. 江苏社会科学, 2014 (1): 114-124.

[184] 吕芳. 公共服务政策制定过程中的主体间互动机制——以公共文化服务政策为例 [J]. 政治学研究, 2019 (3): 108-120+128.

[185] 吕维霞. 论公众对政府公共服务质量的感知与评价 [J]. 华东经济管理, 2010, 24 (9): 128-132.

[186] 吕小康, 黄妍. 如何测量"获得感"?——以中国社会状况综合调查 (CSS) 数据为例 [J]. 西北师大学报 (社会科学版), 2018, 55 (5): 46-52.

[187] 吕小康, 孙思扬. 获得感的生成机制: 个人发展与社会公平的双路径 [J]. 西北师大学报 (社会科学版), 2021, 58 (4): 92-99.

[188] 马得勇. 测量乡镇治理——基于 10 省市 20 个乡镇的实证分析 [J]. 中国行政管理, 2013 (1): 99-104.

[189] 马海韵. 市域社会治理中的公众参与: 理论框架与实践路径 [J]. 行政论坛, 2021 (4): 113-120.

[190] 马红鸽, 席恒. 收入差距、社会保障与提升居民幸福感和获得感 [J]. 社会保障研究, 2020 (1): 86-98.

参考文献

[191] 马慧强, 刘玉鑫, 燕明琪, 席建超. 基于SEM与IPA模型的旅游公共服务游客满意度研究[J]. 干旱区资源与环境, 2021, 35 (6): 192-199.

[192] 马静, 岳军. 巡视制度在我国公共服务需求表达中的应用研究[J]. 社会科学研究, 2014 (6): 117-121.

[193] 马亮, 于文轩. 第三方公共服务绩效评价的评价: 一项比较案例研究[J]. 南京社会科学, 2013 (5): 55-63.

[194] 马蕊, 贾必成, 贾志强. 社区全民健身公共服务供给治理研究[J]. 体育学研究, 2019, 2 (3): 83-89.

[195] 马瑞. 公共服务的有效供给——全民共建共享机制的理论逻辑与构建思路[J]. 国外理论动态, 2016 (6): 64-71.

[196] 马瑶瑶. 社会资本、就业质量与农民工获得感[J]. 农业经济, 2024 (9): 89-91.

[197] 马振清, 刘隆. 获得感、幸福感、安全感的深层逻辑联系[J]. 国家治理, 2017 (44): 45-48.

[198] 缪小林, 王婷, 高跃光. 转移支付对城乡公共服务差距的影响——不同经济赶超省份的分组比较[J]. 经济研究, 2017, 52 (2): 52-66.

[199] 缪小林, 张蓉, 于洋航. 基本公共服务均等化治理: 从"缩小地区间财力差距"到"提升人民群众获得感"[J]. 中国行政管理, 2020 (2): 67-71.

[200] 倪超军. 城市公共服务供给质量与农民工定居选址行为[J]. 中国人口科学, 2020 (6): 54-65+127.

[201] 倪超军. 城市公共服务开放度与农民工流迁行为[J]. 产经评论, 2021, 12 (5): 131-146.

[202] 倪红日, 张亮. 基本公共服务均等化与财政管理体制改革研究[J]. 管理世界, 2012 (9): 7-18.

[203] 倪星, 李佳源. 政府绩效的公众主观评价模式: 有效, 抑或无效?——关于公众主观评价效度争议的述评[J]. 中国人民大学学报, 2010, 24 (4): 108-116.

[204] 宁靓, 孙晓云. 公共服务供需精准匹配及其影响因素——基于644份调查数据的实证研究[J]. 中国海洋大学学报 (社会科学版), 2021 (5): 68-80.

[205] 宁靓, 赵立波, 张卓群. 大数据驱动下的公共服务供需匹配研究——基于精准管理视角[J]. 上海行政学院学报, 2019, 20 (5): 35-44.

[206] 彭惠青, 仝斌. 社会工作在基层治理专业化中的角色与功能[J]. 中国行

政管理，2018（1）：46-50.

[207] 彭文波，吴霞，谭小莉. 获得感：概念、机制与统计测量[J]. 重庆师范大学学报（社会科学版），2020（2）：92-100.

[208] 乔晓春. 户籍制度、城镇化与中国人口大流动[J]. 人口与经济，2019（5）：1-17.

[209] 乔玥，陈文汇，曾巧. 国有林场改革成效评价——职工获得感的统计分析[J]. 林业经济问题，2019，39（1）：62-70.

[210] 邱伟国，袁威，关文晋. 农村居民民生保障获得感：影响因素、水平测度及其优化[J]. 财经科学，2019（5）：81-90.

[211] 曲怡颖，徐振亭，闫佳祺. 自我牺牲型领导对员工工作—家庭平衡的影响：链式中介与集体主义倾向的调节[J]. 管理评论，2021，33（12）：272-283.

[212] 渠慎坤. 坚持在发展中保障和改善民生[J]. 群众，2023（23）：25-26.

[213] 任梅，刘银喜，赵子昕. 基本公共服务可及性体系构建与实现机制——整体性治理视角的分析[J]. 中国行政管理，2020（12）：84-89.

[214] 容志，张云翔. 从专业生产到共同生产：城市社区公共服务供给的范式转型[J]. 甘肃行政学院学报，2020（6）：91-101+127-128.

[215] 容志. 公共服务支出的测算与比较[J]. 上海行政学院学报，2017，18（5）：70-80.

[216] 沙勇忠，苏有丽. 基于社会诉求大数据的公共服务需求管理模型研究[J]. 图书与情报，2023（6）：75-85.

[217] 尚虎平，韩清颖. 我国政府独特绩效产生的原因及其价值——面向2007—2017年间我国172个政府独特绩效案例的探索[J]. 政治学研究，2019（3）：81-93+127-128.

[218] 邵雅利. 新时代人民主观获得感的指标构建与影响因素分析[J]. 新疆社会科学，2019（4）：139-147.

[219] 沈瑞英，周霓羽. 中国政府形象对政府信任的影响——基于CSS2013数据的实证研究[J]. 上海大学学报（社会科学版），2017，34（6）：94-103.

[220] 盛明科，蔡振华. 公共服务需求管理的历史脉络与现实逻辑——社会主要矛盾的视角[J]. 北京大学学报（哲学社会科学版），2018，55（4）：23-32.

[221] 师玉朋，马海涛. 县域公共服务供需结构匹配度评价——基于云南省的个案分析[J]. 财经研究，2015，41（11）：34-43.

[222] 施生旭，郭新琴. 公共服务满意度对社会公平感的影响研究——基于代际

差异视角的研究[J]. 重庆社会科学, 2023 (4): 77-93.

[223] 石晶. 新的美好生活, 新的感受期盼: 当前公众获得感幸福感安全感状况及影响因素调查报告[J]. 国家治理, 2017 (44): 15-36.

[224] 石庆新, 傅安洲. 获得感、政治信任与政党认同的关系研究——基于湖北省6所部属高校大学生的调查数据[J]. 中南民族大学学报 (人文社会科学版), 2017, 37 (1): 91-94.

[225] 宋宝安, 王一. 利益均衡机制与社会安全——基于吉林省城乡居民社会安全感的研究[J]. 学习与探索, 2010 (3): 106-112.

[226] 宋丽颖, 张安钦. 公共服务满意度、道德认知与自然人纳税遵从意愿[J]. 当代经济科学, 2020, 42 (6): 50-63.

[227] 苏娜. 社会资本对公众参与警民合作意愿的影响[J]. 江西社会科学, 2020, 40 (11): 198-208.

[228] 苏有丽, 牛春华. 数智赋能公共服务需求治理: 理论逻辑与实现路径[J]. 兰州大学学报 (社会科学版), 2024, 52 (1): 166-176.

[229] 粟路军, 胡萱. 交叉学科视角下的旅游者幸福感研究[J]. 旅游学刊, 2023, 38 (6): 1-3.

[230] 粟路军, 黄福才. 旅游客源市场抽样调查信息有效化途径研究[J]. 旅游学刊, 2009, 24 (4): 24-28.

[231] 孙道胜, 柴彦威. 城市社区生活圈体系及公共服务设施空间优化——以北京市清河街道为例[J]. 城市发展研究, 2017, 24 (9): 7-14+25+2.

[232] 孙飞, 付东普. 供给侧结构性改革下公共服务供给方式创新[J]. 甘肃社会科学, 2017 (4): 244-248.

[233] 孙艺, 宋聚生, 戴冬晖. 国内外城市社区公共服务设施配置研究概述[J]. 现代城市研究, 2017 (3): 7-13.

[234] 孙远太. 城市居民社会地位对其获得感的影响分析——基于6省市的调查[J]. 调研世界, 2015 (9): 18-21.

[235] 孙宗锋. 城市公共服务满意度影响因素再探究——锚定场景法的应用[J]. 公共行政评论, 2018, 11 (5): 3-27+186.

[236] 谭旭运, 董洪杰, 张跃, 王俊秀. 获得感的概念内涵、结构及其对生活满意度的影响[J]. 社会学研究, 2020, 35 (5): 195-217+246.

[237] 谭旭运, 张若玉, 董洪杰等. 青年人获得感现状及其影响因素[J]. 中国青年研究, 2018 (10): 49-57.

[238] 汤峰, 苏毓淞. "内外有别": 政治参与何以影响公众的获得感? [J]. 公共行政评论, 2022, 15 (2): 22-41+195-196.

[239] 唐皇凤, 吴昌杰. 构建网络化治理模式：新时代我国基本公共服务供给机制的优化路径 [J]. 河南社会科学, 2018, 26 (9)：7-14.

[240] 唐钧. 在参与与共享中让人民有更多获得感 [J]. 人民论坛·学术前沿, 2017 (2)：49-53+85.

[241] 唐有财, 符平. 获得感、政治信任与农民工的权益表达倾向 [J]. 社会科学, 2017 (11)：67-79.

[242] 唐有财, 王天夫. 社区认同、骨干动员和组织赋权：社区参与式治理的实现路径 [J]. 中国行政管理, 2017 (2)：73-78.

[243] 田旭明. "让人民群众有更多获得感"的理论意涵与现实意蕴 [J]. 马克思主义研究, 2018 (4)：71-79.

[244] 汪家焰, 钱再见. 改革开放以来我国政府信任变迁的政治社会学分析 [J]. 湖湘论坛, 2017, 30 (1)：119-124.

[245] 汪洋. 民生型政府的公共性及其实现路径 [J]. 江苏大学学报 (社会科学版), 2018, 20 (3)：14-19.

[246] 王大为, 张潘仕, 王俊秀. 中国居民社会安全感调查 [J]. 统计研究, 2002 (9)：23-29.

[247] 王佃利, 刘保军. 公民满意度与公共服务绩效相关性问题的再审视 [J]. 山东大学学报 (哲学社会科学版), 2012 (1)：109-114.

[248] 王佃利, 宋学增. 公共服务满意度调查实证研究——以济南市市政公用行业的调查为例 [J]. 中国行政管理, 2009 (6)：73-77.

[249] 王刚, 刘瑶. 公众腐败感知的影响因素研究——基于一个有调节的中介模型 [J]. 东北大学学报 (社会科学版), 2022, 24 (1)：62-69.

[250] 王鸿儒. 政民互动下的公共服务满意度研究——公民行政负担感知的个体差异及影响 [J]. 社会科学家, 2020 (5)：156-160.

[251] 王华春, 李继霞, 徐孟志. 中国农村基本公共服务供给质量的区域差异、动态演进及收敛性 [J]. 农村经济, 2023 (8)：1-13.

[252] 王欢明, 诸大建, 马永驰. 中国城市公共服务客观绩效与公众满意度的关系研究 [J]. 软科学, 2015, 29 (3)：111-114.

[253] 王建容, 王建军. 公共政策制定中公民参与的形式及其选择维度 [J]. 探索, 2012 (1)：75-79.

[254] 王娟. 公众安全感指标体系的构建与评价方法研究——以社会治安秩序为视角 [J]. 政法学刊, 2009, 26 (5)：104-107.

[255] 王俊秀, 刘晓柳. 现状、变化和相互关系：安全感、获得感与幸福感及其提升路径 [J]. 江苏社会科学, 2019 (1)：41-49+258.

[256] 王俊秀. 不同主观社会阶层的社会心态 [J]. 江苏社会科学, 2018 (1): 24-33.

[257] 王俊秀. 面对风险: 公众安全感研究 [J]. 社会, 2008 (4): 206-221+227.

[258] 王洛忠, 崔露心. 公民参与政策制定程度差异的影响因素与路径模式——基于31个案例的多值定性比较分析 [J]. 南京大学学报 (哲学·人文科学·社会科学), 2020, 57 (6): 99-111+159-160.

[259] 王妮丽. 国家与社会关系视角下我国社区治理模式思考 [J]. 云南师范大学学报 (哲学社会科学版), 2019, 51 (1): 108-113.

[260] 王浦劬, 季程远. 新时代国家治理的良政基准与善治标尺——人民获得感的意蕴和度量 [J]. 中国行政管理, 2018 (1): 6-12.

[261] 王浦劬, 季程远. 我国经济发展不平衡与社会稳定之间矛盾的化解机制分析——基于人民纵向获得感的诠释 [J]. 政治学研究, 2019 (1): 63-76+127.

[262] 王浦劬, 孙响. 公众的政府满意向政府信任的转化分析 [J]. 政治学研究, 2020 (3): 13-25+125.

[263] 王前, 吴理财. 文化权利导向下的国家基本公共文化服务保障范围研究 [J]. 湖北大学学报 (哲学社会科学版), 2015, 42 (5): 126-131.

[264] 王胜子, 韩俊江, 白明艳. 农村公共服务: 问题及对策 [J]. 税务与经济, 2014 (3): 70-73.

[265] 王硕霞, 骆永民. 城乡基本公共服务满意度现状及影响因素研究 [J]. 安徽工业大学学报 (社会科学版), 2014, 31 (1): 27-28.

[266] 王思琦, 郭金云. 公共服务满意度测量的问题顺序效应: 来自一项嵌入性调查实验的证据 [J]. 公共管理评论, 2020, 2 (1): 92-115.

[267] 王恬, 谭远发, 付晓珊. 我国居民获得感的测量及其影响因素 [J]. 财经科学, 2018 (9): 120-132.

[268] 王潇, 焦爱英. "村改社区"居民主观幸福感、社区认同与社区参与关系的实证研究 [J]. 兰州学刊, 2014 (11): 71-80.

[269] 王小林, 郭建军. 必须大力拓宽农村公共服务的供给渠道——农村公共服务农户调查分析 [J]. 调研世界, 2003 (3): 28-30+42.

[270] 王艳丽, 陈红, 杨超, 等. 社区认同: 心理学视角下的前因后果 [J]. 中国临床心理学杂志, 2019, 27 (6): 1287-1290.

[271] 王洋. 基于熵权—耦合的冰雪经济与城市劳动力供需协调度研究 [J]. 统计与决策, 2020, 36 (2): 85-88.

[272] 王毅杰,丁百仁. 流动人口的社会融入、相对剥夺与获得感研究 [J]. 社会建设,2019,6(1):16-29.

[273] 王玉玲,徐峻. 新时代对口支援与基本公共服务供给——基于对口帮扶贵州的经验证据 [J]. 西南民族大学学报(人文社会科学版),2024,45(7):116-124.

[274] 王玉龙,王佃利. 需求识别、数据治理与精准供给——基本公共服务供给侧改革之道 [J]. 学术论坛,2018,41(2):147-154.

[275] 王郁,赵一航. 基于协调度时空分析的上海超大城市公共服务供需关系 [J]. 上海交通大学学报(哲学社会科学版),2021,29(4):39-52.

[276] 王哲,周麟,彭芃. 财政支出、标尺比较与公共服务满意度:基于县级医疗数据的分析 [J]. 中国行政管理,2018(3):49-54.

[277] 王郅强,赵昊骏. "候鸟式"养老群体的公共服务供需矛盾分析——以三亚市为例 [J]. 行政论坛,2019,26(2):103-109.

[278] 魏程瑞,王郁. 上海超大城市公共服务承载水平的时空特征演变机制——基于状态空间法的案例分析 [J]. 上海行政学院学报,2019,20(6):52-62.

[279] 魏后凯. 加快构建中国特色的农村经济学 [J]. 中国农村经济,2023(7):2-20.

[280] 魏娜,张勇杰. 供给侧视角下政府购买社会组织服务的路径优化 [J]. 天津社会科学,2017(4):71-75.

[281] 魏义方,卢倩倩. 土地财政依赖、城市公共服务供给与人口城镇化——基于35个大中城市的面板数据分析 [J]. 经济纵横,2021(7):118-128.

[282] 文宏,林彬. 人民获得感:美好生活期待与国民经济绩效间的机理阐释:主客观数据的时序比较分析 [J]. 学术研究,2021(1):66-73.

[283] 文宏,刘志鹏. 人民获得感的时序比较——基于中国城乡社会治理数据的实证分析 [J]. 社会科学,2018(3):3-20.

[284] 文宏. 新时期我国主要矛盾视角下人民获得感的空间差序格局 [J]. 湖南师范大学社会科学学报,2020,49(4):47-54.

[285] 文军,吴晓凯. 乡村振兴过程中农村社区公共服务的错位及其反思——基于重庆市5村的调查 [J]. 上海大学学报(社会科学版),2018,35(6):1-12.

[286] 吴进进. 腐败认知、公共服务满意度与政府信任 [J]. 浙江社会科学,2017(1):43-51.

[287] 吴克昌,刘志鹏. 基于因子分析的人民获得感指标体系评价研究 [J]. 湘

潭大学学报（哲学社会科学版），2019，43（3）：13-20.

[288] 吴伟平，刘乃全. 属地化管理下的流动人口公共服务供需匹配优化研究[J]. 上海经济研究，2016（8）：49-54.

[289] 吴晓林，侯雨佳. 城市治理理论的"双重流变"与融合趋向[J]. 天津社会科学，2017（1）：69-74+80.

[290] 吴晓林. 治权统合、服务下沉与选择性参与：改革开放四十年城市社区治理的"复合结构"[J]. 中国行政管理，2019（7）：54-61.

[291] 吴晓燕. 从文化建设到社区认同：村改居社区的治理[J]. 华中师范大学学报（人文社会科学版），2011，50（5）：9-15.

[292] 吴岩. 公共服务供给何以精准：基于财政治理的视角[J]. 税收经济研究，2022，27（5）：88-95.

[293] 吴燕，赵燕萍，黄晓霞，等. 家庭医生责任制下城市社区公共卫生服务模式的探索与实践[J]. 中国全科医学，2015，18（13）：1504-1509.

[294] 吴业苗. "一主多元"：农村公共服务的供给模式与治理机制[J]. 经济问题探索，2011（6）：49-53.

[295] 吴俣，黎洁. 个体收入不平等对易地扶贫搬迁农民获得感的影响——基于社会融入的中介效应[J]. 资源科学，2024，46（5）：975-987.

[296] 吴玉芳，徐礼平. 心理资本理论视角下以志愿者需求为核心的激励机制刍议[J]. 辽宁行政学院学报，2016（5）：56-58.

[297] 夏怡然，陆铭. 城市间的"孟母三迁"——公共服务影响劳动力流向的经验研究[J]. 管理世界，2015（10）：78-90.

[298] 肖佳妮. 媒介使用对网民政府信任的影响——基于2017年网民社会意识调查的实证研究[J]. 科技传播，2021，13（16）：9-12.

[299] 肖军勇，刘刚，蒋家杰. 政府形象评价指标体系探析[J]. 知识经济，2007（10）：79-80.

[300] 谢春芳. 精神生活获得感的生成过程与提升路径[J]. 思想理论教育，2024（8）：47-52.

[301] 谢刚，苗红娜. 社区公共参与何以增促居民的公共服务获得感？[J]. 公共行政评论，2023，16（2）：157-173+199-200.

[302] 谢家智，姚领. 社会资本变迁与农户贫困脆弱性——基于"乡土中国"向"城乡中国"转型的视角[J]. 人口与经济，2021（4）：1-21.

[303] 谢舜，罗吉. 农村公共服务供需均衡中的"互联网+社会组织"研究[J]. 广西大学学报（哲学社会科学版），2019，41（5）：102-111.

[304] 谢宇，谢建社. 缩差、并轨与融合：G市农民工市民化路径探索[J]. 福

建论坛（人文社会科学版），2016（8）：110-116.

[305] 谢治菊，兰英. 基层公务员公平认知与获得感探讨——基于3209份调查问卷的分析 [J]. 湘潭大学学报（哲学社会科学版），2019，43（2）：21-27.

[306] 谢治菊. 比较与反思：村民社区参与对社区认同影响之实证研究 [J]. 南京农业大学学报（社会科学版），2012，12（4）：34-43+69.

[307] 辛秀芹. 民众获得感"钝化"的成因分析——以马斯洛需求层次理论为视角 [J]. 中共青岛市委党校. 青岛行政学院学报，2016（4）：56-59.

[308] 辛自强，凌喜欢. 城市居民的社区认同：概念、测量及相关因素 [J]. 心理研究，2015，8（5）：64-72.

[309] 邢云，韩影. 公共危机治理下政府形象塑造策略探析 [J]. 学理论，2023（2）：59-61.

[310] 熊婉彤，周永康. 社区公共文化服务的居民参与：公共服务质量与动机的双重驱动 [J]. 图书馆建设，2021（3）：34-45.

[311] 徐彪. 公共危机事件后的政府信任修复 [J]. 中国行政管理，2013（2）：31-35.

[312] 徐斌. 从"获得感"到"获得感幸福感安全感"的逻辑跃升 [J]. 国家治理，2017（47）：28-31.

[313] 徐超，孙文平. 分权的"悖论"："省管县"改革对居民医疗服务满意度的影响 [J]. 财经研究，2016（4）：38-48.

[314] 徐家良，赵挺. 政府购买公共服务的现实困境与路径创新：上海的实践 [J]. 中国行政管理，2013（8）：26-30+98.

[315] 徐金燕，范学工，蒋利平. 我国城市社区公共服务居民满意度的现状及其影响因素研究——以长沙市为例 [J]. 城市发展研究，2015，22（2）：7-10.

[316] 徐雷，杨家辉，李军艳. 扶贫改革试验区对地方基本公共服务供给水平的影响研究1——来自浙江省丽水市的经验证据 [J]. 经济学报，2024，11（3）：326-362.

[317] 徐磊，童岩冰，于力群，等. 供需匹配视角下的社区公共服务设施配置规划路径——以杭州富阳区城镇社区建设规划为例 [J]. 规划师，2024，40（8）：128-136.

[318] 徐林，黄萍. 公众参与和城市管理—基于杭州市的实证研究 [J]. 中共浙江省委党校学报，2012（1）：102-109.

[319] 徐文文. 增进民生福祉的发展诉求：内涵、根源及意义 [J]. 经济问题，

2023 (12): 10-15.
[320] 徐延辉, 李志滨. 社会质量与城市居民的获得感研究 [J]. 南开学报 (哲学社会科学版), 2021 (4): 169-181.
[321] 徐延辉, 刘彦. 社会分层视角下的城市居民获得感研究 [J]. 社会科学辑刊, 2021 (2): 88-97+2.
[322] 徐永祥. 政社分开: 我国社区建设制度创新的必要条件 [J]. 华东理工大学学报 (社会科学版), 2004 (4): 1-5.
[323] 徐增阳, 崔学昭, 姬生翔. 基于结构方程的农民工公共服务满意度测评——以武汉市农民工调查为例 [J]. 经济社会体制比较, 2017 (5): 62-74.
[324] 徐增阳, 张磊. 公共服务精准化: 城市社区治理机制创新 [J]. 华中师范大学学报 (人文社会科学版), 2019, 58 (4): 19-27.
[325] 许春晓, 邱赢琦, 刘鑫. 居民获得感对旅游开发支持意愿的影响——以湖南10个民族文化旅游小镇为例 [J]. 旅游研究, 2019, 11 (3): 21-35.
[326] 许琳梓, 张松林. 城市公共服务的可获性与人口城市化——兼议"城市分类落户政策效应" [J]. 现代经济探讨, 2022 (2): 44-51.
[327] 颜玉凡, 叶南客. 大都市社区公共文化需求的代际差异与治理对策 [J]. 南京社会科学, 2016 (3): 52-58.
[328] 颜玉凡, 叶南客. 认同与参与——城市居民的社区公共文化生活逻辑研究 [J]. 社会学研究, 2019, 34 (2): 147-170+245.
[329] 阳义南. 民生公共服务的国民"获得感": 测量与解析——基于MIMIC模型的经验证据 [J]. 公共行政评论, 2018, 11 (5): 117-137+189.
[330] 阳义南. 获得感、公平度与国民幸福感提升: 基于CGSS微观调查数据的分析 [J]. 社会科学辑刊, 2022 (3): 50-59.
[331] 杨宝, 李万亮. 公共服务的获得感效应: 逻辑结构与释放路径的实证研究 [J]. 中国行政管理, 2022 (10): 135-143.
[332] 杨斌. 地方政府的政策整合如何促进有效执行——S县政策"组合拳"的案例研究 [J]. 公共管理学报, 2024 (2): 128-140+175.
[333] 杨城晨, 张海东. 住房资产与特大城市青年的获得感 [J]. 青年研究, 2022 (6): 43-53+92.
[334] 杨春江, 李雯, 逯野. 农民工收入与工作时间对生活满意度的影响——城市融入与社会安全感的作用 [J]. 农业技术经济, 2014 (2): 36-46.
[335] 杨宏山. 澄清城乡治理的认知误区——基于公共服务的视角 [J]. 探索与争鸣, 2016 (6): 47-50.

[336] 杨金龙,王桂玲. 农民工工作获得感:理论构建与实证检验 [J]. 农业经济问题,2019 (9):108-120.

[337] 杨金龙,张士海. 中国人民获得感的综合社会调查数据的分析 [J]. 马克思主义研究,2019 (3):102-112+160.

[338] 杨金龙. 我国低收入群体获得感的提升机制——基于社会质量视角的分析 [J]. 吉林大学社会科学学报,2023,63 (4):64-78+239.

[339] 杨琪,黄健元,王欢. 城市流动老年人口基本公共服务供给开放度研究——基于居住证制度视角的南京案例分析 [J]. 城市问题,2024 (7):70-79.

[340] 杨三,康健,祝小宁. 基本公共服务主观绩效对地方政府信任的影响机理——公众参与的中介作用与获得感的调节效应 [J]. 软科学,2022,36 (9):124-130.

[341] 杨伟荣,张方玉. "获得感"的价值彰显 [J]. 重庆社会科学,2016 (11):69-74.

[342] 杨文恺. 基于SERVQUAL指标修正的电信服务质量评价研究 [J]. 上海管理科学,2015 (3):51-54.

[343] 杨勋. 农村发展与农村经济学的任务 [J]. 经济科学,1986 (4):11-15.

[344] 杨永恒,王有强,王磊. 公共服务品质的评价维度和指标:市民与官员的认知对比 [C] //绩效评估与政府创新国际研讨会论文集,2007:229-245.

[345] 杨娱,秦国伟,于法稳. 系统论视角下农村基础设施与公共服务发展研究 [J]. 生态经济,2024,40 (5):95-101.

[346] 姚绩伟,许文鑫. 城市社区体育公共服务公众满意度测评思路与原则 [J]. 湖南科技大学学报(社会科学版),2016,19 (2):179-184.

[347] 姚绩伟,杨涛,丁秀诗,等. 城市社区体育公共服务公众满意度的概念溯源、概念界定及含义分析 [J]. 西安体育学院学报,2016,33 (1):48-56.

[348] 叶继红,汪宇. 新时代背景下公共服务供给侧改革路径探析——以苏州市为例 [J]. 行政论坛,2018,25 (3):56-61.

[349] 叶璐,苏英,潘宏亮. 财政纵向失衡对基本公共服务供给影响的实证分析 [J]. 统计与决策,2024,40 (12):130-134.

[350] 叶胥,谢迟,毛中根. 中国居民民生获得感与民生满意度:测度及差异分析 [J]. 数量经济技术经济研究,2018,35 (10):3-20.

[351] 易臣何,李杉. 舆情危机事件中网民情绪生成及其对政府形象的影响分析

[J]．公共管理与政策评论，2021，10（4）：73-83．

[352] 尹华，朱明仕．论我国公共服务供给主体多元化协调机制的构建［J］．经济问题探索，2011（7）：13-17．

[353] 尹栾玉，隋音．从专注公平性到兼顾公共性：公共服务获得感价值转向的逻辑分析［J］．中国行政管理，2024，40（2）：45-53．

[354] 于洋航，陈志霞．公共服务可达性对政治信任的影响及其作用机制［J］．华中科技大学学报（社会科学版），2019，33（2）：28-37．

[355] 于洋航．城市社区公共服务、生活满意度与居民获得感［J］．西北人口，2021，42（3）：78-90．

[356] 于洋航，缪小林．政府行政效率如何影响居民幸福感——基于中国制度环境的实证分析［J］．上海行政学院学报，2022，23（6）：14-30．

[357] 于洋航，张雅萍．"担当"还是"避责"？感知问责对公务员工作行为的双刃剑效应研究［J］．上海行政学院学报，2024，25（6）：96-109．

[358] 余兴厚，熊兴．居民资源禀赋、主体认知与基本公共服务满意度——基于三峡库区829份调查问卷的实证分析［J］．西部论坛，2018，28（5）：99-108．

[359] 俞可平．善政：走向善治的关键［J］．当代中国政治研究报告，2004：16-22+5．

[360] 俞可平．经济全球化与治理的变迁［J］．哲学研究，2000（10）：17-24+79．

[361] 袁磊，孙其昂．社区认同的群体路径研究［J］．社会科学研究，2016，（2）：111-115．

[362] 袁振龙．社区认同与社区治安——从社会资本理论视角出发的实证研究［J］．中国人民公安大学学报（社会科学版），2010，26（4）：110-116．

[363] 原光，曹现强．获得感提升导向下的基本公共服务供给：政策逻辑、关系模型与评价维度［J］．理论探讨，2018（6）：50-55．

[364] 曾莉，李佳源，李民政．公共服务绩效评价中公众参与的效度研究——来自Z市基层警察服务的实证分析［J］．管理评论，2015，27（3）：83-95+104．

[365] 曾莉．公共服务绩效主客观评价的一致性论争：来自不同的声音［J］．东南学术，2013（1）：56-64．

[366] 曾莉．公民参与、能动性效应与公共服务绩效评价——基于N市问卷调查的实证分析［J］．河南师范大学学报（哲学社会科学版），2023，50（3）：82-87．

[367] 曾莉. 基于公众满意度导向的政府绩效评估 [J]. 学术论坛, 2006 (6): 48-51.

[368] 张兵, 曾明华, 陈秋燕等. 基于 SEM 的城市公交服务质量—满意度—忠诚度研究 [J]. 数理统计与管理, 2016 (2): 198-205.

[369] 张波. 我国公共文化服务的政治意蕴及其供给逻辑 [J]. 理论探讨, 2015 (2): 150-153.

[370] 张惠, 邹彤彤. 公共产品供给、社会资本与获得感——基于灾区重建调查数据的实证分析 [J]. 中南民族大学学报 (人文社会科学版), 2023, 43 (2): 127-137+186-187.

[371] 张立荣, 冉鹏程, 汪榆淇. 政府购买社会公共服务的供需失衡及精准匹配——以利川市公共服务改革为考察对象 [J]. 河南师范大学学报 (哲学社会科学版), 2020, 47 (2): 15-21.

[372] 张龙鹏, 汤志伟, 曾志敏. 技术与民生: 在线政务服务影响公共服务满意度的经验研究 [J]. 中国行政管理, 2020 (2): 45-53.

[373] 张玫, 霍增辉. 农户主观获得感测度及影响因素研究——以浙江省16个村为例 [J]. 地域研究与开发, 2022, 41 (6): 136-141.

[374] 张鸣. 政府信用与政府绩效关联机理研究 [J]. 公共行政评论, 2013, 6 (5): 163-168.

[375] 张鹏. 智慧社区公共服务治理模式、发展阻碍及整体性治理策略 [J]. 江淮论坛, 2017 (4): 70-76.

[376] 张鹏程, 陈宁. 教师获得感: 内涵诠释、结构体系与价值意蕴 [J]. 南通大学学报 (社会科学版), 2022 (6): 122-128.

[377] 张品. "获得感" 的理论内涵及当代价值 [J]. 河南理工大学学报 (社会科学版), 2016, 17 (4): 402-407.

[378] 张平, 商晨阳. 提升社区居民获得感: 驱动机制与策略选择 [J]. 学术交流, 2024 (8): 134-147.

[379] 张日向. 外来务工人员对公共服务需求和供给状况的分析研究——以浙江省慈溪市为样本 [J]. 浙江社会科学, 2007 (6): 209-212.

[380] 张书维, 宋逸雯, 钟爽. 行为公共管理学视角下政府信任修复的双过程机制 [J]. 上海大学学报 (社会科学版), 2020, 37 (6): 1-15.

[381] 张卫伟. 论人民 "获得感" 的生成: 逻辑规制、现实困境与破解之道——学习习近平关于人民获得感的重要论述 [J]. 社会主义研究, 2018 (6): 8-15.

[382] 张文宏, 袁媛. 特大城市居民资产拥有对获得感的影响 [J]. 江海学刊,

2022, (4): 106-115.

[383] 张晓丽, 张义祥, 杜夏雨. 体育参与何以提升中国城镇居民的生活质量?——社会资本的中介效应 [J]. 上海体育学院学报, 2022, 46 (4): 28-39.

[384] 张兴贵, 彭坚, 戴雪明, 等. 员工幸福感的文献计量研究与整合框架 [J]. 管理学报, 2024, 21 (3): 464-474.

[385] 张序. 公共服务供给的理论基础: 体系梳理与框架构建 [J]. 四川大学学报 (哲学社会科学版), 2015 (4): 135-140.

[386] 张正, 金丽馥. 获得感研究述评与展望——基于2015—2020年文献CiteSpace可视化分析 [J]. 江苏大学学报 (社会科学版), 2021, 23 (5): 91-101.

[387] 张仲芳, 刘星. 参加基本医疗保险与民众的"获得感"——基于中国综合社会调查数据的实证分析 [J]. 山东社会科学, 2020 (12): 147-152.

[388] 赵大海, 胡伟. 中国大城市公共服务公众满意度的测评与政策建议 [J]. 上海行政学院学报, 2014, 15 (1): 23-29.

[389] 赵泓羽, 邵雪梅. 数字赋能老年人体育公共服务供需适配的阻滞壁垒与突破路径 [J]. 沈阳体育学院学报, 2022, 41 (6): 64-70.

[390] 赵京龙. 浅析公共服务中政府形象对公众感知绩效的影响方式 [J]. 行政科学论坛, 2018 (1): 31-33.

[391] 赵静, 马晓业, 朱莹. 外来人口聚居社区公共服务设施供需特征及影响因素——以南京殷巷社区为例 [J]. 现代城市研究, 2017 (3): 14-21.

[392] 赵卫华. 消费视角下城乡居民获得感研究 [J]. 北京工业大学学报 (社会科学版), 2018, 18 (4): 1-7.

[393] 赵新元, 孙早宁. 何谓获得? 员工获得感的内涵与来源探索 [J]. 中国人力资源开发, 2023, 40 (2): 87-95.

[394] 赵雪雁, 赵海莉. 汉、藏、回族地区农户的社会资本比较——以甘肃省张掖市、甘南藏族自治州、临夏回族自治州为例 [J]. 中国人口·资源与环境, 2013, 23 (3): 49-55.

[395] 赵延东. 测量西部城乡居民的社会资本 [J]. 华中师范大学学报 (人文社会科学版), 2006 (6): 48-52.

[396] 赵玉华, 王梅苏. "让人民群众有更多获得感": 全面深化改革的试金石 [J]. 中共山西省委党校学报, 2016 (3): 15-17.

[397] 赵泽洪, 李传香. 近年来国内政府信任问题的心理契约研究综述 [J]. 天府新论, 2012 (1): 9-13.

［398］甄菲菲．边疆民族地区公民参与城市社区治理问题研究——以拉萨市堆龙德庆区为例［J］．西部学刊，2021（20）：8-10．

［399］郑方辉，王琲．地方政府整体绩效评价中的公众满意度研究——以2007年广东21个地级以上市为例［J］．广东社会科学，2008（1）：44-50．

［400］郑风田，陈思宇．获得感是社会发展最优衡量标准——兼评其与幸福感、包容性发展的区别与联系［J］．人民论坛·学术前沿，2017（2）：6-17．

［401］郑建君，马璇，刘丝嘉．公共服务参与会增加个体的获得感吗？——基于政府透明度与信任的调节作用分析［J］．公共行政评论，2022，15（2）：42-59+196．

［402］郑建君，赵东东．政治信任与中国公民选举参与的影响关系——基于参与意愿与社会公平感的分析［J］．华中科技大学学报（社会科学版），2020，34（6）：30-38．

［403］郑建君．政治参与、政治沟通对公共服务满意度影响机制的性别差异——基于6159份中国公民调查数据的实证分析［J］．清华大学学报（哲学社会科学版），2017，32（5）：164-171+199．

［404］郑建君．中国公民美好生活感知的测量与现状——兼论获得感、安全感与幸福感的关系［J］．政治学研究，2020（6）：89-103+127-128．

［405］郑君怡，陈志霞，郭金元．城市社区公共体育服务公众感知质量对公众信任的影响：基于公众满意度的中介作用［J］．成都体育学院学报，2021，47（1）：94-100．

［406］郑柯君，李妍，梁丽婵，等．我国青少年集体主义价值观的发展轨迹：社交淡漠和羞怯的作用［J］．心理科学，2023，46（4）：952-959．

［407］周飞舟．从脱贫攻坚到乡村振兴：迈向"家国一体"的国家与农民关系［J］．社会学研究，2021，36（6）：1-22+226．

［408］周海涛，张墨涵，罗炜．我国民办高校学生获得感的调查与分析［J］．高等教育研究，2016，37（9）：54-59．

［409］周丽君．内涵、价值、路径：刍议大学生思政课获得感的提升［J］．教育理论与实践，2023（3）：28-32．

［410］周绍杰，王洪川，苏杨．中国人如何能有更高水平的幸福感——基于中国民生指数调查［J］．管理世界，2015（6）：8-21．

［411］周盛．大数据时代改革获得感的解析与显性化策略［J］．浙江学刊，2018（5）：74-81．

［412］周志忍，徐艳晴．基于变革管理视角对三十年来机构改革的审视［J］．中国社会科学，2014（7）：66-86．

[413] 朱光磊,候绪杰. "双线合一":论服务型政府的建设逻辑 [J]. 南开学报(哲学社会科学版),2023(3):10-21.

[414] 朱侃,郭小聪. 地方政府公共服务创新实践的发展与生成逻辑 [J]. 北京理工大学学报(社会科学版),2019,21(6):63-72.

[415] 朱平利,刘娇阳. 员工工作获得感:结构、测量、前因与后果 [J]. 中国人力资源开发,2020,37(7):65-83.

[416] 朱英格,董妍,张登浩. 主观社会阶层与我国居民的获得感:社会排斥和社会支持的多重中介作用 [J]. 中国临床心理学杂志,2022,30(1):111-115.

[417] 朱玉春,唐娟莉,郑英宁. 欠发达地区农村公共服务满意度及其影响因素分析——基于西北五省1478户农户的调查 [J]. 中国人口科学,2010(2):82-91+112.

[418] 朱志玲. 矛盾遭遇对基层政府评价的影响——以社会公平感、社会安全感为中介变量 [J]. 华东理工大学学报(社会科学版),2018,33(5):97-109.

[419] 诸萍. 长三角地区基本公共服务供给水平及均等化评估 [J]. 统计与决策,2023,39(7):85-89.

[420] 邹育根,江淑. 中国地方政府信任面临的挑战与重建——国内学术界关于地方政府信任问题研究现状与展望 [J]. 社会科学研究,2010(5):41-46.

[421] Akinboade O A, Kinfack E C, Mokwena M P. An Analysis of Citizen SatiSfaction with Public Service Delivery in the Sedibeng District Municipality of South Africa [J]. International Journal of Social Economics, 2012, 39 (3): 182-199.

[422] Alemán R. Determinant Factors of Satisfaction with Public Services in Spain [J]. Australian Journal of Public Administration, 2018, 77 (1): 102-113.

[423] Balog-Way D, Evensen D, Lofstedt R, Bouder F. Effects of Public Trust on Behavioural Intentions in the Pharmaceutical Sector: Data from Six European Countries [J]. Journal of Risk Research, 2021, 240 (6): 645-672.

[424] Brown T. Coercion Versus Choice: Citizen Evaluations of Public Service Quality Across Methods of Consumption [J]. Public Administration Review, 2007, 67 (3): 559-572.

[425] Cai Q. Public Service Level and Human Development in the Context of Digitalization [J]. Journal of Social and Economic Development, 2023, 26

(3): 1103-1119.

[426] Chan F K Y, Thong J Y L, Brown S A, et al. Service Design and Citizen Satisfaction with E-Government Services: A Multidimensional Perspective [J]. Public Administration Review, 2021, 81 (5): 874-894.

[427] Churchill G A, Surprenant C. An investigation into the Determinants of Customer Satisfaction [J]. Journal of Marketing Research, 1982, 19 (4): 491-504.

[428] Cohen S. Stress, Social Support, and the Buffering Hypothesis [J]. Psychological Bulletin, 1985, 98 (2): 310-357.

[429] [429] Cui X, Ma L, Tao T, et al. Do the Supply of and Demand for Rural Public Service Facilities Match? Assessment Based on the Perspective of Rural Residents [J]. Sustainable Cities and Society, 2022.

[430] [430] Dahlström C, Nistotskaya M, Tyrberg M. Outsourcing, Bureaucratic Personnel Quality and Citizen Satisfaction with Public Services [J]. Public Administration, 2018, 96 (1): 218-233.

[431] Dakarai A. Reviewing the Effectiveness of Public Service Policy Implementation to Enhance Citizen Satisfaction [J]. Journal Social Civilecial, 2023, 1 (2): 55-70.

[432] Dal Mas F, Massaro M, Lombardi R, et al. From Output to Outcome Measures in the Public Sector: A Structured Literature Review [J]. International journal of organizational analysis, 2019, 27 (5): 1631-1656.

[433] Diener E, Oishi S, Lucas R E. National Accounts of Subjective Well-being [J]. American Psychologist, 2015, 70 (3): 234-242.

[434] Diener E. Subjective Well-Being [J]. Psychology Bulletin, 1984, 95 (3): 542-575.

[435] [435] Dorfman P W, Howell J P. Dimensions of National Culture and Effective Leadership in Patterns [J]. Advances in International Comparative Management, 1988 (3): 127-150.

[436] Dreyer, Juliet, Schwartz-Attias, et al. Nursing Care for Adolescents and Young Adults with Cancer: Literature Review [J]. Acta Haematologica, 2014, 132 (3-4): 363-374.

[437] [437] Eboli L, Mazzulla G. A New Customer Satisfaction Index for Evaluating Transit Service Quality [J]. Journal of Public Transportation, 2009, 12 (3): 21-37.

[438] Fam K S, Yang Z, Hyman M. Confucian/Chopsticks Marketing [J]. Journal of Business Ethics, 2009, 88 (3): 393-397.

[439] Fan B, Yang W, Han T. Impact of Basic Public Service Level on Pro-environmental Behavior in China [J]. International Sociology, 2018, 33 (6): 738-760.

[440] Filgueiras F, Flávio C, Palotti P. Digital transformation and Public Service delivery in Brazil [J]. Latin American Policy, 2019, 10 (2): 195-219.

[441] Forman R A, Beeri I. Descriptive and Symbolic: The Connection Between Political Representation and Citizen Satisfaction with Municipal Public Services [J]. The American Review of Public Administration, 2024, 54 (1): 3-18.

[442] Forman R A, Cabras I, Peredo A M, et al. Exploring Resilience in Public Services within Marginalised Communities during COVID-19: The Case of Coal Mining Regions in Colombia [J]. Journal of Cleaner Production, 2023.

[443] Fornell C, Johnson M D, Anderson E W, et al. The American Customer Satisfaction Index: Nature, Purpose, and Findings [J]. Journal of Marketing, 1996, 60 (4): 7-18.

[444] Gefen D. E-commerce: The Role of Familiarity and Trust [J]. Omega, 2000, 28 (6): 725-737.

[445] Gordon P W. Coproduction: Citizen Participation in Service Delivery [J]. Public Administration Review, 1980, 40 (3): 240-246.

[446] Grimmelikhuijsen S G, Meijer A J. Effects of Transparency on the Perceived Trustworthiness of a Government Organization: Evidence from an Online Experiment [J]. Journal of Public Administration Research and Theory, 2014, 24 (1): 137-157.

[447] Grimmelikhuijsen S G. Transparency of Public Decision-making: Towards Trust in Local Government? [J]. Policy, Internet, 2010, 2 (1): 5-35.

[448] Hapsari S M, Iqbal M A, Indradewa R. The Effects of Workload and Compensation on Tax Account Representative Performance Mediating by Public Service Level (Case of the Indonesian Tax Office) [J]. International Journal of Business Innovation and Research, 2019, 20 (1): 47.

[449] Hetherington M J. The Political Relevance of Political Trust [J]. American Political Science Review, 1998, 92 (4): 791-808.

[450] Langella C, Anessipessina E. Financial Reporting Transparency, citizens' Understanding, and Pubic Participation: A Survey Experiment Study [J].

Public Administration, 2023, 101 (2): 584-603.

[451] Hodgkinson I R, Hannibal C, Keating B. W, et al. Toward a Public Service Management: Past, Present, and Future Directions [J]. Journal of Service Management, 2017, 28 (5): 998-1023.

[452] Ilies R, Wagner D. T, Morgeson F P. Explaining Affective Linkages in Teams: Individual Differences in Susceptibility to Contagion and Individualism Collectivism [J]. Journal of Applied Psychology, 2007, 92 (4): 1140-1148.

[453] Johnson M D, Fornell C. A framework for Comparing Customer Satisfaction Across Individuals and Product Categories [J]. Journal of Economic Psychology, 1991, 12 (2): 267-286.

[454] Jottier D, Heyndels B. Does Social Capital Increase Political Accountability? An Empirical Test for Flemish Municipalities [J]. Public Choice, 2012, 150 (3-4): 731-744.

[455] Kelly J M. The Dilemma of the Unsatisfied Customer in a Market Model of Public Administration [J]. Public Administration Review, 2005, 65 (1): 76-84.

[456] Kim S. Public Service Motivation and Organizational Citizenship Behavior in Korea [J]. International Journal of Manpower, 2006, 27 (8): 722-740.

[457] King C S, Kathryn M, et al. The Question of Participation: Toward Authentic Public Participation in Public Administration [J]. Public Administration Review, 1998, 58 (4): 317-326.

[458] Kurt M, Çelikay F. The Relationships between Political-Economic Typology and Public Service Satisfaction: An Empirical Evidence From Türkiye [J]. Transforming Government: People, Process and Policy, 2024, 18 (1): 157-173.

[459] L V, Flavián C. Multichannel Strategies in Public Services: Levels of Satisfaction and Citizens' Preferences [J]. International Review on Public and Nonprofit Marketing, 2018, 15 (1): 9-24.

[460] Lahariya Chandrakant. Access, Utilization, Perceived Quality, and Satisfaction with Health Services at Mohalla (Community) Clinics of Delhi, India [J]. Journal of Family Medicine and Primary Care, 2020, 9 (12): 5872-5880.

[461] Latupeirissa J J P, Dewi N L Y, Prayana I K R, et al. Transforming public service delivery: A comprehensive review of digitization initiatives [J]. Sustainability, 2024, 16 (7): 2818.

[462] Li M, Peng P, Ao Y, et al. Equity in Public Decision-Making: A Dynamic

Comparative Study of Urban-Rural Elderly Care Institution Resource Allocation in China [J]. Humanities and Social Sciences Communications, 2024, 11 (1): 1-16.

[463] Li X, Yin K, Ahmed M Z, Ahmed O, et al. How Urban Public Service Affects the Well-Being of Migrant Workers: An Empirical Analysis Based on the Theoretical Perspective of Social Comparison Theory [J]. International Journal of Mental Health Promotion, 2022, 24 (3): 347-359.

[464] Li X, Zhu J, Wan J, et al. Equilibrium in adversity: balancing public service supply and demand during population decline [J]. Humanities and Social Sciences Communications, 2024, 11 (1): 1-15.

[465] Li Y H, Ran Q C, Yao S, Ding L K. Evaluation and Optimization of the Layout of Community Public Service Facilities for the Elderly: A Case Study of Hangzhou [J]. Land, 2023, 12 (3): 629.

[466] Li Y, Wang Z, Zhu Y. How does Government Intervention Affect Community Residents' Satisfaction with Public Services-Evidence from CSS (2021) in China [J]. Sustainability, 2024, 16 (17): 7326.

[467] Liang Y R Y, Zhao Y Q, Xie S Y. The Choice Preference of Public Service Agencies in Chinese Affordable Housing Communities: An Explanatory Framework of Welfare Management [J]. Trends in Social Sciences and Humanities Research, 2024, 2 (9): 45-50.

[468] Lin L, Zhu Y, Ke W, et al. The Impact of Migrants' Access to Urban Public Services on their Urban Settlement Intentions: A Study from the Perspective of Different-Sized Cities [J]. Acta Geogr Sin, 2019, 74 (4): 737-752.

[469] Liu S, Yuan J. Can Government Digitalization Promote the Urban-Rural Equalization of Basic Public Services? Evidence from Double Machine Learning [J]. Applied Economics, 2024: 1-16.

[470] Lochner K, Kawachi I, Kennedy B P. Social Capital: A Guide to its Measurement [J]. Health & Place, 1999, 5 (4): 259-270.

[471] Mao Z, Zhu Y. Does E-Government Integration Contribute to the Quality and Equality of Local Public Services? Empirical Evidence from China [J]. Humanities and Social Sciences Communications, 2025, 12 (1): 1-11.

[472] Martínez L, Short J, Ortíz M. Citizen Satisfaction with Public Goods and Government Services in the Global Urban South: A Case Study of Cali, Colombia [J]. Habitat International, 2015 (49): 84-91.

［473］Maslow A H. A Theory of Human Motivation ［J］. Psychological Review, 1943 (50): 370-396.

［474］Mc Millan D W, Chavis D M. Sense of Community: A Definition and Theory ［J］. Journal of Community Psychology, 1986, 14 (1): 6-23.

［475］MeNamara N, Stevenson C, Muldoon O T. Community Identity as Resource and Context: A Mixed Method Investigation of Coping and Collective Action in a Disadvantaged Community ［J］. European Journal of Social Psychology, 2013, 43 (5): 393-403.

［476］Miller A H, Listhaug O. Political Parties and Confidence in Government: A Comparison of Norway, Sweden and the United States ［J］. British Journal of Political Science, 1990, 20 (3): 357-386.

［477］Morgeson F V. Expectations, Disconfirmation, and Citizen Satisfaction with the US Federal Government: Testing and Expanding the Model ［J］. Journal of Public Administration Research and Theory, 2012, 23 (2): 289-305.

［478］Nahapiet J, Ghoshal S. Social Capital, Intellectual Capital, and the Organizational Advantage. ［J］. Academy of Management Review, 1998, 23 (2): 242-266.

［479］Oliver R L. A Cognitive Model of the Antecedents and Consequences of Satisfaction Decisions ［J］. Journal of Marketing Research, 1980, 17 (4): 460-469.

［480］Osborne S P, Radnor Z, Nasi G. A New Theory for Public Service Management? Toward a (Public) Service Dominant Approach ［J］. The American Review of Public Administration, 2013, 43 (2): 135-158.

［481］Parasuraman A, Zeithaml V A, Berry L L. A Conceptual Model of Service Quality and its Implications for Future Research ［J］. Journal of Marketing, 1985, 49 (4): 41-50.

［482］Park H, Blenkinsopp J. The Roles of Transparency and Trust in the Relationship Between Corruption and Citizen Satisfaction ［J］. International Review of Administrative Sciences, 2011, 77 (2): 254-274.

［483］Pazmiño-Sarango M, Naranjo-Zolotov M, Cruz-Jesus F. Assessing the drivers of the regional digital divide and their impact on EGovernment Services: Evidence from a South American country ［J］. Information Technology & People, 2022, 35 (7): 2002-2025.

[484] Petrovsky N, Mok J Y, León Cázares F. Citizen Expectations and Satisfaction in A Young democracy: A Test of the Expectancy Disconfirmation odel [J]. Public Administration Review, 2017, 77 (3): 395-407.

[485] Pettigrew T F, Christ O, Wagner U, et al. Relative Deprivation and Intergroup Prejudice [J]. Journal of Social Issues, 2008, 64 (2): 385-401.

[486] Porumbescu G A. Comparing the Effects of E-government and Social Media use on Trust in Government: Evidence from Seoul, South Korea [J]. Public Management Review, 2016, 18 (9): 1308-1334.

[487] Priyanka Pandey. Service Delivery and Corruption in Public Services: How Does History Matter [J]. American Economic Journal Applied Economics, 2010, 2 (3): 190-204.

[488] Puddifoot J E. Dimensions of Community Identity [J]. Journal of Community & Applied Social Psychology, 1995, 5 (5): 357-370.

[489] Putnam R D, Leonardi D R. Making Democracy Work: Civic Traditions in Modern Italy [J]. Contemporary Sociology, 1994, 26 (3): 306-308.

[490] Ren H, Zhu H, Wang M, Zhang X. Satisfaction Survey of Environmental Basic Public Services and Study on Influencing Factors in New-Type Urbanization Areas [J]. IOP Conference Series: Earth and Environmental Science, 2022.

[491] Robin S, Andreas H. How Welfare State Regimes Shape Subjective Well-Being across Europe [J]. Social Indicators Research, 2016, 129 (2): 565-587.

[492] Ryzin G G V. Expectations, Performance, and Citizen Satisfaction with Urban Services [J]. Journal of Policy Analysis & Management, 2004, 23 (3): 433-448.

[493] Ryzin G G V, Muzzio D, Immerwahr S, et al. Drivers and Consequences of Citizen Satisfaction: An Application of the American Customer Satisfaction Index Model to New York City [J]. Public Administration Review, 2004, 64 (3): 331-341.

[494] Schasché S E, Sposato R G, Hampl N. The dilemma of Demand-Responsive Transport Services in Rural Areas: Conflicting expectations and weak user acceptance [J]. Transport Policy, 2022 (126): 43-54.

[495] Scott R, Hughes P. A Spirit of Service to the Community: Public Service Motivation in the New Zealand Public Service [J]. Asia Pacific Journal of Public Administration, 2023, 45 (3): 238-243.

[496] Shibambu A, Ngoepe M. Enhancing Service Delivery Through Digital Transformation in the Public sector in South Africa [J]. Global Knowledge, Memory and Communication, 2024, 74 (11): 63-76.

[497] Silva M J D, Mckenzie K, Harpham T, et al. Social Capital and Mental Illness: A Systematic Review [J]. Journal of Epidemiology & Community Health, 2005, 59 (8): 619-627.

[498] Sun I, Hu R, Wu Y N. Social Capital, Political Participation, and Trust in the Police in Urban China [J]. Australian and New Zealand Journal of Criminalogy, 2012, 45 (1): 87-105.

[499] Tajfel H, Turner J C. An Integrative Theory of Intergroup Conflict [J]. The Social Psychology of Intergroup Relations, 1979, 33 (47): 33-47.

[500] Tajfel H. The Social Identity Theory of Inter-Group Behavior [J]. Psychology of Inter-Group Relations, 1986, 13 (3): 7-24.

[501] Triandis H C, Gelfland M J. Converging Measurement of Horizontal and Vertical Individualism and Collectivism [J]. Journal of Personality and Social Psychology, 1998, 74 (1): 118-128.

[502] Tuebou F. The Digitization of Public Services and Its Contribution to the Quality of Service in Relation to User Satisfaction [J]. Open Journal of Applied Sciences, 2024, 14 (9): 2697-2716.

[503] Tummers L L G, Bekkers V, Vink E, et al. Coping During Public Service Delivery: A Conceptualization and Systematic Review of the Literature [J]. Journal of Public Administration Research and Theory, 2015, 25 (4): 1099-1126.

[504] Van R G G, Muzzio D, Immerwahr S, et al. Drivers and Consequences of Citizen Satisfaction: An Application of the American Customer Satisfaction Index Model to New York City [J]. Public Administration Review, 2004, 64 (3): 331-341.

[505] Van R G. Service Quality, Administrative Process and Citizens' Evaluation of Local Government in the US [J]. Public Management Review, 2015, 17 (3): 425-442.

[506] Wagner J A. Studies of Individualism-Collectivism: Effects on Cooperation in Groups [J]. Academy of Management Journal, 1995, 38 (1): 152-172.

[507] Walker R M, Brewer G A, Boyne G A, et al. Market Orientation and Public Service Performance: New Public Management Gone Mad [J]. Public

Administration Review, 2011, 71 (5): 707-717.

[508] Walle D V S. Trust in the Public Sector: Is there any Evidence for a Long-Term Decline? [J]. International Review of Administrative Sciences, 2008, 74 (1): 47-64.

[509] Walle S V D, Ryzin G G V. The Order of Questions in a Survey on Citizen Satisfaction with Public Services: Lessons from a Split-Ballot Experiment [J]. Public Administration, 2011, 89 (4): 1436-1450.

[510] Wallis A D. Evolving Structures and Challenges of Metropolitan Regions [J]. National Civic Review, 2010, 83 (1): 40-53.

[511] Wang C, Ma L. Digital Transformation of Citizens' Evaluations of Public Service Delivery: Evidence from China [J]. Global Public Policy and Governance, 2022, 2 (4): 477-497.

[512] Wang L, Rong X, Mu L. The Spatial Pattern and Dynamic Evolution of Basic Public Service Level in Beijing-Tianjin-Hebei Region from the Perspective of COVID-19 [J]. Engineering, Construction and Architectural Management, 2023, 30 (8): 3438-3460.

[513] Wijayaratna N U M. Demonstrated Benefits from Social Capital: The Productivity of Farmer Organizations in Gal Oya, Sri Lanka [J]. World Development, 2000, 28 (11): 1875-1890.

[514] Williamson O E. Calculativeness, Trust, and Economic Organization [J]. The Journal of l Aw and Economics, 1993, 36 (1): 453-486.

[515] Woolcock M, Narayan D. Social Capital: Implications for Development Theory, Research, and Policy [J]. The World Bank Research Observer, 2000, 15 (2): 225-249.

[516] Xue D, Wang Z, Li Y, et al. Assessment of Ecosystem Services Supply and Demand (Mis) Matches for Urban Ecological Management: A Case Study in the Zhengzhou-Kaifeng-Luoyang Cities [J]. Remote Sensing, 2022, 14 (7): 1703.

[517] Yi Y, Nataraajan R. Customer Satisfaction in Asia [J]. Psychology & Marketing, 2018, 35 (6): 387-391.

[518] Yu Y, Zhang Y. Satisfaction with Community Public Services, Social Support, and Subjective Well-Being in China [J]. Social Behavior and Personality: A International Journal, 2023, 51 (11): 1-7.

[519] Yu Y, Lang M, Zhao Y, Liu W, Hu B. Tourist Perceived Value, Tourist Satisfaction, and Life Satisfaction: Evidence from Chinese Buddhist Temple Tours [J]. Journal of Hospitality and Tourism Research, 2021, 47 (1): 133-152.

[520] Zeithaml V A. Consumer Perceptions of Price, Quality, and Value: A Means-End Model and Synthesis of Evidence [J]. Journal of Marketing, 1988, 52 (3): 2-22.